KUAIJI XINXI XITONG
会计信息系统

>> 主编 郑济孝

电子工业出版社
Publishing House of Electronics Industry
北京·BEIJING

未经许可,不得以任何方式复制或抄袭本书之部分或全部内容。
版权所有,侵权必究。

图书在版编目(CIP)数据

会计信息系统/郑济孝主编. —北京:电子工业出版社,2019.10
ISBN 978-7-121-36760-1

Ⅰ. ①会… Ⅱ. ①郑… Ⅲ. ①会计信息—财务管理系统—高等学校—教材 Ⅳ. ①F232

中国版本图书馆 CIP 数据核字(2019)第 106587 号

策划编辑:吴亚芬
责任编辑:王凌燕
印　　刷:北京七彩京通数码快印有限公司
装　　订:北京七彩京通数码快印有限公司
出版发行:电子工业出版社
　　　　　北京市海淀区万寿路 173 信箱　邮编:100036
开　　本:787×1092　1/16　印张:21.75　字数:599 千字
版　　次:2019 年 10 月第 1 版
印　　次:2024 年 8 月第 4 次印刷
定　　价:55.00 元

凡所购买电子工业出版社图书有缺损问题,请向购买书店调换。若书店售缺,请与本社发行部联系,联系及邮购电话:(010)88254888,88258888。
质量投诉请发邮件至 zlts@phei.com.cn,盗版侵权举报请发邮件至 dbqq@phei.com.cn。
本书咨询联系方式:(010)88254199,sjb@phei.com.cn。

前　言

随着经济社会的不断发展，会计技术与信息技术不断融合，对会计信息的加工处理已经从会计电算化阶段进入会计信息化阶段。会计信息系统是管理信息系统的核心子系统。在会计信息系统的深入应用、发展与企业信息化建设中，人才是关键。会计信息是企事业单位中最重要的经济信息，它连续、系统、全面、综合地反映和监督企业经营状况，并为管理、经营决策提供重要依据。为了让学生了解会计信息系统的相关知识和基本原理，我们本着有利于学生掌握知识和教师进行教学指导、有效提高教学质量的原则，编写了本书。本书既可作为本科学生的教材，也可作为相关专业人士的学习用书。

由于会计信息系统是一门跨学科的课程，具有较强的理论性和实践性，所以本书的内容主要分为3个部分。第1部分包括第1~2章，主要讲述会计信息系统涉及的基本概念和信息技术对会计工作的重要影响，以及包括计算机技术、软件开发技术、网络技术和通信技术等在内的现代信息技术；第2部分包括第3章，主要介绍会计信息系统的分析和设计，以及几个主要子系统的分析和设计；第3部分包括第4~9章，这几章以用友U8管理软件为例，引导学生进行会计信息系统各个模块的实践操作，将所学的知识和技能转换成一种应用能力，为学生以后的就业和创业打下良好的基础。

本书由郑济孝教授主编。编写分工为：第1~3章由郑济孝教授执笔，第4、9章由武婧执笔，第5~6章由谷晓霞执笔，第7~8章由温月执笔，全书由郑济孝教授审校、定稿。本书的基本框架和思路是在多次考察、调研和研讨的基础上形成的。在本书的编写过程中，编者参考和吸收了许多国内外学者的相关研究成果，并应用了大量实例，由于未能一一注明，所以在此一并致谢。

由于编者水平有限，书中难免有疏漏和不足之处，欢迎广大读者批评指正。

注：本教材接受太原学院教材专项基金资助。

编　者

目 录

第1章 绪论 ………………………… 1
1.1 信息社会 ……………………… 1
1.2 信息技术对会计工作的影响 …… 3
1.3 信息系统的基本概念 ………… 5

第2章 技术知识应用 …………… 15
2.1 现代信息技术概述 …………… 15
2.2 软件工程概述 ………………… 35

第3章 会计信息系统及其他相关系统
的分析与设计 ………………… 42
3.1 会计信息系统的分析 ………… 42
3.2 会计信息系统的设计 ………… 58
3.3 账务处理子系统概述及分析
与设计 ……………………… 63
3.4 通用报表子系统概述及分析
与设计 ……………………… 81
3.5 应收账款子系统与应付账款
子系统概述及分析与设计 …… 88

第4章 会计信息系统软件及使用 …… 97
4.1 软件准备 …………………… 97
4.2 会计信息系统的使用 ………… 104

第5章 采购与应付款业务 ………… 150
5.1 供应链管理初始设置 ………… 150
5.2 采购管理 …………………… 170
5.3 应付款管理 ………………… 207

第6章 销售与应收业务 …………… 211
6.1 销售管理 …………………… 211

6.2 应收款管理 ………………… 277

第7章 库存与存货管理 …………… 282
7.1 产成品入库业务 …………… 282
7.2 物料领用 …………………… 284
7.3 调拨业务 …………………… 285
7.4 盘点业务 …………………… 286
7.5 其他出库业务 ……………… 288
7.6 假退料 ……………………… 289
7.7 调整存货入库成本 ………… 290
7.8 调整存货出库成本 ………… 291
7.9 单据记账 …………………… 292
7.10 期末处理 …………………… 293

第8章 固定资产与薪资管理 ……… 297
8.1 固定资产初始设置 ………… 297
8.2 固定资产日常业务处理 …… 305
8.3 薪资基础设置 ……………… 310
8.4 正式人员工资类别日常
工资处理 …………………… 320
8.5 临时人员工资类别日常
工资处理 …………………… 324

第9章 期末业务及报表管理 ……… 326
9.1 期末业务 …………………… 326
9.2 报表管理 …………………… 332
9.3 期末结账 …………………… 338

参考文献 …………………………… 342

第1章 绪论

1.1 信息社会

1.1.1 信息社会的发展

信息社会也称信息化社会，是指脱离工业化社会之后，信息将起主要作用的社会。

从生产力的发展过程看，人类社会在几千年的历史长河中已经历了原始社会、农业社会、工业社会，正在进入信息社会。不同的社会生产力发展水平不同，主导产业也不相同。原始社会是自然生态系统主导下的社会，人类靠夺取自然产品维持生存。农业社会以青铜器和铁器广泛应用于农业生产为标志，农业生产和手工劳动是当时经济生活中的主要形式。18世纪中叶开始的工业革命，使人类从农业社会迈入工业社会，工业生产成为推动社会进步的主要动力。自20世纪中叶以来，以电子计算机为代表的微电子技术及光纤、空间技术、生物工程、海洋工程等新的技术群体的产生和发展，使得自然资源在经济发展中的作用和价值越来越弱化，技术、知识、信息的作用和价值则越来越突出，其中信息技术正在成为促进经济发展和社会进步的主导技术，信息产业逐渐成为社会发展中的主导产业，信息社会正在形成。

在农业社会和工业社会中，物质和能源是主要资源，人们所从事的是大规模的物质生产。而在信息社会中，信息成为比物质和能源更为重要的资源，以开发和利用信息资源为目的的信息经济活动迅速扩大，逐渐取代工业生产活动而成为国民经济活动的主要内容。信息经济在国民经济中占据主导地位，并构成社会信息化的物质基础。以计算机、微电子和通信技术为主的信息技术革命是社会信息化的动力源泉。信息技术在资料生产、科研教育、医疗保健、企业和政府管理及家庭中的广泛应用，对经济和社会发展产生了巨大而深刻的影响，从根本上改变了人们的生活方式、行为方式和价值观念。

信息技术的发展和应用所推动的信息化，给人类的经济和社会生活带来了深刻的影响。进入21世纪，信息化对经济社会发展的影响愈加深刻。世界经济发展进程加快，信息化、全球化、多极化发展的大趋势十分明显。信息化被称为推动现代经济增长的发动机和现代社会发展的均衡器。信息化与经济全球化，推动了全球产业分工深化和经济结构调整，改变了世界市场和世界经济的竞争格局。从全球范围来看，主要表现在以下三个方面。

第一，信息化促进产业结构的调整、转换和升级。电子信息产品制造业、软件业、信息服务业、通信业、金融保险业等一批新兴产业迅速崛起，传统产业如煤炭、钢铁、石油、化工、农业在国民经济中的比重日渐下降。信息产业在国民经济中的主导地位越来越突出。国内外已有专家把信息产业从传统的产业分类体系中分离出来，称其为农业、工业、服务业之外的"第四产业"。

第二，信息化成为推动经济增长的重要手段。信息经济的三个显著特征就是技术含量高、渗透性强、增值快，可以在很大程度上优化对各种生产要素的管理及配置，从而使各种资源的配置达到最优状态，降低了生产成本，提高了劳动生产率，扩大了社会的总产量，推动了经济的增长。

在信息化过程中，通过加大对信息资源的投入，可以在一定程度上替代各种物质资源和能源的投入，减少物质资源和能源的消耗，也改变了传统的经济增长模式。

第三，信息化引起生活方式和社会结构的变化。随着信息技术的不断进步，智能化的综合网络遍布社会各个角落，信息技术正在改变人类的学习方式、工作方式和娱乐方式。数字化的生产工具与消费终端广泛应用，人类已经生活在一个被各种信息终端所包围的社会中。信息逐渐成为现代人类生活不可或缺的重要元素之一。一些传统的就业岗位被淘汰，劳动力人口主要向信息部门集中，新的就业形态和就业结构正在形成。在信息化程度较高的发达国家，其信息业从业人员已占整个社会从业人员的一半以上。一大批新的就业形态和就业方式被催生，如弹性工时制、家庭办公、网上求职、灵活就业等。商业交易方式、政府管理模式、社会管理结构也在发生变化。

信息化浪潮的持续深入使人类社会日渐超越工业社会，呈现信息社会的基本特征。主要表现在：信息技术促进生产的自动化，生产效率显著提升，科学技术作为第一生产力得到充分体现；信息产业形成并成为支柱产业；信息和知识成为重要的社会财富；管理在提高企业效率中起到了决定性作用；服务业经济形成并占据重要的经济份额。

信息化在迅猛发展的同时，也给人类带来了负面、消极的影响。这主要体现在：信息化对全球和社会发展的影响极不平衡，信息化给人类社会带来的利益并没有在不同的国家、地区和社会阶层得到共享；数字化差距或数字鸿沟加大了发达国家和发展中国家之间的差距，也加大了一国国内经济发达地区与经济不发达地区之间的差距；信息技术的广泛应用使劳动者对具体劳动的依赖程度逐渐减弱，对劳动者素质特别是专业素质的要求逐渐提高，从而不可避免地带来了一定程度上的结构性失业；数字化生活方式的形成，使人类对信息手段和信息设施及终端的依赖性越来越强，在基础设施不完善、应急机制不健全的情况下，一旦发生紧急状况，将造成生产生活的极大影响。另外，信息安全与网络犯罪、信息爆炸与信息质量、个人隐私权与文化多样性的保护等，也是信息化带给人类社会的新挑战。

1.1.2 信息社会的基本特征

信息社会具有以下几个基本特征。

1. 人及知识将成为社会最重要的资源

在到处充斥着信息的社会上，每个人都是信息工作者。

2. 网络化和数字化的活动环境

在信息社会，信息技术普遍应用于社会的各个角落，生产自动化，管理信息化，整个世界被局域网和广域网所连接，全球化的网络体系将人、信息（数据）、程序及其他资源以一种全新的方式联系在一起，人们通过网络来传递以数字方式表示的信息。

3. 信息社会的企业具有与以往不同的特征

企业处于信息化环境之中，信息成为重要的企业资源，信息技术创造出了新的工作方式，知识管理和人力资源管理也成为企业管理的重点。

与外部网络化环境相适应，企业的组织结构具有网络化和虚拟性特征。

在生产方面，信息技术使企业可以对客户的要求做出实时反应，并按客户要求生产满足其个性化需求的定制产品；产品可以在交货地点生产，从而使生产过程中的库存、间接费用、流动资本等大大减少。

信息交流的便利使得企业内部的信息和知识得以共享。总之，信息社会中全社会网络化的环境将使企业有更多的机会优化其资源配置，从而有可能追求到最大的利润，同时也面临着更激烈的竞争。

今天，远离家乡的游子们，不再只能用写信的方式来寄托对故乡和亲人的思念，他们可通过随时打电话、发送电子邮件来传递信息；一台随身携带的笔记本电脑存储了企业的全部产品信息、客户信息、市场信息等，为外出的推销员带来了极大的方便；通过企业内部网，发生在企业内部的生产情况、财务状况、人员变动情况等信息随时可出现在企业各级主管和经理们的桌面电脑中；因特网的兴起，使在全球范围内网上查阅资料、网上购物、网上消费已经实现并迅速扩展，网络技术正在强烈地影响着人类社会的时空概念；全球一体化市场的形成使企业面临着前所未有的激烈竞争。

1.2 信息技术对会计工作的影响

1.2.1 信息社会中传统会计工作面临的变革

会计工作的发展，除受社会经济环境的影响外，还受到信息技术的制约和冲击。这是因为社会化工作中所有的规则都应当与其他客观存在的社会经济环境相适应，然而这些规则的建立和实施，又都不能超越其在信息技术上实现的可能性。反过来，信息技术的发展，也为研制新的会计模型和会计规则创造了必要的环境。

IT 环境正对传统会计理论、实务、教育和管理产生巨大的冲击。这种冲击将使传统会计在 21 世纪发生以下变革。

1. 会计学向边缘学科发展

我国著名的会计学家杨纪琬先生曾预言："在 IT 环境下，会计学作为一门独立的学科将逐步向边缘学科转化。会计学作为管理学的分支，其内容将不断地扩大、延伸，其独立性相对地缩小，而更体现出它与其他经济管理学科相互依赖、相互渗透、相互支持、相互影响、相互制约的关系。"

2. 会计实务工作环境的变革

关于会计实务工作环境的变革，目前主要有两种观点。一种是工具论，认为信息技术只不过是取代算盘的工具，没有意识到信息技术给会计工作带来的各种变化。另一种是万能论，认为信息技术无所不能，只要使用信息技术，就可以对经济业务进行全过程的控制。实质上，信息技术给会计工作带来的是整个会计实务工作环境的变化，包括会计信息的采集、存储、处理、检索、反馈、统计分析、决策等环境的变革。

3. 会计的管理职能得以实现

在网络环境下的计算机信息处理中，由于会计信息采集、处理的实时性、多元性，以及自动化，会计人员摆脱了繁杂的事务性工作，从而能更多地转向非事务性的管理工作。例如，他们将有更多的时间参与业务流程的优化、组织结构的调整、计量/约束/激励机制的建立。

会计人员的工作更多的是分析组织的业务活动和用户的信息需求，据此制定有关的信息记录、存储、维护和报告的规则，以及在信息处理过程中要用到的相关模型和方法等，由会计信息系统按照拟订的程序进行处理，并将结果传递给相应的用户，等待用户的反馈。这一反馈又继续体现出信息用户的需要。通过这一流程，会计工作的管理职能得以真正地实现。

4. 会计管理工作重心的变革

由于信息技术给会计实务工作环境带来的变革，会计管理工作的重心有可能发生改变。例如，过去企业会计人员的主要工作是围绕凭证、账、报表处理的财务会计管理工作，而在信息技术的处理环境下，上述工作中的大部分手工操作可由计算机自动完成，会计人员可有更多的时间做企业内部会计管理。因此，会计管理工作的重心由财务会计管理转向财务会计管理与管理会计并重的发展阶段。

5. 会计反映职能将得到强化

由于上述 3 和 4 的原因，会计的反映职能，特别是会计的对外和对内的报告在内容和报告方式上有可能满足更广泛的信息需求，并能确保各种报告的及时性，因此，会计的反映职能将有机会得到强化。

6. 会计语言的变革

在 IT 环境下，传统的会计语言和企业会计文化将发生质的变化。例如，会计语言中的一些核心词汇，如"记账凭证""账簿""报表"等的作用将逐渐淡化。

首先，由于企业管理全面信息化的实现，会计信息源和信息表示结构由一元化走向多元化，即会计工作中记账凭证的信息将直接来源于各种业务过程，记账凭证作为手工环境下重要实体的作用将逐步淡化直至消亡。其次，由于网络和数据库技术的发展和应用，各级管理者和投资者无须等待会计工作者们历尽艰辛所提供的滞后的、不全面的账表信息，他们可以随时、实时通过企业网访问、存储会计信息系统中的共享信息。因此，代替凭证、账、报表的将是原始信息、操作信息、分析决策信息等；而代替制作凭证、记账、结账、出报表等的将是信息的收集、存储、传递、处理、加工、打印等。

7. 会计人力资源价值的变革

首先，IT 的应用彻底改变了会计工作者的处理工具和手段。由于大量的核算工作实现自动化，更由于电子商务的发展，会计人员的工作重点将从事中记账算账、事后报账转向事先预测、规划，事中控制、监督，事后分析、决策的一种全新的管理模式。

其次，在 IT 环境下，会计人员不仅要承担企业内部管理员的职责，随着外部客户对会计信息需求的增长，会计人员还应及时地向外传递会计信息，为社会、债权人、投资者、供应商和客户、兄弟行业、政府管理部门等一切会计委托、受托者负责、披露会计信息，提供职业化的咨询服务。

再次，在 IT 环境下，会计人员不再仅仅是客观地制造和反映会计信息，更应使会计信息增值和创造更高的效能。

最后，IT 环境对会计人员的素质也提出了相应的要求。目前会计人员所从事的会计核算和财务分析工作等常规的、结构化较强的工作将由基于 IT 的信息系统完成，在这种情况下，会计人员应更多地从事那些非结构化的、非常规的会计业务，以及完成对信息系统及其资源的评价工作。因此，未来的会计人员不仅要具有管理和决策方面的知识，还应具有利用信息技术完成对信息系统及其资源的分析和评价的能力。

1.2.2 会计人员应如何面对IT发展的挑战

1. 会计人员的业务拓展

① 利用信息系统提供的数据了解和分析信息用户的信息需求，确定能够反映或报告的方式和内容，以便向信息用户提供对决策有用的信息。

② 分析企业信息过程，制定会计信息处理规则，包括会计信息系统中设置的企业各项业务活动控制程序、会计信息系统的信息处理功能分析，并参与几乎所有业务活动规则的制定。

③ 分析和评价企业各种业务活动的风险、效益，并通过与企业内部控制工作相联系，帮助企业管理者制定决定业务过程性质的企业规章或政策。

④ 与其他部门进行协作。作为会计人员，分析企业业务活动的目的是为企业各个业务单元服务，以便最终提高企业经济效益。同时这种业务活动的分析和评价工作又必须得到其他业务部门的支持，然后由会计部门进行集中化的协调和报告。

⑤ 自身管理。自身管理包括对会计业务活动的管理、会计信息系统的管理、会计知识资源的积累和管理、会计信息质量的管理等。

2. 会计人员应具备的素质

会计人员在思想观念上需要有主动性、开放性及开创性。要主动面对新情况，积极地参与到新的业务发展领域中去；还要敢于采用新思想、新方法和新技术。会计人员应该是知识工作者，是知道如何利用知识来提高工作效率的管理者。会计人员应该是掌握产品知识、市场知识、生产知识、技术知识、质量知识、安全知识等的多元专家。会计人员应具备学习能力、自治能力和协调能力，特别是应具有对各个业务活动之间的相互联系的理解能力，以及交流技巧和协作技巧。这样，会计人员才能通过保持与高层经理、业务人员、客户、供应商的经常接触，了解企业内外部的业务情况，以便更好地发挥辅助战略决策的作用。

1.3 信息系统的基本概念

1.3.1 数据、信息、知识

1. 数据

数据是人们用符号化的方法对现实世界的记录。数据表示的是客观事实，是一种真实存在，它必须和客观实体及属性联系在一起才对接收者有意义。例如，"42%"是一项数据，但如果不与某个客观实体及属性联系起来，则这一数据除数字上的意义外，并不表示任何内容。

2. 信息

（1）信息的定义

在信息技术应用领域，一般认为：信息是经过加工的、具有一定含义的、对决策有价值的数据。由此也可看出，信息的表达是以数据为基础的。例如，"42%"是一项数据，但这一数据除数字上的意义外，并不表示任何内容，而"张三得到选票42%"对接收者是有意义的，接收者知道"42%"是表示客观实体张三的得票率这一属性值。因此，"张三得到选票42%"不仅有数据，更重要的是对数据进行了解释，从而使接收者得到了客观实体张三的得票率信息。若再加一条信息"得票率大于40%即可当选委员"，则综合以上两条信息之后可以得出一条抽象程度更高的信息：

"张三当选委员。"

由此可见，数据和信息是密不可分的，而信息之间的联系又可以得到抽象层次更高的信息。从中可以看出，如果将数据看作原料，那么信息是通过信息系统加工数据得到的产品，而且在信息系统的帮助下，还可利用信息技术对信息进行进一步的加工处理，得到不同抽象层次的信息来辅助完成不同层次的决策。同时，在信息系统中以数据的形式来描述信息的各个属性，通过一些标准化的编码方式，大大方便了信息的交流。

（2）信息的特征

1）信息的共享性

一方面，同一内容的信息可以在同一时间被多人使用；另一方面，同一内容的信息可以被使用多次，信息不会因为被使用而贬值或废弃，可通过传递和扩散方式实现共享。

2）信息的可传递性

信息是物质存在方式的直接或间接显示，它依附于一定的媒体进行呈现、传递和扩散。信息是内容，信息的媒体是形式。而信息技术极大地扩展了信息的扩散范围，提高了信息的传递速度，使得信息可以很容易地跨越地理界限，摆脱厂房、机器等有形要素，在全球网络上以数字化的形式迅速传播。

3）信息的可编码性

信息可以用有标准意义的符号表示。信息社会中会有更多的信息以数字形式表示，信息的生成、处理、存储、传输都是数字化的，因此信息易于识别和接收，易于转换，易于传递，易于存储，从而易于处理。特别是多媒体技术出现以后，计算机已经能够利用二进制数字表达相当多的信息形式。

4）信息的效益性

信息是具有价值和成本的企业资源。信息的价值表现在：一方面，信息的利用会给企业带来价值；另一方面，信息的使用将增加企业其他资源的价值。在信息社会，信息的这种增值能力将表现得更为突出。但是信息的使用价值的发挥含有一定的主观成分，它与利用次数、时间、使用者的能力有关。

5）与信息使用价值有关的特性

此类特性包括信息的使用效率、信息的时效性、信息的准确性、信息的相关性。信息的使用效率是指对同一内容信息的利用次数。信息的时效性是指随着时间的变化，信息的使用价值将发生变化。信息的准确性是指信息只有准确地反映客观事实才能体现出信息的价值。信息的相关性是指信息有助于决策的程度。

6）信息的可增值性

信息不但对企业其他资源有增值作用，而且信息本身也可增值。当大量零散、片面、互不关联的信息经过信息系统过滤处理成为相关信息的有序集合时，信息本身就会发生增值。这也是信息咨询业得以蓬勃发展的原因之一。此外，一种信息在生产和传播的过程中，有不断丰富的可能性，因而可以不断增值。

7）信息的可集成性

不同的信息之间可以广泛地联系和系统地综合，并由此得出全新的信息关系和内容。具体表现在：同样一条信息与不同的信息进行联系，可以得到不同的解释，而这条信息本身并没有发生什么变化；一种信息可以建立多种信息联系，从而产生多种用途；信息的综合并不是对信息的简单堆砌，而是通过人与信息系统协同工作，使得不同实体的各方面信息有机地结合在一起，创造出新的信息。

8）层次性

此特性是与企业决策的层次联系在一起的。对信息社会的企业来说，不论哪个企业单元（如工作小组或某个员工），利用信息进行决策一般都可以有3个层次：战略层决策、战术层决策和事务决策。不同层次的决策对信息的来源、抽象程度、信息的数量等特性的要求不同。

（3）信息的类型

从不同的角度可以对信息进行不同的分类。按照信息发生的领域，可以将信息分为物理信息、生物信息和社会信息；按照信息的反映形式，可以将信息分为数字信息、图像信息和声音信息；按照信息应用领域，可以将信息分为管理信息、社会信息、科技信息等。

（4）信息的生命周期

信息是有生命周期的。人的生命周期是出生、成长、衰老和死亡；一般商品的生命周期是研究、制造、应用和报废；信息的生命周期是要求、获得、服务和退出。要求是信息的孕育和构思阶段，人们根据所发生的问题，根据要达到的目标，设想可能采取的方法，构思所需要的信息类型和结构。获得是得到的阶段，它包括信息的收集、传输及转换成可用形式，达到使用的要求。服务是信息的利用和发挥作用的阶段，这时信息可以保持最新的状态，随时准备给用户使用，以支持各种管理活动和决策。退出是信息已经老化，失去价值的阶段。

信息生命周期的每个阶段中包括一些过程，这些过程包括信息的收集、信息的传输、信息的加工、信息的储存、信息的维护及信息的使用6种。这些过程支持这些阶段的实现。不同的过程组成了不同的生命周期阶段。

3. 知识

从信息技术应用的角度来看，知识是以各种方式将一个或多个信息关联在一起的信息结构，是对客观世界规律性的总结。它是对同类信息的积累，是为实现某种特定的目的而抽象化和一般化了的信息。因此，信息是知识的原料，而知识是对信息的更高一级的抽象，这种抽象可以在信息系统环境中通过寻找各信息之间的联系完成。由此也可以看出，知识的产生需要自由地获取信息。

1.3.2 信息系统

1. 系统

信息系统首先是一个系统。系统是为了实现某种目的，由相互作用和相互依赖的若干组成部分按照一定的规则或结构结合而成的，具有特定功能的有机整体，而且这个系统又是它所从属的更大系统的组成部分。系统总是存在于一定的环境之下，区分系统内外部的是系统的边界，系统与环境的作用点或各子系统之间的连接点称为接口。

由该定义可以得出系统的一些重要属性：系统具有目标；系统具有特定的功能；系统具有一定的结构，它由若干部分及其相互关系构成，其中输入、处理、输出、反馈和控制是一般系统都具有的基本要素；系统具有边界，并以此将该系统与其他的系统及系统外部相区别；系统是一个相对的概念，其内部还有子系统，而它又是所从属的更大的系统的子系统，子系统与系统一样具有各自的目标、边界、组成部分等；系统处于特定的环境之下，根据系统与环境的关系可将系统划分为闭系统和开系统，闭系统没有与环境之间的物质、能量和信息交换关系，因此不受环境的影响，而开系统是与环境进行物质、能量和信息交换，并在交换中不断地自调节、自适应的系统。

2. 信息系统的定义、属性及目标

（1）信息系统的定义

作为系统的一种，信息系统同样具有一般系统共有的那些属性，并赋予它们具体的内容，因此，可以将信息系统定义为：以信息基础设施为基本运行环境，由人、信息技术设备、运行规程组成的，通过信息处理，辅助企业进行各项决策的系统。其中，人不仅是信息系统的组成元素之一，而且是站在系统之外对信息系统进行管理并利用信息系统提供的信息进行决策的信息系统使用者；信息技术设备按照一定的结构集成为机器系统后，提供了企业信息系统运行的物理环境；运行规程主要规定了信息系统本身的运作规则，并用来明确人与信息技术设备之间的关系，如对系统的控制和使用规则、对系统的访问权限等，特别是给予所有信息系统使用者一些使用信息系统时应共同遵守的规则。

（2）信息系统的属性

除一般系统的属性外，信息系统还具有以下属性。

1）开放性

开放性是指信息系统与外界环境之间有着信息、物质或能量的交换关系，对外部环境变化具有一定的适应能力。

2）系统集成性及信息集成性

企业信息系统由许多子系统组成，每个子系统完成各自特定的功能，但是服从信息系统的为信息使用者服务的总目标，因此信息系统是一个整体，具有系统集成性和信息集成性。系统集成性有5个层次：硬件集成，软件集成，数据和信息集成，管理、技术和生产等功能集成，人和组织机构的集成。

3）人-机协作系统

信息系统是一个人-机协作系统，即信息系统中人与机器必须相互密切协作、相互适当配合才能发挥各自的作用，忽视了任何一方，信息系统的目标就不能很好地实现。这是信息系统的重要特点之一，也是信息系统应用上的难点之一。

（3）信息系统的目标

信息系统的目标是向信息系统使用者（用户）提供对决策有用的信息。

3. 信息系统的基本功能

具体来说，信息系统的基本功能包括信息采集、信息转换和生成、信息传输和交换、信息存储、信息维护、信息检索和信息分析等。信息采集解决信息的识别、信息的收集，以及如何将收集到的信息表达为信息系统可以处理的方式等问题。信息转换和生成完成原始数据到可利用信息的转化，具体来说有分类、排序、计算、压缩、比较、汇总等基本处理活动。信息传输和交换完成两个问题：一是如何准确、快速地传送信息，这涉及信息传输线路的传输速率和抗干扰能力，二是如何确切地表达信息的意义，这涉及信息的编码和译码问题。信息存储是将信息保存起来以被将来使用，它强调存储方式、存储介质等问题，特别是信息的存储时间是信息系统中的重要问题。信息维护是指保证信息处于可用状态，即保证信息的及时更新、适当分布，以及信息的安全性、完整性和一致性。信息检索是指按照用户的需求查找信息。由于用户需求是多种多样的，有时还需要对信息进行进一步的加工处理，即信息分析，它一般需要利用一些模型和方法，如预测模型、决策模型、模拟模型、知识推理模型等，从而得到针对性较强的、满足用户需求的决策信息。

在实际运行过程中，信息系统采集来自企业内部和外界环境中各项活动所产生的信息，通过信息处理，为信息用户提供所需的信息，这一过程由信息管理人员进行控制、监督和协调。

4. 管理信息系统

管理信息系统（Management Information System，MIS）是以信息基础设施为基本运行环境，由人、数据、设备、信息技术和运行规程等要素组成的，通过数据处理产生企业进行各项管理和决策所需信息的系统。随着近几年网络信息技术的迅猛发展和企业信息化进程的加快，MIS 已经迎来了它的高级阶段——企业资源计划。

（1）企业信息化及其必要性

企业信息化即挖掘先进的管理理念，应用先进的信息技术（计算机技术、网络技术和通信技术）去整合企业现有的生产、经营、设计、制造、管理，及时地为企业的"三层决策"系统（战略层、战术层、事务层）提供准确而有效的信息，以便对需求做出迅速的反应，其本质是加强企业的"核心竞争力"。

在当今全球经济一体化的格局下，企业要想成功必须具备以下能力：合理利用稀缺资源，保持最低成本的支出；从容应对客户不断变化的偏好；适应快速的技术变革；善于发现并懂得注重和有效管理公司相对于竞争者的优势；不断规范企业的运营，有效地实现企业的目标；建设多元化的员工队伍，有效管理，共同投入。这些能力是体现企业自身竞争优势的重要因素，而增强它们的主要工具就是信息技术。充分地利用信息技术可以延伸和扩展人的脑力、体力和智力；增强人的智能、体能和技能。在竞争环境中，不能善用信息技术的企业，必将渐趋劣势而被淘汰。这就是企业实现信息化的必要性和必然性。

（2）ERP

1）ERP 的定义

企业资源计划（Enterprise Resource Planning，ERP）的定义很多，现在被业内普遍接受的定义是，通过信息技术等手段，实现企业内部资源的共享和协同，克服企业中的官僚制约，使得各业务流程无缝平滑地衔接，从而提高管理的效率和业务的精确度，提高企业的盈利能力，降低交易成本。

2）ERP 的核心思想

ERP 系统作为一种具有特定功能的、高度集成的信息系统，其核心思想始终不能脱离 3 个方面：企业（Enterprise）、资源（Resource）、计划（Planning）。其中，企业是指进行各种经济活动的实体；资源是指企业进行各种经济活动需要借助的劳动、资金、物料等；计划是指企业进行经济活动前拟订的、用于指导企业具体经济活动过程的制度安排，包括活动目标、活动步骤、活动预算等方面。

ERP 的核心思想就是：通过对物料资源、人力资源、资金资源和信息资源等企业资源的合理计划安排，实现对企业资源的合理配置和充分利用。ERP 系统就是基于这一核心思想，设计出满足企业资源配置要求的各个功能模块，帮助企业完成从企业资源计划制订到计划的执行、监控和评价的全过程。

3）ERP 的发展历程

ERP 是在制造资源计划（Manufacturing Resources Planning，MRP）和 MRPⅡ的基础上发展而来的。ERP 虽然是 MRPⅡ的下一代产品，但 ERP 和 MRPⅡ之间并不是替代关系，而是包容发展的关系。ERP 的发展阶段如表 1-3-1 所示。

表 1-3-1 ERP 的发展阶段

年代	企业经营方针	欲解决的问题	软件发展阶段	理论基础
20 世纪 60 年代	追求降低成本；手工订货发货；生产缺货频繁	如何准确确定订货时间和订货数量	MRP 系统	库存管理理论；主生产计划；物料清单
20 世纪 70 年代	计划偏离实际；人工完成车间作业计划	如何保证计划得到有效实施和及时调整	闭环 MRP 系统	能力需求计划；车间管理作业；计划、实施、反馈与控制的循环
20 世纪 80 年代	追求竞争优势；各子系统间缺乏联系，矛盾重重	如何实现管理系统一体化	MRP II 系统	系统集成技术；物流管理；决策模拟
20 世纪 90 年代	追求创新；要求适应市场需求的变化	如何在全社会范围内利用一切可利用的资源	ERP 系统	供应链；混合型生产环境；事前控制

MRP 最初只服务于制造业，任何制造业的生产经营活动都是围绕其产品展开的，制造业的管理信息系统也不例外，MRP 就是从产品的结构或物料清单出发，实现物料信息的集成。通俗地说，MRP 是一种保证既不出现短缺，又不积压库存的计划方法，解决了制造业所关心的缺件与超储的矛盾。

MRP 解决了企业物料需求信息的集成，但还没有说明企业的经济效益。MRP II 与 MRP 的主要区别就是前者运用管理会计的理念，用货币形式说明了执行企业"物料计划"带来的效益，实现物料信息与资金信息的集成。

衡量企业经济效益首先要计算产品成本，以及考虑产品成本的实际发生过程，还要以 MRP 系统的产品结构为基础，从最低层采购件的材料费开始，逐层向上将每一件物料的材料费、人工费和制造费（间接成本）累积，得出每一层零部件直至最终产品的成本，再进一步结合市场营销，分析各类产品的获利性。

MRP II 可在周密的计划下有效地利用各种制造资源，控制资金占用，缩短生产周期，降低成本，但它仅仅局限于企业内部物流、资金流和信息流的管理。

4）ERP 的工作模式

ERP 系统是集成了企业业务和财务的全系统。在企业内部，再也没有独立的、分割的管理信息子系统，所有的业务、管理、财务都集成在一起，通过 ERP 实现物流、资金流、信息流的统一。实施 ERP 是以企业业务为中心来构建一个一体化的管理系统，并根据物流、资金流、信息流的连续运动和反馈来设计和运行这个系统，它跨越各职能领域的边界，实现整个企业业务与信息的集成。

ERP 已经融入了会计信息系统，成为其中的有机组成部分，不再作为一个独立、专门的信息子系统，而是与业务系统高度融合与协同。由于业务与财务的集成，在处理每笔业务时，相应的业务处理模块会自动生成会计凭证并将其写入相关的会计账目中，实现自动记账。不仅如此，在 ERP 环境下，企业会计工作中常规的、可程序化的任务都将由各个业务功能模块自动处理，这就是所谓的业务财务一体化。

正因为 ERP 实现了实时的业务财务一体化，从会计角度看，可以实现事中的、实时的、动态的会计报告，所以会计才可以实现任意一天任意时刻向信息需求者报告会计信息。基于企业内部网的 ERP 系统示意图如图 1-3-1 所示。

ERP 系统中各业务功能模块一般都具有 4 部分功能：业务处理功能、会计处理功能、内部控制功能和审计线索收集功能。当业务人员运行业务模块处理其业务时，会同时自动完成模块所具有的其他几项功能，如记账、收集审计线索等，当然也受到来自系统的控制而不能随心所欲。这就是 ERP 环境下系统高度融合、业务高度协同、会计数据实时采集并实时处理、系统自动控制能够得以实现的生动体现。

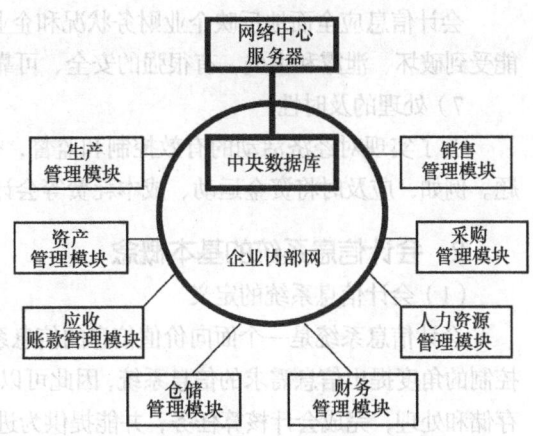

图 1-3-1　基于企业内部网的 ERP 系统示意图

1.3.3　会计信息和会计信息系统

1. 会计数据和会计信息

（1）会计数据和会计信息的定义

会计数据是收集、记录的会计业务中所有事物实体的属性和属性值。例如，会计凭证、会计账簿、会计报表等都是会计业务中的实体。它们的属性和属性值都是会计数据。会计信息是指在会计管理和会计决策分析工作中需要的各项会计数据，包括资产、负债信息、生产费用和成本信息，以及有关利润实现和分配的信息等，它们都是对会计数据进一步加工处理后得到的对会计管理和决策分析有价值的信息。

（2）会计信息的特点

1）数量大、种类多、来源广

会计工作需对生产经营过程进行连续、系统、综合的反映和监督，而会计信息正是在上述反映和监督过程中所采集、加工、使用的价值数据，它几乎涉及企业的所有业务和管理活动，具有信息量大、种类多、来源广的特点。

2）综合性

会计信息用货币的形式综合反映了生产和经营工作中的经济活动，反映内容涉及供产销的每个环节、企业的每个部门和每个职工。因此，会计信息常反映企业的综合运转状况。

3）结构和处理逻辑的复杂性

由于会计信息具体地反映了资产、负债、所有者权益、成本和损益等方面的信息，这些信息之间有着十分密切的关系，它们的增减呈网状结构，互相影响，且需要始终保持平衡关系，所以这使会计信息的结构和处理逻辑变得较为复杂。

4）客观、真实、公允性

会计信息应客观、真实地反映经济活动中的价值信息，绝对不允许弄虚作假以蒙骗会计用户和政府部门。

5）全面、完整和一致性

会计信息应全面、完整、准确地反映经济活动中的价值信息，不允许出现差错和误报，否则将失去它的重要作用。

6）安全、可靠性

会计信息应全面地反映企业财务状况和企业与各方面财务关系的重要信息，因此会计信息不能受到破坏、泄露和丢失，有很强的安全、可靠性控制要求。

7）处理的及时性

为了实现对经济活动的有效控制和监督，会计信息应及时反映经济活动的状况和存在的问题。例如，应及时将资金运动、成本耗费等会计信息及时反馈给管理部门。

2. 会计信息系统的基本概念

（1）会计信息系统的定义

会计信息系统是一个面向价值信息的信息系统，是从对企业中的价值运动进行反映、监督和控制的角度提出信息需求的信息系统，因此可以将其定义为：利用信息技术对会计信息进行采集、存储和处理，完成会计核算任务，并能提供为进行企业经济活动管理和监控的分析、决策用的辅助信息。其组成要素为计算机硬软件、网络系统、数据文件、会计人员和会计信息系统的运行管理、内部控制和审计规程，其核心部分是功能完备、性能良好、结构合理并符合《中华人民共和国会计法》以下简称《会计法》和会计制度的会计软件。在信息社会，企业会计工作中常规的、可以程序化的任务将由会计信息系统处理，同时会计信息系统还将辅助会计人员完成其他管理与决策任务。

（2）会计信息系统的目标

企业的目标是通过向客户提供满意的服务，开拓市场，提高企业的市场竞争力，以保持企业可持续发展的能力。信息系统的目标是向信息系统的使用者（用户）提供管理、监控和决策有用的信息。会计的目标是提高企业的经济效益以获取更多的利润。由此，会计信息系统的目标可以确定为向企业内外部的决策者和一切信息使用者提供需要的会计信息，以及对会计信息利用有重要影响的其他非会计信息。它确定了会计信息用户可以得到的信息内容和质量。当然，具体到不同的决策者，由于需要不同，所以希望获取的会计信息也会各不相同。

在此目标下，会计信息系统的基本功能，应是利用各种会计规则和方法，加工来自企业各项业务活动中的数据，包括全部会计信息和部分非会计信息，产生和反映会计信息，以辅助人们利用会计信息进行决策。其中，会计规则和方法是由会计人员根据信息用户的需求综合制定的，它们并不是一成不变的，而是随着外界情况的变化不断调整的。在会计信息系统中，会计规则由会计人员确定，会计方法也由会计人员提出，并与信息管理人员合作将这些规则和方法转化为机器系统中的程序。当企业出现了新的业务活动或拥有了新的资源需要进行管理时，会计人员应从会计工作的角度确定相应的解决办法和处理规则，并尽可能地将其转化为计算机系统可处理的内容。

（3）会计信息系统的特点

1）庞大、复杂性

会计信息系统是企业管理信息系统的一个子系统，但它也是一个可以独立的整体，由许多职能子系统组成，如账务处理子系统、工资核算子系统、固定资产核算子系统、材料核算子系统、成本核算子系统等，内部结构较为复杂，各子系统在运行过程中进行信息的收集、加工、传送、使用，连接成一个有机的整体。

2）与企业其他管理子系统有紧密的联系

由于会计信息系统全面地反映企业各个环节的信息，所以它跟其他管理子系统和企业外部的联系也十分复杂。会计信息系统从其他管理信息子系统和系统外界获取信息，也将处理结果提供给有关系统，使得系统外部接口较复杂。

3）确保会计信息的真实性、公允性、全面性、完整性、安全性和可靠性等

会计信息系统应确保存放在系统中的会计信息的真实性、公允性、全面性、完整性、安全性和可靠性等，为此系统应对会计信息的采集、存储、处理、加工等操作提供有关的控制和保护措施。

4）内部控制严格

会计信息系统中的数据不仅在处理时要层层复核，保证其正确性，还要保证可以在任何条件下以任何方式进行核查核对，留有审计线索，防止犯罪破坏，为审计工作的开展提供必要的条件。

5）系统的开放性

会计信息系统应是能与企业其他管理子系统和企业的外部环境（如银行、税收、审计、财政、客户及其他有业务联系的企业等）进行信息交换的开放型系统。为实现此目标，在建立会计信息系统时应注意系统的整体设计，特别是网络技术的应用。

3. 会计信息系统的发展历程

纵观会计信息系统的发展历程，主要分为 4 个阶段，即电子数据处理阶段、会计电算化阶段、会计信息系统成型阶段及基于 ERP 管理思想的现代会计信息系统阶段。

（1）电子数据处理阶段

会计信息系统的发展可追溯到 20 世纪 50 年代，这一阶段主要是用计算机帮助进行会计数据的计算，数据不能独立，不能离开相应的程序而被其他程序调用，数据库存技术尚未出现，仅是代替人工进行一组给定数据的计算而已。这一阶段可以说是会计电算化的雏形，只能算作计算机技术在会计处理中的初步涉入。

（2）会计电算化阶段

会计电算化产生于 1979 年，可以将它解释为会计工作的计算机化，主要是指财务会计的电算化，而管理会计的电算化、决策会计的电算化等尚未涉及。我国会计电算化事业主要解决的是以计算机代替手工记账、算账、报账和用账问题。经过几十年的发展，会计电算化有力地推动了我国财务会计事业的发展。与此相随，我国财务软件也正处于起步阶段，此时的财务软件属于对非商品化财务软件的研究。

（3）会计信息系统成型阶段

会计电算化是利用计算机代替手工完成一系列会计核算工作的过程，会计信息系统包含了会计电算化，但会计电算化不是会计信息系统的全部。会计信息系统还包括对会计信息的进一步开发和利用过程，以及与财务信息系统、整个管理信息系统的对接和融合过程。以下通过对比会计信息化与会计电算化来理解此阶段的会计信息系统。首先，会计信息化与会计电算化的区别表现在所处环境上，由于互联网及以电子商务为代表的网络经济的迅速发展，会计所处的环境发生了很多的变化，可归纳为网络化、即时化、无纸化、信息集成化、管理一体化。客观上提出了会计信息化的需求，也提供了实现会计信息化的条件，没有信息化的环境，会计也只能搞"电算化"。其次，会计信息化与会计电算化的区别表现在其内涵上，在当时的环境下，会计电算化主要围绕记账凭证、账本和报表进行设计和开发，处于一种单纯模拟手工会计账表的状态，而且自成体系，所提供的会计信息与整个企业的信息系统处于被割裂的状态，出现"孤岛现象"。而此时的会计

信息系统单独孤立地收集财会数据，加工处理，重点是代替人工计算，也局限于会计核算，而轻视财会管理、信息的利用。

（4）基于 ERP 管理思想的现代会计信息系统阶段

1998 年至今可以说都属于此阶段。财务软件此时也进入了管理型财务软件和企业管理软件阶段。随着经济活动趋向电子化、自动化，企业间信息交换逐渐增多，网络系统管理被提到最高优先级，"网络财务"的概念应运而生。管理型财务软件的出现，为现代会计信息系统提供了技术层面和物理层面的保证。实体层面的技术支持只是前提条件，关键是影响会计信息系统设计理念的、精神层面的理念——ERP 管理思想的出现。

在传统管理环境下，会计信息系统的功能被定位于数据的收集与处理，即使将计算机引入会计领域之后，"会计电算化"也仅被表述为会计核算方法的计算机化，大量数据未被进一步利用，管理控制与决策发挥的作用甚弱，在企业内部形成了会计"信息孤岛"。而在 ERP 环境下，会计信息系统与其他业务系统间的无缝集成，提高了会计信息的质量，实现了信息的高度共享，使会计工作进一步提升至利用会计信息进行财务分析与管理。

1.3.4 会计信息系统在企业管理信息系统中的作用和地位

会计信息系统是企业管理信息系统中的一个重要的子系统。会计信息是企业生产、管理决策中使用最多的信息，在现代企业决策中处于中心和主导地位。会计信息系统是一个组织处理会计业务，并为企业管理者和决策者提供财务信息、定向信息和决策信息的实体，它通过收集、存储、加工、传输和利用会计信息，对经济活动进行反映和控制。

会计信息系统是在企业信息系统中占有重要地位的一个子系统。由于会计是以货币的价值形式来反映和监督企业的整个生产经营活动过程的，所以，会计信息系统反映的内容涉及供产销每个环节、企业的每个部门及员工。会计信息系统在企业管理信息系统中的重要地位，是由它本身的特点决定的。由于会计信息系统在企业信息系统中所起的重要作用，加之会计工作的流程和规则较易规范，所以我国多数企业的信息化工作是由会计信息化起步的。

1.3.5 企业会计人员与会计信息系统的关系

会计人员既是会计信息系统的组成要素，又是会计信息系统的管理者，他确定了会计信息系统采用什么样的会计模式，并与信息系统管理者一起制定会计信息系统的运行规程，特别是会计信息系统的内部控制问题。会计信息系统应该服务于会计人员，帮助会计人员更有效地处理有关信息，并向用户提供满足其需要的高质量的会计信息。

此外，会计人员的工作重点还包括对企业各项业务活动及资源利用的绩效评价，对信息技术/信息系统等新技术应用的风险管理，与企业经营、发展战略密切相关的会计决策活动。因此，一方面，要求未来的会计人员必须是多面手，才能完成这些工作，如对会计信息系统的管理，实际上要求会计人员应具备系统分析员的部分素质；另一方面，会计人员用到的很多管理方法、手段和模型，企业其他管理人员也可以做，只是加工的信息对象有差别，而在信息社会，这些对象对所有的信息用户来说可能是平等的，未来的职业可能出现融合的趋势，此时，重要的是企业员工具备的知识素养。要想让会计这一历史悠久的行业在未来信息社会有立足之地，就必须大力提高会计人员的素质。

第 2 章 技术知识应用

2.1 现代信息技术概述

信息技术是指扩展人类信息器官功能的技术。人类的信息器官包括感觉器官、神经系统、思维器官，与此相适应，信息技术也包括感测技术、网络通信技术、计算机技术。感测技术主要是指信息的识别、检测、提取、变换和某些信息处理技术，它是对人类的信息感觉器官的扩展和延伸，目的是高精度、高效率地采集各种形式的信息。网络通信技术是指如何实现信息共享、传递和交换。网络通信技术的应用扩展和延伸了人类的信息传输系统功能。计算机技术主要包括对信息的存储、检索、处理和分析，并产生新的信息，它是对人类的信息处理器官大脑功能的扩展和延伸，目的是高速度、高智能、多功能、多品种地提供人们需要的信息。

由此，信息技术并不是某一种具体的技术，而是围绕信息的产生、检测、变换、存储、传递、处理、显示、识别、提取、控制和利用，从不同的角度为人们提供帮助的一群技术，其中，计算机信息技术和网络通信技术是信息技术中的核心技术。

2.1.1 信息技术的应用领域

计算机信息技术是 20 世纪科学技术发展的最卓越的成就之一。实践表明，没有计算机信息技术就没有科学技术的现代化，就没有工业、农业和国防现代化。现代信息技术的主要应用领域包括科学计算、数据处理、过程控制、计算机辅助设计、智能模拟和综合应用。

1. 科学计算

科学计算是电子计算机问世以来，最原始的应用领域。

在科学技术与工程设计中，存在大量的、类型繁多的数学问题。这类问题往往极其复杂，计算工作量相当庞大，时间要求又很强，没有电子计算机的快速性和精确性，其他计算工具是根本无法解决的。计算机用于科学计算可以缩短计算周期，提高效率，降低成本，便于方案优化。

2. 数据处理

在生产组织、企业管理、市场预测、情报检索等方面，存在大量的数据，需要及时进行收集、归纳、分类、整理、存储、检索、统计、分析、列表、绘图等。这类问题数据量大，有大量的逻辑运算与判断，其处理结果往往以表格、图像、声音或文件的形式存储或输出，如企业管理信息系统、会计信息系统、民航飞机订票系统、国家税收征管系统等。

据统计，目前在计算机应用中，数据处理所占的比重最大。它能使人们从大量繁杂的数据统计和管理事务中解放出来，大大提高了工作等效率。

3. 过程控制

使用计算机对连续的工业生产过程或其他处理过程进行控制，称为过程控制，如对家用微波炉温度的控制、对炼钢炉温度的控制、对飞机飞行速度的自动控制等。企业实行过程控制可以提高自动化程度，提高劳动效率，提高产品质量，保证生产安全，降低成本，缩短生产周期。

4. 计算机辅助设计

在飞机设计、船舶制造、建筑工程设计、大规模集成电路的电路图设计、机械制造、服装设计等行业复杂的设计过程中，为了提高设计质量，缩短设计周期，提高设计的自动化水平而借助于计算机进行设计，称为计算机辅助设计。

目前，计算机辅助设计技术发展迅速，应用范围不断扩大，又派生出许多新的分支，如计算机辅助制造、计算机辅助测试、计算机辅助教学、计算机辅助形象设计等。

5. 智能模拟

智能模拟是用计算机软硬件系统模拟人类某些智能行为（如感知、思维、推理、学习、理解等）的理论和技术。它是在计算机科学、控制论、仿生学和心理学等学科的基础上发展起来的边缘科学。这正是国内外争先研究的人工智能技术，它包括专家系统、模式（声、图、文）识别、问题求解、定理证明、机器翻译、自然语言理解等。

6. 综合应用

有些计算机的应用将同时综合多种应用类型。例如，机器人技术将同时综合科学计算、数据处理、实时控制和智能模拟技术。

2.1.2 计算机硬件技术

1. 计算机硬件技术的发展

第一代计算机的元器件采用的是电子管。它的特点是体积庞大，价格昂贵，运算速度慢，能耗大，系统的可靠性、稳定性差。第一代计算机主要用于军事工业和国防科研，与之配套的软件技术是以计算机指令体系为基础的手编语言。

第二代计算机的元器件采用的是晶体管。它的体积比第一代计算机有所缩小，运算速度加快，系统的可靠性、稳定性及性能价格比等有所优化。计算机的应用领域迅速向科学计算和数据处理领域扩展。例如，计算机技术用于会计工作，使会计工作处于电子数据处理发展阶段。与之相应的软件技术主要有汇编语言和某些高级算法语言，如 Basic、Fortran 等。

第三代计算机称为集成电路计算机。随着微电子技术的发展，集成电路代替了分离式元件，半导体存储器代替了磁芯存储器，并采用微程序控制技术。这一切使计算机的性能价格比大大优化，主要表现在：体积大大缩小，性能十分可靠、稳定，但价格大大下降。随着软件技术的迅速发展，包括数据文件系统问世，高级语言日趋成熟，计算机不再只是专业人员所拥有的"贵族化"的设备，许多业务人员经过短期培训后就能熟练掌握相应的应用技术，从而使计算机的应用领域和应用面得到了蓬勃发展。

第四代计算机是大规模和超大规模集成电路计算机。由于微电子技术中集成电路突飞猛进的发展，基于大规模和超大规模集成电路的电子计算机的性能价格比有了本质上的突破，特别是微机和便携式计算机的产生及相应的软件和网络通信技术的发展，使计算机应用真正走向社会各个角落，包括家庭和个人，最终使人类社会进入了信息化时代。目前计算机的主要发展方向有：计算机性能特别是处理能力的巨型化；成本、体积的小型化。近年来，一些发达国家如美国、日本等正在加紧研究第五代计算机，它们正在重点研究计算机的智能化功能，即以知识库为基础，采用智能接口，进行逻辑推理，完成判断和决策任务的第五代计算机。

2. 计算机硬件技术的组成部分

在计算机化的环境中,各种设备用于执行与手工系统中基本类似的工作,差别在于速度、可靠性、灵活性和所能处理的数据量大小等。主要的硬件组成部分包括输入设备、输出设备、存储设备、运算器和控制器 5 个部分。

(1) 输入设备

输入设备用于将欲处理的程序和信息输入计算机。为了使计算机提供有用的输出,必须首先给计算机提供可靠的输入信息和程序。常见的输入设备有键盘、鼠标、扫描仪、光符识别仪、智能卡阅读器等。传统情况下,系统中的大部分信息是由键盘输入的。为了提供完整、准确、及时的输入信息,人们开发出许多新型的输入设备来取代键盘。更自然的信息输入方式,如语音输入、手写输入等技术正在被研制和采用。输入设备的发展趋势是:在业务活动发生的当时、当地实时地输入数据以提高数据处理的及时性;减少人工干预以提高数据的完整性和准确性。

(2) 输出设备

输出设备用于将计算机处理后的信息以各种形式传递到外部媒介,为信息使用者提供查阅处理结果和信息的工具。常见的输出设备有显示器、投影仪、打印机、绘图仪和扬声器等。许多设备可用于提供信息的有纸硬复制或无纸软复制。输出设备的发展趋势为:开发方便易用、高分辨率的输出;能集成声音、图像、动画等多种媒体的输出。我们把多种媒体的集成称为多媒体。多媒体技术的目标是同时激发人的多个感官,使输出更人性化。例如,多媒体和打印技术的发展,使视觉、听觉受损的人能够比以前更有效地理解计算机输出。

(3) 存储设备

存储设备用于存放被输入设备接收的程序、信息和经计算机处理后产生的有用的结果信息。输入到计算机中的程序和信息只有被存储到存储设备中,才能对它们进行使用和处理,同理,经计算机处理后的结果也只有存放到存储器中才能对它们做进一步的查询和输出。存储设备分内存和外存两种。

1) 内存

内存是计算机系统内部的存储设备,用于临时存放需处理的数据和指令。与人类的记忆与处理能力类似,计算机能同时维护和处理数据和指令,当计算机按某指令执行处理时,首先应将该指令和相应的数据临时存放到存取速度较快的计算机内部存储器中。内存的考核指标是容量和速度。容量的计量单位是字节,典型情况下,成块的内存以千字节(KB)、百万字节(MB)、十亿字节(GB)、万亿字节(TB)来分组。内存的速度是指能以多快的速度存取和检索数据。内存速度的常用计量单位是毫微秒(百万分之一秒)。毫微秒数值越低,计算机花在内存管理上的时间就越短。通常内存的速度越快,硬件的价格就越高。内存技术的发展目标是消除由于内存数量不足、速度不快而对处理造成的限制。人们从两方面实现这个目标:一方面是与硬件相关的物理内存,另一方面是与软件相关的虚拟存储器。

2) 外存

在外存(物理内存)方面,微电子学已取得巨大进步,制造出了更小、更快的电子存储设备。外存是用于辅助主存储器(内存)来完成数据永久存储功能的设备。外存也称为辅助存储器。

外存与内存的区别之一在于外存中记录的数据在计算机关机后不会丢失。在需要的时候,外存中的数据能被载入内存进行处理。

内存和外存的另一个区别是制造成本。内存每字节的成本比外存每单位字节的成本高得多。

外存的种类有磁盘、磁带、光盘和缩微胶片等。除传统类型的外存外，便携式存储设备正被越来越广泛地使用。智能卡就是一个例子。智能卡上有一个用于存储信息的存储芯片。有些智能卡上还嵌有处理器。与内存相似，外存的发展方向也是速度和容量。虽然大量的数据和信息正在被数字化，但还有很多信息记录在纸介质上，不能被计算机直接读取和处理。外部存储技术的进步使人们可以维护和读取大量数据和指令，直接用计算机处理。

（4）运算器

运算器是执行算术运算和逻辑运算的部件，它的主要任务是对信息进行加工处理。运算器一般由加法器、移位器、寄存器、输入寄存器和输出控制门组成。

（5）控制器

控制器在计算机中的作用是指挥整个计算机有条不紊地工作。控制器必须具备以下基本功能：分析指令、执行指令、控制程序、协调数据的输入和结果信息的输出、处理异常情况和某些请求等。

控制器、运算器和寄存器的组合称为中央处理器（Central Processing Unit，CPU），它是计算机的心脏。计算机的处理能力通常用 MHz，即中央处理器的处理速度来衡量，数值越高的处理器处理速度越快。中央处理器处理能力的另一个计量尺度是字长。字长是指处理器一次所能处理的位数。

2.1.3 数据通信技术

1. 数据通信技术的定义

数据通信是指数据由发送端（信源）经通信线路（信道）传输到数据的目的地（接收端或信宿）的过程，如图 2-1-1 所示。而数据通信技术是使电子计算机作为发送端和接收端与通信线路相结合，来完成编码信息的传输、转接、存储和处理的技术。数据通信系统是以计算机为中心，用通信线与分布于远地的数据终端设备连接起来，执行数据通信的系统。

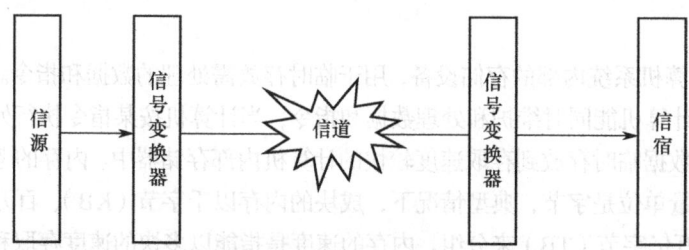

图 2-1-1 数据通信

2. 数据通信系统的结构

图 2-1-2 显示了最基本的数据通信系统结构。由于数据发送和接收是双向的，所以图中左、右两方的计算机均可视为发送端或目的地。

下面简单讲述数据通信系统结构的相关内容。

（1）调制解调器的作用

计算机产生和交换的信息都是二进制的代码信息，表现为一系列脉冲信号，而通信线路一般采用电话线等，远距离传输中多采用模拟的交流信号。这样，当信息从信源发送时，需将其变成适合通信线路传输的信号，接收时再转变为数字信号。数字信号变为模拟信号由调制器完成；反之，模拟信号变换为数字信号由解调器完成。由于数据的传送和变换是双向的，即一端既可发送信息也可接收数据,所以通信线路的两端都有调制器和解调器,总称调制解调器。

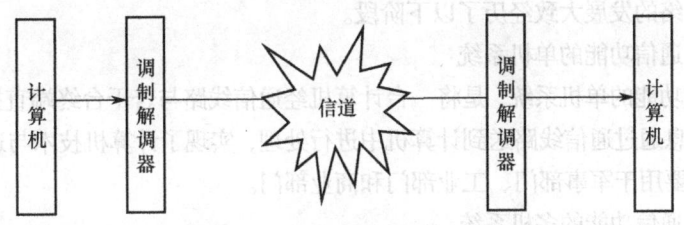

图 2-1-2 最基本的数据通信系统结构

(2)通信线路的种类

通信线路称为信道,是传输信息所经过的路径,它包括传输介质和有关的中间设备。目前常用的通信线路种类有电话线、无线传播、微波通信、卫星通信、光缆通信等。

(3)数据通信过程

数据通信过程是指数据从信源发送,经传送被信宿接收的整个过程。

一般来说,系统中每次通信都由数据传输和执行各种辅助操作组成。以拨号上网为例,数据通信包括以下 5 个基本阶段。第 1 阶段,建立通信线路。用户通过拨号将要通信的对方地址信息告诉交换机,交换机查询该地址终端,若同意通信,则由交换机建立双方的物理通道。第 2 阶段,建立数据传输链路。通信双方建立同步联系,使双方设备处于正确的收发状态,通信双方互相核对地址。第 3 阶段,数据传输。这是通信的主要阶段,通信双方传送数据(可以是单个数据或若干组数据),传送通信控制信号。第 4 阶段,数据传输结束。通信双方通过有关的通信确认此次通信即将结束。第 5 阶段,拆线。由通信双方之一通知交换机,通信已结束,可以拆线,切断物理链路。

(4)通信线路的连接方式

在数据通信系统中,计算机与终端设备之间的通信线路有 3 种不同的连接方式,以适应不同应用场合的要求,分别是点-点连接、分支式连接和集线式连接。

(5)通信线路的通信方式

通信线路的通信方式包括:单工通信,该方式通信线上的数据始终按一个方向传送;半双工通信,数据信息可以双向传送,但同一时刻一个信道只允许单方向传送;全双工通信,能同时两个方向进行通信。

(6)数据通信系统软件

数据通信系统软件的主要功能是提供通信规程的管理,以保证系统能正确、有序地运行,最主要的通信软件是通信操作系统,由计算机制造商提供。

2.1.4 计算机网络技术

1. 计算机网络的发展史

计算机网络是计算机技术和通信技术发展的产物,是随着社会对信息共享和信息传递的要求而发展起来的。人类社会进入 20 世纪 90 年代之后,计算机网络已成为全球信息产业的基石,高度发展的计算机网络互联为大范围的信息交流和资源共享带来了前所未有的良好的环境。计算机网络的广泛使用,改变了传统意义上的时空概念,对社会各个领域,包括人们的日常生活产生了变革性的影响,促进了社会向信息化时代的大步迈进。在信息需求的驱动下,人们努力将各自独立的计算机连在一起,构成各种各样的计算机网络,以达到共享计算机硬件、软件和信息资源的目的。

计算机网络的发展大致经历了以下阶段。

(1) 具有通信功能的单机系统

具有通信功能的单机系统,是将一台计算机经通信线路与若干台终端直接相连。该系统可以将远距离的信息通过通信线路送到计算机中进行处理,实现了计算机技术与通信技术的结合。此类网络系统主要用于军事部门、工业部门和商业部门。

(2) 具有通信功能的多机系统

为了减轻上述单机网络系统中计算机的负担(同时承担信息处理和通信控制),在计算机和通信线路之间设置了通信控制处理机(Communication Control Processor,CCP)专门负责通信控制,此时承担信息处理的计算机为主计算机。此外,在终端聚集处设置集中器,并用低速线将各终端汇集到集中器上,再通过高速通信线路与计算机相连。此类网络技术主要用于军事领域,以及银行、铁路、民航和教育等部门。

(3) 计算机-计算机网络

计算机-计算机网络也称计算机网络,它是由若干台计算机相连的系统,并实现了计算机与计算机之间的通信和共享资源的目标。主计算机间通过通信线路直接互联,此时主计算机将承担对共享资源的管理和处理,成为网络资源的拥有者,而通信控制处理机则负责网络主计算机间的通信控制,它们共同组成资源共享的计算机网络。

(4) 互联网络系统

把众多的计算机网络通过某种通信介质,特别是信息高速公路连接在一起的网络系统称为互联网络系统,它使计算机网络的规模、覆盖面积和功能不断扩大,到今天已形成了环球网络,并正在向着全球智能网发展。互联网就是目前国际上最为流行的互联网络系统。

2. 计算机网络的基本概念

(1) 计算机网络的定义

本书以通信和共享为出发点,认为计算机网络是计算机技术和通信技术相结合的产物。它将位于不同地域的多台具有独立处理功能的计算机设备,通过某种通信介质连接起来,并由网络软件进行协调管理,以实现网络资源共享和信息传递。从上述定义中可以看出,联网的计算机可以功能各自独立,彼此之间无主从关系,但各计算机在物理上又是通过通信介质相互连接的,这个连接的介质可以是有线、无线、卫星通信等。同时整个网络要有网络软件和通信协议的支持和控制。

(2) 计算机网络的应用目标

计算机联网的根本目标是摆脱计算机在地理位置上的束缚,实现全网范围内的信息交换和资源共享。

1) 软资源共享

软资源包括软件和信息。软资源共享即对于存放在网上的软资源,网上用户均可上网共享。其中信息共享显得特别重要。例如,人们可上网查询股票行情、机票价格、企业的财务状况等。

2) 硬资源共享

硬资源共享主要是指各种服务器及价格昂贵的外部设备,如高速打印机、彩色激光打印机等,可实现共享。网上用户均可通过上网使用异地的上述设备。

3) 信息传递和交换

通过网络系统,可以很容易地实现信息传递和交换。例如,用户可上网向友人发送电子邮件,向下属子公司传送文件；反之，也可在网上自己的邮箱中查询所有友人发来的信件和下属公司传送来的财务数据等。

（3）计算机网络的分类

1）广域网

广域网技术是20世纪60年代末70年代初发展起来的，涉及的范围较大，它将远距离的计算机连接起来，一般可以从几千米至几万千米。例如，一个城市、一个国家或洲际之间建立的网络都是广域网。在广域网内，用于通信的传输装置和介质一般由电信部门提供，网络规模大，能实现较大范围内的资源共享。广域网的主要特点是：传输距离长，传送速率低，网络结构不规范，可根据用户需求随意组网等。

2）局域网

局域网是20世纪70年代末发展起来的，它是一种在小区域范围内使用的、由多台计算机组成的网，如在一栋建筑物内、一个厂区、校园内等。总之，局域网是一种范围在几千米以内，属于一个部门或单位组建的小范围网。它的主要特点是：数据传输距离较短，数据传输率高，传送误码率低，网络结构规范（常为星形和总线形）等。

3）城域网

城域网介于广域网和局域网之间，是在一个城市或地区建立的网。它的距离从几十千米到几百千米。随着局域网的使用带来的好处，人们逐渐要求扩大局域网的范围，或者要求将已有的局域网互相连接起来，使其成为一个规模较大的区域或城市范围内的网络。因此，城域网的设计目标是满足几十千米到几百千米内大量机关、企业、公司与社会服务部门计算机联网的需求，实现大量用户、多种信息传输的综合信息网络。例如，在一个城市中，企业与税务部门、银行间的联网，实现了交纳税款的自动化控制。城域网的主要特点有：传输距离在100千米以内，传输速率较高，网络结构灵活，综合性应用强等。

（4）计算机网络的组成部分

1）主计算机

主计算机是网络系统中的核心部分，它承担系统的数据处理工作，可以是单机系统，也可以是多机系统。

2）终端

终端是网络中用量大、分布广的设备，直接面向用户，用户通过终端可实现人机对话，与网络进行联系。终端的种类有很多，如键盘、显示器、智能终端等。目前用PC作为终端是十分普遍的现象。

3）通信处理机

通信处理机也叫前端处理机，是主计算机与通信线路单元之间设置的计算机，负责通信控制和通信处理工作。它可以连接多个主计算机和多个终端。它的主要作用是减轻主计算机负担，提高主计算机效率。

4）通信设备

通信设备是指数据传输设备，包括连接器、信号变换器等。

5）通信线路

通信线路用来连接上述各组成部分。通信线路分高速、中速和低速3种。

（5）计算机网络的结构

1）内层通信子网

内层通信子网承担全网的数据传输、交换、加工和变换等通信处理工作，即将一个主计算机的输出信息传送到另一个主计算机。由通信处理机和通信线路组成独立的数据通信系统。在局域网中，通信子网由传输介质和网卡组成。在通信子网中，通信设备之间有一定的通信方式和数据交换方式。通信方式是指通信子网中各设备之间的通信方法，通信方式有点对点和广播式两种。数据交换方式是指数据通过什么样的交换技术从一台主计算机传到另一台主计算机，交换方式有线路交换、报文交换和分组交换3种技术。目前多数网络采用分组交换和线路交换。例如，访问远程服务器上的财务信息，一般使用线路交换技术和点对点的通信方式；企业内部财务局域网常采用分组交换技术和广播通信方式。

2）资源子网

资源子网也叫数据处理子网，它负责全网的数据处理和向网络用户提供网络资源及网络服务。资源子网包括主计算机、终端、通信子网接口设备等。用户的电话机是资源子网，用户通过使用电话机发送和接收话音信息。电话局的交换机及电话线路是通信子网，用于连接用户的电话机，进行话音信息的传递，但它不参与通话。

3. 网络体系结构及网络协议

（1）网络体系结构

1）网络体系结构的定义

将不同类型、不同型号、不同操作系统的计算机互联起来组成一个计算机网络时，有关通信系统的整体设计称为网络体系结构。

2）网络体系结构的产生背景

为了将不同类型、不同型号、不同操作系统的计算机及有关设备连接起来，实现彼此间的通信，需要有支持它们的硬件和软件。一般，同种机的通信硬件易于标准化。但对不同厂家的异种机研制通信硬件就十分困难。通信软件需要根据不同的情况逐一开发，这无疑增加了网络研究的复杂性。为此需要颁布一个国际标准，使各厂家都生产符合标准规定的产品，在同一网络系统内，能尽量做到：统一的信息编码制度，统一的报文格式，统一的传输命令，统一控制顺序，及对网内节点、用户、程序名等做统一编码，达到标准化通信手续，便于在不同计算机上实现通信目的。这就产生了网络体系的标准化研究。

（2）开放系统互联参考模型

1978年国际标准化组织设立了一个分支委员会，专门研究网络通信的标准化体系结构，提出了开放系统互联（Open System Interconnection，OSI）参考模型，如图2-1-3所示，每层各自完成一定的功能。

开放系统互联参考模型由低层至高层分别称为物理层、数据链路层、网络层、传输层、会话层、表示层和应用层。对模型中各层的任务简述如下：物理层，实现物理上互联系统间的信息传输；数据链路层，负责信息从信源传送到目的地所做的约定，检验和校正物理层可能发生的差错；网络层，提供建立、维护和终止网络连接的手段；传输层，实现传输服务，接收会话层的数据，再送到网络层；会话层，在两个系统中的两个用户进程之间建立会话连接；表示层，处理OSI系统之间用户信息的表示问题；应用层，提供用户访问网络的应用服务。

第 2 章 技术知识应用

图 2-1-3　开放系统互联参考模型

（3）网络协议

1）网络协议的定义

在 OSI 参考模型环境下，为实现两个系统间的网络通信，两个系统的同层之间必须遵守的规则和约定的集合称为网络协议。

2）网络协议的组成部分

① 语义规则：规定通信双方准备"讲什么"，即决定协议元素的种类。

② 语法规则：规定通信双方"如何讲"，即确定数据的格式。

③ 变换规则：规定通信双方彼此的应答关系。

4. Internet、Intranet 和 Extranet 简介

（1）Internet 简介

1）Internet 的定义

Internet 是按照一定的通信协议（TCP/IP）将分布于不同地理位置上，具有不同功能的计算机或计算机网络通过各种通信线路在物理上连接起来的全球计算机网络的网络系统。

2）Internet 的特点

Internet 的特点包括：采用 TCP/IP 网络协议；提供大量共享资源；不受法规约束的公用网；与公用电话交换网互联。

3）Internet 提供的主要服务

支持 Internet 的各种软件、硬件及由它们组成的各种系统为 Internet 的用户提供了各种各样的应用系统和服务。这些应用系统和服务把各种 Internet 信息资源有机地结合在一起，从而构成了 Internet 所拥有的一切。Internet 的一般用户没有必要去了解这些应用系统是如何完成各自的工作的，因为这些工具的操作过程是以用户感觉不到的方式悄悄进行的。Internet 应用系统为用户提供可靠、简单和快捷的 Internet 服务，如表 2-1-1 所示罗列了一些主要的 Internet 应用系统和服务。用户可以利用 Internet 所提供的上述应用系统和服务去查询和获取 Internet 信息资源。例如，用户可通过环球信息网（World Wide Web，WWW，或称 Web），在 Internet 上发布消息和查看文档资料，WWW 提供了一个图形化的且易于进入的界面服务。Internet 是人类历史发展过程中一个伟大的里程碑，它是未来信息高速公路的雏形，人类正由此进入一个前所未有的信息化社会。

表 2-1-1　Internet 主要的应用系统和服务

应用系统和服务	简　　介
万维网（World Wide Web，WWW）1	图形化的浏览界面
远程登录（Telnet）	连接并使用远程主计算机
电子邮件（E-mail）	发送和接收邮件
邮寄列表（Mailing List）	多用户邮件分发
匿名文件传输协议（Anonymous File Transfer Protocol）	传输公共数据信息
文档检索（Archie）	搜索匿名文件传输协议文件
地鼠（Gopher）	菜单驱动信息检索
广域信息服务器（Wide Area Information Servers，WAIS）	数据库信息检索
万维网（World Wide Web，WWW）2	超文本信息访问
新闻组（Usenet）	巨大的专题讨论组
网络即时聊天（Internet Relay Chat，IRC）	与一组人实时交互通信
BBS（Bulletin Board System，电子公告板）	信息共享电子白版
电子杂志（Electronic Magazine）	电子出版物

（2）Intranet 简介

1）Intranet 的定义

Intranet 被称为企业内部网，它是在一个协同作业的组织内部，采用 Internet 技术实现该组织的应用需求的网络应用系统，是使用 Internet 技术构建的企业级信息集成和信息服务的信息设施。Internet 是 Intranet 的技术基础，Intranet 是 Internet 在企业内部信息系统的应用和延伸。

2）Intranet 的特点

Intranet 的很重要的特点是简单易用、见效快、回报率高。相比传统的大型机/终端系统及传统的两层客户/服务系统，Intranet 容易建立，系统建立成本低，企业容易就某些功能先试行。这个特点满足了国内某些企业或机构计算机应用资金和人力不足的现实。Intranet 跨平台，兼容性好，能保护企业的原有投资。企业的原有设备（大中型机、UNIX 工作站/服务器）得以利用，原有的网络线路、操作系统、数据库都可以很容易地加以利用，某些管理信息系统（Management Information System，MIS）也可逐渐向 Intranet 平稳转移。

企业内部网建成后，系统的维护成本变得低廉。Intranet 采用 Web/Browser 结构，用户端采用标准的通用软件——浏览器。Intranet 应用系统的开发者不必开发专用的前端软件。这种结构在降低开发费用、节省开发时间的同时，也减少了系统出错的可能性。系统运行时只需维护好中心的 Web 服务器即可。基于 Intranet 的企业信息系统为企业各部门之间、企业与客户及企业与供应商之间的紧密协作提供了统一的信息交换环境，人们突破部门、组织、地域和时间的限制，真正以企业的目标、客户的需求为中心展开协作。

3）Intranet 的应用给企业带来的效益

以 Internet 为基础的 Intranet 的应用能够给企业带来的直接好处，至少有两个方面：通信上的和资源上的。Internet 是一个全球网，只要连上了它，便可与几乎世界上所有的地方建立联系，而通信费用只是常规电话线路费用的几分之一甚至几十分之一——Internet 给人们提供了一个强大而非常经济的通信手段。更重要的是，随着这种通信方式的兴起，Internet 上的信息开始爆炸性增长，科研开发人员可以方便快捷地查阅最新科技成果，可随时检索取之不尽的文献资料。Internet

的商业化更发展出一片生机勃勃的新空间：网络银行、电子购物、电子商贸、广告营销等，给商家们带来了巨大的新兴市场。Internet/Intranet 强大而便宜的通信方式及其提供的崭新商业空间，能够对企业产生足够的吸引力。

（3）Extranet 简介

Extranet 被称为企业外部网，它是利用 Internet 技术搭建的、由多个企业的 Intranet 联网组成的网络应用系统。它是企业 Intranet 向外扩展的产物。企业在利用 Internet 技术构建 Intranet 并因此获利后，开始尝试在企业之间应用 Internet 技术构建应用系统。在 Extranet 上进行企业间的数据交换和业务协作比传统的电子数据交换（Electronic Data Interchange，EDI）在成本、效率、灵活性和易用性上有很大的提高。传统的 Internet 技术（如 TCP/IP 协议）和最新发展起来的技术（如 XML 语言等）都为企业提供了更方便且成本更低廉的系统集成和数据交换手段。

从纯技术角度来讲，Internet、Intranet 和 Extranet 这 3 种类型的网络都建在相同的网络设施上，但是它们的规模和应用是很不同的。例如，Intranet 应用于公司内部的信息交换，库存信息、财物信息、销售信息、人事信息都可以在内部网上从一个部门传到另一个部门，大大提高了公司内部的管理效率，而且 Intranet 本身所应用的技术也使它能够更容易地向外扩展，它是企业在网络上开展业务的基础。Extranet 是一些经营范围相关的公司组织在一起的，共同分享彼此的产品、价格、库存等信息，同时也进行买和卖的交易。

5．电子商务

信息技术特别是网络和 Internet 技术在商务活动中的应用，使商务模式发生了巨大的变化，产生了电子商务。

（1）电子商务的定义

广泛地说，电子商务是指利用电子信息网络设施来实现的商品和服务交易活动的总称，是一种以现代信息网络为载体的新的商务活动形式。电子商务其实早就被广泛应用了，电话、传真、电子邮箱、EDI 等本身就是电子商务。

（2）电子商务的主要特点

以 Internet 为基础的电子商务相比于过去的电子商务，不仅在成本、效率、准确度等很多方面都有了一个相当大的飞跃，而且在本质上改变了企业开展业务的方式。电话、传真、电子邮箱所实现的功能也就是公司间的信息互传，EDI 要求企业投入大，数据交换相对封闭，买卖双方的选择非常欠灵活，实际上限制了现代企业以客户为中心的经营管理方式。以 Internet 为基础的电子商务在理论上可以将企业延伸至无限，使之能够更自由、更灵活地与供应链上的企业进行数据交换和业务协作。

（3）电子商务的主要功能

1）网上订购

电子商务可以借助万维网中的邮件或表单交互传送实现网上订购。网上订购通常都在产品介绍页面上提供十分友好的订购提示信息和订购交互信息。当客户填完订购单后，通常系统会回复确认信息来保证客户收到订购信息。订购信息也可以采用加密的方式使交易双方的商业信息不会泄露。

2）发送产品

某些产品，如软件、电子读物、信息服务等，可以直接在网络上发送至客户端。

3）咨询洽谈

电子商务可以借助非实时的电子邮件、新闻组和实时讨论组来了解市场信息，洽谈交易事务。

如果有进一步的需求，还可以利用网上的白板会议来交流即时的图形信息。网上的咨询和洽谈能超越人们面对面洽谈的限制，提供多种方便的异地交谈方式。

4）网上支付

电子商务要完成一个完整的过程，网上支付是重要的环节。客户和企业之间可以采用多种支付方式，省去交易中的很多人员开销。网上字符需要更为可靠的信息传输安全性控制，以防止欺骗、窃听、冒用等非法行为。

5）电子银行

网上支付必须有电子银行的支持，即银行、信用卡公司等金融单位要为金融服务提供网上操作服务。

6）广告宣传

电子商务可凭借企业的 Web 服务器和客户的浏览器，在 Internet 上发布各类商业信息。客户可借助网上的检索工具迅速地找到所需要的商品信息。而企业可以利用网页和电子邮件在全球范围内做广告宣传。与以往的各类广告相比，网上的广告成本更为低廉，而提供给客户的信息量却最丰富。

7）意见征询

电子商务能十分方便地采用网页技术来收集客户的反馈意见。客户的反馈意见不仅能够提高售后服务的水平，更能使企业获得改进产品、发现市场的商业机会。

8）业务协作

供应链的管理和协作涉及企业和企业、企业和最终客户及企业内部等各个方面的协调和管理，利用电子商务可以实现供应链全程、无缝的协同和管理。

6. 企业计算机网络的组建

（1）计算机网络的硬件设备

从硬件角度讲，一个局域网通常由服务器、工作站、网卡、集线器、电缆及其他网络配件组成。为了扩展网络范围，还要引入路由器、网桥、网关和通信服务器等网络部件。这些设备可组成相应的局域网的硬件环境。常见的局域网有以太网、令牌网、Novell 网、Windows NT 网等。

（2）计算机局域网操作系统

网络操作系统是运行在计算机网络上的网络高层软件，它执行网络协议，负责计算机间的信息交换，对网上的资源共享进行统一管理。

1）网络操作系统的基本功能

网络操作系统的基本功能有：设备共享管理；用户文件管理；网络安全管理；网络性能优化管理；网络运行监控管理。

2）常见的局域网操作系统

常见的局域网操作系统有：NetWare，由 Novell 公司开发；Windows NT，由微软公司开发。

2.1.5 计算机软件技术

1. 计算机软件的基本概念

（1）软件的定义

软件是计算机系统中与硬件相互依存的另一部分，它包括程序、数据及其相关文档的完整集合。程序是按事先设计的功能与性能要求执行的指令序列;数据是使程序能正常操纵信息的数据结构;文档是与程序开发、维护及使用有关的图文资料。

软件技术的发展为人们对计算机技术的使用提供了良好的环境。虽然这个说法并不是计算机软件的精确定义,却有助于与扩充了含义的广义软件相区别。因为当前在产业界的经济活动中,相对于机器设备、车辆、原材料这样的有形实体,可以把技术条件、管理法规及人员素质这样的无形因素称为广义的软件。

(2) 软件的分类

1) 按功能及用途划分

软件按功能及用途,可分为系统软件、工具软件和应用软件。

系统软件主要用于对计算机资源进行管理,如各种操作系统(MS-DOS、Windows 98、UNIX等)、网络系统(Novell、Windows NT 等);工具软件主要用于提供用户开发应用系统的软件,如各种编译器及相应的程序设计语言、数据库语言等;应用软件是面向各种业务应用需求开发的可供用户直接使用的软件或系统,如财务软件、办公室自动化系统、人事管理系统等。

在构建会计信息系统时,系统软件和工具软件形成了会计信息系统的软件平台,而应用软件将是购买或开发的财务软件;一般系统软件和工具软件由计算机厂商提供,而应用软件将由财务软件厂商提供或自行组织开发。

2) 按功能所提供的工作方式划分

软件按功能所提供的工作方式,可分为实时处理软件、分时软件、交互式软件和批处理软件。

实时处理软件是指在业务工作中当某个事件或数据发生时,立即予以处理,并及时反馈信息以监控系统的运行。分时软件允许多个联机用户同时使用计算机,系统把处理机的时间轮流分配给各联机用户。交互式软件是一种能实现人机交互通信的软件。批处理软件是指把一组输入作业或一批数据以成批处理的方式一次运行,按顺序逐个处理完的软件,这是最传统的工作方式。实时处理常用于许多自动化生产的监控系统,商场前台的销售系统也可视为实时处理系统。财会科使用的独立财务软件则是典型的批处理软件。

2. 计算机辅助软件环境

随着软件技术的高速发展,各种具有图形化、非过程化、面向对象、事件驱动等特点的开发工具纷纷出台。这些开发工具和各种数据库管理系统经过各种接口协议共同构成了开发管理信息系统的计算机辅助软件开发环境。

与此同时,信息集成、数据仓库技术的发展为建立具有决策功能的管理信息系统提供了良好的环境,也为今后会计信息系统开发具有高层管理决策功能的工具提供了软件支持平台。

3. 程序设计语言

程序设计语言是用于书写计算机程序的语言,它是人-机通信的媒介。程序设计是指人们用机器能理解(直接或经过翻译后)的语言描述的计算机处理事件的步骤。它从计算机诞生开始就已产生,并随着计算机及其应用的发展,从低级语言向高级语言发展。低级语言和高级语言之间没有严格的界线,一般将与计算机硬件接近的语言称为低级语言,将与自然语言接近的语言称为高级语言。

当今的程序设计语言基本上是符号语言,即书面语言。以声、光、脑电波表达的程序设计语言正处在初步的研究阶段。通常说程序设计语言是形式语言,主要原因是对这种语言机器只能根据相对严格的文法对符号组合释义。而自然语言可根据音调、语气和语言环境做出多种意义相差很远甚至截然相反的解释，这种功能当今的机器很难实现。因此，自然语言的书写体在相当长的时期内还不能作为程序设计语言。

当前程序设计语言已有数百种，随着计算机性能的提高和应用领域的扩大，各式各样的语言不断出现。本节对当前流行的几种语言从不同的角度加以分类介绍。

（1）低级语言

低级语言也称面向机器的语言，它是各种计算机固有的语言，随具体的计算机不同而不同，这种语言只有机器语言和汇编语言两种。

1）机器语言

机器语言是最低级的语言，是计算机唯一能直接识别的语言，是计算机机器指令即硬件指令的集合。每条机器指令都是由二进制代码和地址来表示的。一条机器指令只能使计算机执行一个简单的特定的操作。这种语言提供的表示法与机器指令、内存大小、机器硬件组织密切相关。显然用机器语言编程是一件很烦琐的事，对编程人员的要求也很高。在还未研制出汇编语言及其他高级语言时，人们只能用机器语言编程，汇编语言和高级语言的出现彻底结束了用机器语言编程的历史。

2）汇编语言

汇编语言是用助记符来代替机器指令，即用字母、数字等符号表示指令代码，用符号地址和相对地址作为地址的符号。汇编指令和机器指令是一一对应的，因此用汇编语言编写的程序也依赖具体的机器，程序仍然比较烦琐，所以大部分应用程序都是用高级语言编写的。只有在强调机器工作效率的场合下，才使用汇编语言。

（2）中级语言

高级语言接近自然语言，但用它来编写的程序要由翻译程序翻译之后才能运行，这个翻译程序要占用相当大的内存空间，对内存较小的计算机系统不适用。低级语言虽然接近机器语言但编程过于烦琐。为了克服高级语言和低级语言的上述缺点，人们基于汇编语言设计了用一条汇编指令来描述若干条指令的宏指令，得到宏汇编语言，即中级语言，用它编制的程序叫作宏汇编程序。一般，用汇编语言或用高级语言编写的程序叫源程序，源程序经过翻译转换成机器语言表示的程序叫目标程序。

（3）高级语言

不同的计算机中低级语言、中级语言是不同的，而高级语言基本上都是相同的。高级语言提供的语义一般与具体的机器无关，不涉及硬件知识，所以学起来也较容易。下面介绍应用较多的几类典型的高级语言。

1）数据处理语言

面向商业的通用语言（Common Business Oriented Language，COBOL）是一种很流行的数据处理语言，它产生于商业事务，最适用于有大量数据重复处理的商业事务。

2）算法语言

公式翻译（Formula Translation，FORTRAN）是早期发展起来的典型的算法语言，它适用于需要大量计算，但数据量不大的科学计算和数学计算的场合。至今几乎所有类型的大、中、小、微机都在使用它，流行很广。算法语言（Algorithmic Language，ALGOL）60、帕斯卡（Pascal）语言也属于这类语言。

3）实时处理语言

实时处理语言能根据外部信号控制不同的程序段并发执行。并发 Pascal、并发 C、阿达（Ada）

等都属于这类语言。

4) 查询命令语言

查询命令语言包括在各种早期系统程序简单的用户命令基础上发展起来的数据库(Database, Dbase)语言、结构化查询语言（Structured Query Language，SQL）、Shell 等命令语言，它们具有程序员的交互性和非过程性特点，提供了软件环境的友好界面。这是一类新兴的语言。

5) 模拟语言

模拟语言是在一些通用程序语言的基础上，把模拟工作所需要的一些基本功能编成专用模块，嵌入原来的计算机语言，或者作为程序的基本框架而形成的。它主要用于模拟以时间为进程的客观世界的状态变化，主要分为离散型和连续型。离散型模拟语言把客观系统看作一系列瞬时事件，按某种时间先后顺序组织起来。连续型模拟语言是用于分析连续性状态变化系统的语言。在连续型模拟语言环境下，客观系统由若干实体按各自的速度流动的各种"流"所构成。因此，关于对象系统的模拟一般用常微分方程式的初值问题来定义。

6) 模型语言

模型语言用于构造和测试"现实世界"问题的模型。目前已有解决不同类型问题的各种模型语言。例如，用于解决排队问题的语言，描述各种系统行为的模型构造语言，以及描述财务模型的语言等。财务模型工具在管理活动和相关分析方面有着重要的作用。在大型计算机系统和微机系统中，都有可用的模型构造语言。例如，交互式财务计划系统（Interactive Financial Planning System，IFPS），它能提供对若干种分析方案的选择。

7) 表处理和正文处理语言

表处理和正文处理语言以自然语言中的字符为主要操作对象，能很方便地生成报告、表格等。它具有较强的处理串数据的功能。

8) 人工智能语言

人工智能语言能描述包括自然语言理解、定理证明、模式识别、机器人、各种专家系统的知识，并根据推理规则推断出合理的结论。

9) 问题描述语言/问题描述分析器

问题描述语言（Problem Statement Language，PSL）/问题描述分析器（Problem Statement Analyzer，PSA）是一种在计算机系统上研制的信息系统开发工具，专门用于系统分析和系统设计。这种语言以 PSL 为工具，对系统开发过程进行描述，然后将这些描述记录在数据库里，再用 PSA 对数据库里的描述进行分析。它还可以产生许多不同的报告。目前这方面的研究很活跃。

10) 程序设计语言

程序设计语言（A Programming Language，APL）是一种常用作决策支持系统开发工具的、高级紧凑型的、功能较强的代数语言。APL 使用单个命令就能完成整个数组的输入和运算，而只使用数量极少的语句就能完成复杂的数学运算，所以容易学，编程快，主要用于编制使用次数不多的程序，如辅助特定决策问题。

(4) 第四代语言

不少计算机语言学家主张仿照计算机硬件发展分为五代的说法，把程序设计语言也按其发展年代划分为五代。20 世纪 50 年代普遍使用的面向机器的机器语言、汇编语言为第一代语言；20 世纪 60 年代普遍使用的面向过程的高级语言 FORTRAN、COBOL 等为第二代语言；进入 20 世纪 70 年代以后，研制应用的具有结构化控制结构、块级控制功能的语言为第三代语言；20 世纪 70 年代以后以具有用户友好为特征的交互式、非过程化的语言为第四代语言。第四代语言依赖于环境的支持，一般都要有大的数据库，可大大减少编程时间，但由于第四代语言把许多编程工作放在系统中自动完成，往往只有某一方面的功能，所以到目前为止还没有通用。近年来，习惯上把用人工智能程序表达的语言称为第五代语言。但它们都是小语言，无法完整地描述错综复杂、千姿百态的现实世界，所以第五代计算机及其语言目前只能说处于萌芽期，很难预言第五代计算机能用的语言到底是什么。

4. 编译系统

计算机只能识别用机器语言编写的程序，而不能识别用汇编语言和高级语言编写的程序（源程序），这些程序要在计算机上执行，必须用语言处理程序把它们翻译成用机器语言编写的程序。这些语言处理程序根据其处理对象的语言结构和处理方法的不同，可分为汇编程序、编译程序和解释程序。由这些处理程序组成的程序生成的程序通常称为编译系统。

（1）汇编程序

汇编程序把汇编语言编写的源程序翻译成计算机能执行的机器语言程序。由于汇编语言与机器语言相似，所以汇编程序的输入语言所描述的程序格式不仅与输出语言所描述的程序格式相似，而且与计算机本身的机器语言很相似。

（2）编译程序

编译程序可以把一种高级语言程序翻译成一种较低级的语言（机器语言程序）或由解释程序处理的伪计算机的机器语言程序，然后翻译成机器能执行的目标程序，所以它把源程序的执行过程分为编译阶段和运行阶段。编译程序只能处理完整的表达式和完整的语句。输入语言的每一操作，或者符合一个子程序，或者符合输出语言的指令序列。也就是输入的每一语句，通常由输出语言的许多操作组合而成。

（3）解释程序

编译程序和解释程序都以同一方式进行翻译，直到生成计算机本身类型确定的代码为止。这两者的主要区别在于以下两点：编译程序如上所述，把源程序的执行过程分为编译阶段和运行阶段；解释程序则不然，它把两个阶段合并为一个阶段，边解释边执行。

5. 操作系统

促进操作系统（Operation System，OS）产生和发展的主要原因，一是如果用户直接使用计算机硬件提供的指令，直接与 I/O 设备打交道，会陷入外设的复杂细节，造成精力和时间的浪费；二是当计算机上是单用户时造成处理机空转，内存等资源使用不充分；三是硬件不能提供文件信息管理等功能。

操作系统是紧挨着硬件的第一层软件，它是对硬件性能进行的首次扩充，是系统软件的基本组成部分，是其他软件的运行基础，是用户与机器之间对话的接口。它是管理计算机硬件、软件、包括计算机用户在内的所有资源的程序集合，是整个计算机系统的控制管理中心。它统一管理这些计算机资源，合理地组织计算机的工作流程，协调系统各部门之间的关系，以利于发挥系统效率，方便用户利用计算机，提高计算机系统的响应速度。

（1）操作系统的分类

通常根据操作系统在用户面前的使用环境及访问方式将其分为批处理操作系统、分时操作系统和实时操作系统 3 种类型。这 3 种操作系统是先后发展起来的，但在大多数通用计算机中至今仍兼有这些系统。一个操作系统，如果在批处理、分时处理及实时处理等多种处理中兼有两种以上处理能力，则把它称为通用操作系统。

1）批处理操作系统

首先介绍作业、单道程序、多道程序等有关概念。作业通常是指用户程序和所需数据及命令的通称。单道程序是指一个用户程序执行完后，才允许启动另一个用户程序。多道程序是指内存中驻留多个作业，并在外存存放若干作业，当某些作业处理结束或因某种原因无法继续运行而暂停时，系统根据一定的调度原则，从后备作业中选择几个作业调入内存运行，如此操作，直至处理完全部作业。

在批处理操作系统中，如果管理、控制对象为单道程序，则称作单道批处理操作系统；如果其对象为多道程序，则称为多道批处理操作系统。在单道批处理操作系统中，虽然大大缩短了手工操作时间，但由于一个用户作业独占全部系统资源，经常出现系统资源使用不充分的现象，影响了系统效率。多道批处理操作系统实现了作业流程的自动化和系统资源的共享，因而增加了系统吞吐量，提高了系统效率。但这种系统由于用户不能干预作业运行，不可能观察程序的运行状况，更不可能即时发现和纠正错误，使程序设计人员和用户主观能动性的发挥受到很大限制。分时系统的产生和发展解决了这个矛盾。

2）分时操作系统

所谓分时，即若干用户分时使用一台计算机。实现这种分时的操作系统叫作分时操作系统。分时操作系统的主要特征是在一台计算机周围挂上若干台终端设备，系统为用户提供一个分时终端命令集，多个用户通过自己占用的终端设备直接联机使用计算机。因为终端上的用户以会话方式工作，人们也称操作系统为多用户交互式操作系统。

3）实时操作系统

在计算机应用领域，信息处理、过程控制都是有一定的实时要求的，通常前者叫作实时信息处理系统，后者叫作实时控制系统。管理、控制、协调这种实时系统的操作系统程序叫作实时操作系统。实时操作系统的特征是，与分时操作系统相比，它的存储管理、标准I/O设备管理、文件管理等功能简单一些，但它在实时时钟管理、中断管理、多重任务管理、系统容错管理、系统生成等方面具有很强的功能。

特别要说明的是，在实时信息处理系统中也常配备多个终端设备。多个终端设备可能同时发出询问请求服务。为了适应这种情况，这类实时信息处理操作系统也采用分时使用计算机来处理这些实时性询问，但它和分时系统是有差别的。其一，对实时的要求不同，实时系统对实时的要求比分时系统严格；其二，实时系统中的终端设备仅仅是一台询问装置，用户通过它请求系统处理实时信息；其三，实时系统的应用程序是预先编制好的，不需要重新编制，而分时系统的用户通过终端设备不仅可以提出请求服务，而且可以自由地输入和修改程序。

以上介绍了3种类型的操作系统。近十年来，随着计算机软、硬件技术的不断发展和应用范围的不断扩大，操作系统也有许多新的发展。例如，网络操作系统、分布式操作系统的研制非常活跃。

（2）操作系统的功能与组成

最简单的操作系统是单用户运行单道程序的操作系统，这种操作系统广泛应用于微机中。由于其功能简单，这里不再赘述。下面主要介绍多用户运行多道程序的操作系统。操作系统的功能是管理系统资源，并向用户提供各种服务。为了进一步提供优质服务，应对系统变更及扩张的需求，操作系统还要具备系统管理的功能。这些功能并不是各自独立完成的，而是互相联系、互相支持的。

从资源角度看，操作系统一般由处理机管理、存储器管理、设备管理和信息管理等几大块组成，它们分工、协调地完成系统所有硬件和软件资源的管理功能。

1）处理机管理

一般来说，在一个计算机系统中，处理机的数目总是少于同时运行的用户作业数，并且往往只有一台处理机，这样就产生了处理机的分配问题。处理机管理功能是对系统中的各处理机及其状态进行登记，管理各程序对处理机的要求，并按照一定策略将系统中的各台处理机分给提出运行要求的用户作业（进程）使用。

2）存储器管理

操作系统的存储器管理是指内存储器的管理。众所周知，自计算机问世以来，内存一直是计算机系统中价格昂贵、容量不足的宝贵资源，因此对内存储器的管理和有效使用仍然是今天操作系统十分重要的内容。许多操作系统之间最明显的区别之一往往是所用的存储管理方法不同。

多道程序系统中多个程序共享内存，所以存储器管理的主要功能是用合理的数据结构形式记录内存的使用情况，按一定的策略在提出存储请求的作业（进程）间分配存储空间，并保证存储器中信息的安全和用户之间的保密。再则，当用户程序需要的内存量超过系统目前可用的内存空间时，系统根据各个程序的运行状态，把未占用处理机者及时地调出内存，等待运行的程序在运行前再从外存调入内存。

3）设备管理

设备管理是指计算机系统中，除中央处理机、内存储器以外的设备（如显示器、键盘、磁盘、打印机等）的管理。设备管理的主要功能是记住系统中各类设备及其状态，按各类设备的特点和不同的策略把设备分给有使用要求的作业（进程）使用。由于外部设备在计算机系统成本中所占比重相当大，所以许多操作系统十分注意优化设备的调度，以提高设备的使用。

4）信息管理

信息处理系统中有两个问题，一个是信息处理方式问题，另一个是信息管理问题。信息管理指的是对信息的组织、编目、存储、检索和维护等。这是信息处理的中心问题，在计算机系统中这一部分功能主要由文件系统和数据库管理系统来完成。

以上介绍了操作系统的 4 个主要功能，除此之外，操作系统还要提供中断管理系统、输入输出系统、错误处理等其他功能。

(3) 几种常用的操作系统

各计算机厂家都有自己的操作系统，如国际商业机器公司（International Business Machines Corporation，IBM）有 MVS 和 OS/2，美国数字设备公司（Digital Equipment Corporation，DEC）有 VMS 等。还有些操作系统由独立于硬件厂家的软件公司提供，如微软公司的 DOS 和 Windows，还有 Linux 系统等。下面简单介绍其中最常用的几种。

1）MS-DOS

MS-DOS 是微软公司为 IBM PC 开发的单用户、单任务磁盘操作系统，也称为 IBM-DOS 或 PC DOS。和其他单用户、单任务的微机操作系统一样，MS-DOS 的功能主要是文件管理和设备管理。自 1981 年 MS-DOS 第一版发布运行以来，其发展迅猛，已成为微机操作系统的标准。

2）CCDOS

CCDOS 是在长城 0520 系列微机上开发的单用户、单任务的汉字字符磁盘操作系统。它的基本功能与其他 DOS 等同，它的基本特点是可以进行汉字信息处理。CCDOS 具有较强的兼容性，所以其软件资源较为丰富。

3）Windows

Windows 是微软公司在 DOS 基础上建立的一种多任务图形操作环境，它不仅可以在同一时间内运行用户的多个程序，也可以灵活地将文字或图形信息在各个程序之间方便地传送，还可以灵活地切换到 DOS 环境，运行 DOS 程序。目前，在国际上 Windows 已成为微机主流操作系统环境。Windows 虽然改善了 DOS 的局限性，但并没有从根本上加以改变，它还是只支持基于个人应用的系统。

4）UNIX

UNIX 操作系统是独立于硬件平台的多用户、多任务的多道交互式分时系统，由于它具有简单、通用方便、短小精悍、容易移植和扩充、能以不多的代码在一台小型机甚至微机上完成许多大型机的操作系统功能等特点，很多厂家的计算机都配置了它。UNIX 是当今世界上最为流行、应用最为广泛而且较成熟的操作系统，尤其在小型计算机和微机领域中，得到了广泛的应用。

5）MVS

MVS 操作系统是 IBM 公司为本公司开发的为大型机配备的虚拟操作系统。它是以批处理为主的系统，也支持分时使用。

6）CP／M 与 MP／M 操作系统

CP／M 是美国数字研究公司于 1976 年在 8 位微型机上研制的一个单用户、单任务批处理的实时操作系统，其系统软件完全适用于 20 世纪 70 年代后期出现的个人计算机，它为用户提供了较强的使用功能和方便的使用环境，所以它和 UNIX 一样是当今世界上最为流行、使用最为广泛的操作系统之一。MP／M 是与 CP／M86 兼容的多用户、多作业磁盘操作系统，它提供实时和分时处理能力。CP／NEY 是计算机网络操作系统，是把 MP／M 和 CP／M 组合在一起的系统，主计算机由 MP／M 操作，而从机与主计算机的通信则由 CP／M 来完成。

2.1.6 数据管理技术

1. 面向文件处理方式

面向文件处理方式的数据组织称为文件系统，它的主要特点是一个应用程序对应一个物理数据文件。即使两个不同的应用程序所需要的数据有部分相同，也必须建立各自独立的数据文件，而不能共享相同的数据，因此数据冗余度大，浪费存储空间，而且数据格式也不尽相同。由于在不同数据文件中，相同的数据存储实行各自管理，给数据的修改和维护带来了困难，极易造成数据的不一致性。

数据的不一致性，是指同一个数据在不同的文件中存储，在维护和修改中有可能产生数值的不一致。为了完成记录客户订货、维护客户邮购清单、记录装运 3 项任务，面向文件的方法将为每项任务编制一个应用程序，每个程序访问独立的数据文件，因此存在 3 个独立的数据文件：订货文件，内容包括订货号、日期、客户号、客户姓名、客户地址、订货商品、订货数量；邮购清单，内容包括客户号、客户姓名、客户地址；装运文件，内容包括日期、装运号、订货号、客户号、客户姓名、客户地址、订货商品、装运商品。我们注意到 3 个文件中有数据重复。客户姓名、客户号、客户地址、订货号和订货商品都存放在两个以上文件中。而且各程序员使用不同的数据格式，相同字段的格式又可能各不相同，不同的程序员开发不同的程序和文件时更容易发生这种情况。例如，邮购清单中的客户号可能是一个 5 位数字的字段，而装运文件中的客户号可能是 8 位字母/数字的字段。数据和程序的冗余会导致效率降低，也会带来各种其他问题。跨越应用程序进行数据修改和更新时，数据冗余会导致数据不一致。例如，"记录销售数据"的应用程序更新客户地址时,并不会自动更新记录在"产生客户邮购发票"应用程序中的客户地址。更新客户姓名时,要求3个独立的文件维护程序及时、正确地进行,否则就会出现数据不一致的情况。

在面向文件的环境中,应用程序开发者在各个不同的应用程序中创建了大量重复的计算机代码,因此给业务应用程序的开发和维护带来了很大的困难,代价也十分昂贵。此外,开发和维护重复代码还加大了业务处理和信息处理的风险。

2. 面向数据处理方式

面向数据处理方式的数据组织称为数据库系统。它的主要特点是一个数据结构可供多个应用程序共享。这样的组织方式不仅使数据格式便于一致,而且数据冗余度小,易扩充,易修改和维护。面向数据的方法将设计包含以下数据表的数据库:客户表,内容包括客户号、客户姓名、客户地址;订货表,内容包括订货日期、订货号、订货商品、订货数量、客户号;装运表,内容包括装运日期、装运号、订货号、客户号、装运商品、装运金额。

程序员将编制3个应用程序:记录订货、记录装运和维护邮购清单。各程序从公用数据库中搜索所需要的数据。这种结构减少了数据冗余,也降低了发生数据不一致的可能性,数据维护量也减少了,改变数据项(如更改客户姓名)只需更新一次。面向数据处理的方法使程序员和用户可以使用同一个数据库来产生同一时间数据的不同视图。例如,程序代码可以选择适当的数据项来产生订货记录、订货单据、订货报表、客户邮购清单、装运单据、装运报表及各种用户要求的输出。

2.1.7 系统集成技术

1. 系统集成概述

系统是指实现某一目标而形成的一组元素的有机结合,而系统本身又可作为一个元素单位参加多次组合,这种组合过程可概括地称为系统集成。集成的基本思想就是为了实现某种应用,在开放的环境下,根据标准化的要求,把来自不同厂家的基本标准化的产品进行组装,形成一个新的、具有更高使用价值的、更高层次的产品。例如,汽车制造商把各有关部件厂家生产的部件组装成汽车,就是一个集成的例子。

系统集成用于信息服务业的主要内含是根据信息系统用户的需求,用系统工程的方法,提出一个完整的解决方案,从经营战略的分析研究到信息应用系统的需求定义、平台建设、系统设计、开发、测试、维护和评价,系统集成可提供全套服务。系统集成是一项系统工程,它涉及准备、计划、实施管理多方面的协调、动态调整、阶段检查、方案更动管理、验收计划生成、测试及最终投产。系统集成用于信息服务业又被称为"交钥匙的工程"。它不仅包含软件、硬件、网络的解决方案集成,还包括管理经验和客户业务经验的集成。

2. 系统集成的3个阶段

(1)物理集成

物理集成包括计算机的互联、互操作并最终建立信息系统的应用平台。这种应用平台通过选择适当的硬件和软件为未来的应用系统构成开发和运行环境。

(2)信息集成

信息集成使信息系统加工对象和各种信息要素实现规范化和体系化,以便信息的采集、存储、处理和应用。

（3）应用集成

应用集成是指采用软件工程的方法开发多种应用软件或购买应用软件，以保证应用软件在信息系统中正常运行，不断完善和便于管理。

可以说，应用集成是建立系统的目的，信息集成是关键，物理集成是基础。

2.1.8 计算机应用体系结构

计算机应用体系结构是指硬件、网络、软件平台和应用系统集成后的系统结构。

1. 主计算机系统

主计算机系统也称宿主计算机系统。它的硬件平台由一台主计算机及许多终端机组成。主计算机系统对所有的软硬件资源（包括系统软件、工具软件、应用程序、共享数据、共享设备及与用户终端的通信软件）的全部管理和运行都集中在一台主计算机上，数据处理工作全部交给宿主计算机集中完成，用户通过本地终端或远程终端运行通信软件访问宿主计算机。主计算机系统是一种集中式处理和管理的系统。

由于主计算机系统的管理方式是集中方式，对共享资源的管理较为简单，不易产生对共享资源特别是软件资源的完整性破坏，所以，目前主计算机系统仍是许多大型应用系统采用的主流体系结构之一。

2. 文件/服务器体系结构

随着微机和局域网的诞生和广泛应用，一种文件服务器的网络体系结构为计算机应用的扩展提供了一个良好的环境。文件/服务器体系结构的硬件环境实际上是一个局域网或一般网络。其中，选择一台或多台处理能力较强的计算机（微机、工作站、小型机等）作为服务器，以存放共享数据，应用系统全部放在工作站上。每个需要访问共享数据的用户，都必须从某个工作站发出请求命令，并从文件服务器上提取全部文件传送到工作站后，提交给工作站的应用系统管理运行。文件/服务器体系结构的管理特点是，在服务器上，网络操作系统对共享数据的管理是基于文件的管理，主要管理文件的存放地址、文件的容量等，而对共享数据的其他管理均由工作站的相应系统负责。

3. 客户/服务器体系结构

客户/服务器体系结构的硬件环境与文件/服务器体系结构的硬件环境基本一样，但两者软件的分布结构及对共享数据管理的结构是不同的。前者在服务器上不仅存放了共享信息资源及其数据库管理系统，而且将应用系统中有关对共享数据的基本操作和管理，包括对数据库的增、删、改、查询、统计，多用户并发管理，数据一致性控制等应用操作全部在服务器端完成，然后将操作结果传送到工作站，进行显示、打印或对结果数据进行进一步处理。在客户终端只存放应用系统中除对共享数据操作以外的其他操作，包括应用系统的输入/输出界面等。

2.2 软件工程概述

软件是会计信息系统的重要组成部分，通过软件的运行可以实现会计信息系统的数据采集、存储、处理和输出。因此，要建立会计信息系统，除要构建计算机硬件环境外，还需设计会计信息系统赖以生存的软件系统。

2.2.1 软件危机和软件工程

在20世纪70年代以前，人们曾把程序设计视为一种以发挥个人创造才能为主的技术领域。当时一般认为，程序只要能在计算机上运行并能得出正确的结果，程序的算法可以不受任何约束。在这种指导思想下，人们认为写程序应重在技巧的应用，而不管它是否能被别人看懂。

随着计算机应用领域的不断扩大和应用问题的日益复杂，程序规模急剧上升，人们逐渐抛弃了上述观点，评价一个程序的优劣不再只看程序是否高精技巧和短小精悍，代之以程序的易懂、易看、易使用、易修改、易扩充、易升级为主要评价指标。于是，程序便从个人按自己的意图创造的"艺术品"转变为能为广大用户接收的工程化产品。为了设计出工程化的程序产品，程序设计就转变成软件工程的开发。

1. 软件危机

随着计算机应用面的不断扩展，以及软件所面对的应用系统的日益庞大、复杂和广阔，软件系统几乎涉及社会生活的各个方面，如工厂管理、银行事务、学校档案、图书馆图书管理、民航售票、证券交易等，这些系统的软件都相当庞大，处理逻辑复杂，而且功能需要不断更改和扩充。软件系统的开发已成为计算机工程中最困难、最易失败和最具风险的系统元素。

人们在研发一些大型的软件系统时，遇到了许多困难，有些系统最终彻底失败；有些系统虽然完成了，但比原计划推迟了好几年，而且经费大大超支；有些系统未能圆满地符合用户当初的期望；有些系统则无法进行修改维护。两个著名的例子是IBM的OS/360系统和美国空军某后勤系统，这两个系统历尽艰辛，耗费了几千人多年的努力，但结果都是令人失望的。

在软件开发和维护过程中遇到的一系列严重问题，人们称之为软件危机。软件危机主要表现在：开发速度失控、开发成本失控、用户友好性失控、软件质量失控、软件适应性失控和软件开发生产率低下等。

（1）产生软件危机的根源

产生软件危机的根本原因是软件面临的问题空间的复杂性。软件的应用领域很广，面临的问题很复杂，所以涉及的处理技术也十分广泛，包括信息技术、网络技术、人机界面技术、人机会话环境技术等。另外，面临的问题空间往往还涉及管理体制、组织机构、内外部环境、用户水平、经济学、心理学等许多非技术问题。问题空间的复杂性决定了软件系统的复杂性。产生软件危机的另一个重要原因是计算机硬件体系结构的发展速度滞后于软件应用面的拓展速度。时至今日，硬件的体系结构基本未变。从硬件的五大组成部件来看，出现了图形扫描仪、光笔、绘图机等许多新式输入/输出设备，多中央处理器（Central Processing Unit，CPU）的计算机在实时系统中得到应用，内外存的容量和存取速度有了很大的提高，但这些变化都只是硬件功能的完善和性能的提高，属于改良性质的变化。

软件危机的产生，除上述两个主要原因之外，还与人们在软件开发和维护中采用错误的方法有关。软件系统的复杂性虽然给开发和维护带来了客观困难，但是，人们在开发和使用计算机系统的长期实践中，也积累和总结了许多经验，如果坚持不懈地使用经过实践证明是正确的方法，许多困难是完全可以克服的。然而，目前相当多的开发人员对软件开发和维护还有不少错误的观念，在实践中或多或少地采用错误的技术和方法，具体表现有：忽视软件需求分析的重要性，认为计算机开发就是编写程序并设法使之运行；忽视软件的维护性，等等。这些关于软件开发和维护的错误认识和做法是产生软件危机的第3个重要原因。

（2）解决软件危机的途径

如前所述，危机的重要原因之一在于硬件体系结构发展与软件应用发展的不适应，因此，解决软件危机的理想办法是计算机硬件结构的智能化，用硬件来完成判断、联想等多值逻辑的思维功能。例如，使用者只需要用自然语言描述清楚所要解决的问题，再给一些解决该问题需要的知识和规则，计算机就能自动进行推理和运算，正确解决用户提出的问题，那么软件危机就会得到根本性的解决。

然而目前的情况是很可能在相当长一段时间内人们不得不继续使用冯氏计算机来解决所有领域内的应用问题，因此必须研究在计算机体系结构和功能没有根本变革的情况下，解决软件危机的办法。目前比较有效的办法就是开发软件工程。

2. 软件工程

人们发现，开发一个软件系统与研制一台机器或建造一座楼房有许多共同之处，因此可以参考机械工程、建筑工程中的一些技术来指导软件的研发，于是产生了一种想法：像处理工程一样来处理软件研发的全过程。1968年北大西洋公约组织的学术会议第一次创造了软件工程这个词，还提出了一些软件工程技术。在近代技术发展的历史上，工程学科的进步一直是产业发展的巨大动力，传统的工程学科走过的道路已为人们所熟知。

人们在认识和征服自然的长征中继续前进，近年来人们开始对气象工程、生物工程、计算机工程等有了新的认识，软件工程也成了工程学科家族的一个新成员，并引起了人们的普遍关注，对它的研究取得了丰富的成果，逐渐形成了"软件工程"这门学科。用软件工程指导软件开发和维护，大大减少了软件所需的成本并提高了质量，软件工程成为解决软件危机的行之有效的途径。

总之，软件工程研究的是：如何采用工程的概念、原理、技术和方法来开发和维护软件，从而达到用较少的投资来获得高质量软件的理想目标。

2.2.2 软件工程的相关理论和方法学体系

1. 软件工程的定义

巴利·玻姆曾为软件工程下了一个定义：运用现代科学技术知识来设计并构造计算机程序及为开发、运行和维护这些程序所必需的相关文件资料。对这里的"设计"一词，应有广义的理解，它应包括软件的需求分析和对软件进行修改时所进行的再设计活动。1983年，美国电气和电子工程师协会给软件工程下的定义为：软件工程是开发、运行、维护和修复软件的系统方法。其中，"软件"的定义为：计算机程序、方法、规则、相关的文档资料及在计算机上运行时所必需的数据。

2. 软件工程项目的基本目标

组织实施软件工程项目，从技术上和管理上采取了多项措施之后，最终希望得到项目的成功。成功是指达到以下几个主要目标：付出较低的开发成本；达到要求的软件功能；取得较好的软件性能；开发的软件易于移植；需要较低的维护费用；能按时完成开发工作，及时交付使用。

3. 软件工程的方法学体系

（1）开发模型（工作过程）

软件开发一般可分为若干个阶段，各阶段都有独立的任务，但是各阶段又是紧密相关的。开发模型是指人们开发软件项目时习惯的一种工作风格，它规定了开发过程各阶段的划分方法、各阶段的任务及各个阶段之间的关系。模型定义了方法使用的顺序、要求交付的文档资料、为保证质量进行的协调变化所需要的管理，以及软件开发各个阶段完成的工作目标和内容。软件工程中最常采用的开发模型有生命周期模型和快速原型模型两种。生命周期模型把系统的开发划分为5个阶段；快速原型模型把系统开发大体划分为3个阶段。

（2）开发方法

开发模型对软件的开发过程做了阶段的划分，规定了各阶段要完成的任务，体现了软件开发的风格。不过，这种风格是大致的、总体的。例如，它虽然规定了各阶段的任务，但是针对如何完成任务，它并没有进一步的规定等。人们对软件开发各个阶段的经验加以总结，就产生了软件的开发方法。开发方法指出了非常明确的工作步骤，也给出了描述软件产品的文档格式，还提出了评价标准，这就为建立高质量的软件系统提供了具体的求解过程。同工程上的纪律一样，开发方法是软件产业所需的纪律或规程。

目前，人们已总结了很多开发方法，它们或者适用于不同类型的问题，或者适用于生命周期的不同阶段，有的方法较严谨，有的则比较灵活。常见的开发方法有结构化方法、实体关联法、面向对象方法等。

（3）开发工具

开发一个应用系统，如果选择了适当的开发模型和开发方法，也就找到了解决问题的途径，但是模型和方法只是一种工作原则和规范，要想应用它们去开发软件，还要做很多具体工作，这些工作要花费人们大量的劳动。在相当长一段时间内，这些工作大部分由人们手工完成，效率低下，因此人们研制出了软件工具，用于辅助开发方法的实施，使得开发过程中的具体工作能够自动地或至少半自动地完成。

开发方法和开发工具之间有着密切的联系，方法是主导，工具是辅助，方法提出了明确的工作步骤和标准的文档格式，这是软件工具的基础，所以研究方法是研究工具的先导，而工具的实现又促进了方法的发展。开发模型、开发方法和开发工具构成了软件工程理论和方法学的层次体系。

2.2.3 信息系统的开发模型（过程）

1. 生命周期模型

（1）生命周期模型的定义

生命周期模型是软件工程中传统的开发模型。就像人的生命要经历出生、幼年、青少年、成年、老年、死亡一系列过程一样，软件产品也存在从提出到投入使用直到终止的生命周期。

在这个周期内，软件开发的发生发展可以划分成若干个独立的阶段，每个阶段都有其独立的任务和成果，前一个阶段是后一个阶段的基础和指导，而后一个阶段的任务和成果是前一个阶段任务和成果的继续发展。并且各阶段是严格划分的，只有完成了前一个阶段，才能进入下一个阶段，因此，工作顺序呈线性状态。用这种划分阶段的模式来开发和研究软件系统的模型称为生命周期模型。生命周期模型把软件开发划分为如下几个阶段：系统分析、系统设计、程序设计和测试、系统维护、系统评估。生命周期模型也称为瀑布开发模型，如图2-2-1所示。

（2）生命周期模型各阶段的基本任务和成果

1）系统分析

系统分析分为可行性研究和需求分析两个阶段。可行性研究的首要任务是了解使用者的要求及现实环境，熟悉有关业务的处理流程和方法，完成对问题性质的定义，然后从技术、经济和环境三方面对软件项目或信息系统进行可行性分析。可行性研究阶段的成果是可行性研究报告。需求分析的任务是回答"为了解决问题，目标系统必须做什么"，主要是确定目标系统必须具备哪些功能，这些功能被称为系统的逻辑模型。需求分析阶段的成果是需求分析报告（规格说明书）。系统分析人员在系统分析阶段必须和用户密切配合，充分交流信息，建立经过用户确认的系统逻辑模型。

2）系统设计

该阶段的任务是回答"应该如何解决这个问题"，即找出问题的求解方法，建立系统的物理模型。系统设计分为概要设计和详细设计两个阶段。概要设计又称为总体设计，它决定系统的模块结构和数据结构等；详细设计是概要设计的进一步细分，包括每个模块的详细功能、实现的算法和采用的数据结构细节等。

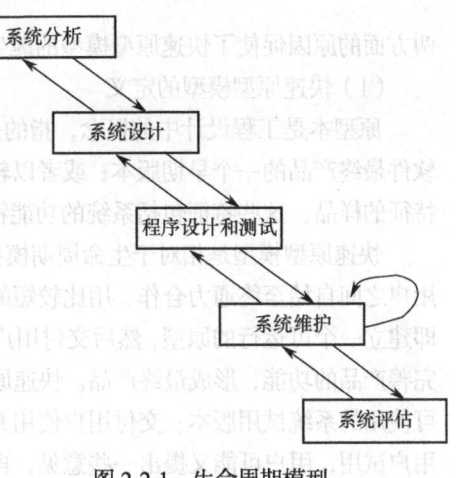

图 2-2-1　生命周期模型

3）程序设计和测试

程序设计的任务是按照详细设计说明书的要求，选择适当的程序设计语言把每个模块代码化，也就是编写程序。一般来说，每个模块都由多个程序构成，在程序设计阶段要进行各个程序的测试。该阶段的成果是程序文本，它包括程序设计说明书和源程序清单两部分。

测试的任务是及时发现并排除错误，使软件达到预定的要求。测试又可分为 3 种目的不同的测试：单元测试，测试的对象是各个模块，测试的任务是发现和纠正模块内的错误；集成测试，又叫联调，是指将所有的模块装配起来，测试模块间接口的正确性；验收测试，是指由用户按照用户需求说明书的要求对系统进行测试，如果合格则验收。测试阶段的成果是测试报告，包括测试方案、测试数据设计、测试结果、分析报告。

4）系统维护

系统维护的任务是通过维护使系统能长期满足用户要求。系统投入使用一段时间后，一些测试阶段未能发现的错误可能会暴露出来，或者用户的要求会变得跟以往不同，这时就需要对系统进行维护。维护分为 3 种：为更正分析、设计或编程阶段遗留下的错误所做的维护叫更正性维护；为提高系统性能、扩大功能所做的维护叫完善性维护；为适应因外界环境变化而变化了的用户需求所做的维护叫适应性维护。维护阶段的成果是维护报告。

5）系统评估

系统评估的任务是评估系统的优劣。系统运行一段时间后，就可以对系统做一个评估，评估从功能和性能两方面考虑，内容一般包括系统的目标完成情况、取得的社会效益和用户的满意程度 3 个方面。评估的成果为评估报告。

（3）生命周期模型的优缺点

生命周期模型的优点：该模型从时间角度把软件开发和维护分解为若干个阶段，降低了系统开发的复杂性，有利于系统的实施。生命周期模型的缺点：开发的周期较长；前阶段所犯的错误必然带入后一阶段。

2. 快速原型模型

应用生命周期模型开发软件，周期长，开发工作的可视性差，对需求难以确定的系统往往束手无策。另外，软件工程技术经过一段时间的大发展，产生了许多先进的方法和优秀的开发工具，两方面的原因促使了快速原型模型的诞生。

(1) 快速原型模型的定义

原型本是工程设计中的概念，指的是试制品或样品。软件工程中的"原型"则是指系统或软件最终产品的一个早期版本；或者以较少的费用、较短的时间开发出来的能反映最终产品主要特征的样品，这些特征包括系统的功能特征、输入/输出特征和目标约束条件。

快速原型模型是相对于生命周期模型而言的另一种系统开发模型，它强调系统设计者与最终用户之间自始至终通力合作，用比较短的时间完成问题空间定义后，采用一些适当的开发工具立即建立一个可运行的原型，然后交付用户试用，提出修改意见，再采用迭代法或增量法反复修改、完善产品的功能，形成最终产品。快速原型模型把系统开发大体划分为3个阶段：快速建立一个可使用的系统试用版本；交付用户使用并听取用户意见，修改系统。修改过的系统必须再次交给用户试用，用户可能又提出一些意见，再一次修改系统，直到用户完全满意为止。最后将定型的原型产品转化为最终产品交用户。因此，原型模型是增量开发模型，工作顺序呈循环状态。

(2) 快速原型模型的开发阶段

1) 确认基本需求

开发人员和用户合作，共同讨论用户对系统的基本需求。例如，对系统功能、性能的基本要求，实现这些要求的数据规范、输出报告等。这一阶段与生命周期模型的系统分析阶段相似，但这里强调对最基本、最重要的用户需求进行分析和说明，并非对全部需求进行详细分析。

2) 开发一个可工作的原型

在第一阶段的基础上，研制一个初始的系统原型，这个原型能完成系统的主要功能，具有系统的I/O特征（如输入/输出屏幕设计、菜单结构等），能反映出系统的目标和约束条件（如接口特征、时空效益特征）。为使开发出来的原型能工作，还必须建立装有实验数据的样本库。为了快速建立原型，并适应后面阶段对原型的频繁修改，需要有高效率的研制工具的支持，一般采用第四代语言或其他软件开发工具。

3) 试用原型

开发人员向用户演示原型后，应让用户亲自使用，进一步发现问题和不足，讨论并确定需要修改变动的部分，这样，第一阶段确定的基本需求就得到了进一步的明晰和精确。

4) 修改原型

对原型进行修改，舍弃不符合要求的部分，增加所需的功能，满足用户提出的新要求，使原型逐步完善。

5) 重复第3)、4)阶段

修改过的原型给用户再度使用和评价，用户提出意见，开发人员再修改，如此反复，直到用户完全满意为止。

6) 完善原型及重建系统

针对第5)阶段产生的原型，有两种不同的处理方式。第一种方式是进一步完善原型使其成为最终产品。虽然此时的原型能够正确地反映用户需求，完成了系统功能，但可能还存在一些被忽略的问题。例如，还需加入系统安全可靠性的控制、数据完整性和一致的控制，通过模块结构和算法的优化来进一步提高系统运行效益，增强系统的容错性和纠错能力，提高系统的可读性和可维护性等。这样，原型才能成为真正实用的系统。

第二种方式是重建系统。第一种方式通过完善原型得到最终产品，有开发速度快的优点，但原型模型的增量开发方式使系统结构不理想，可维护性差。对较大的系统应采用重建系统方式，把获得原型的过程当作生命周期模型的系统分析阶段，所做的工作只是为系统设计提供经过验证的需求分析，接下来按照生命周期模型继续进行系统设计、编码和测试等，重建一个结构更为合理的系统，而把原型丢弃不用。

（3）快速原型模型的评价

使用原型模型进行软件开发，用户参与了系统开发的所有阶段，从而使用户的需求可以及时地、较好地得到满足，系统的实用性强；采用快速原型模型，用户可以及早接触和使用未来系统的原型，有利于今后的使用和维护；采用快速原型模型开发软件的周期大为缩短，开发费用较少。

3. 会计信息系统开发模型的选择

对会计信息系统而言，现在最流行的开发模型是生命周期模型和快速原型模型相结合的混合模型，也就是开发模型依然选择生命周期模型，但在某一阶段内用快速原型模型，这样可以兼顾两者的优点而弥补各自的缺点。例如，在生命周期模型的系统分析阶段利用快速原型模型可以得到很好的系统逻辑模型。

第 3 章 会计信息系统及其他相关系统的分析与设计

3.1 会计信息系统的分析

会计人员在建立 IT 环境下的会计信息系统时,他们最主要的任务之一是与 IT 人员密切配合参与系统分析,以确立未来的会计信息系统(Accounting Information System, AIS)应具有哪些功能,使其能协助会计人员提高其会计工作的价值。

当你接受一项建立会计信息系统的任务而开发相应的会计软件时,就意味着进入了生命周期的第一个阶段,即系统分析阶段。系统分析阶段的主要目标是论证新系统的逻辑模型,它表达了系统要做什么和能做什么的问题,而并不关心如何去实现,即确立系统的问题空间及其边界。为此还需做以下工作:通过对现行系统的调研,确立老系统存在的问题和新系统的改造目标,并从技术、经济和环境等方面去考证改造老系统(常为手工环境下的会计信息系统)和建立新系统的可行性;在可行性分析得到认可后,系统分析工作将对新系统进行详细的需求分析并最终产生系统分析报告(规格说明书)。

3.1.1 会计信息系统的可行性研究

1. 可行性研究的意义

由于软件工程的复杂性,再加上资源的缺乏和交付时间的限制,较为庞大的软件工程的开发具有较大的难度。因此,早期对软件项目做出仔细、科学、谨慎的可行性分析和评估是十分重要的。

如果在系统的问题空间定义阶段能及时地发现将来可能遇到的困难并做出相应的决定,则可以避免人力、财力、物力及时间上的浪费。因此,可行性分析实际上也是一种风险分析。可行性研究的目的,是用最小的代价在尽可能短的时间内确定问题是否能够解决。为此,必须详细了解现实系统和用户的需求,研究若干种可供选择的解决方案,并对其进行可行性论证。

2. 可行性研究的内容

(1) 经济可行性

经济可行性研究是从成本有效性角度评价一个会计信息系统是否可行,这是一项最基本、最常用的研究内容。对投资者来说,系统投入运行后所取得的收益要大于开发或购买及运行系统的费用,否则就没有必要投资。经济可行性对会计信息系统来讲是最重要的一种可行性。

(2) 操作可行性

操作可行性是指一个运行中的会计信息系统在一定的条件下(如现有的组织结构、管理模式、人员素质及技能等)能否正常运行,从而满足企业的各种业务需求。简单地说,运行可行性就是要考虑会计信息系统是否可能在企业内部顺利实施,这方面的可行性分析在实际工作中经常被忽视。

（3）技术可行性

技术可行性是指建立的会计信息系统所需要的技术在当前是否成熟、稳定，是否符合技术发展潮流。导致技术不可行的原因通常是不熟悉计算机的用户提出一些不合理的或不切合实际的要求，认为计算机无所不能，而实际上计算机系统也有自身的局限性。

（4）人员可行性

新的会计信息系统的实施必然引起企业内部某些方面的变化，如新旧系统并行运行期间工作量的增加、操作习惯的变化、岗位的调整和职责的重新划分等。而从人的本性来说，通常对变化有抵触心理，这样就会对会计信息系统的实施产生一系列不利的影响。因此，在进行可行性研究时必须考虑到人员方面的可行性，即评估人员的抵触情绪对会计信息系统的妨碍程度。

3. 可行性研究的步骤

（1）准备工作

1）人力资源和组织的准备

人力资源和组织的准备是保证开展工作的基本条件。在初步确立了用户方和开发方参加系统调研和开发的技术人员后，为了保证开发工作的顺利开展，建议成立3个组织：开发小组，由双方开发人员参加，是系统开发的工作小组；环境保障组，由用户方的管理人员组成，负责开发小组与用户方的工作协调；领导小组，由双方的领导参加，负责对开发小组和环境保障组的领导工作，研究开发中遇到的重大问题并提供解决方案。

2）技术准备

用户方应向开发小组提交一份初步的用户需求报告，内容主要包括：对现有（手工的或IT环境下的）系统的评估，以及建立新系统的初步设想。该报告是工作小组开展工作的原始依据。

（2）初步调查

调查是系统诞生的基础。开发小组的第一项工作，就是对原有的会计信息系统进行初步调查及对用户提出的需求报告进行识别和理解，从而明确：原系统的目标、功能、处理程序、处理方法、业务量；系统的优缺点、需要解决的问题和需求的迫切性等；原系统的运行机制，包括组织结构、人员组成、与外单位的联系方式等；新系统的改造目标，包括对原有系统的改进和增加新的需求；为开发新系统能提供的各种条件，包括人力、物力、财力及技术改造和管理体制的变革等。

（3）进行可行性分析

在初步调研的基础上，明确了老系统存在的问题、改造目标和具备的各种条件，即可提出解决方案，并从技术上、经济上、环境上进行可行性分析和研究，最后将分析结果写成可行性研究报告，待评审。其中提出的解决方案，包括要建立什么样的会计信息系统。例如，是独立的会计信息系统还是企业管理信息系统的一个子系统；会计信息系统是仅需会计核算功能，还是尚需包括管理和决策功能等。

3.1.2 会计信息系统的需求分析

1. 需求的定义

需求是指用户要求会计信息系统必须满足的功能和限制。需求包括功能要求、可靠性要求、安全性要求、开发费用、开发周期、实施周期、使用资源方面的限制等。其中，功能要求是最基本的，包括数据要求和加工要求。

2. 需求分析的重要性

不管是自行开发还是购买商品化软件，需求分析都是建立会计信息系统的一个非常重要的步骤，是整个会计信息系统开发和建设的基础。如果需求定义发生错误，那么无论以后各步骤的工作质量如何，都必然导致整个系统的失败。大量的事实表明，会计信息系统建设中 60%～80% 的错误源于错误的需求定义。

3. 需求分析的任务

需求分析阶段研究的对象是会计信息系统的详细用户需求，为此分析人员必须与会计人员密切配合来共同充分地理解和确认会计信息系统的详细用户需求，并把双方的共同理解明确地表达成一份书面文件，称为需求说明书或规格说明书。因此，这一阶段的主要任务是"理解"和"表达"。通过分析来理解需求，而通过规格说明书把问题（系统的问题空间或逻辑模型）按某种标准方式抽象和表达出来。只有被确切表达出来的需求，才能成为日后系统设计的基础。

4. 需求分析的步骤

（1）对原有系统的详细调查和描述

新系统是在原有系统的基础上开发的。因此，为了研究新系统的需求分析，必须对原有系统进行详细调查，包括原会计信息系统的组织结构、信息流程、信息量、信息处理步骤和结果、资源利用状况、管理方式及系统的内外部环境等，以导出原有系统的物理模型。为了详细地描述系统，人们可以用大量的描述性文字说明系统的时间、地点、人员和内容。但也有另一种方法，即用图、表的方式来代替文字说明。例如，可利用绘制业务处理流程图和填写信息需求一览表，以再现系统分析人员对系统的识别。

① 业务处理流程图的基本符号如图 3-1-1 所示。

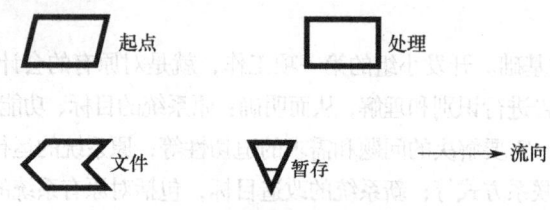

图 3-1-1　业务处理流程图的基本符号

② 业务处理流程图示例。以领料业务为例，领料业务处理流程图如图 3-1-2 所示。

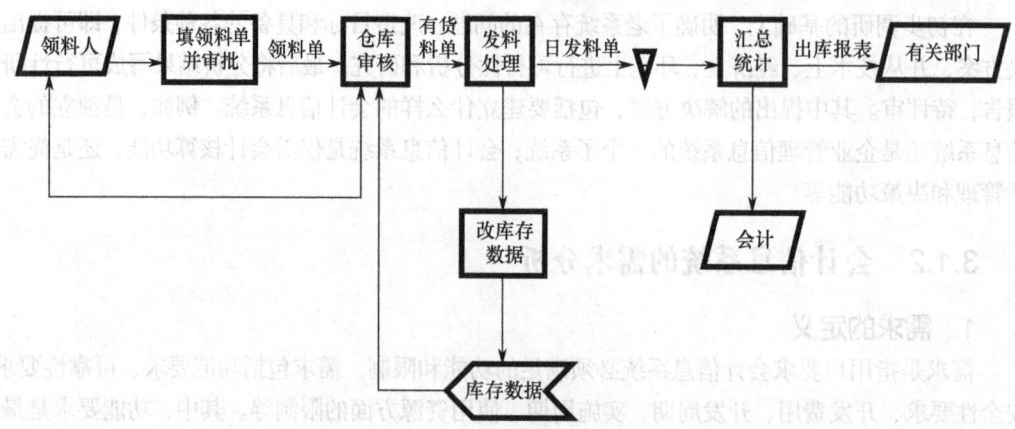

图 3-1-2　领料业务处理流程图

③ 信息需求调研一览表如表 3-1-1 所示。对系统中出现的全部信息实体，包括各种表、证、卡、单，可填写在表 3-1-1 中。

表 3-1-1　信息需求调研一览表

名　称	发 生 地	发 生 时 间	平 均 数 量	重要数据项	信 息 量	其　他
发票	销售科	月　日	125个/日		38个字符	

（2）识别原有系统的逻辑模型

完成了详细调研后，分析人员获得了原有系统的具体做法，即有关原有系统如何工作的物理模型，包括在什么时间、地点、由谁具体操作及操作内容、方式，均被描绘了出来。例如，职工出差借支差旅费的处理过程是：职工所在单位负责人开借款单—由财务科审核—批准后盖章并将借条交给出纳—出纳员付款—职工签字。

物理模型中含有较多的具体因素，特别是强调了如何做的问题。除去这些如何做的细节，只考虑它究竟做了些什么，就可得出原有系统的逻辑模型。例如，上述处理过程的功能是职工借支差旅费。

（3）建立新系统的逻辑模型

系统分析的最终目标就是详细了解用户的需求和现状后，将原有系统的逻辑模型转换并改造成未来会计信息系统的逻辑模型，并用相应的文档描述出来，让用户理解和识别新系统能做什么。

为此，系统分析人员应与用户密切合作，深入研究用户需求，将新系统逻辑模型中的数据流、每个处理的定义和描述等充分向用户展示，使用户能清楚地看到未来系统的"面貌"，并通过多次讨论、交换意见，最后得出系统较为准确的逻辑模型。

（4）书写规格说明书

1）规格说明书的内容

规格说明书的内容主要包括详细的需求分析、系统配置和实施计划等。其中需求分析包括目标分析、功能需求、信息量需求、性能需求，特别是安全可靠性需求、环境需求、用户界面需求等的分析；系统配置包括硬件、网络、系统软件等的配制；实施计划包括项目进度计划、人员组织和培训计划、资金投入计划等。

2）规格说明书的作用

规格说明书是系统分析人员和会计（用户）共同对会计信息系统的用户需求的理解，并以某种共识的标准方式进行表达。它有如下 3 个作用：由于规格说明书描述了会计信息系统的问题结构，可作为 IT 人员进行下一步系统设计、编程的基础和技术文档；经评审后的规格说明书可作为 IT 人员和用户间的非正式合同，为双方提供相互理解、合作和制约的约定；规格说明书也是系统测试、验收的技术依据。

5. 需求分析的方法

描述系统的逻辑模型即进行需求分析的方法有很多，如结构化分析方法、面向对象方法等。

3.1.3　结构化分析方法

在进行需求分析时，为了建立系统的逻辑模型，功能分析是最重要的内容之一。分析功能具有两个特点：层次性；各层功能之间存在着信息交换，称为功能的信息关联性。由于功能具有上述两个特点，所以对系统的功能分析包含两个内容，即功能层次结构分析和层次间的信息关联分析。关于功能分析的方法很多，其中结构化分析方法是一种简单、实用、使用较广的方法，最适用于分析大型的数据处理系统，建立 IT 环境下的会计信息系统也常用此方法。

结构化分析方法的基本思路是：由于人的理解力、记忆力的限制，不可能一下子触及问题的所有方面和全部细节，为了降低理解的复杂性，最常用的方法是把大问题分解成若干小问题，称为"分解"。如果每个小问题还不够简单，那么可以继续分解，直到每个问题均可被理解为止。在分解的时候，还需将每个

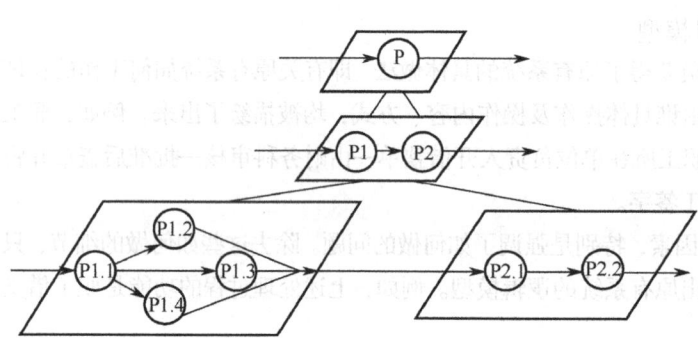

图 3-1-3　凭证处理的结构化分析示意图

问题的某些细节略去，把注意力集中在主要属性上，这就是所谓的"抽象"和"表达"。结构化分析方法是对一个复杂系统进行"自顶向下，逐层分解"，它有较强的可操作性和规范的描述方法。凭证处理的结构化分析示意图如图 3-1-3 所示。

在图 3-1-3 中，P 表示"凭证处理"；P1 表示"凭证编辑"；P2 表示"凭证审核"；P1.1 表示"凭证查找"；P1.2 表示"凭证增加"；P1.3 表示"凭证删除"；P1.4 表示"凭证修改"；P2.1 表示"凭证查找"；P2.2 表示"加入审核标记"。

3.1.4　数据流程图法

数据流程图法是一种很典型的结构化分析方法，它能有效地表达功能的层次性和信息关联性。数据流程图法包括 3 个主要内容：数据流程图、数据字典、处理说明。在数据流程图法中，使用对处理的不断分解表达了功能的层次结构；各处理的信息流反映了各功能间的信息关联和信息的传递与交换。

1. 数据流程图

（1）数据流程图的元素

数据流程图主要包括 4 种元素，如表 3-1-2 所示。

1）数据流

数据流是沿箭头方向传递数据的通道，它描述了系统各组成部分之间的数据传递关系。其流向大致有以下几种：从"起点"流向"加工"，即从信息的源头收集数据作为加工的输入数据；从"处理"流向"文件"，或从"文件"流向"处理"；从"处理"流向"处理"，即某一处理的输出作为另一处理的输入数据；从"处理"到"终点"，即将处理的输出数据传送给信息的需求部门。

表 3-1-2 数据流程图的 4 种元素

元素名称	图形	作用
数据流	→	描述数据的流向
文件	═	描述数据的存储的可被访问的文件
处理	○	描述对输入的数据进行加工的处理功能
实体	□	描述数据流的起点和终点

2）文件

文件是与处理有关的数据集合，在数据流程图方法中起着暂时或永久存放数据的作用。

3）处理

处理是对流入的数据进行操作，因此，若给处理起名，它一般应为一个动词，在一个数据流图中应至少有一个处理。它是数据流图中的核心部分。

4）实体

实体表示了数据流的起点和终点，描述了系统的使用者和发送者。由于它们和系统内的结构关系不大，所以有时会被忽略。

（2）数据流程图的画法

1）自顶向下、逐层分解的方法

对于一个复杂的系统，需要用自顶向下、逐层分解的方法来绘制流程图。

① 顶层图的绘制。顶层图是数据流程图的第一张图，它描述了系统的范围和边界。如图 3-1-4 所示为账务处理的顶层图。

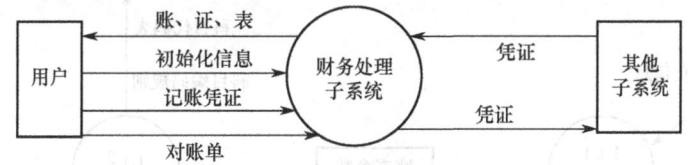

图 3-1-4　账务处理的顶层图

② 中间层图的绘制。中间层图描述了系统中间层的分解过程，即上一层的某个处理分解成几个独立的处理。如图 3-1-5 所示为账务处理的中间层图，图中表示将顶层图的账务处理分解成了初始化、凭证编辑、外部凭证、自动转账、凭证审核、记账、银行对账等处理。

③ 底层图的绘制。底层图是系统最后的分解图，在底层图中每个处理应描述一个简单的独立功能。如图 3-1-6 所示为账务处理中初始化处理分解的底层图。

可以看出，逐层分解的关键在于对系统的描述不要很快陷入更多的细节，而应提纲挈领地先从系统顶层的总体功能开始，并有控制地逐步增加细节，实现从抽象到具体、从总体到局部的过渡。这大大有助于理解和描述一个复杂系统，使问题空间的复杂性降低到可描述的水平。对于规模较小的系统，可以用一张图把它们的分解描述出来，但是对于较复杂的系统，还是主张分层描绘。

2）由外向里的原则

"由外向里"地绘制每层流程图是一种易于掌握且比较自然及有条理的思考过程。在绘制顶层图时，先考虑整个系统的输入和输出数据流，这样可先界定该系统的范围，然后考虑系统内部的其他元素。同样，对每个被分解出来的处理，也是应先画出它们的输入输出，再考虑这个处理的内部元素。

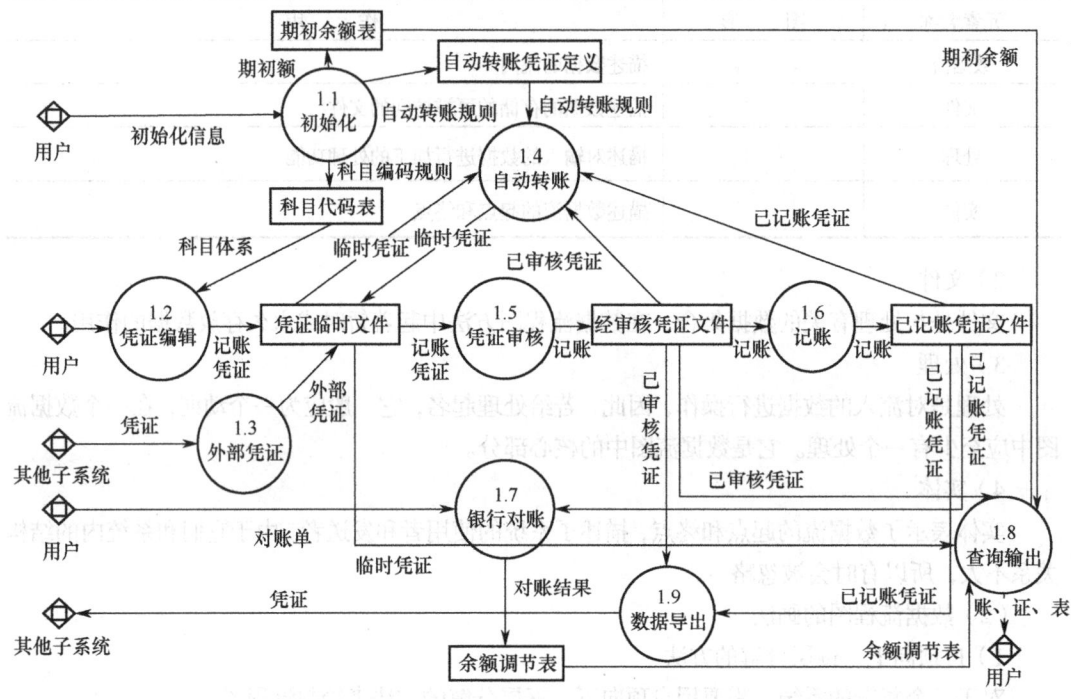

图 3-1-5　账务处理的中间层图

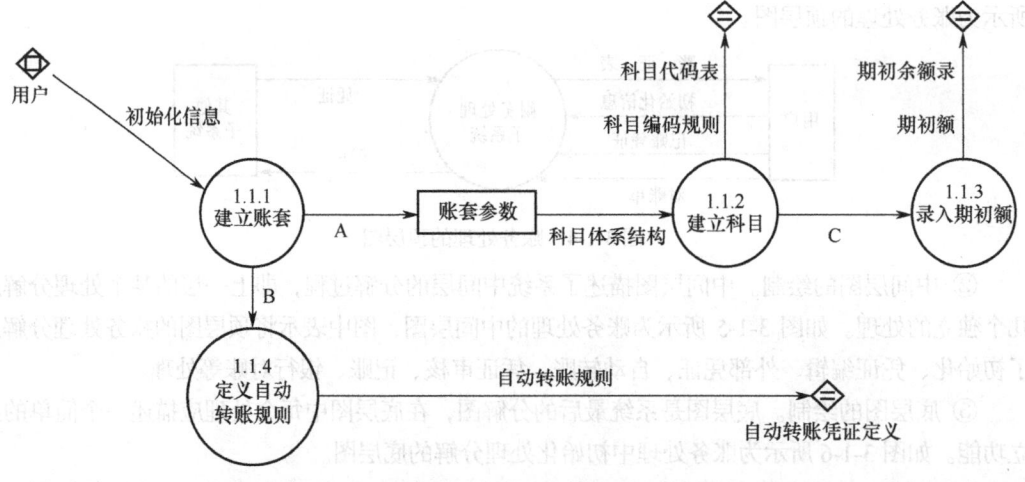

图 3-1-6　账务处理中初始化处理分解的底层图

3）其他应注意的事项

数据流程图的每一成分的命名是否恰当，对数据流程图的易理解性有十分密切的关系，应仔细推敲。一般来说，数据流、文件和实体用名词命名，处理用含有具体意义的动词表达；为了易于理解系统的分解过程，给每个处理框设置一个数字编号，和名字一样作为其标识符；同层的处理按顺序编号；相邻的上下层处理间具有父子关系，编号时应注意表达其父子关系，如用 1.1、1.2、1.3 表示父处理编号为 1 所分解的 3 个子处理编号，而用 1.2.1、1.2.2、1.2.3、1.2.4 表示父处理编号为 1.2 所分解的 4 个子处理编号。

2. 数据字典

(1) 数据字典的定义和作用

数据字典是描述和说明数据流程图中各元素的词条集合。数据流程图描述了系统的分解，即描述了系统由哪几个部分组成，各部分之间有什么联系，但并没有说明系统中各个成分的内容，需要用数据字典对会计信息系统中涉及的每个数据流、文件及与它们有关的数据项进行详细的描述和确认，这就是数据字典的作用。

(2) 数据字典的内容

数据字典的内容有：数据流条目，包括数据项名、别名、组成的数据项、注释等；文件条目；包括文件名、别名、组成的数据项、文件的组织结构（如索引文件、关键字）、注释等；数据项条目，包括数据项名、别名、类型、长度、取值范围、是否允许为空、初始值、注释等。

(3) 数据字典中的符号说明

在数据流条目和文件条目中均需描述它们的数据项结构，为了准确地描述这些结构，需要引进下列符号：+表示"与"；[|]表示"或"，即选择括号中的某一项；{ }表示"重复"，即括号中的项要重复若干次；[ ]表示"可选"，即括号中的项可有可无。例如，银行存储系统的数据项存期为1、2、3年期，且用0表示活期，则存期=[0 | 1 | 2 | 3]。又如，在库存管理子系统中，出库单可记为：出库单=日期+{ 材料名称+规格号+请领数量+实发数量}+经手人+审批人。

(4) 数据字典举例

1) 数据流条目

数据流条目表如表3-1-3所示。

表 3-1-3　数据流条目表

数据流名称：对账单	
组成：银行往来科目代码、科目名称、日期、结算方式、银行结算号、借/贷方向、借/贷金额、余额	
注释：	

2) 数据文件条目

数据文件条目表如表3-1-4所示。

表 3-1-4　数据文件条目表

数据文件名称：凭证临时文件
组成：日期、凭证号、摘要、科目代码、科目名称、借/贷方向、借贷金额、操作员、审核员
注释：1.会计审核后有效；2.借贷金额平衡；3.凭证号连续，系统自动生成凭证号

3. 处理说明

(1) 处理说明的作用

结构化分析方法的基本思想是将一个复杂的系统逐层分解成多个简单的基本处理，然后分别理解每个处理，并为每个处理做相应的描述来说明其"做什么"，包括处理逻辑、触发条件、优先级、执行频率、出错处理等。其中，处理逻辑描述了将输入流变换为输出流的变换规则；处理说明描述的模型是下一阶段设计与编程的基础，但此处只说明了"做什么"，表达了用户的需求，无须表示如何实现。

(2) 处理说明的工具

处理说明是结构化分析中的关键部分,是系统设计和编程的技术基础,因此如何用规范的方式来描述处理说明是十分重要的。

1) 结构化语言

结构化语言介于形式语言和自然语言之间,应易于理解且避免语意的二义性。它包括简单的祈使句、判断句、循环句及这 3 种句子组成的复合句。这些句子应明确地表达"做什么"的问题。句中使用的动词应能表达明确的具体内容,如"审查""退回"等,避免使用一些无具体内容的动词,如"处理""加工"等。

对每个处理的叙述详细到什么程度,是否有必要都如上面例子这样详尽,可根据具体情况灵活掌握,为了把处理说明描述清楚,常用表格的形式如表 3-1-5 所示。

表 3-1-5　常用表格的形式

处理名:查询输出
处理编号:
触发条件:用户请求显示或打印账、证、表

处理逻辑:
PROCEDURE　查询输出
ASK "查询输出类型" ANSWER "科目汇总表","现金日记账"……
CASE OF 查询输出类型
　　WHEN 查询科目汇总表　　SELECT
　　　　REPEAT UNTILL 科目代码表中的科目处理完毕
　　　　　　BEGIN
　　　　　　从科目代码表中获得该科目的余额方向
　　　　　　从期初余额表中取出期初余额
　　　　　　把期初余额存入变量 BalanceNow
　　　　　　REPEAT UNTILL 已记账凭证文件中该科目的分录处理完毕
　　　　　　　　BEGIN
　　　　　　　　　　IF BalanceNow 的方向与该分录中发生额的方向相同　　THEN
　　　　　　　　　　　　BalanceNow:=BalanceNow +发生额
　　　　　　　　　　ELSE BalanceNow:=BalanceNow - 发生额
　　　　　　　　ENDIF
　　　　　　　　从已记账凭证文件中取该科目的下一条分录
　　　　　　END
　　　　ENDREP
　　　　输出该科目的科目号,BalanceNow 的值和余额方向
　　　　从科目代码表中取下一个科目
　　　END
　　ENDREP
　　WHEN 查询现金日记账　　SELECT　　显示现金日记账

(续表)

……
……
……
ENDCASE
END　查询输出
执行频率：

2）判定表

判定表是指把处理的各种动作和条件用表格的形式表达。有些问题不易用结构化语言表达清楚。例如，在订货系统中，"检查订购单"的处理逻辑是：如果金额超过1 000元，又未过期，则发出批准单和提货单；如金额超过1 000元，但过期了，则不发批准单；若金额低于1 000元，则不论是否过期都发批准单和提货单，在过期的情况下，还需发出通知单。"检查订购单"处理逻辑判定表如表3-1-6所示。

表 3-1-6　"检查订购单"处理逻辑判定表

金额（元）	>1 000	>1 000	<1 000	<1 000
状态	未过期	已过期	未过期	已过期
发出批准单	√		√	√
发出提货单	√		√	√
发出通知单				√

当处理由一组操作组成且是否执行某个操作取决于一组条件时，用判定表能清晰准确地表达，从而有效地防止遗漏。判定表还可表示多种情况下的不同操作，"计算津贴额增加量"处理逻辑判定表如表3-1-7所示，"计算折扣量"处理逻辑判定表如表3-1-8所示。

表 3-1-7　"计算津贴额增加量"处理逻辑判定表

职称	助教	讲师	副教授	教授	助教	讲师	副教授	教授
类别	退休	退休	退休	退休	在职	在职	在职	在职

表 3-1-8　"计算折扣量"处理逻辑判定表

类型	个人	个人	企业	企业	政府	政府
订购量	≤10	>10	≤20	>20	≤10	>10
折扣	10%	15%	15%	20%	5%	10%

3）判定树

判定树是根据条件与动作，用横向的树型分枝结构来描述数据流图的处理。它本质上与判定表是一样的。当条件的嵌套层次较多时，判定表的描述不易被用户理解，便可使用更为直观的判定树工具。例如，"检查订购单"处理逻辑判定树如图3-1-7所示。

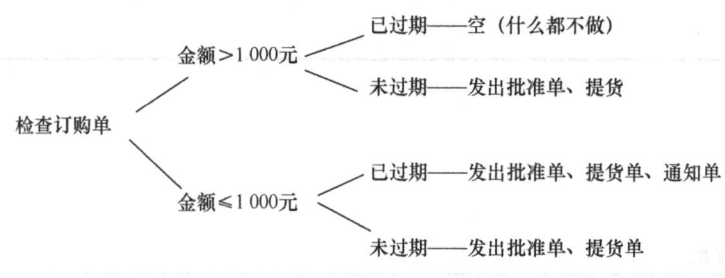

图 3-1-7 "检查订购单"处理逻辑判定树

3.1.5 面向对象方法

面向对象(Object Oriented, OO)方法是 20 世纪 90 年代计算机研究领域中广泛应用的技术，它既是一种软件开发方法，也可以作为建立系统的基础结构。目前，面向对象方法已深入应用到计算机软件领域的各个分支，同时面向对象方法还发展到计算机软件技术以外的一些研究和应用领域，如计算机体系结构、人工智能等。

1. 什么是面向对象方法

面向对象方法是从现实世界中客观存在的事物出发来识别和构建软件系统的方法。它强调直接以现实世界所关心的问题域中的事物为中心来认识和描述系统，并将它们统一地抽象为对象且作为该系统的基本构成单位。

简言之，面向对象方法的主要原则是：将问题域中的一切事物都视为对象；任何被研究的系统都是由对象组成的；系统的发展和进化均由系统内外部对象的相互作用而完成。面向对象方法的最大特点是可以使系统通过对对象的抽象和描述直接反映问题域，保持问题域中事物及其相互关系的本来面目。这显然是一种最自然、最朴实有效的理解、识别、描述系统的软件开发方法。

与结构化方法一样，面向对象方法可以用于软件工程生命周期的各个阶段，形成了面向对象方法学的体系，包括面向对象系统分析、面向对象系统设计、面向对象计算机程序设计语言、面向对象系统测试、面向对象数据库管理系统等。

2. 面向对象方法的基本概念

（1）对象

人们赖以生存的环境是丰富多彩、变化多端的，但世界上的任何事物都可以被称为对象。因此，对象是现实世界中实际存在的事物，它可以是有形的物体，如一粒芝麻、一个人、一架大型客机、一栋公寓等；也可以是一种无形的抽象观念，如一项计划、一个实施方案等。对上述有形的和无形的对象，它们是否有相似的共性呢？回答是肯定的。例如，对一个人来说，他具有名字、年龄、性别、籍贯等基本属性，同时他又有各种技能，如人可以睡觉、吃饭、学习、玩游戏等；对计划来说，它具有计划名称、计划制订时间、计划制订人等属性，也有对计划的审批、执行、调整等可能发生的动作。

由此可见，对象是客观世界中大量存在的实际事物，具有一些特定的属性和固有的技能与动作。但应该注意的是，人们在开发一个软件项目或系统时，通常应在所关心的问题域中去考虑和识别与系统目标相关的事物和概念，并用对象来抽象地表示它们。例如，在开发会计信息系统时，可以抽象和描述记账凭证、总账、会计报表、银行对账单、会计业务审核员、出纳和总会计师等对象。

在 OO 方法中，对象是系统中用来描述客观事物和抽象观念的一个实体，它封装了如下几个基本元素：对象名称、一组属性和对这组属性进行操作的一组服务。其中，每个对象都应有一个唯一的能识别对象的标识，称为对象的名称并常用标识符表示；属性是用来描述对象状态和特征的集合，每个属性应有一个名字作为唯一标识；服务是用来描述对象行为操作序列的集合，实为对象所具有的功能，每个服务也应有一个名字作为唯一标识。

（2）对象的封装

封装是指把对象在问题域中的全部有意义的属性和服务结合在一起，形成了一个不可分割的独立单元。本书所言及的对象实指对象的一个封装。

（3）类和实例

在 OO 方法中，类是对一组相似的对象共同抽象和归集的结果。其抽象和归集的原则是：忽略事物的非本质特征，只关注那些与所研究的问题域有关的本质特征，从而找出事物的共性。把这些具有共性的事物归集为一类，便得出类的抽象概念。例如，哺乳动物是对人、狗、猫、狮、虎等对象归类的结果。这些对象具有很多共性，如哺乳动物都有四肢、乳房、性别等。

类的概念的引用，使人们能对属于该类的全部个体对象进行统一的描述。在 OO 方法中，类被定义为：一些具有共性对象的集合，即类是具有相同属性和服务的一组对象的集合，它为属于该类的全部对象提供了统一的描述。类的内部封装了对象名称、属性集、服务集3个元素。本书所言及的对象实指对象的一个类。

类给出了属于该类的全部对象的抽象定义，可将其视为对象的模板。而对象则是符合这种定义的一个具体实体，称为该类的一个实例。因此，实例是属于某类的一个具体对象。初学者要特别注意类和实例的概念具有相对性。例如，若视哺乳动物是一个类，则人、狗、猫、狮、虎等均是该类的一个实例；但若视人是一个类，则张三、李四是该类的实例，学生、教员等也是该类的实例。因此，人作为对象而言，有时可视为类，有时则可视为实例，取决于所研究的问题域的需求。

（4）结构

类将客观世界中具有共同特征的对象进行了归集。为了简化对问题域的理解和识别，有必要将研究域中的一些有关联的类按内在的联系进行一次合并归集，每个被合并归集的一组类称为类的组合结构，简称结构。

1）分类结构

在对类进行抽象时，人们只关注了共性而忽略了个性。例如，在研究校园管理系统时，对象类人有人名、性别、出生日期、籍贯、民族、地址等属性，但人的实例：学生和教员除具有人的属性外，还具有各自的特性如实例学生具有学号、系别、年级、宿舍等特性；而教员具有工龄、教龄、专业、学历等特性。因此，学生、教员不仅是人的两个不同的实例，而且学生实例和教员实例构成了人的两个实例子集。

在研究系统时，这两个子集也可以分别抽象为两个类，它们分别封装了各自的特性；但它们又是人的一个子集，应具有人的共性，称它们为子类，而称人为父类。父类和子类的概念也具有相对性。例如，人是学生的父类，但也是哺乳动物的子类，因此，学生就是哺乳动物的子子类。人们将问题域中所有具有父子关系的类集合组成的结构称为分类结构。分类结构的最大特征是具有子类对父类的继承性，且这种继承性是可传递的，即父类的属性和服务，各子类及其子子类等都可继承。

2）装配结构

问题域中的某些类之间具有整体和局部的组成关系。例如，类树是由树根、树干、树冠组成的，即类树与树根、树干、树冠具有整体和局部的组成关系。人们将具有整体和局部的组成关系的一组类集合的结构称为装配结构。

在 OO 方法中，引入装配结构的目标是把复杂的事物分解为若干个比较简单的事物的装配体，从而可以简化对复杂事物的描述，降低了对问题空间识别和描述的复杂性。

（5）继承性

在软件工程中，继承性的含义是指"自动地拥有"或"隐含地复制"。当两个类之间具有父子继承关系时，则子类可以"自动地拥有"或"隐含地复制"父类的全部属性和服务，而无须再对其进行重复定义。继承性也是 OO 方法中的一个重要特点。当使用面向对象系统对系统进行识别和逻辑建模时，继承性这一特点可降低系统识别和描述的复杂性；在用面向对象程序设计语言（Object Oriented Programming Language，OOPL）编写程序时，继承性增加了代码的可重用性。分类结构就是充分考虑到继承性的特点而创建的。

（6）消息

在 OO 方法中，消息是指一个对象向另一个对象发出服务请求的一种通信机制，它是 OO 方法中的一个重要原则。消息应包含发送对象的对象名、发送服务名、输入参数、应答信息等，消息本身还隐含着当接收对象得到消息，经对消息解释后应做出的响应，并将操作结果加载到应答消息上。

（7）实例连接

实例连接是指对象和对象之间固有的静态联系。例如，教师与课程之间的任课关系；读者和图书之间的借阅关系等。这种双边关系可以通过对象实例的属性来表达。例如，读者对象的属性可以说明他可以借阅哪类图书；同样，教师对象的属性可以说明他能讲授哪些课程。

（8）消息连接

消息连接是指对象和对象之间在系统运行中的动态联系，即若一个对象在执行自己的服务时，需要通过消息请求另一个对象为它完成某个操作，则称这两个对象间存在消息连接。

（9）多态性

多态性是指在分类结构中，父类的属性或服务被子类继承后可以具有不同的行为功能，这使得同一个属性或服务在父类和子类中具有不同的语意。例如，在父类对象人中，服务"AGE（　）"表示由出生日计算出年龄；而在子类学生中，服务"AGE（　）"表示由入学时间计算出学龄；在另一子类教员中，它又表示由参加工作时间计算出工龄。多态性是 OO 方法中的重要原则之一。

3. 面向对象系统分析的简介

（1）面对对象系统分析的定义

面向对象系统分析（Object Oriented Analysis，OOA）是指用面向对象方法对系统进行系统分析。其目标是为系统建立逻辑模型，即需要划定系统的问题域并解决系统要做什么和能做什么的问题。OOA 的基本任务是运用 OO 方法对系统的问题域和系统责任进行分析、抽象化和描述。问题域在前文中曾多次提及，在此解释如下：所谓问题域是指被开发系统的应用领域，即被研究的系统的处理范围。系统责任是指被开发系统应识别的职能。例如，要为企业开发会计信息系统，会计信息系统就是问题域，会计部的日常会计业务，包括制作会计凭证、对账、记账、结账、出会计报表等及与此有关的人和物既属于问题域又属于系统责任。对问题域和系统责任的了解是系统分析的首要责任。

自 20 世纪 80 年代掀起了对 OO 方法的研究热潮之后，各种 OOA 的方法也相继产生，如 Coad/Yourdon 方法、Berard 方法、Booch 方法、Jacobson 方法等。这些不同的 OOA 方法虽然都是依照 OO 方法的基本概念创建的，但之间有一定的差别，包括对概念的取舍、术语的定义和使用不同等。此外，因在不同程度上吸收了非 OO 方法的概念和引入了一些附加的模型等，所以要用很短的篇幅讲清楚 OOA 是十分困难的。本书以 Coad/Yourdon 方法为基础，还融合了其他 OOA 方法中的一些概念来讲授 OOA。

（2）OOA 中的主要概念

1）对 OO 方法中概念的直接引用

此类概念包括对象、封装、类、实例、结构、继承和消息等。除此之外，还需补充以下用于 OOA 的几个重要概念。

2）粒度控制

人们在进行系统分析逻辑建模时，既需要宏观的思考，又需要微观的思考。例如，在开发会计核算系统时，宏观的问题有凭证处理、记账、对账、结账和会计报表等；微观问题有会计数据的准确性、完整性、安全性控制等，会计科目代码的结构和设置控制，会计报表的生成和管理等。系统分析人员需从不同的层次思考问题。由于人们在面对一个复杂的问题域时，不可能在同一时刻既能纵观全局，又能洞察秋毫，所以需要控制自己的思考层次。

一般来说，当考虑整体性的宏观问题时，应重点关注重大的组成部分而忽略细节；在考虑某局部的微观问题时，应专注于该局部的细节问题而忽略其他部分的细节。在 OOA 中，所谓粒度控制是指在进行逻辑建模时，理解、抽象、识别和描述系统的层次控制，也就是对宏观思维和微观思维的适度把握。

3）主题

在 OOA 中，主题是指把一些具有较强联系的类和结构，按一定的规则进行组合。主题是由一些类和结构再一次组合而形成的类集合。这是因为当系统中的类和结构数量较多时，对整个系统的理解和记忆就产生了一定的困难。

运用粒度控制的原则，可以把较多的类和结构组合为数量较少的主题，以便对系统进行理解、抽象、识别和描述。如果系统的主题数量仍然过多，则可进一步组合成更大的主题。这样使 OOA 模型具有大小不同的粒度层次，有利于对系统复杂性的控制。主题有如下特点：主题是一组对象类和结构组成的集合；一个主题内部的对象类和结构应具有某种联系；主题的划分虽然需要按一定的规则进行组合，但也有一定的灵活性和随意性。

（3）OOA 的步骤

1）识别对象

在 OOA 中，识别和定义对象是指对具有共性的类的抽象和识别，而不是对个别实例的识别。一般需要查阅、研究和分析用户所提供的需求报告、说明材料，或者召开座谈会来寻找和识别系统中的对象。为此，应首先识别被研究系统问题域中的主体，包括各类相关的人和物，再识别这些主体的角色和发生的事件。例如，在对会计核算系统进行系统分析时，经初步研究和分析，可识别的人和事物有会计、出纳、其他职工、原始凭证、记账凭证、会计账、会计报表等；人员的角色有科员、科长、总会计师、司机等；发生的事件有记账、对账、结账、出会计报表等。

这些初步找出的所有对象未必都是有用的对象，为此尚需检查它们是否符合如下条件：该对象可以产生实例；该对象有两个以上的基本属性；该对象的服务是否在被研究的系统中有用。最后，应删去那些无用的对象，并为剩余的每个有用的对象进行对象命名。

2）识别结构

一般来说，结构是一种思维组织方式。在 OOA 中，结构是问题域中各种关系的表示，它与系统的任务直接相关，也是类的更高层次的抽象和归并。结构的抽象有利于对系统的理解和识别。在 OOA 中，结构有分类结构和装配结构两种。其中，分类结构表示了父类和子类间具有共性和个性的继承关系；而装配结构则表示了整体和局部的组成关系。

① 分类结构的识别。为了在众多的对象中找出那些具有父子继承关系的分类结构，可以使用集合元素的包含关系这一概念来识别分类结构中的所有对象。其原则是：若类 B 集合中的全部实例都是类 A 集合中的实例，而类 A 集合中存在不属于类 B 集合中的实例，则类 A 是类 B 的父类，类 B 是类 A 的子类。例如，人与学生和教员可组成分类结构，因为对象类学生或类教员中的全部实例都是对象类人中的实例，但对象类人中分别存在不属于对象类学生或对象类教员的实例。

从集合论的观点看，子类对象实例集合是一般父类对象实例集合的真子集。为了简化子类的描述，在 OOA 中，通过继承机制将一般类中已定义的属性和服务则不必在其所有子类中显式地定义，只要指明类之间具有父子关系，则分类结构的继承机制将保证子类可拥有父类的全部属性和服务。

综上所述，分类结构的识别原则为：属于研究的问题域、完成系统的某些任务、对象类之间存在父子继承关系。分类结构如图 3-1-8 所示。

② 装配结构的识别。为了在众多的对象中找出那些具有整体和局部组成关系的装配结构，首先要识别哪些对象之间具有装配结构的组成关系。可以使用如下分析方法：若类 B 是类 A 的一个组成部分，则称类 A 为类 B 的整体对象，类 B 为类 A 的部分对象，并且称类 A 和类 B 之间具有整体和局部关系。注意，在理解装配结构中各个元素之间的组成关系时，与分类结构不同，不能理解为对象 A 的实例与对象 B 的实例存在全集和真子集的关系。它们之间的关系可以理解为：类 B 的定义是类 A 定义的一个组成部分。也就是把类 A 定义的一部分转移到类 B 的定义中去，其目的是降低对类 A 定义的复杂性。例如，汽车可视为由车头和车身组成，则汽车与车头和车身构成了具有整体和局部关系的装配结构。其中，汽车的属性定义包括车型号、颜色、出厂日期、排气量、车牌号等；车身的属性定义包括座位数、车门数、安全装置等。

综上所述，装配结构的识别原则为：属于研究的问题域、完成系统的某些任务、对象类之间存在整体和局部的组成关系。装配结构如图 3-1-9 所示。

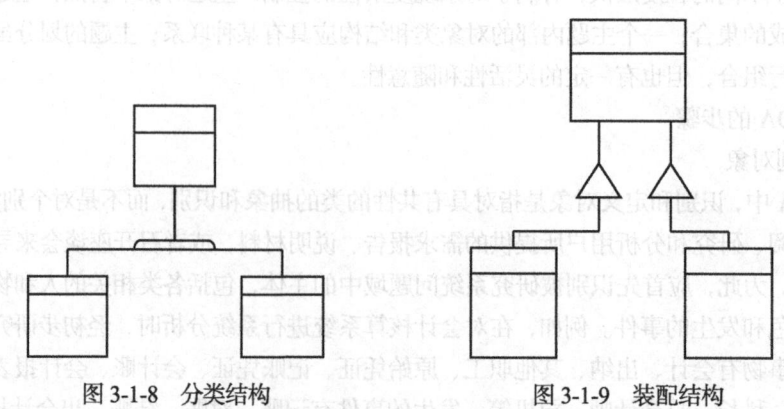

图 3-1-8　分类结构　　　　　　　　图 3-1-9　装配结构

3）划分主题

在实际的系统开发中，通常会遇到一些较大的复杂系统。在 OOA 中，主题是指导系统分析人员分析大型复杂模型的一种控制机制。一般来说，若经初步识别，系统具有超过 20 个类和结构，则应对它们再按一定的规则进行组合而形成数量较少的主题，以便于对系统的理解和识别，同时也便于将开发任务分解到各工作小组进行团队开发。

主题提供的控制机制的原则是：控制用户同时理解和识别模型和子系统的个数，可按米勒原理将系统尽量划分为 5~11 个主题。为此应对已识别的类和结构按某种原则归并为若干个主题，而每个主题包含的类和结构数最好也是 5~11 个。若归并后的主题数量仍然较多，则可继续归并为更高层次的主题。主题归并的原则可以按实际开发的需要而制定，也可借鉴结构化分析方法中"高内聚和低耦合"的原则来归并。主题图一般用方框表示，方框内标出由哪些类、结构组成。

4）定义属性

在 OOA 中，对象的属性用于反映问题域和系统任务的特征，为对象和结构提供更多的细节。定义属性的工作包括：标识属性，对每个对象应识别出全部有用的属性，并为其逐一命名；定位属性，决定属性放在有父子关系的父对象还是子对象中；标识实例连接，可以用指针属性来标识一个对象和另一个对象的实例连接；属性的修改和精化。

5）定义服务

在 OOA 中，对象的服务用于反映对象的行为和功能。定义服务的工作包括：标识服务，对每个对象应从对象的行为、动作、状态、功能等各种角度去寻找全部有用的服务，并为其逐一命名；定位服务，服务放置在哪个对象中，应和问题域中拥有这种行为的实际事物相一致。例如，在商场管理系统中，"售货"服务应封装在"售货员"对象中，而不应封装在"货物"对象中。对于具有父子关系的结构，还需考虑服务封装在父对象还是子对象中。

6）建立详细说明

① 系统详细说明。对整个系统做一些必要的说明，如系统目标、必要性、应用范围、项目背景等。

② 类（对象）详细说明。类（对象）是系统的基本构成单位，因此对它们应给予详细的说明，主要包括对类本身及其属性和服务的详细说明。类的详细说明有：类的解释，它描述了该类在系统中的作用、对应问题域中的事物、实例的大致数量等。属性的详细说明有：属性的解释、属性的数据类型、取值范围、数据完整性和安全性要求、属性所体现的关系。例如，课程对象的属性"主讲教师"可以标识为课程和教师对象间的实例连接。服务的详细说明有：服务的解释；消息协议，即请求（调用）该服务的消息格式（服务名、输入/输出参数等）；消息发送，即该服务执行时需请求哪些别的对象的服务；复杂服务的流程图等。

③ 主题详细说明。主题详细说明包括每个主题的内在联系、主题划分的具体原则等。

（4）使用 OOA 的实例

现以库存管理问题为例介绍 OOA 的应用。假设计算机系器材科负责管理全系的所有物品，需要建立一个库存管理系统。对于每个需要管理的物品，除要有简介、模型、购买时间、价格、损耗率、保修期、生产厂家等描述性信息外，还要有使用状态、修理状态等信息。

另外，还要考虑故障登记（包括故障日期、问题简介、地点、原因等）。在物品使用过程中，一般一人用一件物品，并要定点使用，如必须在一个办公室或机房中，每个人又属于某个科室，每个科室肯定在一间大楼中等。下面进行对象分析。

1）标识对象

首先可以找到物品、大楼、人员 3 种对象。再细化物品，物品又可分为硬件、软件。其中，硬件可分为计算机基本配置和配件，软件可分为系统软件、应用软件、文件等。每件物品都可能出现故障，因而要设置物品故障分类。每件物品一般由一人负责管理，或归一人使用，从而要将工作人员作为对象考虑。人员又分为管理人员和使用人员。每个工作人员从属于教研室或办公室。教研室、办公室都要在一个大楼的房间里。可以根据上述分析构建：物品故障、物品、工作人员、教研室、硬件、软件、办公室、大楼、计算机基本配置、配件等对象类。

2）标识结构

首先识别有继承关系的分类结构，如物品分为硬件和软件，硬件又分为计算机基本配置和配件。再识别有整体和局部关系的装配结构，如大楼由多个办公室和多个教研室组成；一个教研室由多个人员组成，一个人员只属于一个教研室；计算机基本配置可以由多个配件（CPU、存储器或硬盘）组成等。

在标识结构的过程中，应加上实例之间的联系。例如，人员和物品之间有作为用户和作为管理员的不同联系，即一个人员可以管理多件物品，一件物品可以有多个用户，但一件物品只能归一个人员管理等；物品和办公室的联系是物品的放置地点，一件物品只能处于一个办公室内，一个办公室可以放置多件物品；人员和办公室的联系是工作地点，一个人员只能在一个办公室中工作，一个办公室可以有多人工作；物品和物品故障的联系是一件物品可能有多次故障记录，一个故障记录只针对一件物品；计算机基本配置可以有多个部件，一个配件可以配置到多台计算机的基本配置上。

3）标识主题

其一是与人员有关的主题，其二是与物品有关的主题。

4）定义属性

物品属性包括物品编号、描述、物品类型和状态等。硬件属性除包括物品属性外，还有特殊属性——生产序列号。计算机基本配置除具有硬件属性外，还有体系结构、处理器和存储器属性。而软件除具有物品的属性外，还有属性复制号和版本号等。

5）定义服务

首先考虑一般的服务，如物品对象需要创建，物品属性可以修改，物品状态可以改变等。硬件和软件对象也需要创建，也可以修改其属性。定义完以上一般服务之后，需要深入分析具体的业务情况，再添加更详尽和更具体的服务。

6）建立详细说明

可自行完成详细说明，还可以自行完成对象类图、结构图、主题图等。

3.2 会计信息系统的设计

在完成了系统分析后，根据生命周期模型，应进入系统设计阶段。与系统分析一样，系统设计的方法也有很多种，如结构化设计方法和面向对象设计方法等。使用结构化分析方法得到了规格说明书，规格说明书需通过评审后得以确认，它定义了会计信息系统的逻辑模型，明确地描述了会计信息系统"做什么"的问题。系统设计则是解决会计信息系统"怎么做"（具体方案）的问题，即建立系统的物理模型。

3.2.1 会计信息系统的概要设计

概要设计也称总体设计或结构设计。概要设计的内容具体如下。

1. 制定各种设计规范

设计规范是会计信息系统开发组成员应共同遵守的标准,以便协调组内各成员间的工作,包括:再次确认需求和明确实现条件;根据目标确立最合适的设计方法;规定所有设计文档的编制标准,含文档种类、格式、详细程度、图形画法等;确定代码体系的设计方法和标准、各种命名规则等。

2. 建立系统的总体结构

(1)系统的总体结构设计

系统的总体结构设计是指对会计信息系统进行子系统和模块划分。子系统是会计信息系统的某些功能单元的集合。例如,账务处理子系统、固定资产系统和工资系统等是会计信息系统的子系统。模块是系统更小的功能集合。子系统和模块的概念源自工程科学,工程上许多大系统都是由一些较小的单元组成的,如建筑工程中的构件、机械工程中的各种零件等。这样做的优点是便于加工制造和维修。由于某些部件可以实现标准化,便可为多个系统共用。同样,一个大而复杂的会计信息系统也可以根据其功能划分成许多单元,称为子系统或模块。子系统和模块设计的内容有:确立每个子系统和模块的功能,并与已确定的系统需求建立对应关系;抽象出底层的公用模块;确定模块间的调用关系;确定模块间的接口。

(2)系统的总体结构设计方法

子系统和模块划分方法有结构化设计(Structured Design,SD)方法、面向对象设计(Object Oriented Design,OOD)方法等,目前最流行的还是 SD 方法。

1)SD 方法的目标

SD 方法的目标是建立结构良好的子系统和模块划分体系,以使模块的分解对今后的程序性能有较好的影响。

2)用 SD 方法进行模块划分的原则

① 自顶向下逐层抽象。模块的划分与系统分析的方法一样,也需要自顶向下逐层抽象,高层的模块代表具有较高层次抽象的功能,底层模块具有具体的功能。模块结构图可由数据流程图按一定的规则导出,但实施起来十分烦琐。对会计信息系统而言,可以凭设计者的经验形成子系统和模块的划分。账务处理子系统的模块划分如图 3-2-1 所示。

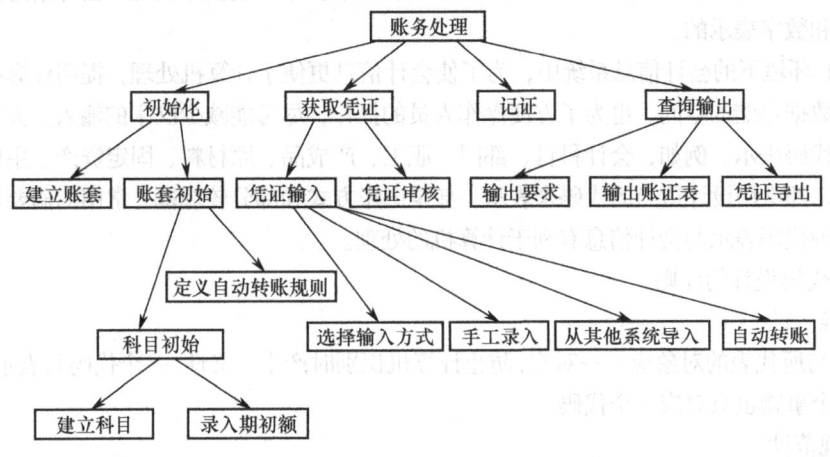

图 3-2-1 账务处理子系统的模块划分

② 模块的单一性和独立性。在进行会计信息系统的模块划分时，每个模块必须具有独立和单一的功能，使每个模块能单独地被理解、编程、测试和修改，并具有较优的性能，同时也利于项目开发时任务的分配。

③ 高内聚低耦合。高内聚是指每个模块内部各组成成分有较高的联系。低耦合是指模块与模块之间应有较少的联系。

3. 建立各模块间的处理方式

确定各模块为满足功能需求所必需的算法设计；确定各模块为满足性能需求所必需的控制方式设计。

4. 数据结构（数据文件）设计

对会计信息系统所涉及的需要存储的数据文件进行数据结构设计，包括每个数据结构所包含的数据项及属性，每个数据结构的主键、外部键、索引文件和逻辑视图等。在现代数据库理论中，关系型数据库模型把一个数据结构用一张二维表来表示。对会计信息系统而言，系统的代码体系是一个重要的数据结构，其中，科目代码更是一个特殊的代码体系，它的结构好坏将直接影响会计信息系统某些性能的实现。

5. 代码设计

（1）代码的概念

代码是代表事物或概念的符号（如字母、数字或它们的组合）。它是人们统一认识、交换与处理信息的一种手段。在信息系统中，代码是人和机器的共同语言，是进行信息分类、校对、检索和统计的关键。

（2）代码的作用

代码具有识别、分类和排列功能，也就是说，代码能够把信息区分开来（如用职工代码区分各个职工），能够判断该信息属于哪一分类组别（如在会计科目的编码工作中，用科目代码的首位表示科目的类别，用1、2、3、4、5分别表示资产、负债、所有者权益、成本、损益类科目），能够决定信息的排列顺序（如在每类科目中以顺序表示资产与负债的流动性，代码越小，其流动性越大）。除此之外，代码还具有标准化、简易化、助记、保密及错码检出等功能。会计信息表示的代码化是会计信息系统的一大特点。在手工会计系统中，纸质介质上的会计信息是用人们熟悉的文字和数字表示的。

在 IT 环境下的会计信息系统中，为了使会计信息更便于计算机处理，提高计算机处理的速度和节省数据存储的空间，也为了方便操作人员的操作，尽可能减少汉字的输入，大量的会计信息都要用代码表示。例如，会计科目、部门、职工、产成品、原材料、固定资产、主要的客户或供应商等，都常用设计适当的代码来表示，甚至记账方式和部分较规范、常用的摘要也用代码表示。用各种代码表示的会计信息有利于计算机的处理。

（3）代码设计的原则

1）唯一性

代码与所代表的对象应一一对应，防止计算机识别时产生二义性。一个代码只表示一个事物；反之，每个事物也只对应一个代码。

2）规范性

代码的格式必须标准、规范，要尽量利用国际、国内已颁发的标准代码，便于信息共享和传递。

3）易用性原则

代码设计应尽量简单，便于输入、存储和记忆。一方面代码设计应尽可能保持原始业务处理的习惯，另一方面也需符合计算机的处理特点。

4）可扩性

可在不打乱原代码体系的基础上，对代码进行增、删、改。

5）可靠性（校验位的设计）

为保证代码输入、传递的正确性，代码中可设置校验位，用于检验代码的正确性。校验位通常加在代码的最后，成为代码的组成部分。设计校验位时，需设计有关算法 $F(X)$。例如在 4 位代码 X_1, X_2, X_3, X_4 后，加一个校验位 X_5。X_5 可由算法 F 和 X_1, X_2, X_3, X_4 的值直接计算得出：$X_5 = F(X_1, X_2, X_3, X_4)$。假设，原 4 位代码为 3674，经计算 $F(3,6,7,4)=7$，则"36747"就是正确的代码，而"36742""36743"等均是非法代码。因此，设置校验码在代码输入、传送时，起到代码值是否正确的检验作用。

（4）代码的种类

1）连续顺序码

连续顺序码，就是从一开始就按顺序号排下去的代码，这也是代码的初始形态。例如，对职务高低进行编码：总经理 001，部门经理 002，小组负责人 003……如果把顺序码按产生的顺序预先排好，那么追加号码容易，排序也不困难，其缺点是：由于某种原因希望在其中间补充代码时，无法在中间插入。这种由一连串顺序排列的号码所设定的代码，称为连续码或顺序码。

2）间隔顺序码

间隔顺序码，就是在顺序码中以一定的间隔预先留下空号，一旦需要插入，就在这些空号处进行插入。例如，对职务高低进行编码：总经理 001，部门经理 010，小组负责人 020……在通常状态下，即使中间不需要插入顺序代码，由于设定代码时难免会发生漏编号码等失误现象，往往需要从中间插入编码，所以最好在开始编码时预先留出若干个空号。在科目代码的设置中，常常用此方法来设置明细科目。顺序码的特点是结构简单明了，位数少，但系统性差，不利于分类，不利于扩展，一般用于较固定的事物。

3）分区顺序码

顺序码的缺点之一是不能进行分类，为此又进行了许多改进，其方法就是把顺序码的号码分为若干个区，如按照每 50 个号码或每 100 个号码来进行分区，并赋予每个区某种意义，这就是分区顺序码。这样既可以进行简单的分类，又可以在每个区里插入号码。例如，在产品编码中以 00~99 表示甲类产品，以 100~199 表示乙类产品……这种编码方式可扩展性好，但表示的种类受到一定限制，所占空间也比较大。

4）群码（组合码）

每一代码由几个区段组成，每一个区段表示一种特征，这样的编码叫作群码。例如，一个工人的编码可表示为 09-02-101，09 为车间号，02 为班组号，101 为组内顺序号。这种编码方式表示的含义丰富，系统性强，便于分类和排序，可扩展性也较好，是会计信息系统常用的编码方式。

（5）会计信息系统中代码的种类

会计信息系统中几种主要的代码有会计科目代码、部门代码、职工代码、产成品代码、原材料代码、固定资产代码、客户或供应商代码等。会计科目代码以分类为主要目的，用于经济业务的分类核算和查询统计。目前，会计信息系统中会计科目代码的结构通常为分级的群码。例如，用前3位代表总账科目,且第1位代表科目性质,第4~5位代表二级明细科目,第6~7位代表三级明细科目。部门代码、职工代码、产成品代码、原材料代码、固定资产代码、客户或供应商代码则兼有识别和分类的用途。在具体应用环境中,核算及管理的需要各具特色,相应的代码结构也没有什么固定的格式。例如,如果组织的部门比较少,可能部门代码就是简单的连续顺序码;如果组织的各个部门分布在不同的地理区域,而且管理上需要分地区汇总统计,部门代码就用群码,以其中的某一区段表示部门所在的地理区域。

6. 输入/输出设计

输入/输出的内容、格式、界面等是会计信息系统的外包装,它反映了会计信息系统人机交互环境的特征。

(1) 输入设计

1) 输入设计的内容

输入设计包括输入设备、输入方式、输入界面等设计。输入设备依赖输入方式的选取;输入方式有键盘输入方式、条形码扫描读入方式、图形扫描读入方式等。输入界面是人机交互系统的入口。计算机会计信息系统素有"垃圾进、垃圾出"的惊语。输入的正确性是保证会计信息系统正确处理的前提和基础。输入界面设计包括各种会计原始凭证的录入、修改、删除界面,菜单功能选择界面,查询报表的条件选择录入界面等。

2) 输入设计的原则

① 满足用户对输入信息的内容和格式需求。

② 输入界面要友好,包括界面简洁、易学、易用;能提高输入速度;对代码项的录入能提供在线帮助;提示信息的汉字语意要明确,防止二义性的产生。

③ 数据的编辑界面,要提供数据完整性和正确性的控制,以防止错误的垃圾信息进入会计信息系统。

④ 具有对输入功能的安全、保密控制,即对不同的用户定义不同的权限,以防止非法人员进入各种输入界面。

⑤ 除固定格式的查询条件输入外,系统应提供随机查询、组合查询、模糊查询、正向及反向跟踪查询等灵活的查询条件的输入界面设置。

(2) 输出设计

1) 输出设计的内容

和输入设计一样,输出设计包括输出设备、输出方式、输出界面等设计。输出设备依赖输出方式。输出方式常有屏幕显示、打印机打印、绘图仪绘制,以及磁带、磁盘存储等。输出界面是人机交互系统的出口,为会计人员提供处理结果。结果的内容和格式是否满足会计人员的需求,是系统是否成功的重要标志之一。输出设计包括各种查询结果、会计报表、统计分析图形等有关内容和格式的设计。

2) 输出设计的原则

① 满足用户对输出信息的内容和格式需求。

② 输出手段要灵活多样。例如,同样一张报表,可以选择屏幕显示、打印机打印、磁盘存储等不同方式。

③ 具有对输出信息的安全、保密控制,即对不同的用户定义不同的权限,以控制输出内容的安全保密性。

④ 除固定格式的会计报告外，系统应提供方便的手段来产生随机性的信息报告。

3.2.2 会计信息系统的详细设计

1. 详细设计的目标和作用

详细设计的目标是完成系统物理模型的详细描述，其中概要设计将会计信息系统分解成许多子系统和模块，并定义了模块的外部特征，即模块的功能集和输入/输出界面等；详细设计将定义每个模块的内部特征，即定义每个模块内部的执行过程。详细设计为编码工作制定了详细的框架、步骤和做法。

2. 详细设计的方法和内容

详细设计的方法和内容很多，但都十分烦琐，由于此步工作纯属 IT 人员应完成的事项，所以本书不再详述。

3.3 账务处理子系统概述及分析与设计

3.3.1 账务处理子系统的概念及特点

1. 账务处理子系统的概念

账务处理子系统就是利用计算机技术完成账务处理的系统。账务处理是指从设置账户、编制和审核凭证、复式记账一直到会计报表编制和报告的过程。

在手工会计中并没有特别强调账务处理的概念，在自动化系统中，经过对手工会计核算业务的分析、总结和改进，将会计核算中的设置账户、编制和审核凭证、复式记账、会计报表编制和报告任务提炼出来，形成账务处理子系统。

2. 账务处理子系统的特点

与其他子系统相比，账务处理子系统在数据处理上具有如下主要特点。

① 代码的设置较为规范，会计制度对各行业的一级科目做了统一的编码，而其他子系统在代码设置上没有法定的要求。

② 是组织账务处理的集中地。其他业务核算子系统的信息最终都要汇集到账务处理子系统中，经过加工后形成账表，从而综合地反映组织的全部财务状况和经营成果。而其他子系统只反映组织经济业务的局部信息。

③ 是组织会计信息交换的桥梁。例如，账务处理子系统接收来自工资核算子系统、存货核算子系统和固定资产核算子系统的数据，然后经过处理传递给成本核算子系统，而成本核算子系统又将计算好的成本数据再传递给账务处理子系统，以便生成有关的账簿和报表。

④ 在会计方法上，采用复式记账作为账务处理的基本依据，会计核算形式或记账程序的不同对账务处理没有影响。

3.3.2 账务处理子系统的分析

1. 账务处理子系统的目标

账务处理子系统的目标取决于组织会计核算和管理上的需求。组织进行会计核算和管理的目的是取得满足组织管理和决策需要的财务信息。因此，账务处理子系统的目标是通过一系列的数据处理过程来反映和报告组织的财务状况和经营成果。反映和报告信息的形式主要是会计账簿和会计报表，通过账务处理子系统的处理，原始凭证被加工成组织需要的会计信息。由此，账务处理子系统的目标可以分解为以下几个子目标。

① 保证正确、及时、可靠地采集各种记账凭证。
② 保证准确、可靠地进行凭证处理。
③ 保证正确、有效地登记日记账、明细账、总账。
④ 正确、安全地完成结账工作。
⑤ 保证按用户的需求及时、正确、可靠地输出各种记账凭证、账簿和报表。
⑥ 及时、正确地完成账户/科目的设置和管理。
⑦ 建立并维护与其他核算子系统的数据连接，保证会计数据的及时传递和共享。

在实际应用中，有些组织的账务处理子系统还要实现银行对账、往来账辅助管理、部门核算和管理、项目核算和管理等目标。此外，虽然会计报表的编制和报告是账务处理子系统的目标之一，但是在实际应用中，相当多的会计信息系统将报表处理作为一个独立的子系统来设计，一般是将其设置成通用报表子系统。而通用报表的编制和报告与其他账务处理子系统的目标相比，实现时有明显的相对独立性，系统设计也比较复杂。

独立成一个系统之后，通用报表子系统既可以输出会计制度规定的对外报告的会计报表，又可以根据组织的管理和决策需要编制各种内部报告和报表，而且增加了报表处理的通用性，降低了账务处理子系统分析和设计的复杂性。为了实现以上目标，账务处理系统必须设置相应的功能，这些功能是依据手工账务处理流程分析得到的。

2. 手工账务处理流程分析

手工账务处理流程主要是指一个组织的会计核算组织形式，该流程从填制记账凭证开始，采用复式记账方法，将反映各会计事项的信息平行登记在各类账簿上。在整个账务处理过程中，采用的会计方法包括设置账户、填制记账凭证、登记账簿、对账、结账等。

账务处理的实质是对数据的加工过程，它表明了原始会计数据（如原始凭证、单据）经过了哪些步骤的处理后最终形成用户需要的会计信息（包括会计账簿、会计报表、各类报告）。在手工账务处理中，不同性质的组织会采用不同的账务处理流程，常见的有4种：记账凭证账务处理流程、汇总记账凭证账务处理流程、科目汇总表账务处理流程和日记账总账账务处理流程。

组织根据自身业务规模和业务性质的不同选择相应的账务处理流程。业务规模较小、业务简单的组织适合采用记账凭证账务处理流程、日记账总账账务处理流程。其他多数组织采用的是汇总记账凭证账务处理流程和科目汇总表账务处理流程。这4种流程的主要差别在于登记总账的方法和依据不同。手工账务处理流程如图3-3-1所示。

具体步骤如下。
① 收集、整理、汇总原始凭证，根据原始凭证编制记账凭证。记账凭证通常可以按需分类，如分成收款凭证、付款凭证和转账凭证3类。
② 根据有关记账凭证登记相应的日记账。例如，根据现金和银行存款收付款凭证登记现金日记账和银行存款日记账。
③ 根据记账凭证及所附单据（原始凭证等）登记各自对应的明细账。
④ 根据记账凭证登记总账。各账务处理流程的主要差别就在此步骤：记账凭证账务处理流

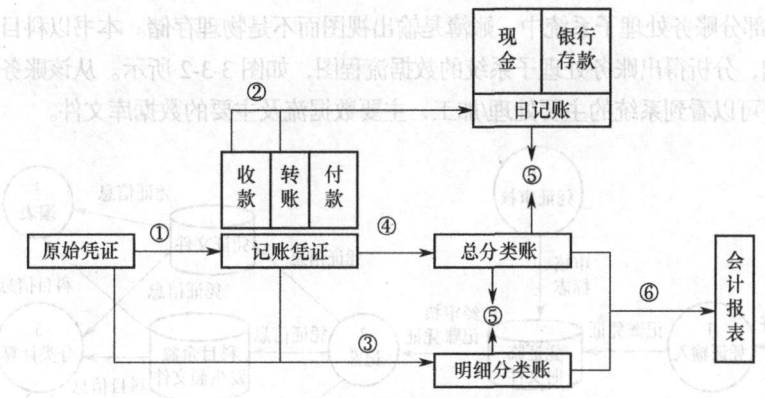

图 3-3-1 手工账务处理流程

程根据每张记账凭证直接逐笔登记总账；汇总记账凭证账务处理流程根据收款凭证、付款凭证、转账凭证定期编制汇总收款凭证、汇总付款凭证和汇总转账凭证，然后根据汇总收款凭证、汇总付款凭证和汇总转账凭证登记总分类账；科目汇总表账务处理流程根据记账凭证定期编制科目汇总表，汇总当期总账科目的借贷方发生额，然后根据科目汇总表登记总账；日记账总账账务处理流程根据记账凭证登记日记总账，该日记总账既是日记账又是总账。

⑤ 月末，核对各日记账及明细账的本期发生额和余额是否与总分类账的对应账户账账相符。

⑥ 月末，根据总账、明细账、日记账的有关资料编制会计报表。

由以上流程可以看出，记账凭证是账务处理中的基本数据文档，各种明细账、日记账、总账及会计报表上反映的信息均来自记账凭证；几种账务处理流程之间的区别只是登记总账的方法不同，产生的总账格式有差异，但它们的信息来源都是记账凭证。这样，可以进一步分析账务处理子系统的数据处理流程。

3. 账务处理子系统的逻辑模型：数据流程图

根据账务处理的目标和计算机技术的特点，账务处理子系统可以对手工账务处理流程做如下改进。

① 自动化系统采用任何一种账务处理流程都可以满足组织记账编表的要求。对计算机系统来说，无论以何种形式登记账簿，都只是一个更新数据库文件的过程。因此，几种不同的账务处理流程都可以方便地用计算机技术实现。在实际应用中，采用最多的是科目汇总表账务处理流程。

② 账务处理子系统数据处理的起点是记账凭证，原始凭证的整理、审核仍然手工完成。该记账凭证既可能是手工录入的，也可能是由其他子系统转来的，或者是由磁盘报送的。为了保证输入数据的正确性和可靠性，自动化系统必须对不同来源的输入数据进行严格控制，并在记账之前进行审核。

③ 登记账簿不再是手工条件下一系列分工结算、结转、汇总、试算等工作量很大的步骤的集合，自动化系统只需通过执行"记账"功能这一个步骤，根据已经审核的凭证数据更新相应的数据库文件即可，记账后的凭证不再允许被直接修改。

④ 无须对账。因为账务处理子系统的输出信息都来自同样的数据库文件，只要完成了正常的数据更新，账账必然相符，所以，无账账核对的必要。

⑤ 在数据结构方面，规范化了科目代码的设置和管理，数据文件也经过了重新设计，以避免数据的重复存储。

⑥ 在大部分账务处理子系统中，账簿是输出视图而不是物理存储。本书以科目汇总表账务处理流程为基础，分析得出账务处理子系统的数据流程图，如图 3-3-2 所示。从该账务处理子系统的逻辑模型中，可以看到系统的主要处理/加工、主要数据流及主要的数据库文件。

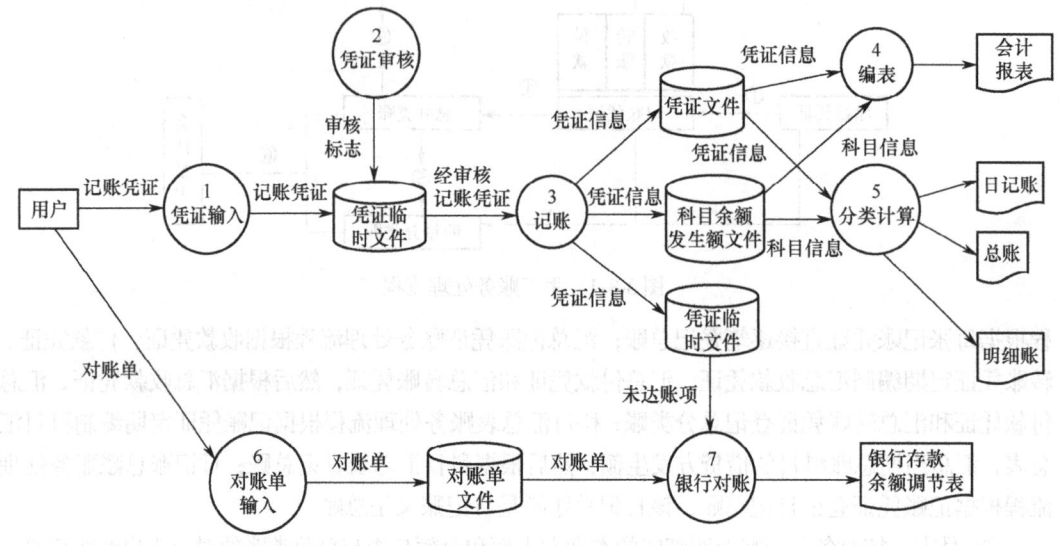

图 3-3-2　账务处理子系统的数据流程图

在建立了账务处理子系统的逻辑模型之后，应将工作成果写成规格说明书，一方面作为对系统分析阶段工作的总结，标志该阶段工作的结束；另一方面作为系统设计阶段的依据。

3.3.3　账务处理子系统的系统概要设计

1. 账务处理子系统的总体结构设计

在本书的前面章节中，已经介绍了子系统/模块划分的原则，即模块的单一性和独立性、高内聚低耦合，并说明了总体结构设计的方法和步骤。具体到账务处理子系统，在进行模块划分时，应考虑以下几点。

（1）模块划分的基本依据

模块划分的基本依据是数据流程图。

从图 3-3-2 可以看出，账务处理子系统的数据流程基本上是变换中心型的，有明显的数据转入、中心变换/加工和数据转出，其中的数据转入为凭证输入这一部分，中心加工为"记账"这一部分，而数据转出则对应证、账、表的输出。由此可以导出初步的系统功能模块图。

（2）模块优化原则

在导出初始的系统功能模块图之后，还需对模块图进行进一步的优化。优化时除考虑模块划分的基本原则外，还应考虑以下原则。

1）实用性原则

例如，设置系统初始化管理模块，完成重要数据和运行参数的定义，为正确地进行账务处理打下基础；考虑是否有必要设置专门的账簿数据库文件，以永久性地存放账簿数据。

2）可靠性原则

例如，要使分离审核功能与输入功能，增加系统服务功能等，以保证系统数据处理的可靠性；设置对操作人员的管理功能，保证未经授权的个人不使用无使用权限的功能；要使系统初始化功能与其他功能相独立，等等。

3）适应性原则

适当考虑未来影响系统功能的变化因素。例如，对于凭证输入、银行对账等功能，应考虑电子数据的转入问题。

4）易用性原则

适当考虑用户的使用习惯。例如，模块的划分要便于会计人员的分工，模块名称要尽量符合会计人员的习惯，等等。

最终得出什么样的系统结构图，取决于系统分析者的经验，具体包括两个方面：系统分析和设计方面的经验，以及对账务处理和其他会计业务的理解和熟悉程度。账务处理子系统的系统结构如图 3-3-3 所示。

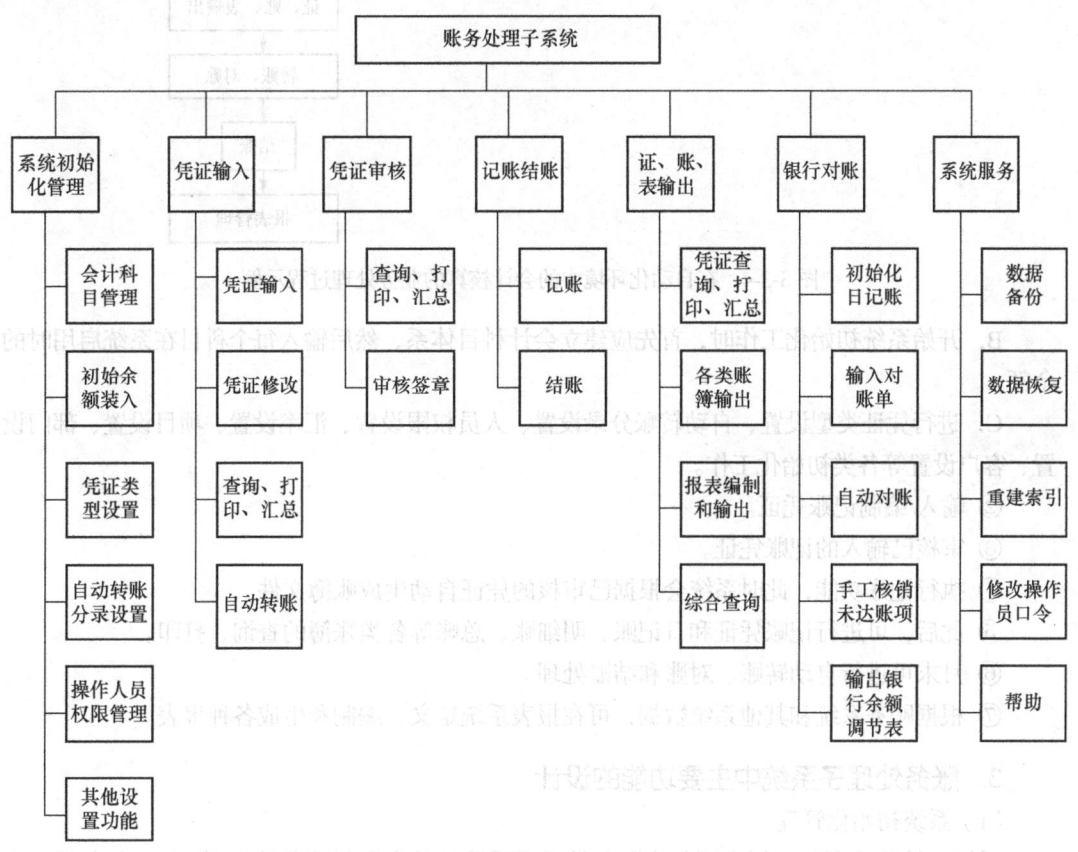

图 3-3-3　账务处理子系统的系统结构

2. 自动化环境中会计核算的业务处理过程

有了账务处理子系统提供的功能，会计人员就可以方便快捷地完成会计核算工作。在自动化环境中的会计核算的业务处理过程示例如图 3-3-4 所示。

① 在日常业务开始之前，首先进行自动化系统的初始化工作，目的是建立完成日常会计业务所需的核算环境，基本步骤如下。

A. 建立账套，即确定核算单位。一个账套存放一个可以独立核算的经济单位的会计数据。在初次使用系统之前，必须确定会计主体及相关的属性，主要包括账套号、核算单位名称、企业性质、会计科目编码方案、账套启用时间等信息。

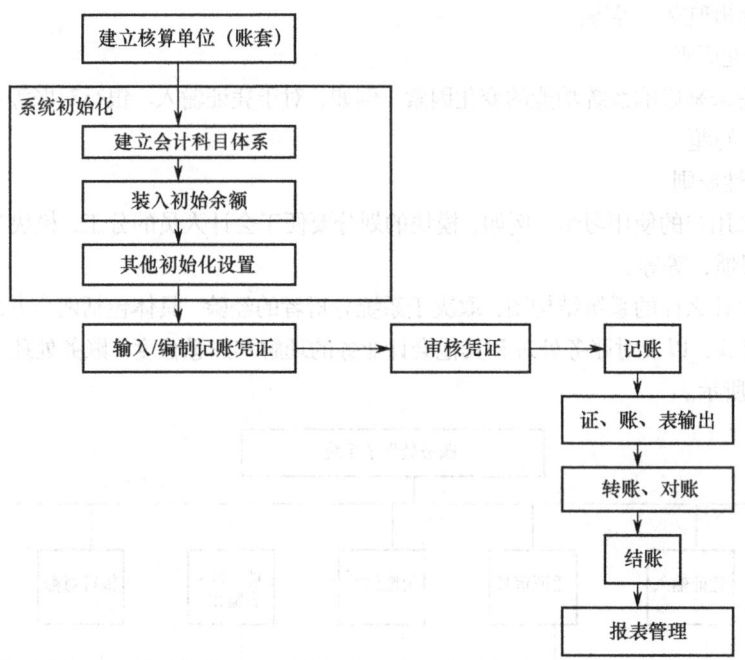

图 3-3-4　在自动化环境中的会计核算的业务处理过程示例

B. 开始系统初始化工作时，首先应建立会计科目体系，然后输入每个科目在系统启用时的余额。

C. 进行凭证类型设置、自动转账分录设置、人员权限设置、汇率设置、项目设置、部门设置、客户设置等各类初始化工作。

② 输入/编制记账凭证。

③ 审核已输入的记账凭证。

④ 执行记账功能，此时系统会根据已审核的凭证自动生成账簿文件。

⑤ 此后，可进行记账凭证和日记账、明细账、总账等各类账簿的查询、打印。

⑥ 月末可进行自动转账、对账和结账处理。

⑦ 根据账务系统和其他系统数据，可在报表系统定义、编制和生成各种报表。

3. 账务处理子系统中主要功能的设计

（1）系统初始化管理

系统初始化管理的目标主要是为账务处理子系统的日常运行准备基本环境，一般包括以下功能。

1）会计科目管理

会计科目管理是将组织会计核算中要使用的科目，按要求录入计算机系统中，并完成对科目的建立/增加、修改、删除、保存、打印等功能。在建立账务处理子系统时，一般需要由用户按自身会计核算的需要来定义和管理所有会计科目及各项属性，这些属性包括科目代码的结构、科目代码、科目名称、科目类别（包括资产、负债、所有者权益、成本、损益等）、科目性质（如外币、数量、往来、部门、项目、银行存款）、账户格式等计算机系统完成账务处理所必需的属性。由于会计是通过科目对经济业务进行分门别类的记录和归纳反映的，会计软件能记什么账、一个账户与另一个账户之间的对应关系等都取决于所设置的会计科目的各项属性。

各个组织由于经济业务不同，所设置的会计科目也有所不同，所以，在通用会计软件中，通常不固定会计科目，而是提供科目代码管理功能，由用户根据本组织的实际核算需要进行设置。此外，在自动化系统的日常运行过程中，也会遇到科目变更的问题，包括新增科目、修改科目属性、删除无用科目等。会计科目管理模块应提供的主要功能包括以下几个。

① 会计科目设置/新增会计科目。会计科目设置主要完成定义会计科目及各项属性，也可以包括初始余额的装入。对会计科目要建立的属性主要包括科目代码、科目名称、助记码、账户类别、账户格式、科目性质等，设置好的属性会保存在科目余额、发生额文件中。初始余额装入功能是将原有会计系统（可能是手工系统）各科目的余额装入自动化系统中，以保证会计核算的连续性。初始余额装入涉及的内容主要包括各个已建立科目的年初余额或启用月份的期初余额（当前余额）、借方累计发生额、贷方累计发生额、余额方向等。若账务处理子系统具有银行对账功能，还应输入本期需要对账的未达账项。

在进行初始化余额设置时，只需输入明细科目的余额，总账科目及有下级子科目的父科目的余额由计算机自动汇总产生。此外，在系统日常运行过程中，需要增加某些科目时也可用此功能实现。一般来说，具体做法可以是：若某科目已记账，可使用该功能在此科目下级增加新的明细科目，这时，自动化系统要判断该科目下级各明细科目金额的合计数是否与该科目的金额相等，以保证设置数据的正确性；若新增的科目是该科目唯一的一个下级科目，则应将该科目的余额和发生额全部下移至此下级科目，以保证总账科目和明细科目之间数据的一致性。

在初始余额装入后，自动化系统需要设置试算平衡功能，一般需完成以下检查：是否满足会计恒等式——资产=负债+所有者权益；上、下级科目之间发生额和余额的检查——上级科目余额/发生额=下级科目余额/发生额之和；借贷平衡——各级科目的借方余额=贷方余额。只有试算平衡后，系统才能将初始数据存入磁盘。

② 修改已存在科目。主要针对初始设置中设置错了的科目及由于核算要求变化需修改的科目。在进行日常账务处理之前，各科目本期尚未有发生额，此时可对各科目的属性及初始余额进行修改。当初始化结束，系统开始日常账务处理后，只能修改没有发生额和余额的科目，从而避免造成会计数据的丢失或失真。

③ 删除无用科目。该功能主要用于删除无用的科目，既可以是一级科目或其他控制科目，也可以是明细科目。初始化工作结束后，在进入日常账务处理后，如果删除的是明细科目，则要求该明细科目既没有余额，也没有发生额，否则会影响自动化账务处理子系统的平衡。例如，要删除"原材料"（代码1211）下的明细科目"焦炭"（01），则"原材料——焦炭"科目（代码为121101）的余额和发生额必须都为零。

如果删除的是一级科目（总账科目）或其他具有明细科目的控制科目，则要求该科目本身及下属的所有明细科目都没有余额和发生额，而当该一级科目或控制科目被删除后，下属的所有明细科目也自动被删除。

会计科目管理是账务处理子系统初始化管理的一个非常重要的功能，为保证整个系统运行的正确性，应对此功能的使用进行严格控制。会计科目一旦设定，不应随意修改与删除，否则容易造成会计核算资料的失真。一般情况下，可以在每年年初，经会计主管批准并授权专人进行一次性改动，而在年度中间，原则上不允许随意改动科目的主要属性。如果确有必要调整科目，则应经会计主管批准由专人来处理，这样既不至于造成系统混乱，又可明确责任。

2)凭证类型设置

凭证类型设置功能实现对凭证类型的管理,包括凭证类型的增加、修改、删除、保存、打印等,组织可以根据会计核算的需要来设置相应的凭证类型,常见的凭证类型有3类凭证,即收款凭证、付款凭证、转账凭证;5类凭证,即现收、现付、银收、银付、转账;1类凭证,等等。

3)自动转账分录的设置

自动转账分录是指可以由系统自动生成的转账凭证分录。在日常会计实务中,存在一类凭证(多为转账凭证),它们每月有规律地重复出现,如每月计提折旧费、每月结转费用、每月交纳税金等,这些凭证的摘要、借贷方科目固定不变,金额的来源或计算方法也基本不变。因此,可以把此类凭证的摘要、借贷方科目、金额的计算方法预先以会计分录的形式定义出来,存入计算机中,凭证的实际编制由计算机来完成。

将这种预先定义的分录称为自动转账分录。每个自动转账分录用一个分录号标识,每月要产生此类凭证时,根据预先定义的金额计算方法由计算机自动计算,并在预先定义好的自动转账分录中填制金额,产生凭证。在自动化会计信息系统中,把将凭证的摘要、借贷方科目、金额计算方法存入计算机的过程称为定义/设置自动转账分录;把根据自动转账分录产生转账凭证的过程称为自动转账;将由自动转账产生的凭证称为机制转账凭证。利用自动转账,就不必每月重复输入此类转账凭证,从而可以减少人工输入的工作量。

4)操作人员权限管理

操作人员权限管理功能实现对会计人员分工和职责的管理,通过系统管理员或会计主管对系统的每个操作员进行授权,使其在各自的权限范围内进行操作并承担相应的责任。一般由会计主管在操作人员权限管理模块中对自动化系统涉及的人员进行权限的设置和更新。例如,给会计人员甲设置凭证录入、记账、账簿查询功能,给会计人员乙设置凭证审核功能等。

许多会计软件在实现这一功能时,采用的是根据操作人员的口令自动显示权限定义的功能菜单,操作员无权调用的菜单项(功能)将无法使用。除以上功能外,系统初始化管理还应提供其他必要的设置功能,如日志管理及实现对日志记录的查询、打印和删除功能。也就是说,通过日志文件,可以将系统运行过程中的操作人员、启用和结束时间、操作内容、运行状态等记录下来,以便事后检查和审核。这样,日志记录保留了系统的审计线索。利用日志记录,财务主管和内部审计人员可以查看每个人的工作状态,发现可能存在的错误和舞弊行为,而系统维护人员则可以查看整个系统的运行状态是否正常,以便维护处理。此外,系统初始化管理还可以有外币和汇率管理、项目设置、部门设置、人员设置等功能,分别用于辅助外币核算、项目核算、部门核算、人员核算等。

(2)凭证输入

凭证输入的目标是保证凭证数据完整和正确地录入计算机系统,为进一步的账务处理提供基本数据。一般将事先确定好的记账凭证格式显示在计算机屏幕上,录入人员按照指定的格式和相应的提示录入凭证数据。凭证输入提供对凭证的录入、修改、查询、打印、汇总及自动转账功能。其中,重要的一环是对输入的凭证数据的正确性检查和控制。

具体来说,常见的检查和控制包括:凭证号检查和控制,如保证同一类型的凭证每月从1开始连续编号,不能有重号和漏号;凭证日期检查;科目代码检查,包括存在性检查(检查所录入凭证中的科目代码是否存在)、是否为明细科目的检查、与凭证类型是否相符的检查等;金额检查,包括检查每张凭证的借贷是否平衡,以及对一批凭证实施分批总数控制法的检查以便控制借方和贷方金额同时错误的情况。

凭证查询功能的目标应是实现对已录入凭证的多种条件下的查询，一般通过人机对话的方式由用户输入查询条件，计算机从凭证临时文件中检索出符合条件的数据，并通过屏幕显示出来。最好能让用户灵活方便地表达和指定查询条件，既能完成单张凭证的查询，也能完成批量查询和汇总，对查询和汇总的结果应能根据需要打印出来。凭证修改及删除功能应能实现对尚未审核记账的凭证进行修改和删除。因为凭证录入时难免会有差错出现，需要加以修改甚至删除。对于定义好的自动转账分录，可以利用自动转账功能自动生成相应的机制转账凭证。为了明确责任，保证数据的正确性，一般要求对所有自动转账都要经审核后再记账。

（3）凭证审核

凭证审核功能主要是完成已录入凭证的合法性、正确性、有效性检查，对审核通过的凭证应做出标记表明已经审核通过。因此，凭证审核应提供对凭证的查询、汇总、打印和签章功能。只有经过审核并确认签章的凭证才能用于记账和编表。

在实现凭证审核功能时，还需考虑以下控制措施：经审核签章后的凭证，不能进行修改，只有经审核人员取消自己的签章后才能进行修改；审核人员与凭证录入人员不能是同一个人，从而防止凭证录入人员有意或无意的错误操作。

（4）记账和结账

1）记账

记账是账务处理子系统关键的数据处理功能之一，其主要功能是根据凭证临时文件中已通过审核的凭证数据，自动更新有关的数据文件，从而得到生成账簿和报表所需的明细和汇总信息。通过记账，原来存储在凭证临时文件中的非正式会计文档，变成存储于凭证文件中的正式会计档案，记账后的凭证是产生日记账、明细账、总账等账簿的唯一数据来源。

在账务处理子系统中，由于记账是批处理进行的，所以如果在记账过程中出现故障，则会造成有的科目余额得到了更新，有的科目余额可能还没来得及更新，从而导致账务处理子系统的借贷不平衡及重复记账。因此，自动化系统的记账功能必须要求对已审核的凭证要么本次完整记账，要么本次完全不记账。此外，与手工条件下相同的是，自动化系统的记账也可以一天记一次账、一天记数次账或多天记一次账。

2）结账

结账功能用于终结某月的账务处理。结账时需要做一些结账凭证，结转损益；还要结转某月的期末余额。年终结账还应做一些年结处理。结账也是一个批处理过程。其处理内容是将本期所有的期末余额数据结转到下一期的期初余额，并清除本期的所有借方、贷方发生额数据，对本期业务执行封账。

与记账不同的是，一个月可以记账数次，但只能结一次账。此外，在自动化系统中，可以在上月未结账的情况下，输入下月的记账凭证，甚至在上一年 12 月的账未结的情况下输入今年的记账凭证并记账，称之为"跨月记账"。

（5）证、账、表的输出

证、账、表的输出功能完成对自动化系统中数据的检索、排序和汇总处理，输出用户需要的凭证、日记账、明细账、总账、各类查询报表及对外会计报表。

（6）银行对账

银行对账功能的目标是将银行记载的银行存款收付记录和组织的账务处理子系统生成的银行日记账相互核对，找出未达账项，并产生银行存款余额调节表。一般来说，凡是账户类别设定为银行类的科目，均可以使用账务处理子系统中的银行对账功能。银行对账通常应具有以下功能。

1）初始化日记账

初始化日记账主要完成将应用自动化系统之前的未达账项从银行余额调节表上摘录下来,存入银行日记账未达账项文件。在使用自动化系统进行账务处理后,银行日记账已由计算机系统自动记录,因此不必再人工输入,只要在记账时把银行业务从其他业务中分离出来,放入银行日记账未达账项文件中即可。

2）输入对账单

输入对账单将银行给组织的对账单输入计算机,并存入对账单文件。输入的方式是人工录入、通过软盘获取或通过网络传递的。

3）自动对账

自动对账是由计算机系统自动在对账单文件和银行日记账未达账项文件中寻找完全相同的经济业务予以核销。所谓完全相同的经济业务是指经济业务发生的时间、内容、摘要、结算票据号、金额都相同的经济业务。由于同一笔业务在银行和组织的日记账上分别是由不同的人记载的,所以经济业务发生的时间、摘要等不可能完全一样。这样,比较经济业务是否相同的标准通常只有票据号（如支票号）和金额;而对于没有票据号的经济业务,只能看金额是否相同。

对同一个经济业务进行匹配时,可能遇到的情况是:相同的业务在对账单文件和银行日记账未达账项文件中记录的对应关系可能为一对一、一对多、多对一、多对多。一般来说,自动化系统只能自动核销一对一关系的记录。因此,计算机银行对账实际上是半自动的,在其他对应关系情况下,都需要手工核销未达账项。

4）手工核销未达账项

手工核销未达账项对自动对账不能自动核销的未达账项进行对账与核销。因此,在此模块中,一般应给用户提供一个交互的界面,由操作人员根据自己的判断,从银行日记账未核销业务和银行方的对账单未核销业务中选出那些被认为相同的银行业务,进行核销。

5）输出银行存款余额调节表

输出银行存款余额调节表将银行日记账未达账项文件和对账单文件中没有核销的经济业务整理出来,生成银行存款余额调节表。

（7）系统服务

系统服务一般向各操作人员提供服务,主要包括数据备份、数据恢复、重建索引、历史数据的转储和删除、操作员口令修改等子功能。其中,数据备份是将存储在计算机硬盘中的数据和程序备份到硬盘的其他目录、软盘或磁盘上,以保证在计算机发生故障时能及时将备份数据恢复到系统中;数据恢复则实现在出现软硬件故障和误操作时,将原来备份的数据重新恢复到硬盘上或重新恢复到故障前的数据状态;重建索引保证在索引文件被破坏时,对数据库文件重建索引;历史数据的转储和删除是将当前基本不再使用的以前历史年份的数据从系统中删除,转移到其他硬盘、软盘或磁盘上,以便给当前运行的系统留出足够的硬盘空间;操作员口令修改用来定期或随时修改操作员个人的口令,以防口令泄露。此外,当系统人员变动时,也需要修改口令。修改口令时,一般先输入原口令,再输入新口令,并进行口令确认。

4. 代码设计

账务处理子系统的常用代码包括科目代码、凭证号代码、凭证类型代码及一些辅助核算要用到的代码（如部门代码、项目代码）等,其中最重要、最复杂的是科目代码。

（1）科目代码设计的意义和设计原则

会计科目是对经济业务的分类，科目代码是其分类标志。基本上所有的会计核算都是围绕着会计科目来组织数据的。而对数据处理方法和处理步骤基本模拟手工操作系统的账务处理子系统来说，使用科目代码更是一项必不可少的工作。

设计科目代码的意义在于：提供了会计信息处理的标准化基本数据结构；方便对会计信息的分类、检索等加工处理，提高了计算机的处理速度；避免了使用汉字科目名称所带来的数据含义的二义性。因此，在账务处理子系统中，必须设计一套适宜的科目代码方案，从而为组织建立科学的会计科目体系。

在设计科目代码时，除参照本章之前给出的代码设计建议外，还可以考虑以下设计原则：必须保证会计科目代码的唯一性，也就是说，必须保证每个会计科目都用一个确定的代码来表示，每个代码都仅代表一个唯一的代码实体；会计科目的编码方案有利于计算机的分类、识别和处理；科目代码体系应尽量符合会计人员的使用习惯，并便于记忆和输入；应系统、科学地建立科目代码体系，即在一个系统内，设置科目代码的原则、方式和方法应该一致；凡是国家和行业对代码有统一规定的，应采用规定的代码。例如，一级会计科目代码应根据国家统一会计制度的要求来设置，而二级科目代码和其他明细科目代码可根据行业的要求或本组织经营管理的具体要求来设计；科目代码设计应有一定的灵活性，以适应多种用户的不同需求及用户需求的多种变化。

（2）会计科目的编码方式

会计科目编码通常采用群码方式。群码是一种分段组合编码，每个代码由若干段数码组成，其中每段有固定的位数，代表一定的含义。这样就形成了会计科目代码结构，用来说明一个会计科目代码分成几段，每段有几位。科目代码结构图例如图3-3-5所示，说明了一种科目代码结构为4—2—2的科目编码，表示科目代码共分3段，每段的位数为：一级科目4位，由会计制度统一规定；二级科目2位，三级科目2位，由组织根据自身会计核算的特点确定科目的级数和每级的位数。

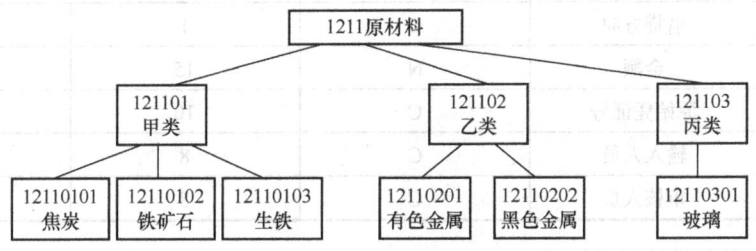

图3-3-5　科目代码结构图例

在实践中，设计科目代码及结构时，往往还会考虑对每个会计科目设计一个助记码。助记码可以根据会计科目的发音、含义、英语缩写和会计人员的使用习惯等容易记忆的方法编制，不要求与会计科目一一对应，也无须反映科目之间的控制关系，其目的主要在于帮助操作人员迅速找到所需的会计科目和代码，提高输入速度。

5. 数据库设计

（1）凭证临时文件和凭证文件

凭证临时文件和凭证文件用来存储记账凭证的每项数据，记录在一定时间内所发生的各项经济业务，因此这两个文件应反映账务处理所需的全部数据内容。凭证临时文件用来存放已输入但尚未记账的所有凭证，当凭证存于此文件中时，属于非正式的会计档案，用户可以对其进行修改。

而凭证文件则是用来保存记账后的凭证，为后续的账务处理（如输出证账表、结账等）提供正式的凭证数据。

在执行记账功能之后，凭证数据就从凭证临时文件中转移到凭证文件中存储，成为正式的会计档案，这些数据不能直接修改，出现错误时只能采用输入红字冲销凭证冲销等方式。这样，每次记账后，凭证文件得到更新，其中的数据可以用来产生日记账、明细账、总账和各类会计报表。

这种非正式数据和永久档案（正式档案）分开存放的设计，主要是出于数据输入控制方面的考虑，因为会计信息在正确性、合法性上有较高的要求，对于正式的会计档案不能随意更改，所以，为了方便用户修改数据录入中的错误，在自动化系统中又设置一个凭证临时文件，用户对凭证数据的修改和审核都在凭证临时文件上进行。这样的设计方案对于数据管理、数据操作的安全性、数据资源的共享等都是十分必要的。由此，凭证临时文件和凭证文件的数据结构、存储方式等完全相同，主要的区别在于索引不同，这是在查询上的不同要求所致的。

出于以上原因，将凭证临时文件和凭证文件放在一起讨论。凭证文件的数据库表示例如表 3-3-1 所示。

表 3-3-1　凭证文件的数据库表示例

序号	字段名称	类型	宽度（字符）	小数位
1	凭证号	C	4	
2	凭证类型	C	2	
3	日期	D	8	
4	附件张数	C	2	
5	摘要	C	30	
6	科目代码	C	10	
7	借贷方向	C	1	
8	金额	N	15	2
9	原始凭证号	C	10	
10	输入人员	C	8	
11	审核人员	C	8	

对凭证文件的设计说明如下。

① 此文件的关键字为凭证类型+凭证号。手工条件下的一张凭证，在计算机系统中是用一组记录来存储的。在此文件中，这组记录的个数就是凭证上借贷分录的行数。一般情况下，手工的记账凭证大多是分类的，如分银行、现金、转账 3 类凭证，或者分现收、现付、银收、银付、转账 5 类凭证等。因此，需要设置凭证类型字段来说明和存储凭证的类型，如果设置了凭证类型，则每类凭证应连续编号，也就是说，一般凭证号是顺序码。所有类型的凭证均存放在一个凭证文件中。

② 文件中各字段的位数和数据类型由实际需要确定。例如，日期，有时可以设计为字符型，凭证类型、凭证号可以设计为数值型；而科目代码、往来客户代码等的设置则要注意与其他系统中相应字段的一致性关系等。

③ 附件张数字段表明凭证的附件张数。科目代码的位数和结构应与科目余额发生额文件中

的科目代码字段的属性保持一致。借贷方向字段用来表明某行的金额是借方数还是贷方数。对于金额字段,如果是复币式核算,则该字段可设计成3个字段,分别是外币、汇率、本位币。原始凭证号字段表明原始单据号。例如,是银行科目时,该字段可记录支票号;是往来科目时,该字段可记录发票号。如果账务处理子系统设置了往来业务管理功能模块,则可在凭证文件中设置往来客户代码字段。输入人员字段登记一张凭证由谁输入。审核人员字段登记一张凭证由谁审核,凭证未审核时,该字段为空。

此外,如果账务处理子系统要出数量金额账,进行项目管理、人员管理、部门管理等,还需要在凭证文件中增加其他字段,如数量、单价、项目代码、部门代码、人员代码等。这是因为凭证文件是账务处理子系统的基本数据源,应最大限度地保存和提供会计核算和管理所需的信息。

④ 凭证临时文件中的记录在审核签字之前可以任意修改和删除,过账后的凭证记录从凭证临时文件中清除。而凭证文件为只读文件,其中的记录不能更改。账务处理子系统在设置凭证临时文件后,可以完成跨月记账,即上月的凭证未结账时,就可输入下月的凭证,记下月的账,这样就不会因结账耽误凭证的输入。所有未记账的凭证都还存放在凭证临时文件中,因此凭证临时文件中可能存在多个月的未记账凭证。

⑤ 在索引文件的建立方面,凭证临时文件和凭证文件之间存在较大的差别,这是由实际需要决定的。一般来说,对凭证临时文件的各种操作主要是为了保证输入凭证的正确性,所以这些操作主要是以凭证为单位进行的,如查询一张凭证、修改一张凭证、打印一张凭证等。因此,凭证临时文件只需按凭证类型+凭证号建立索引即可。而对凭证文件来说,除需要按凭证类型+凭证号建立一个索引文件之外,一般还需要按科目代码建立索引文件,这样,当需要产生某一科目的明细账和日记账时,可以迅速定位到该科目的所有经济业务,然后根据凭证文件提供的数据随时生成所需的账簿。

(2)科目余额、发生额文件

科目余额、发生额文件用来存放账务处理所需的全部科目及相关属性,这些属性包括:科目代码、科目名称、科目类别、科目性质、借贷方向、期(月)初余额,本期借贷方发生额,本年借贷方累计发生额等。

科目是账务处理子系统对经济业务分类的依据,一个科目反映一类经济业务,科目的期初余额、本期借贷方发生额、期末余额、本年借贷方累计发生额是对该类业务的汇总性描述,生成账簿、编制报表及其他会计报告或进行财务分析时,需要大量使用这些汇总数据。因此,在记账后根据凭证文件中的数据得出这些汇总数据,并用专门的文件保存起来,以便于账务处理子系统后续的处理。科目余额、发生额文件的数据库表示例如表3-3-2所示。

表3-3-2 科目余额、发生额文件的数据库表示例

序 号	字 段 名 称	类 型	宽度(字符)	小 数 位
1	科目代码	C	10	
2	科目名称	C	30	
3	科目类别	C	1	
4	科目性质	C	1	
5	借贷方向	C	1	
6	期初余额	N	15	2

(续表)

序 号	字 段 名 称	类 型	宽度（字符）	小 数 位
7	借方发生额	N	15	2
8	贷方发生额	N	15	2
9	本年借方累计	N	15	2
10	本年贷方累计	N	15	2

对科目余额、发生额文件的设计说明如下。

① 此文件的关键字为科目代码。这里设计的科目代码总的位数是固定的，其中的段数（科目的级数）和每段的位数（每级的位数）可由用户通过科目代码管理功能来定义。

② 科目类别字段反映的是现行会计制度对会计科目的分类，如资产、负债、所有者权益、成本、损益等。科目性质字段用来描述一些特殊核算和管理要求，像银行、外币数量、往来部门、项目人员等都是经常用到的科目性质，一般可以根据核算和管理上的需要进行设置，设置之后，就可以进行银行对账及其他辅助核算。如果是外币核算，各个金额字段都分成两项——"人民币"和"外币"。期初余额字段描述由上年年底余额转来的年初余额或每月月初余额。

除表 3-3-2 所列的主要字段外，还可以根据实际应用的情况加入期末余额字段、账户格式字段、助记码字段等。实际上期末余额可用期初余额、本期借方发生额和本期贷方发生额计算出来，但是在很多情况下，该数据在查询和生成各种日记账和明细账时会经常使用到，可专设一个字段来存储。账户格式是指定义的账户是三栏式、复币式、数量金额式或数量外币式等，以便凭证输入时输入相关的数据。助记码则是为了便于用户记忆而对科目另外编制的代码。

③ 在本文件中，主要字段的数据来源为科目代码、科目名称、科目类别、科目性质，一般由科目代码管理功能负责录入和维护。期初余额由手工录入或由结账功能根据上期余额产生，发生额由记账功能在每次记账时生成。

④ 由于对科目余额、发生额文件的数据操作基本上是按科目进行的，如增/减科目、科目属性的修改、账簿的生成等，所以科目余额发生额文件一般需要按科目代码建立索引文件。

（3）银行对账文件

银行对账是指将组织记录的银行日记账与银行记录的银行存款收付记录相互核对，因此是一个比较过程，需要两个文件：一个用于存放尚未对上账的银行业务，称为银行日记账未达账项文件，另一个用于存放组织从银行收到的银行对账单上的数据，称为对账单文件；银行日记账未达账项文件中的数据是在记账时，将科目性质为银行科目的业务记录在银行日记账未达账项文件中而产生的。在该文件中记录的都是新发生的未达账项，只要和对账单中的业务对上账，就可以删除。

对账单文件用来存放银行交给组织的银行对账单，目前一般需要手工录入。该文件中的业务只要和银行日记账未达账项文件对上账后，即可删除或定期删除。对账单文件的结构应按银行对账单和实际的对账需要设计。同时，还应设计一个科目——账号文件，用来将每个银行账号与科目代码相对应，从而建立银行日记账未达账项文件与对账单文件可相互对账的联系。其主要字段包括银行账号、开户银行名称、科目代码等。

以上为账务处理子系统所需的主要数据文件。此外，为了完成自动转账功能，还需要设计自动转账分录文件。该文件描述有关自动转账分录的各项属性，主要字段包括自动转账分录号、摘要、借贷方标志、科目代码、金额计算公式、使用日期、机制凭证优先顺序号等，这些是进行自动转账时要用到的信息。各个主要字段的具体含义为：自动转账分录号是标识自动转账分录的唯一标志；金额计算公式用来描述金额的计算方法，在产生机制凭证时，计算机根据此公式计算出金额，存入机制凭证的金额栏；使用日期用于标识自动转账分录何时可以用来编制凭证，同一自动转账分录是否可以在同一月重复使用；机制凭证优先顺序号用于标识产生机制凭证的优先次序，有些自动转账分录产生的机制凭证会影响其他自动分录产生的凭证金额，所以需要对这些自动分录进行排队，形成一定的优先顺序号，优先级高的自动分录产生后才产生优先级低的自动分录，计算机按照顺序号大小次序逐一编制机制凭证；其他各字段的含义与一般凭证中各属性的含义相同。

对自动转账分录的增加、修改、删除、查询或打印等功能通过银行对账文件实现，定义好的自动转银行对账分录中的摘要、借贷方标志和科目代码应在产生机制凭证时直接作为凭证的内容存入凭证临时文件或凭证文件相应的字段中。

6. 输入/输出设计

账务处理子系统的输入/输出设计也是系统设计中的重要内容之一，主要包括凭证的输入设计，账簿、会计报表及其他财务报告的输出设计。

（1）凭证的输入设计

账务处理子系统的主要输入数据来自记账凭证，所以输入设计的重点是对凭证的输入设计，涉及输入方式、输入格式、输入控制等方面。

在账务处理子系统中，记账凭证的输入方式有：先手工编制记账凭证，再录入计算机；先手工录入，再由计算机打印出记账凭证；编制机制凭证，这种机制的凭证既可由操作员根据具体业务直接在计算机上编制，也可以由账务处理子系统利用自动转账功能生成，还可以由会计信息系统中的其他子系统转入。

记账凭证的输入格式设计主要是指凭证输入时屏幕格式的布局和内容，屏幕格式的设计是否合理、实用、具备交互友好性等，都会直接影响账务处理子系统的使用效果。手工环境下，每个组织记账凭证的类型和格式差别较大。而在建立自动化系统时，根据计算机系统的处理特点，常见的输入格式设计方案是：向用户提供凭证类型设置功能，这样用户可以根据需要设置各种凭证类型，但是所有凭证都采用事先确定的统一的屏幕格式。一般来说，账务处理子系统常见的凭证输入屏幕格式有以下3种。

① 账务处理子系统常见的凭证输入屏幕格式——借贷金额式如表3-3-3所示。

表3-3-3 账务处理子系统常见的凭证输入屏幕格式——借贷金额式

××企业

记账凭证

凭证号：收款25　　　　　　　　20××年1月15日　　　　　　　　附件1张

摘　要	科　目	借方金额（元）	贷方金额（元）
收到光明厂、精良厂前欠货款	100201	50 000.00	
收到光明厂前欠货款	11310101		30 000.00
收到精良厂前欠货款	11310102		20 000.00
合计金额（元）		50 000.00	50 000.00

② 账务处理子系统常见的凭证输入屏幕格式——借贷科目式如表 3-3-4 所示。

表 3-3-4　账务处理子系统常见的凭证输入屏幕格式——借贷科目式

××企业

记账凭证

凭证号：收款 25　　　　　　　　　20××年 1 月 15 日　　　　　　　　　附件 1 张

摘　　要	借方科目	贷方科目	金额（元）
收到光明厂、精良厂前欠货款	100201		50 000.00
收到光明厂前欠货款		11310101	30 000.00
收到精良厂前欠货款		11310102	20 000.00
合计金额（元）			50 000.00

③ 账务处理子系统常见的凭证输入屏幕格式——借贷标志式如表 3-3-5 所示。

表 3-3-5　账务处理子系统常见的凭证输入屏幕格式——借贷标志式

××企业

记账凭证

凭证号：收款 25　　　　　　　　　20××年 1 月 15　　　　　　　　　　附件 1 张

摘　　要	借/贷	会计科目	金额（元）
收到光明厂、精良厂前欠货款	借	100201	50 000.00
收到光明厂前欠货款	贷	11310101	30 000.00
收到精良厂前欠货款	贷	11310102	20 000.00
合计金额（元）			50 000.00

其中，借贷标志式通过一个借/贷标志栏标志借贷方，因此，显示同样的凭证内容时，所需的显示宽度是这 3 种格式中最小的。至于凭证的输入控制，在前面的功能设计中已有较详细的说明，在此不再赘述。

（2）账簿、会计报表及其他财务报告的输出设计

账务处理的结果是生成各种账簿、报表和报告，主要包括日记账、明细账、总账、各种查询结果、对外会计报表等。账务处理子系统需要生成 3 类基本账簿：日记账、明细账、总账。输出方式一般有打印输出、磁盘输出和屏幕显示输出等。打印输出指将用户需要的输出信息按规定的格式打印出来；磁盘输出是将账簿和报表以数据文件、文本文件或超文本文件的形式输出到磁盘，以便保存、传递和查询有关的信息；屏幕显示输出是将用户需要的信息在计算机屏幕上显示出来，用户可以进行各种查询。

1）日记账

账务处理输出的日记账需反映的主要内容包括：期初余额，或上年结转的年初余额；按日期先后顺序反映的一笔笔经济业务，是日记账的主体内容；当日小计，反映当天的发生额和余额，对现金等反映实物的日记账可用此余额与库存现金等实物核对；本月合计，反映每月业务全部结束时，全月的合计发生额和月底余额；本年累计，反映年初至该年底的累计发生额；转下页，即每页的最后一行，反映该月至本页的合计发生额；承上页，与转下页衔接，重抄转下页的内容。

日记账的基本格式如表 3-3-6 所示。它是普通三栏式日记账，对有外币核算的科目，可采用复币式日记账，即其借方、贷方和余额栏均包括外币、汇率、人民币三小栏。还应说明的是，在自动化系统中，除可以输出手工环境下常用的现金日记账、银行存款日记账、销售日记账外，对其他每个科目，都可以按需要生成日记账。对明细账的输出也是如此。

表 3-3-6　日记账的基本格式

××企业

现金日记账

科目：1001 现金　　　　　　　　　　　　　　　　　　　　　　　　　　　　　　　　第 1 页

20××年		凭证号	摘要	对方科目	借方（元）	贷方（元）	借/贷	余额（元）
月	日							
1	1		上年结转/承上页				借	200.00
	1	付款 1	（略）	5502		150.00		
	1	收款 1	（略）	1133	3 000.00			
	1	付款 2	（略）	5502		90.00		
			当日小计		3 000.00	240.00	借	2 960.00
……	……	……	……	……	……	……	……	……
1	31		本月合计		15 000.00	10 900.00	借	4 300.00
			本年累计		15 000.00	10 900.00		
2	1	付款 1	（略）	5502，4105		3 000.00		
	1	付款 2	（略）	5502		200.00		
	1	收款 9	（略）	100201	500.00			
			转下页		500.00	3 200.00		

2）明细账

常见的明细账有三栏式和多栏式两种。三栏式明细账的基本格式如表 3-3-7 所示。多栏明细账的基本格式如表 3-3-8 所示。与日记账相比，明细账无须输出日小计行。

表 3-3-7　三栏式明细账的基本格式

××企业

应付账款明细账

单位名称：××企业

科目：1131 应收账款

20××年		凭证		摘要	借方（元）	贷方（元）	借/贷	余额（元）
月	日	种类	凭证号					
7	1			月初余额			贷	3 000
	10	转	15	购料欠款		1 500	贷	4 500
	18	银付	14	还款	3 500		贷	1 000
7	31			本月发生额及余额	3 500	1 500	贷	1 000

表 3-3-8　多栏式明细账的基本格式

××企业

本年利润明细账

单位名称：××企业

科目：3131 本年利润

20××年		凭证号	摘要	借　方						贷　方					借/贷	余额
月	日			产品销售成本	管理费用	财务费用	产品销售费用	其他业务支出	产品销售税金及附加	合计	产品销售收入	其他业务收入	营业外收入	投资收益	合计		

3）总账

在账务处理子系统中，总账经常采用两种输出格式，一种是三栏式总账，另一种是用科目汇总表代替总账，提供总账科目借贷余信息，包括期初借、贷方余额，借、贷方发生额，期末借、贷方余额，借、贷方累计发生额，如表 3-3-9 所示。

表 3-3-9　总账/科目汇总表的基本格式

××企业

总账科目汇总表

20××年 1 月

单位名称：××企业

科目代码	科目名称	期初借方余额	期初贷方余额	借方发生额	贷方发生额	期末借方余额	期末贷方余额	借方累计发生额	贷方累计发生额
1001	现金								
1002	银行存款								
1101	短期投资								
1111	应收票据								
1131	应收账款								
1133	其他应收款								
1201	物资采购								
1211	原材料								
1232	材料成本差异								
1243	库存商品								
1251	委托加工物资								
……	……								
	合计								

手工环境下，编表也是账务处理程序的重要环节，会计报表是对账务处理结果的概括性、综合性的描述。在自动化会计信息系统中，出于对报表编制灵活性方面的考虑，一般将报表的处理从账务处理子系统中独立出来，形成通用报表子系统，以便生成满足各类用户不同信息需要的多种报表。

3.4 通用报表子系统概述及分析与设计

3.4.1 通用报表子系统的概念及特点

1. 通用报表子系统的概念

组织常用的会计报表按其使用对象一般可以分为对内会计报表和对外会计报表两大类。对内会计报表是指组织内部使用的会计报表，如成本分析表、费用分配表、销售日报、财务分析报告等，不同的用户对内部报表的内容和格式的要求差别很大；对外会计报表是指除组织内部使用之外，还需提供给组织外部的银行、投资者、债权人、政府机关、其他组织或个人的会计报表，如我国的会计准则和会计制度中要求企业提供的资产负债表、利润表及附表、现金流量表等。

这两类报表都是通用报表子系统需要处理的对象。因此，自动化会计信息系统中的通用报表子系统是一个利用各个自动化子系统提供的信息及其他外部信息完成组织所需报表的编制和分析的系统。

2. 通常报表子系统的特点

① 系统的目标是按组织内外部用户的要求编制所需的报表，并在此基础上完成有关的会计报表分析。报表编制不仅应完成对会计制度规定的会计报表的定义、编制和管理，如资产负债表、利润表及附表、现金流量表、各种附表及附注说明（这类报表有规定的格式和编制方法），还要完成组织进行经营管理所需的各种内部报表和报告的编制。

报表分析则是对自动化会计信息系统输出的会计信息的进一步加工，它利用会计报表数据及有关的其他数据完成对组织财务状况和经营成果及其计划、预测等的评价和分析，如对财务计划、预算及完成情况、资金利用情况、费用支出情况、成本、负债能力等的分析。

② 通用性和灵活性。通用报表子系统提供了由用户定义报表基本要素的功能，如用户自定义报表结构、自定义报表内容和数据来源、自定义报表分析指标等，从而使不同的用户根据各自的需要编制各种报表和报告。

③ 与自动化会计信息系统的其他子系统相比，通用报表子系统需要手工输入的数据量少，其主要的数据来源是由账务处理子系统及其他自动化核算子系统的数据文件中直接取得的数据，如某个科目的余额、发生额等，以及这些数据的运算结果，如资产合计、负债及所有者权益合计等。而人机交互的数据输入相对较少，而且主要的交互都集中在用户自定义方面，用户一般不能直接填写或修改报表数据。

④ 合法性。在我国，对外会计报表的编制、格式、内容、报告时间等必须符合会计准则和会计制度的要求。此外，由于会计报表反映的是企业财务状况、经营成果、现金流量方面的信息，为了保证报告信息的正确性和可靠性，一般不能直接在已编制的会计报表上修改数据，报表数据应只能根据其数据来源的变动而变动。

⑤ 编制的报表应满足一定的报表钩稽关系，自动化系统应能根据事先的定义自动完成钩稽关系的检验和核对。一般来说，不论使用手工手段还是自动化手段，编制的会计报表应满足一定的钩稽关系，它反映的是会计报表内部各项目及各会计报表之间的内在关系。例如，资产=负债+所有者权益，资产负债表"未分配利润"项目的期末数等于利润分配表"未分配利润"项目的本

年实际数。报表之间除存在一定的钩稽关系之外，有些报表和报告往往还为产生其他报表和报告提供基础数据，从而完成进一步的信息加工和分析。

⑥ 可对会计报表数据进行多方面的综合分析，包括对各项经济或财务指标的变动分析，以及对各个指标之间关系及变动的分析。

3.4.2 通用报表子系统的分析

根据以上特点，通用报表子系统需解决的主要问题是帮助用户定义各项报表要素和计算报表中的数据，由此就可以编制和输出不同用户所需的各类报表，并完成必要的分析，这是设计通用报表子系统的基本原理。

因此，通用报表子系统的主要功能应包括报表的建立、报表结构或格式的定义和制作、取得报表数据、填制表格，以及报表的汇总、报表合并、报表修改、报表查询、报表打印、报表审核、报表管理、报表分析等。

1. 通用报表的结构分析

手工核算时，会计报表的编制一般是由会计人员在上级主管部门统一下发的规定表格中填写报表内容，即会计人员只需在报表中填写数字，不需要设计和绘制报表结构。而通用报表子系统则提供了由用户自行设计报表结构的功能，以达到通用性的目标。

为此，在设计通用报表子系统时，必须对各种报表或报告的特点进行分析，找出决定一张报表结构和内容的要素，然后提供给用户定义这些要素的界面，从而实现由用户绘制满足各自需要的报表的目的。一般来说，构成会计报表结构的要素有 4 部分，分别是标题、表头、表体和表尾。报表结构示例如表 3-4-1 所示。

表 3-4-1 报表结构示例

资产负债表

编制单位：××公司　　　　　　　20××年 12 月 31 日　　　　　　　　　　　　单位：元

资产	行次	期初数（元）	期末数（元）	负债和所有者权益（或股东权益）	行次	期初数（元）	期末数（元）
流动资产：				流动负债：			
货币资金	1	1 406 300	820 745	短期借款	42	300 000	50 000
短期投资	2	15 000		应付票据	43	200 000	100 000
减：短期投资跌价准备	3	0		应付账款	44	953 800	953 800
短期投资净额	4	15 000		预收账款	45	0	0
（表单元）	……	（表单元）	（表单元）	（表单元）	……	（表单元）	（表单元）
应收账款	8	300 000	600 000	应付股利	49	0	32 215.85
减：坏账准备	9	900	1 800	应交税金	50	30 000	205 344
应收账款净额	10	299 100	598 200	其他应交款	51	6 600	6 600
（固定表单元）	……	……	……	……	……	……	（变动表单元）
流动资产合计	21	4 751 400	4 144 645	流动负债合计	56	2 651 400	1 577 959.85

(续表)

资产	行次	期初数（元）	期末数（元）	负债和所有者权益（或股东权益）	行次	期初数（元）	期末数（元）
……	……	……	……	……	……	……	……
无形资产及其他资产：				资本公积	65	0	
无形资产	35	600 000	540 000	盈余公积	66	100 000	135 685.15
开办费	36	0	0	其中：公益金	67		11 895.05
……	……	……	……	……	……	……	……
无形资产及其他资产合计	39	800 000	740 000				
递延税项：							
递延税款借项	40	0	0	所有者权益（股东权益）合计	69	5 150 000	5 355 685.15
资产总计	41	8 401 400	8 093 645	负债和所有者权益（或股东权益）总计	70	8 401 400	8 093 645

（1）标题

标题即表名，用来表示报表的名称，可以包括修饰线或副标题等。

（2）表头

表头即紧挨着标题以下的部分，用来描述报表的整体框架，包括报表编号、编制单位、编制日期、计量单位、各栏目及名称等。各栏目及名称决定了报表表格的结构，如表 3-4-1 所示的资产负债表栏目从左到右依次为：资产、行次、期初数、期末数、负债和所有者权益（或股东权益）、行次、期初数、期末数。这些栏目的性质（如宽度、类型等）一旦确定下来，该资产负债表表格的基本格式也就确定了。

（3）表体

表体中的各项数据（包括文字在内）及相应的分隔线，是报表的主体部分，即表体。一般将组成表体的基本单元称为表单元，它是由一张表的横向表格线与纵向表格线交叉形成的，用来填写各类报表数据。这样，每个表单元都可以用二维坐标（x, y）的形式来表示，表内的数据称为表单元的值。

在这些表单元中，有些表单元的值相对稳定，不随时间的推移而发生变化，称为固定表单元，如"货币资金""短期投资"等报表项目；另一些表单元的值则会经常发生变化，需要根据有关的账、证、表等会计资料上的信息计算填列，因此称为变动表单元，如货币资金"期末数"。虽然变动表单元的值经常变化，但是值的计算方法相对稳定。例如，货币资金"期末数"所在的表单元的值总是根据现金、银行存款、其他货币资金这 3 个科目的本期期末余额合计填列的。因此，在通用报表子系统中，用户可以定义固定表单元的值和变动表单元的计算方法，然后通过报表编制功能自动生成报表上的数据。

（4）表尾

表尾是指在报表底部、表体下面对报表进行辅助说明的部分，主要是报表下部的说明及附注等。对一张报表来说，当标题、表头、表体和表尾这4个基本要素确定之后，报表的结构和内容就确定了，各类用户即可通过执行报表编制功能得到所需的报表和报告。同时，根据以上4个要素来确定一张报表的方式还具有很大的灵活性，在大多数实际应用中，当用户对报表的需求发生某些变化时，只需对以上4个要素的定义稍加修改，报表就能重复使用。因此，只要设计出这样一个报表处理系统，能让不同的用户根据各自的需要来定义标题、表头、表体、表尾就可以了。这就是常见的通用报表子系统的基本设计思想。

通用报表子系统应提供一系列功能模块，由用户调用这些功能模块，分别完成对标题、表头、表体、表尾的设计、定义，并由此完成对会计报表的自动编制和一系列的报表查询、汇总和分析。在上述构成报表的4项要素中，需要特别注意的是表体的设计。前已述及，组成表体的基本元素是表单元，表单元又可分为固定表单元和变动表单元。

设计固定表单元时，一般的做法是直接定义固定表单元的值。因此用户一般是在初次定义资产负债表时录入这些固定表单元的值，并保存在对应的数据文件中，以便今后每次输出资产负债表时使用。

对于变动表单元，只能定义其计算方法，即数据来源，主要有两种情况。一种是该变动表单元的值来自凭证文件、科目文件或其他报表中的数据。另一种是该变动表单元的值来自通过计算产生的数据。同样，每张报表的合计、小计、总计等变动表单元的值一般都是同表中相关的表单元进行四则运算得到的。

2. 通用报表子系统的功能

（1）报表定义

报表定义包括：报表标题定义；报表表头、表尾定义，包括绘制报表表格、定义报表栏目、定义表尾，有时也称为报表栏目定义；报表表体定义，用来定义表单元的值或表单元值的计算方法。

（2）报表编制

报表编制应当是一个计算机自动处理的过程，即由计算机根据上述已经登记和定义好的内容自动产生本期会计报表。这一报表编制过程可以重复执行，因此，用户只需定义一次，就能多次编制不同时期的报表。编制出来的报表需要形成相应的报表数据文件，保存在计算机中。

（3）报表审核

报表审核即对已经生成的报表数据的正确性进行审核，一般可以在报表定义时预先定义一些对报表数据进行审核的计算公式。

（4）报表管理

报表管理包括新表登记，报表的查询、输出和保存等功能。其中，新表登记用来注册用户新定义的会计报表的名称和一些重要属性（如一些显示风格、打印方式和格式等），并给予每张报表一个唯一的内部编号，以方便计算机系统地处理。

（5）报表分析

报表分析即根据会计报表提供的数据和其他来源的相关数据，完成必要的财务分析。目前不少通用报表子系统的财务分析功能也可以根据用户定义的指标、数据来源等进行计算和分析。因此，通用报表子系统的数据流程图如图3-4-1所示。

第 3 章 会计信息系统及其他相关系统的分析与设计

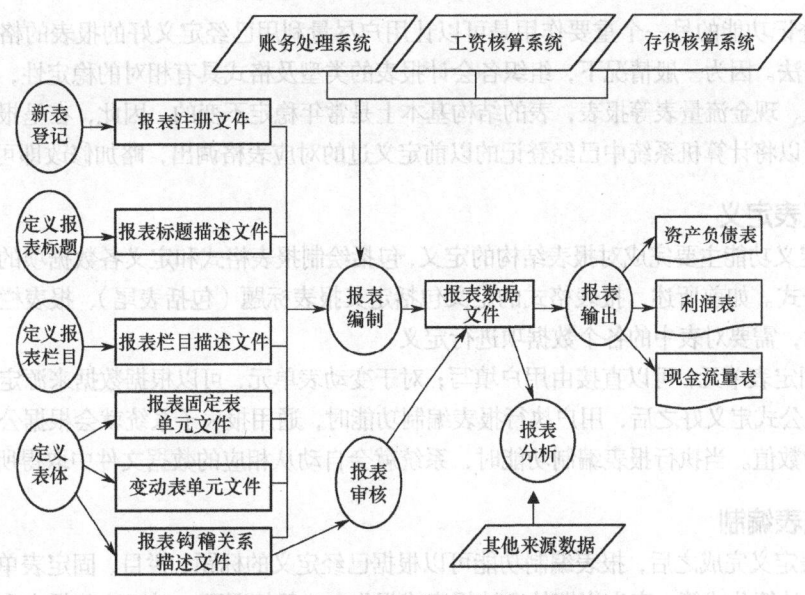

图 3-4-1 通用报表子系统的数据流程图

3.4.3 通用报表子系统的概要设计

通用报表子系统总体功能结构如图 3-4-2 所示。

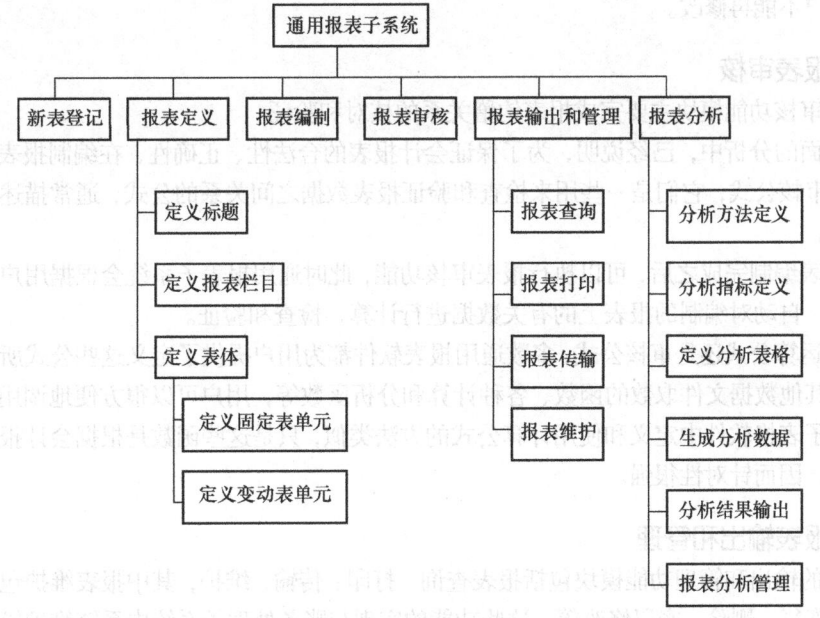

图 3-4-2 通用报表子系统总体功能结构

其中主要功能模块的设计思路如下。

1. 新表登记

使用通用报表子系统编制一张新的报表时，首先应该进行报表注册，即新表登记。新表登记的作用是给每个将要编制的报表一个编号，以便计算机进行后续处理，然后让用户对确定表号的报表定义其必要的属性，如报表名称、报表格式属性（如报表外观、颜色、字体等显示属性等）、打印属性及其他一些在进行报表的详细定义之前需要先行确定的属性。

新表登记功能的另一个重要作用是可以让用户尽量利用已经定义好的报表的格式甚至表单元的计算方法。因为一般情况下，组织各会计报表的类型及格式具有相对的稳定性，如资产负债表、利润表、现金流量表等报表，表的结构基本上是常年稳定不变的，因此，在呈报后续年份的报表时，可以将计算机系统中已经登记的以前定义过的对应表格调出，略加修改即可重复使用。

2. 报表定义

报表定义功能主要完成对报表结构的定义，包括绘制报表格式和定义各数据项的数据来源或数据计算公式。如前所述，报表格式的定义包括定义报表标题（包括表尾）、报表栏目等。在定义格式之后，需要对表中的各个数据项进行定义。

对于固定表单元，可以直接由用户填写；对于变动表单元，可以根据数据来源定义相应的计算公式。在公式定义好之后，用户执行报表编制功能时，通用报表子系统就会根据公式取得并计算出相应的数值。当执行报表编制功能时，系统就会自动从相应的数据文件中取得所需的数据。

3. 报表编制

在报表定义完成之后，报表编制功能可以根据已经定义的标题、栏目、固定表单元的值、变动表单元的计算公式等，产生当期的会计报表或报告。一般情况下，对于这些报表和报告，通用报表子系统会设置相应的数据文件进行保存，以供后续的查询、打印和分析。对用户来说，报表编制功能是一个数据的自动处理过程，每次执行该功能时，系统根据用户已定义的计算方法、公式和数据等自动调用相应的程序完成处理，整个过程不需要用户的干预。对于编制好的报表上的数据，用户不能再修改。

4. 报表审核

报表审核功能模块主要完成报表钩稽关系的核对和验证。

在前面的分析中，已经说明，为了保证会计报表的合法性、正确性，在编制报表时，需要定义有关的审核公式，它们是一些用来检查和验证报表数据之间关系的公式，通常描述的是报表的钩稽关系。

在报表编制完成之后，可以执行报表审核功能，此时通用报表子系统会根据用户已经定义的审核公式，自动对编制的报表上的有关数据进行计算、检查和验证。

无论运算公式还是审核公式，多数通用报表软件都为用户提供了定义这些公式所需的各类函数，如从其他数据文件取数的函数、各种计算和分析函数等，用户可以很方便地调用，使用时与一般的电子表格软件中定义和使用计算公式的方法类似，只是这些函数是根据会计报表的特点专门设计的，因而针对性很强。

5. 报表输出和管理

报表的输出和管理功能模块包括报表查询、打印、传输、维护，其中报表维护包括报表数据的备份、恢复、删除、密码修改等，这些功能的实现与账务处理子系统中系统维护模块的设计类似。

为了保证已经编制好的会计报表上的数据不被随意修改，通用报表软件一般将已编制审核的报表设置成只读文件，用户只能对其查询、打印，而不能进行任何直接的修改和删除。

6. 报表分析

对一个通用报表子系统来说，仅仅完成报表的编制、查询和报告是不够的，还应该具备对报表数据及其他会计数据的进一步加工和分析的功能，以便满足组织的管理层进行事前预决策、事中控制、事后评价等管理活动的部分信息需求。报表分析功能就是为此目标设置的。在目前很多通用报表软件中，报表分析功能往往被分离出来，形成一个相对独立的财务分析子系统，一般设计的子功能包括分析方法定义、分析指标定义、定义分析表格（与报表定义类似，如定义计算公式等）、生成分析数据、分析结果输出（查询和打印等）、报表分析管理。

为了完成上述各项功能，通用报表子系统需要设计一些相应的数据库文件，主要包括以下几项。

① 报表注册文件：用来保存报表的登记信息，如报表内部编号、报表编号、报表名称、报表类型及其他需要注册的报表属性。

② 报表标题描述文件：可以用来保存报表标题信息，主要是指对表名及有关属性的描述。表尾的描述与此类似，不再赘述。

③ 报表栏目描述文件：用来保存报表基本结构信息，如编制单位、编制日期、计量单位、报表编号，以及报表栏目（报表的横向结构）数、栏目名称、宽度及其他属性、报表行数等。

④ 报表固定表单元描述文件：用来保存固定表单元的值，一般需要保存的信息有报表内部编号、固定表单元的位置、固定表单元的值等。

⑤ 报表变动表单元计算公式描述文件：用来存放报表各变动表单元的计算方法，一般需要保存的信息包括报表内部编号、变动表单元的位置、计算公式等。通常情况下，计算公式是由一些事先定义好的函数（如凭证取数函数、账簿取数函数、报表取数函数、运算函数、分析函数及用户自定义函数等）通过运算符连接而成的。

⑥ 报表审核公式描述文件：用来存放需要核对的报表内部关系或报表之间的关系，这些关系一般是在定义各个报表表单元时未能设定的。该文件中可以保存的信息都与对审核公式的描述有关，如审核公式编号、审核公式、审核公式说明、审核期间等。

⑦ 报表数据文件：用来存放已经编制好的报表数据。执行报表编制功能后，所有报表数据自动记录在报表数据文件中。一般来说，用户对该文件中的数据只能进行查询、打印等只读操作，不能随意修改。利用以上功能和相应的数据库文件，用户就可以较为方便地编制出所需的各类报表和报告。编制报表时的基本工作流程图如图 3-4-3 所示。

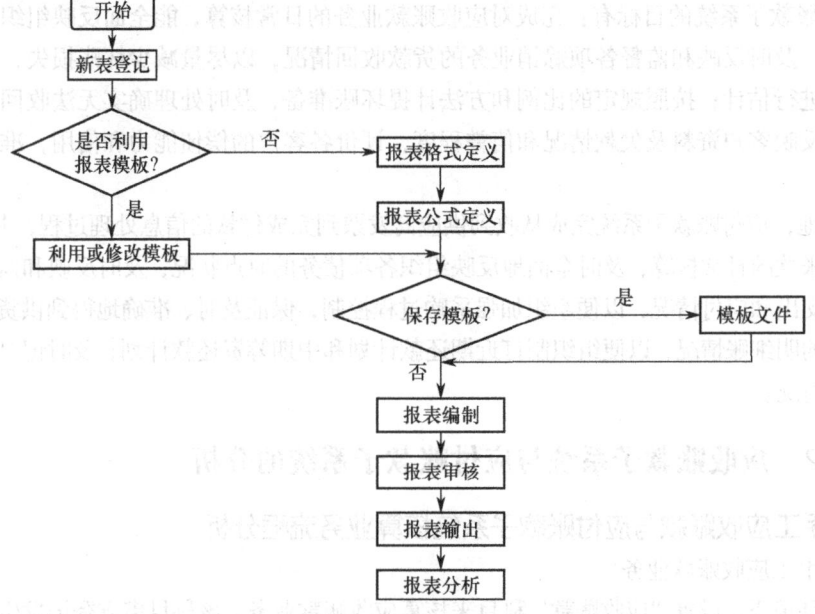

图 3-4-3　编制报表时的基本工作流程图

3.5 应收账款子系统与应付账款子系统概述及分析与设计

3.5.1 应收账款子系统与应付账款子系统的概念及目标

1. 应收账款子系统与应付账款子系统的定义及特点

（1）应收账款子系统的定义

应收账款核算子系统是指专门处理组织因赊销商品或劳务而发生的与其他组织之间的往来业务核算的系统。应收账款子系统要处理的核算范围包括：对企业经营过程中的各项应收账款进行日常核算；及时准确地反映应收账款增减变动状况，以便组织能及时掌握资金流动状况和货款收回情况；进行账龄分析；及时提供催款信息、坏账信息等。

（2）应付账款子系统的定义

应付账款核算子系统是指专门处理组织因赊购商品或劳务而发生的往来账款核算业务的系统。应付账款子系统要处理的核算范围包括：应付账款业务的日常核算；及时反映组织的流动负债数额及偿还流动负债所需资金；跟踪应付账款到期日，以便组织及时、完整地偿还各项应付款项，从而保证良好的供货关系并尽可能地享受各种折扣。

（3）应收账款子系统及应付账款子系统的特点

一般来说，应收账款子系统及应付账款子系统具有以下特点：及时性要求高，即系统要能及时反映应收账款和应付账款的动态信息，以便组织能及时做出合理的决策；对信息加工的要求较高，不同性质的组织可能对系统的功能、数据加工的方法和深度、输出信息的种类等的要求各不相同，往往需要系统具备一定的分析预测功能；两个子系统与组织中其他会计核算子系统的数据联系十分密切，如应收账款子系统与销售核算子系统之间的数据联系、应付账款子系统与采购核算子系统和存货核算子系统之间的数据联系等。

2. 应收账款子系统与应付账款子系统的目标

应收账款子系统的目标有：完成对应收账款业务的日常核算，能全面反映组织各项债权的时点状况；及时反映和监督各项赊销业务的货款收回情况，以尽量减少坏账损失，并对可能的坏账数额进行估计；按照规定的比例和方法计提坏账准备，及时处理确实无法收回的坏账；及时记录并反映客户资料及欠款情况和信誉程度，评价各客户的偿债能力和信用，准确完成账龄分析。

相应地，应付账款子系统完成从收到供应商发票到完成付款的信息处理过程，其目标如下：完成应付账款的日常核算，及时全面地反映组织各项债务的时点状况；及时反映和监督采购业务中资金的支出和应付情况，以便组织加强采购过程控制，保证及时、准确地得到供货；及时提供应付账款的明细账情况，以便组织制订近期还款计划和中期筹资还款计划；及时记录和提供供应商的有关情况。

3.5.2 应收账款子系统与应付账款子系统的分析

1. 手工应收账款与应付账款子系统核算业务流程分析

（1）手工应收账款业务

手工环境下，设置"应收账款"科目来核算应收账款业务。该科目借方登记发生的各项应收账款业务，贷方登记收到的货款额，期末借方余额表示未收回的应收账款数额。应收账款科目往往按客户开设明细账，这样，会计人员平时根据应收账款发生时的发票和收回货款的收款凭证进行登记，并以此为依据进行客户偿债能力和信用的调查分析及坏账损失的估计，估计坏账的方法主要有赊销净额百分比法和账龄分析法两种。当应收账款业务发生时，如赊销商品或提供劳务，借记"应收账款"科目，贷记"产品销售收入""应交税金"等科目；收到款项时，借记"银行存款"等科目，贷记"应收账款"科目。手工应收账款核算业务的数据流程如图 3-5-1 所示。

（2）应付账款业务

应付账款的核算通过设置"应付账款"科目完成。"应付账款"科目往往也按客户开设明细账，其贷方登记已发生的各项应付账款，借方登记已经支付的应付账款，余额在贷方表示尚未支付的应付账款余额。当应付账款业务发生时，如赊购一批原料，借记"原材料"等科目，贷记"应付账款"科目；付款时，借记"应付账款"科目，贷记"银行存款"等科目。手工应付账款核算业务的数据流程如图 3-5-2 所示。

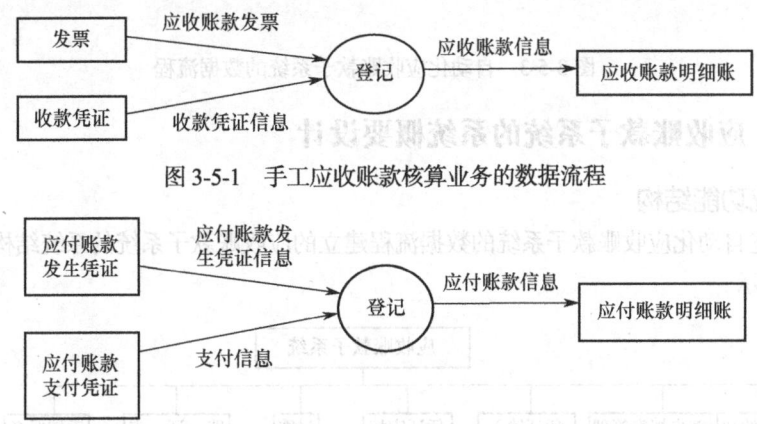

图 3-5-1 手工应收账款核算业务的数据流程

图 3-5-2 手工应付账款核算业务的数据流程

由于应收账款子系统和应付账款子系统的设计原理基本相同，本章后续内容均以应收账款子系统为例来说明两者的分析和设计。

2. 自动化应收账款子系统核算业务流程分析

根据以上对手工应收账款核算业务的分析，自动化应收账款子系统要完成应收账款业务核算的目标，必须设置相应的功能模块和一系列数据文件。根据手工应收账款业务的数据流程，比照自动化账务处理子系统的分析过程，可以得到如图 3-5-3 所示的自动化应收账款子系统的数据流程。

其中主要的处理包括以下几项。

① 及时输入赊销凭证和收款凭证，对初次录入的客户，同时在客户文件中开设相应的记录，并输入客户的固定信息。

② 对凭证临时文件进行审核。

③ 根据审核后的凭证更新应收账款主文件、客户文件等，还可以编制账务处理子系统需要的记账凭证。

④ 生成和打印各种账、证、表。其中，涉及的主要数据存储为凭证临时文件、凭证文件、客户文件、应收账款主文件等。

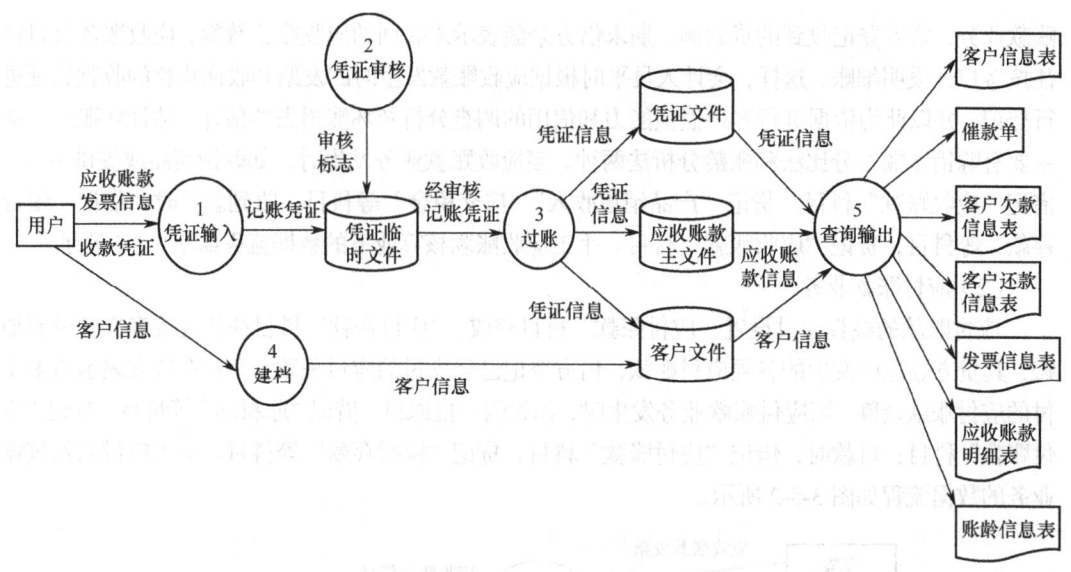

图 3-5-3 自动化应收账款子系统的数据流程

3.5.3 应收账款子系统的系统概要设计

1. 系统功能结构

根据前述自动化应收账款子系统的数据流程建立的应收账款子系统的系统结构（功能结构）如图 3-5-4 所示。

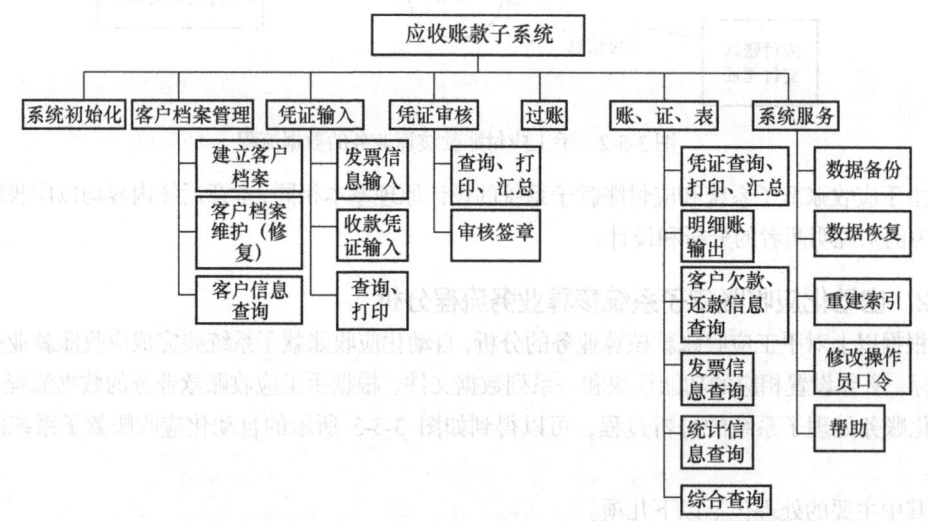

图 3-5-4 应收账款子系统的系统结构

主要功能设计说明如下。

（1）客户档案管理

该功能用于对初次发生往来业务的客户建立客户档案，并根据需要进行更新，以便动态地反映客户的欠款情况、偿还能力和信用情况，为企业的销售决策提供信息。

（2）凭证输入

将所有应收账款赊销凭证和收款凭证输入并存储到凭证临时文件中，对第一次输入的客户，应首先建立客户档案，输入该客户的固定信息。在凭证输入时应设置一系列控制程序，对发票号、日期、金额、科目代码和客户代码等录入数据进行相应的控制，以保证录入数据的完整性、正确性和可靠性。在有些自动化系统应用中，若同时应用了销售核算子系统，则可将赊销凭证（发票）的输入放在销售子系统中，而应收账款子系统可从销售子系统中转入赊销发票进行后续的处理。

（3）凭证审核、过账

对凭证临时文件中的记录进行审核和修改，审核正确后进行审核签字。审核后的凭证进行过账处理，主要是更新客户文件、凭证文件和应收账款主文件，并将已过账的记录从凭证临时文件中清除。

（4）查询和输出

根据过账后的凭证文件、客户文件和应收账款主文件，可进行各种形式的查询、统计和打印输出。

（5）系统内部控制程序的设计

为了保证输入数据的可靠性、正确性、完整性和系统运行的安全性、合法性、正确性，有必要在系统中设立一些内部控制措施。

① 数据处理控制措施。例如，对科目代码、客户代码的正确性检查，对发票号的控制，在收款业务输入时若计算机内不存在相应发票则不予接收，在凭证录入时自动检查其客户名称和业务内容是否与原发票相符等。

② 审核签字手段。例如，输入的数据要有专门的输入人员签字，并由非输入人员审核签字后才能过账，输入人员只能对过账前文件中未经过审核签字的数据进行修改，对审核签字后的数据和过账后文件中的数据不提供编辑、修改功能等。

③ 设置密码控制和操作权限控制措施，需要控制的功能记数据文件只能由授权的操作人员完成。

④ 在系统中设置自动重建索引文件的功能，并根据需要自动进行数据备份和恢复，防止意外事故发生。

⑤ 系统还可以设置与账务处理子系统和销售核算子系统对账的功能，从而自动将本系统所有业务同账务处理子系统和销售核算子系统中的对应业务进行核对，以确保系统以至于整个会计信息系统数据的正确性和一致性。

以上这些控制功能的设计和设置分散在应收账款子系统的整个数据处理过程当中。

2. 代码设计

应收账款子系统主要是对往来客户的业务进行核算，因此，应收账款子系统的代码设计主要针对客户，即设计"客户代码"。客户代码是对每一位客户进行的编码，其编码要求与科目代码类似，通常采用群码的编码方式，以便根据各种需要进行分类和汇总，客户代码编码示例如图3-5-5所示。在客户文件中，每一位客户名称对应唯一的编码，这样，用户在进行输入、修改、查询等数据处理时只需输入客户代码即可得到该客户的其他各项固定信息，从而提高了输入和处理的效率。

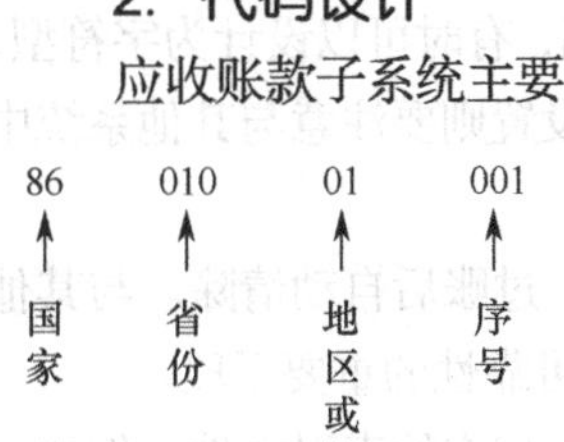

```
86      010     01       001
↑       ↑       ↑        ↑
国家    省份    地区      序号
                或
                城市
```

图 3-5-5　客户代码编码示例

需要注意，若组织同时应用了销售核算子系统，应收账款子系统中的客户代码往往应与销售核算子系统中的购货单位代码相对应，其代码结构当然应与销售核算子系统中的购货单位编码相同，也可根据不同组织的经营特点进行删减和压缩。

此外，应收账款子系统对客户这一重要对象还可以在客户文件中设置客户"信用级别代码"

和"偿债能力级别代码"。对这两个代码的编码一般一位编码即可，可按字母顺序或数字大小表示客户的信用情况和偿债能力高低，以便为组织制定正确的销售策略、加强应收账款的管理提供依据。相应地，对自动化应付账款子系统来说，代码设计则主要针对供应商，设计思路和方法可比照客户代码的设计。设计时同样需要考虑与采购子系统或存货子系统中供货单位代码（或供应商代码）的一致性问题。

3. 数据库设计

（1）凭证临时文件

凭证临时文件用于存放所有未过账的赊销凭证和收款凭证。一张凭证对应一条数据文件记录。凭证临时文件的结构如表 3-5-1 所示。

表 3-5-1　凭证临时文件的结构

序　号	字段名称	类　型	宽度（字符）	小数位（位）
1	凭证类型	C	2	
2	凭证号	C	4	
3	发票号	C	10	
4	日期	D	8	
5	摘要	C	30	
6	对方科目代码	C	10	
7	客户代码	C	9	
8	借贷方向	C	1	
9	金额	N	15	2
10	输入人员	C	8	
11	审核人员	C	8	

对本文件的设计说明如下。

① 在此文件中，将两类凭证（发票和收款凭证）存储在同一个数据文件中，不专设应收项和已收项，而是通过"凭证类型"字段来区分不同类型的凭证，关键字可以是凭证类型+凭证号。在有些应用系统中，则将两类凭证分别存储于发票文件和收款凭证文件中。两种文件存储方式各有利弊，一般可以根据用户需求情况来确定。

② 文件中各字段的位数和数据类型由实际需要确定。例如，日期，有时可以设计为字符型，凭证类型、凭证号可以设计为数字型等。而科目代码、客户代码等的设置则要注意与其他系统中相应字段的一致性关系。

③ 凭证临时文件中的记录在审核签字之前可以任意修改和删除，过账后自动清除。与其他子系统中的凭证临时文件相同，此文件的设置是保证系统的安全性和可靠性的重要手段。

④ 为便于对已输入凭证进行快速查询，可以按照查询的需要建立相应的索引文件。例如，以凭证类型+凭证号为索引建立索引文件，以发票号+日期为索引建立索引文件等，以实现对要查询凭证的快速定位。

（2）凭证文件

凭证文件用于存放经审核和过账后的全部凭证，以提供所有凭证信息、生成应收账款明细账所需的信息及其他各项查询所需的信息（如发票信息表、账龄分析表、坏账损失估算表、逾期未收款表等)。

该文件为只读文件,其中的数据不能修改和删除,发现错误时,一般只能用红字冲销法进行更正。文件结构、存储方式与凭证临时文件相同。为满足生成明细账及有关查询的需要,该文件除建立与凭证临时文件相同的索引文件之外,还可以按客户代码+日期为索引建立索引文件。

(3) 应收账款主文件

应收账款主文件用于存储赊销凭证与收款凭证核销后形成的应收账款信息,可用来生成应收账款明细表。文件中的每条记录对应每个客户的每笔核销业务。应收账款主文件的结构示例如表3-5-2 所示。

表 3-5-2 应收账款主文件的结构示例

序 号	字 段 名 称	类 型	宽度(字符)	小数位(位)
1	客户代码	C	9	
2	客户名称	C	30	
3	发票号	C	10	
4	日期	D	8	
5	摘要	C	30	
6	期初余额	N	15	2
7	本期借方金额	N	15	2
8	本期贷方金额	N	15	2
9	余额	N	15	2

对本文件的设计说明如下。

① 可定义发票号为关键字。

② 对于同时处理预收账款核算业务的应收账款子系统,可在此文件中设计"应收或预收标识"字段来区分是预收账款还是应收账款。

③ 此文件也可以设计成两个数据文件,即将其中的发生额独立出来形成发生额文件,这样主文件的每条记录对应一位客户,而发生额文件的每条记录则对应一笔业务。

④ 可按发票号、客户编码分别建立索引文件。

(4) 客户文件

客户文件用于存储所有客户的固定信息(包括客户代码、客户名称、地址、邮编、电话、联系人、纳税登记号等)及所欠账款的综合动态信息,以便加强货款催收工作,更好地辅助销售管理。客户文件中存储的信息可以生成客户信息一览表、欠款客户信息一览表、催款单、客户代码表、客户应收账款汇总表等。该文件中每条记录对应一位客户。客户文件的结构示例如表 3-5-3 所示。

表 3-5-3 客户文件的结构示例

序 号	字 段 名 称	类 型	宽度(字符)	小数位(位)
1	客户代码	C	9	
2	客户名称	C	30	
3	地址	C	30	
4	电话	C	15	
5	联系人	C	8	

(续表)

序 号	字 段 名 称	类 型	宽度（字符）	小数位（位）
6	纳税人登记号	C	10	
7	开户银行	C	20	
8	信用级别代码	C	1	
9	偿债能力级别代码	C	1	
10	应收金额	N	15	2
11	已收金额	N	15	2
12	应收余额	N	15	2

对本文件的设计说明如下。

① 本文件的关键字为客户代码。

② "应收金额"科目根据应收业务的发票金额自动进行累加，"已收金额"科目根据收款凭证金额自动进行累加，"应收余额"科目由上述两项金额相减得出。

③ 客户文件也可以将固定信息和动态信息分别存储于两个文件中，然后在查询时用"客户代码"连接。

④ 本文件以"客户代码"为索引建立索引文件，实现对每一位客户信息的快速查询。

对应付账款子系统，可以根据系统目标，建立供应商文件、应付账款主文件、采购凭证文件等，其设计思路与上述数据文件的设计思路相似。

4. 输入/输出设计

（1）输入设计

应收账款子系统的输入主要是应收业务的发票和货款收回的收款凭证。应收业务的发票主要包括：发票号、开票日期、预计收款日期、销售方式、摘要、客户代码、销售金额、增值税率、销项金额、对方科目等。

收款凭证的主要内容包括：应收发票的发票号、客户代码、收款日期、金额及与借方科目有关的信息。若组织同时建立了销售核算子系统，则发票的输入一般由销售子系统完成。销售发票的输入格式示例如表 3-5-4 所示。此外，输入设计中还包括对客户文件的维护，即输入和修改各客户的固定信息。

表 3-5-4 销售发票的输入格式示例

开票日期： 发票号： 对方科目：

客户代码：BJ021 北京通达贸易有限公司

摘要：				销售方式：		销售部门：	
商品代码	品名及规格号	单位	数量	单价	金额	税率	税额
价税合计				合计			

制单： 审核： 记账：

(2）输出设计

自动化应收账款核算子系统的输出有磁盘输出，灵活多变的屏幕查询，打印的各种证、账、表等。磁盘输出和屏幕查询的设计与账务处理子系统类似，在此主要介绍本系统需要打印输出的4类重要信息。

1）各类凭证信息

各类凭证信息主要是指已经过账的发票凭证和收款凭证。一般按凭证号顺序输出一段期间内的所有记账凭证，以便查询、审核或长期保存。凭证输出的信息来源主要是凭证文件。凭证格式可以按用户事先的要求或查询要求定义。

2）应收账款明细账

应收账款明细账反映某一位客户应收账款增减变动的详细情况（包括已核销业务及未核销业务在内），一般按时间先后顺序排列，账表内容包括客户代码、客户名称、日期、凭证类型、凭证号、摘要、借贷方金额、余额等。其信息来源主要是应收账款主文件和凭证文件。该明细账可选择两种形式输出：当输入"客户代码"时，生成某一位客户的应收账款明细账，如表3-5-5所示；当"客户代码"为空时，则反映整个企业应收账款增减变动的详细情况，如表3-5-6所示。

表3-5-5 应收账款明细账（当输入"客户代码"时）

××公司应收账款明细账

20××年××月

客户代码：×××× 客户名称：×××× 单位：元

20××年		凭证类型	凭证号	摘要	借方金额	贷方金额	余额
月	日						
				合计			

表3-5-6 应收账款明细账（当"客户代码"为空时）

××公司应收账款明细账

20××年××月

单位：元

20××年		凭证类型	凭证号	摘要	客户代码	客户名称	借方金额	贷方金额	借/贷	余额
月	日									
				合计						

3）客户信息的输出

客户信息的输出包括欠款客户信息表、应收账款汇总表、客户欠款发票列表、发票信息列表、催款单。例如，欠款客户信息表列出欠款客户的主要信息，其主要内容有客户代码、客户名称、地址、电话、联系人、信用级别、偿债能力、应收金额、已收金额、应收余额等，其数据来源为客户文件；客户欠款发票列表则根据输入的某个客户代码打印出客户欠款数额及每笔应收业务的发票信息，其主要内容包括客户代码、名称、地址、电话、联系人、发票号、日期、摘要、应收金额、已收金额、应收余额等，其数据来源为凭证文件和应收账款主文件；发票信息列表反映一段期间内的发票或全部发票的发生和收款情况,主要内容包括发票号、日期、摘要、客户代码、客户名称、应收金额、已收金额、应收余额等,其数据来源为客户文件和凭证文件;催款单用来送交各位欠款客户,以便催款并核对欠款,其主要内容有每一位欠款客户的名称、地址、联系人、欠款情况等,可以打印成信件的形式交给客户,其数据来源为客户文件。这些账表、信件的格式一般可以按照用户的习惯定义。

4)账龄分析表和坏账损失估算表

账龄分析表和坏账损失估算表示例的数据来源主要是凭证文件和客户文件。账龄分析表示例如表 3-5-7 所示。坏账损失估算表示例如表 3-5-8 所示。

表 3-5-7 账龄分析表示例

××企业

应收账款账龄分析表

制表日期: 单位:元

客户代码	客户名称	应收总额	信誉期内	过期			
				1~30 天	31~60 天	61~90 天	90 天以上
百分比							

表 3-5-8 坏账损失估算表示例

××企业

坏账损失估算表

制表日期: 单位:元

收账款类别	应收账款金额	坏账百分比	坏账损失
信誉期内			
过期 1~30 天			
过期 31~60 天			
过期 61~90 天			
过期 90 天以上			
总额			

第 4 章 会计信息系统软件及使用

4.1 软件准备

4.1.1 用友 U8 管理软件简介

用友 U8 管理软件主要针对企业内部资源和关键业务流程的管理和控制,它考虑了信息资源在部门内、企业内、集团内共享的要求,同时体现了预测、计划、控制、业绩评价及考核等管理方面的要求,实现了资金流、物流、信息流统一管理,旨在为企业解决管理上存在的问题。

此外,该软件还提供了一些安全功能,如身份验证等,增强了数据库系统的安全性;为保障数据安全存储,利用了 SQL Server 7.0(或 SQL Server 2000)行级锁自动选择最优级锁,改进了软件应用的并发控制,保证多用户使用时数据存储安全稳定;事务处理机制保证了意外断电等情况下的数据完整性;通过与 Microsoft Proxy Server 等防火墙结合,保证了网络应用时的数据库安全;网络通信采用连接串,保证数据在网络上传递时的安全;用友 U8 管理软件中关于操作员功能权限的设置,保证了系统在授权机制的有效控制下安全运转;系统操作日志可以对各操作员的登录时间、操作内容一览无余;对于跨地区分公司的财务业务数据监控,可以通过 SQL Server 的复制技术,来实现在企业、分公司和移动办公室之间的数据移动和存储过程,能很好地支持分布式应用。

1. 用友 U8 管理软件的功能

从系统功能来讲,用友 U8 管理软件包括财务系统、人力资源系统、供应链管理系统、生产制造系统等。

用友 U8 管理软件的各部分既相对独立,分别具有完善和细致的功能,最大限度地满足用户全面深入的管理需要,又能融会贯通,有机地结合为一体化应用,满足用户经营管理的整体需要。

2. 用友 U8 管理软件的主要部分

(1)财务系统

为了更好地构建财务系统理论体系,用友 U8 管理软件将财务系统分为两大层次:财务会计系统和管理会计系统。财务会计系统主要完成企业日常的财务核算,并对外提供会计信息;管理会计系统则灵活运用多种方法,收集整理各种信息,围绕成本、利润、资本 3 个中心,分析过去,控制现在,规划未来,为管理者提供经营决策信息,并帮助其做出科学决策。

1)财务会计系统

① 总账系统。总账系统主要提供凭证处理、账簿查询打印、期末结账等基本核算功能,并提供个人、部门、客户、供应商、项目、产品等专项核算和考核,支持决策者在业务处理的过程中,随时查询包含未记账凭证的所有账表,充分满足管理者对信息及时性的要求。

② 应收管理系统。应收款是企业运营资金流入的一个主要来源,因此应收款的管理是保证企业资金健康运作的一个主要手段。应收管理系统主要提供发票和应收单的录入、客户信用的控

制、客户收款的处理、现金折扣的处理、单据核销处理、坏账的处理、客户利息的处理等业务处理功能；提供应收账龄分析、欠款分析、回款分析等统计分析功能；提供资金流入预测功能。此外，还提供应收票据的管理、处理应收票据的核算与追踪功能。

③ 应付管理系统。应付款管理是企业控制资金流出的一个主要环节，同时也是维护企业信誉，保证企业低成本采购的一个有力手段。应付管理系统主要提供发票和应付单的录入、向供应商付款的处理、及时获取现金折扣的处理、单据核销处理等业务处理功能；提供应付账龄分析、欠款分析等统计分析功能；提供资金流出预算功能。此外，还提供应付票据的管理、处理应付票据的核算与追踪功能。

④ 固定资产系统。固定资产系统适用于各类企业和行政事业单位，主要提供资产管理、折旧计算、统计分析等功能。其中资产管理主要包括原始设备的管理、新增资产的管理、资产减少的处理、资产变动的管理等，并提供资产评估及固定资产减值准备功能，支持折旧方法的变更；可按月自动计提折旧，生成折旧分配凭证，同时输出有关的报表和账簿。固定资产管理系统可用于进行固定资产总值、累计折旧数据的动态管理，协助设备管理部门做好固定资产实体的各项指标的管理、分析工作。

2）管理会计系统

① 资金管理系统。资金管理系统实现工业企业或商业企业、事业单位等对资金管理的需求。该系统以银行提供的单据、企业内部单据、资金往来凭证等为依据，记录资金业务及其他涉及资金管理方面的业务；处理对内、对外的收、付款和转账等业务；提供逐笔计息处理功能，实现对每笔资金的管理；提供积数计息处理功能，实现往来存贷资金的管理；提供各单据的动态查询及各类统计分析报表功能。

② 成本管理系统。生产成本是制造业企业最为关心的一项财务数据。成本管理系统为制造业的生产成本核算与管理提供了强有力的工具。成本管理系统提供成本核算、成本预测、成本分析等功能，满足会计成本核算的事前预测、事后核算分析的需要。其中，成本核算功能，是指通过用户对成本核算对象的定义、对成本核算方法的选择，以及对各种费用分配方法的选择，自动对从其他系统传递的数据或手工录入的数据进行汇总计算，输出用户需要的成本核算结果或其他统计资料；成本预测功能，是指运用移动平均、年度平均增长率，对部门总成本和任意产量的产品成本进行预测，满足企业经营决策的需要；成本分析功能，是指可以对分批核算的产品进行追踪分析，计算部门的内部利润，对历史数据对比分析，分析计划成本与实际成本的差异。

③ 财务分析系统。财务分析系统运用各种专门的分析方法，对财务数据做进一步的加工，从中取得有用的信息，从而为决策提供正确的依据。财务分析系统提供指标分析、报表分析、计划分析、现金收支分析、因素分析等功能。

④ UFO（User Friend Office）报表系统。UFO 报表是报表事务处理的工具，与总账等各系统之间有完善的接口，是真正的三维立体表，提供了丰富的实用功能，完全实现了三维立体表的处理能力。该系统的主要功能有文件管理功能、格式管理功能、数据处理功能、图形功能、打印功能和二次开发功能。它可以通过取数公式从数据库中挖掘数据，也可以定义表页与表页及不同表格之间的数据钩稽运算，制作图文混排的报表。强大的二次开发功能则使其又不失为一个精练的 MIS（管理信息系统）开发应用平台。UFO 报表内置工业、商业、行政事业单位等 17 个常用的行业会计报表。

⑤ 决策支持系统。决策支持系统是利用现代计算机、通信技术和决策分析方法，通过建立数据库和分析模型，向企业的决策者提供及时、可靠的财务、业务等信息，帮助决策者对未来经

营方向和目标进行量化的分析和论证,从而对企业生产经营活动做出正确的决策。

⑥ 行业报表系统。行业报表系统是利用现代网络通信技术,为行业型、集团型用户解决远程报表汇总和分析的一套集数据传输、检索查询和分析处理为一体的软件产品。行业报表系统改变了传统的手工报送的方式,采用内置的传输功能,支持局域网、电子邮件、点对点传输和磁盘报送,适合在各种通信条件下的不同地区使用。该系统既可用于主管单位,又可用于基层单位,支持多级单位逐级上报和汇总。

⑦ 合并报表系统。合并报表系统包括母公司和子公司两个子系统。母公司系统的功能有:设计合并报表格式,定义抵销分录项目及抵冲分录数据;调整各公司个别报表数据及抵销分录数据,报表数据实现透视、排序、汇总等操作,自动审核报表数据及内部交易数据的平衡关系,并显示错误明细;自动抵销合并项目,自动生成合并工作底稿,最终生成合并报表;查询以往所有报表,对工作底稿、合并报表及个别会计报表制作分析图形。子公司系统的功能有:接收母公司下发的数据;生成本公司个别报表数据及抵冲数据;报表数据实现透视、排序、汇总等操作;生成上报数据;重新组织本公司各会计期报表;对本公司个别会计报表制作分析图形。

(2)人力资源系统

1)薪资管理系统

薪资管理系统适用于各类企业、行政、事业及科研单位,主要提供工资核算、工资发放、经费计提、统计分析等功能。该系统支持工资的多次或分次发放;支持代扣税或代交税;工资发放支持银行代发,提供代发数据的输出功能;也支持现金发放,提供分钱清单功能。经费计提的内容和计提的比率可以设置。

2)福利管理系统

福利管理系统提供员工的各项福利基金的提取和管理功能。主要包括定义基金类型,设置基金提取的条件,进行基金的日常管理,并提供相应的统计分析。基金的日常管理包括基金定期提取、基金的补交、基金的转入转出等。此外,该系统还提供向相关管理机关报送相关报表的功能。

3)人事信息管理系统

人事信息管理系统主要记录和管理人员的各种信息及相关的信息变动情况,并提供多角度的统计分析功能。在人事信息管理系统中,建立了人员的各种信息中心,包括人员的培训信息、人员的考勤信息、人员的职位信息、人员的业绩管理信息等。

4)考勤管理系统

考勤管理系统主要提供员工出勤情况的管理,帮助企业完善作业制度。该系统主要包括各种假期的设置、班别的设置、相关考勤项目的设置,以及请假单的管理、加班迟到早退的统计、出勤情况的统计等。该系统提供与各类考勤机系统的接口,并为薪资管理系统提供相关数据。

(3)供应链管理系统

1)采购计划系统

采购计划系统是在既保证生产又尽量减少库存资金积压的情况下,编制工业企业需要的采购计划。本系统在物料需求计划(Material Requirement Planning,MRP)理论的基础上,结合我国工业企业的实际应用水平开发而成,适用于各类工业企业编制采购计划。

2)采购管理系统

采购管理系统是根据工业企业和商品流通企业采购业务管理和采购成本核算的实际需要,对采购订单、采购到货处理及入库状况进行全程管理,为采购部门和财务部门提供准确及时的信息,并辅助管理决策。本系统适用于各类工业、商品批发、零售企业及宾馆饭店等。

3）库存管理系统

库存管理系统适用于各类工商企业的库存管理，具有单据输入、审核和账表查询等功能。

4）存货核算系统

存货核算系统主要针对企业存货的收发存业务进行核算，掌握存货的耗用情况，及时准确地把各类存货成本归集到各成本项目和成本对象上，为企业的成本核算提供基础数据。该系统还可动态反映存货资金的增减变动，提供存货资金周转和占用的分析，为降低库存、减少资金积压、加快资金周转提供决策依据。本系统适用于工业企业的材料、产成品核算及商业企业的商品核算管理。

5）销售系统

销售系统是以销售业务为主线，兼顾辅助业务管理，实现销售业务管理与财务核算一体化的系统。本系统适用于各类工业、商贸批发、零售企业。

6）分销资源计划

分销资源计划（Distribution Resource Planning，DRP）系统可构建和管理企业分销网络，以基于存量和需求的网络资源控制方法，控制和平衡整个分销网络中的货物存量水平，对整个分销网络中的货物存量进行统一管理。该系统通过定义分销网络及分销节点，在获取网络上每个节点的现存量、要货申请及预测的情况下，对要货申请做必要的合理性检测后，根据可配置的算法，完成对分销网络存货水平的自动平衡，自动给出合理的补货建议或调拨建议。每个节点现存量、预计入、预计出可从各节点的用友 U8 管理软件系统中获取，同时支持网上直接录入或通过电子邮件发送，实现信息采集的垂直化和扁平化。用友 U8 管理软件 DRP 系统支持全球范围内的物流控制。

（4）生产制造系统

生产制造系统是用友 U8 管理软件的重要组成部分，用户可以进行 MRP 运算、再订货点（Re-Oder Point，ROP）运算及车间的管理。

1）MRP 运算

MRP 运算就是依据销售订单和预测单，按照 MRP 运算平衡公式进行运算，确定企业的生产计划和采购计划，也称为生产管理。MRP 运算能够解决企业生产什么、生产数量、开工时间、完成时间及外购什么、外购数量、订货时间、到货时间等问题。

2）ROP 运算

当可用库存降至再订货点时，企业按照批量规则进行订购，也称为再订货点法。ROP 运算的实质是基于库存补充的原则，适用于独立需求的存货，如在物料清单结构中不涉及劳保用品、办公用品，以及修理用备件等物料。

3）车间管理

车间管理包括生产订单管理和生产进度管理。生产订单是车间记载与执行生产计划和生产排程的订单性文件。它主要表示某一物料的生产数量及计划开工/完工日期等。它是现场派工或领料的依据，工厂的生管或物管通常以生产订单为中心，以控制其产能利用、缺料、效率、进度等。生产进度管理是指车间为完成生产计划，进行车间的生产日程安排，确定何时、何地进行何种作业，并指定生产数量和完成各阶段生产的日期，而后进行车间生产日程作业，控制生产记录，确保生产均衡、平稳地进行。

4.1.2 用友 U8 管理软件安装教程

安装用友 U8 管理软件前必须检查计算机名称，因计算机名称必须是英文格式，即计算机名称中不能有"-"和数字。如果有"-"和数字,则用友软件在安装过程中会出现问题。

1. 安装 SQL 2000 个人版

SQL 2000 个人版安装步骤如下。

① 运行安装程序,打开"安装向导"对话框,单击"下一步"按钮,打开"计算机名"对话框,如图 4-1-1 所示。在图 4-1-1 中,"本地计算机[L]"是默认选项,其名称就显示在该选项上面的文本框中,单击"下一步"按钮。

② 打开"安装选择"对话框,按其默认选项"创建新的 SQL Server 实例,或安装客户端工具[C]",单击"下一步"按钮,如图 4-1-2 所示。

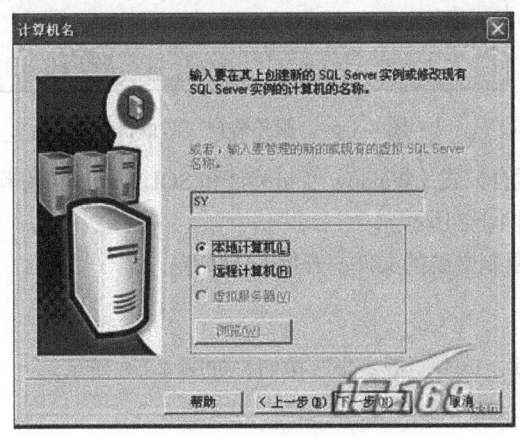

图 4-1-1 "计算机名"对话框

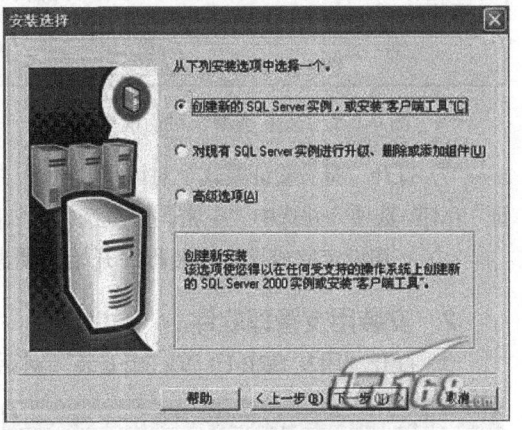

图 4-1-2 "安装选择"对话框

③ 在对用户名、公司名进行自取,以及同意软件许可协议后,打开"安装定义"对话框,按其默认选项"服务器和客户端工具[S]",单击"下一步"按钮,如图 4-1-3 所示。

④ 打开"实例名"对话框,系统一般提供了"默认"复选框,既可以安装默认方式的实例,也可以自定义,单击"下一步"按钮,如图 4-1-4 所示。

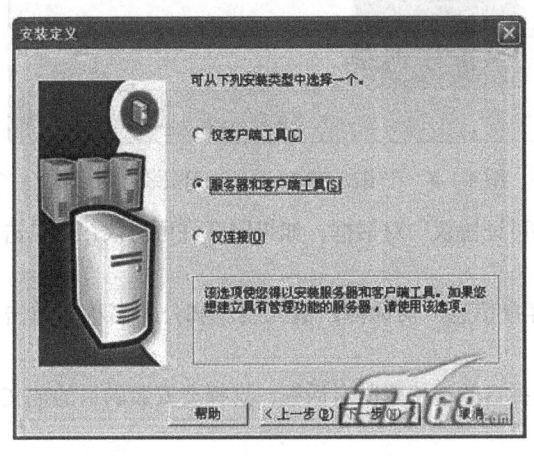

图 4-1-3 "安装定义"对话框

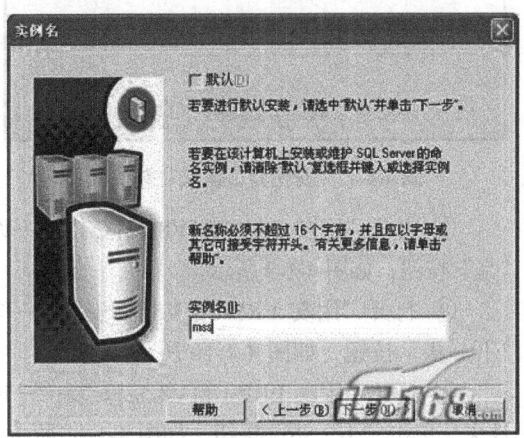

图 4-1-4 "实例名"对话框

⑤ 打开"安装类型"对话框,可以设定多个选项,根据实际需要选择,然后单击"下一步"按钮,如图 4-1-5 所示。

⑥ 打开"服务账户"对话框，选中"对每个服务使用同一账户。自动启动 SQL Server 服务[E]"选项，用户名为系统默认，密码为空，然后单击"下一步"按钮，如图 4-1-6 所示。

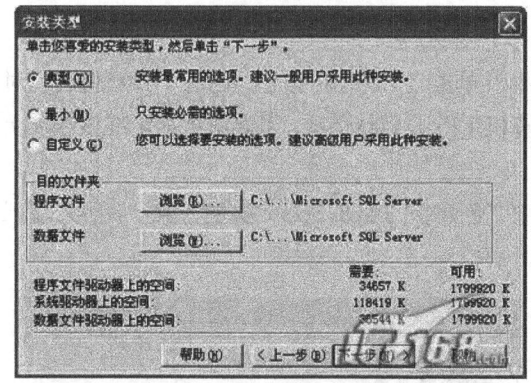

图 4-1-5 "安装类型"对话框

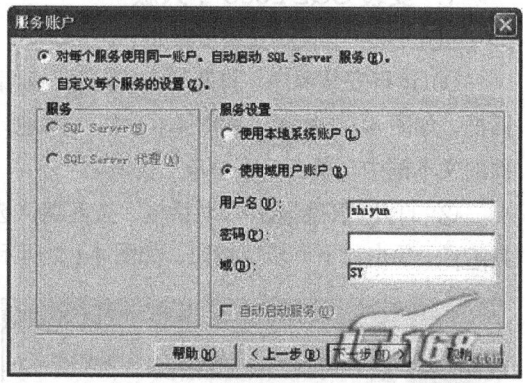

图 4-1-6 "服务账户"对话框

⑦ 打开"身份验证模式"对话框，选中"混合模式（Window 身份验证和 SQL Server 身份验证）[M]"选项，并选中"空密码"复选框，如图 4-1-7 所示。

⑧ 一切设定完成后，安装程序开始向硬盘复制必要的文件，开始正式安装。

2. 安装用友管理软件

① 打开"用友 ERP-U8[V8.52]安装"对话框，单击"下一步"按钮，如图 4-1-8 所示。

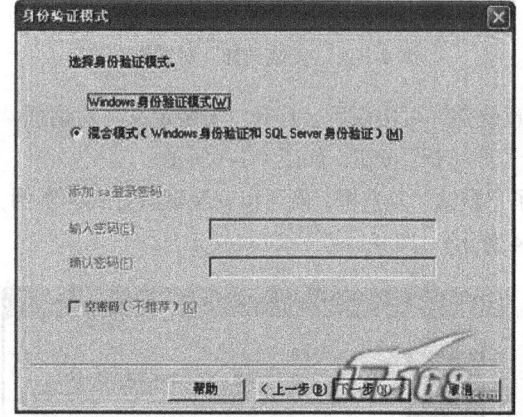

图 4-1-7 "身份验证模式"对话框

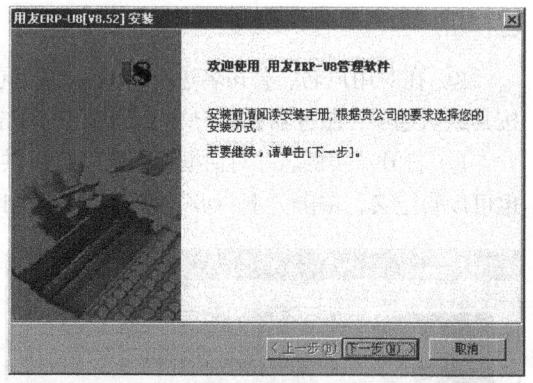

图 4-1-8 "用友 ERP-U8[V8.52]安装"对话框

② 打开"用友 ERP-U8[V8.52]安装——许可证协议"对话框，如果同意许可协议，则单击"是"按钮，如图 4-1-9 所示。

③ 打开"用友 ERP-U8[V8.52]安装——客户信息"对话框，输入用户和公司名称，单击"下一步"按钮，如图 4-1-10 所示。

④ 打开"用友 ERP-U8[V8.52]安装——选择目的地位置"对话框，选择要安装的目的地文件夹，单击"下一步"按钮，如图 4-1-11 所示。

⑤ 打开"用友 ERP-U8[V8.52]安装——安装类型"对话框 1，选择所要的安装类型，即"标准版安装"或"行业标准版安装"。一般选择标准版即可，单击"下一步"按钮，如图 4-1-12 所示。

⑥ 打开"用友 ERP-U8[V8.52]安装——安装类型"对话框 2，选择所要的安装类型（如安装全部产品、单机版安装、服务器安装、数据服务器安装、应用服务器安装、应用客户端、自定

义安装)。如果是单机用,则选择"单机版安装";如果是服务器用,则选择"应用服务器安装"。单击"下一步"按钮,如图 4-1-13 所示。

⑦ 打开"用友 ERP-U8[V8.52]安装——选择程序文件夹"对话框,定义程序文件夹名称,单击"下一步"按钮,如图 4-1-14 所示。

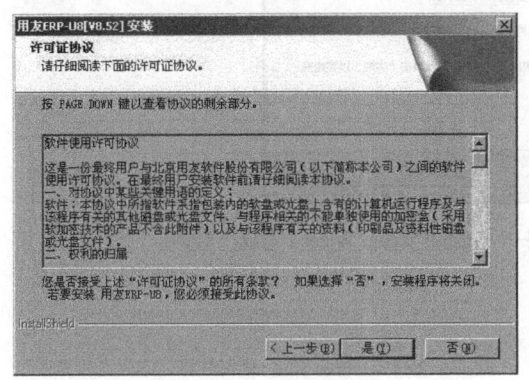

图 4-1-9 "用友 ERP-U8[V8.52]安装——
　　　　 许可证协议"对话框

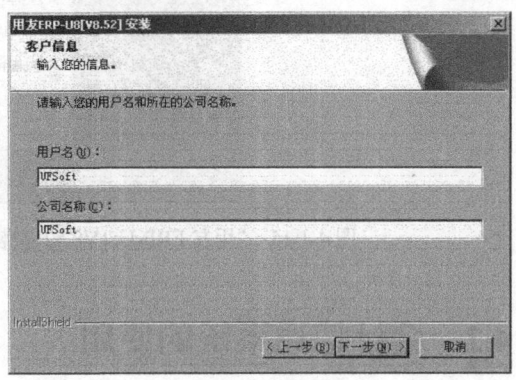

图 4-1-10 "用友 ERP-U8[V8.52]安装——
　　　　 客户信息"对话框

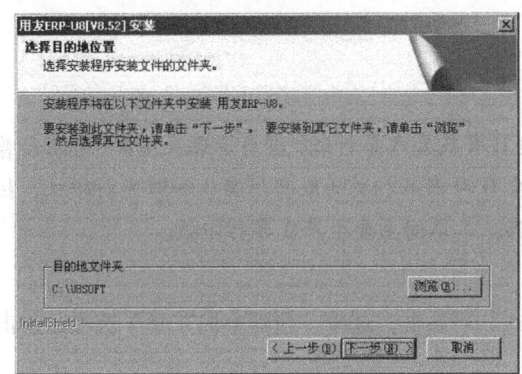

图 4-1-11 "用友 ERP-U8[V8.52]安装——
　　　　 选择目的地位置"对话框

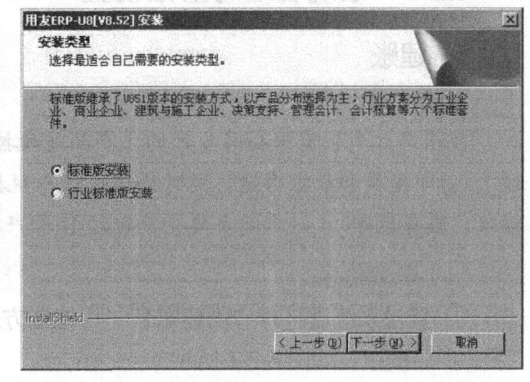

图 4-1-12 "用友 ERP-U8[V8.52]安装——
　　　　 安装类型"对话框 1

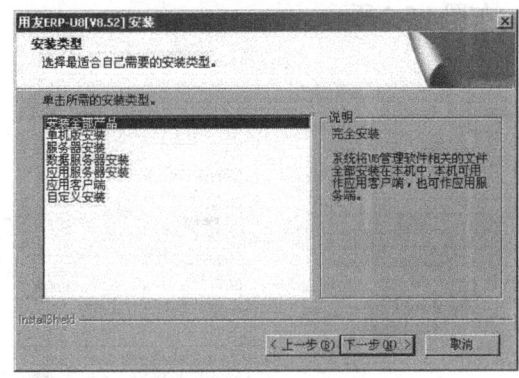

图 4-1-13 "用友 ERP-U8[V8.52]安装——
　　　　 安装类型"对话框 2

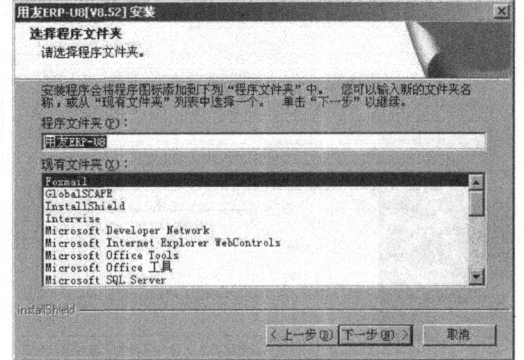

图 4-1-14 "用友 ERP-U8[V8.52]安装——
　　　　 选择程序文件夹"对话框

⑧ 打开"用友 ERP-U8[V8.52]安装——Install Shield Wizard 完成"对话框,选择"是,立即重新启动计算机"选项,单击"完成"按钮,如图 4-1-15 所示。

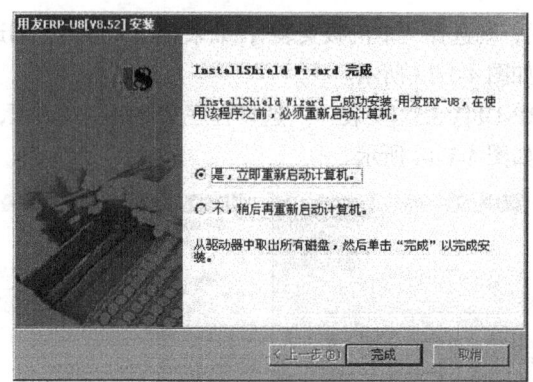

图 4-1-15 "用友 ERP-U8[V8.52]安装——Install Shield Wizard 完成"对话框

4.2 会计信息系统的使用

本书以用友 U8 管理软件为例,引导学生学习会计信息系统的实际应用。

4.2.1 系统管理与基础设置

1. 建账

实验资料

重庆两江科技有限公司生产的主产品是税控Ⅱ号及发票套打纸,应用于录入发票(专用和普通)、打印发票和数据存储,同时公司代理与税控Ⅱ号产品相关的配套用品(如激光打印机、扫描仪、服务器等)。一车间主要生产税控Ⅱ号产品,二车间主要生产发票打印纸。

(1)账套信息

① 登录系统后打开"创建账套——建账方式"对话框,选中"新建空白账套"选项,单击"下一步"按钮,如图 4-2-1 所示。

② 打开"创建账套——账套信息"对话框,输入账套信息。账套号:999(具体实验中可用学号、学员号代替)。账套名称:重庆两江科技有限公司。采用默认账套路径。启用会计期:2020年4月;会计期间为默认。单击"下一步"按钮,如图 4-2-2 所示。

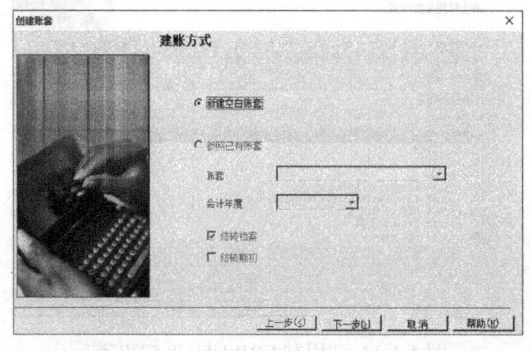

图 4-2-1 "创建账套——建账方式"对话框

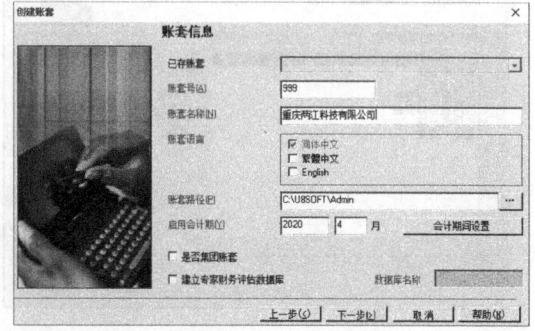

图 4-2-2 "创建账套——账套信息"对话框

(2)单位信息

① 打开"创建账套——单位信息"对话框,输入有关单位信息。单位名称:重庆两江科技有

限公司。单位简称：两江科技。单位地址：重庆市两江新区新光大道 9999 号。法人代表：孙正。邮政编码：401147。联系电话及传真：0231234567；税号：110119120130999。单击"下一步"按钮，如图 4-2-3 所示。

② 打开"创建账套——核算类型"对话框，进入核算类型设置。企业类型：工业。行业性质：2007 年新会计制度科目。单击"下一步"按钮，如图 4-2-4 所示。

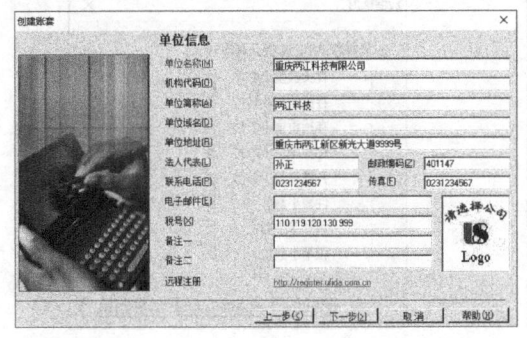 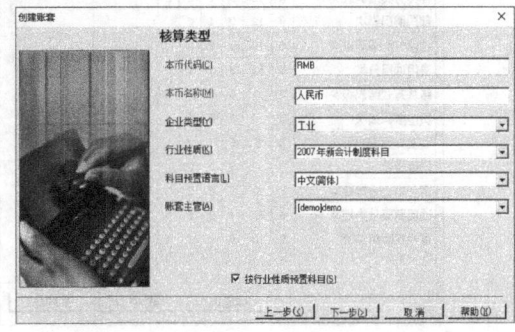

图 4-2-3 "创建账套——单位信息"对话框　　图 4-2-4 "创建账套——核算类型"对话框

③ 打开"创建账套——基础信息"对话框，设置基础信息，如图 4-2-5 所示，单击"下一步"按钮。

④ 打开"创建账套——开始"对话框，单击"完成"按钮，如图 4-2-6 所示。进入系统建账过程，此时需要等待一段时间，结束后设置编码方案。

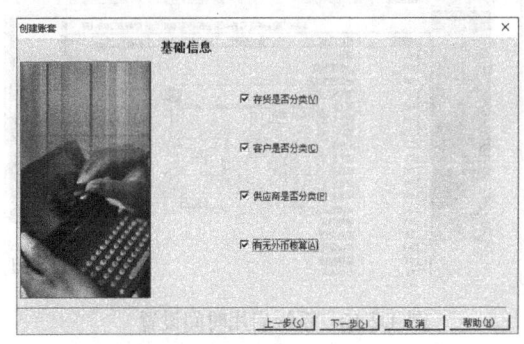 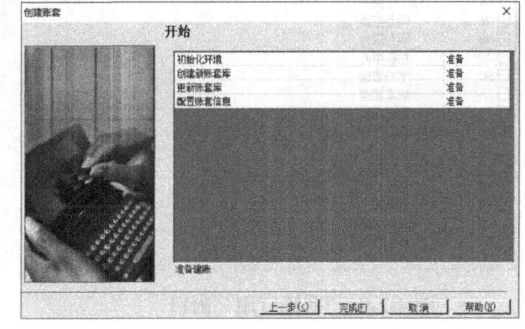

图 4-2-5 "创建账套——基础信息"对话框　　图 4-2-6 "创建账套——开始"对话框

（3）分类编码方案

该企业的分类编码方案如下。

科目编码级次：4222。客户和供应商分类编码级次：2。存货分类编码级次：122。部门编码级次：12。地区分类编码级次：2。结算方式编码级次：2。收发类别编码级次：12。其余选择默认。在"编码方案"对话框中输入以上相关信息，单击"确定"按钮，如图 4-2-7 所示。

（4）数据精度

打开"数据精度"对话框，设置数据精度，该企业对存货数量、单价小数位定为 2，均为默认，因此各项目均设置为 2。单击"确定"按钮，如图 4-2-8 所示，表明建账完成，这时可以进行启用设置。

（5）系统启用

打开"系统启用"窗口，如图 4-2-9 所示。在"系统编码"列单击某系统（如 GL 代表总账），然后设置启用的日期，这里根据给出的案例设置为 2020 年 4 月 1 日，如图 4-2-10 所示。

图 4-2-7 "编码方案"对话框

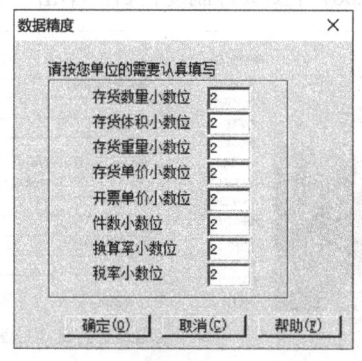

图 4-2-8 "数据精度"对话框

图 4-2-9 "系统启用"窗口

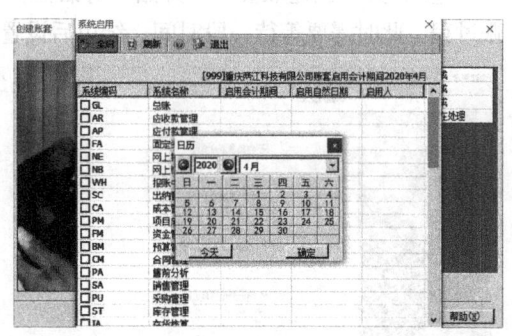

图 4-2-10 系统启用时间设置

启用后退出建账过程,完成建账。这时系统提示"进入企业应用平台进行业务操作",单击"确定"按钮,返回到系统管理窗口,可以进行其他设置。

2. 财务分工、账套信息修改

打开系统,执行"开始 | 所有程序 | 用友ERP-U872 | 系统服务 | 系统管理"命令,进入页面后执行"系统 | 注册"命令,进行注册,如图 4-2-11 所示。

没有密码,单击"登录"按钮,完成登录。

(1)角色设置

在"系统管理"窗口,执行"权限 | 角色"命令,打开"角色管理"窗口。角色编码可以自定,如果先设置了各操作员,在这里可同时赋予

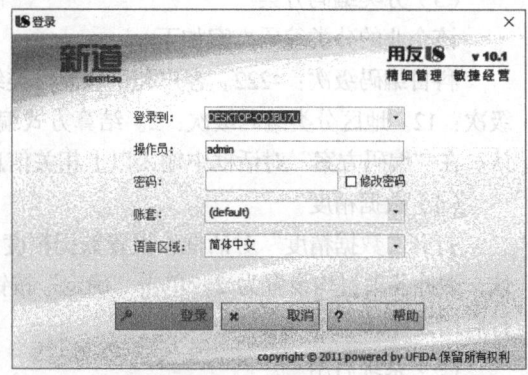

图 4-2-11 系统注册

某个具体操作员某种角色。账套主管角色系统已经设置，可保留使用。已经存在的角色可以进行修改。单击"增加"按钮，增加新的角色。最后将所有角色添加完成，如图 4-2-12 所示。

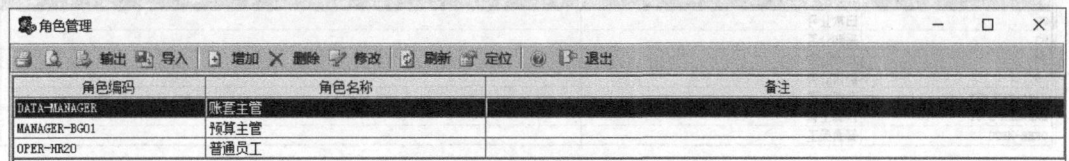

图 4-2-12 "角色管理"窗口

角色权限如表 4-2-1 所示。

表 4-2-1 角色权限

角色代码	角色名称	角色权限
DATA-MANAGER	账套主管	系统的全部模块权限
91	出纳业务	总账–出纳、总账–凭证–出纳签字、出纳管理
92	日常业务	总账、应收款管理、应付款管理、固定资产、出纳管理、销售管理、采购管理、库存管理、存货核算、薪资管理
93	采购业务	公共目录设置、公共单据、应付款管理、总账–账表–供应商往来辅助账、采购管理、库存管理、存货核算
94	仓库业务	库存管理
95	销售业务	公共目录设置、公共单据、应收款管理、总账–账表–客户往来辅助账、售前分析、销售管理、库存管理、存货核算

根据业务变化需要，可调整角色详细情况。"角色详细情况"对话框如图 4-2-13 所示，"角色管理"窗口如图 4-2-14 所示。

（2）权限设置

在"系统管理"窗口，执行"权限 | 权限"命令，打开"操作员权限"窗口。选择角色，单击"修改"按钮，按照角色的权限进行设置。

操作员"出纳业务"权限设置如图 4-2-15 所示。

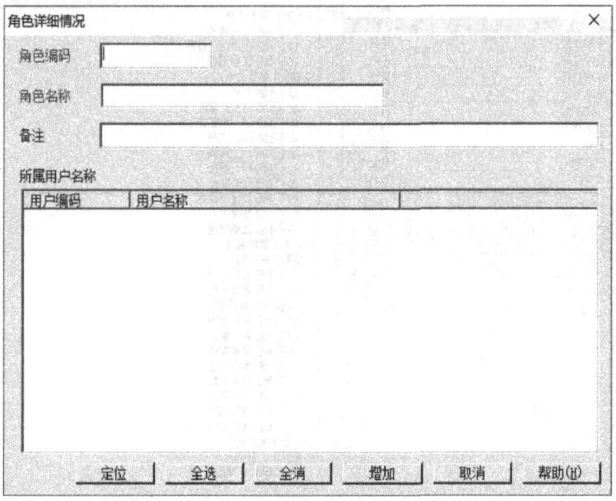

图 4-2-13 "角色详细情况"对话框

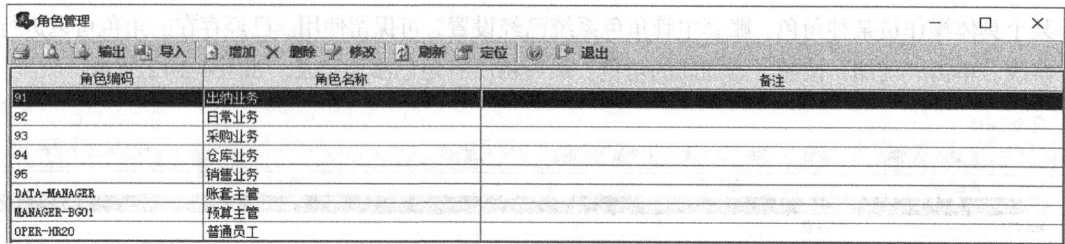

图 4-2-14 "角色管理"窗口

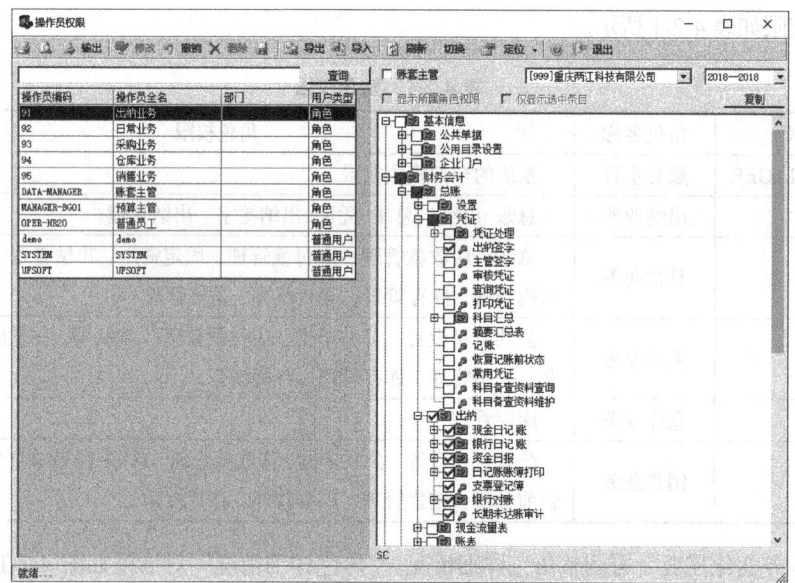

图 4-2-15 操作员"出纳业务"权限设置

操作员"日常业务"权限设置如图 4-2-16 所示。

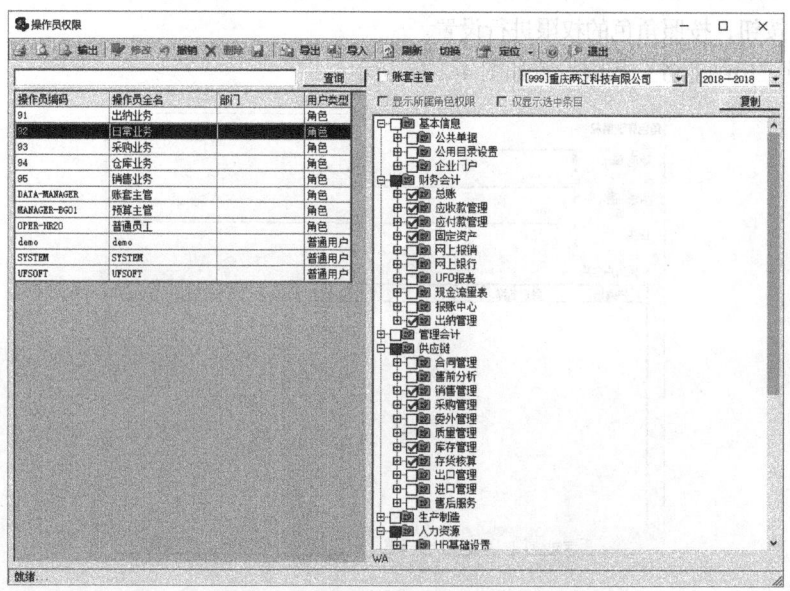

图 4-2-16 操作员"日常业务"权限设置

操作员"采购业务"权限设置如图 4-2-17 所示。

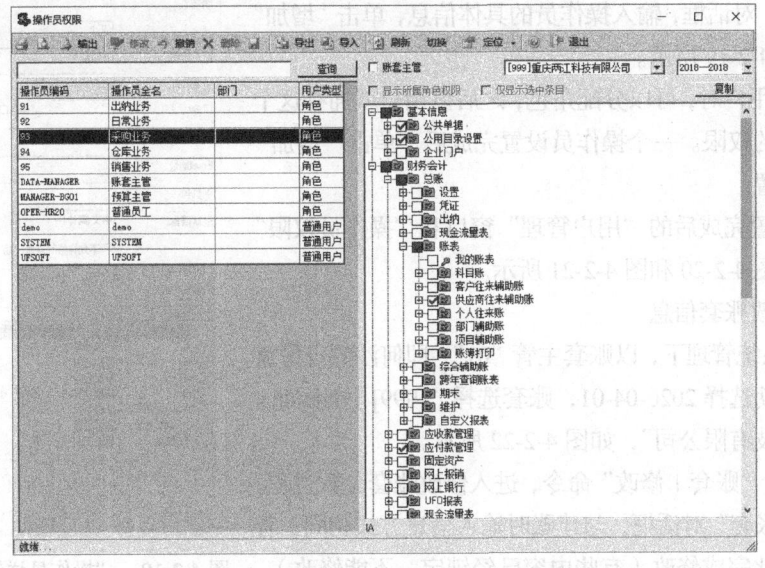

图 4-2-17 操作员"采购业务"权限设置

各角色设置完成后单击"保存"按钮，完成保存。其他角色按照同样方法设置，在业务操作过程中，可根据需要进行调整。

（3）用户设置

在"系统管理"窗口，执行"权限|用户"命令，打开"用户管理"窗口，如图 4-2-18 所示。

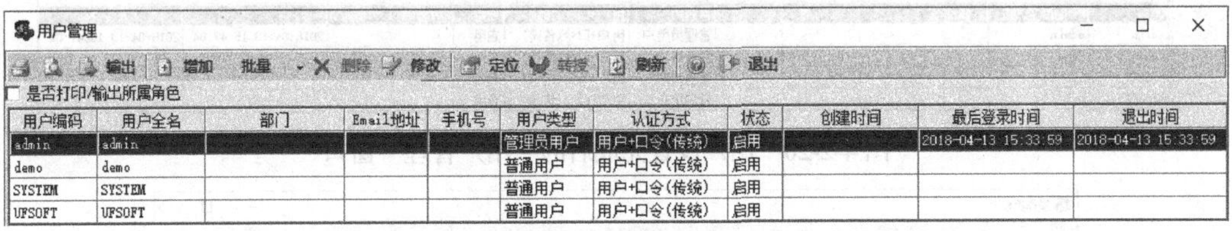

图 4-2-18 "用户管理"窗口

财务分工示例如表 4-2-2 所示，初始密码均设置为"123"。

表 4-2-2 财务分工示例

编号	姓名	角色	主要业务权限	所属部门
01	何 沙	账套主管	负责财务业务一体化管理和业务处理工作；具有系统所有模块的全部权限	财务部
02	赵小兵	出纳业务	负责现金、银行账管理工作	
03	孙胜业	日常业务	负责日常业务处理工作	
04	李天华	采购业务	主要负责采购业务处理工作	采购部
05	刘一江	销售业务	主要负责销售业务处理工作	销售部
06	陈瓜瓜	仓库业务	主要负责仓库管理工作	仓储部

根据表 4-2-2，在工作中，主要由何沙来完成各项业务处理，需要出纳签字的由赵小兵完成，审核、记账的工作由孙胜业完成。实际工作中则按照具体岗位完成相关业务的处理工作。

在"用户管理"窗口，单击"增加"选项，出现"操作员详细情况"对话框，输入操作员的具体信息，单击"增加"按钮，如图 4-2-19 所示。

在设置用户时，可以分配角色，之后该用户就拥有这个角色所拥有的权限。一个操作员设置完成后，单击"增加"按钮继续设置。

用户设置完成后的"用户管理"窗口和"操作员权限"窗口分别如图 4-2-20 和图 4-2-21 所示。

（4）修改账套信息

① 在系统管理下，以账套主管"01"，即何沙的身份重新注册，日期选择 2020-04-01，账套选择"[999]（default）重庆两江科技有限公司"，如图 4-2-22 所示。

② 执行"账套丨修改"命令，进入修改账套参数过程。打开"修改账套"对话框，与建账时输入信息方式相同，若有变化，在此完成修改（有些内容已经锁定，不能修改），如图 4-2-23 所示。

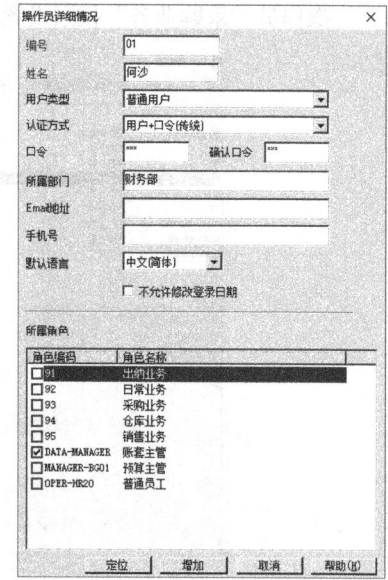

图 4-2-19 "操作员详细情况"对话框

图 4-2-20 用户设置完成后的"用户管理"窗口

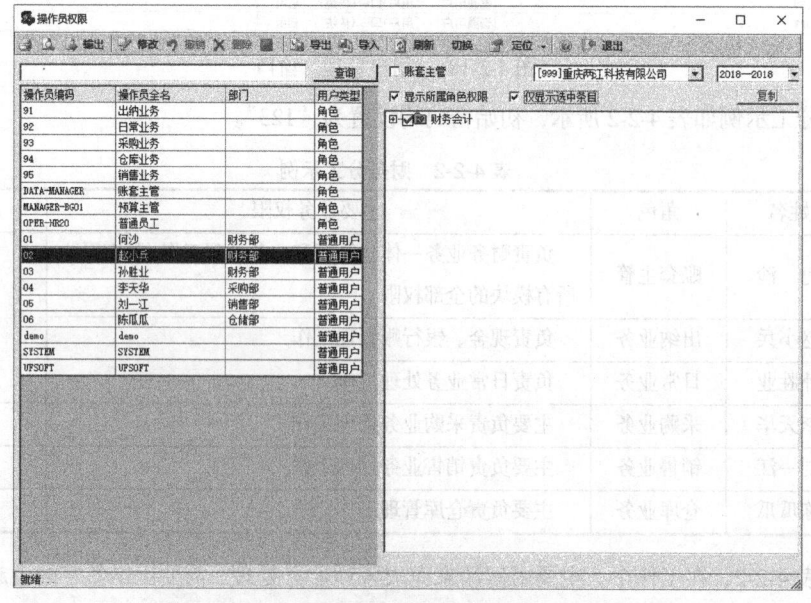

图 4-2-21 用户设置完成后的"操作员权限"窗口

第 4 章 会计信息系统软件及使用

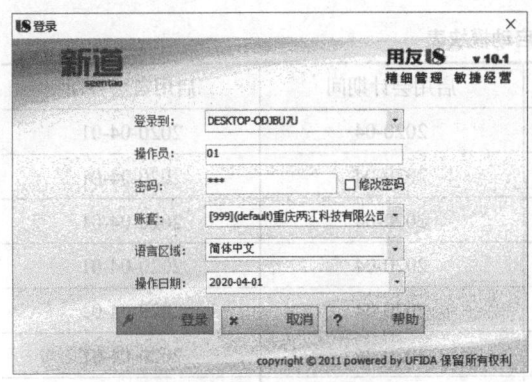

图 4-2-22 账套主管注册

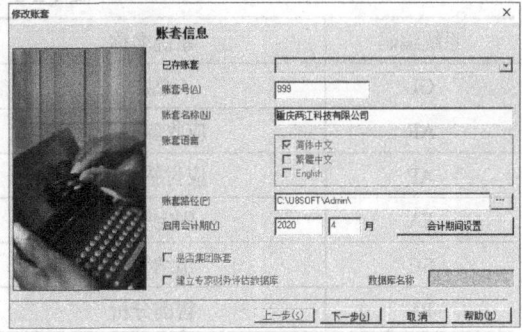

图 4-2-23 "修改账套"对话框

（5）账套备份

① 以系统管理员 admin 身份注册。

② 执行"账套丨输出"命令，打开"账套输出"对话框，选择需要备份的账套号，如图 4-2-24 所示。如果备份后当前账套需要删除，则选中"删除当前输出账套[D]"复选框，这样备份完成后，系统中将不存在当前账套数据（此功能需谨慎使用）。

（6）账套恢复

① 以系统管理员 admin 的身份注册。

② 执行"账套丨引入"命令，打开"请选择账套备份文件"对话框，选择备份账套的存放路径及所要恢复的备份文件，单击"确定"按钮，即可完成账套的恢复工作，如图 4-2-25 所示。引入的时候，必须使用用友 U8 管理软件备份时的文件名才能识别。

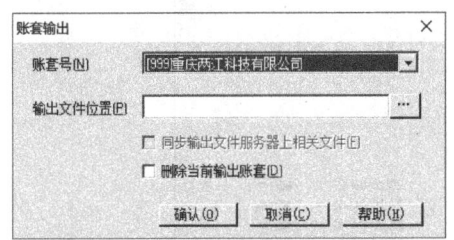

图 4-2-24 "账套输出"对话框

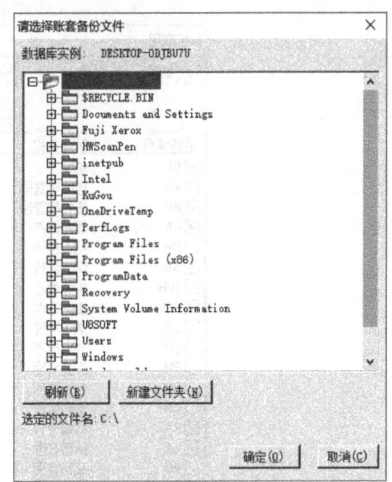

图 4-2-25 "请选择账套备份文件"对话框

3. 系统启用

按照要使用的业务，启动模块。启动模块表如表 4-2-3 所示。

（1）系统启用方法

系统启用用以设定用友 U8 管理软件应用系统中各个子系统的开始使用日期，只有启用的子系统才能登录并进行业务处理。

表 4-2-3　启动模块表

系统编码	系统名称	启用会计期间	启用自然日期
GL	总账	2020-04	2020-04-01
AR	应收款管理	2020-04	2020-04-01
AP	应付款管理	2020-04	2020-04-01
FA	固定资产	2020-04	2020-04-01
SC	出纳管理	2020-04	2020-04-01
PA	售前分析	2020-04	2020-04-01
SA	销售管理	2020-04	2020-04-01
PU	采购管理	2020-04	2020-04-01
ST	库存管理	2020-04	2020-04-01
IA	存货核算	2020-04	2020-04-01
WA	薪资管理	2020-04	2020-04-01

系统启用主要有两种方法：创建账套时启用和在企业应用平台中启用。

① 在 Windows 操作系统中，执行"开始 | 所有程序 | 用友 ERP-U872 | 企业应用平台"命令，以账套主管身份登录。

② 登录后选择左下角的"基础设置"选项，再单击左上角的"基本信息"选项，选择并单击"系统启用"选项，打开"系统启用"窗口，如图 4-2-26 所示。设定启用的模块，还可以选择"基本信息"选项下的"编码方案""数据精度"功能，进行相关参数的修改。

图 4-2-26　"系统启用"窗口

（2）系统出错处理方法

在应用用友 U8 管理软件的过程中，有时候由于非正常关机或非正常退出等而导致系统出错。处理的方法是，用 admin 身份登录系统管理，然后执行"视图 | 清除异常任务"命令，清除系统的出错问题，如图 4-2-27 所示。

第4章 会计信息系统软件及使用

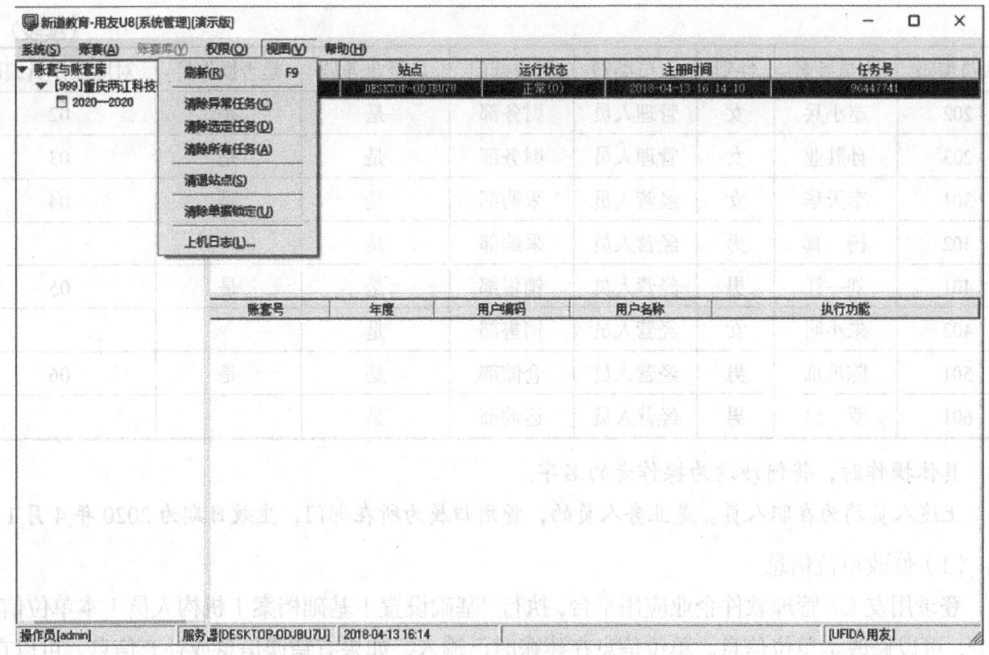

图 4-2-27 清除异常任务

处理完成后，重新登录用友 U8 管理软件应用平台处理业务。

4. 部门和人员档案设置

实验资料

重庆两江科技有限公司的分类档案资料如下。

① 部门档案。部门档案如表 4-2-4 所示。

表 4-2-4 部门档案

部门编码	部门名称	部门属性	部门编码	部门名称	部门属性
1	管理中心	管理部门	3	制造中心	生产管理
101	行政部	综合管理	301	一车间	生产制造
102	财务部	财务管理	302	二车间	生产制造
2	供销中心	供销管理	4	物流中心	物流管理
201	销售部	市场营销	401	仓储部	库存管理
202	采购部	采购管理	402	运输部	运输管理

② 人员类别。10101：管理人员。10102：经营人员。10103：车间管理人员。10104：车间工人。

③ 人员档案。人员档案如表 4-2-5 所示。

表 4-2-5 人员档案

人员编码	人员姓名	性别	人员类别	行政部门	是否业务员	是否操作员	对应操作员编码
101	孙 正	男	管理人员	行政部	是		
102	宋 嘉	女	管理人员	行政部	是		
201	何 沙	男	管理人员	财务部	是	是	01

(续表)

人员编码	人员姓名	性别	人员类别	行政部门	是否业务员	是否操作员	对应操作员编码
202	赵小兵	女	管理人员	财务部	是	是	02
203	孙胜业	女	管理人员	财务部	是	是	03
301	李天华	女	经营人员	采购部	是	是	04
302	杨 真	男	经营人员	采购部	是		
401	刘一江	男	经营人员	销售部	是	是	05
402	朱小明	女	经营人员	销售部	是		
501	陈瓜瓜	男	经营人员	仓储部	是	是	06
601	罗 忠	男	经营人员	运输部	是		

具体操作时,将何沙改为操作者的名字。

上述人员均为在职人员。是业务人员的,费用归属为所在部门,生效日期为2020年4月1日。

(1) 修改单位信息

登录用友U8管理软件企业应用平台,执行"基础设置丨基础档案丨机构人员丨本单位信息"命令,可以修改本单位信息。单位信息在建账时已输入,如果有错误信息或补充信息,可以在这里补充或更正。

(2) 部门档案设置

登录用友U8管理软件企业应用平台,执行"基础设置丨基础档案丨机构人员丨部门档案"命令,打开部门档案窗口,单击工具栏中的"增加"按钮,然后在窗口右栏中录入部门编码、部门名称等信息,如图4-2-28所示。

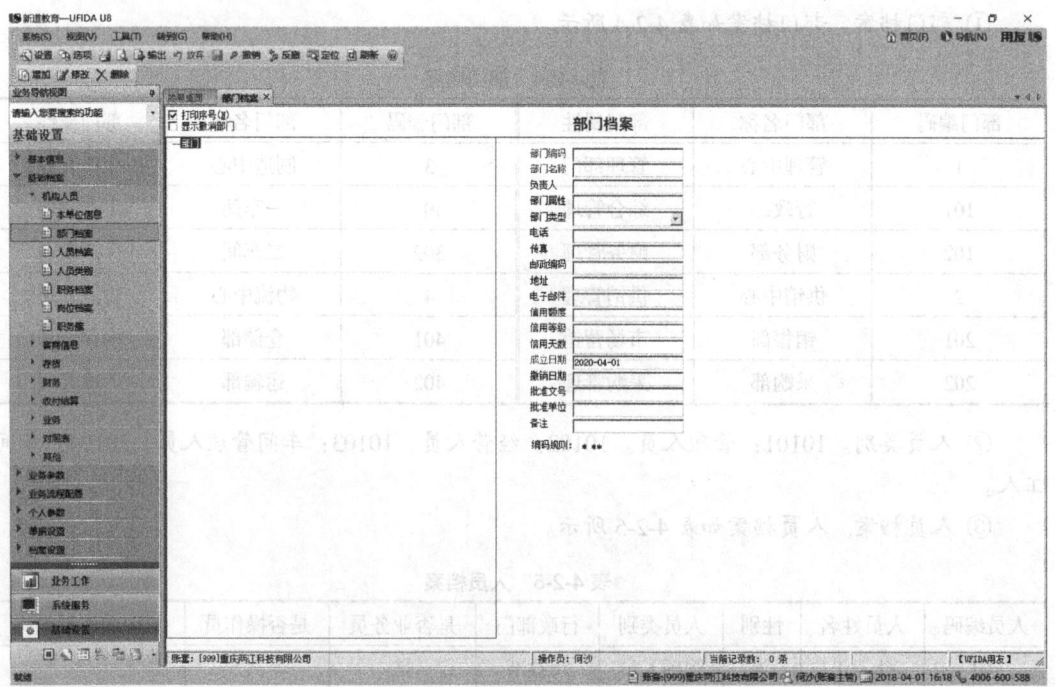

图4-2-28 部门档案设置

录完一个部门的信息后，单击工具栏中的"保存"按钮，保存当前录入的部门信息，单击"增加"按钮继续输入，也可以对已经输入的信息单击"修改"按钮进行修改。输入完成后的部门档案如图 4-2-29 所示。

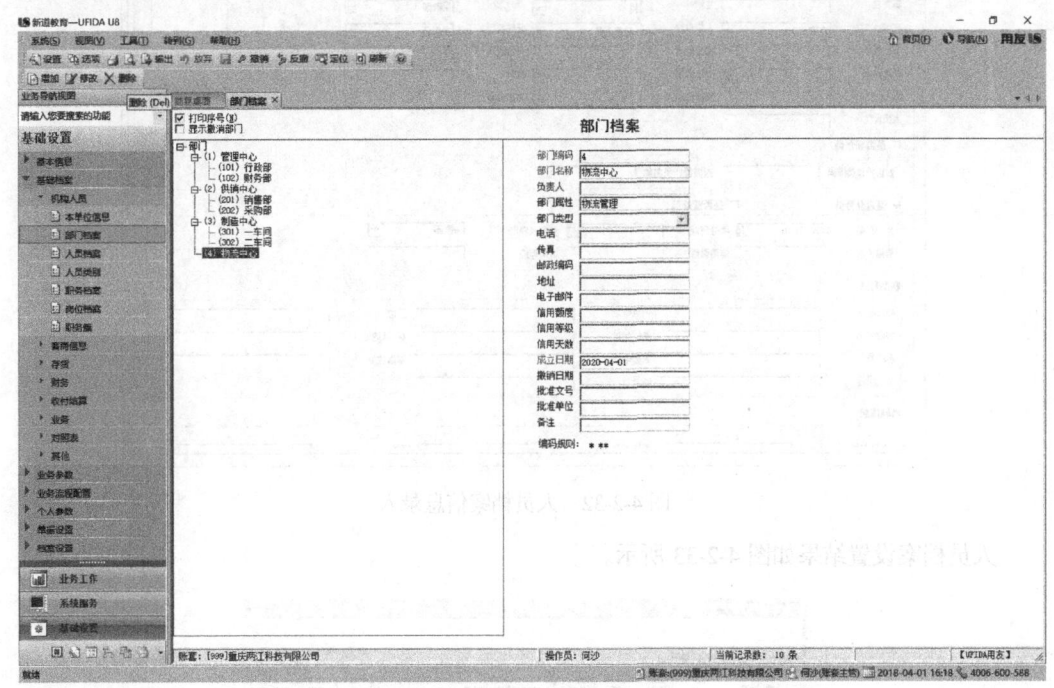

图 4-2-29　输入完成后的部门档案

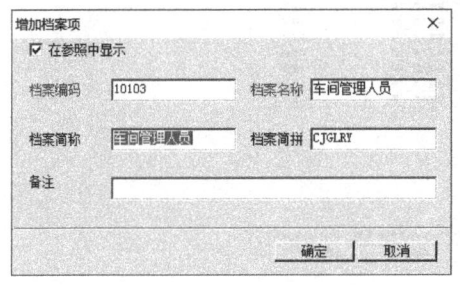

图 4-2-30　人员类别信息录入

（3）人员类别设置

在用友 U8 管理软件企业应用平台，执行"基础设置 | 基础档案 | 机构人员 | 人员类别"命令，打开人员类别窗口，先选择"在职人员"类别，然后单击"增加"按钮，录入档案编号、档案名称等信息，如图 4-2-30 和图 4-2-31 所示。

（4）人员档案设置

在用友 U8 管理软件企业应用平台，执行"基础设置 | 基础档案 | 机构人员 | 人员档案"命令，单击"增加"按钮，录入人员的相关信息，如图 4-2-32 所示。

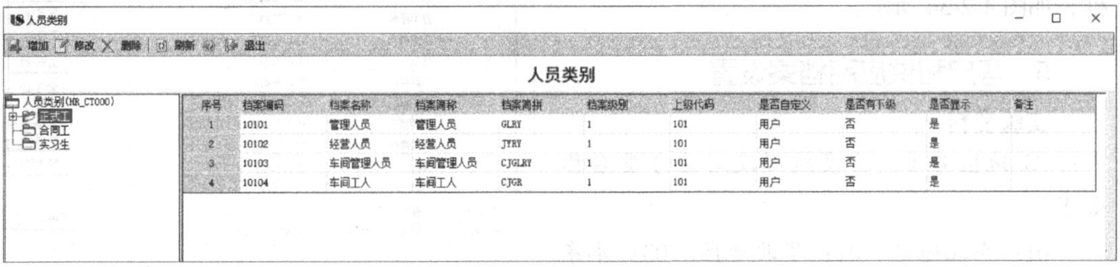

图 4-2-31　人员类别设置结果

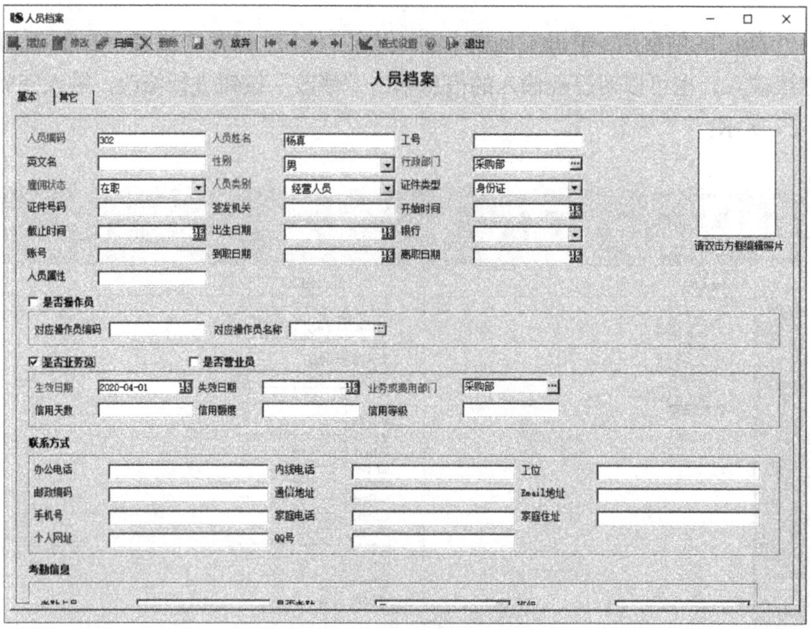

图 4-2-32 人员档案信息录入

人员档案设置结果如图 4-2-33 所示。

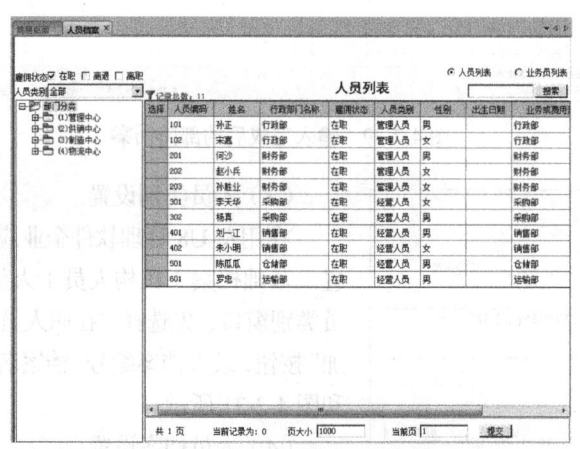

图 4-2-33 人员档案设置结果

对图 4-2-33 中的具体信息可以单击工具栏中的"栏目"按钮进行调整"栏目设置"对话框，如图 4-2-34 所示。

5. 客户和供应商档案设置

实验资料

① 地区分类。分类编码及对应分类名称如下。

01：东北地区。02：华北地区。03：华东地区。04：华南地区。05：西北地区。06：西南地区。07：华中地区。

图 4-2-34 "栏目设置"对话框

② 供应商分类。01：原料供应商。02：成品供应商。
③ 客户分类。01：批发。02：零售。03：代销。04：专柜。
④ 供应商档案。供应商档案如表 4-2-6 所示。

表 4-2-6 供应商档案

供应商编号	供应商名称	所属分类码	所属地区	税号	开户银行	银行账号	地址	邮编	分管部门	分管业务员
01	重庆大江公司（简称：大江）	01	西南	98462	中行	3367	重庆市巴南区大江路1号	410001	采购部	李天华
02	成都大成公司（简称：大成）	01	西南	67583	中行	3293	成都市青羊区大成路1号	610001	采购部	李天华
03	南京天华商行（简称：天华）	02	华东	72657	工行	1278	南京市重庆路22号	230187	采购部	杨真
04	上海大坤公司（简称：大坤）	02	华东	31012	工行	5076	上海市浦东新区广州路6号	200232	采购部	杨真

⑤ 客户档案。客户档案如表 4-2-7 所示。

表 4-2-7 客户档案

客户编号	客户名称	所属分类码	所属地区	税号	开户银行（默认值）	银行账号	地址	邮编	分管部门	分管业务员
01	重庆嘉陵公司（简称：嘉陵）	01	西南	32788	工行双碑支行	3654	重庆市沙坪坝区双碑路9号	400077	销售部	刘一江
02	天津大华公司（简称：大华）	01	华北	32310	工行东风支行	5581	天津市滨海区东风路8号	300010	销售部	刘一江
03	上海长江公司（简称：长江）	04	华东	65432	工行海东支行	2234	上海市徐汇区海东路1号	200032	销售部	朱小明
04	辽宁飞鸽公司（简称：飞鸽）	03	东北	03251	中行三好支行	0548	沈阳和平区三好路88号	110008	销售部	朱小明
05	湖南宇子公司（简称：宇子）	02	华中	01121	中行路口支行	1717	长沙市路口路77号	110001	销售部	朱小明

（1）地区分类设置

在用友 U8 管理软件企业应用平台，执行"基础设置 | 基础档案 | 客商信息 | 地区分类"命令，单击"增加"按钮，录入地区分类的相关信息，如图 4-2-35 所示。

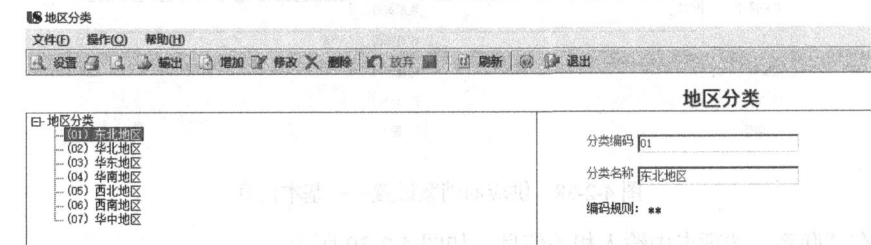

图 4-2-35 地区分类设置

(2) 供应商分类设置

在用友 U8 管理软件企业应用平台，执行"基础设置 | 基础档案 | 客商信息 | 供应商分类"命令，单击"增加"按钮，录入供应商分类的相关信息，如图 4-2-36 所示。

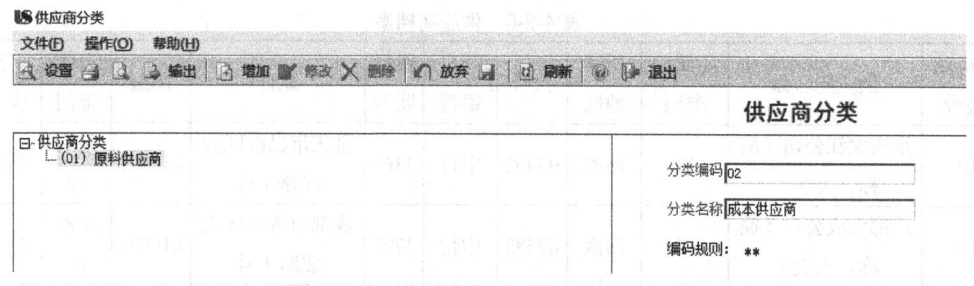

图 4-2-36　供应商分类设置

(3) 客户分类设置

在用友 U8 管理软件企业应用平台，执行"基础设置 | 基础档案 | 客商信息 | 客户分类"命令，单击"增加"按钮，录入客户分类的相关信息，如图 4-2-37 所示。

图 4-2-37　客户分类设置

(4) 供应商档案设置

① 在用友 U8 管理软件企业应用平台，执行"基础设置 | 基础档案 | 客商信息 | 供应商档案"命令，单击"增加"按钮，在"基本"选项卡中录入供应商的相关信息，如图 4-2-38 所示。

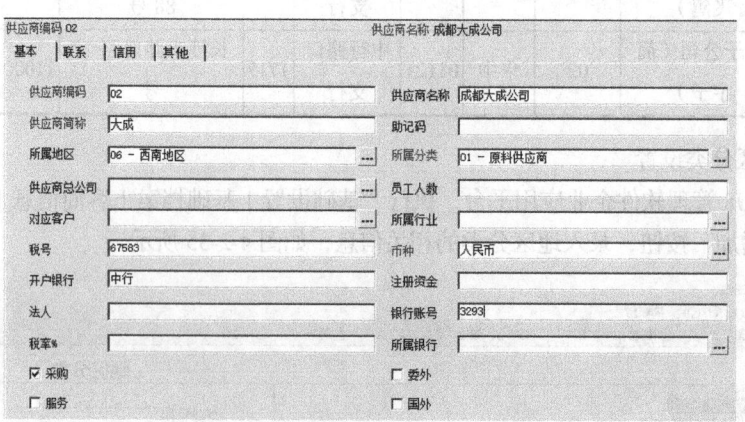

图 4-2-38　供应商档案设置——基本信息

② 在"联系"选项卡中输入相关信息，如图 4-2-39 所示。

③ 一个供应商信息输入完成后单击"保存"按钮，接着输入其他供应商的信息。设置完成

后的供应商档案如图 4-2-40 所示。

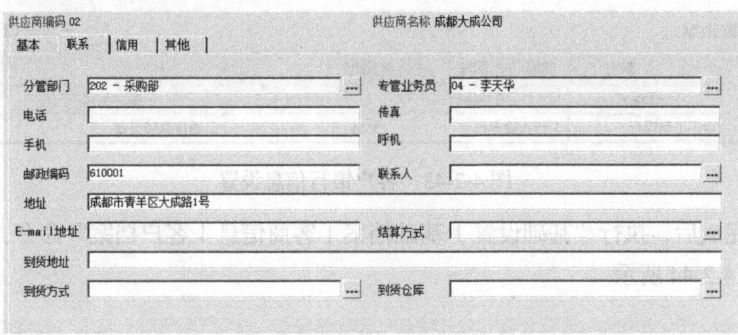

图 4-2-39　供应商档案设置——联系信息

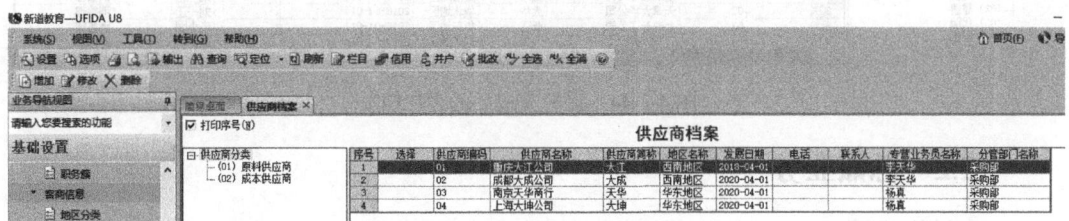

图 4-2-40　设置完成后的供应商档案

（5）客户档案设置

① 在用友 U8 管理软件企业应用平台，执行"基础设置 | 基础档案 | 客商信息 | 客户档案"命令，单击"增加"按钮，在"基本"选项卡中录入客户的相关信息，如图 4-2-41 所示。

② 在"联系"选项卡中输入相关信息，如图 4-2-42 所示。

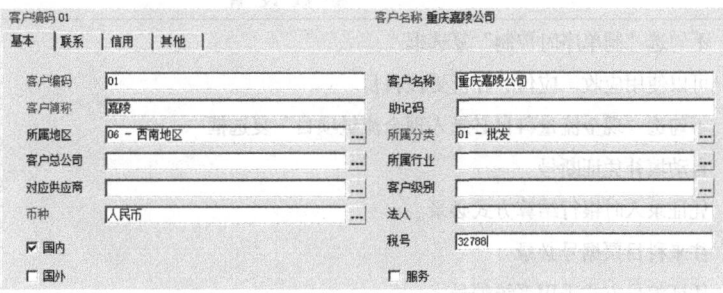

图 4-2-41　客户档案设置——基本信息

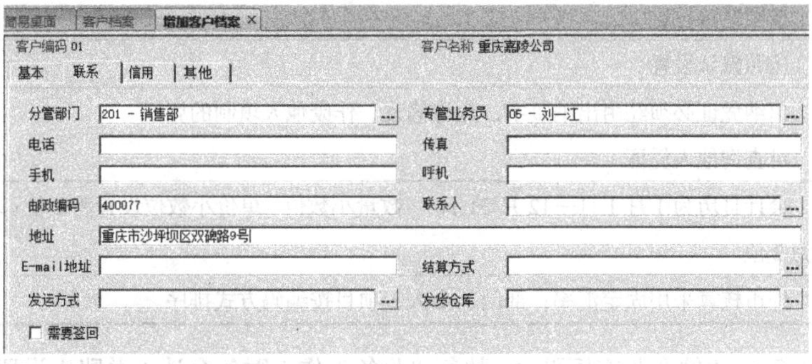

图 4-2-42　客户档案设置——联系信息

③ 单击工具栏中的“银行”图标，输入客户银行信息，如图 4-2-43 所示。

序号	所属银行	开户银行	银行账号	账户名称	默认值
1	中国工商银行	工行双碑支行	3654	重庆嘉陵公司	是

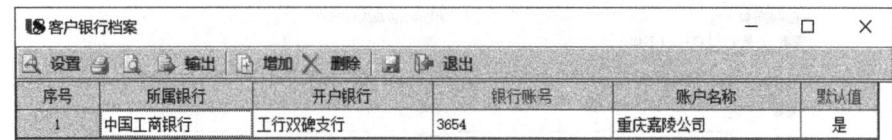

图 4-2-43　客户银行信息设置

④ 设置完成后，执行“基础设置 | 基础档案 | 客商信息 | 客户档案”命令，就可以查看客户信息，如图 4-2-44 所示。

序号	选择	客户编码	客户名称	客户简称	地区名称	发展日期	联系人	电话	专营业务员名称	分管部门名称
1		01	重庆嘉陵公司	嘉陵	西南地区	2018-04-01			刘一江	销售部
2		02	天津大华公司	大华	华北地区	2018-04-01			刘一江	销售部
3		03	上海长江公司	长江	华东地区	2018-04-01			朱小明	销售部
4		04	辽宁飞鸽公司	飞鸽	东北地区	2018-04-01			朱小明	销售部
5		05	湖南宇子公司	宇子	华中地区	2018-04-01			朱小明	销售部

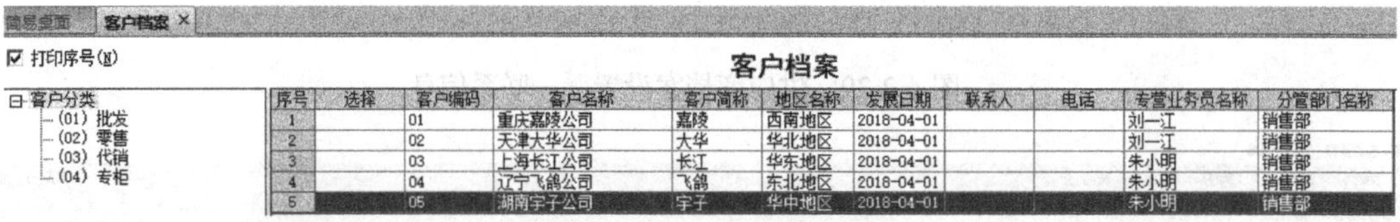

图 4-2-44　设置完成后的客户档案

4.2.2　总账业务

1. 总账设置

（1）总账参数设置

实验资料

总账控制参数设置如表 4-2-8 所示。

表 4-2-8　总账控制参数设置

选项卡	参数设置
凭证	不勾选“制单序时控制”复选框 可以使用应收、应付、存货受控科目 不勾选“现金流量科目必录入现金流量项目”复选框 自动填补凭证断号 凭证录入时银行结算方式必录 往来科目票据号必录 凭证编号方式采用系统编号
账簿	按照默认设置
凭证打印	按照默认设置
预算控制	按照默认设置
权限	出纳凭证必须经由出纳签字；允许修改、作废他人填制的凭证 可查询他人凭证
会计日历	会计日历为 1 月 1 日—12 月 31 日；数量小数位、单价小数位设置为 2 位；本位币精度设置为 2 位
其他	外币核算采用固定汇率；部门、个人、项目按编码方式排序

在用友 U8 管理软件企业应用平台，执行“业务工作 | 财务会计 | 总账 | 设置 | 选项”命令，

打开"选项"对话框进行总账参数的设置，先单击"编辑"按钮，然后进行设置，如图 4-2-45 所示。

其他按照实验资料中的信息进行设置。

（2）外币设置

实验资料

外币及汇率信息如下。币符：USD。币名：美元。固定汇率 1∶6.25。

在用友 U8 管理软件企业应用平台，执行"基础设置｜基础档案｜财务｜外币设置"命令，录入币符"USD"，币名"美元"，单击"增加"按钮。再选择增加的币种"美元"，选择"固定汇率"，记账汇率列输入期初汇率，如图 4-2-46 所示。

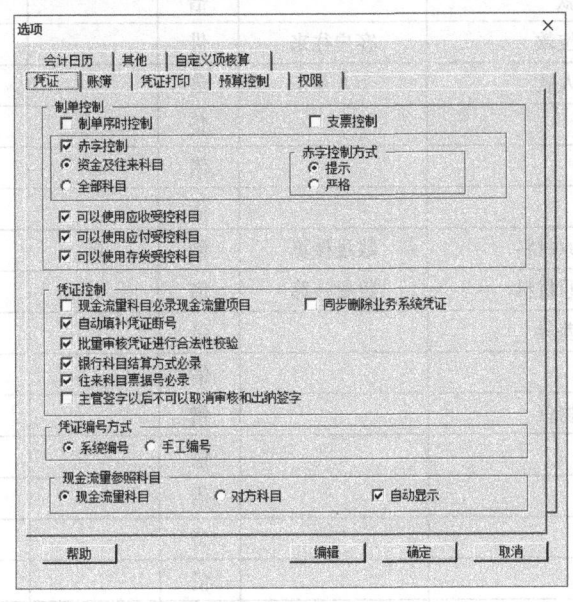

图 4-2-45 "选项"对话框

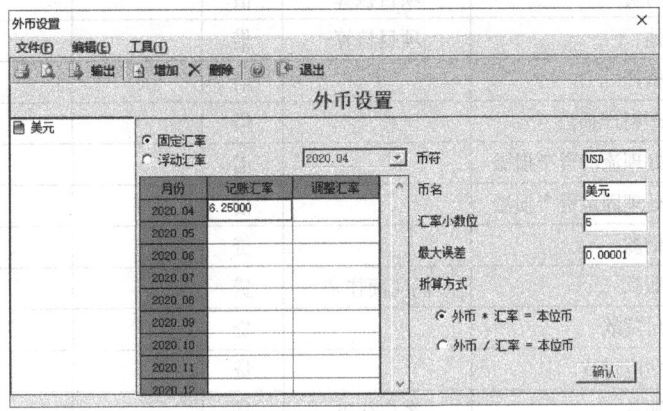

图 4-2-46 "外币设置"对话框

（3）会计科目设置

实验资料

企业使用的会计科目表如表 4-2-9 所示。

表 4-2-9 会计科目表

科目代码	科目名称	辅助核算	方向	币别计量	备注
1001	库存现金	日记账	借		
1002	银行存款		借		
100201	工行存款	日记账/银行账	借		
100202	中行存款	日记账/银行账 外币核算	借	美元	账页格式：外币金额式
1122	应收账款	客户往来	借		
1123	预付账款	供应商往来	借		
1221	其他应收款		借		
122101	应收单位款	客户往来	借		
122102	应收个人款	个人往来	借		
1231	坏账准备		贷		
1401	材料采购		借		
1403	原材料		借		
140301	生产用原材料	数量核算	借	吨	
140399	其他用原材料	数量核算	借	吨	
1404	材料成本差异		借		
1405	库存商品		借		
1408	委托加工物资		借		
1411	周转材料		借		
1601	固定资产		借		
1602	累计折旧		贷		
1604	在建工程		借		
160401	人工费	项目核算	借		
160402	材料费	项目核算	借		
160499	其他	项目核算	借		
1701	无形资产		借		
1901	待处理财产损溢		借		
190101	待处理流动资产损溢		借		
190102	待处理固定资产损溢		借		
2001	短期借款		贷		
2202	应付账款	供应商往来	贷		
220201	应付货款		贷		应付受控
220202	暂估应付款		贷		
2203	预收账款	客户往来	贷		
2211	应付职工薪酬		贷		
221101	工资		贷		
221102	职工福利费		贷		
2221	应交税费		贷		

(续表)

科目代码	科目名称	辅助核算	方向	币别计量	备注
222101	应交增值税		贷		
22210101	进项税额		贷		
22210105	销项税额		贷		
222199	其他		贷		
2231	应付利息		贷		
223101	借款利息		贷		
2241	其他应付款		贷		
4001	实收资本		贷		
4103	本年利润		贷		
4104	利润分配		贷		
410415	未分配利润		贷		
5001	生产成本		借		
500101	直接材料	项目核算	借		
500102	直接人工	项目核算	借		
500103	制造费用	项目核算	借		
500104	折旧费	项目核算	借		
500199	其他	项目核算	借		
5101	制造费用		借		
510101	工资		借		
510102	折旧费		借		
510103	租赁费		借		
6001	主营业务收入		贷		
6051	其他业务收入		贷		
6401	主营业务成本		借		
6402	其他业务成本		借		
6403	税金及附加		借		
6601	销售费用		借		
660101	工资	部门核算	借		
660102	福利费	部门核算	借		
660103	办公费	部门核算	借		
660104	差旅费	部门核算	借		
660105	招待费	部门核算	借		
660106	折旧费	部门核算	借		
660199	其他	部门核算	借		
6602	管理费用		借		
660201	工资	部门核算	借		

(续表)

科目代码	科目名称	辅助核算	方向	币别计量	备注
660202	福利费	部门核算	借		
660203	办公费	部门核算	借		
660204	差旅费	部门核算	借		
660205	招待费	部门核算	借		
660206	折旧费	部门核算	借		
660299	其他	部门核算	借		
6603	财务费用		借		
660301	利息支出		借		
660302	利息收入		借		
660303	汇兑损益		借		
6701	资产减值损失		借		
6702	信用减值损失		借		

项目核算部分在后文讲述项目目录设置时介绍。

将"库存现金1001"科目指定为现金科目；将"银行存款1002"科目指定为银行科目；将"库存现金1001""工行存款100201""中行存款100202"科目指定为现金流量科目。

1) 设置会计科目

① 增加科目。执行"基础设置 | 基础档案 | 财务 | 会计科目"命令，进行会计科目设置，如图 4-2-47 所示。

图 4-2-47　会计科目设置

② 单击"增加"按钮，打开"新增会计科目"对话框，可以增加会计科目，如图 4-2-48 所示。在设置科目的过程中，特别要注意辅助核算的设置。

③ 修改科目。在会计科目窗口单击某科目，然后单击"修改"按钮，"打开"会计科目_修改"对话框，对科目进行修改，如图 4-2-49 所示。

第 4 章 会计信息系统软件及使用

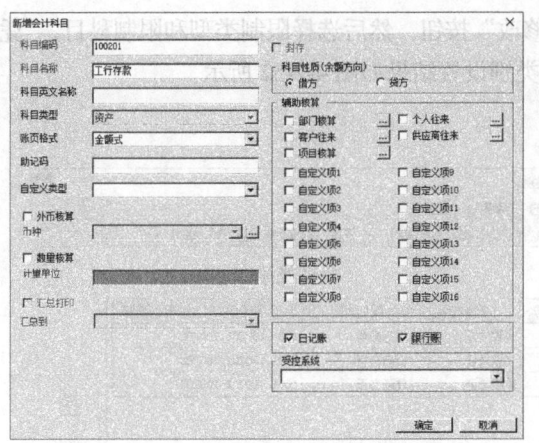

图 4-2-48 "新增会计科目"对话框

图 4-2-49 "会计科目_修改"对话框

2) 指定会计科目

执行"基础设置 | 基础档案 | 财务 | 会计科目"命令,再执行"编辑 | 指定科目"命令。指定"库存现金 1001"科目为现金科目,指定"银行存款 1002"科目为银行科目,如图 4-2-50 所示。

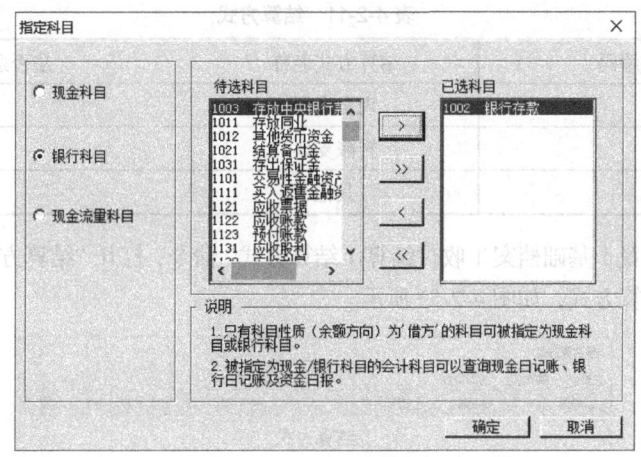

图 4-2-50 指定会计科目

指定"库存现金 1001""工行存款 100201""中行存款 100202"科目为现金流量科目。

（4）凭证类别设置

实验资料

凭证类别表如表 4-2-10 所示。

表 4-2-10 凭证类别表

凭证类别	限制类型	限制科目
收款凭证	借方必有	1001，100201，100202
付款凭证	贷方必有	1001，100201，100202
转账凭证	凭证必无	1001，100201，100202

执行"基础设置 | 基础档案 | 财务 | 凭证类别"命令,再选择收款凭证、付款凭证、转账凭

证预置模式。进入凭证类别设置后，先单击"修改"按钮，然后选择限制类型和限制科目，"凭证类别预置"对话框，如图 4-2-51 所示。凭证类别设置结果如图 4-2-52 所示。

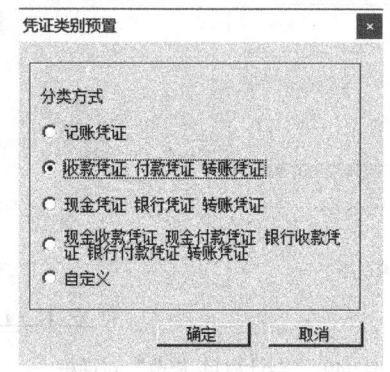

图 4-2-51 "凭证类别预置"对话框

图 4-2-52 凭证类别设置结果

（5）结算方式设置

实验资料

结算方式如表 4-2-11 所示。

表 4-2-11 结算方式

结算方式编码	结算方式名称	是否票据管理
01	现金支票	否
02	转账支票	否
99	其他	否

执行"基础设置 | 基础档案 | 收付结算 | 结算方式"命令，打开"结算方式"窗口，单击"增加"按钮，输入结算方式，如图 4-2-53 所示。

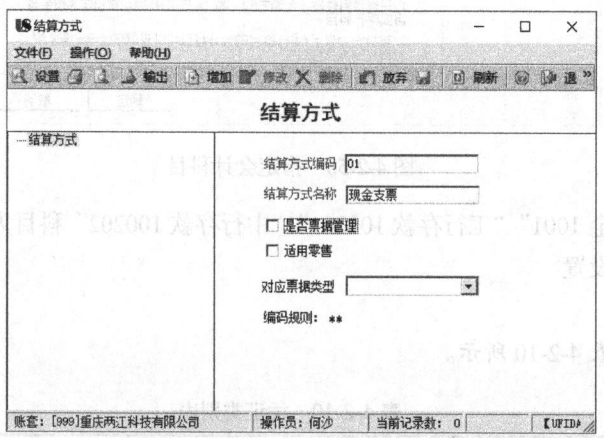

图 4-2-53 "结算方式"窗口

（6）项目目录设置

实验资料

本单位项目核算大类项目为"开发项目"，分为自行开发项目和委托开发项目，项目目录如表 4-2-12 所示。

表 4-2-12　项目目录

项目大类：开发项目

项目分类编码	项目分类	项目代码	项目名称
1	自行开发项目	01	专用发票打印纸
		02	普通发票打印纸
		03	HP 服务器项目
		04	税控Ⅱ号
2	委托开发项目	05	加密卡

1) 设置项目大类

① 执行"基础设置 | 基础档案 | 财务 | 项目目录"命令，打开项目档案窗口，单击"增加"按钮，输入新项目大类名称"开发项目"，如图 4-2-54 所示。

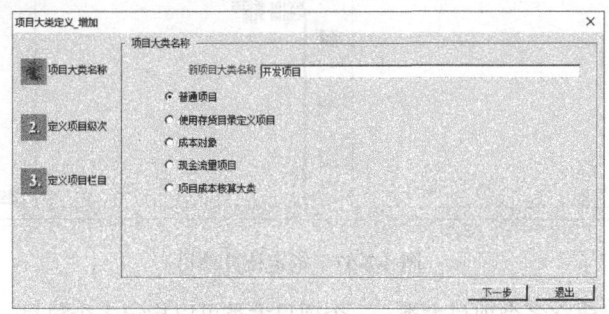

图 4-2-54　设置项目大类

② 单击"下一步"按钮，定义项目级次，本处采用默认值，即只有 1 级。
③ 单击"下一步"按钮，定义项目栏目，本处采用默认设置。
④ 单击"完成"按钮，结束项目大类定义。

2) 定义项目分类

在项目大类中选择"开发项目"选项。选择"项目分类定义"选项卡，单击右下角的"增加"按钮，输入项目信息，输入一个项目后单击"确定"按钮完成定义，如图 4-2-55 所示。

3) 定义项目目录

先选择项目大类"开发项目"，再选择"项目目录"选项卡，单击右下角的"维护"按钮，打开"项目目录维护"窗口，然后单击"增加"按钮，输入项目信息，如图 4-2-56 所示。

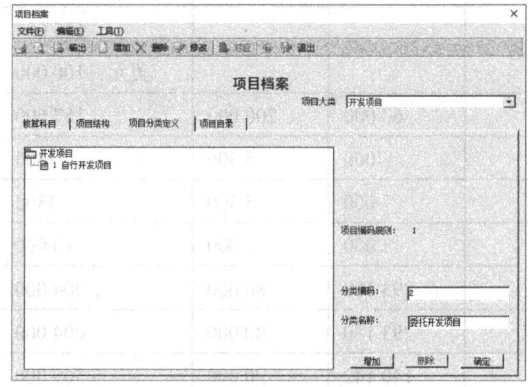

图 4-2-55　项目信息录入

图 4-2-56　项目目录维护

注:"是否结算"若标志为"Y",则该项目将不能再使用。标志的方法是在"是否结算"栏下对要标志的项目进行双击,再次双击则取消标志的"Y"。设置完成后,退出项目目录维护窗口。

4)指定核算项目

选择项目大类"开发项目",然后选择"核算科目"选项卡,将待选科目选入,这些科目在定义时设定了项目核算,单击"确定"按钮,完成设置,如图 4-2-57 所示。

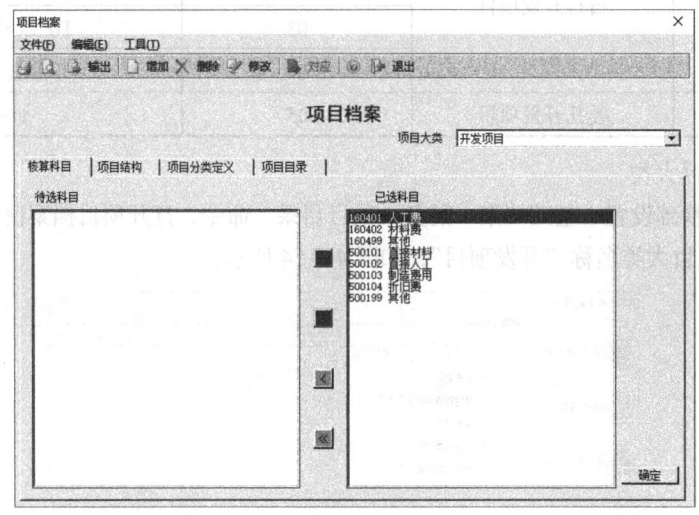

图 4-2-57 指定核算项目

操作提示:可以建立多个项目大类;一个项目大类可以指定多个科目,一个科目只能指定一个项目大类。

(7)会计科目期初余额录入

实验资料

① 2020 年 4 月会计科目期初余额表如表 4-2-13 所示。

表 4-2-13 会计科目期初余额表　　　　　　　　　　　单位:元

科目代码	科目名称	方向	币别计量	累计借方	累计贷方	期初余额
1001	库存现金	借		18 889	18 860	6 785
1002	银行存款	借		469 251	401 980	1 136 057
100201	工行存款	借		469 251	401 980	511 057
100202	中行存款	借	美元			625 000 美元:100 000
1122	应收账款	借		60 000	200 000	157 600
1221	其他应收款	借		7 000	5 300	3 800
122102	应收个人款	借		7 000	5 300	3 800
1231	坏账准备	贷		3 000	6 000	10 000
1403	原材料	借		293 180	80 000	1 004 000
140301	生产用原材料	借	吨	293 180	80 000	1 004 000
1405	库存商品	借		140 142	90 000	3 569 000

(续表)

科目代码	科目名称	方向	币别计量	累计借方	累计贷方	期初余额
1601	固定资产	借				3 690 860
1602	累计折旧	贷			39 511	108 995
1701	无形资产	借			58 500	58 500
2001	短期借款	贷			200 000	200 000
2202	应付账款	贷		130 557	80 000	276 850
220201	应付货款	贷		130 557		19 6850
220202	暂估应付款	贷			80 000	80 000
2211	应付职工薪酬	贷		16 000	19 400	8 200
221101	工资	贷		16 000	19 400	8 200
2221	应交税费	贷		36 781	15 581	−16 800
222101	应交增值税	贷		36 781	15 581	−16 800
22210101	进项税额	贷		36 781		−33 800
22210105	销项税额	贷			15 581	17 000
2241	其他应付款	贷			2 100	2 100
4001	实收资本	贷				7695444
4103	本年利润	贷				1 478 000
4104	利润分配	贷		13 172	9 330	−119 022
410415	未分配利润	贷		13 172	9 330	−119 022
5001	生产成本	借		8 711	10 121	17 165
500101	直接材料	借		4 800	5 971	10 000
500102	直接人工	借		861	900	4 000
500103	制造费用	借		2 850	3 050	2 000
500104	折旧费	借		200	200	1 165
6001	主营业务收入	贷		350 000	350 000	
6051	其他业务收入	贷		250 000	250 000	
6401	主营业务成本	借		300 000	300 000	
6402	其他业务成本	借		180 096	180 096	
6403	营业税金及附加	借		8 561	8 561	
6601	销售费用	借		18 000	18 000	
660101	工资（销售部）	借		8 000	8 000	
660106	折旧费（销售部）	借		10 000	10 000	
6602	管理费用	借		22 550	22 550	
660201	工资（行政部）	借		8 000	8 000	
660202	福利费（行政部）	借		1 100	1 100	
660203	办公费（行政部）	借		600	600	
660204	差旅费（行政部）	借		5 600	5 600	
660205	招待费（行政部）	借		4 600	4 600	
660206	折旧费（行政部）	借		2 600	2 600	

(续表)

科目代码	科目名称	方向	币别计量	累计借方	累计贷方	期初余额
660299	其他（行政部）	借		50	50	
6603	财务费用	借		8 000	8 000	
660301	利息支出	借		8 000	8 000	

说明：部门核算期初数据没有列示部门的，均假设为行政部。

② 辅助账期初余额表。应收账款（1122）期初余额表如表4-2-14所示（表中年份为2020年）。

表4-2-14 应收账款（1122）期初余额表　　　　　　　　　　　　　单位：元

日期	凭证号	客户	业务员	摘要	方向	期初余额	票号	票据日期
03-10	转-15	天津大华公司	朱小明	销售商品	借	58 000	Z111	03-10
03-25	转-118	重庆嘉陵公司	朱小明	销售商品	借	99 600	P111	02-25
		合计			借	157 600		

应收账款（1122）借贷方累计如表4-2-15所示。

表4-2-15 应收账款（1122）借贷方累计　　　　　　　　　　　　　单位：元

客户	业务员	借方累计	贷方累计
重庆嘉陵公司	朱小明		200 000
天津大华公司	朱小明	60 000	
合计		60 000	200 000

其他应收款——应收个人款（122102）（期初）如表4-2-16所示。

表4-2-16 其他应收款——应收个人款（122102）（期初）　　　　　单位：元

日期	凭证号	部门	个人	摘要	方向	期初余额
03-26	付-118	行政部	孙正	出差借款	借	2 000
03-27	付-156	销售部	朱小明	出差借款	借	1 800
				合计	借	3 800

其他应收款——应收个人款（122102）借贷方累计如表4-2-17所示。

表4-2-17 其他应收款——应收个人款（122102）借贷方累计　　　单位：元

部门	个人	借方累计	贷方累计
行政部	孙正	2 000	3 000
销售部	朱小明	5 000	2 300
合计		7 000	5 300

应付账款——应付货款（220201）（期初）如表4-2-18所示。

表4-2-18 应付账款——应付货款（220201）（期初）　　　　　　　单位：元

日期	凭证号	供应商	业务员	摘要	方向	期初余额	票号	票据日期
01-20	转-45	重庆大江公司	杨真	购买原材料	贷	196 850	C123	01-20
				合计	贷	196 850		

应付账款——应付货款（220201）借贷方累计如表 4-2-19 所示。

表 4-2-19 应付账款——应付货款（220201）借贷方累计   单位：元

供应商	业务员	累计借方	累计贷方
重庆大江公司	杨真	130 557	0

生产成本（5001）（期初）如表 4-2-20 所示。

表 4-2-20 生产成本（5001）（期初）   单位：元

项目	借方累计	贷方累计	期初余额
（1）直接材料			
专用发票打印纸	4 800	5 971	4 000
普通发票打印纸			6 000
（2）直接人工			
专用发票打印纸	861	900	1 500
普通发票打印纸			2 500
（3）制造费用			
专用发票打印纸	2 850	3 050	800
普通发票打印纸			1 200
（4）折旧费			
专用发票打印纸	200	200	500
普通发票打印纸			665
合计	8 711	10 121	17 165

1）科目期初余额录入方法

执行"业务工作 | 财务会计 | 总账 | 设置 | 期初余额"命令，打开"期初余额录入"窗口。在白色单元格内直接录入末级科目的期初余额，灰色单元格表示有下级科目，其余额由下级科目自动汇总计算。"中行存款"科目涉及人民币和美元，分别输入人民币和美元期初余额，如图 4-2-58 所示。

注：为了与会计软件系统中的多位数字表示一致，全书某些图中的多位数字表示用逗号隔开，并未使用千分空，但正文中和表中为了符合出版要求，均用千分空表示多位数字的间隔。

图 4-2-58 科目期初余额录入

2）应收账款的输入

① 双击应收账款的输入单元格，打开应收账款的输入窗口，如图 4-2-59 所示。

② 打开"期初往来明细"窗口，单击"增行"按钮，输入期初往来明细，如图 4-2-60 所示。

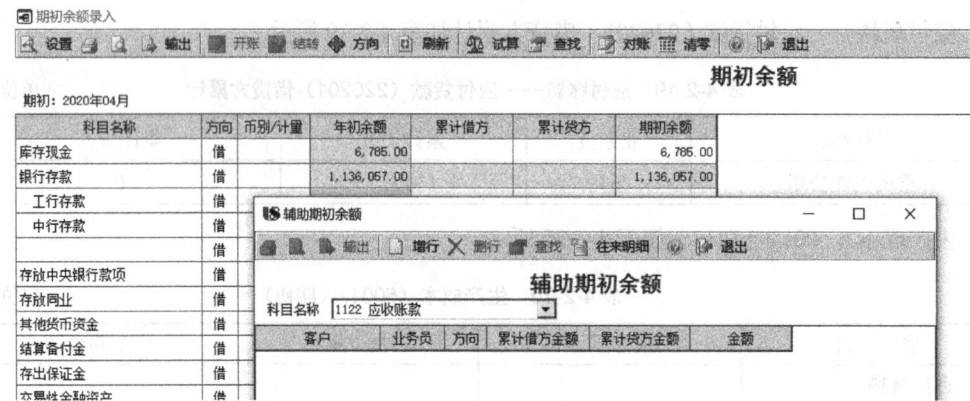

图 4-2-59 应收账款的输入窗口

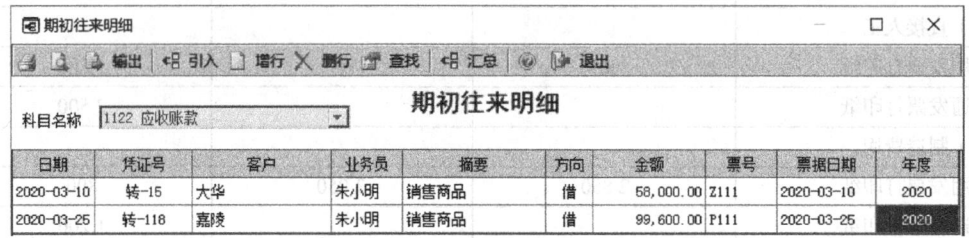

图 4-2-60 "期初往来明细"窗口

③ 明细输入完成后,单击"汇总"按钮,系统按照单位进行汇总后,把汇总数据填入辅助期初余额,单击"退出"按钮返回到"辅助期初余额"窗口,输入累计数,如图 4-2-61 所示。

其他应收款、应付账款的输入方法与此类似。

3)生产成本的输入

单击"生产成本/直接材料"科目,进入后单击"增行"按钮,输入案例数据,如图 4-2-62 所示。

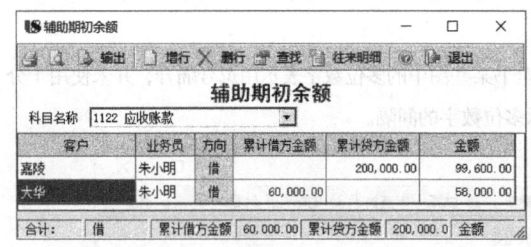

图 4-2-61 "辅助期初余额"窗口　　　　图 4-2-62 输入案例数据

4)试算平衡

科目初始数据全部输入后,单击"试算"按钮进行试算平衡,结果为资产=借 9 507 607.00,负债=贷 470 350.00,成本=借 17 165.00,权益=贷 9 054 422.00,借方和代方合计均为 9 524 772.00,试算平衡结果如图 4-2-63 所示。

期初余额要平衡,数据要正确,不然后续数据就会延续前面的错误。

执行"业务工作 | 财务会计 | 总账 | 账表 | 科目账 | 余额表"命令,如图 4-2-64 所示,设置查询条件。

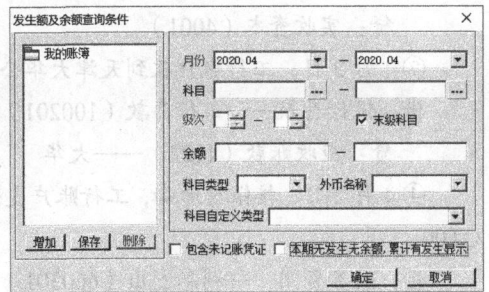

图 4-2-63　试算平衡结果　　　　图 4-2-64　设置查询条件

录入完成后的期初余额明细如图 4-2-65 所示。

科目编码	科目名称	期初余额	
		借方	贷方
1001	库存现金	6 785.00	
100201	工行存款	511 057.00	
100202	中行存款	625 000.00	
1122	应收账款	157 600.00	
122102	应收个人款	3 800.00	
1231	坏账准备		10 000.00
140301	生产用原材料	1 004 000.00	
1405	库存商品	3 569 000.00	
1601	固定资产	3 690 860.00	
1602	累计折旧		108 995.00
1701	无形资产	58 500.00	
资产小计		9 626 602.00	118 995.00
2001	短期借款		200 000.00
220201	应付货款		276 850.00
221101	工资		8 200.00
22210101	进项税额	33 800.00	
22210105	销项税额		17 000.00
2241	其他应付款		2 100.00
负债小计		33 800.00	504 150.00
4001	实收资本		7 695 444.00
4103	本年利润		1 478 000.00
410415	未分配利润	119 022.00	
权益小计		119 022.00	9 173 444.00
500101	直接材料	10 000.00	
500102	直接人工	4 000.00	
500103	制造费用	2 000.00	
500104	折旧费	1 165.00	
成本小计		17 165.00	
合计		9 796 589.00	9 796 589.00

图 4-2-65　录入完成后的期初余额明细

2. 日常账务业务处理

实验资料

① 4 月 2 日，采购部刘一江购买了 350 元的办公用品，以现金支付，附单据一张。

借：管理费用——办公费（660203）——采购部　　　350

　　贷：库存现金（1001）　　　　　　　　　　　　　　　350

② 4 月 2 日，收到兴华集团投资资金 10 000 美元，汇率 1∶6.25，中行转账支票号为 ZZW002。

借：银行存款——中行存款（100202）　　62 500

贷：实收资本（4001） 62 500

③4月2日，工行账户收到天津大华公司支付的货款3 000元，转账支票号为ZZ45623。
借：银行存款——工行存款（100201） 3 000
贷：应收账款（1122）——大华 3 000

④4月2日，接银行通知，工行账户支付短期借款利息2 000元。结算方式：其他。结算号：QT001。
借：财务费用——利息支出（660301） 2 000
贷：银行存款——工行存款（100201） 2 000

⑤4月3日，采购部李天华采购原纸10吨，每吨5 000元，材料直接送入二车间生产专用发票打印纸，货款以工行存款支付，转账支票号为ZZR002。
借：生产成本——直接材料（500101）——专用发票打印纸 50 000
贷：银行存款——工行存款（100201） 50 000

⑥4月3日，财务部赵小兵从工行提取现金15 000元，作为备用金，现金支票号为XJ001。
借：库存现金（1001） 15 000
贷：银行存款/工行存款（100201） 15 000

⑦4月12日，销售部刘一江收到重庆嘉陵公司转来一张转账支票，金额49 600元，用以偿还前欠货款，转账支票号为ZZR003。
借：银行存款——工行存款（100201） 49 600
贷：应收账款（1122）/嘉陵 49 600

⑧4月12日，采购部李天华从重庆大江公司购入"税控Ⅱ号使用指南"光盘1 000张，单价10元/张，货税款暂欠，发票号为FP23135，商品已验收入库，适用税率13%。
借：库存商品（1405） 10 000
　　应交税费——应交增值税——进项税额（22210101） 1 300
贷：应付账款——应付货款（220201）——大江 11 300

⑨4月12日，行政部支付业务招待费1 500元，转账支票号ZZR004。
借：管理费用——招待费（660205） 1 500
贷：银行存款——工行存款（100201） 1 500

⑩4月20日，行政部孙正出差归来，报销差旅费1 800元，交回现金200元，票号为QTS001。
借：管理费用——差旅费（660204） 1 800
　　库存现金（1001） 200
贷：其他应收款（122102） 2 000

⑪4月20日，开具工行转账支票（支票号：ZG1226）20 000元支付本月制造中心租用房屋的租赁费。
借：制造费用——租赁费（510103） 20 000
贷：银行存款——工行存款（100201） 20 000

（1）凭证输入的方法
1）打开凭证输入功能
在用友U8管理软件应用平台，执行"业务工作｜财务会计｜总账｜凭证｜填制凭证"命令，进入填制凭证窗口，如图4-2-66所示。

第 4 章 会计信息系统软件及使用

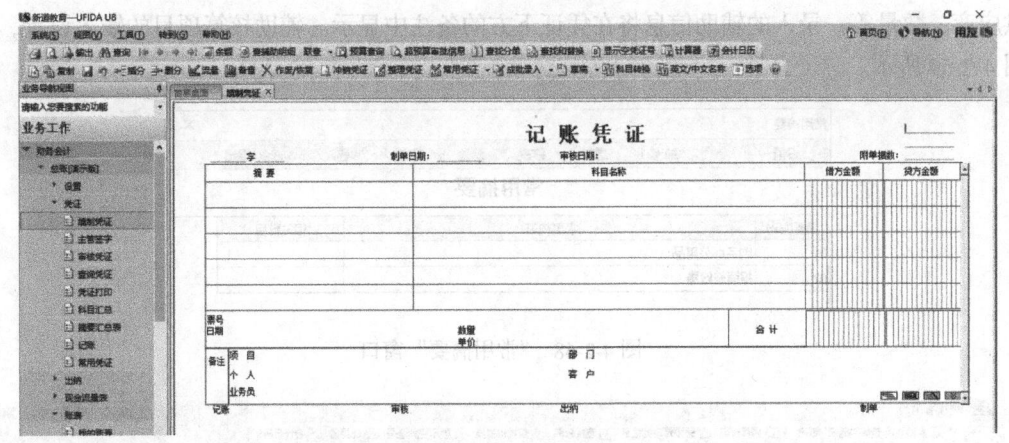

图 4-2-66 填制凭证窗口

2）凭证输入参数设置

在输入凭证前，可以设置凭证输入的参数，在工具栏中单击"选项"按钮，打开"凭证选项设置"对话框，可根据自己的需要进行设置，如图 4-2-67 所示。

如果在此前的凭证选项设置中选中了"制单序时控制"复选框，凭证必须按时间顺序填写，新增加的凭证日期不能小于系统中已有凭证的制单日期，否则系统会弹出错误提示。修改此项错误有两种方法：一是按照时间序列重新填写制单日期；二是取消控制参数中的"制单序时控制"选择，方法为，执行"基础设置 | 业务参数 | 财务会计 | 总账"命令，取消设置。

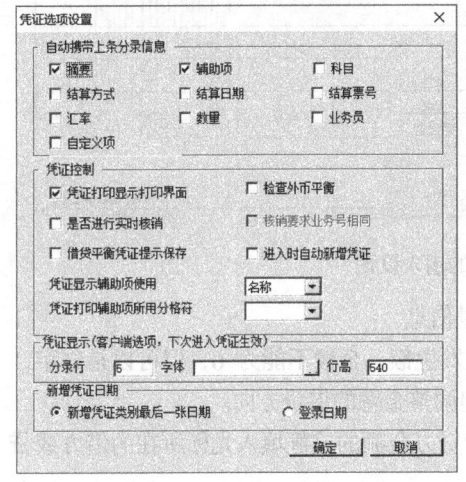

图 4-2-67 "凭证选项设置"对话框

3）凭证输入过程

单击工具栏中的"增加"按钮，进入凭证输入状态。后续输入中凡输入项目后面有……的，均可按【F2】键或单击……调出已有的代码或项目资料，供选择使用。

① 凭证字号。自动生成凭证字号（具体看设置情况）。在"基础设置 | 业务参数 | 财务会计 | 总账"的凭证选项设置中设置凭证编号方式（系统编号或手工编号）。

② 制单日期。制单日期要求不能大于机器的系统日期。在新增凭证日期为"登录日期"的情况下，可以通过登录日期来变更制单日期。

③ 附单据数。直接输入单据数。当需要将某些图片、文件作为附件链接凭证时，可单击"附单据数"录入框右侧的图标，选择文件的链接地址。"附单据数"上面的两个空白项目可以自由输入内容，如凭证的分卷号等。

④ 摘要。可直接输入，也可以按【F2】键调入常用摘要。常用摘要就是把经常要输入的摘要保存起来，这样在输入摘要的时候可以提高速度。进入"常用摘要"窗口后，可以增加、修改、删除常用摘要，如图 4-2-68 所示。

⑤ 科目名称。直接输入每级科目或按【F2】键对照录入。

如果科目设置了辅助核算属性，在这里还要输入辅助信息，如部门、个人、项目、客户、供应商、数量等。录入的辅助信息将在凭证下方的备注中显示。辅助核算项目的输入设置，如图 4-2-69 所示。

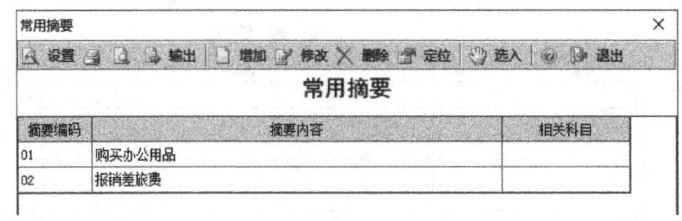

图 4-2-68 "常用摘要"窗口

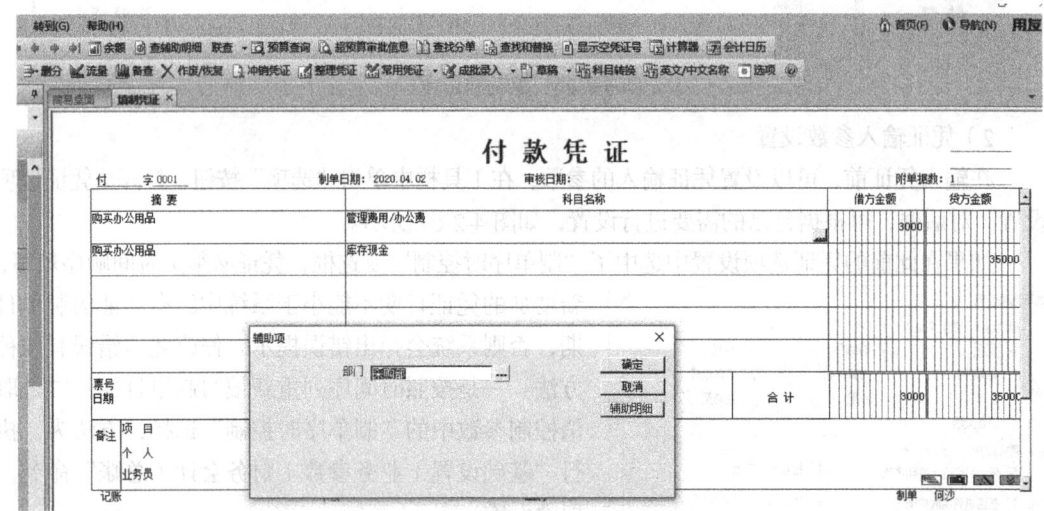

图 4-2-69 辅助核算项目的输入设置

单击工具栏中的"流量"图标，可以输入现金流量信息。

⑥ 录入借贷方金额。录入分录的借方或贷方本币发生额，金额不能为 0，但可以是红字，红字金额以负数形式输入。如果方向不符，可按空格键调整金融的借贷方向。

在录入金额时，可按【=】（等号键）将当前凭证借贷方金额的差额填入光标所在的借方或贷方位置。

⑦ 其他操作。若想放弃当前未完成的分录的输入，可按"删除"按钮或按【Ctrl+D】组合键删除当前分录。

⑧ 完成。凭证全部录入完毕，按"保存"按钮保存输入的凭证（也可以按【F6】键保存）。

⑨ 常用功能。常用功能如下。

A. 余额：可查询当前科目+辅助项+自定义项的最新余额一览表。

B. 插分：插入一条分录。快捷组合键为【Ctrl+I】。

C. 删分：删除光标当前行分录。快捷组合键为【Ctrl+D】。

D. 流量：查询或录入当前科目的现金流量明细。

E. 备查：查询当前科目的备查资料。

F. 查找和替换：在当前凭证的摘要、科目名称或金额列中查找内容或进行替换。

输入完成的凭证如图 4-2-70 所示。

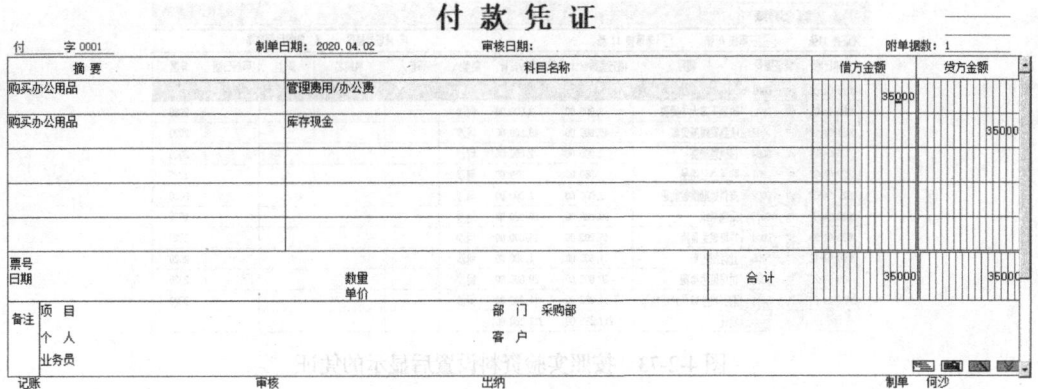

图 4-2-70 输入完成的凭证

4）外币凭证输入

输入涉及外币的凭证时，凭证格式会自动转变为外币凭证格式，需要输入外币的数量和汇率，如图 4-2-71 所示。

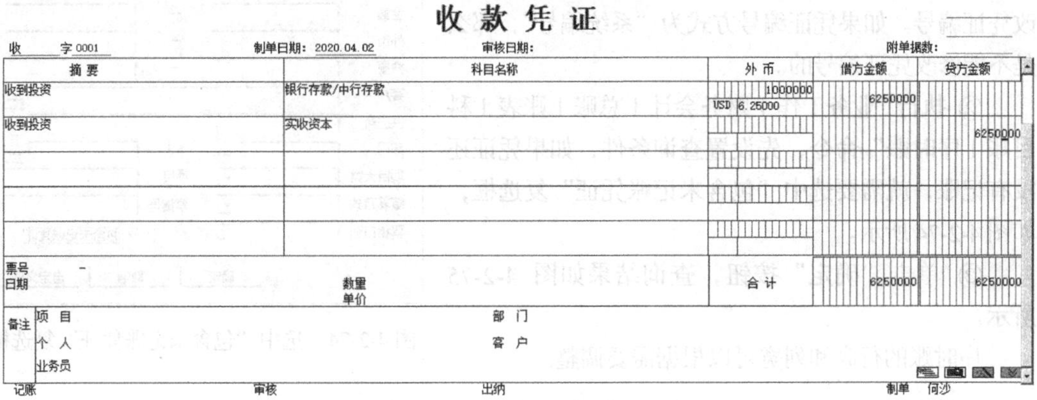

图 4-2-71 外币凭证输入

（2）查询凭证

① 执行"业务工作 | 财务会计 | 总账 | 凭证 | 查询凭证"命令，打开"凭证查询"对话框，如图 4-2-72 所示。

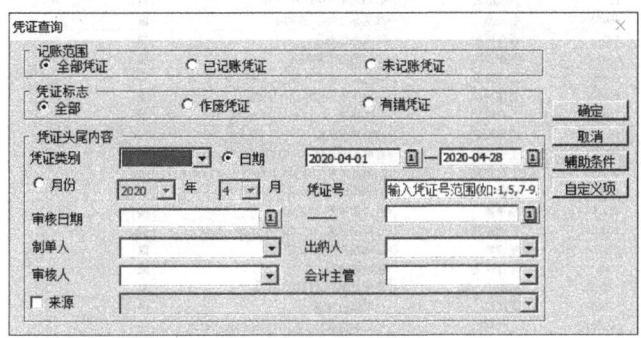

图 4-2-72 "凭证查询"对话框

按照实验资料设置后显示的凭证如图 4-2-73 所示。

凭证共 11张　已审核 0 张　未审核 11 张　凭证号排序　制单日期排序

制单日期	凭证编号	摘要	借方金额合计	贷方金额合计	制单人	审核人	系统名	备注	审核日期	年度
2020-04-02	收 - 0001	收到投资	62,500.00	62,500.00	何沙					2020
2020-04-02	收 - 0002	收到天津大华贷款	3,000.00	3,000.00	何沙					2020
2020-04-12	收 - 0003	收到嘉陵前欠款	49,600.00	49,600.00	何沙					2020
2020-04-20	收 - 0004	报销差旅费	2,000.00	2,000.00	何沙					2020
2020-04-02	付 - 0001	购买办公用品	350.00	350.00	何沙					2020
2020-04-02	付 - 0002	支付短期借款利息	2,000.00	2,000.00	何沙					2020
2020-04-03	付 - 0003	采购原纸	50,000.00	50,000.00	何沙					2020
2020-04-03	付 - 0004	提取现金备用	15,000.00	15,000.00	何沙					2020
2020-04-12	付 - 0005	业务招待费	1,500.00	1,500.00	何沙					2020
2020-04-20	付 - 0006	付房屋租赁费	20,000.00	20,000.00	何沙					2020
2020-04-27	转 - 0001	购买税控II号使用指南	11,300.00	11,300.00	何沙					2020
		合计	217,250.00	217,250.00						

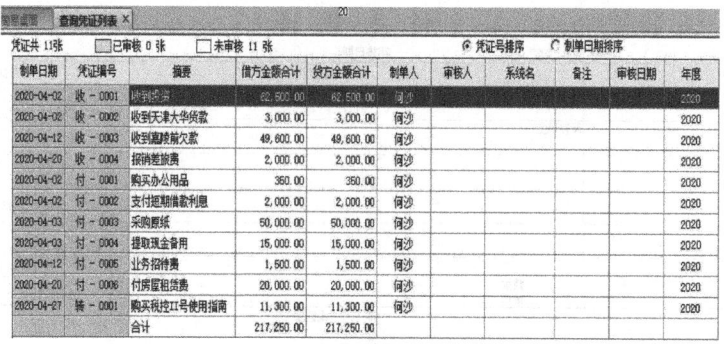

图 4-2-73　按照实验资料设置后显示的凭证

双击任意行可以调出这张凭证，进行查询，可单击“修改”按钮对凭证进行修改。

操作提示：修改凭证号的方法为，执行“业务工作 | 财务会计 | 总账 | 设置 | 选项”命令，将凭证编号方式改为“手工编号”，这样就可以在修改凭证时修改凭证编号。如果凭证编号方式为“系统编号”，那么是不能修改凭证编号的。

② 执行“业务工作 | 财务会计 | 总账 | 账表 | 科目账 | 序时账”命令，先设置查询条件，如果凭证还没有记账，就需要选中“包含未记账凭证”复选框，如图 4-2-74 所示。

图 4-2-74　选中“包含未记账凭证”复选框

③ 单击“确定”按钮，查询结果如图 4-2-75 所示。

序时账的行高和列宽可以根据需要调整。

序 时 账

日期	凭证号数	科目编码	科目名称	摘要	方向	数量	外币	金额
2020.04.02	收-0001	100202	中行存款	*收到投资_02_ZZW002_2020.04.02	借		10,000.00	62,500.00
2020.04.02	收-0001	4001	实收资本	*收到投资	贷			62,500.00
2020.04.02	收-0002	100201	工行存款	*收到天津大华贷款_02_ZZ45623_2020.04.02	借			3,000.00
2020.04.02	收-0002	1122	应收账款	*收到天津大华贷款_大华	贷			3,000.00
2020.04.02	付-0001	660203	办公费	*购买办公用品_采购部	借			350.00
2020.04.02	付-0001	1001	库存现金	*购买办公用品	贷			350.00
2020.04.02	付-0002	660301	利息支出	*支付短期借款利息	借			2,000.00
2020.04.02	付-0002	100201	工行存款	*支付短期借款利息_03_TQ001_2020.04.02	贷			2,000.00
2020.04.03	付-0003	500101	直接材料	*采购原纸_专用发票打印纸	借			50,000.00
2020.04.03	付-0003	100201	工行存款	*采购原纸_02_ZZR002_2020.04.03	贷			50,000.00
2020.04.03	付-0004	1001	库存现金	*提取现金备用	借			15,000.00
2020.04.03	付-0004	100201	工行存款	*提取现金备用_01_XJ001_2020.04.03	贷			15,000.00
2020.04.12	收-0003	100201	工行存款	*收到嘉陵前欠款_02_ZZR003_2020.04.12	借			49,600.00
2020.04.12	收-0003	1122	应收账款	*收到嘉陵前欠款_嘉陵_ZZR003_2020.04.12_	贷			49,600.00
2020.04.12	付-0005	660205	招待费	*业务招待费_行政部	借			1,500.00
2020.04.12	付-0005	100201	工行存款	*业务招待费_02_ZZR004_2020.04.12	贷			1,500.00
2020.04.20	收-0004	660204	差旅费	*报销差旅费_行政部	借			1,800.00
2020.04.20	收-0004	1001	库存现金	*报销差旅费	借			200.00
2020.04.20	收-0004	122102	应收个人款	*报销差旅费_行政部_孙正	贷			2,000.00
2020.04.20	付-0006	510103	租赁费	*付房屋租赁费	借			20,000.00
2020.04.20	付-0006	100201	工行存款	*付房屋租赁费_02_ZG1226_2020.04.20	贷			20,000.00
2020.04.27	转-0001	1405	库存商品	*购买税控II号使用指南	借			10,000.00
2020.04.27	转-0001	22210101	进项税额	*购买税控II号使用指南	借			1,300.00
2020.04.27	转-0001	220201	应付货款	*购买税控II号使用指南_大江	贷			11,300.00
				合计	借			217,250.00
					贷			217,250.00

图 4-2-75　查询结果

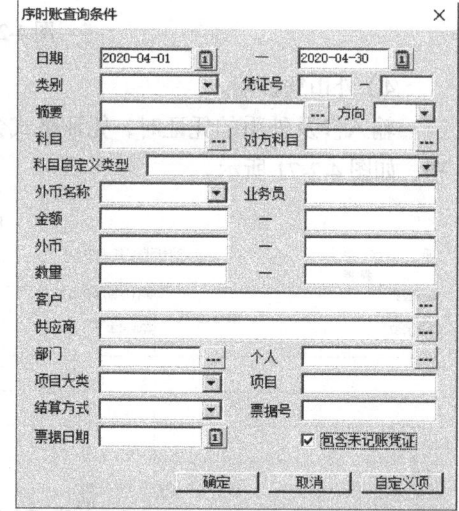

在序时账中，可以双击某条记录以查询对应的凭证。通过这种方式，可以直接看到凭证每笔分录的情况。

（3）修改凭证

执行"业务工作｜财务会计｜总账｜凭证｜查询凭证"命令，打开凭证查询窗口，就可以对凭证进行修改了。具体方法与凭证输入相同。

操作提示：未经审核的凭证可查询后直接修改，已审核的凭证应先取消审核再修改；如果选中"制单序时控制"复选框，则单据日期不能修改为在上一张凭证的制单日期之前；外部系统（如采购、销售、薪资、固定资产等）制作并传递过来的凭证不能在总账系统中进行修改，只能在生成凭证的系统中进行修改或重新生成。

（4）冲销凭证

执行"业务工作｜财务会计｜总账｜凭证｜填制凭证"命令，再选择工具栏中的"冲销凭证"选项，打开"冲销凭证"对话框，可以选择相关的凭证进行冲销，如图 4-2-76 所示。

冲销凭证是一张与原始凭证相同、金额相反、将其冲销为零的凭证。

（5）作废与恢复凭证

执行"业务工作｜财务会计｜总账｜凭证｜填制凭证"命令，再单击工具栏中的"作废/恢复"按钮，作废凭证的左上角出现"作废"红字签章，表示该凭证已经作废，其凭证数据不登记到相关账簿中。

在填制凭证窗口，查询到要恢复的已作废凭证，单击工具栏中的"作废/恢复"按钮，凭证左上角的"作废"红字签章将消除，表示该凭证恢复为有效凭证。

（6）整理凭证

① 在填制凭证窗口，单击工具栏中的"整理凭证"按钮，系统会弹出"凭证期间选择"对话框，用户可以选择进行凭证整理的所属会计期间，如图 4-2-77 所示。

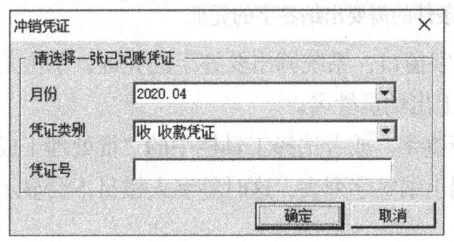
图 4-2-76 "冲销凭证"对话框

图 4-2-77 "凭证期间选择"对话框

② 选择要整理的会计期间后，单击"确定"按钮，系统会弹出已作废的凭证列表，选择要真正删除的凭证，单击"确定"按钮，系统将从凭证数据中删除选定的凭证，并将剩余凭证的编号重新编排，以消除断号。如果系统没有作废凭证，那么整理凭证功能将对凭证编号进行重新整理，以消除凭证断号。

操作提示：整理凭证功能只能对未记账凭证进行整理。

（7）出纳签字

① 出纳签字设置。执行"业务工作｜财务会计｜出纳管理｜设置｜系统设置"命令，再选择"账套参数"选项，单击"出纳签字功能"下拉按钮，选择"GL-总账"，如图 4-2-78 所示。单击"确定"按钮，完成设置。

② 打开出纳签字列表。以出纳员身份登录。执行"业务工作｜财务会计｜总账｜凭证｜出纳签字"命令，打开"出纳签字"对话框，设置需要签字的凭证查询条件，如图 4-2-79 所示。

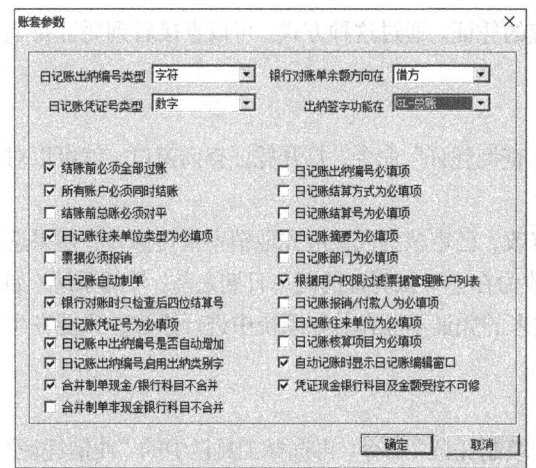
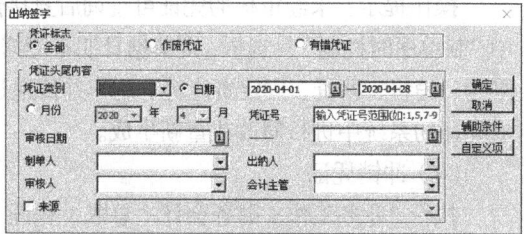

图 4-2-78　出纳签字设置　　　　　图 4-2-79　"出纳签字"对话框

③ 条件设置完成后单击"确定"按钮，系统将符合查询条件的需要出纳签字的凭证列示出来，如图4-2-80所示。

图 4-2-80　符合查询条件的需要出纳签字的凭证

④ 双击某一要签字的凭证，打开出纳签字窗口，系统调出要签字的凭证，单击工具栏中的"签字"按钮，凭证底部的"出纳"处自动签上出纳员姓名。

单击"下张凭证"按钮，对其他凭证进行签字。或者选择工具栏中的"批处理｜成批出纳签字"选项，对所有凭证进行签字，最后返回到出纳签字列表，这时签字人栏目下会显示出每个已经签字的名字。

操作提示：出纳签字不是审核凭证的必需步骤，如果控制参数不选择"出纳凭证必须经由出纳签字"选项，则可以不执行出纳签字功能；凭证一经签字就不能修改、删除，只有取消签字后才能进行修改、删除操作；只有涉及现金、银行科目的凭证才需要出纳签字。

（8）审核凭证

① 打开凭证审核列表。以审核员身份登录。执行"业务工作｜财务会计｜总账｜凭证｜审核凭证"命令，打开"凭证审核"对话框，设置凭证审核条件，如图4-2-81所示。

② 设置好查询条件后，单击"确定"按钮，系统将显示出符合条件的凭证列表，如图4-2-82所示。

③ 凭证审核。双击要进行审核的凭证，打开凭证审核窗口。检查要审核的凭证，确认无误后，单击工具栏中的"审核"功能按钮，凭证底部的"审核"处自动签上审核员姓名。

单击"下张凭证"按钮，对其他凭证进行审核。或者单击工具栏中的"批处理"按钮，完成所有凭证的审核工作。

图 4-2-81 “凭证审核”对话框

制单日期	凭证编号	摘要	借方金额合计	贷方金额合计	制单人	审核人	系统名	备注	审核日期	年度
2020-04-02	收 - 0001	收到投资	62,500.00	62,500.00	何沙					2020
2020-04-02	收 - 0002	收到天津大华货款	3,000.00	3,000.00	何沙					2020
2020-04-12	收 - 0003	收到嘉陵前欠款	49,600.00	49,600.00	何沙					2020
2020-04-20	收 - 0004	报销差旅费	2,000.00	2,000.00	何沙					2020
2020-04-02	付 - 0001	购买办公用品	350.00	350.00	何沙					2020
2020-04-02	付 - 0002	支付短期借款利息	2,000.00	2,000.00	何沙					2020
2020-04-03	付 - 0003	采购原纸	50,000.00	50,000.00	何沙					2020
2020-04-03	付 - 0004	提取现金备用	15,000.00	15,000.00	何沙					2020
2020-04-12	付 - 0005	业务招待费	1,500.00	1,500.00	何沙					2020
2020-04-20	付 - 0006	付房屋租赁费	20,000.00	20,000.00	何沙					2020
2020-04-27	转 - 0001	购买税控II号使用指南	11,600.00	11,600.00	何沙					2020

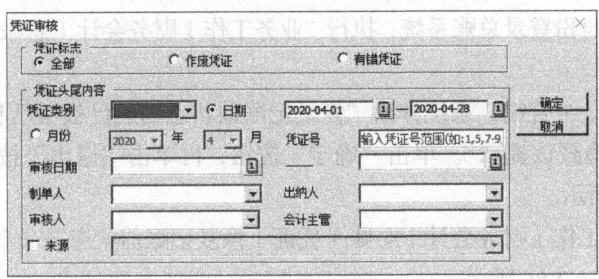

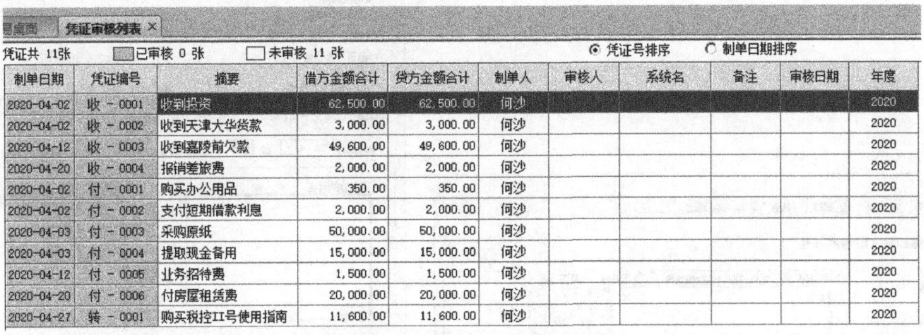

图 4-2-82 符合条件的凭证列表

（9）凭证记账

① 记账凭证选择。以账套主管或具有记账权限的人员的身份登录系统。执行“业务工作 | 财务会计 | 总账 | 凭证 | 记账”命令，打开“记账”对话框，选择要进行记账的凭证范围，如图 4-2-83 所示。

可以在“记账范围”栏中自行决定要记账的凭证范围，也可以单击“全选”按钮，对所有凭证进行记账。

② 记账。单击“记账”按钮进行记账工作。记账完成后，系统弹出期初试算平衡表对话框，单击“确定”按钮，系统开始登记总账、明细账、辅助账，记账后结果如图 4-2-84 所示。

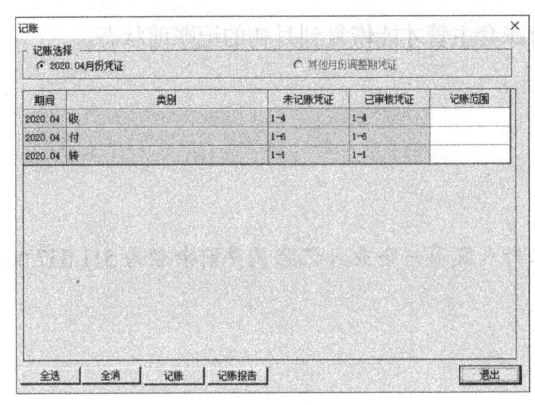

图 4-2-83 “记账”对话框

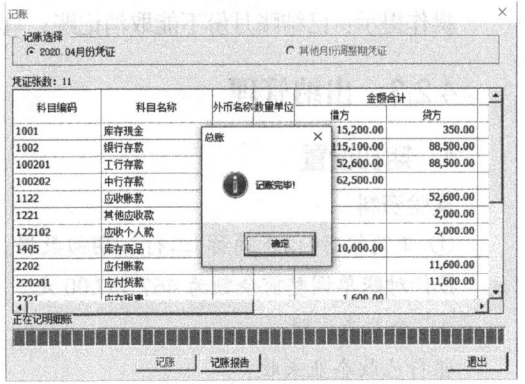

图 4-2-84 记账后结果

操作提示：首次使用总账系统进行记账时，如果期初余额不平衡，则不能记账；上月未结账，本月不能记账；如果所选的凭证有不平衡凭证，系统将列出错误凭证并要求重选记账范围。

（10）恢复记账前状态

如果由于数据错误等原因需要恢复到记账前状态才能处理，则方法如下。

① 以账套主管身份登录总账系统，执行"业务工作丨财务会计丨总账丨期末丨对账"命令，打开"对账"对话框。

② 按【Ctrl+H】组合键，系统弹出"恢复记账前状态功能已被激活！"信息提示框（再按【Ctrl+H】组合键则隐藏该提示）。单击"确定"按钮，再单击"退出"按钮，退出"对账"对话框，如图4-2-85所示。

③ 执行"业务工作丨财务会计丨总账丨凭证丨恢复记账前状态"命令，打开"恢复记账前状态"对话框，如图4-2-86所示。

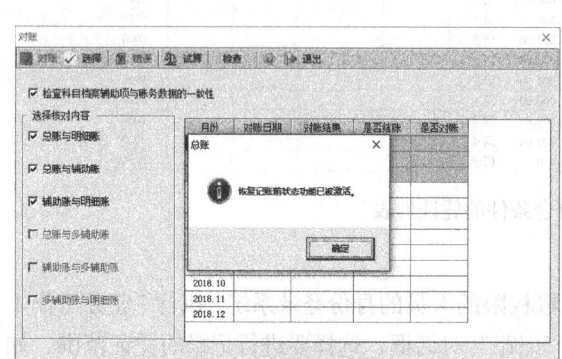

图4-2-85　退出"对账"对话框　　　　图4-2-86　"恢复记账前状态"对话框

④ 选中"最近一次记账前状态"单选按钮，单击"确定"按钮，系统弹出"请输入口令"信息提示框，输入正确口令后，单击"确认"按钮，系统取消已记账凭证的记账操作。

⑤ 执行"业务工作丨财务会计丨总账丨期末丨对账"命令，打开"对账"对话框，按【Ctrl+H】组合键，取消恢复记账前状态功能。

操作提示：已结账月份不能取消记账；只有账套主管才能恢复到月初的记账前状态。

4.2.3　出纳管理

1. 期初设置

实验资料

① 工商银行(以下简称"工行")期初数据。工行人民币户企业日记账调整前余额为511 057.00元。银行对账单调整前余额为467 557.00元。

A. 企业未达账。

银行已收企业未收：

3月26日，银行收到上海长江公司用转账支票支付的货款3 000元，票号为ZZ45623，企业未收到。

银行已付企业未付：

3月28日，银行自动支付期短期借款利息2 000元，银行付款票据企业未收到。

B. 银行未达账。

企业已付银行未付：

3月28日，企业用现金支票支付零星采购货款2500元，票号为XJ445353，银行未入账，付款凭证号为27。

3月29日，企业用转账支票支付货款3000元，票号为ZZ30254，银行未入账，付款凭证号为32。

企业已收银行未收：

3月30日已收未收货款（重庆嘉陵公司转账支票，票号为ZZ8341）50000元，收款凭证号为56，银行未入账。

② 中国银行（以下简称"中行"）账户不进行银行对账。

（1）银行科目选择

执行"业务工作 | 财务会计 | 总账 | 出纳 | 银行对账 | 银行对账期初录入"命令，选择银行科目，单击"科目"下拉按钮，选择"工行存款（100201）"选项，如图4-2-87所示。单击"确定"按钮，打开"银行对账期初"对话框。

（2）输入期初未达账

① 在"单位日记账"栏的"调整前余额"文本框中输入工行存款期初余额511 057.00元，在"银行对账单"栏的"调整前余额"文本框中输入对账单期初余额467 557.00元。单击"方向"按钮，将银行对账单余额方向调整为贷方，如图4-2-88所示。

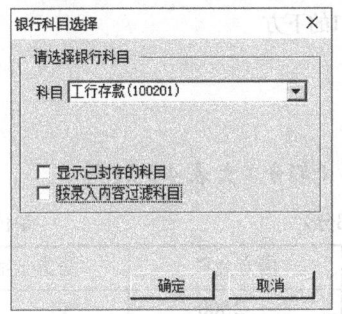

图4-2-87　选择"工行存款（100201）"选项

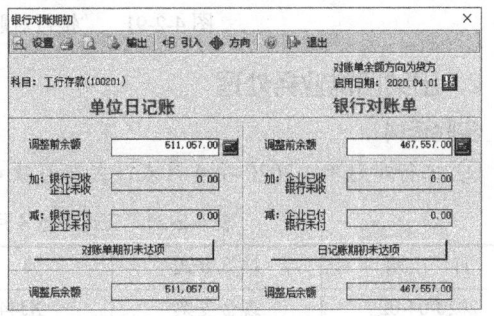

图4-2-88　将银行对账单余额方向调整为贷方

操作提示：系统默认的银行对账单余额方向在借方，而在现实中，银行对账单余额一般在贷方，本实验将其调整为贷方。

② 单击"对账单期初未达项"按钮，打开"银行方期初"窗口，如图4-2-89所示，单击"增加"按钮，录入银行对账单期初未达账数据。

③ 单击"保存"按钮，退出"银行方期初"窗口。

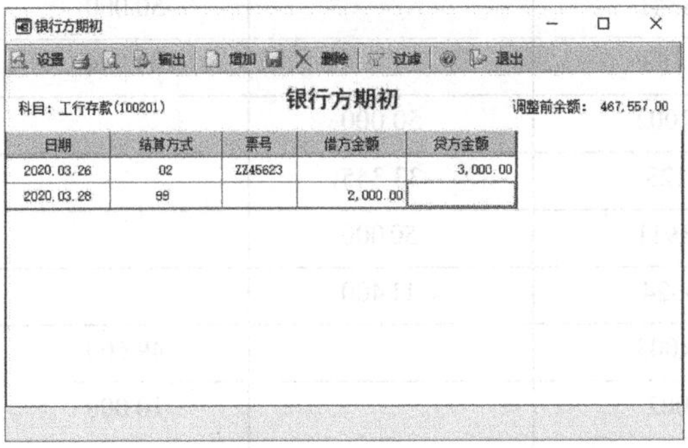

图4-2-89　"银行方期初"窗口

④ 单击"日记账期初未达项"按钮，打开"企业方期初"窗口，如图4-2-90所示，单击"增加"按钮，录入企业日记账期初未达账数据。

⑤ 单击"保存"按钮，退出"企业方期初"窗口。

⑥ 在"银行对账期初"窗口的下方，如图4-2-91所示，调整后的单位日记账余额与调整后的银行对账单余额相等。

图 4-2-90 "企业方期初"窗口

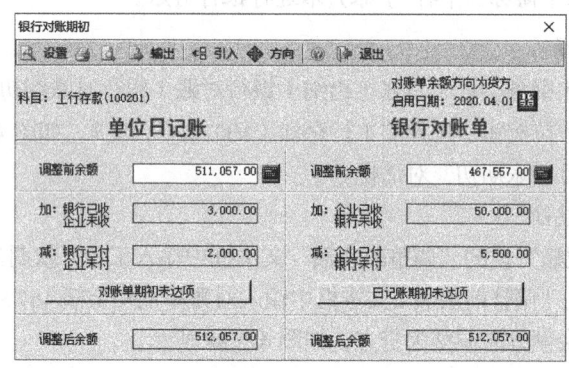

图 4-2-91 "银行对账期初"窗口的下方

2. 出纳日常业务处理

实验资料

① 工行对账单。2020 年 4 月底，工行存款 4 月对账单（部分）如表 4-2-21 所示。

表 4-2-21 工行存款 4 月对账单（部分）　　　　　　　　　　　单位：元

日　　期	结算方式	票　　号	借方金额	贷方金额
2020-04-02	现金支票	XJ445353	2 500	
2020-04-04	转账支票	ZZ30254	3 000	
2020-04-08	转账支票	ZZ8341		50 000
2020-04-11	转账支票	001188		11 934
2020-04-12	转账支票	ZZR002	50 000	
2020-04-12	转账支票	ZZ123	33 345	
2020-04-16	转账支票	ZZR911	50 000	
2020-04-20	转账支票	456324	11 400	
2020-04-20	转账支票	ZZR003		49 600
2020-04-20	转账支票	ZS002		10 000
2020-04-20	转账支票	ZF002		90 000

根据以上资料进行银行对账，生成银行存款余额调节表。

② 中行存款期初及期末均无未达账，不进行银行对账。

（1）票据管理

执行"业务工作｜财务会计｜总账｜出纳｜支票登记簿"命令，在弹出的"银行科目选择"

对话框中选择"工行存款（100201）"选项，打开工行存款账户的"支票登记簿"窗口，如图4-2-92所示。

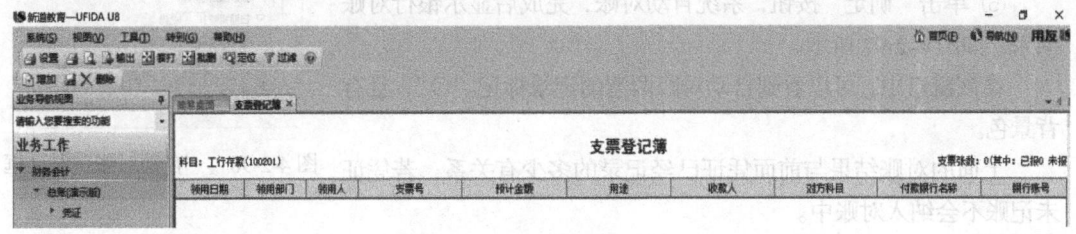

图4-2-92 "支票登记簿"窗口

（2）银行对账

① 输入银行对账单。执行"业务工作｜财务会计｜总账｜出纳｜银行对账｜银行对账单"命令，弹出"银行科目选择"对话框，如图4-2-93所示，选择"工行存款（100201）"选项，月份为2020.04。单击"确定"按钮，打开"银行对账单"窗口。

② 单击"增加"按钮，输入2020年。4月的部分对账单信息，如图4-2-94所示。

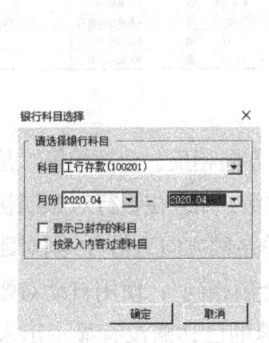

日期	结算方式	票号	借方金额	贷方金额	余额
2020.04.02	01	XJ445353	2,500.00		465,057.00
2020.04.04	02	ZZ30254	3,000.00		462,057.00
2020.04.08	02	ZZ8341		50,000.00	512,057.00
2020.04.11	02	001188		11,934.00	523,991.00
2020.04.12	02	ZZR002	50,000.00		473,991.00
2020.04.12	02	ZZ123	33,345.00		440,646.00
2020.04.16	02	ZZR911	50,000.00		390,646.00
2020.04.20	02	456324	11,400.00		379,246.00
2020.04.20	02	ZZR003		49,600.00	428,846.00
2020.04.20	02	ZS002		10,000.00	438,846.00
2020.04.20	02	ZF002	90,000.00		348,846.00

图4-2-93 "银行科目选择"对话框　　　　图4-2-94 2020年4月的部分对账单信息

保存后退出银行对账单窗口。

③ 银行对账。执行"业务工作｜财务会计｜总账｜出纳｜银行对账｜银行对账"命令，选择科目、月份（2020.03—2020.04），确认后打开"银行对账"窗口，如图4-2-95所示。

科目：100201（工行存款）

单位日记账							银行对账单				
票据日期	结算方式	票号	方向	金额	凭证号数	摘要	日期	结算方式	票号	方向	金额	对账序号
2020.04.02	02	ZZ445623	借	3,000.00	收-0002	收到天津大华销款	2020.03.26	02	ZZ445623	贷	3,000.00	
2020.04.12	02	ZZR003	借	49,600.00	收-0003	收到服陵前欠款	2020.03.26	03		借	2,000.00	
2020.04.03	03	TQ001	贷	2,000.00	付-0002	支付短期借款利息	2020.04.02	01	XJ445353	借	2,500.00	
2020.04.03	02	ZZR002	贷	50,000.00	付-0003	采购原纸	2020.04.04	02	ZZ30254	借	3,000.00	
2020.04.03	01	XJ001	贷	15,000.00	付-0004	提取现金备用	2020.04.08	02	ZZ8341	贷	50,000.00	
2020.04.12	02	ZZ001	贷	1,500.00	付-0005	业务招待费	2020.04.11	02	001188	贷	11,934.00	
2020.04.20	02	ZG1226	贷	20,000.00	付-0006	付房屋租赁费	2020.04.12	02	ZZR002	借	50,000.00	
	02	ZZ8341	借	50,000.00	收-0056		2020.04.12	02	ZZ123	借	33,345.00	
	01	XJ445353	贷	2,500.00	付-0027		2020.04.16	02	ZZR911	借	50,000.00	
	02	ZZ30254	贷	3,000.00	付-0032		2020.04.20	02	456324	借	11,400.00	
							2020.04.20	02	ZZR003	贷	49,600.00	
							2020.04.20	02	ZS002	贷	10,000.00	
							2020.04.20	02	ZF002	借	90,000.00	

图4-2-95 "银行对账"窗口

④ 单击工具栏中的"对账"按钮,弹出"自动对账"对话框如图 4-2-96 所示,录入截止日期"2020-04-20",选择对账条件。

⑤ 单击"确定"按钮,系统自动对账,完成后显示银行对账结果,如图 4-2-97 所示。

在该窗口中,可以看到自动对账两清的记录标记"○",且有背景色。

上面的对账结果与前面凭证已经记录的多少有关系,若凭证未记账不会纳入对账中。

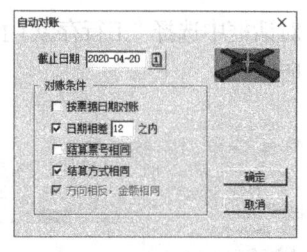

图 4-2-96 "自动对账"对话框

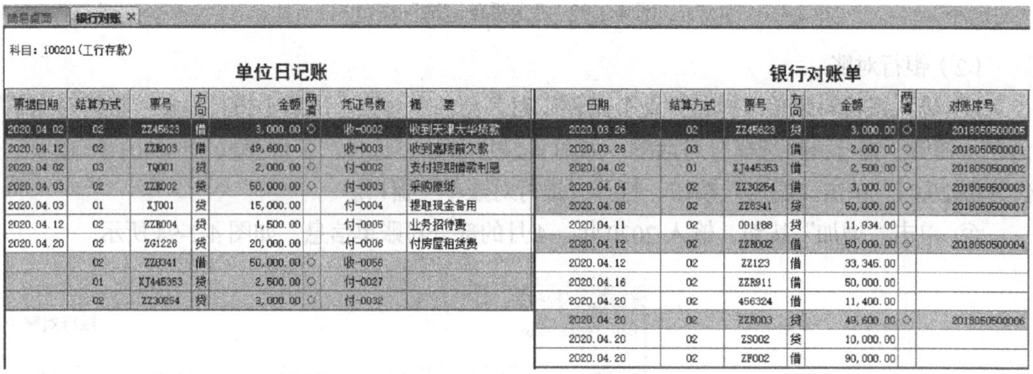

图 4-2-97 银行对账结果

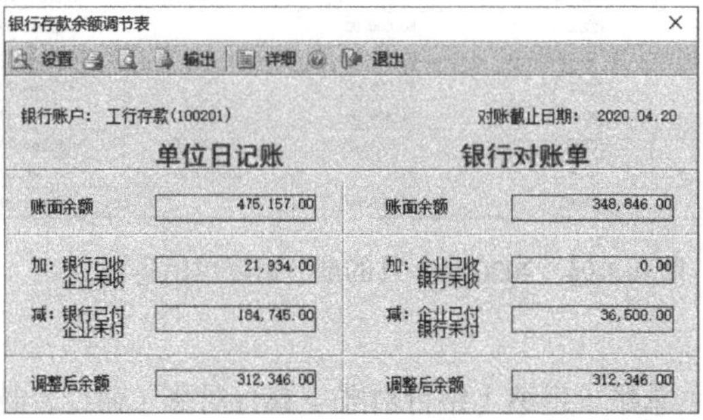

图 4-2-98 "工行存款(100201)"的余额调节表

操作提示:"方向相反、金额相等"是系统默认条件,不能取消,如果在银行对账期初窗口中定义银行对账单余额方向为借方,则对账默认条件为"方向、金额相同";使用自动对账后,可能还有一些特殊的已达账没有显示出来而被视为未达账项,为了保证对账更加彻底正确,可用手工对账来进行调整;手工对账通过在单位日记账与银行对账单记录的两清标志区单击鼠标左键,打上两清标志"Y"来完成;单击"取消"按钮,可取消自动对账标志,在手工对账的两清标志"Y"处,单击鼠标左键,可取消手工对账标志;对账本身不会影响银行账的数据。

⑥ 查询银行存款余额调节表。执行"总账丨银行对账丨余额调整节表查询"命令,可以查看银行存款余额调节表的情况。选中银行科目"工行存款(100201)",双击可查看该科目的余额调节表,如图 4-2-98 所示。

4.2.4 信息查询

1. 日记账查询

① 执行"业务工作丨财务会计丨总账丨出纳丨现金日记账"命令,选择科目、月份,打开"现金日记账"窗口,如图 4-2-99 所示。

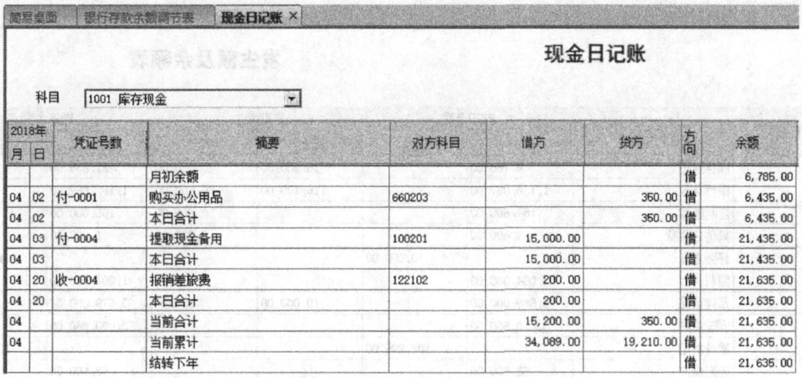

2018年 月	日	凭证号数	摘要	对方科目	借方	贷方	方向	余额
			月初余额				借	6,785.00
04	02	付-0001	购买办公用品	660203		350.00	借	6,435.00
04	02		本日合计			350.00	借	6,435.00
04	03	付-0004	提取现金备用	100201	15,000.00		借	21,435.00
04	03		本日合计		15,000.00		借	21,435.00
04	20	收-0004	报销差旅费	122102	200.00		借	21,635.00
04	20		本日合计		200.00		借	21,635.00
04			当前合计		15,200.00	350.00	借	21,635.00
04			当前累计		34,089.00	19,210.00	借	21,635.00
			结转下年				借	21,635.00

图 4-2-99　“现金日记账”窗口

② 在日记账中，双击某行记录或选中某行再单击“凭证”按钮，可查看该记录对应的凭证信息。

单击“总账”按钮，可查看现金科目总账。

查看银行存款日记账与查询现金日记账类似。

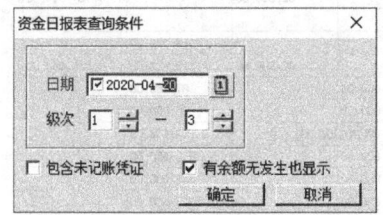

图 4-2-100　选中“有余额无发生也显示”复选框

2. 资金日报

① 执行“财务会计 | 总账 | 出纳 | 资金日报”命令，科目级次选择 1—3 级，选中“有余额无发生也显示”复选框，如图 4-2-100 所示。

② 单击“确定”按钮，出现“资金日报表”窗口，如图 4-2-101 所示。

科目编码	科目名称	币种	今日共借	今日共贷	方向	今日余额	借方笔数	贷方笔数
1001	库存现金		200.00		借	21,635.00	1	
1002	银行存款			20,000.00	借	1,162,657.00		1
100201	工行存款			20,000.00	借	475,157.00		1
100202	中行存款				借	687,500.00		
		美元			借	110,000.00		
合计			200.00	20,000.00	借	1,184,292.00	1	1
		美元			借	110,000.00		

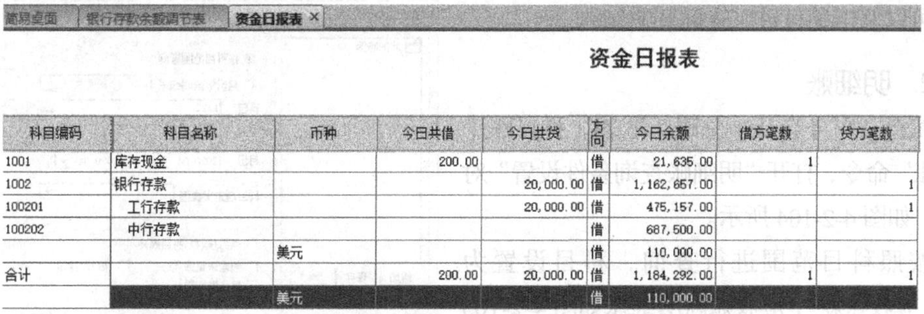

图 4-2-101　“资金日报表”窗口

4.2.5　总账查询

1. 余额表

余额表可以反映总括的数据情况，在实际工作中十分有用。查看方法是，执行“财务会计 | 总账 | 账表 | 科目账 | 余额表”命令，打开“发生额及余额查询条件”对话框，如图 4-2-102 所示，本处不选中“本期无发生无余额，累计有发生显示”复选框，其他按照默认设置。

单击“确定”按钮，发生额及余额表如图 4-2-103 所示。

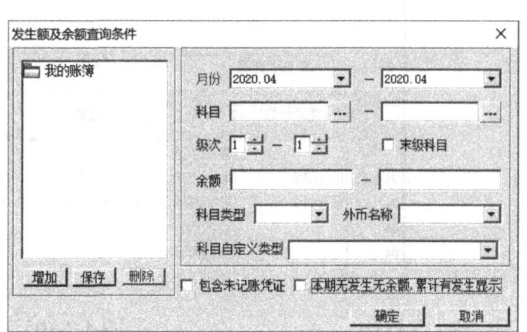

图 4-2-102　“发生额及余额查询条件”对话框

发生额及余额表

科目编码	科目名称	期初余额 借方	期初余额 贷方	本期发生 借方	本期发生 贷方	期末余额 借方	期末余额 贷方
1001	库存现金	6,785.00		15,200.00	350.00	21,635.00	
1002	银行存款	1,136,057.00		115,100.00	88,500.00	1,162,657.00	
1122	应收账款	157,600.00			52,600.00	105,000.00	
1221	其他应收款	3,800.00			2,000.00	1,800.00	
1231	坏账准备		10,000.00				10,000.00
1403	原材料	1,004,000.00				1,004,000.00	
1405	库存商品	3,569,000.00		10,000.00		3,579,000.00	
1601	固定资产	3,690,860.00				3,690,860.00	
1602	累计折旧		108,995.00				108,995.00
1701	无形资产	58,500.00				58,500.00	
资产小计		9,626,602.00	118,995.00	140,300.00	143,450.00	9,623,452.00	118,995.00
2001	短期借款		200,000.00				200,000.00
2202	应付账款		276,850.00		11,300.00		288,450.00
2211	应付职工薪酬		8,200.00				8,200.00
2221	应交税费	16,800.00		1,300.00		18,400.00	
2241	其他应付款		2,100.00				2,100.00
负债小计		16,800.00	487,150.00	1,300.00	11,300.00	18,400.00	498,750.00
4001	实收资本		7,695,444.00		62,500.00		7,757,944.00
4103	本年利润		1,478,000.00				1,478,000.00
4104	利润分配	119,022.00				119,022.00	
权益小计		119,022.00	9,173,444.00		62,500.00	119,022.00	9,235,944.00
5001	生产成本	17,165.00		50,000.00		67,165.00	
5101	制造费用			20,000.00	20,000.00		
成本小计		17,165.00		70,000.00	20,000.00	87,165.00	
6602	管理费用			3,650.00		3,650.00	
6603	财务费用			2,000.00		2,000.00	
损益小计				5,650.00		5,650.00	
合计		9,779,589.00	9,779,589.00	217,250.00	217,250.00	9,853,689.00	9,853,689.00

图 4-2-103　发生额及余额表

可以双击某科目以查询其明细账。

2. 明细账

执行"财务会计 | 总账 | 账表 | 科目账 | 明细账"命令，打开"明细账查询条件设置"对话框，如图 4-2-104 所示。

按照科目范围进行查询，科目设置为"1122 应收账款"，应收账款明细账如图 4-2-105 所示。

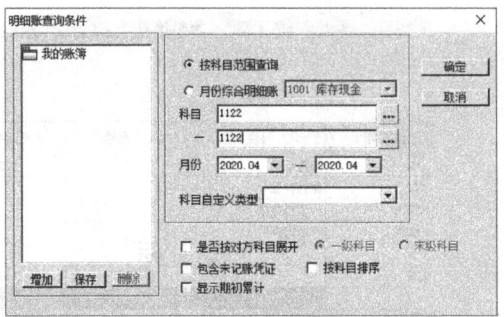

图 4-2-104　"明细账查询条件"对话框

应收账款明细账

科目　1122 应收账款

2020年 月	2020年 日	凭证号数	摘要	借方	贷方	方向	余额
			期初余额			借	157,600.00
04	02	收-0002	收到天津大华货款_大华_ZZ45623_2020.04.0		3,000.00	借	154,600.00
04	12	收-0003	收到嘉陵前欠款_嘉陵_ZZR003_2020.04.12_文		49,600.00	借	105,000.00
04			当前合计		52,600.00	借	105,000.00
04			当前累计	60,000.00	252,600.00	借	105,000.00
			结转下年			借	105,000.00

图 4-2-105　应收账款明细账

双击任意分录,就会显示其凭证。

3. 多栏账

① 执行"财务会计 | 总账 | 账表 | 科目账 | 多栏账"命令,打开"多栏账"窗口,如图 4-2-106 所示,单击"增加"按钮,打开"多栏账定义"对话框,这里核算科目选择"6602 管理费用",然后单击"自动编制"按钮。

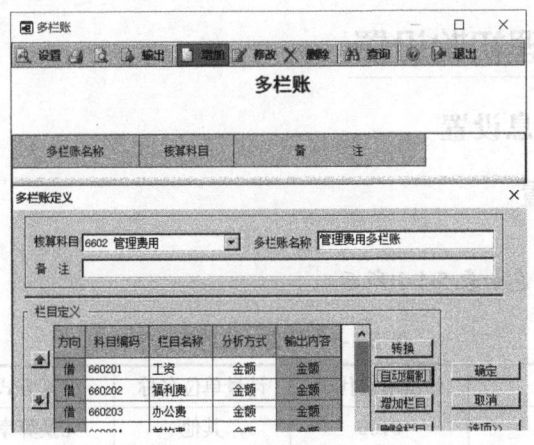

图 4-2-106 "多栏账"窗口

② 单击"确定"按钮,便定义好了一个多栏账,如图 4-2-107 所示。
③ 双击"管理费用多栏账"栏,再选择会计期间,如图 4-2-108 所示。

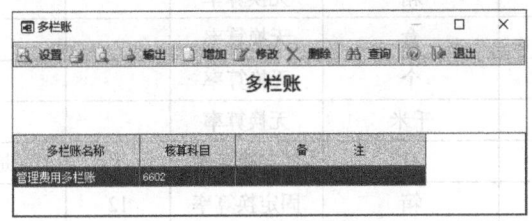

图 4-2-107 定义好的多栏账

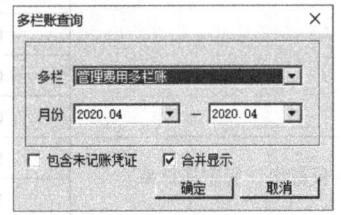

图 4-2-108 再选择会计期间

④ 单击"确定"按钮,即可显示具体的多栏账,如图 4-2-109 所示。

多栏	管理费用多栏账						借方					月份: 2020.04-2020.04
2018年	凭证号数	摘要	借方	贷方	方向	余额	工资	福利费	办公费	差旅费	招待费	折旧费	其他
月 日												
04 02	付-0001	购买办公用品	350.00		借	350.00			350.00				
04 12	付-0005	业务招待费	1,500.00		借	1,850.00					1,500.00		
04 20	收-0004	报销差旅费	1,800.00		借	3,650.00				1,800.00			
04		当前合计	3,650.00		借	3,650.00			350.00	1,800.00	1,500.00		
04		当前累计	26,200.00	22,550.00	借	3,650.00	8,000.00	1,100.00	950.00	7,400.00	6,100.00	2,600.00	50.00

图 4-2-109 具体的多栏账

第 5 章 采购与应付款业务

5.1 供应链管理初始设置

5.1.1 基础信息设置

1. 计量单位设置

实验资料

计量单位的有关信息如表 5-1-1 所示。

表 5-1-1 计量单位的有关信息

计量单位组名称	计量单位代码	计量单位名称	换算方式	换算率	是否默认
01：自然单位组，无换算率	0100	其他	无换算率		
	0101	吨	无换算率		
	0102	台	无换算率		
	0103	块	无换算率		
	0104	箱	无换算率		
	0105	盒	无换算率		
	0106	个	无换算率		
	0107	千米	无换算率		
02：鼠标组，固定换算率	0200	只	固定换算率	1	是
	0201	箱	固定换算率	12	
03：硬盘组，固定换算率	0300	盒	固定换算率	1	是
	0301	箱	固定换算率	10	

修改系统时间为 2020 年 4 月 1 日，注册登录系统管理和企业应用平台。

（1）设置计量单位组

① 执行"基础设置丨基础档案丨存货丨计量单位"命令，打开"计量单位"对话框。

② 单击"分组"按钮，打开"计量单位组"对话框。

③ 单击"增加"按钮，输入计量单位组的编码 01、名称"自然单位组"、换算类别"无换算率"等信息。单击"保存"按钮，保存已录入的计量单位组信息。

④ 输入并保存全部的计量单位组后，退出"计量单位组"对话框，显示计量单位组列表，如图 5-1-1 所示。

（2）设置计量单位

① 选中"（01）自然单位组"计量单位组，单击"单位"按钮，打开"计量单位"对话框。

② 单击"增加"按钮，分别输入计量单位编码"0100"、计量单位名称"其他"、计量单位组编码"01"等信息。

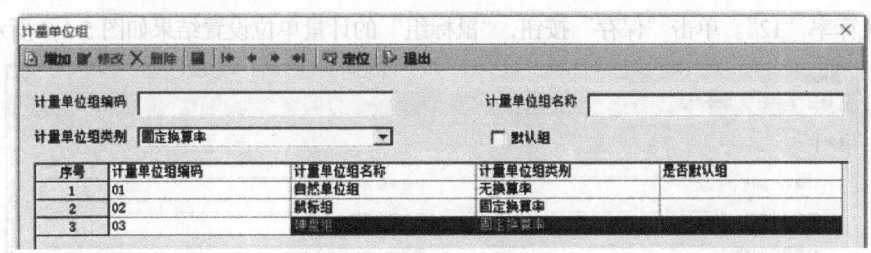

图 5-1-1　计量单位组列表

③ 单击"保存"按钮,保存已录入的计量单位信息。

④ 编码为 0101—0107 的计量单位档案的录入方式参照步骤② 和步骤③,"自然单位组"的计量单位设置结果如图 5-1-2 所示。

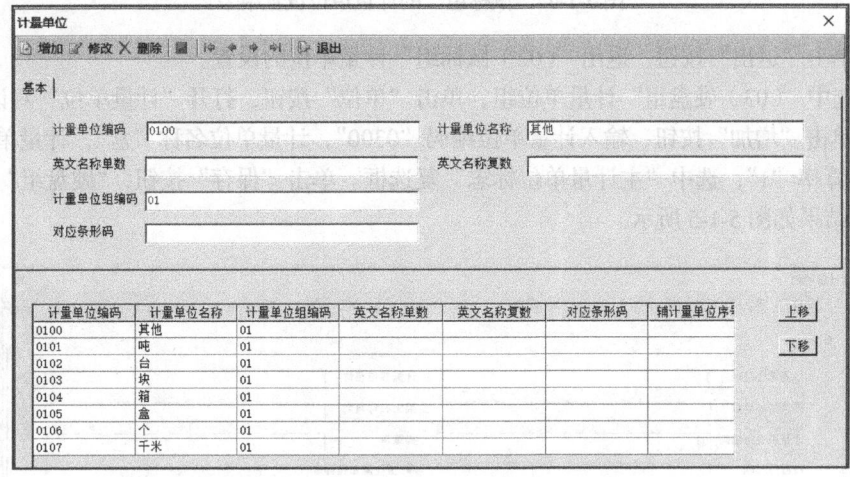

图 5-1-2　"自然单位组"的计量单位设置结果

⑤ 单击"退出"按钮,退出"(01)自然单位组"计量单位的设置。

⑥ 选中"(02)鼠标组"计量单位组,单击"单位"按钮,打开"计量单位"对话框。

⑦ 单击"增加"按钮,输入计量单位编码"0200",计量单位名称"只",计量单位组编码"02",换算率"1",选中"主计量单位标志"复选框。单击"保存"按钮,"鼠标组"的主计量单位设置结果如图 5-1-3 所示。

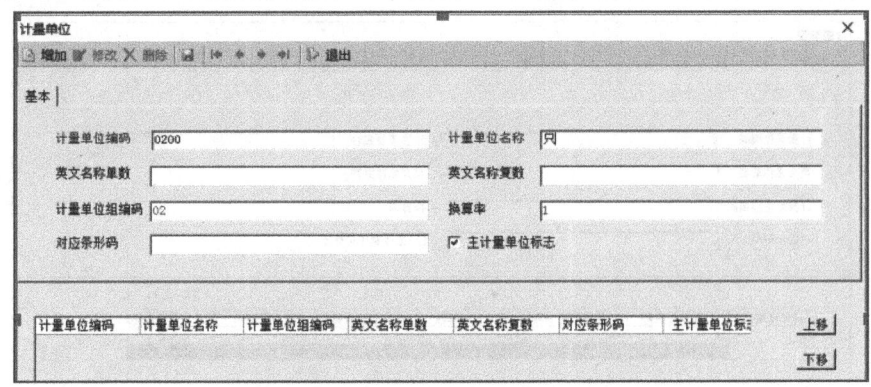

图 5-1-3　"鼠标组"的主计量单位设置结果

⑧ 单击"增加"按钮,输入计量单位编码"0201",计量单位名称"箱",计量单位组编码

"02",换算率"12"。单击"保存"按钮,"鼠标组"的计量单位设置结果如图 5-1-4 所示。

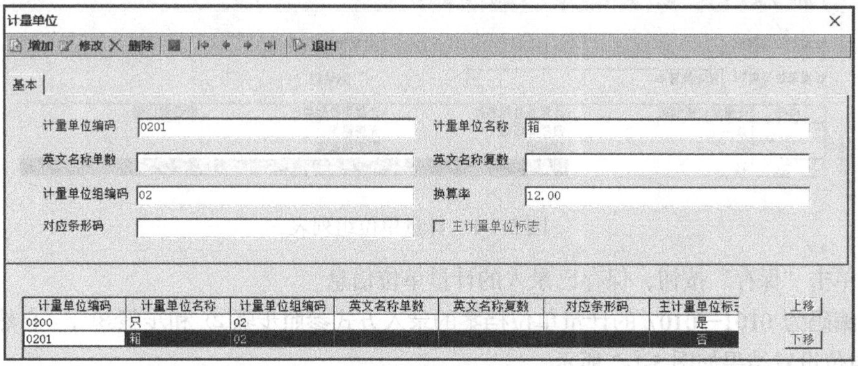

图 5-1-4 "鼠标组"的计量单位设置结果

⑨ 单击"退出"按钮,退出"(02)鼠标组"计量单位的设置。
⑩ 选中"(03)硬盘组"计量单位组,单击"单位"按钮,打开"计量单位"对话框。
⑪ 单击"增加"按钮,输入计量单位编码"0300",计量单位名称"盒",计量单位组编码"03",换算率"1",选中"主计量单位标志"复选框。单击"保存"按钮,"硬盘组"的主计量单位设置结果如图 5-1-5 所示。

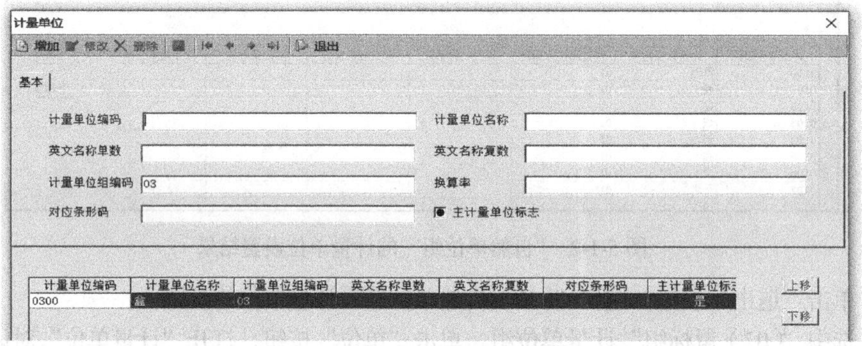

图 5-1-5 "硬盘组"的主计量单位设置结果

⑫ 单击"增加"按钮,输入计量单位编码"0301",计量单位名称"箱",计量单位组编码"03",换算率"10"。单击"保存"按钮,"硬盘组"的计量单位设置结果如图 5-1-6 所示。

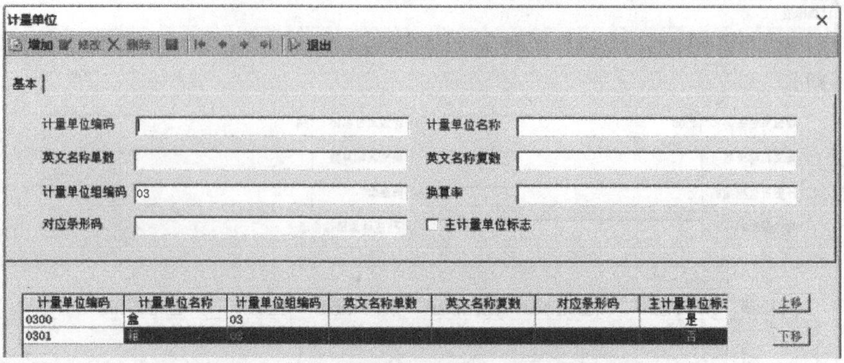

图 5-1-6 "硬盘组"的计量单位设置结果

⑬ 单击"退出"按钮,退出"(03)硬盘组"计量单位的设置。

2. 存货分类设置

实验资料

存货分类如表 5-1-2 所示。

表 5-1-2　存货分类

类别编码	类别名称	类别编码	类别名称
1	原材料	201	税控机
101	主计算机	3	配套用品
10101	处理器	301	配套材料
10102	硬盘	302	配套硬件
10103	加密卡	30201	打印机
102	显示器	30202	传真机
103	键盘	30203	服务器
104	鼠标	303	配套软件
2	产成品	8	应税劳务

① 执行"基础设置—存货 | 存货分类"命令，打开"存货分类"窗口。

② 单击"增加"按钮，输入分类编码"1"，分类名称"原材料"。单击"保存"按钮，保存已录入的存货分类信息。

③ 参照上述步骤，输入全部存货分类信息，"存货分类"设置结果如图 5-1-7 所示。

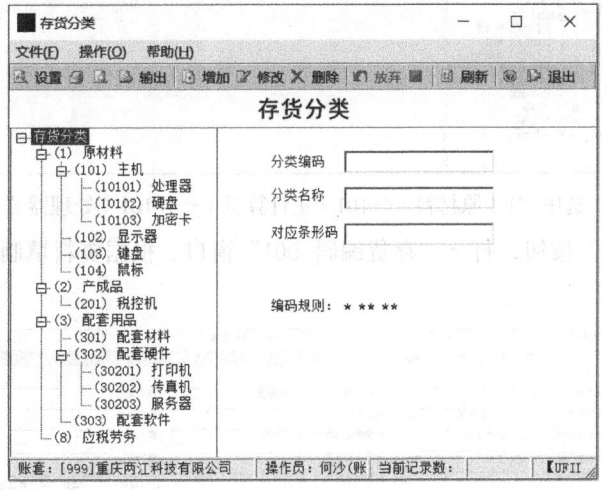

图 5-1-7　"存货分类"设置结果

3. 存货档案设置

存货档案如表 5-1-3 所示。

表 5-1-3　存货档案

编码	名称	类别	计量单位组	单位	属性	计价方式
001	CN 处理器	10101	自然单位组	盒	内销、外购、生产耗用	移动平均法
002	2TB 硬盘	10102	硬盘组	盒	内销、外购、生产耗用	移动平均法
003	液晶显示器	102	自然单位组	台	内销、外购、生产耗用	移动平均法

(续表)

编码	名称	类别	计量单位组	单位	属性	计价方式
004	键盘	103	自然单位组	个	内销、外购、生产耗用	移动平均法
005	鼠标	104	鼠标组	只	内销、外购、生产耗用	移动平均法
006	税控Ⅱ号	201	自然单位组	台	内销、自制	全月平均法
007	HP打印机	30201	自然单位组	台	内销、外购、生产耗用	全月平均法
008	联想服务器	30203	自然单位组	台	内销、外购、生产耗用	全月平均法
009	A型加密卡	10103	自然单位组	块	内销、外购、生产耗用	移动平均法
010	专用发票纸	301	自然单位组	箱	内销、自制	全月平均法
011	普通发票纸	301	自然单位组	箱	内销、自制	全月平均法
900	运费	8	自然单位组	千米	外购、外销、应税劳务	个别计价法

运费的计价方法为个别计价法，其他的按照库房计价。除900元运费的税率为9%外，其他的税率均为13%。

① 执行"基础设置—存货 | 存货档案"命令，打开"存货档案"窗口。

② 选中"1（原材料）—101（主计算机）—10101（处理器）"存货分类，如图5-1-8所示。

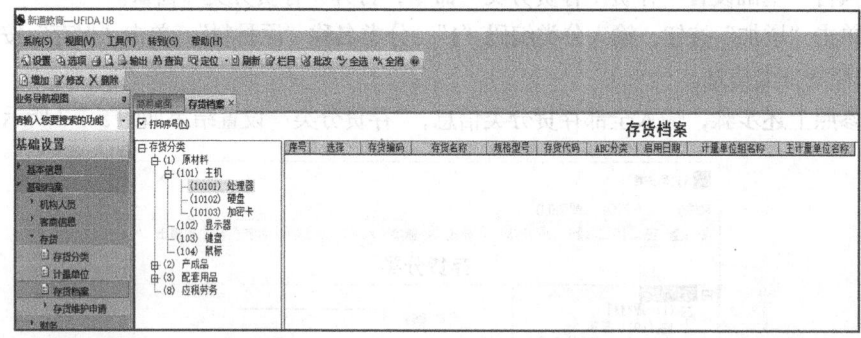

图5-1-8　选中"1（原材料）—101（主计算机）—10101（处理器）"存货分类

③ 单击"增加"按钮，打开"存货编码 001"窗口。根据资料填制"基本"选项卡，如图5-1-9所示。

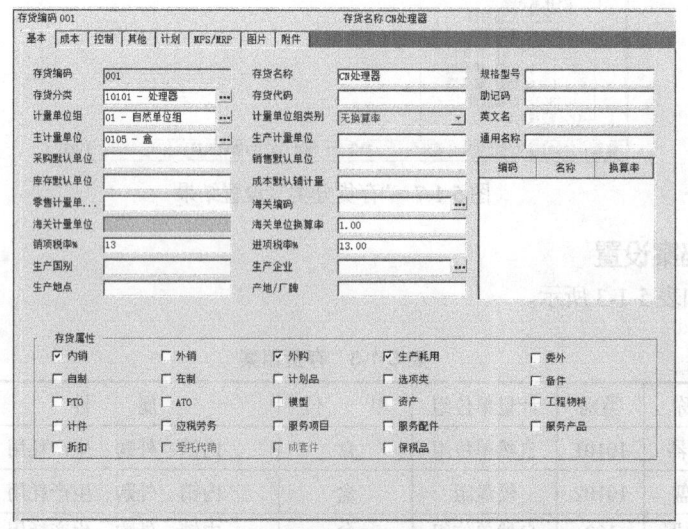

图5-1-9　"存货编码001——基本"选项卡

④ 根据资料填制"成本"选项卡，计价方式选择"移动平均法"，如图 5-1-10 所示。

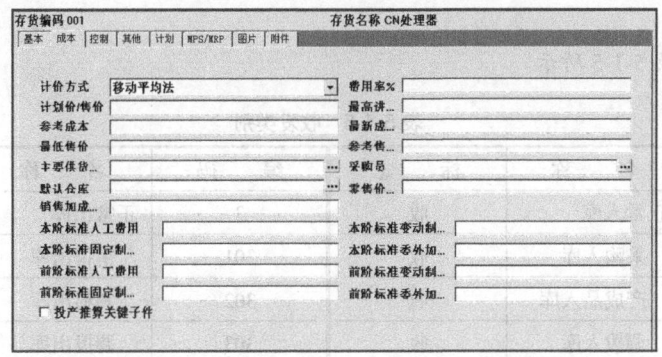

图 5-1-10　"存货编码 001——成本"选项卡

⑤ 单击"保存并新增"按钮，保存已录入的存货档案信息。
⑥ 参照步骤①～⑤，输入全部存货档案的设置结果如图 5-1-11 所示。

图 5-1-11　输入全部存货档案的设置结果

4．仓库档案设置

实验资料

仓库档案如表 5-1-4 所示。

表 5-1-4　仓库档案

仓库编码	仓库名称	计价方式
1	原料库	移动平均法
2	成品库	全月平均法
3	配套用品库	全月平均法

存货核算方式为按照仓库核算。

① 执行"基础设置—业务 | 仓库档案"命令，打开"仓库档案"窗口。
② 单击"增加"按钮，输入仓库编码"1"，仓库名称"原料库"，选择计价方式"移动平均法"。
③ 参照上述步骤，输入全部仓库档案信息的设置结果如图 5-1-12 所示。

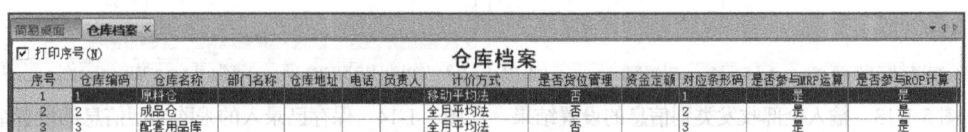

图 5-1-12　输入全部仓库档案信息的设置结果

5. 收发类别设置

实验资料

收发类别如表5-1-5所示。

表5-1-5 收发类别

编码	名称	标志	编码	名称	标志
1	正常入库	收	3	正常出库	发
101	采购入库	收	301	销售出库	发
102	产成品入库	收	302	领料出库	发
103	调拨入库	收	303	调拨出库	发
2	非正常入库	收	4	非正常出库	发
201	盘盈入库	收	401	盘亏出库	发
202	其他入库	收	402	其他出库	发

① 执行"基础设置业务—收发类别"命令，打开"收发类别"窗口。

② 单击"增加"按钮，输入收发类别编码"1"，收发类别名称"正常入库"，选择收发标志为"收"。单击"保存"按钮，保存已录入的收发类别信息。

③ 单击"增加"按钮，输入收发类别编码"3"，收发类别名称"正常出库"，选择收发标志"发"。单击"保存"按钮，保存已录入的收发类别信息。

④ 参照步骤② 或步骤③，输入全部收发类别信息的设置结果如图5-1-13所示。

6. 采购类型设置

实验资料

编码：1。名称：普通采购。入库类别：采购入库。是默认值：是。

① 执行"基础设置—业务|采购类型"命令，打开"采购类型"窗口。

② 单击"增加"按钮，输入采购类型编码"1"，采购类型名称"普通采购"，选择入库类别"采购入库"，选择是否默认值"是"。

③ 单击"保存"按钮，保存已录入的采购类型信息的设置结果如图5-1-14所示。

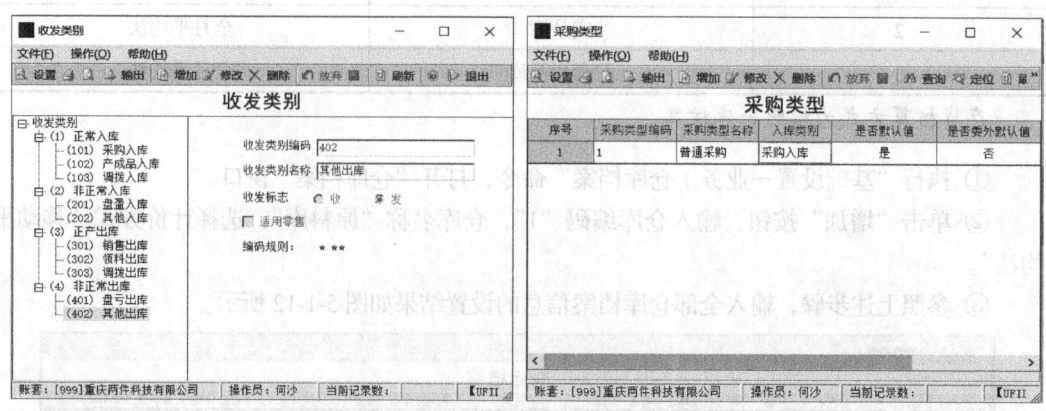

图5-1-13 输入全部收发类别信息的设置结果　　图5-1-14 保存已录入的采购类型信息的设置结果

7. 销售类型设置

实验资料

编码：1。名称：经销。出库类别：销售出库。是默认值。

编码：2。名称：代销。出库类别：销售出库。非默认值。

① 执行"基础设置—业务 | 销售类型"命令，打开"销售类型"窗口。

② 单击"增加"按钮，输入销售类型编码"1"，销售类型名称"经销"，选择出库类别"销售出库"，选择是否默认值"是"。

③ 单击"保存"按钮，保存已录入的采购类型信息。

④ 参照上述步骤，输入全部销售类型的设置结果如图 5-1-15 所示。

8. 开户银行设置

实验资料

编码：01。名称：工商银行重庆分行两江支行。账号：7879 7879 7879。币种：人民币。

编码：02。名称：中国银行重庆分行两江支行。账号：1121 1121 1121。币种：美元。机构号：10465。联行号：86455。

① 执行"基础设置—收付结算 | 本单位开户银行"命令，打开"本单位开户银行"窗口。

② 单击"增加"按钮，打开"增加本单位开户银行"窗口，根据实验资料输入开户银行信息。

③ 单击"保存"按钮，保存信息。单击"退出"按钮。

④ 参照上述步骤，输入全部开户银行信息的设置结果如图 5-1-16 所示。

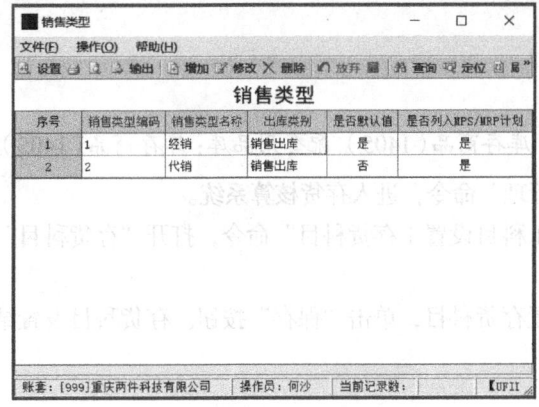

图 5-1-15　输入全部销售类型的设置结果

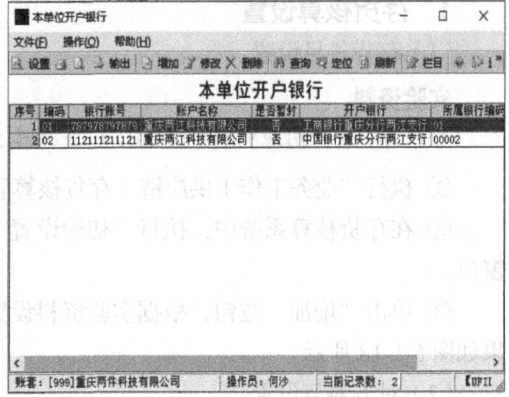

图 5-1-16　输入全部开户银行信息的设置结果

9. 单据设置

将单据的编号设置改为"手工改动，重号时自动重取"，将流水依据的长度改为 3 位。在实验中，可以手工输入，也可以使用自动获取方式。在实际工作中，发票一般需要输入实际的发票号，以便对账。

① 执行"基础设置—单据设置 | 单据编号设置"命令，打开"单据编号设置"窗口。

② 执行"单据类型 | 采购管理 | 采购专用发票"命令，单击"修改"按钮，选中"手工改动，重号时自动重取(T)"复选框，如图 5-1-17 所示。

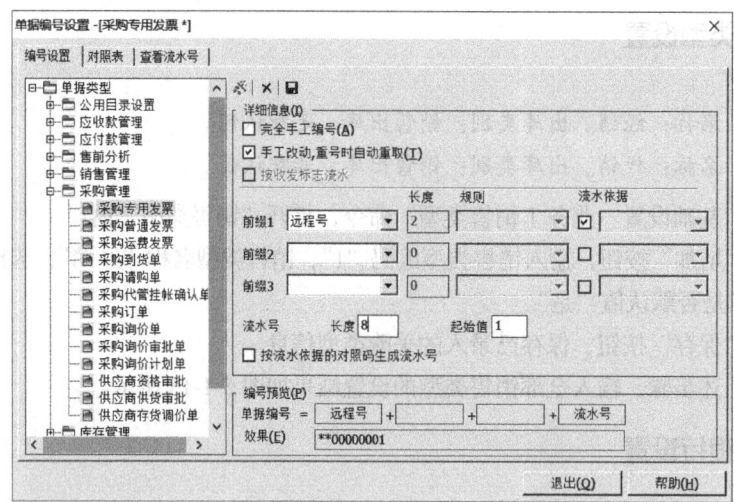

图 5-1-17　选中"手工改动，重号时自动重取(T)"复选框

③ 单击"保存"按钮。

④ 设置采购普通发票与采购运费发票的单据编号时，可以参照步骤①~③。

⑤ 选择"单据类型 | 销售管理 | 销售专用发票"选项，单击"修改"按钮，选中"手工改动，重号时自动重取(T)"复选框，单击"保存"按钮，再单击"退出"按钮。

⑥ 设置销售普通发票的单据编号时，可以参照步骤⑤~⑥。

5.1.2　基础科目设置

1. 存货核算设置

（1）存货科目设置

实验资料

原料库：生产用原材料（140301）。成品库：库存商品（1405）。配套用品库：库存商品（1405）。

① 执行"业务工作 | 供应链 | 存货核算管理"命令，进入存货核算系统。

② 在存货核算系统中，执行"初始设置 | 科目设置 | 存货科目"命令，打开"存货科目"窗口。

③ 单击"增加"按钮，根据实验资料设置存货科目，单击"保存"按钮。存货科目设置结果如图 5-1-18 所示。

（2）对方科目设置

实验资料

采购入库：材料采购（1401）。产成品入库：生产成本/直接材料（500101）。盘盈入库：待处理流动资产损溢（190101）。销售出库：主营业务成本（6401）。领料出库：生产成本/直接材料（500101）。

① 在存货核算系统中，执行"初始设置 | 科目设置 | 对方科目"命令，打开"对方科目"窗口。

② 单击"增加"按钮，根据实验资料设置存货的对方科目，单击"保存"按钮。存货的对方科目设置结果如图 5-1-19 所示。

第 5 章 采购与应付款业务

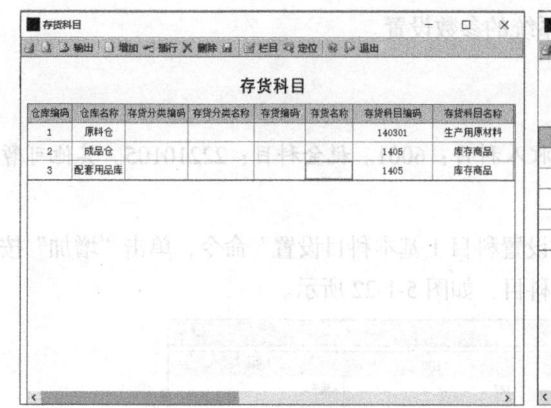

图 5-1-18 存货科目设置结果

图 5-1-19 存货的对方科目设置结果

（3）选项设置

实验资料

暂估方式：单到回冲。

① 执行"业务工作 | 供应链 | 存货核算"命令，进入存货核算管理系统。

② 在存货核算管理系统中，执行"初始设置 | 选项 | 选项录入"命令，打开"选项录入"对话框。

③ "暂估方式"选择"单到回冲"，单击"确定"按钮。

2. 应收款管理设置

（1）坏账处理方式设置

实验资料

应收余额百分比法。应收款核销方式：按单据。其他参数为系统默认。

① 执行"业务工作 | 财务会计 | 应收款管理"命令，进入应收款管理系统。

② 在应收款管理系统中，执行"设置 | 选项"命令，打开"账套参数设置"对话框。

③ 打开"常规"选项卡，单击"编辑"按钮，所有参数处于可修改状态下，坏账处理方式选择"应收余额百分比法"，如图 5-1-20 所示。

④ 打开"核销设置"选项卡，应收账款核销方式选择"按单据"，如图 5-1-21 所示。

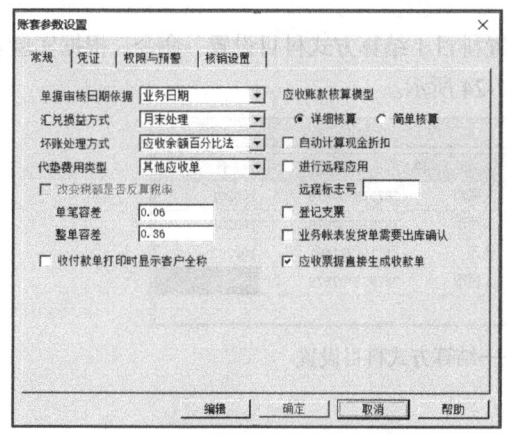

图 5-1-20 账套参数设置——坏账处理方式设置   图 5-1-21 账套参数设置——应收账款核销方式设置

⑤ 单击"确定"按钮，保存应收款管理系统的参数设置。

（2）基本科目设置

实验资料

应收科目：1122。预收科目：2203。销售收入科目：6001。税金科目：22210105。其他可暂时不设置。

在应收款管理系统中，执行"初始设置｜设置科目｜基本科目设置"命令，单击"增加"按钮，根据实验资料设置应收款管理系统的基本科目，如图5-1-22所示。

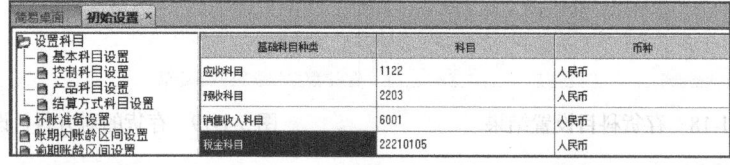

图 5-1-22　初始设置——基本科目设置

（3）控制科目设置

实验资料

所有客户的控制科目均相同。应收科目：1122。预收科目：2203。

在应收款管理系统中，执行"初始设置｜设置科目｜控制科目设置"命令，根据实验资料设置应收款管理系统的控制科目，如图5-1-23所示。

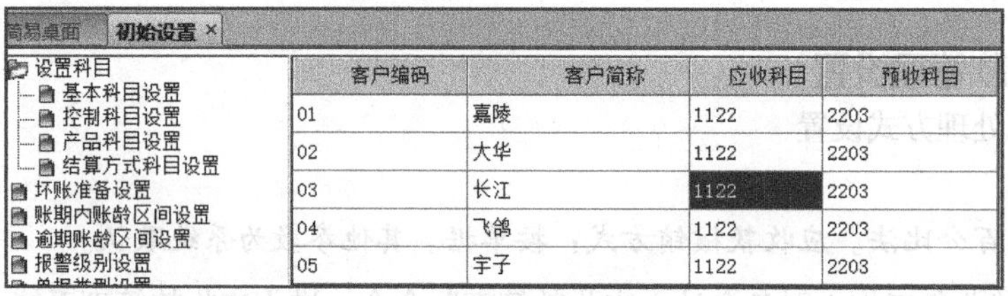

图 5-1-23　初始设置——控制科目设置

（4）结算方式科目设置

实验资料

现金支票对应科目：100201。转账支票（人民币）对应科目：100201。转账支票（美元）对应科目：100202。其他结算方式：100201。

在应收款管理系统中，执行"初始设置｜设置科目｜结算方式科目设置"命令，根据实验资料设置应收款管理系统的结算方式科目，如图5-1-24所示。

图 5-1-24　初始设置——结算方式科目设置

（5）坏账准备设置

实验资料

提取比例0.5%，期初余额10 000，科目1231，对方科目6702。

在应收款管理系统中，执行"初始设置 | 设置科目 | 坏账准备设置"命令，根据实验资料分别录入相应数据，单击"确定"按钮，如图 5-1-25 所示。

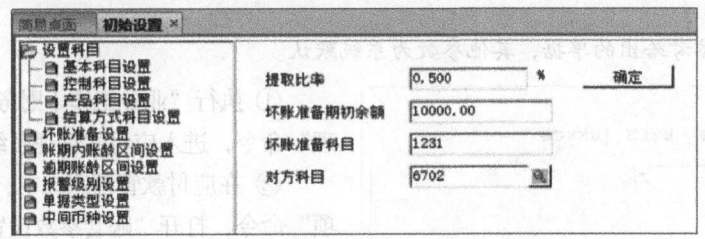

图 5-1-25　初始设置——坏账准备设置

（6）账期内账龄区间及逾期账龄区间的总天数项目设置

实验资料

01:30 天。02:60 天。03:90 天。04:120 天。

报警级别设置如表 5-1-6 所示。

表 5-1-6　报警级别设置

序　号	起止比率	总　比　率	级别名称
1	0 以上	10	A
2	10%～30%	30	B
3	30%～50%	50	C
4	50%～100%	100	D
5	100% 以上		E

① 执行"初始设置 | 账期内账龄区间设置"命令，根据实验资料分别录入相应数据，如图 5-1-26 所示。

② 单击"逾期账龄区间设置"选项，根据实验资料分别录入相应数据，如图 5-1-27 所示。

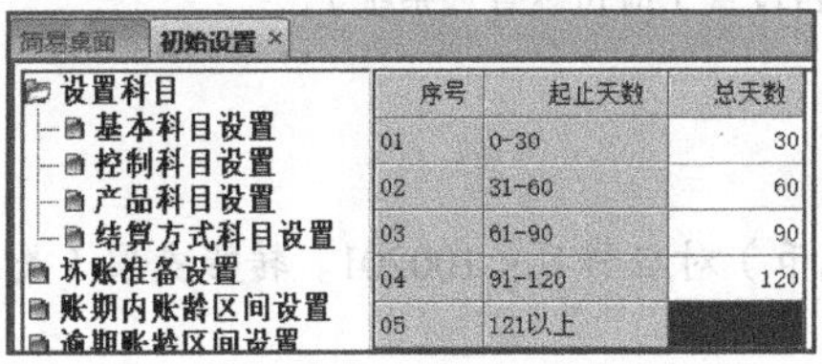

图 5-1-26　初始设置——账期内账龄区间设置　　图 5-1-27　初始设置——逾期账龄区间设置

③ 单击"警报级别设置"选项，根据实验资料分别录入相应数据，如图 5-1-28 所示。

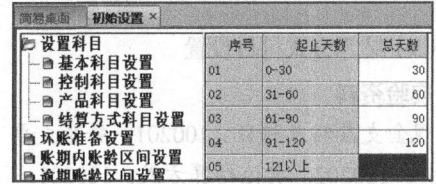

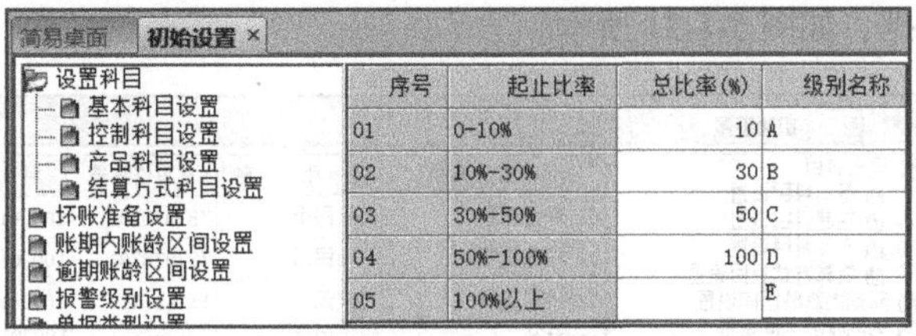

图 5-1-28　初始设置——报警级别设置

④ 设置完成后，退出初始设置窗口。

3. 应付款管理设置

（1）应付款核销方式设置

实验资料

相关数据参考给出的单据，其他参数为系统默认。

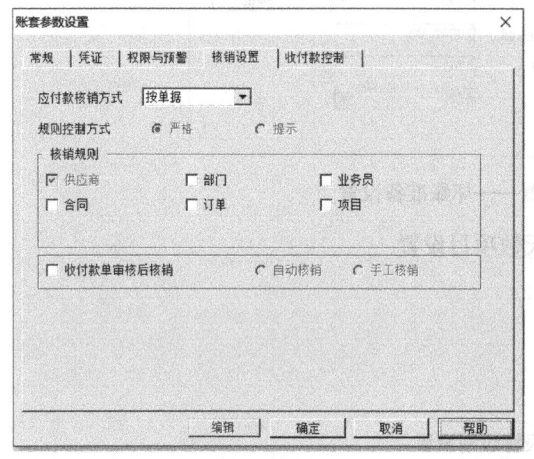

图 5-1-29　账套参数设置——应付款核销方式设置

① 执行"业务工作 | 财务会计 | 应付款管理"命令，进入应付款管理系统。

② 在应付款管理系统中，执行"设置 | 选项"命令，打开"账套参数设置"对话框。

③ 打开"核销设置"选项卡，单击"编辑"按钮，选择应付款核销方式为"按单据"，其他参数默认系统设置，如图 5-1-29 所示。

④ 单击"确定"按钮，退出"账套参数设置"对话框。

（2）基本科目设置

实验资料

应付科目：220201。预付科目：1123。采购科目：1401。税金科目：22210101。其他可暂时不设置。

在应付款管理系统中，执行"设置 | 初始设置 | 设置科目 | 基本科目设置"命令，单击"增加"按钮，根据实验资料录入数据，如图 5-1-30 所示。

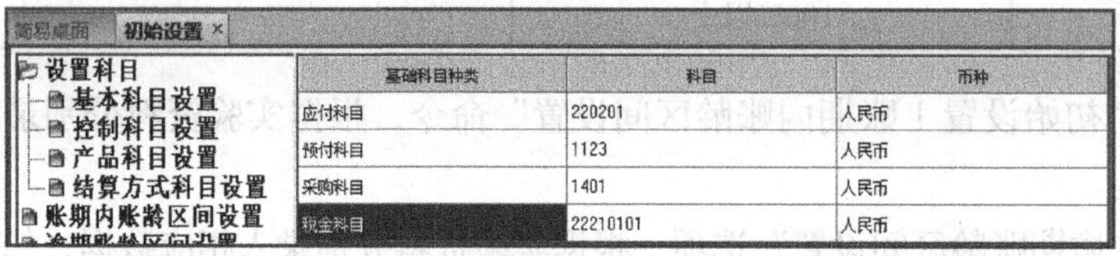

基础科目种类	科目	币种
应付科目	220201	人民币
预付科目	1123	人民币
采购科目	1401	人民币
税金科目	22210101	人民币

图 5-1-30　初始设置——基本科目设置（应付款管理系统）

（3）结算方式科目设置

实验资料

现金支票对应科目：100201。转账支票（人民币）对应科目：100201。转账支票（美元）对应科目：100202。其他结算方式：100201。

账期内账龄区间与逾期账龄区间设置同应收款管理。

① 在应付款管理系统中，执行"设置 | 初始设置 | 设置科目 | 结算方式科目设置"命令，根据实验资料录入数据，如图 5-1-31 所示。

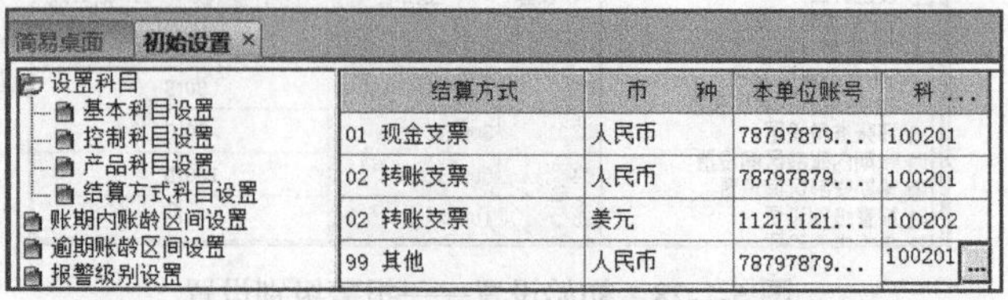

结算方式		币　种	本单位账号	科…
01	现金支票	人民币	78797879…	100201
02	转账支票	人民币	78797879…	100201
02	转账支票	美元	11211121…	100202
99	其他	人民币	78797879…	100201

图 5-1-31　初始设置——结算方式科目设置（应付款管理系统）

② 执行"初始设置 | 账期内账龄区间设置"命令，根据实验资料分别录入相应数据，如图 5-1-32 所示。

③ 执行"逾期账龄区间设置"命令，根据实验资料分别录入相应数据，如图 5-1-33 所示。

④ 设置完成后，退出"初始设置"窗口。

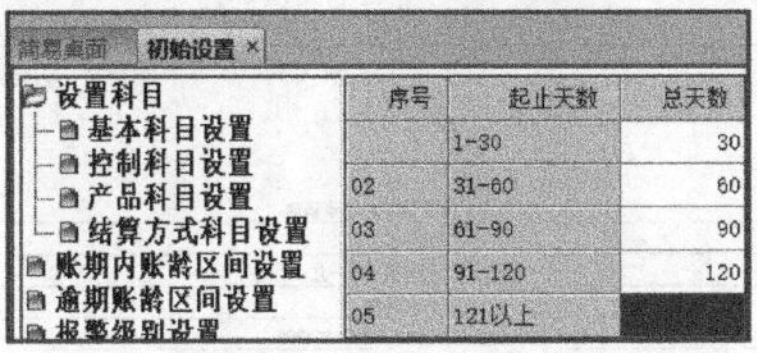

图 5-1-32　初始设置——账期内账龄区间设置（应付款管理系统）

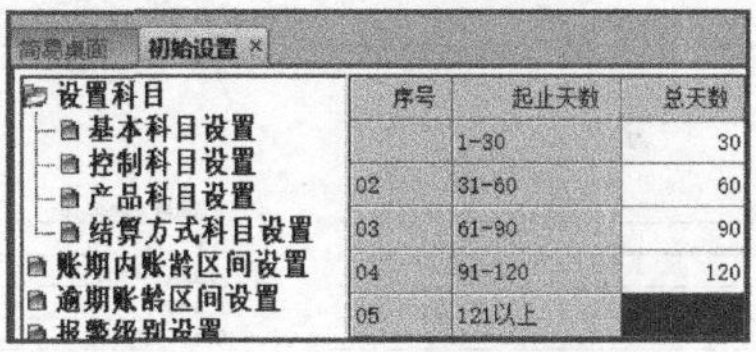

图 5-1-33　初始设置——逾期账龄区间设置（应付款管理系统）

5.1.3　期初余额设置

1. 采购管理期初数据设置

实验资料

3 月 25 日，收到重庆大江公司提供的 2TB 硬盘 100 盒，暂估单价为 800 元/盒，商品已验收入原料仓库，至今尚未收到发票。

① 打开企业应用平台，执行"业务工作—供应链 | 采购管理"命令，打开采购管理系统。

② 在采购管理系统中，执行"采购入库 | 采购入库单"命令，打开"期初采购入库单"窗口。

③ 单击"增加"按钮，按照实验资料要求录入期初采购入库单信息，如图 5-1-34 所示。

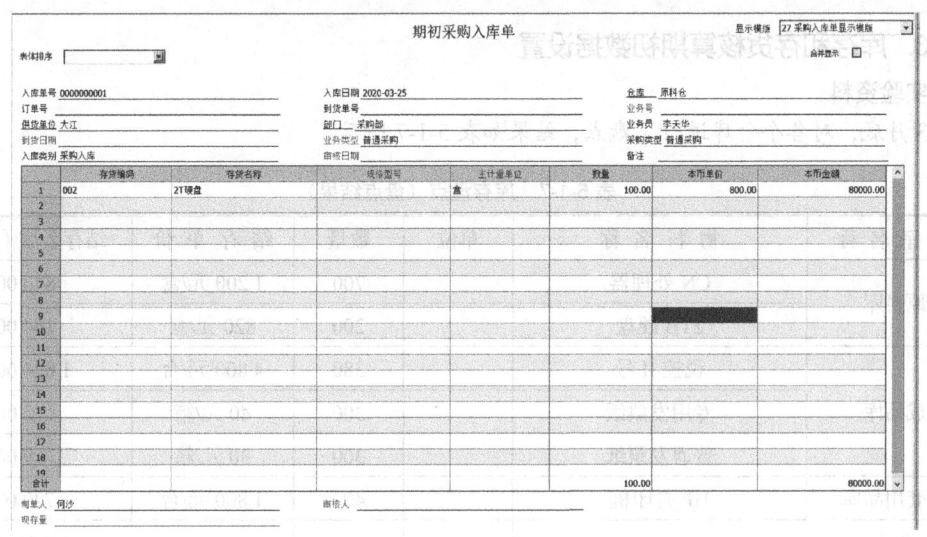

图 5-1-34　录入的期初采购入库单

④ 单击"保存"按钮，保存期初采购入库单信息。

2. 销售管理期初数据设置

实验资料

3 月 28 日，销售部向天津大华公司出售税控Ⅱ号 10 台，单价（无税单价）为 6 500 元/台，由成品仓库发货。该发货单尚未开票。

① 执行"业务工作—供应链 | 销售管理"命令，打开销售管理系统。

② 在销售管理系统中，执行"设置 | 期初录入 | 期初发货单"命令，打开"期初发货单"窗口。

③ 单击"增加"按钮，根据实验资料录入期初发货单信息，如图 5-1-35 所示。

图 5-1-35　录入的期初发货单信息

④ 单击"保存"按钮，保存"期初发货单"信息。

⑤ 单击"审核"按钮，审核确认发货单信息。

3. 库存和存货核算期初数据设置

实验资料

3月底，对各个仓库进行了盘点，结果如表 5-1-7 所示。

表 5-1-7　库存盘点（盘点结果）

仓库名称	物料名称	单位	数量	结存单价	结存金额（元）
原料库	CN 处理器		700	1 200 元/盒	840 000
	2TB 硬盘		200	820 元/盒	164 000
成品库	税控 II 号		380	4 800 元/台	1 824 000
	专用发票纸		300	40 元/箱	12 000
	普通发票纸		300	30 元/箱	9 000
配套用品库	HP 打印机		400	1 800 元/台	720 000
合计					3 569 000

（1）库存管理系统期初数据录入

① 执行"业务工作—供应链 | 库存管理"命令，打开库存管理系统。

② 在库存管理系统中，执行"初始设置 | 期初结存"命令，打开"库存期初"窗口。

③ 在"库存期初"窗口，在"仓库"栏选择"原料仓"。

④ 单击"修改"按钮，单击"存货编码"栏中的"参照"按钮，选择"CN 处理器"，在"数

量"栏中输入700,在"单价"栏中输入1200。

⑤ 参照步骤④ 继续输入原料仓中其他其储存数据。单击"保存"按钮,保存已录入的存货信息。

⑥ 单击"批审"按钮,确认原料仓录入的存货信息,如图5-1-36所示。

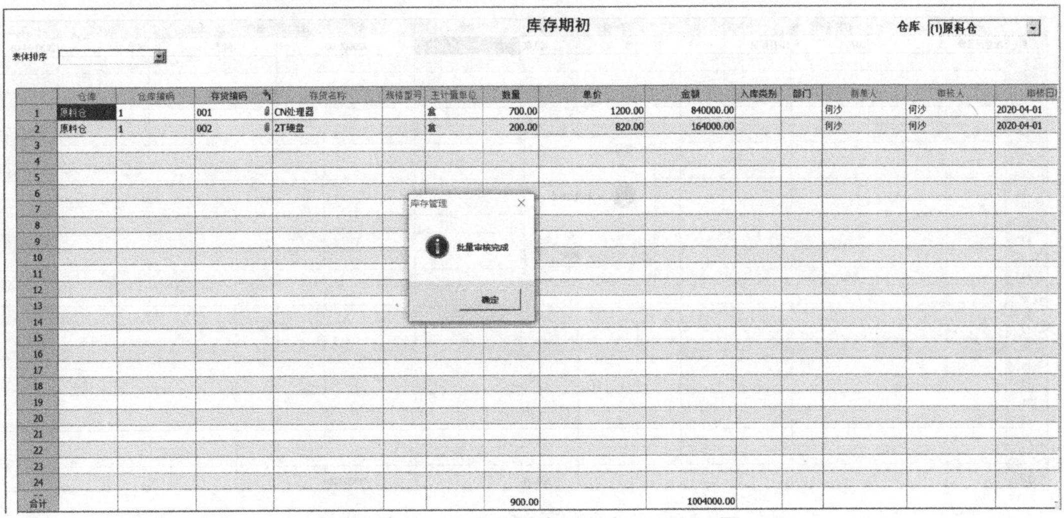

图 5-1-36 确认原料仓录入的存货信息

⑦ 单击"确定"按钮。

⑧ 在"库存期初"窗口,在"仓库"栏选择"成品仓"。单击"修改"按钮,依次输入成品仓的期初结存数据并保存。

⑨ 单击"批审"按钮,确认成品仓录入的存货信息,如图5-1-37所示。

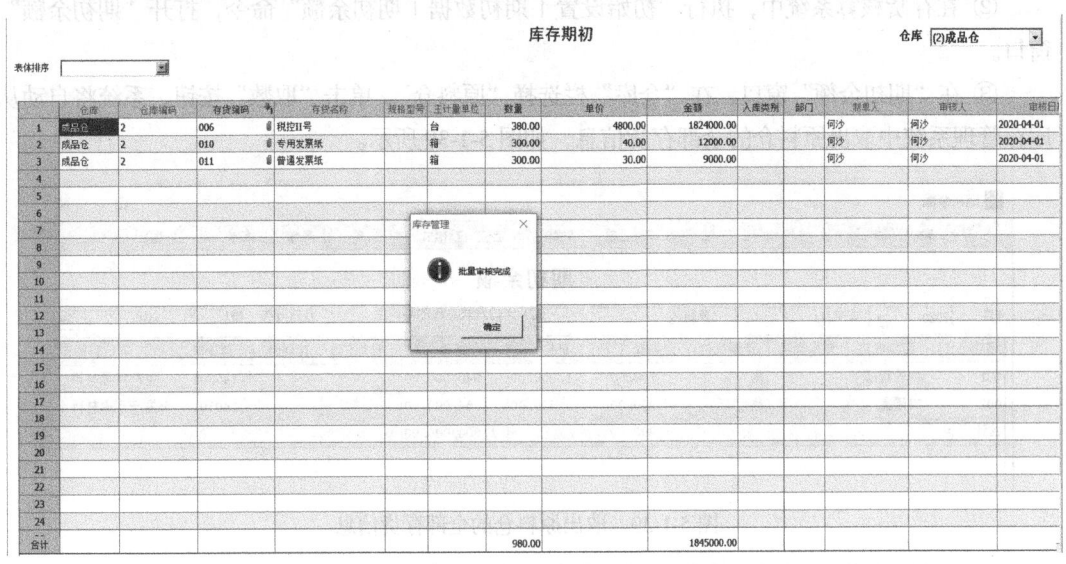

图 5-1-37 确认成品仓录入的存货信息

⑩ 单击"确定"按钮。

⑪ 在"库存期初"窗口,在"仓库"栏选择"配套用品库"。单击"修改"按钮,依次输入

配套用品库的期初结存数据并保存。

⑫ 单击"批审"按钮，确认配套用品库录入的存货信息，如图5-1-38所示。

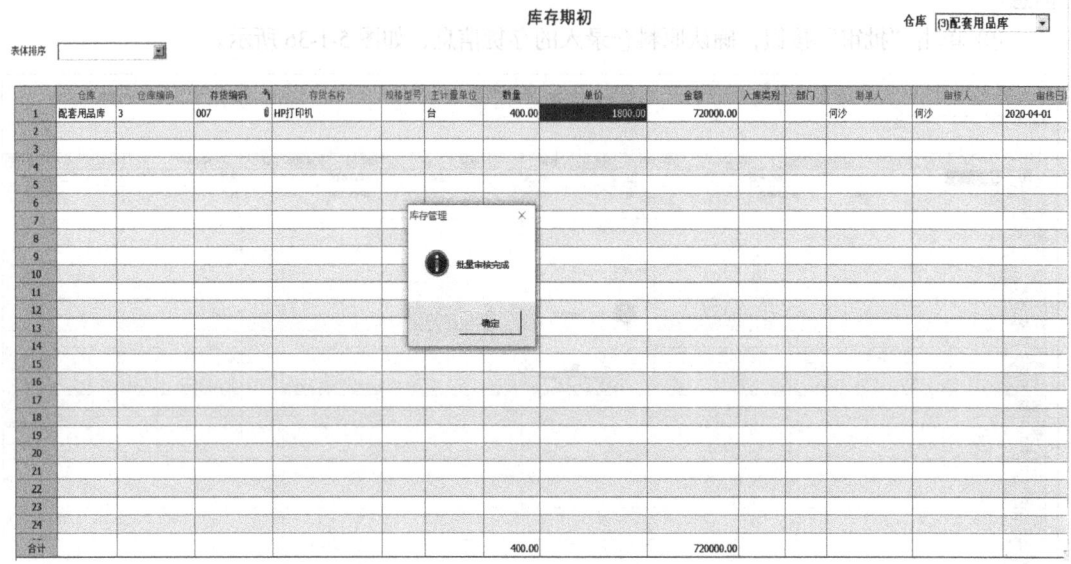

图 5-1-38　确认配套用品库录入的存货信息

⑬ 单击"确定"按钮。

（2）存货核算系统期初数据录入及对账

1）存货期初数据录入

① 执行"业务工作—供应链 | 存货核算"命令，打开存货核算系统。

② 在存货核算系统中，执行"初始设置 | 期初数据 | 期初余额"命令，打开"期初余额"窗口。

③ 在"期初余额"窗口，在"仓库"栏选择"原料仓"。单击"取数"按钮，系统将自动从库存管理系统中取出原料仓的全部存货信息，如图5-1-39所示。

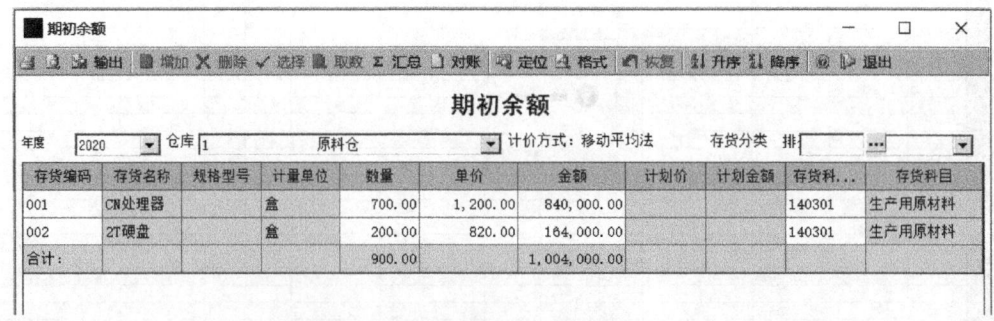

图 5-1-39　取出原料仓的全部存货信息

④ 参照步骤③ 对成品库和配套用品库进行取数操作。

2）存货管理系统与库存管理系统进行期初对账

① 在存货核算系统中，执行"初始设置 | 期初数据 | 期初余额"命令，打开"期初余额"窗口。

② 单击"对账"按钮,选择所有仓库,系统将自动对存货核算系统与库存管理系统的存货数据进行核对,如图 5-1-40 所示。

③ 如果对账成功,系统将弹出"对账成功"信息提示框,单击"确定"按钮。

④ 单击"退出"按钮。

4. 应收款管理系统期初数据设置

实验资料

应收款以应收单形式录入的结果,如表 5-1-8 所示。

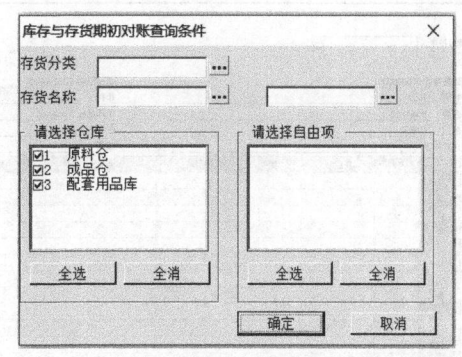

图 5-1-40 对存货核算系统与库存核算系统的存货数据进行核对

表 5-1-8 应收账以应收单形式录入的结果

日 期	客 户	方 向	金额(元)	业 务 员
2020-02-25	重庆嘉陵公司	借	99 600	刘一江
2020-03-10	天津大华公司	借	58 000	刘一江
	合计	借	157 600	

(1) 应收款期初数据录入

① 执行"业务工作—财务会计 | 应收款管理"命令,打开应收款管理系统。

② 在应收款管理系统中,执行"设置 | 期初余额"命令,打开"期初余额—查询"窗口。

③ 单击"确定"按钮,打开"期初余额明细表"窗口。

④ 单击"增加"按钮,打开"单据类别"对话框。

⑤ 单击"单据名称"栏的下拉按钮,选择"应收单";单击"单据类型"栏的下拉按钮,选择"其他应收单";单击"方向"栏的下拉按钮,选择"正向",如图 5-1-41 所示。

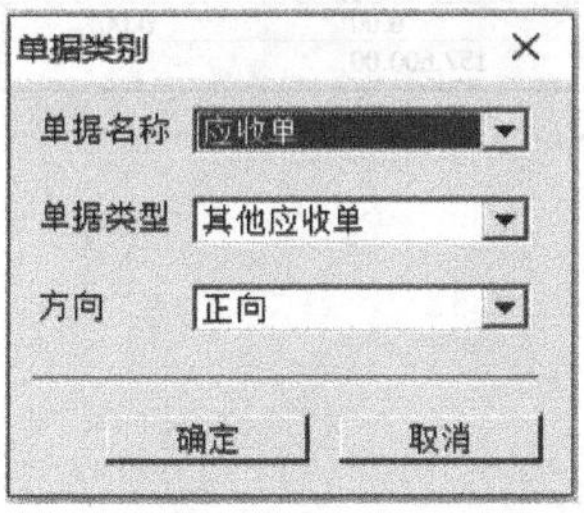

图 5-1-41 单据类别设置(应收款管理系统)

⑥ 单击"确定"按钮,打开"应收单"对话框。

⑦ 单击"增加"按钮,在表头信息中修改"单据时间"为"2020-02-25",在"客户"栏选择"重庆嘉陵公司",在"本币金额"栏录入"99600",在"业务员"栏选择"刘一江"。

⑧ 单击"保存"按钮,应收单设置结果如图 5-1-42 所示。

⑨ 参照步骤③~⑧ 录入所有的应收账款期初余额。

(2) 应收款管理系统与总账系统对账

① 在应收款管理系统中,执行"设置 | 期初余额"命令,打开"期初余额—查询"窗口。

② 单击"确定"按钮,打开"期初余额明细表"窗口,如图 5-1-43 所示。

③ 单击"对账"按钮,打开"期初对账"选项卡,如图 5-1-44 所示。

④ 如果对账无误,单击"退出"按钮。

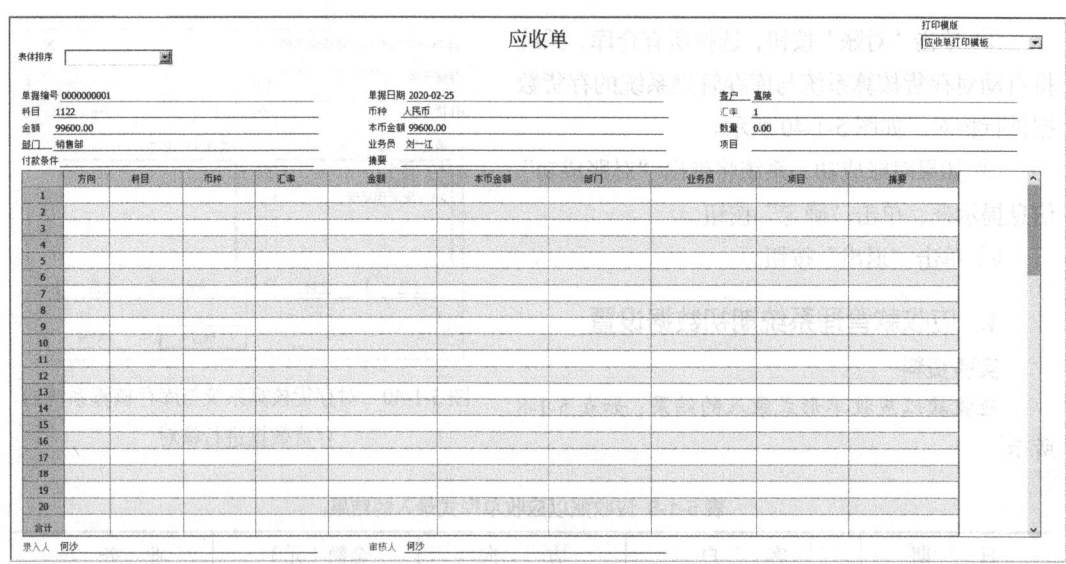

图 5-1-42 应收单设置结果

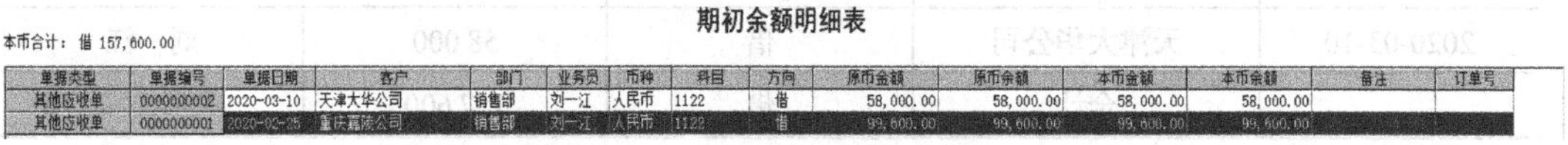

期初余额明细表

本币合计：借 157,600.00

单据类型	单据编号	单据日期	客户	部门	业务员	币种	科目	方向	原币金额	原币余额	本币金额	本币余额	备注	订单号
其他应收单	0000000002	2020-03-10	天津大华公司	销售部	刘一江	人民币	1122	借	58,000.00	58,000.00	58,000.00	58,000.00		
其他应收单	0000000001	2020-02-25	重庆嘉陵公司	销售部	刘一江	人民币	1122	借	99,600.00	99,600.00	99,600.00	99,600.00		

图 5-1-43 “期初余额明细表”窗口

简易桌面 | 期初余额 | 期初对账 | 期初余额 | 期初对账

科目		应收期初		总账期初		差额	
编号	名称	原币	本币	原币	本币	原币	本币
1122	应收账款	157,600.00	157,600.00	157,600.00	157,600.00	0.00	0.00
122101	应收单位款	0.00	0.00	0.00	0.00	0.00	0.00
2203	预收账款	0.00	0.00	0.00	0.00	0.00	0.00
	合计		157,600.00		157,600.00		0.00

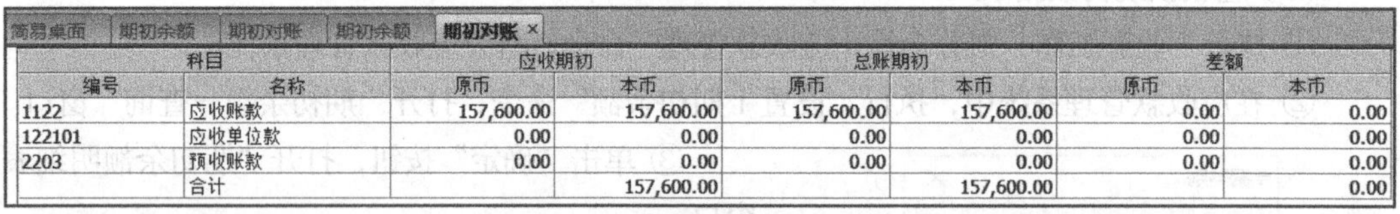

图 5-1-44 “期初对账”选项卡

5. 应付款管理系统期初数据设置

实验资料

应付账款以应付单形式录入的结果如表 5-1-9 所示。

表 5-1-9 以应付单形式录入的结果

日 期	供 应 商	方 向	金额（元）	业 务 员	备 注
2020-01-20	重庆大江公司	贷	196 850	杨真	
2020-03-25	重庆大江公司	贷	80 000	杨真	未收到发票

（1）应付款期初数据录入

① 执行“业务工作—财务会计 | 应付款管理”命令，打开应付款管理系统。

② 在应付款管理系统中，执行“设置 | 期初余额”命令，打开“期初余额—查询”窗口。

③ 单击“确定”按钮，打开“期初余额明细表”窗口。

④ 单击“增加”按钮，打开“单据类别”对话框。

⑤ 单击“单据名称”栏的下拉按钮，选择“应付单”，单击“单据类型”栏的下拉按钮，选择“其他应付单”，单击“方向”栏的下拉按钮，选择“正向”，如图 5-1-45 所示。

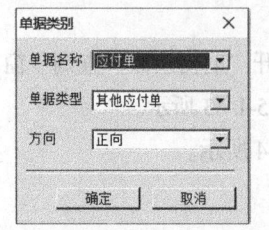

图 5-1-45 单据类别设置（应付款管理系统）

⑥ 单击“确定”按钮，打开“应付单”对话框。

⑦ 单击“增加”按钮，修改单据时间为“2020-01-20”，在“供应商”栏选择“重庆大江公司”，在“本币金额”栏录入“196850”，在“业务员”栏选择“杨真”，应付单设置结果如图 5-1-46 所示。

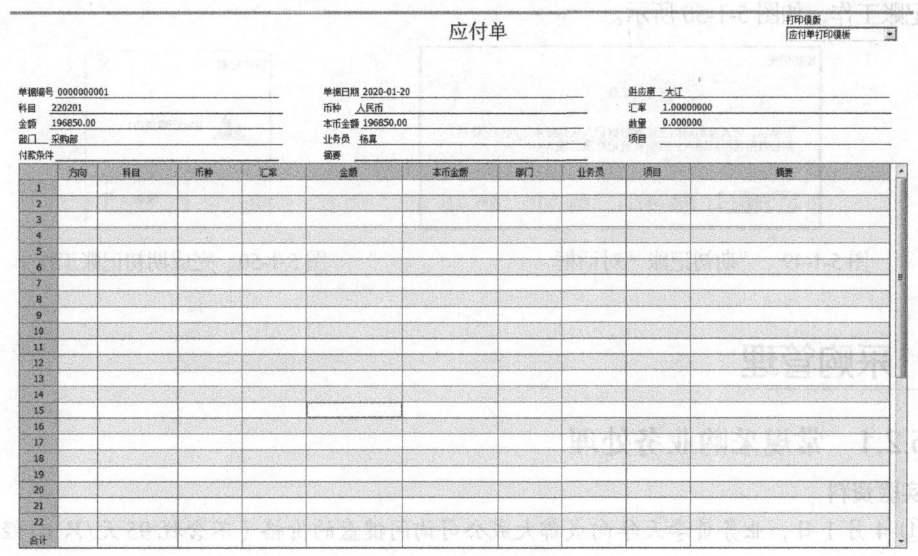

图 5-1-46 应付单设置结果

⑧ 单击“保存”按钮。

⑨ 参照步骤⑦～⑧，录入应付账款——暂估应付款（220202）的期初余额 80 000 元。

（2）应付款管理系统与总账系统对账

① 在应付款管理系统中，执行“设置 | 期初余额”命令，打开“期初余额—查询”窗口。

② 单击“确定”按钮，打开“期初余额明细表”窗口，如图 5-1-47 所示。

期初余额明细表

本币合计 贷 276,850.00

单据类型	单据编号	单据日期	供应商	部门	业务员	币种	科目	方向	原币金额	原币余额	本币金额	本币余额
其他应付单	0000000001	2020-01-20	重庆大江公司	采购部	杨真	人民币	220201	贷	196,850.00	196,850.00	196,850.00	196,850.00
其他应付单	0000000002	2020-03-25	重庆大江公司	采购部	杨真	人民币	220201	贷	80,000.00	80,000.00	80,000.00	80,000.00

图 5-1-47 “期初余额明细表”窗口

③ 单击“对账”按钮，打开“期初对账”选项卡，如图 5-1-48 所示。

科目		应付期初		总账期初		差额	
编号	名称	原币	本币	原币	本币	原币	本币
1123	预付账款	0.00	0.00	0.00	0.00	0.00	0.00
220201	应付货款	196,850.00	196,850.00	196,850.00	196,850.00	0.00	0.00
220202	应付暂估款	80,000.00	80,000.00	80,000.00	80,000.00	0.00	0.00
	合计		276,850.00		276,850.00		0.00

图 5-1-48 “期初对账”选项卡窗口

④ 如果对账无误，单击“退出”按钮。

（3）供应链管理系统期初记账

1）采购管理系统期初记账

① 执行“业务工作—供应链 | 采购管理”命令，打开采购管理系统。

② 在采购管理系统中，执行“设置 | 采购期初记账”命令，打开“期初记账“对话框，如图 5-1-49 所示。

③ 单击“记账”按钮，系统会弹出“期初记账完毕”信息提示框。

④ 单击“确定”按钮，完成采购管理系统期初记账工作。

2）存货核算系统期初记账

① 执行"业务工作—供应链｜存货核算"命令，打开存货核算系统。

② 执行"初始设置｜期初数据｜期初余额"命令，打开期初余额窗口。

③ 单击"记账"按钮，系统弹出"期初记账成功"信息提示框。单击"确定"按钮，完成期初记账工作，如图 5-1-50 所示。

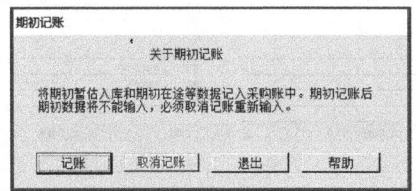

图 5-1-49 "期初记账"对话框　　　　图 5-1-50 完成期初记账工作

5.2 采购管理

5.2.1 常规采购业务处理

实验资料

① 4月1日，业务员李天华向成都大成公司询问键盘的价格（不含税95元/只），经过评估后确认价格合理，随即向主管领导提出请购要求，请购数量为300只。领导同意向成都大成公司订购键盘300只，单价为95元/只，要求到货日期为4月3日。

② 4月3日，收到所订购的键盘300只，填制到货单。将所收到的货物验收入原料库，填制采购入库单。当天收到该笔货物的专用发票一张，发票号为00001。业务部门将采购发票交给财务部门，财务部门确定此业务所涉及的应付账款及采购成本。

③ 4月4日，财务部门开出工行转账支票一张，支票号为ZZ123，付清采购货款。

1. 填制请购单

将系统时间调整为2020年4月1日，重新注册。

① 执行"业务工作—供应链｜采购管理"命令，打开采购管理系统。

② 在采购管理系统中，执行"请购｜请购单"命令，打开"采购请购单"窗口。

③ 单击"增加"按钮，选择"业务类型"为"普通采购"，"部门"为"采购部"，"采购类型"为"普通采购"，"存货编码"选择"004"，"数量"栏中输入300，"原币单价"栏中输入"95"，单击"保存"按钮。

④ 单击"审核"按钮，审核采购请购单，审核后的采购请购单如图 5-2-1 所示。

2. 生成采购订单

① 在采购管理系统中，执行"采购订货｜采购订单"命令，打开"采购订单"窗口。

② 单击"增加"按钮，然后单击"生单"下拉按钮，选择"请购单"，打开"查询条件选择—采购请购单列表过滤"对话框，如图 5-2-2 所示。

③ 单击"确定"按钮，打开"复制并执行"窗口，如图 5-2-3 所示。注：因考虑遵循软件中的真实显示，全书涉及"拷贝"一词的软件截图均未改为"复制"，但考虑出版要求，正文中将"拷贝"统改为"复制"。

④ 在订单复制请购单表头列表中，双击选中需要复制的采购请购单记录，"选择"栏随即打

上"Y"标志，如图 5-2-4 所示。

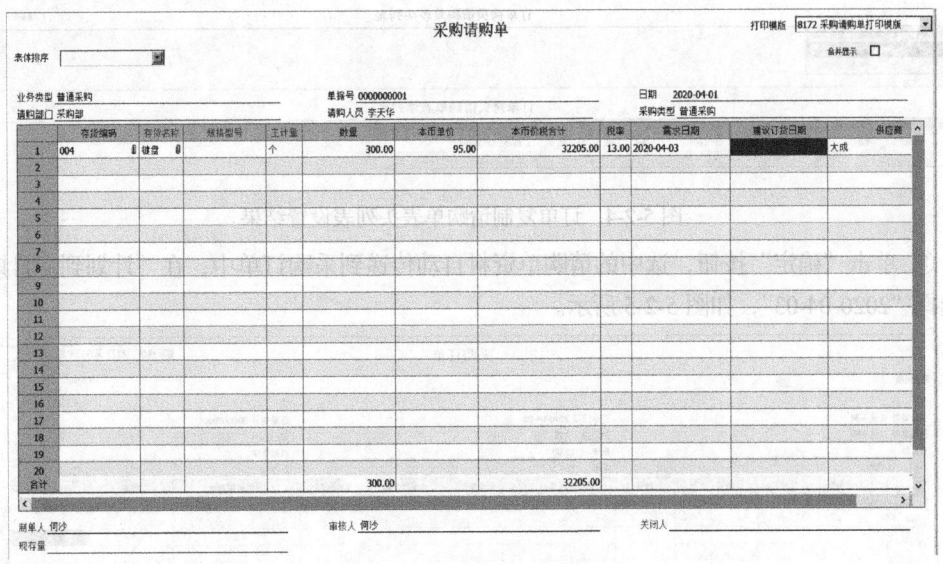

图 5-2-1 审核后的采购请购单

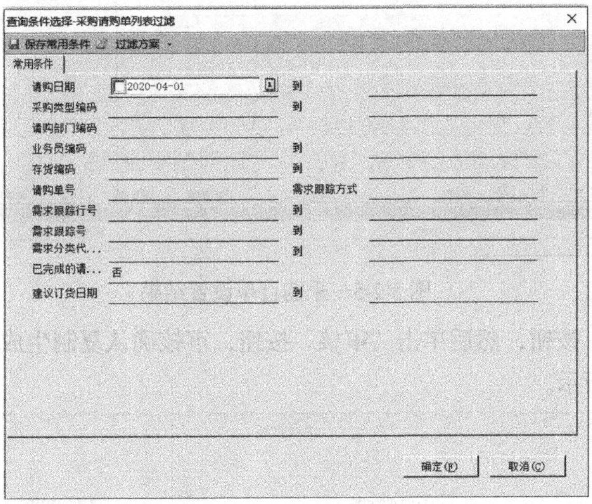

图 5-2-2 "查询条件选择—采购请购单列表过滤"对话框

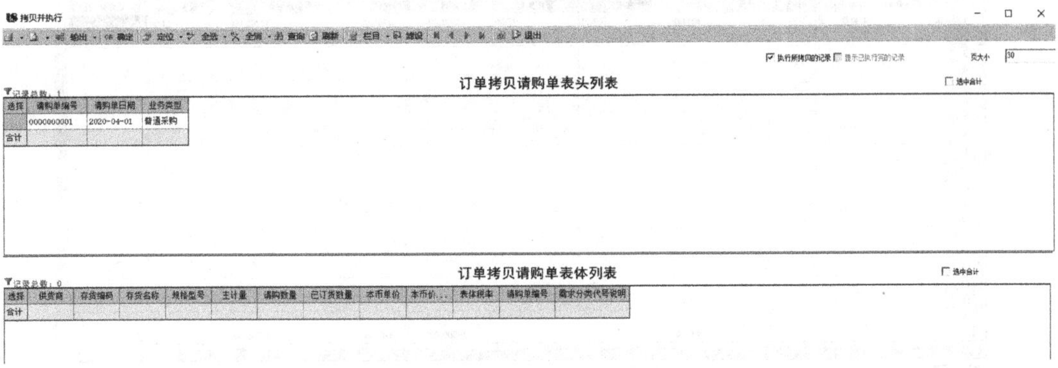

图 5-2-3 "复制并执行"窗口

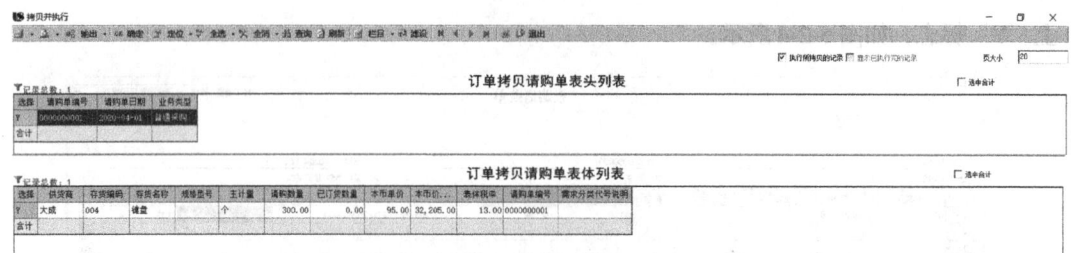

图 5-2-4 订单复制请购单表头列表设置结果

⑤ 单击"确定"按钮,选中的请购单资料自动传递到采购订单中,在"计划到货日期"栏中选择"2020-04-03",如图 5-2-5 所示。

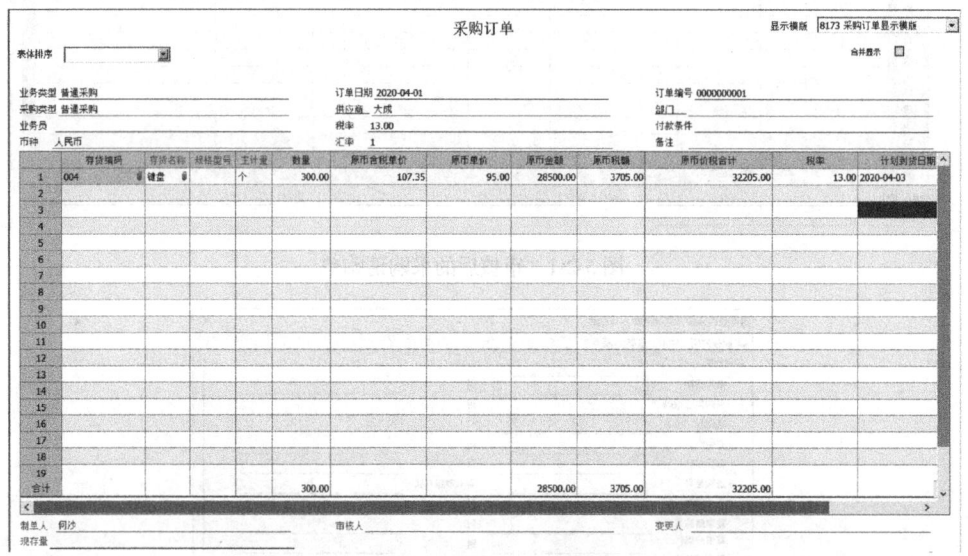

图 5-2-5 采购订单设置结果

⑥ 单击"保存"按钮,然后单击"审核"按钮,审核确认复制生成的采购订单,审核后的采购订单如图 5-2-6 所示。

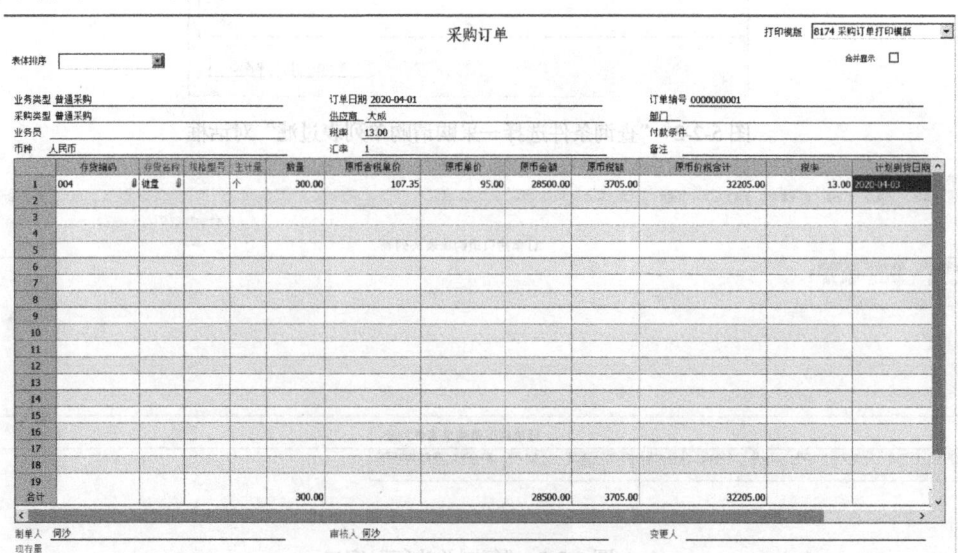

图 5-2-6 审核后的采购订单

3. 生成采购到货单

将系统时间调整为 2020 年 4 月 3 日，重新注册。

① 在采购管理系统中，执行"采购到货 | 到货单"命令，打开"到货单"窗口。

② 单击"增加"按钮。

③ 单击"生单"下拉按钮，选择"采购订单"，打开"查询条件选择"对话框，单击"确定"按钮，打开"复制并执行"窗口。

④ 在"复制并执行"窗口中，选择需要复制的采购订单，单击"确定"按钮，系统自动生成到货单。

⑤ 单击"保存"按钮，根据采购订单生成采购到货单，如图 5-2-7 所示。

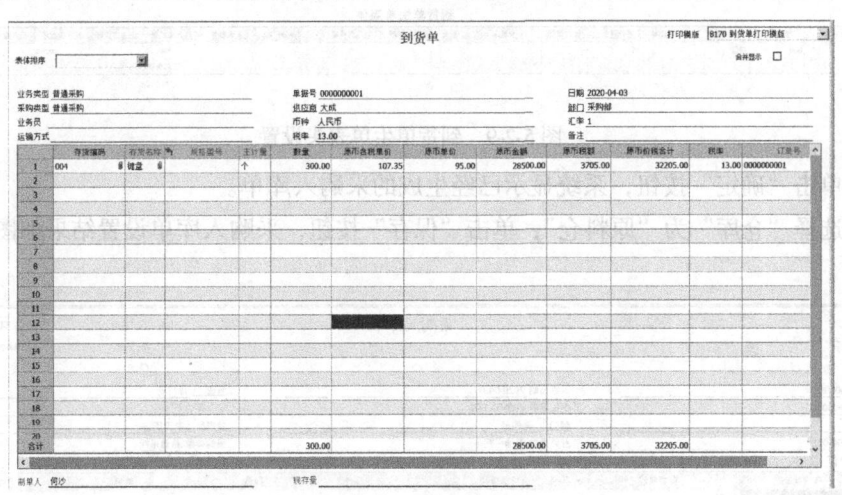

图 5-2-7　采购到货单

⑥ 单击"审核"按钮，审核确认复制生成的采购到货单。

⑦ 单击"退出"按钮，退出"到货单"窗口。

4. 生成采购入库单

① 在库存管理系统中，执行"入库业务 | 采购入库单"命令，打开"采购入库单"窗口。

② 单击"生单"下拉按钮，选中"采购到货单（蓝字）"，打开"查询条件选择"对话框，单击"确定"按钮，打开"到货单生单列表"窗口，如图 5-2-8 所示。

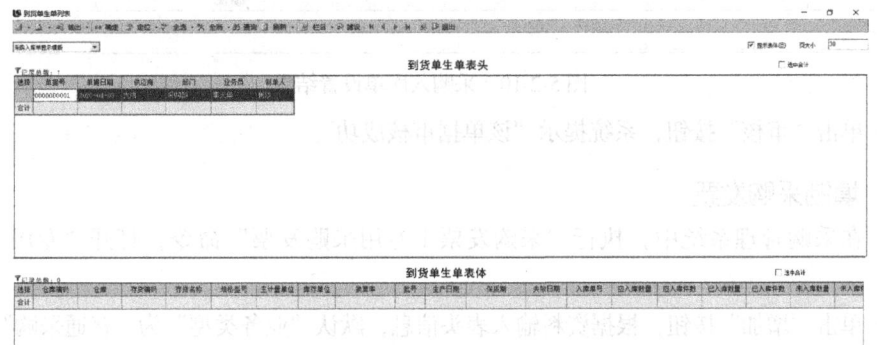

图 5-2-8　"到货单生单列表"窗口

③ 在到货单生单表头，选中需要复制的到货单记录，双击"选择"栏，"选择"栏显示"Y"

标志，如图 5-2-9 所示。

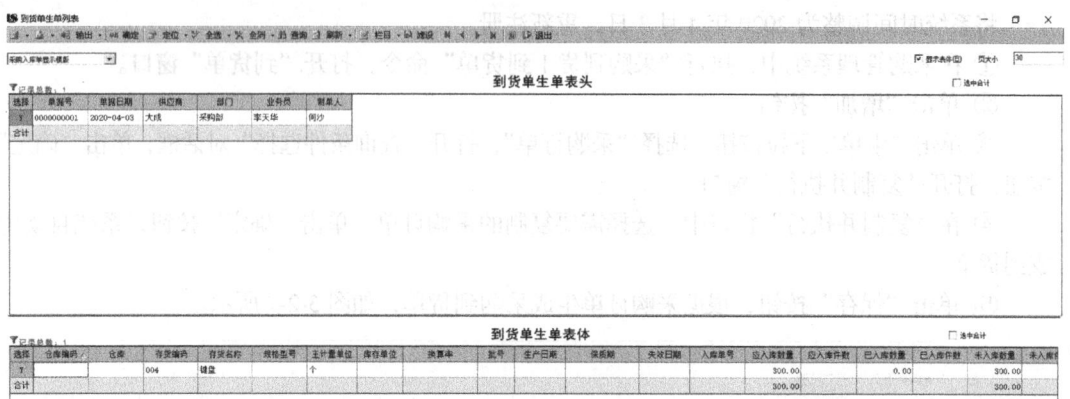

图 5-2-9　到货单生单表头设置

④ 单击"确定"按钮，系统显示已经生成的采购入库单。

⑤ 选择"仓库"为"原料仓"，单击"保存"按钮，采购入库单设置结果如图 5-2-10 所示。

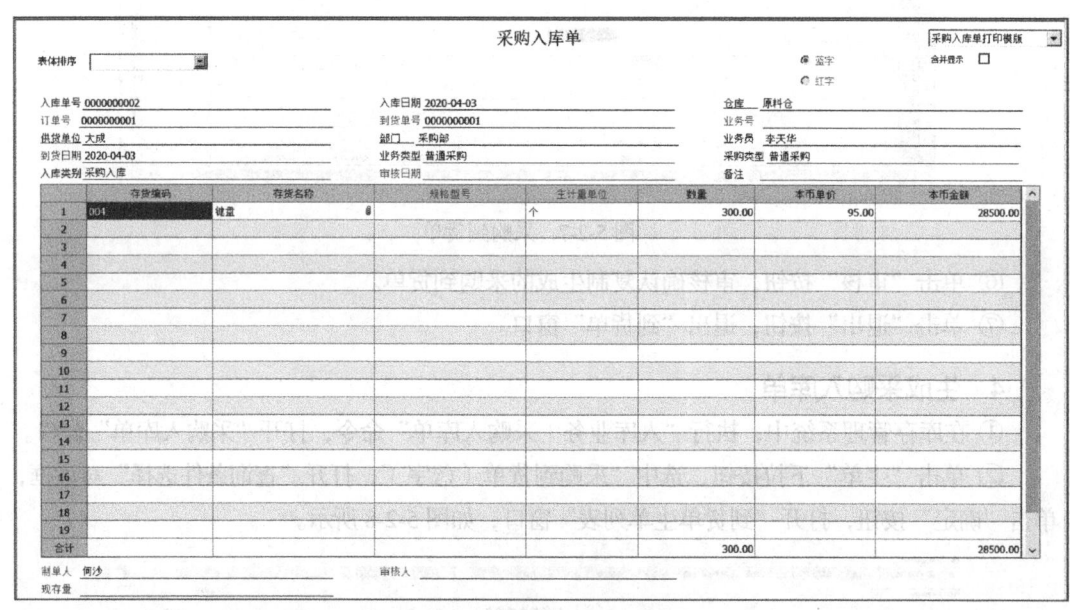

图 5-2-10　采购入库单设置结果

⑥ 单击"审核"按钮，系统提示"该单据审核成功"。

5. 填制采购发票

① 在采购管理系统中，执行"采购发票 | 专用采购发票"命令，打开"专用发票"对话框。

② 单击"增加"按钮，根据资料输入表头信息，默认"业务类型"为"普通采购"，采购专用发票业务类型设置结果如图 5-2-11 所示。

③ 单击"生单"下拉按钮，选择"入库单"。打开"查询条件选择—采购入库单列表过滤"对话框，如图 5-2-12 所示。

④ 单击"确定"按钮,打开"复制并执行"窗口。在发票复制入库单表头列表中,双击需要复制的采购入库单记录,"选择"栏显示"Y"标志,如图 5-2-13 所示。

⑤ 单击"确定"按钮,系统将参照采购入库单自动生成采购专用发票,如图 5-2-14 所示。

⑥ 所有信息录入完成后,单击"保存"按钮,保存采购专用发票。

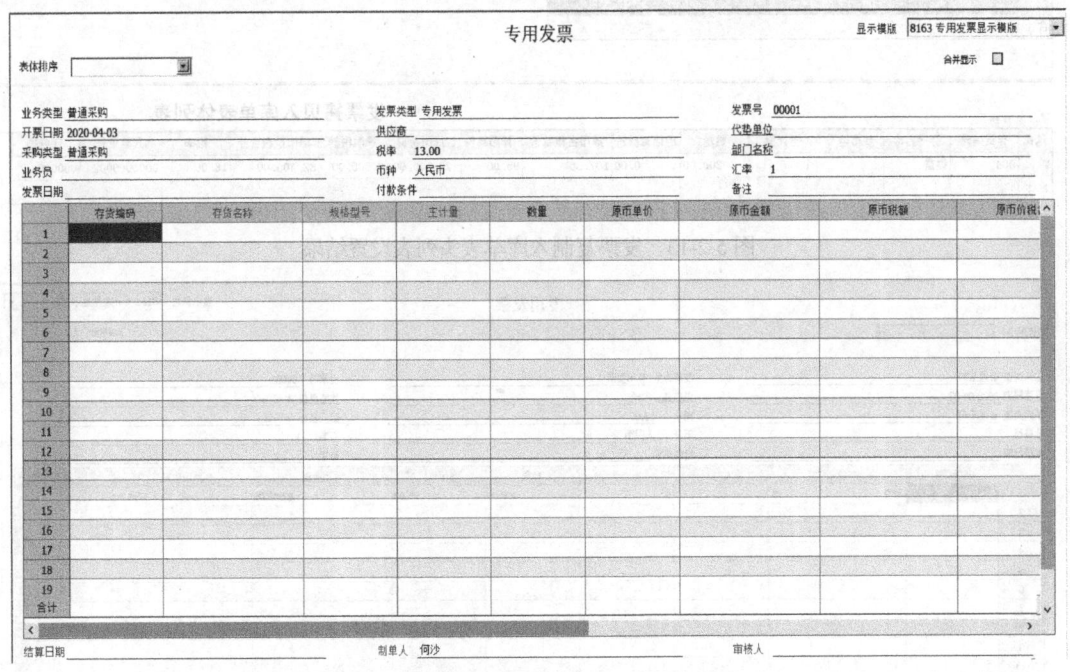

图 5-2-11 采购专用发票业务类型设置结果

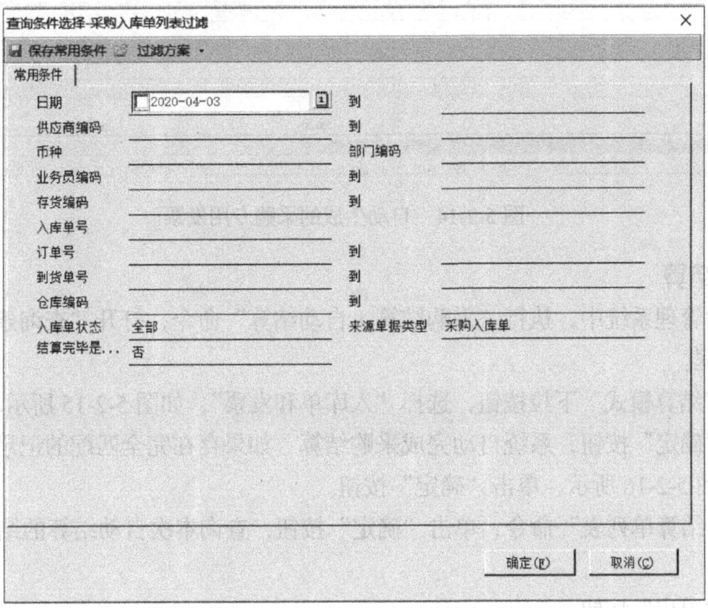

图 5-2-12 "查询条件选择—采购入库单列表过滤"对话框

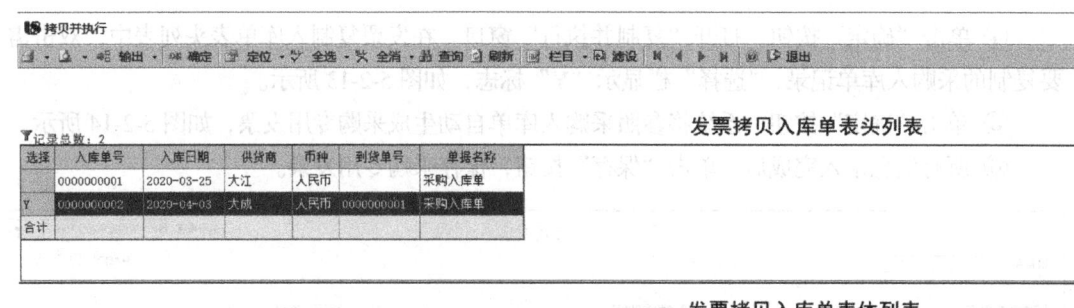

图 5-2-13　发票复制入库单表头列表设置结果

图 5-2-14　自动生成的采购专用发票

6. 采购结算

① 在采购管理系统中，执行"采购结算 | 自动结算"命令，打开"查询条件选择——采购自动结算"对话框。

② 单击"结算模式"下拉按钮，选择"入库单和发票"，如图 5-2-15 所示。

③ 单击"确定"按钮，系统自动完成采购结算。如果存在完全匹配的记录，则系统弹出信息提示框，如图 5-2-16 所示，单击"确定"按钮。

④ 执行"结算单列表"命令，单击"确定"按钮，查询本次自动结算的结果，如图 5-2-17 所示。

⑤ 单击"退出"按钮。

7. 核算采购成本并制单

① 在存货核算管理系统中，执行"业务核算 | 正常单据记账"命令，打开"正常单据记账"

窗口。单击“仓库”下拉按钮，选择“原料库”，如图 5-2-18 所示。

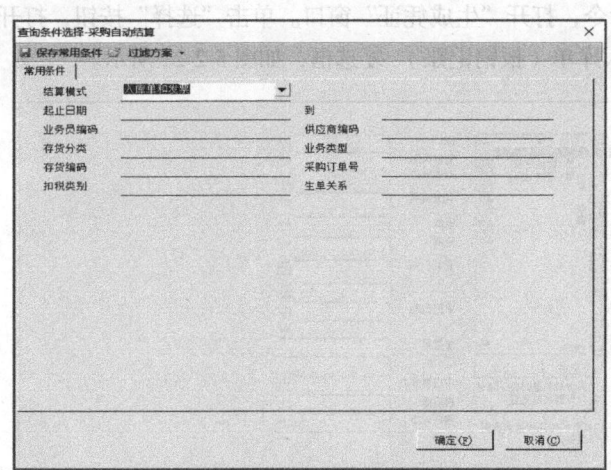

图 5-2-15　选择“入库单和发票”

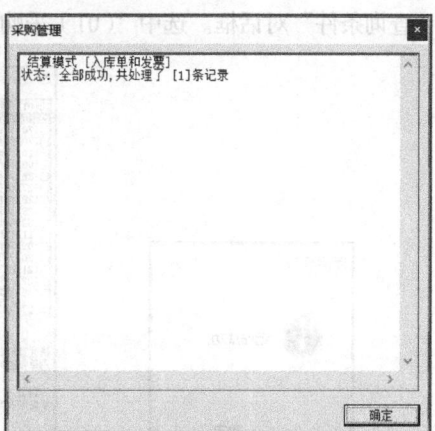

图 5-2-16　信息提示框

结算单列表

记录总数：1

选择	结算单号	结算日期	供应商	入库单号/...	发票号	存货编码	存货名称	规格型号	主计量	结算数量	结算单价	结算金额	暂估单价	暂估金额	制单人
	000000000000001	2018-04-03	大成	0000000002	00001	004	键盘		个	300.00	95.00	28,500.00	95.00	28,500.00	何沙
合计										300.00		28,500.00		28,500.00	

图 5-2-17　查询本次自动结算的结果

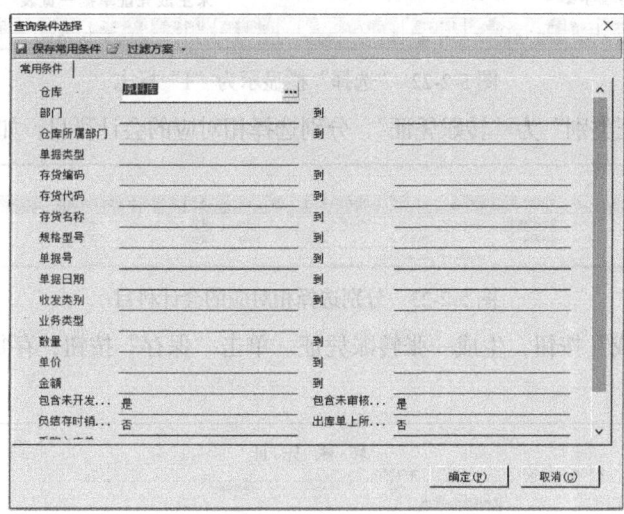

图 5-2-18　选择“原料库”

② 单击“确定”按钮，打开“正常单据记账列表”窗口。双击符合条件的未记账单据记录，“选择”栏显示“Y”标志，如图 5-2-19 所示。

正常单据记账列表

记录总数：1

选择	日期	单据号	存货编码	存货名称	规格型号	存货代码	单据类型	仓库名称	收发类别	数量	单价	金额	计划单价	计划金额	供应商简称	计量单位
Y	2018-04-03	0000000002	004	键盘			采购入库单	原料仓	采购入库	300.00	95.00	28,500.00			大成	个
小计										300.00		28,500.00				

图 5-2-19　“选择”栏显示“Y”标志

③ 单击“记账”按钮，系统弹出“记账成功”信息提示框，表示将相应的采购入库单记账，如图 5-2-20 所示。

④ 单击“确定”按钮。

⑤ 执行“财务核算 | 生成凭证”命令，打开“生成凭证”窗口。单击“选择”按钮，打开“查询条件”对话框。选中“(01) 采购入库单（报销记账）”复选框，如图 5-2-21 所示。

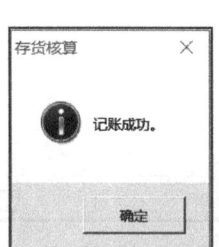

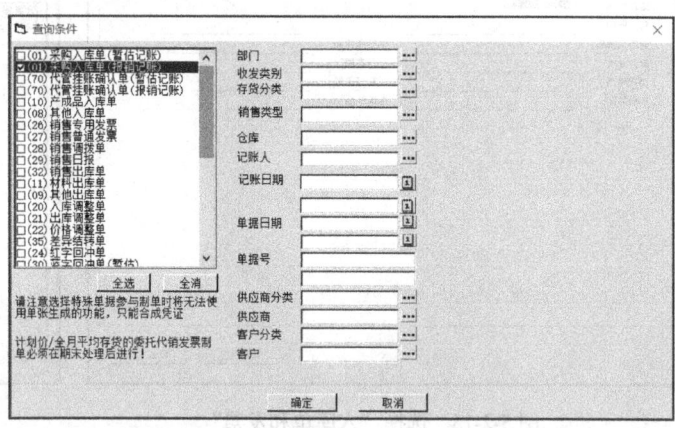

图 5-2-20 “记账成功”信息提示框

图 5-2-21 选中“(01) 采购入库单（报销记账）”复选框

⑥ 单击“确定”按钮，打开“未生成凭证单据一览表”窗口。单击“全选”按钮，“选择”栏显示为“1”标志，如图 5-2-22 所示。单击“确定”按钮。

□ 已结算采购入库单自动选择全部结算单上单据（包括入库单、发票、付款单），非本月采购入库单按蓝字报销单制单

未生成凭证单据一览表

选择	记账日期	单据日期	单据类型	单据号	仓库	收发类别	记账人	部门	部门编码	业务单号	业务类型	计价方式	备注	摘要	供应商	客户
1	2020-04-03	2020-04-03	采购入库单	0000000002	原料仓	采购入库	何沙	采购部	202		普通采购	移动平均法		采购入库单	成都大成公	

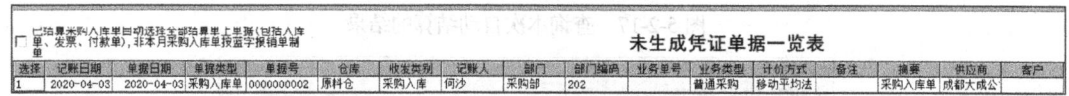

图 5-2-22 “选择”栏显示为“1”标志

⑦ 选择“凭证类别”为“转账凭证”，分别选择相对应的会计科目，如图 5-2-23 所示。

凭证类别 转 转账凭证

选择	单据类型	单据号	摘要	科目类型	科目编码	科目名称	借方金额	贷方金额	借方数量	贷方数量	科目方向	存货编码	存货名称	...	部门编码	部门名称	业务员编码	业务员名称	供应商编码	供应商名称
	采购入库单	0000000002	采购入库单	存货	140301	生产用原材料	28,500.00		300.00		1	004	键盘		202	采购部	301	李天华	02	成都大成公司
				对方	1401	材料采购		28,500.00		300.00	2	004	键盘		202	采购部	301	李天华	02	成都大成公司
合计							28,500.00	28,500.00												

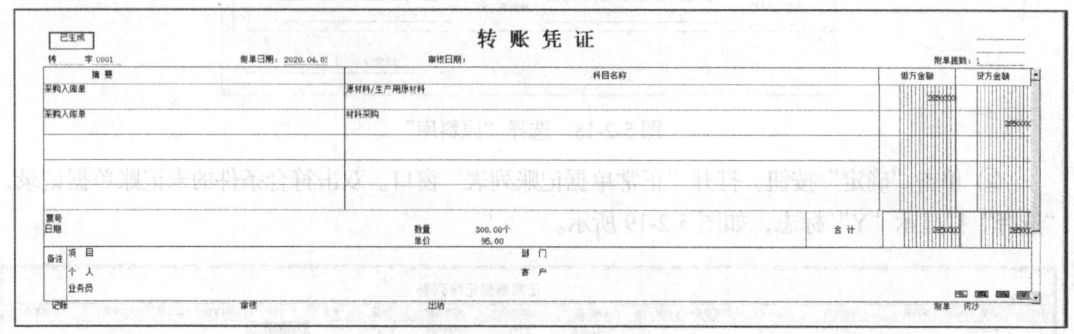

图 5-2-23 分别选择相对应的会计科目

⑧ 单击“生成”按钮，生成一张转账凭证。单击“保存”按钮，存货入库的转账凭证如图 5-2-24 所示。

图 5-2-24 存货入库的转账凭证

⑨ 单击“退出”按钮。

8. 确认应付账款并制单

① 执行“业务工作—财务会计 | 应付款管理”命令，打开应付款管理系统。

② 在应付款管理系统中，执行“应付单据处理 | 应付单据审核”命令，打开“应付单查询条件”对话框。录入需要的查询条件，如图 5-2-25 所示。

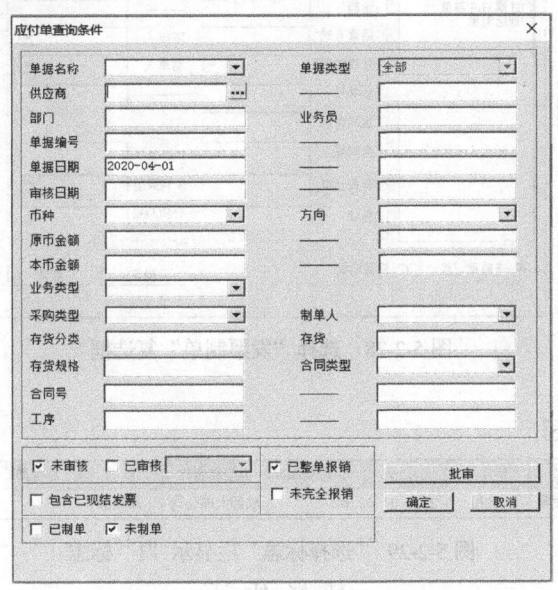

图 5-2-25　录入需要的查询条件

③ 单击“确定”按钮，打开“应付单据列表”窗口。双击“选择”栏，“选择”栏显示“Y”标志，如图 5-2-26 所示。

应付单据列表

记录总数：1

选择	审核人	单据日期	单据类型	单据号	供应商名称	部门	业务员	制单人	币种	汇率	原币金额	本币金额	备注
Y		2020-0...	采购专...	00001	成都大成公司	采购部		何沙	人民币	1.00000000	32,205.00	32,205.00	
合计											32,205.00	32,205.00	

图 5-2-26　“选择”栏显示“Y”标志

④ 单击“审核”按钮，系统完成审核，“审核人”栏显示“何沙”，如图 5-2-27 所示。

应付单据列表

记录总数：1

选择	审核人	单据日期	单据类型	单据号	供应商名称	部门	业务员	制单人	币种	汇率	原币金额	本币金额	备注
	何沙	2020-0...	采购专...	00001	成都大成公司	采购部		何沙	人民币	1.00000000	32,205.00	32,205.00	
合计											32,205.00	32,205.00	

图 5-2-27　“审核人”栏显示“何沙”

⑤ 单击“退出”按钮。

⑥ 执行“制单处理”命令，打开“制单查询”对话框，选择“发票制单”复选框，如图 5-2-28 所示。

⑦ 单击“确定”按钮，打开“采购发票制单”窗口。

⑧ 单击“凭证类别”下拉按钮，选择“转账凭证”，单击“全选”按钮，“选择标志”栏显示“1”标志，如图 5-2-29 所示。

⑨ 单击“制单”按钮，系统生成一张转账凭证，如图 5-2-30 所示。

⑩ 单击“应付账款/应付货款”会计科目，“应付账款/应付货款”处显示为“220201”，如图 5-2-31 所示。

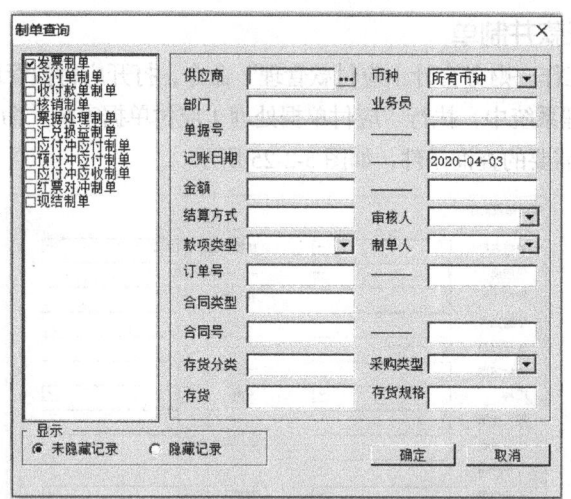

图 5-2-28 选择"发票制单"复选框

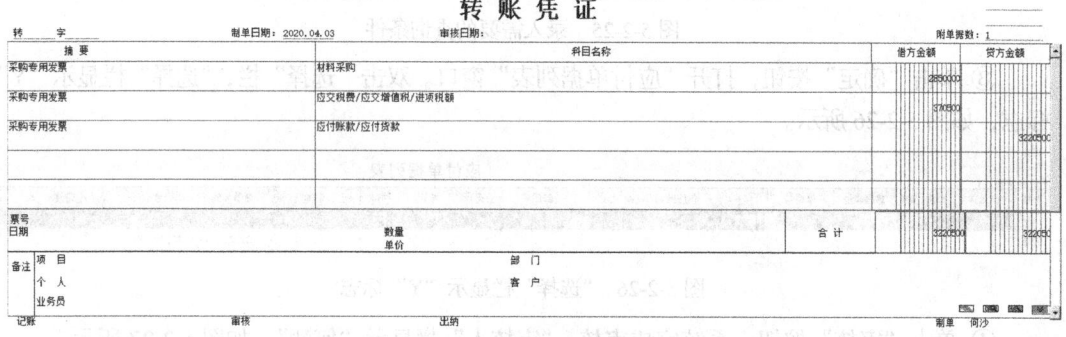

图 5-2-29 "选择标志"栏显示"1"标志

图 5-2-30 生成的转账凭证

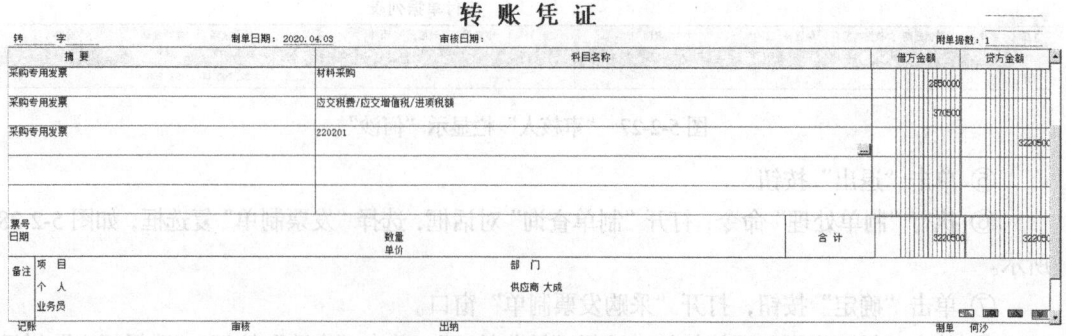

图 5-2-31 "应付账款/应付货款"处显示为"220201"

⑪ 当"应付账款/应付货款"处显示为"220201"时,双击"票号"后的空白处,弹出"辅助项"对话框,填写采购专用发票"票号"为"00001","发生日期"为"2020-04-03",如图 5-2-32 所示。

第 5 章 采购与应付款业务

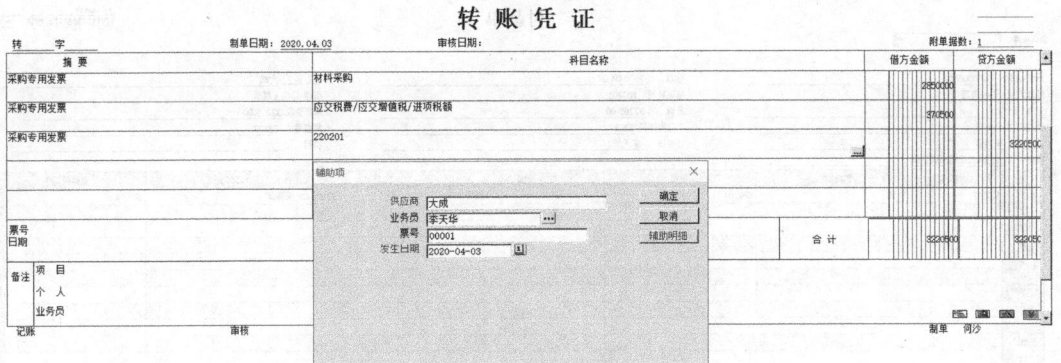

图 5-2-32 "发生日期"为"2020-04-03"

⑫ 单击"确定"按钮,"票号"后显示采购专用发票号为"00001","日期"后显示为"2020.04.03",如图 5-2-33 所示。

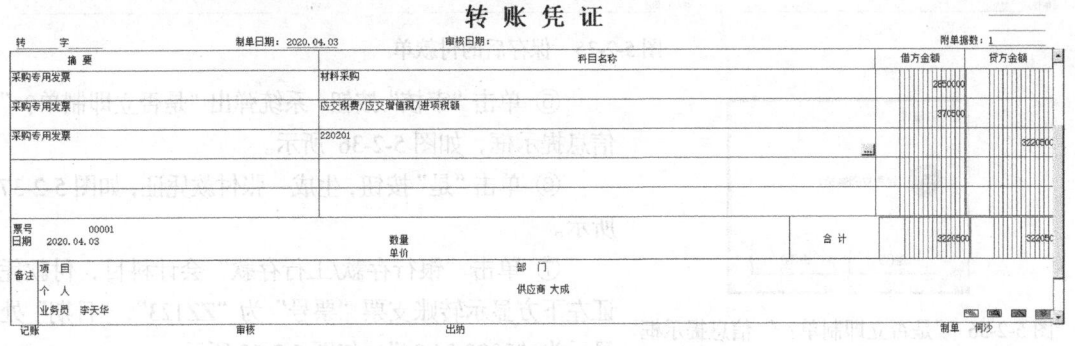

图 5-2-33 "日期"后显示为"2020.04.03"

⑬ 单击"保存"按钮,如图 5-2-34 所示。

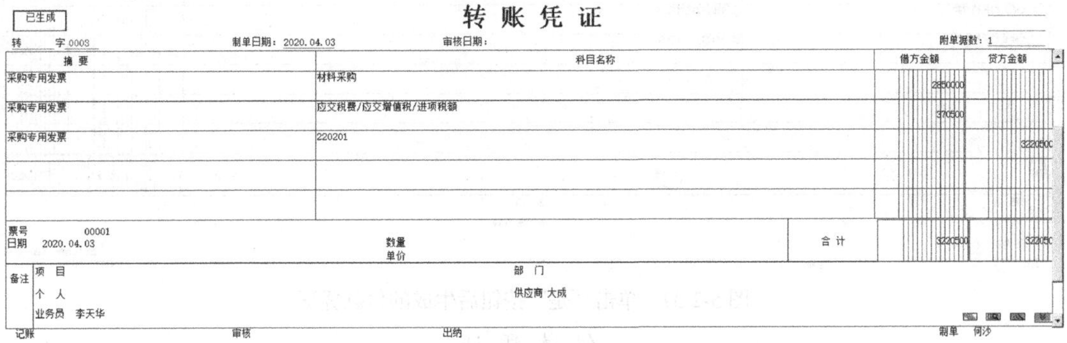

图 5-2-34 保存后的转账凭证

9. 付款并制单

修改系统日期为 2020 年 4 月 4 日,重新注册。

① 执行"业务工作—财务会计 | 应付款管理"命令,打开应付款管理系统。

② 在应付款管理系统中,执行"付款单据处理 | 付款单据录入"命令,打开"付款单"窗口。

③ 单击"增加"按钮,"供应商"处选择"成都大成公司","结算方式"处选择"转账支票","金额"处填写"32205","票据号"处填写"ZZ123","摘要"处填写"支付大成公司采购货款"。

④ 单击"保存"按钮,保存后的付款单如图 5-2-35 所示。

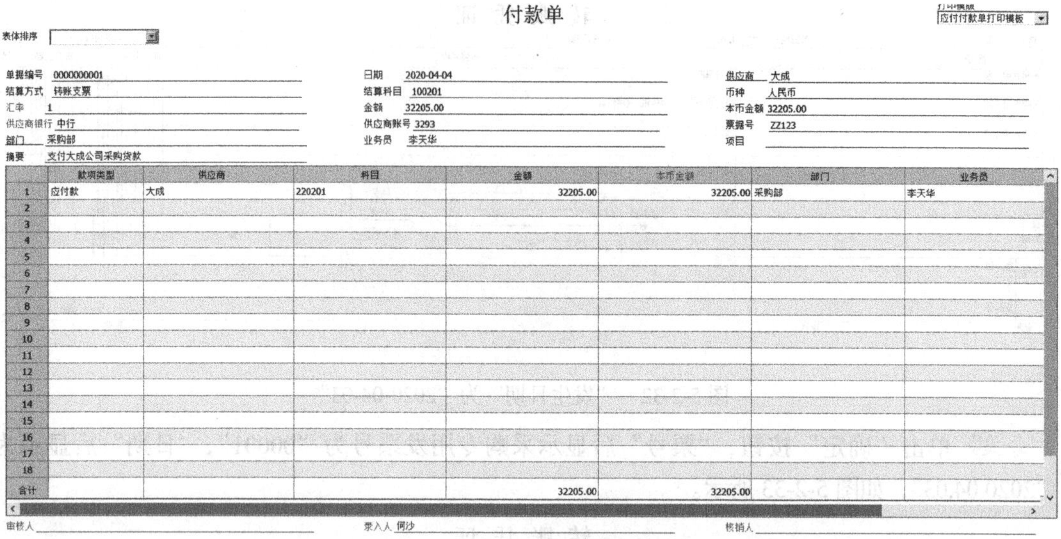

图 5-2-35　保存后的付款单

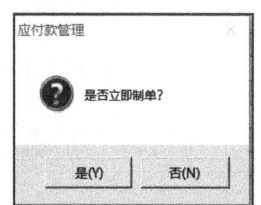

图 5-2-36　"是否立即制单？"信息提示框

⑤ 单击"审核"按钮，系统弹出"是否立即制单？"信息提示框，如图 5-2-36 所示。

⑥ 单击"是"按钮，生成一张付款凭证，如图 5-2-37 所示。

⑦ 单击"银行存款/工行存款"会计科目，付款凭证左下方显示转账支票"票号"为"ZZ123"，"日期"处显示为"2020.04.04"，如图 5-2-38 所示。

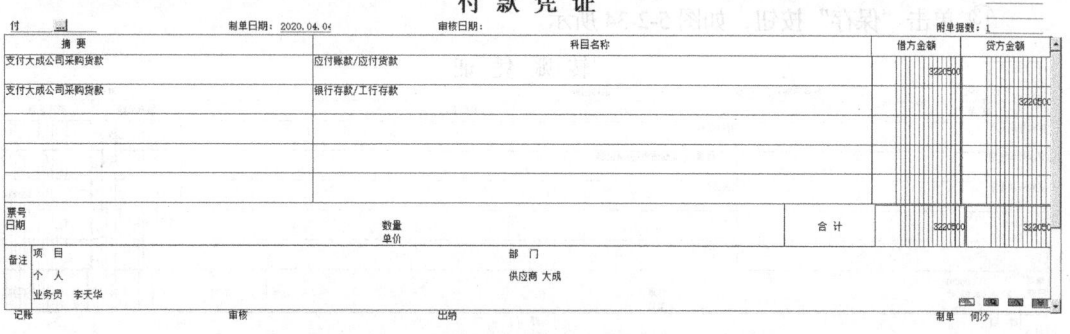

图 5-2-37　单击"是"按钮后生成的付款凭证

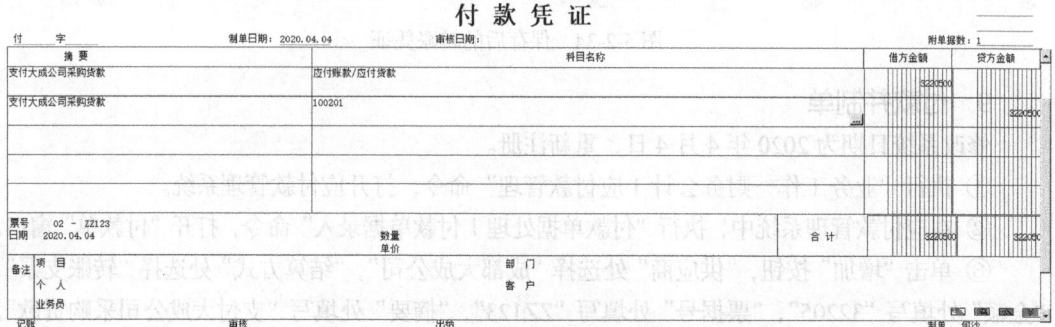

图 5-2-38　"日期"处显示为"2020.04.04"

⑧ 单击"应付账款/应付货款"会计科目,"应付账款/应付货款"处显示为"220201",如图5-2-39所示。

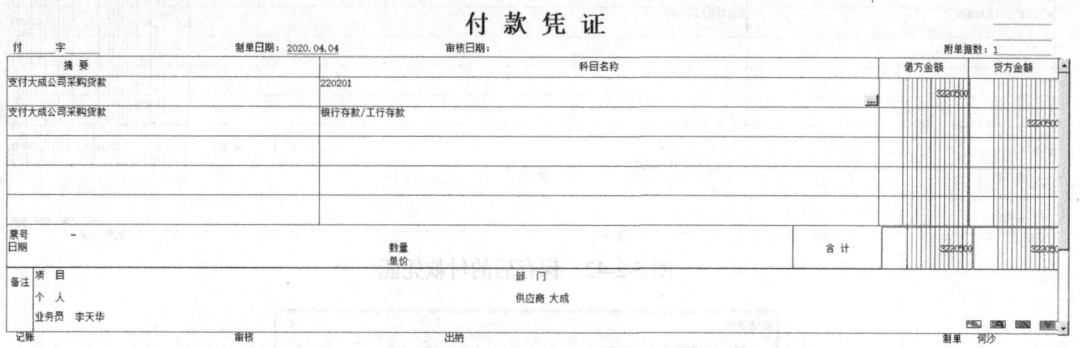

图5-2-39 "应付账款/应付货款"处显示为"220201"

⑨ 双击"票号"后的空白处,打开"辅助项"对话框,填写相对应业务中采购专用发票的"票号"为"00001","发生日期"为"2020.04.03",如图5-2-40所示。

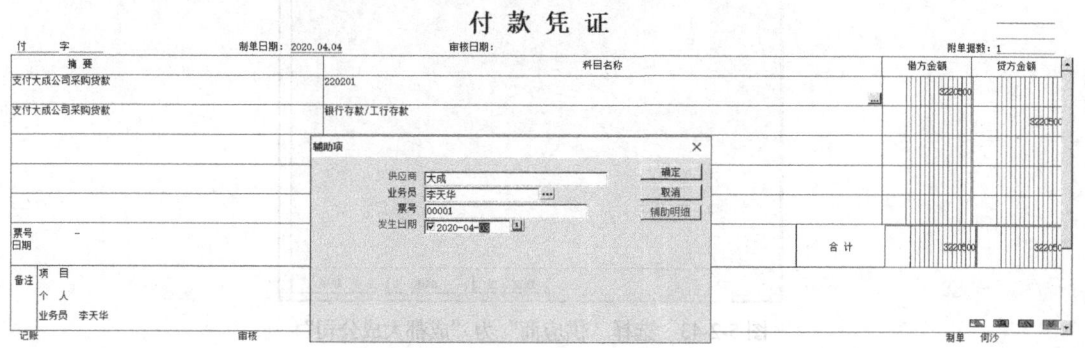

图5-2-40 "辅助项"对话框中"发生日期"为"2020.04.03"

⑩ 单击"确定"按钮,"票号"后显示采购专用发票"票号"处为"00001","日期"处显示为"2020.04.03",如图5-2-41所示。

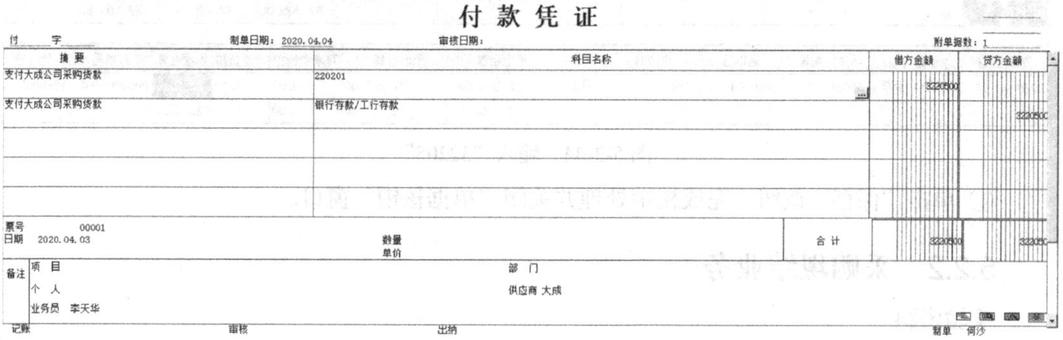

图5-2-41 单击"确定"按钮后的显示

⑪ 单击"保存"按钮,保存后的付款凭证如图5-2-42所示。

10. 核销处理

① 在应付款管理系统中,执行"核销处理 | 手工核销"命令,打开"核销条件"对话框,选择"供应商"为"成都大成公司",如图5-2-43所示。

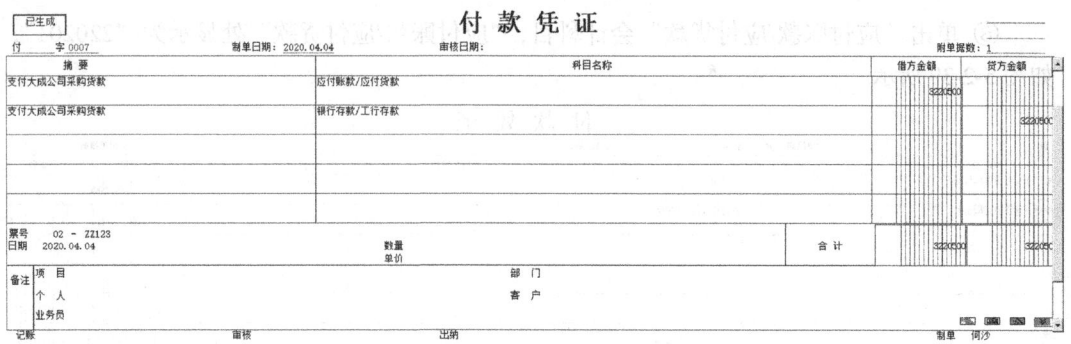

图 5-2-42 保存后的付款凭证

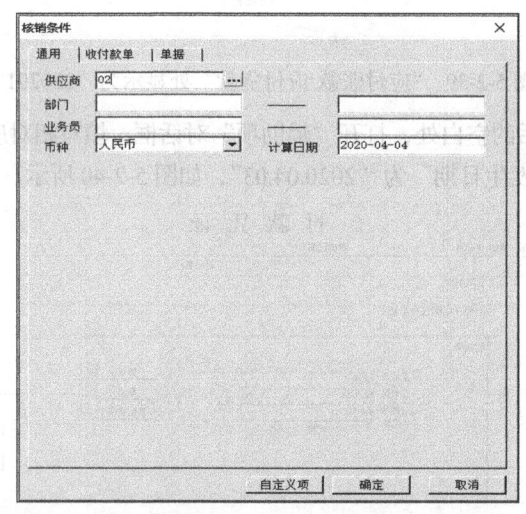

图 5-2-43 选择"供应商"为"成都大成公司"

② 单击"确定"按钮,打开"单据核销"窗口。在窗口下方的采购专用发票记录行"本次结算"栏输入"32205",如图 5-2-44 所示。

单据日期	单据类型	单据编号	供应商	款项类型	结算方式	币种	汇率	原币金额	原币余额	本次结算	订单号
2020-04-04	付款单	0000000001	大成	应付款	转账支票	人民币	1.00000000	32,205.00	32,205.00	32,205.00	
合计									32,205.00	32,205.00	32,205.00

单据日期	单据类型	单据编号	到期日	供应商	币种	原币金额	原币余额	可享受折扣	本次折扣	本次结算	订单号	凭证号
2020-04-03	采购专用发票	00001	2020-04-03	大成	人民币	32,205.00	32,205.00	0.00	0.00	32,2...	0000000001	转-0003
合计						32,205.00	32,205.00	0.00		32,2...		

图 5-2-44 输入"32205"

③ 单击"保存"按钮,完成核销处理并关闭"单据核销"窗口。

5.2.2 采购现结业务

实验资料

4月4日,从成都大成公司购买鼠标30箱,单价为600元/箱(无税单价),直接验收入原料仓库。同时收到票号为00002专用发票一张,立即以工行转账支票(支票号为ZZ011)支付其货款。确定采购成本,进行付款处理。

1. 填制入库单

① 执行"业务工作—供应链 | 库存管理"命令,打开库存管理系统。

② 在库存管理系统中，执行"入库业务|采购入库单"命令，打开"采购入库单"窗口。
③ 单击"增加"按钮，根据资料填写入库单信息，如图 5-2-45 所示。

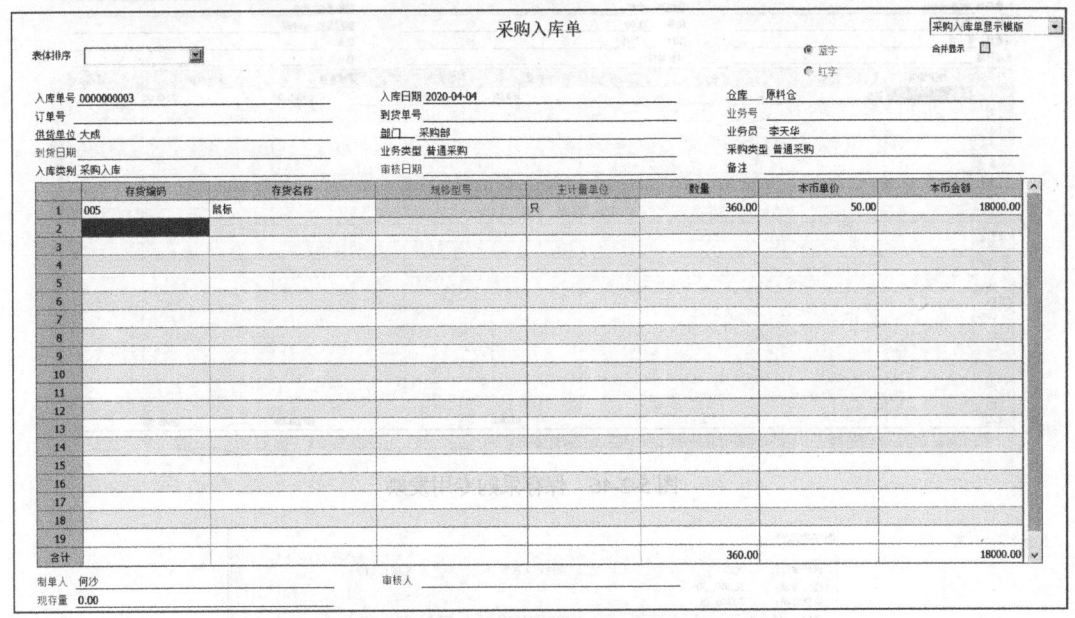

图 5-2-45　根据资料填写入库单信息

④ 单击"保存"按钮，保存已经录入的采购入库单。
⑤ 单击"审核"按钮，确认已经录入的采购入库单。

2. 填制发票、现付、采购结算

① 执行"业务工作—供应链|采购管理"命令，打开采购管理系统。
② 在采购管理系统中，执行"采购发票|专用采购发票"命令，打开"专用发票"窗口。
③ 单击"增加"按钮，输入表头信息。默认业务类型为"普通采购"，修改"税率"为"13.00"。
④ 单击"生单"下拉按钮，选择"入库单"，打开"查询条件选择"对话框。
⑤ 单击"确定"按钮，打开"复制并执行"窗口。双击需要参照的采购入库单记录，"选择"栏显示"Y"标志。
⑥ 单击"确定"按钮，系统将参照采购入库单自动生成采购专用发票。
⑦ 单击"保存"按钮，保存采购专用发票，如图 5-2-46 所示。
⑧ 单击"现付"按钮，打开"采购现付"对话框。选择结算方式为"转账支票"，录入结算金额为 20 340 元，支票号为 ZZ011 等信息，如图 5-2-47 所示。
⑨ 现付完成后，单击"确定"按钮，发票上显示"已现付"字样，如图 5-2-48 所示。
⑩ 单击"结算"按钮，发票上显示"已结算"字样，如图 5-2-49 所示。

3. 采购成本核算并制单

① 执行"业务工作—供应链|存货核算管理"命令，打开存货核算系统。
② 在存货核算系统中，执行"业务核算|正常单据记账"命令，打开"查询条件选择"对话框，单击"仓库"下拉列表，选择"原料仓"。单击"确定"按钮，打开"正常单据记账列表"窗口。

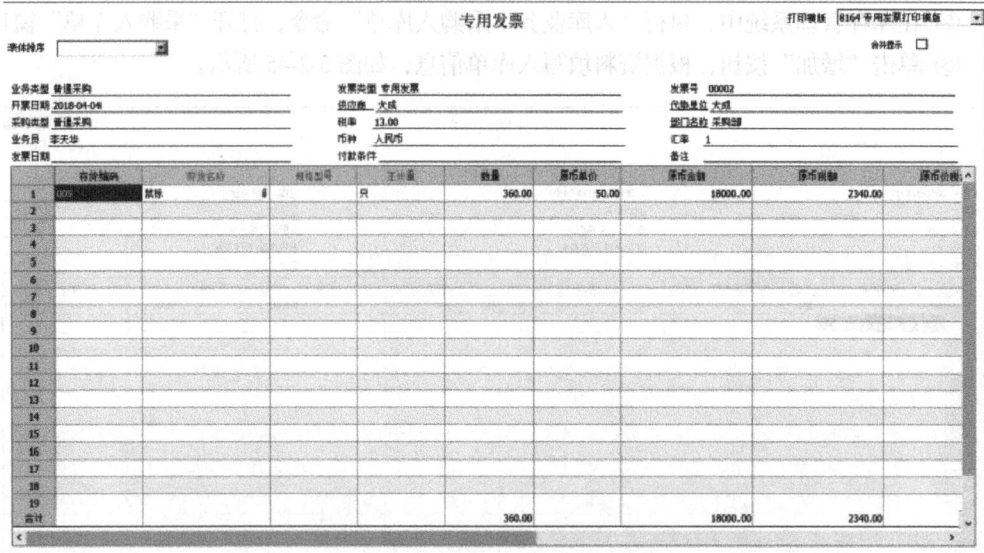

图 5-2-46 保存采购专用发票

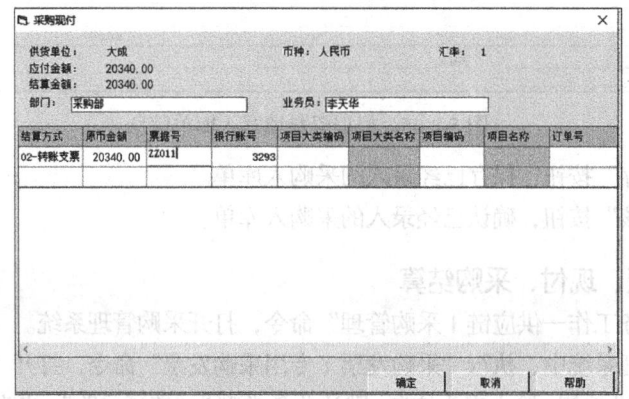

图 5-2-47 "采购现付"对话框中的设置结果

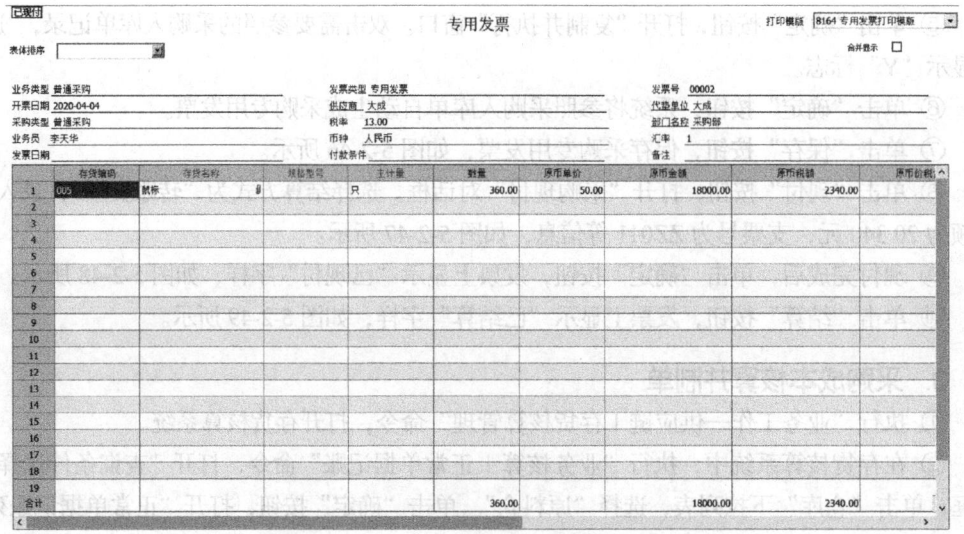

图 5-2-48 发票上显示"已现付"字样

第 5 章 采购与应付款业务

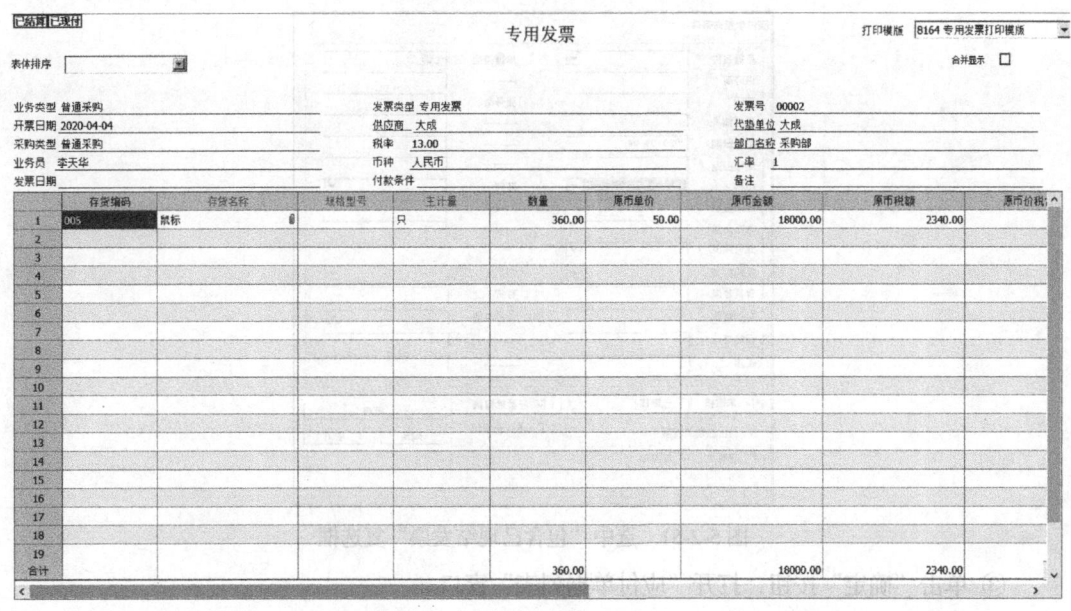

图 5-2-49 发票上显示"已结算"字样

③ 单击"全选"按钮，然后单击"记账"按钮，系统弹出"记账成功"信息提示框。
④ 单击"退出"按钮。
⑤ 在存货核算系统中，执行"财务核算丨生成凭证"命令，打开"生成凭证"窗口。
⑥ 单击"选择标志"按钮，打开"查询条件"对话框。选中"（01）采购入库单（报销记账）"复选框。
⑦ 单击"确定"按钮，打开"未生成凭证单据一览表"窗口。
⑧ 单击"全选"按钮，然后单击"确定"按钮。
⑨ "凭证类别"选择"转账凭证"，分别选择相应的会计科目。
⑩ 单击"生成"按钮，生成一张转账凭证。单击"保存"按钮，如图 5-2-50 所示。

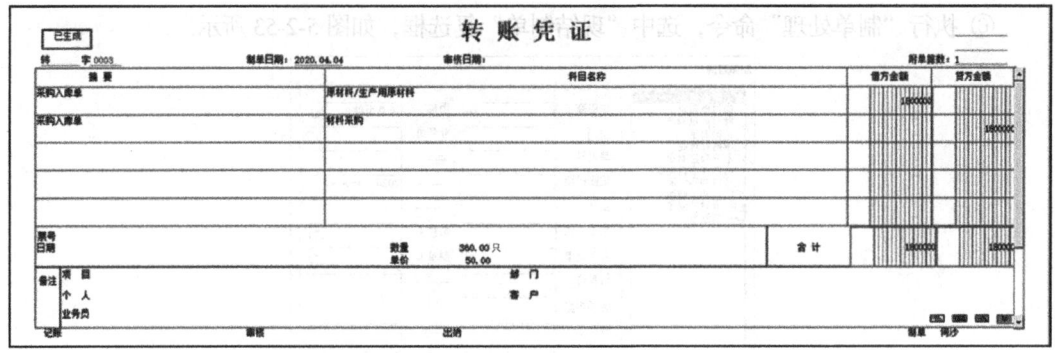

图 5-2-50 转账凭证

4. 现付单据审核与制单

① 执行"业务工作—财务会计丨应付款管理"命令，打开应付款管理系统。
② 在应付款管理系统中，执行"应付单据处理丨应付单据审核"命令，打开"应付单查询条件"对话框。选择"单据日期"为"2020-04-04"，选中"包含已现结发票"复选框，如图 5-2-51 所示。

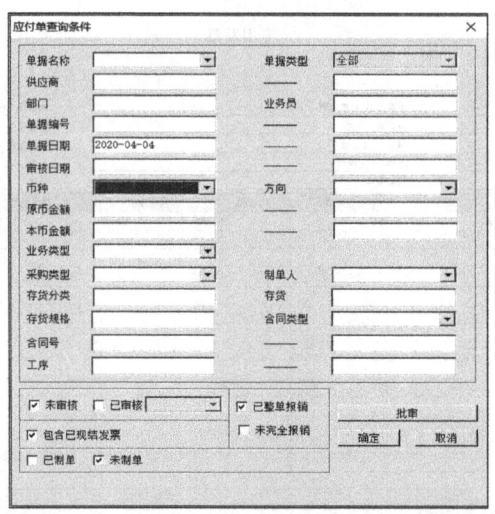

图 5-2-51　选中"包含已现结发票"复选框

③ 单击"确定"按钮，打开"应付单据列表"窗口。

④ 单击"全选"按钮，选中已现付的单据。单击"审核"按钮，系统弹出信息提示框，如图 5-2-52 所示。

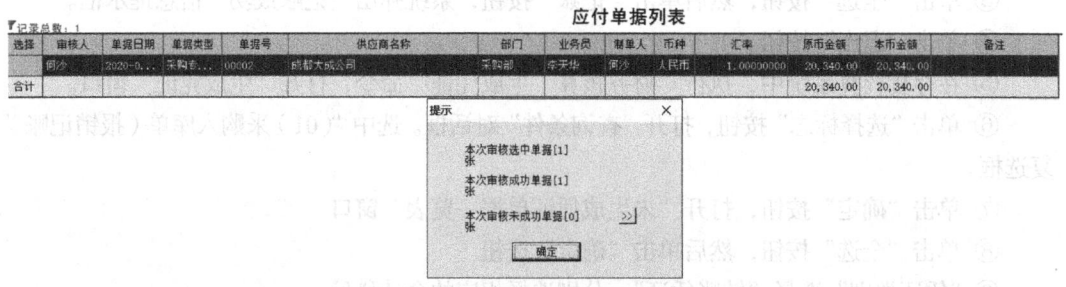

图 5-2-52　信息提示框

⑤ 单击"确定"按钮，完成对现付发票的审核，然后单击"退出"按钮。

⑥ 执行"制单处理"命令，选中"现结制单"复选框，如图 5-2-53 所示。

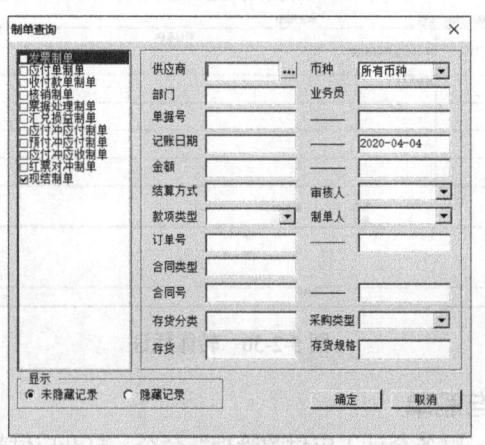

图 5-2-53　选中"现结制单"复选框

⑦ 单击"确定"按钮，打开"现结制单"窗口。

⑧ 单击"全选"按钮，选择"凭证类别"为"付款凭证"。单击"制单"按钮，生成一张付

款凭证。然后单击"保存"按钮，如图 5-2-54 所示。

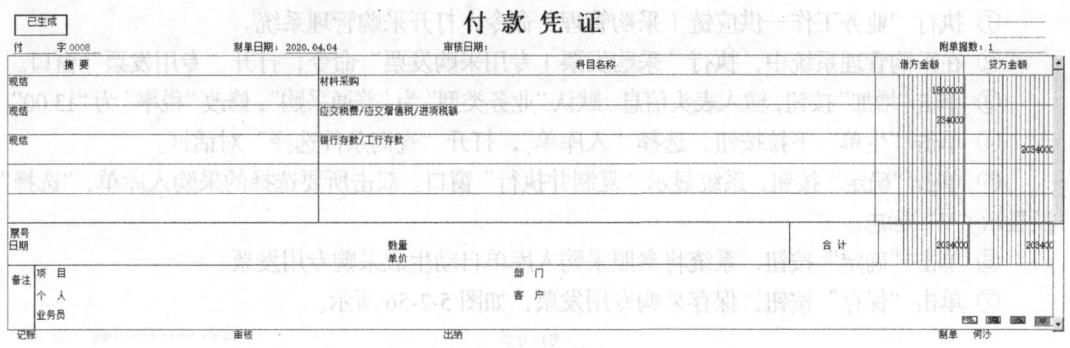

图 5-2-54 付款凭证

5.2.3 采购运费处理

实验资料

4月6日，从成都大成公司购买2TB硬盘200盒，单价为800元/盒，验收入原料库。同时还购买鼠标5箱，单价为600元/箱，验收入原料仓库。

当天收到专用发票一张，票号为00003。

另外，在采购的过程中，还发生了一笔运输费600元，税率为9%，价税合计654元，收到票号为00010的专用发票一张，费用按照金额分配。确定采购成本及应付账款，货款未付。

1. 填制入库单

调整系统时间为2020年4月6日，重新注册。

① 执行"业务工作—供应链 | 库存管理命令，打开库存管理系统。

② 在库存管理系统中，执行"入库业务 | 采购入库单"命令，打开"采购入库单"窗口。

③ 单击"增加"按钮，根据资料填写入库单信息，如图 5-2-55 所示。

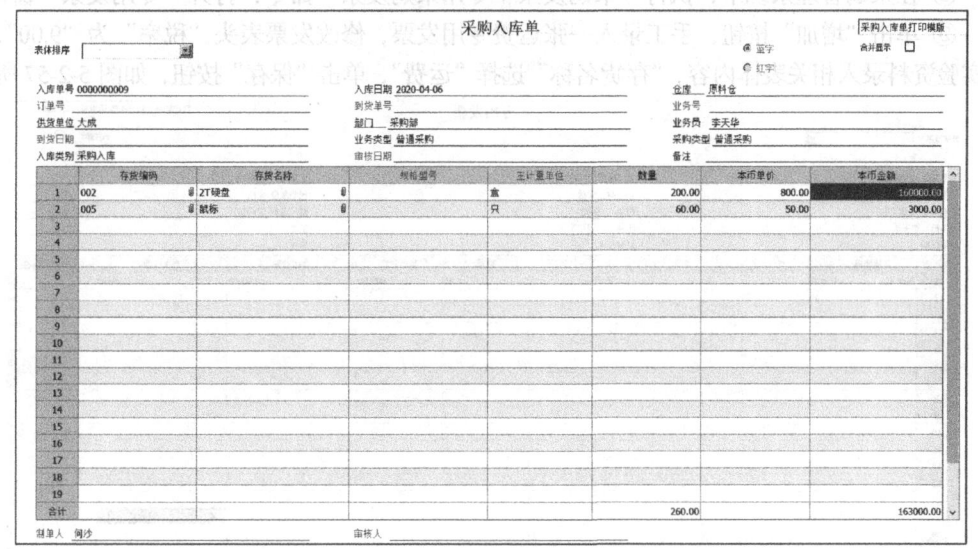

图 5-2-55 采购入库单

④ 单击"保存"按钮，保存已经录入的采购入库单。

⑤ 单击"审核"按钮，确认已经录入的采购入库单。

2. 填制采购发票、运费发票并结算

① 执行"业务工作—供应链 | 采购管理"命令，打开采购管理系统。

② 在采购管理系统中，执行"采购发票 | 专用采购发票"命令，打开"专用发票"窗口。

③ 单击"增加"按钮，输入表头信息。默认"业务类型"为"普通采购"，修改"税率"为"13.00"。

④ 单击"生单"下拉按钮，选择"入库单"，打开"查询条件选择"对话框。

⑤ 单击"确定"按钮，系统显示"复制并执行"窗口。双击所要选择的采购入库单，"选择"栏显示"Y"标志。

⑥ 单击"确定"按钮，系统将参照采购入库单自动生成采购专用发票。

⑦ 单击"保存"按钮，保存采购专用发票，如图 5-2-56 所示。

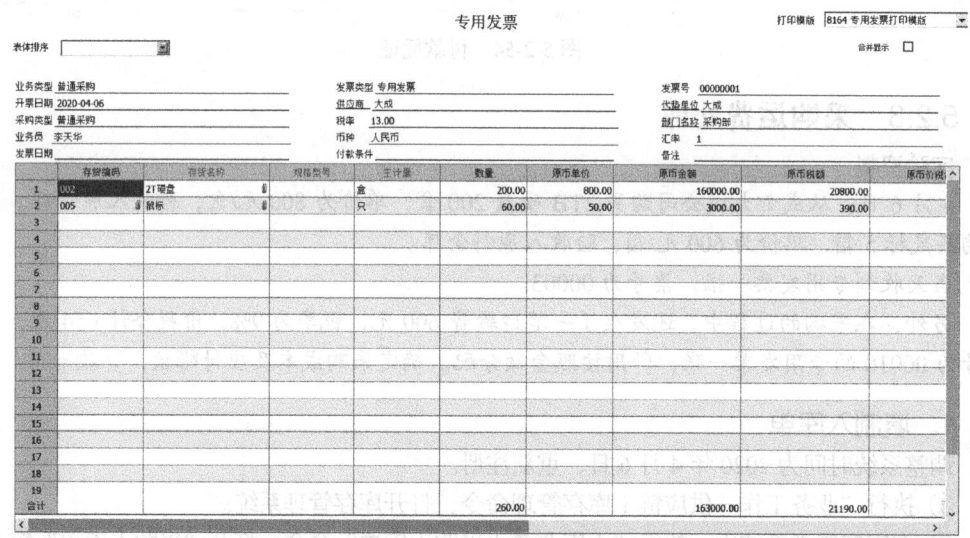

图 5-2-56　采购专用发票

⑧ 在采购管理系统中，执行"采购发票 | 专用采购发票"命令，打开"专用发票"窗口。

⑨ 单击"增加"按钮，手工录入一张运费专用发票，修改发票表头"税率"为"9.00"，根据实验资料录入相关表体内容，"存货名称"选择"运费"，单击"保存"按钮，如图 5-2-57 所示。

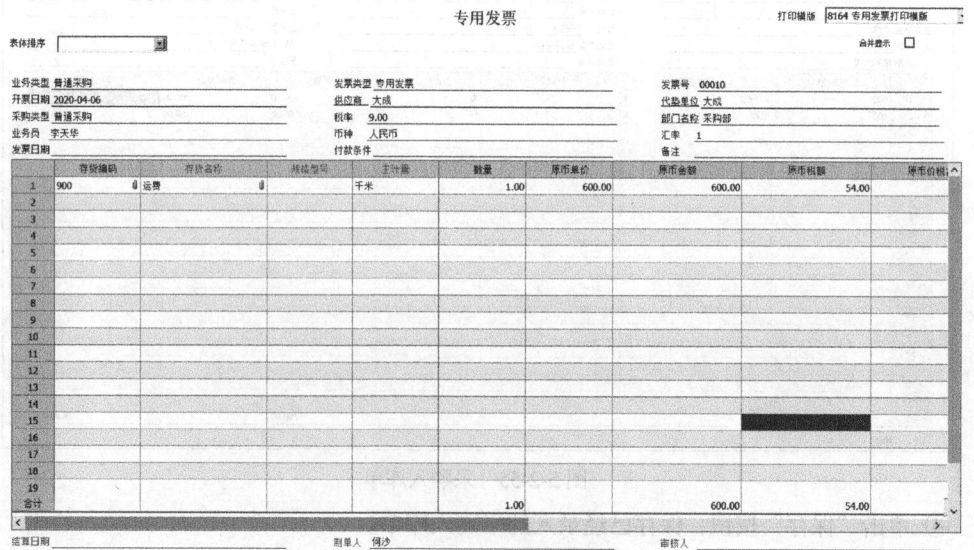

图 5-2-57　运费专用发票

第5章 采购与应付款业务

⑩ 在采购管理系统中，执行"采购结算 | 手工结算"命令，打开"手工结算"窗口。
⑪ 单击"选单"按钮，打开"结算选单"窗口。
⑫ 单击"查询"按钮，打开"查询条件选择—采购手工结算"对话框，如图 5-2-58 所示。

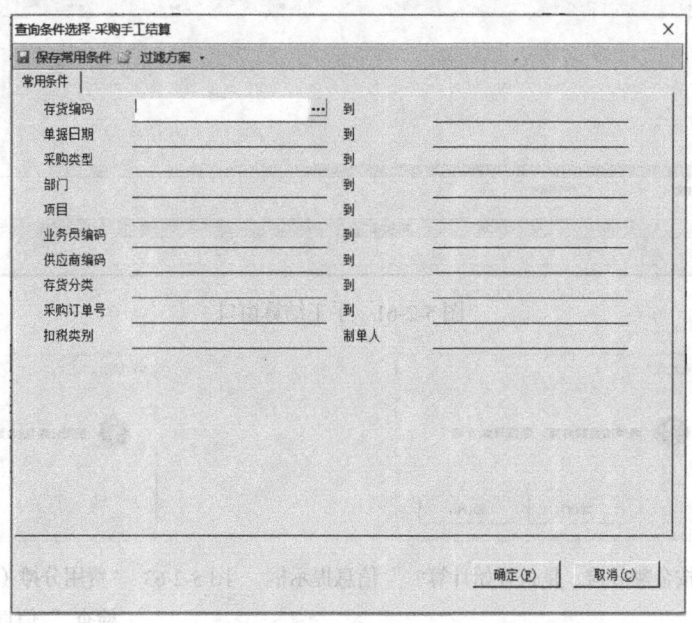

图 5-2-58 "查询条件选择—采购手工结算"对话框

⑬ 单击"确定"按钮，打开"结算选单"窗口。选择采购入库单、采购发票和运费发票，如图 5-2-59 所示。

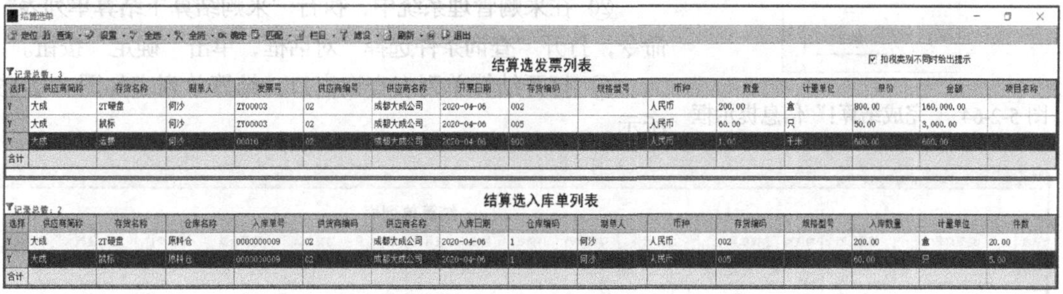

图 5-2-59 选择采购入库单、采购发票和运费发票

⑭ 单击"确定"按钮，系统弹出"所选单据扣税类别不同，是否继续？"信息提示框，如图 5-2-60 所示。

⑮ 单击"是"按钮，打开手工结算窗口，如图 5-2-61 所示。

⑯ 费用分摊方式选择"按金额"单选按钮，单击"分摊"按钮，系统弹出"选择按金额分摊，是否开始计算？"信息提示框，如图 5-2-62 所示。

⑰ 单击"是"按钮，系统弹出"费用分摊（按金额）完毕，请检查。"信息提示框，如图 5-2-63 所示。

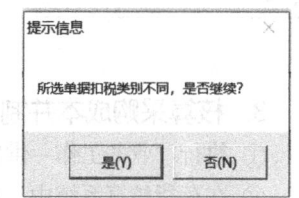

图 5-2-60 "所选单据扣税类别不同，是否继续？"信息提示框

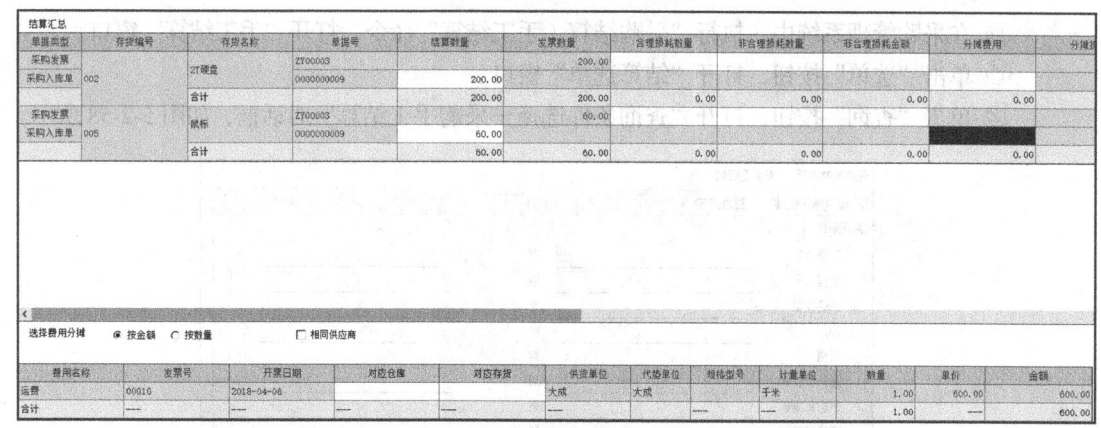

图 5-2-61 手工结算窗口

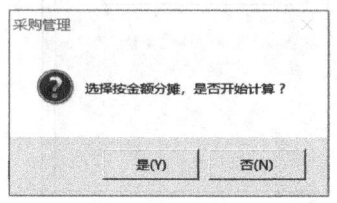   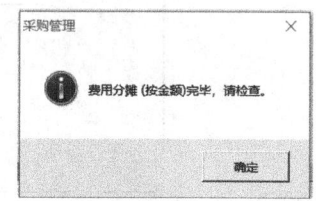

图 5-2-62 "选择按金额分摊,是否开始计算?"信息提示框   图 5-2-63 "费用分摊(按金额)完毕,请检查。"信息提示框

⑱ 单击"确定"按钮。然后单击"结算"按钮,系统弹出"完成结算!"信息提示框,如图 5-2-64 所示。

⑲ 单击"确定"按钮,完成结算工作并退出。

⑳ 在采购管理系统中,执行"采购结算 | 结算单列表"命令,打开"查询条件选择"对话框,单击"确定"按钮。

㉑ 打开结算单列表查询窗口,结算单列表如图 5-2-65 所示。

图 5-2-64 "完成结算!"信息提示框

结算单列表

选择	结算单号	结算日期	供应商	入库单号/...	发票号	存货编码	存货名称	规格...	主计量	结算数量	结算单价	结算金额	暂估单价	暂估金额	制单人
	000000000000001	2020-04-03	大成	0000000002	00001	004	键盘		个	300.00	95.00	28,500.00	95.00	28,500.00	何沙
	000000000000002	2020-04-04	大成	0000000003	00002	005	鼠标		只	360.00	50.00	18,000.00	50.00	18,000.00	何沙
	000000000000003	2020-04-06	大成	0000000004	00003	002	2T硬盘		盒	200.00	802.94	160,588.96	800.00	160,000.00	何沙
	000000000000003	2020-04-06	大成	0000000004	00003	005	鼠标		只	60.00	50.18	3,011.04	50.00	3,000.00	何沙
	000000000000003	2020-04-06	大成		00010	900	运费		千米	0.00		0.00		0.00	何沙
合计										920.00		210,100.00		209,500.00	

图 5-2-65 结算单列表

3. 核算采购成本并制单

① 执行"业务工作—供应链 | 存货核算管理"命令,打开存货核算系统。

② 在存货核算系统中,执行"业务核算 | 正常单据记账"命令,打开"查询条件选择"对话框。单击"确定"按钮,打开"正常单据记账列表"窗口。

③ 单击"全选"按钮,然后单击"记账"按钮,系统显示"记账成功"。

④ 单击"确定"按钮并退出"正常单据记账列表"窗口。

⑤ 执行"财务核算 | 生成凭证"命令,打开"生成凭证"窗口。

⑥ 单击“选择标志”按钮，打开“查询条件”对话框。选中“(01)采购入库单(报销记账)”复选框，单击“确定”按钮，打开“未生成凭证单据一览表”窗口，如图 5-2-66 所示。

□ 已结算采购入库单自动选择全部结算单上单据(包括入库单、发票、付款单)，非本月采购入库单按蓝字报销单制单

未生成凭证单据一览表

选择	记账日期	单据日期	单据类型	单据号	仓库	收发类别	记账人	部门	部门编码	业务单号	业务类型	计价方式	备注	摘要	供应商	客户
1	2020-04-30	2020-04-06	采购入库单	0000000009	原料仓	采购入库	何沙	采购部	202		普通采购	移动平均法		采购入库单	成都大成公司	

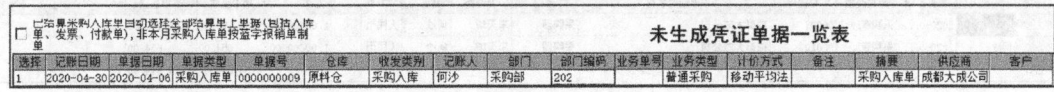

图 5-2-66 “未生成凭证单据一览表”窗口

⑦ 双击选中待生成凭证的单据记录的“选择”栏，“选择”栏显示“Y”标示。单击“确定”按钮，打开“生成凭证”窗口。

⑧ 单击“凭证类别”下拉按钮，选择“转账凭证”，如图 5-2-67 所示。

⑨ 单击“生成”按钮，系统生成一张转账凭证，如图 5-2-68 所示。单击“保存”按钮。

凭证类别　转 转账凭证

选择	单据类型	单据号	摘要	科目类型	科目编码	科目名称	借方金额	贷方金额	借方数量	贷方数量	科目方向	存货编码	存货名称	存	规	部	部门名称	业...	业务员名称	供...	供应商名称	客	客	单据日期
1	采购入库单	00000...	采购入库单	存货	140301	生产用原材料	160,588.96		200.00		1	002	2T硬盘			202	采购部	301	李天华	02	成都大成公司			2020-04-06
				对方	1401	材料采购		160,588.96		200.00	2	002	2T硬盘			202	采购部	301	李天华	02	成都大成公司			2020-04-06
				存货	140301	生产用原材料	3,011.04		60.00		1	005	鼠标			202	采购部	301	李天华	02	成都大成公司			2020-04-06
				对方	1401	材料采购		3,011.04		60.00	2	005	鼠标			202	采购部	301	李天华	02	成都大成公司			2020-04-06
合计							163,600.00	163,600.00																

图 5-2-67 选择“转账凭证”

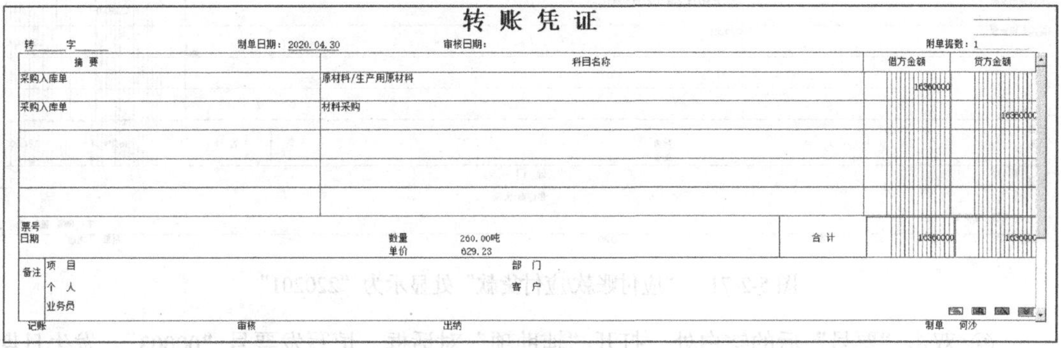

图 5-2-68 转账凭证

4. 财务部门确认应付账款并制单

① 执行“业务工作—财务会计 | 应付款管理”命令，打开应付款管理系统。

② 执行“应付单据处理 | 应付单据审核”命令，打开“应付单查询条件”对话框。

③ 单击“确定”按钮，打开“应付单据列表”窗口。单击“全选”按钮，出现如图 5-2-69 所示的应付单据列表。

应付单据列表

记录总数：2

选择	审核人	单据日期	单据类型	单据号	供应商名称	部门	业务员	制单人	币种	汇率	原币金额	本币金额	备注
Y		2020-0...	采购专...	00003	成都大成公司	采购部	李天华	何沙	人民币	1.00000000	184,190.00	184,190.00	
Y		2020-0...	采购专...	00010	成都大成公司	采购部	李天华	何沙	人民币	1.00000000	654.00	654.00	
合计											184,844.00	184,844.00	

图 5-2-69 应付单据列表

④ 单击“审核”按钮，系统完成审核并弹出“审核成功”信息提示框，“审核人”栏显示审核人姓名“何沙”，如图 5-2-70 所示。

⑤ 单击“确定”按钮并退出。

⑥ 执行“制单处理”命令，打开“制单查询”对话框。选中“发票制单”复选框，单击“确

定"按钮，打开"制单"窗口。单击"凭证类别"下拉按钮，选择"转账凭证"。

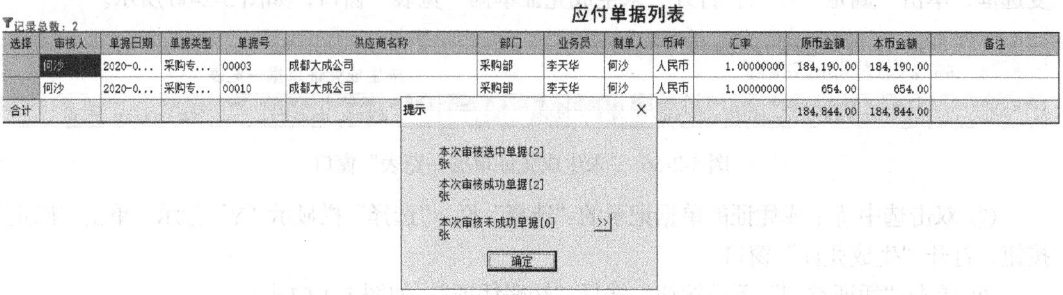

图 5-2-70 "审核人"栏显示审核人姓名"何沙"

⑦ 单击"全选"按钮，单击"制单"按钮，生成一张转账凭证。

⑧ 单击"应付账款/应付货款"会计科目，"应付账款/应付货款"处显示为"220201"，如图 5-2-71 所示。

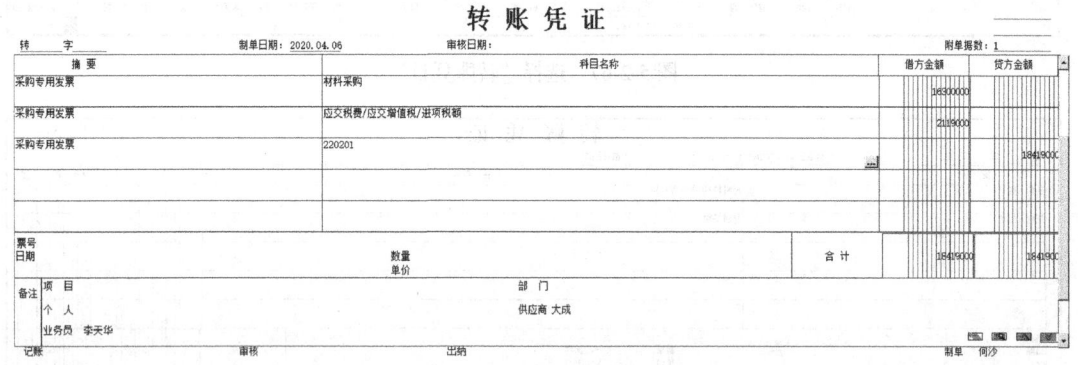

图 5-2-71 "应付账款/应付货款"处显示为"220201"

⑨ 双击"票号"后的空白处，打开"辅助项"对话框，填写发票号"00003"，发生日期"2020-04-06"，如图 5-2-72 所示。

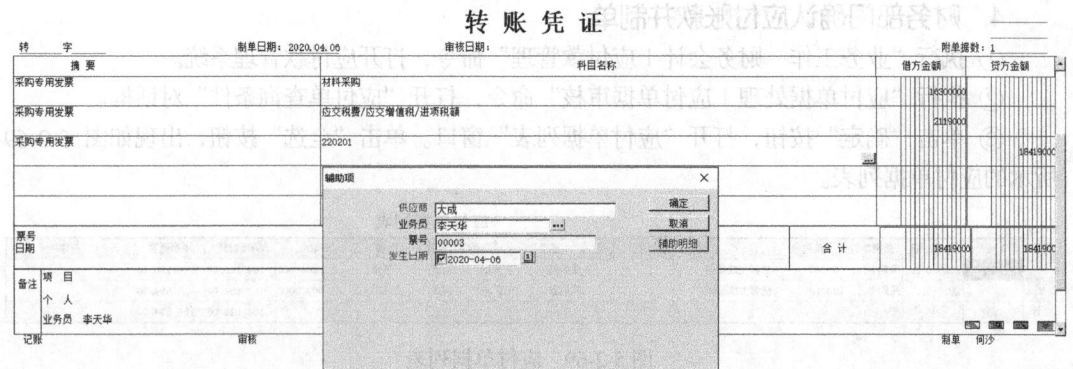

图 5-2-72 "辅助项"对话框设置结果

⑩ 单击"确定"按钮，"票号"处显示发票号"00003"，"日期"处显示"2020.04.06"，单击"保存"按钮，如图 5-2-73 所示。

⑪ 单击"下张凭证"按钮，翻找系统生成的另一张转账凭证。参照步骤⑧~⑩，录入辅助核算并保存转账凭证，如图 5-2-74 所示。

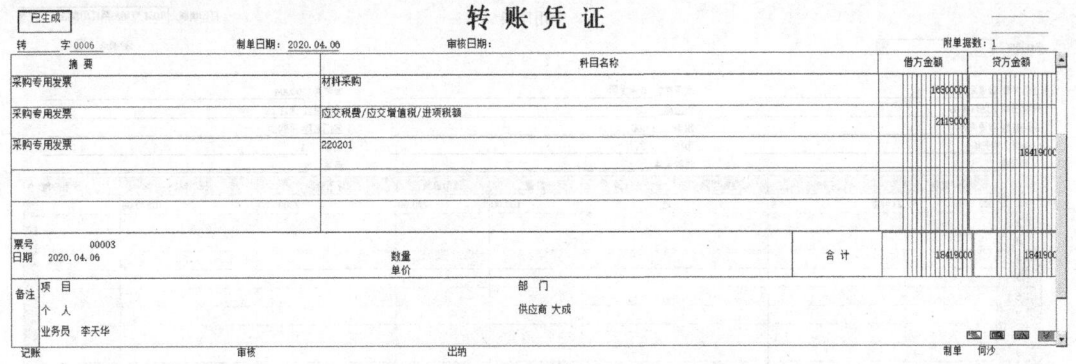

图 5-2-73 单击"保存"按钮后的结果

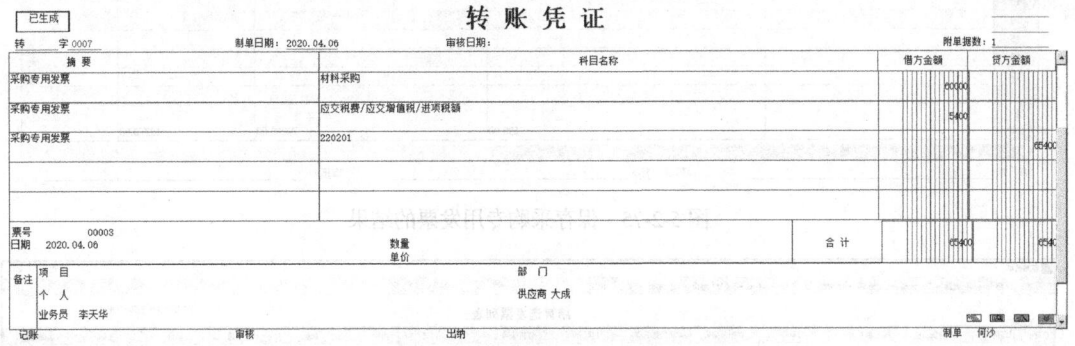

图 5-2-74 录入辅助核算并保存转账凭证

5.2.4 暂估入库报销处理

实验资料

4 月 9 日，收到重庆大江公司提供的上月已验收入库的 100 盒 2TB 硬盘的专用发票一张，票号为 00004，发票单价为 790 元/盒。进行暂估报销处理，确定采购成本及应付账款。

1. 填制采购发票与采购结算

调整系统时间为 2020 年 4 月 9 日，重新注册。

① 在采购管理系统中，执行"采购发票 | 专用采购发票"命令，打开"专用发票"窗口。

② 单击"增加"按钮，输入表头信息。默认业务类型为"普通采购"，修改发票税率为"13.00"。

③ 单击"生单"下拉按钮，选择"入库单"，打开"查询条件选择"对话框。

④ 单击"确定"按钮，打开"复制并执行"窗口。单击"全选"按钮，"选择"栏显示"Y"标志。

⑤ 单击"确定"按钮，系统将参照采购入库单自动生成采购专用发票，修改"发票号"为"00004"，修改"原币单价"为"790.00"。

⑥ 单击"保存"按钮，保存采购专用发票，如图 5-2-75 所示。

⑦ 在采购管理系统中，执行"采购结算 | 手工结算"命令，打开"手工结算"窗口。

⑧ 单击"选单"按钮，打开"结算选单"窗口。单击"查询"按钮，打开"查询条件选择"对话框。单击"确定"按钮，将入库单和发票带回"结算选单"窗口，如图 5-2-76 所示。

⑨ 双击选中需要结算的采购入库单与采购发票，单击"确定"按钮，返回"手工结算"窗口，如图 5-2-77 所示。

图 5-2-75　保存采购专用发票的结果

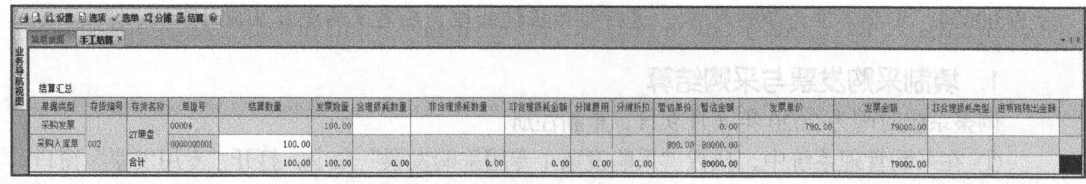

图 5-2-76　将入库单和发票带回"结算选单"窗口的结果

图 5-2-77　返回"手工结算"窗口

⑩ 单击"结算"按钮，系统弹出"完成结算"信息提示框。
⑪ 单击"确定"按钮，完成结算工作。

2. 暂估处理

① 在存货核算系统中，执行"业务核算 | 结算成本处理"命令，打开"暂估处理查询"对话框。
② 选中"原料库"复选框，如图 5-2-78 所示。
③ 单击"确定"按钮，打开"结算成本处理"窗口。
④ 单击"选择"栏，选中要执行结算成本处理的结算单记录，如图 5-2-79 所示。

⑤ 单击"暂估"按钮,系统弹出"暂估处理完成"信息提示框。
⑥ 单击"确定"按钮,并退出"结算成本处理"窗口。

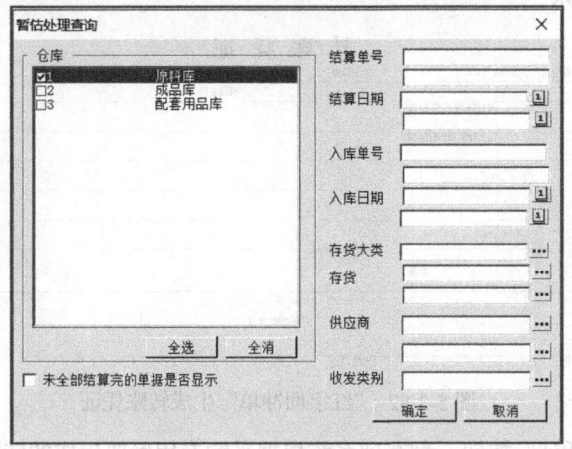

图 5-2-78 选中"原料库"复选框

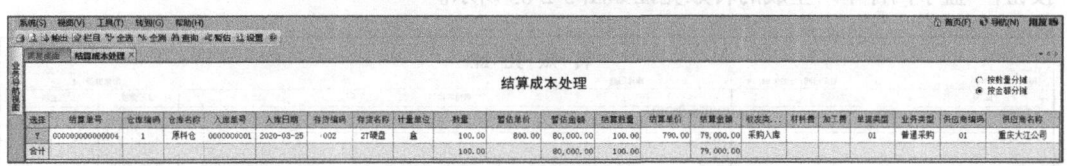

图 5-2-79 选中要执行结算成本处理的结算单记录

3. 生成"红字回冲单"凭证

① 在存货核算系统中,执行"财务核算 | 生成凭证"命令,打开"生成凭证"窗口。
② 单击"选择"按钮,打开"查询条件"对话框。
③ 选中"(24)红字回冲单"和"(30)蓝字回冲单(报销)"复选框。单击"确定"按钮,打开"选择单据"窗口。
④ 单击"全选"按钮,如图 5-2-80 所示。

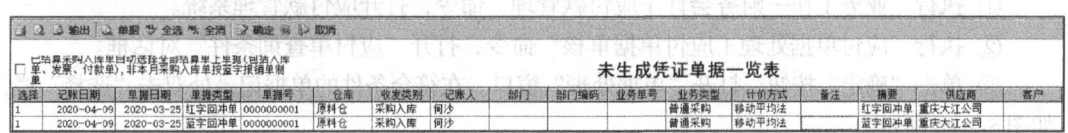

图 5-2-80 单击"全选"按钮后的结果

⑤ 单击"确定"按钮,打开"生成凭证"窗口。
⑥ 单击"凭证类别"下拉按钮,选择"转账凭证",分别选择相应的会计科目,如图 5-2-81 所示。

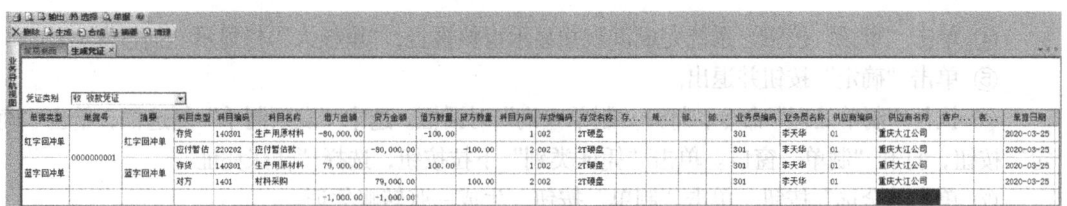

图 5-2-81 分别选择相应的会计科目

⑦ 单击"生成"按钮，系统生成一张红字凭证。在"应付账款——暂估应付款"科目录入辅助核算，票号为"00004"，日期为"2020.04.09"。单击"保存"按钮，"红字回冲单"生成转账凭证如图 5-2-82 所示。

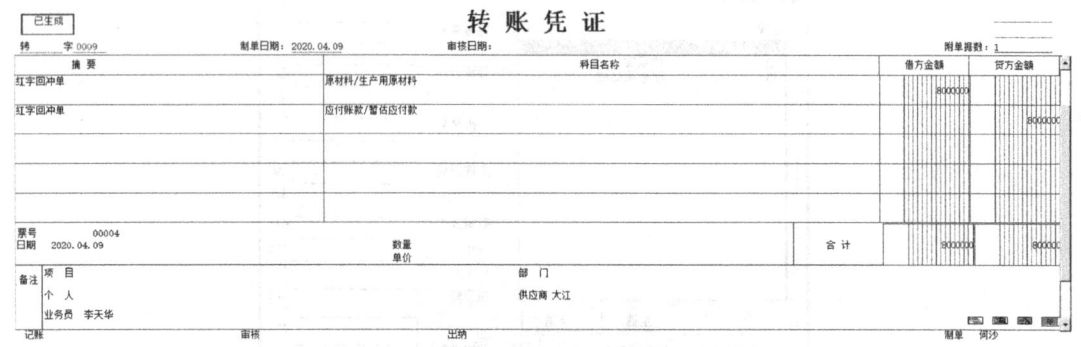

图 5-2-82 "红字回冲单"生成转账凭证

⑧ 单击"下张凭证"按钮，翻查到系统根据采购专用发票生成的转账凭证。单击"保存"按钮，"蓝字回冲单"生成的转账凭证如图 5-2-83 所示。

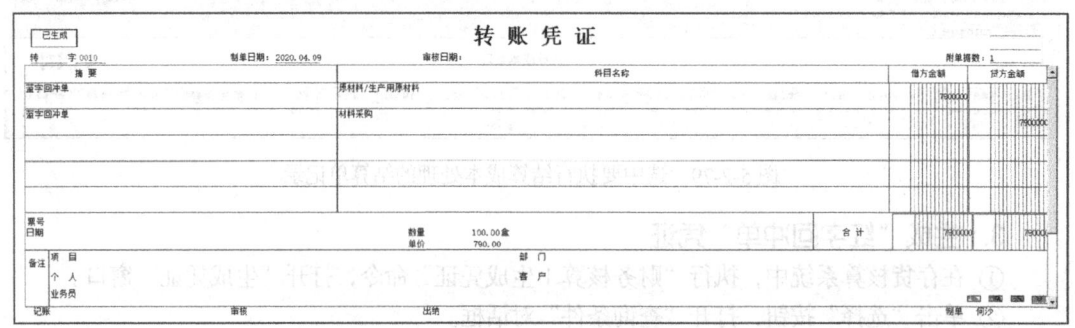

图 5-2-83 "蓝字回冲单"生成的转账凭证

4. 财务部门确认应付账款并制单

① 执行"业务工作—财务会计 | 应付款管理"命令，打开应付款管理系统。
② 执行"应付单据处理 | 应付单据审核"命令，打开"应付单查询条件"对话框。
③ 单击"确定"按钮，打开"单据处理"窗口。在符合条件的单据记录处双击"选择"栏，如图 5-2-84 所示。

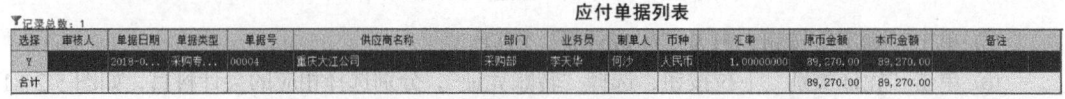

图 5-2-84 在符合条件的单据记录处双击"选择"栏的结果

④ 单击"审核"按钮，系统完成审核并显示审核报告，"审核人"栏显示"何沙"。
⑤ 单击"确定"按钮并退出。
⑥ 执行"制单处理"命令，打开"制单查询"对话框。选中"发票制单"复选框，单击"确定"按钮，打开"制单"窗口。单击"凭证类别"下拉按钮，选择"转账凭证"。
⑦ 单击"全选"按钮，单击"制单"按钮，生成一张转账凭证。
⑧ 单击"应付账款/应付货款"会计科目，"应付账款/应付货款"处显示"220201"，如

图 5-2-85 所示。

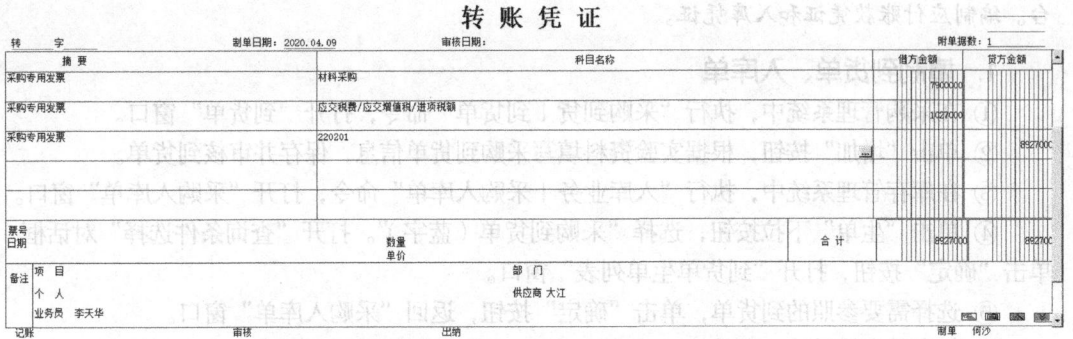

图 5-2-85 "应付账款/应付货款"处显示"220201"

⑨ 双击"票号"后的空白处,打开"辅助项"对话框,填写采购专用发票,"票号"为"00004","发生日期"为"2020-04-09",如图 5-2-86 所示。

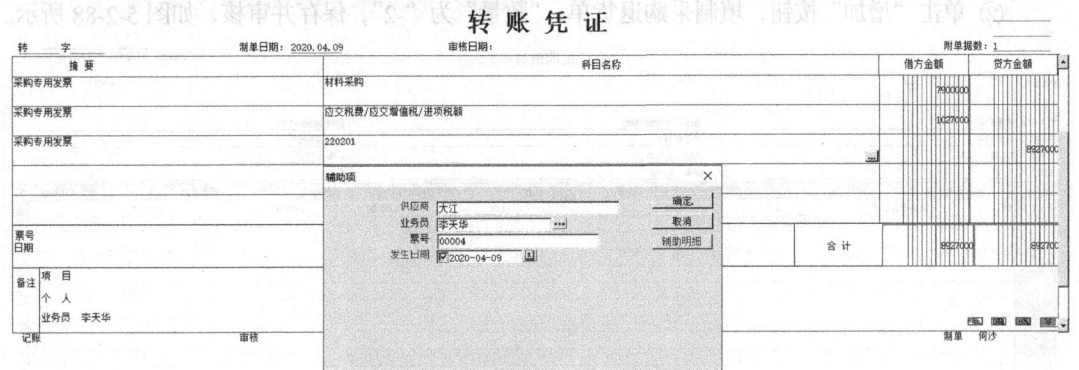

图 5-2-86 "辅助项"对话框设置结果

⑩ 单击"确定"按钮,"票号"后显示发票号"00004","日期"后显示"2020.04.09",单击"保存"按钮,如图 5-2-87 所示。

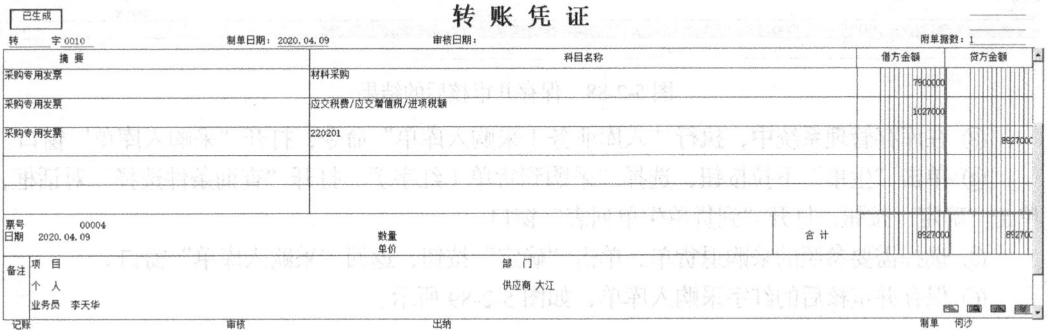

图 5-2-87 单击"保存"按钮后的结果

5.2.5 采购结算前退货

实验资料

4 月 9 日,收到成都大成公司提供的液晶显示器,数量 52 台,单价为 1 200 元/台。验收入原料库。

当天,仓库反映 2 台显示器有质量问题,退回给供应商,办理相关出库手续。

收到成都大成公司开具的 50 台液晶显示器的专用发票一张，票号为 00007，单价 1 200 元/台。编制应付账款凭证和入库凭证。

1. 填制到货单、入库单

① 在采购管理系统中，执行"采购到货 | 到货单"命令，打开"到货单"窗口。

② 单击"增加"按钮，根据实验资料填写采购到货单信息，保存并审核到货单。

③ 在库存管理系统中，执行"入库业务 | 采购入库单"命令，打开"采购入库单"窗口。

④ 单击"生单"下拉按钮，选择"采购到货单（蓝字）"。打开"查询条件选择"对话框，单击"确定"按钮，打开"到货单生单列表"窗口。

⑤ 选择需要参照的到货单，单击"确定"按钮，返回"采购入库单"窗口。

⑥ 保存并审核采购入库单。

2. 填制退货单，红字入库单

① 在采购管理系统中，执行"采购到货 | 采购退货单"命令，打开"采购退货单"窗口。

② 单击"增加"按钮，填制采购退货单，"数量"为"-2"，保存并审核，如图 5-2-88 所示。

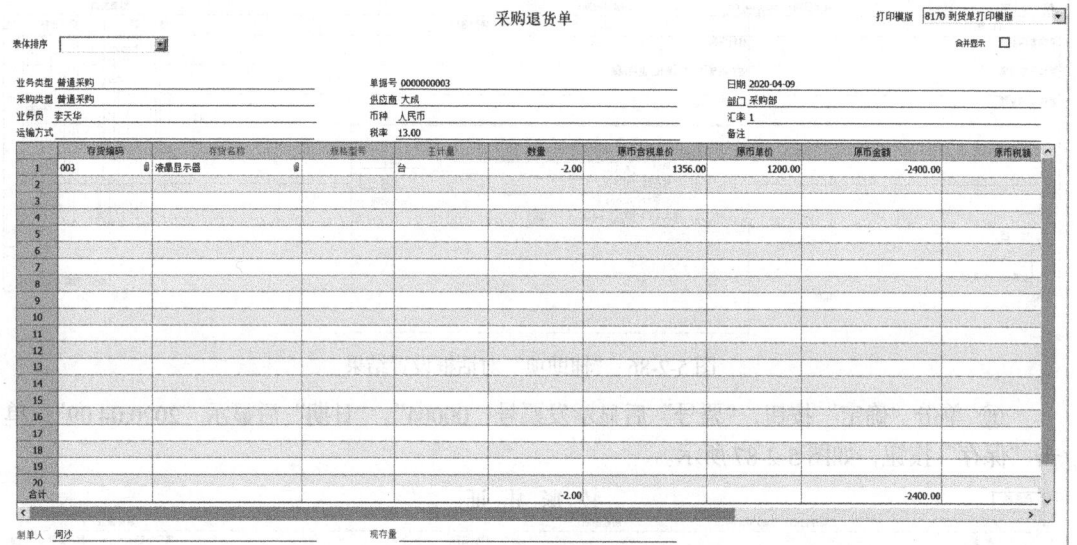

图 5-2-88　保存并审核后的结果

③ 在库存管理系统中，执行"入库业务 | 采购入库单"命令，打开"采购入库单"窗口。

④ 单击"生单"下拉按钮，选择"采购到货单（红字）"，打开"查询条件选择"对话框，单击"确定"按钮，打开"到货单生单列表"窗口。

⑤ 选择需要参照的采购退货单，单击"确定"按钮，返回"采购入库单"窗口。

⑥ 保存并审核后的红字采购入库单，如图 5-2-89 所示。

3. 填制发票，手工结算

① 在采购管理系统中，执行"采购发票 | 专用采购发票"命令，打开"专用发票"窗口。

② 单击"增加"按钮，输入表头信息。默认"业务类型"为"普通采购"。

③ 单击"生单"下拉按钮，执行"入库单"命令，打开"查询条件选择"对话框。

④ 单击"确定"按钮，打开"复制并执行"窗口。选择符合条件的入库单记录，如图 5-2-90 所示。

第 5 章 采购与应付款业务

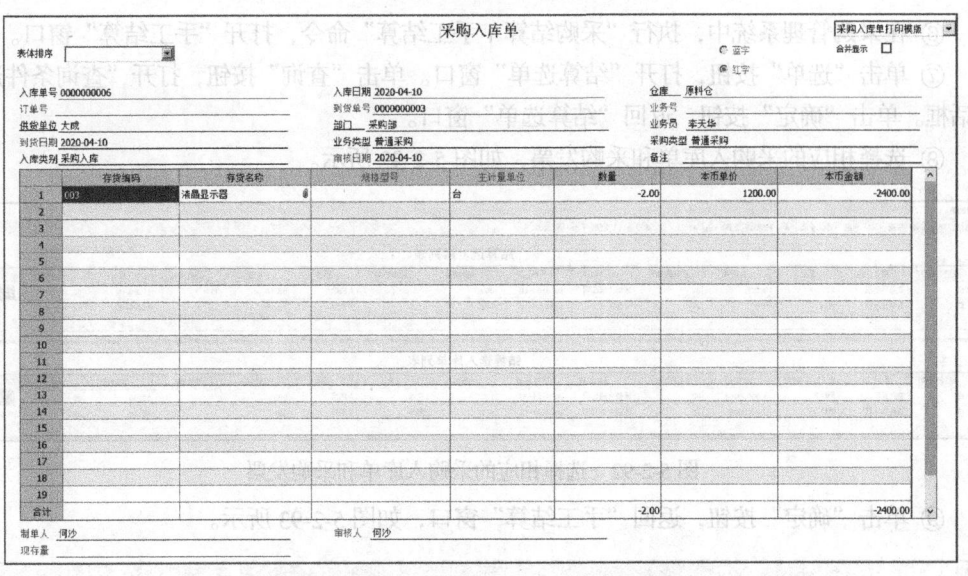

图 5-2-89 保存并审核后的红字采购入库单

图 5-2-90 选择符合条件的入库单记录

⑤ 单击"确定"按钮,系统将参照采购入库单自动生成采购专用发票。修改"发票号"为"00007","税率"为"13.00",保存已经生成的采购专用发票,如图 5-2-91 所示。

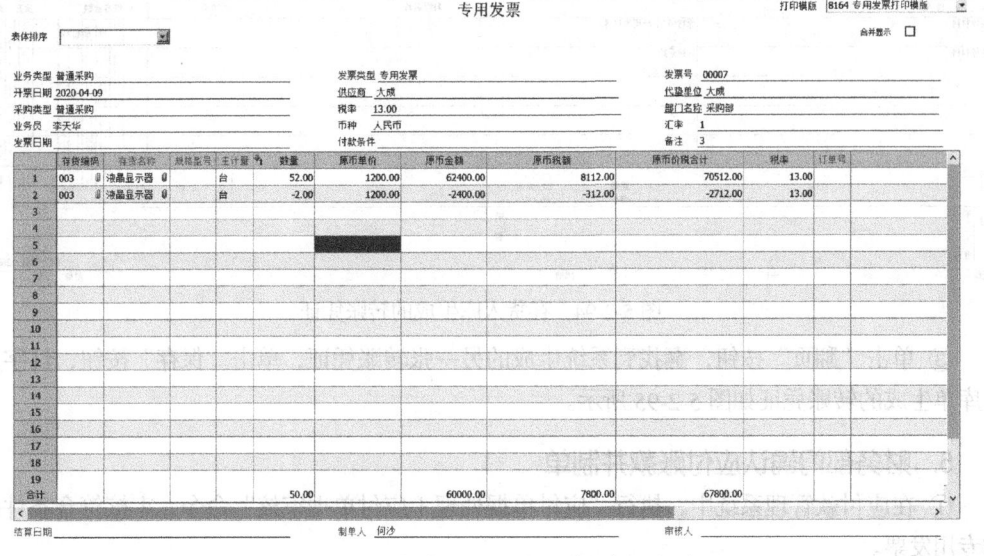

图 5-2-91 保存已经生成的采购专用发票

⑥ 在采购管理系统中，执行“采购结算 | 手工结算”命令，打开“手工结算”窗口。

⑦ 单击“选单”按钮，打开“结算选单”窗口。单击“查询”按钮，打开“查询条件选择”对话框。单击“确定”按钮，返回“结算选单”窗口。

⑧ 选择相应的采购入库单和采购发票，如图 5-2-92 所示。

结算选单

定位 查询 设置 全选 全消 确定 匹配 栏目 滤设 刷新 退出

结算选发票列表

☑ 扣税类别不同时给出提示

记录总数：2

选择	供应商简称	存货名称	制单人	发票号	供应商编号	供应商名称	开票日期	存货编码	规格型号	币种	数量	计量单位	单价	金额	项目名称
Y	大成	液晶显示器	何沙	00007	02	成都大成公司	2020-04-10	003		人民币	52.00	台	1,200.00	62,400.00	
Y	大成	液晶显示器	何沙	00007	02	成都大成公司	2020-04-10	003		人民币	-2.00	台	1,200.00	-2,400.00	
合计															

结算选入库单列表

记录总数：2

选择	供应商简称	存货名称	仓库名称	入库单号	供货商编码	供应商名称	入库日期	仓库编码	制单人	币种	存货编码	规格型号	入库数量	计量单位	件数
Y	大成	液晶显示器	原料仓	0000000005	02	成都大成公司	2020-04-09	1	何沙	人民币	003		52.00	台	0.00
Y	大成	液晶显示器	原料仓	0000000006	02	成都大成公司	2020-04-10	1	何沙	人民币	003		-2.00	台	0.00
合计															

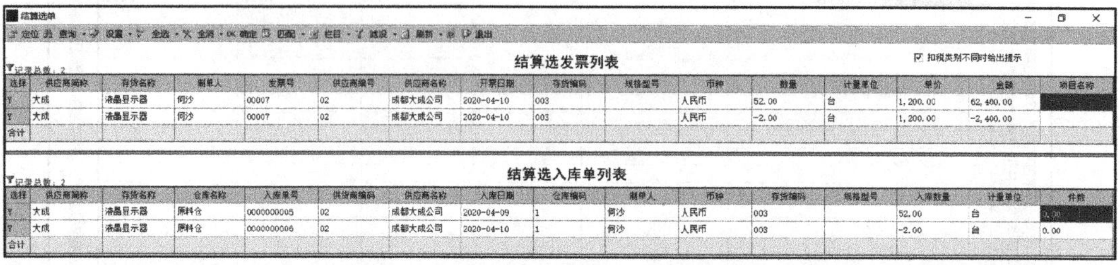

图 5-2-92　选择相应的采购入库单和采购发票

⑨ 单击“确定”按钮，返回“手工结算”窗口，如图 5-2-93 所示。

手工结算

结算汇总

单据类型	存货编号	存货名称	单据号	结算数量	发票数量	合理损耗数量	非合理损耗数量	非合理损耗金额	分摊费用
采购发票	003	液晶显示器	00007		52.00				
采购发票			00007		-2.00				
采购入库单			0000000005	52.00					
采购入库单			0000000006	-2.00					
		合计		50.00	50.00	0.00	0.00	0.00	0.00

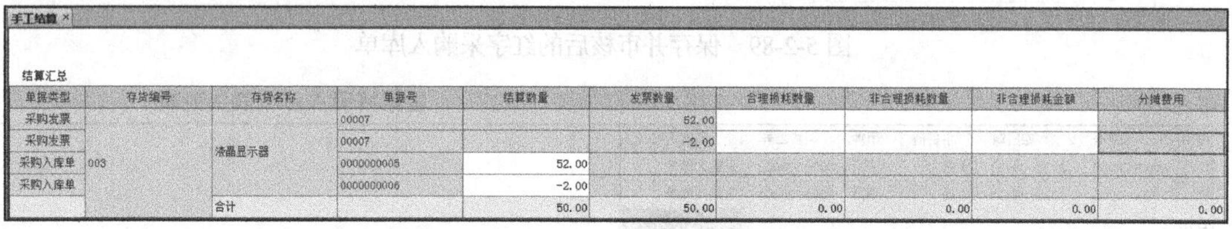

图 5-2-93　返回“手工结算”窗口

⑩ 单击“结算”按钮，完成采购发票与红蓝入库单的结算。

4. 记账并制单

① 在存货核算系统中，执行“业务核算 | 正常单据记账”命令，对采购入库单进行记账处理。

② 在存货核算系统中，执行“财务核算 | 生成凭证”命令，生成两张转账凭证，单击“保存”按钮，存货入库生成的转账凭证如图 5-2-94 所示。

已生成

转 账 凭 证

转 字 0013　制单日期：2020.04.09　审核日期：　附单据数：1

摘要	科目名称	借方金额	贷方金额
购买原材料	原材料/生产用原材料	6240000	
购买原材料	材料采购		6240000
票号 日期	数量 52.00台 单价 1200.00	合计 6240000	6240000

备注　项目　部门

个人　客户

业务员

记账　审核　出纳　制单　何沙

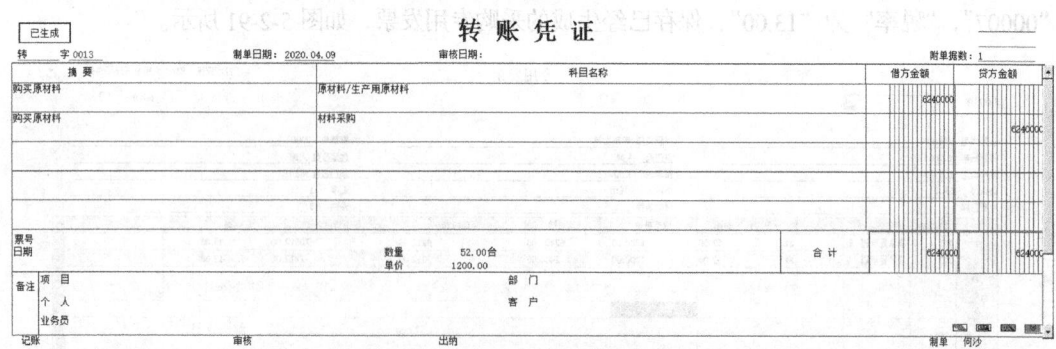

图 5-2-94　存货入库生成的转账凭证

③ 单击“翻页”按钮，翻找到系统生成的另一张转账凭证，单击“保存”按钮，红字采购入库单生成的转账凭证如图 5-2-95 所示。

5. 财务部门确认应付账款并制单

① 在应付款管理系统中，执行“应付单据处理 | 应付单据审核”命令，审核符合条件的采购专用发票。

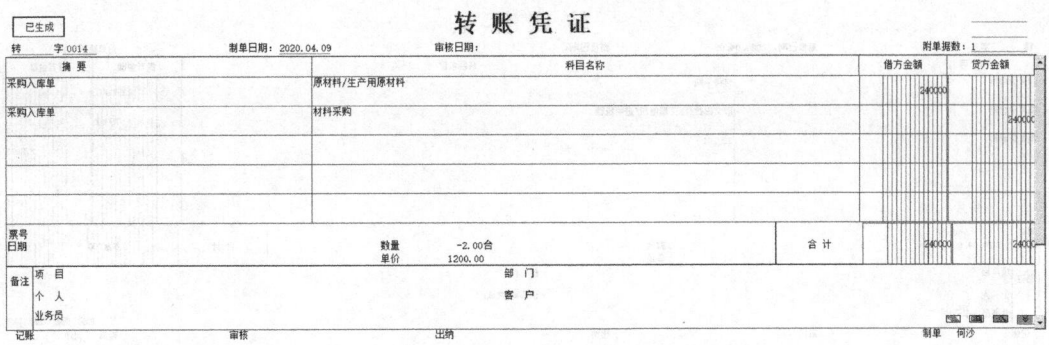

图 5-2-95 红字采购入库单生成的转账凭证

② 执行"制单处理"命令,打开"制单查询"对话框。单击"确定"按钮,打开"发票制单"窗口。

③ 修改"凭证类别"为"转账凭证",单击"制单"按钮,系统生成一张转账凭证。

④ 单击"应付账款/应付货款"会计科目,"应付账款/应付货款"处显示为"220201",如图 5-2-96 所示。

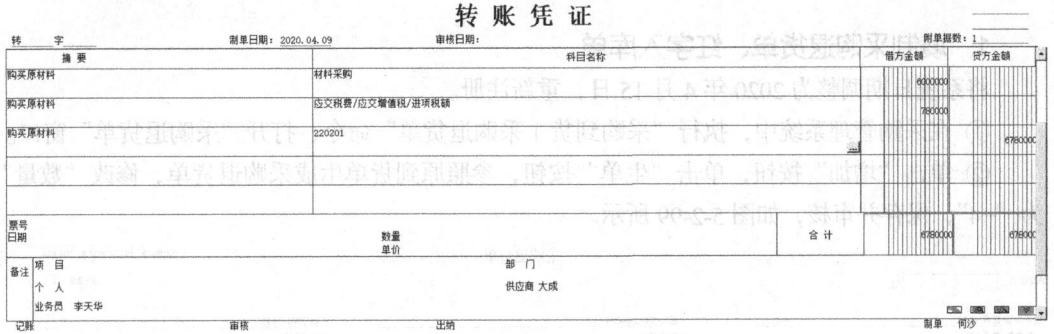

图 5-2-96 "应付账款/应付货款"处显示为"220201"

⑤ 双击"票号"后的空白处,打开"辅助项"对话框,填写相应内容,如图 5-2-97 所示。

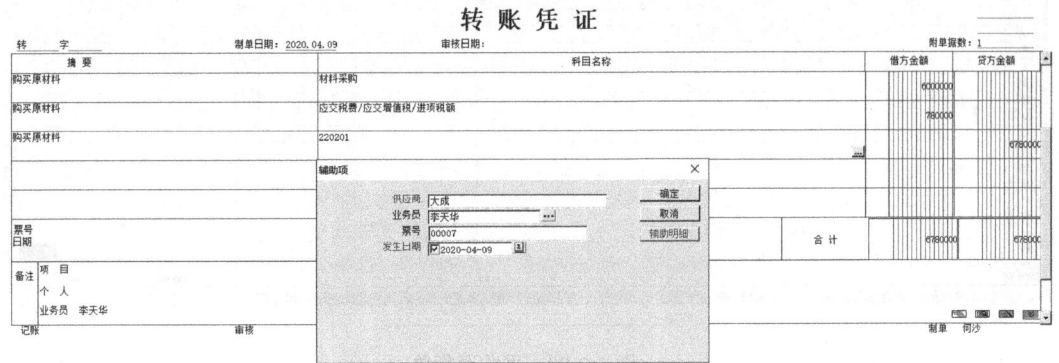

图 5-2-97 "辅助项"对话框设置结果

⑥ 单击"确定"按钮,"票号"处显示发票号"00007","日期"处显示"2020.04.09",如图 5-2-98 所示。

⑦ 单击"保存"按钮。

图 5-2-98 转账凭证

5.2.6 采购结算后退货

实验资料

4月15日，前期从成都大成公司购入的键盘质量有问题，从原料库退回4个给供货方，单价为95元/个，同时收到红字专用发票一张，票号为00008。对采购入库单和红字专用采购发票进行业务处理。

1. 填制采购退货单、红字入库单

将系统日期调整为2020年4月15日，重新注册。

① 在采购管理系统中，执行"采购到货 | 采购退货单"命令，打开"采购退货单"窗口。

② 单击"增加"按钮，单击"生单"按钮，参照原到货单生成采购退货单，修改"数量"为"-4"，保存并审核，如图5-2-99所示。

图 5-2-99 采购退货单

③ 在库存管理系统中，执行"入库业务 | 采购入库单"命令，打开"采购入库单"窗口。

④ 单击"生单"下拉按钮，选择"采购到货单（红字）"。打开"查询条件选择"对话框，单击"确定"按钮，打开"到货单生单列表"窗口。

⑤ 选择需要参照的采购退货单，单击"确定"按钮，返回"采购入库单"窗口。

⑥ 保存并审核红字采购入库单。

2. 填制发票并结算

① 在采购管理系统中，执行"采购发票 | 红字专用采购发票"命令，单击"增加"按钮，参照红字采购入库单生成红字专用采购发票。修改"发票号"为"00008"，保存采购发票。

② 在采购管理系统中，执行"采购结算 | 手工结算"命令，打开"手工结算"窗口。

③ 单击"选单"按钮，打开"结算选单"窗口。单击"查询"按钮，打开"查询条件选择"对话框。单击"确定"按钮，返回"结算选单"窗口。

④ 选择红字采购入库单与相应的红字采购发票，如图 5-2-100 所示。

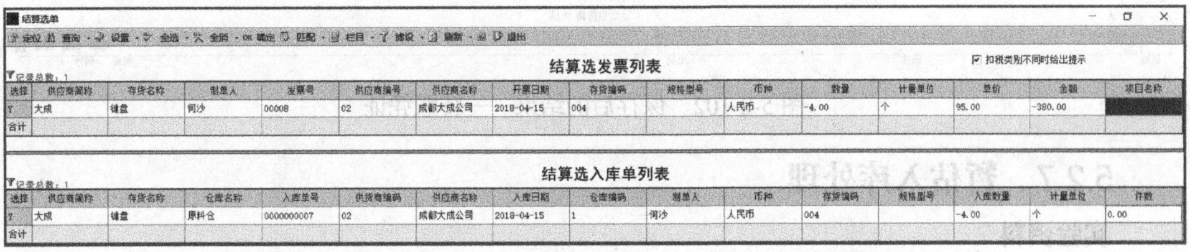

图 5-2-100　选择红字采购入库单与相应的红字采购发票

⑤ 单击"确定"按钮，返回"手工结算"窗口。
⑥ 单击"结算"按钮，完成红字专用采购发票与红字入库单的结算。

3. 核算成本并制单

① 在存货核算系统中，执行"业务核算 | 正常单据记账"命令，对红字采购入库单进行记账处理。

② 在存货核算系统中，执行"财务核算 | 生成凭证"命令，系统生成一张转账凭证。单击"保存"按钮，如图 5-2-101 所示。

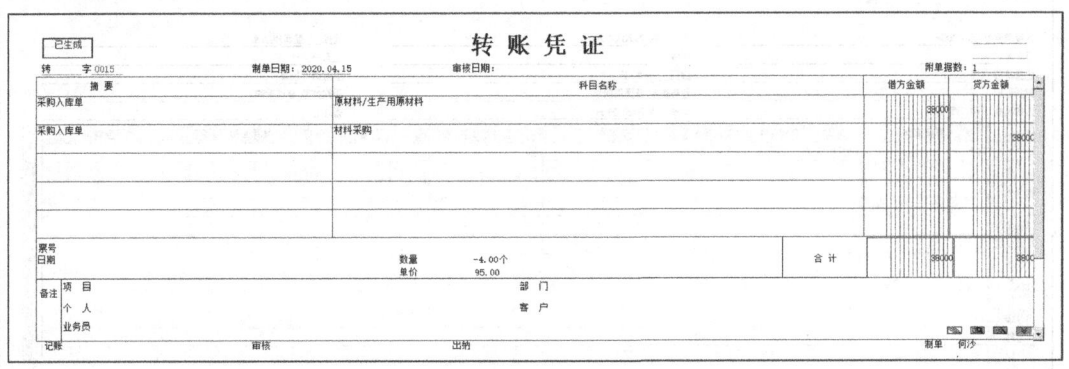

图 5-2-101　保存后的转账凭证

4. 财务部门确认应付账款

① 在应付款管理系统中，执行"应付单据处理 | 应付单据审核"命令，审核相应的采购专用发票。

② 执行"制单处理"命令，打开"制单查询"对话框。单击"确定"按钮，打开"发票制单"窗口。

③ 修改"凭证类别"为"转账凭证",单击"制单"按钮,生成一张转账凭证。

④ 录入相关的辅助核算信息,单击"确定"按钮,单击"保存"按钮,如图 5-2-102 所示。

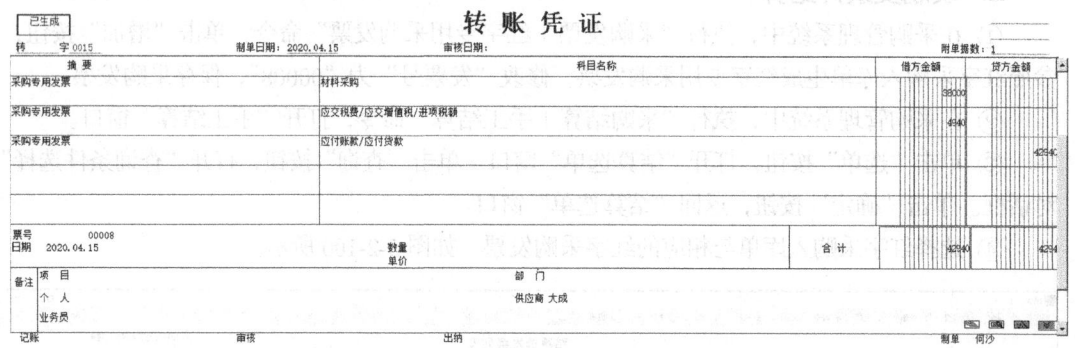

图 5-2-102　保存后的结果——转账凭证

5.2.7　暂估入库处理

实验资料

4 月 20 日,收到上海大坤公司提供的 HP 打印机 50 台,入配套用品库。到了月底发票仍未收到,进行暂估记账处理,每台的暂估价为 1500 元。

将系统时间调整为 2020 年 4 月 20 日,重新注册。

1. 填制采购入库单

① 在库存管理系统中,执行"入库业务 | 采购入库单"命令,打开"采购入库单"窗口。

② 单击"增加"按钮,根据实验资料手工填制采购入库单,单击"保存"按钮。

③ 单击"审核"按钮,如图 5-2-103 所示。

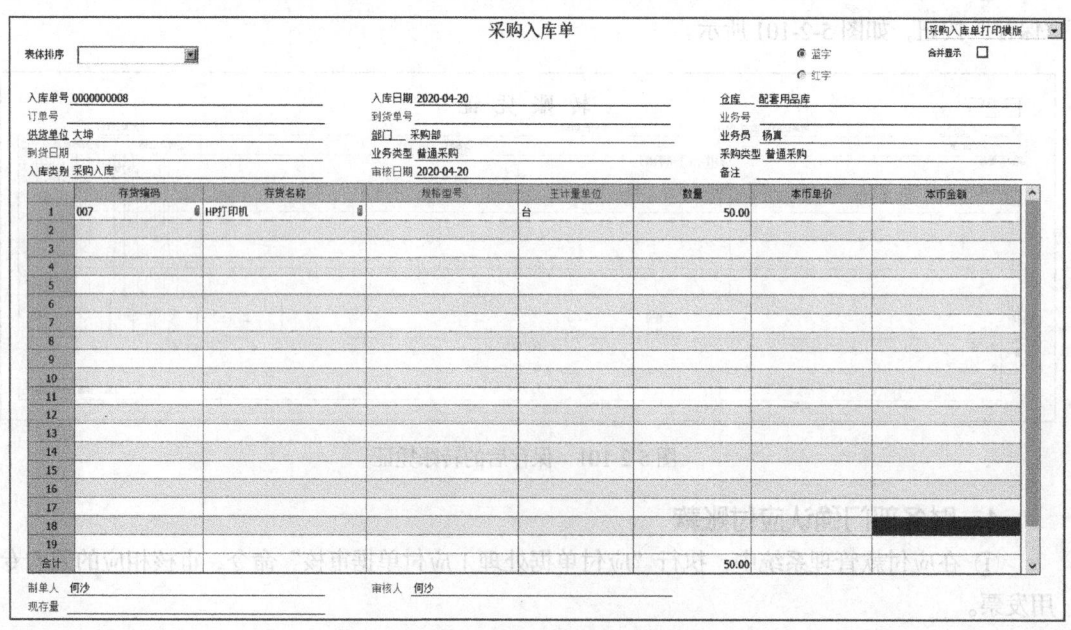

图 5-2-103　审核后的采购入库单

2. 录入暂估成本

将系统时间调整为 2020 年 4 月 30 日，重新注册。

① 在存货核算系统中，执行"业务核算 | 暂估成本录入"命令，打开"查询条件选择"对话框。单击"确定"按钮，打开"暂估成本录入"窗口。

② 录入"单价"为 1 500.00，如图 5-2-104 所示。

单据日期	单据号	仓库	存货编码	存货代码	计量单位	存货名称	规格型号	业务类型	采购类型	供应商	入库类别	数量	单价	金额	批号
2020-04-20	0000000008	配套用品库	007		台	HP打印机		普通采购	普通采购	上海大坤公司	采购入库	50.00	1,500.00	75,000.00	
合计												50.00		75,000.00	

图 5-2-104　录入"单价"为 1 500.00

③ 单击"保存"按钮，系统弹出"保存成功！"信息提示框，单击"确定"按钮返回。

5.3　应付款管理

实验资料

4 月 17 日，财务部开出转账支票一张（支票号为 ZZ777），金额为 12 000 元，支付重庆大江公司前欠部分货款。

5.3.1　付款并制单

调整系统日期时间为 2020 年 4 月 17 日，重新注册。

① 在应付款管理系统中，执行"付款单据处理 | 付款单据录入"命令，打开"付款单"窗口。

② 根据实验资料，录入付款单表头信息，单击"保存"按钮，付款单如图 5-3-1 所示。

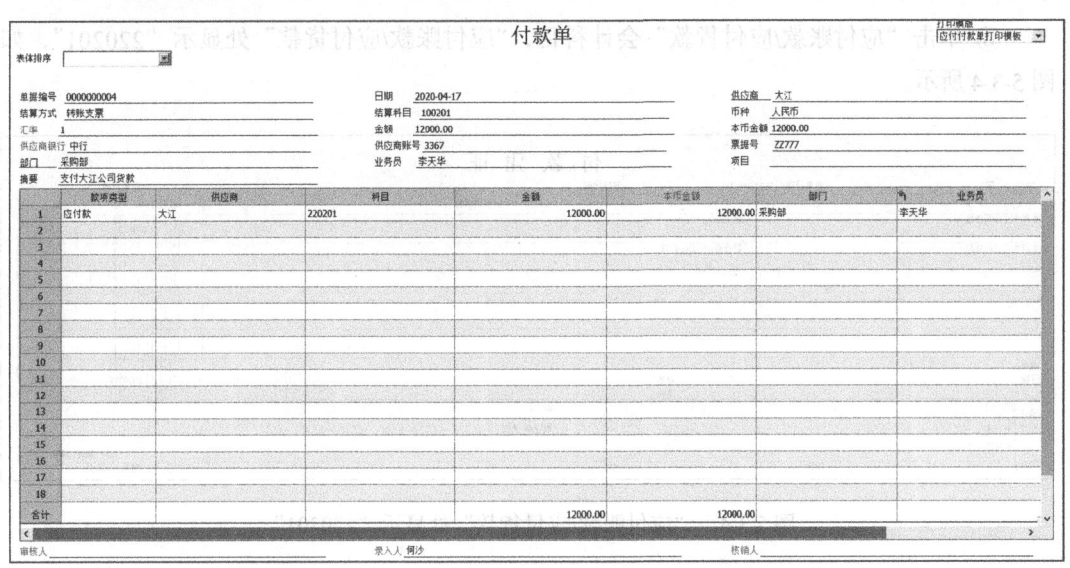

图 5-3-1　付款单

③ 单击"审核"按钮，系统弹出"是否立即制单？"信息提示框。

④ 单击"是"按钮，生成付款凭证，如图 5-3-2 所示。

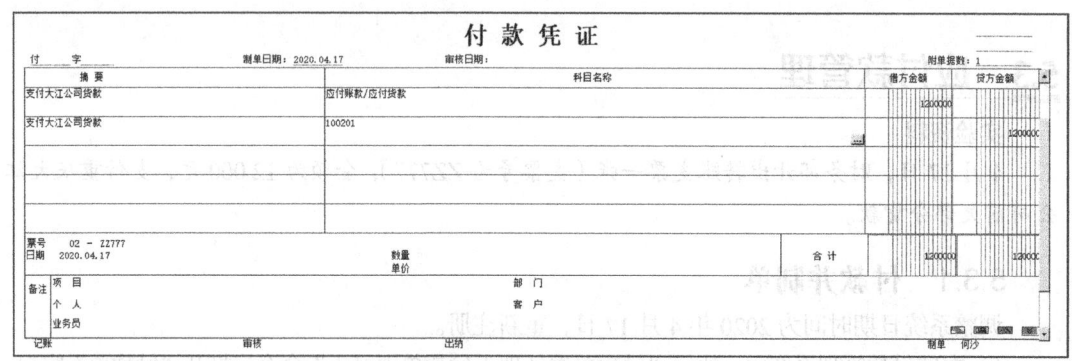

图 5-3-2 付款凭证

⑤ 单击"银行存款/工行存款"会计科目,付款凭证左下方显示支票票号为"ZZ777",发生日期为"2020.04.17",如图 5-3-3 所示。

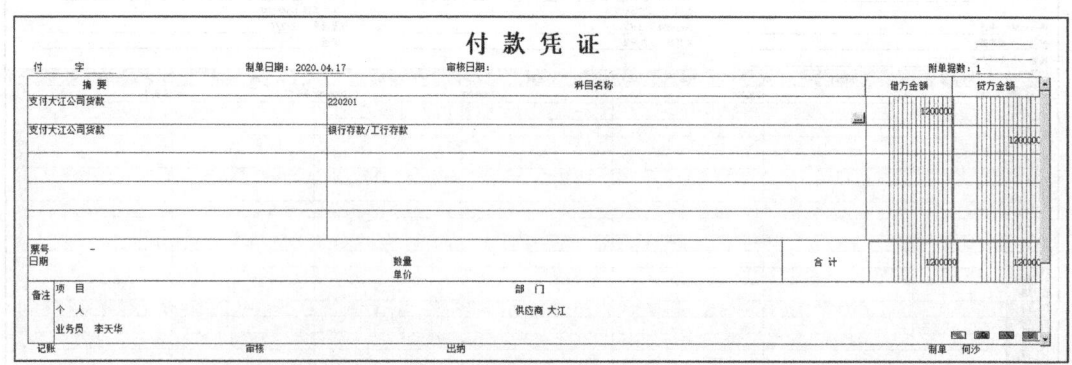

图 5-3-3 发生日期为"2020.04.17"

⑥ 单击"应付账款/应付货款"会计科目,"应付账款/应付货款"处显示"220201",如图 5-3-4 所示。

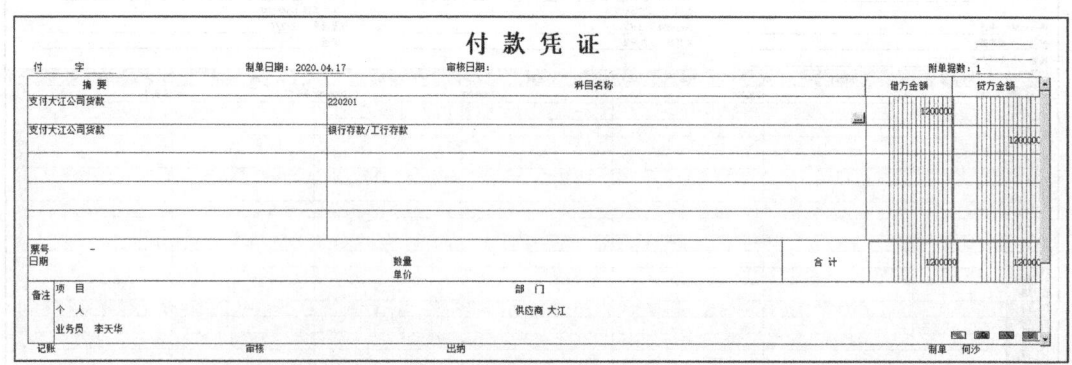

图 5-3-4 "应付账款/应付货款"处显示"220201"

⑦ 双击"票号"后的空白处,弹出"辅助项"对话框,填写专用发票"票号"为"00004","发生日期"为"2020-04-09",如图 5-3-5 所示。

⑧ 单击"确定"按钮,付款凭证左下方"票号"处显示专用发票票号"00004","日期"处为"2020.04.09",单击"确定"按钮后的付款凭证如图 5-3-6 所示。

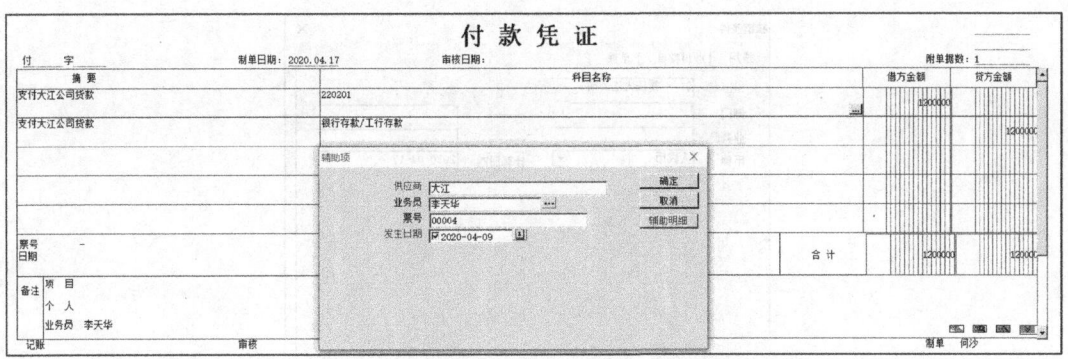

图 5-3-5 "辅助项"对话框设置结果

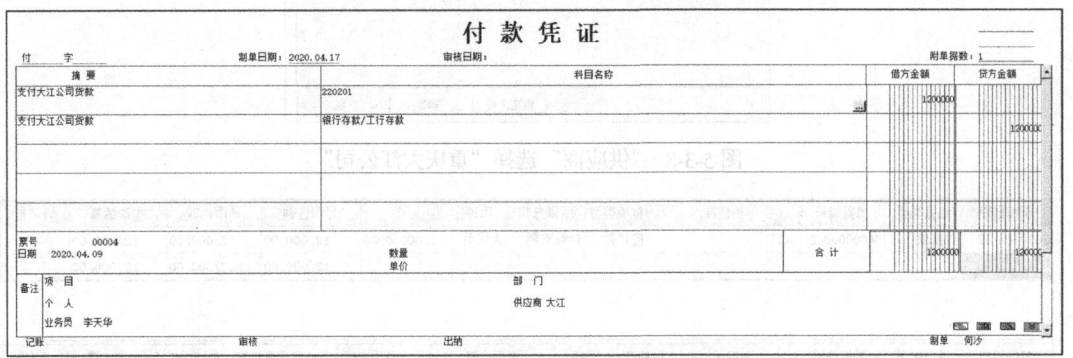

图 5-3-6 单击"确定"按钮后的付款凭证

⑨ 单击"保存"按钮,如图 5-3-7 所示。

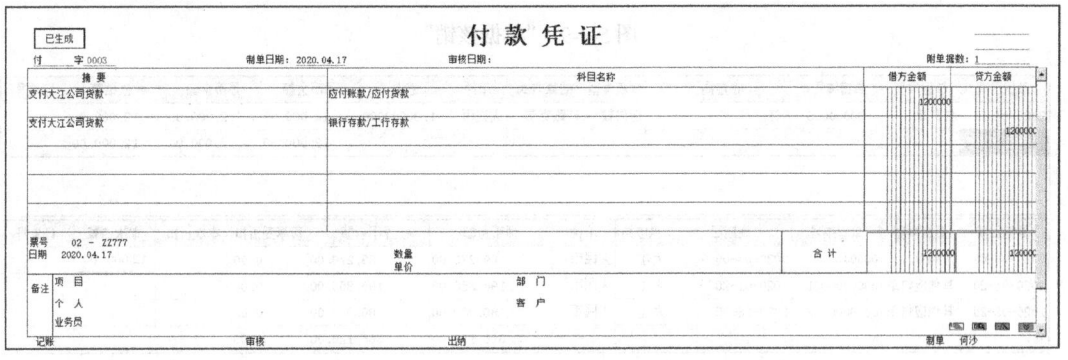

图 5-3-7 单击"保存"按钮后的付款凭证

5.3.2 核销处理

① 在应付款管理系统中,执行"核销处理 | 手工核销"命令,打开"核销条件"对话框。"供应商"选择"重庆大江公司",如图 5-3-8 所示。

② 单击"确定"按钮,打开"单据核销"窗口,如图 5-3-9 所示。

③ 在窗口下方单据编号为"00004"的采购专用发票的"本次结算"栏中输入"12 000.00",如图 5-3-10 所示。

④ 单击"保存"按钮,核销前期所欠重庆大江公司的应付账款。

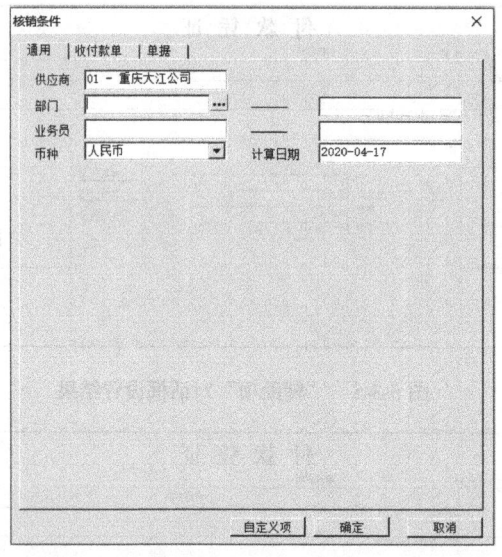

图 5-3-8 "供应商"选择"重庆大江公司"

单据日期	单据类型	单据编号	供应商	款项类型	结算方式	币种	汇率	原币金额	原币余额	本次结算	订单号
2020-04-17	付款单	0000000003	大江	应付款	转账支票	人民币	1.00000000	12,000.00	12,000.00	12,000.00	
合计								12,000.00	12,000.00	12,000.00	

单据日期	单据类型	单据编号	到期日	供应商	币种	原币金额	原币余额	可享受折扣	本次折扣	本次结算	订单号
2020-04-09	采购专…	00004	2020-04-09	大江	人民币	89,270.00	89,270.00	0.00			
2020-01-20	其他应付单	0000000001	2020-01-20	大江	人民币	196,850.00	196,850.00	0.00			
2020-03-25	其他应付单	0000000002	2020-03-25	大江	人民币	80,000.00	80,000.00	0.00			
合计						366,120.00	366,120.00	0.00			

图 5-3-9 "单据核销"

单据日期	单据类型	单据编号	供应商	款项类型	结算方式	币种	汇率	原币金额	原币余额	本次结算	订单号
2020-04-17	付款单	0000000003	大江	应付款	转账支票	人民币	1.00000000	12,000.00	12,000.00	12,000.00	
合计								12,000.00	12,000.00	12,000.00	

单据日期	单据类型	单据编号	到期日	供应商	币种	原币金额	原币余额	可享受折扣	本次折扣	本次结算	订单号
2020-04-09	采购专…	00004	2020-04-09	大江	人民币	89,270.00	89,270.00	0.00		12,000.00	
2020-01-20	其他应付单	0000000001	2020-01-20	大江	人民币	196,850.00	196,850.00	0.00			
2020-03-25	其他应付单	0000000002	2020-03-25	大江	人民币	80,000.00	80,000.00	0.00			
合计						366,120.00	366,120.00	0.00			

图 5-3-10 在"00004"的采购专用发票的"本次结算"栏中输入"12 000.00"。

第 6 章 销售与应收业务

6.1 销售管理

6.1.1 基本设置

在系统中取消报价含税。

① 在销售管理系统中,执行"设置|销售选项"命令,打开"销售选项"对话框,打开"业务控制"选项卡,取消选中"报价含税"复选框,如图 6-1-1 所示。

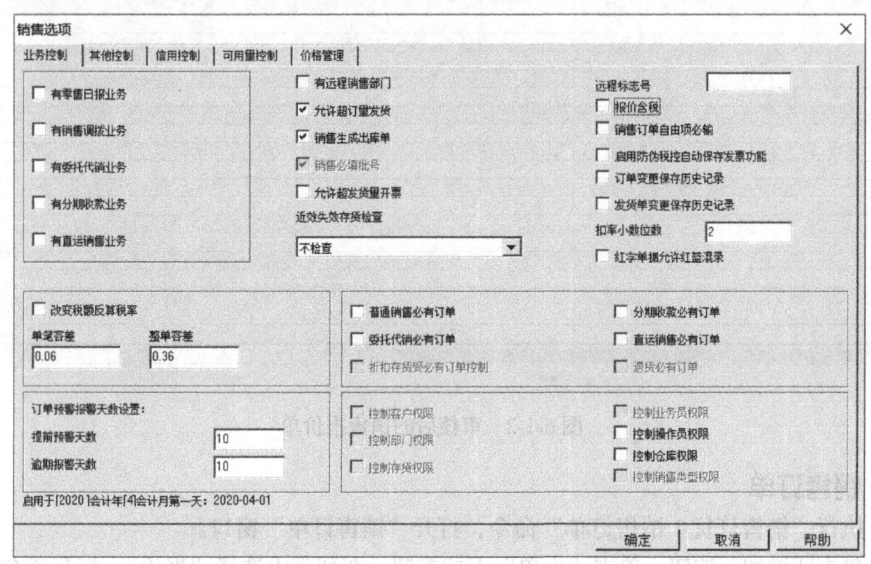

图 6-1-1 取消选中"报价含税"复选框

② 单击"确定"按钮。

6.1.2 常规销售业务处理

实验资料

① 4 月 5 日,天津大华公司欲购买 10 台税控 II 号,向销售部了解价格。销售部报价为 6 500元/台。客户确定购买,填制并审核报价单。

该客户进一步了解情况后,要求订购 20 台,发货日期为 4 月 8 日,填制并审核销售订单。

② 4 月 8 日,销售部门向成品库发出发货通知。成品库向天津大华公司发出其所订货物,并据此开具专用销售发票一张,票号为 00001。业务部门将销售发票(留存联)交给财务部门,财务部门结转此业务的收入和成本。

③ 4 月 12 日,财务部收到天津大华公司一张转账支票,金额为 146900 元,支票号为 ZP1155,款项入工行账户。据此填制收款单并核销。

1. 销售报价

将系统时间修改为 2020 年 4 月 5 日，重新注册。

① 在销售管理系统中，执行"销售报价丨销售报价单"命令，打开"销售报价单"窗口。

② 单击"增加"按钮，输入表头信息。"业务类型"为"普通销售"，"销售类型"为"经销"，"客户简称"选择"大华"，"税率"为"13.00"，表体中"存货名称"选择"税控Ⅱ号"，"数量"为"10.00"，"报价"为"6 500.00"。单击"保存"按钮。

③ 单击"审核"按钮，审核后的销售报价单如图 6-1-2 所示。

图 6-1-2 审核后的销售报价单

2. 销售订单

① 执行"销售订货丨销售订单"命令，打开"销售订单"窗口。

② 单击"增加"按钮，单击"生单"下拉按钮，在列表中选择"报价"，打开"查询条件选择—订单参照报价单"对话框。单击"确定"按钮，打开"参照生单"窗口。

③ 双击符合条件的报价单记录的"选择"栏，如图 6-1-3 所示。

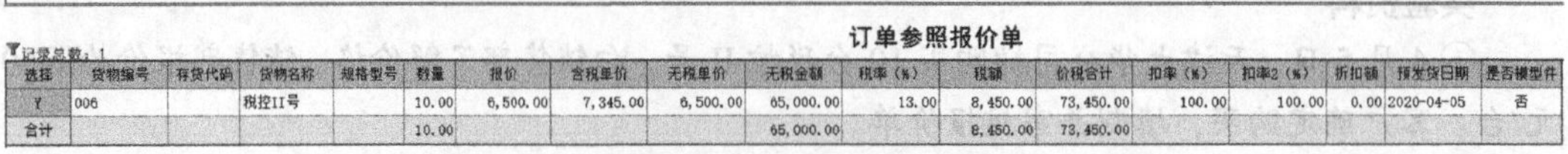

图 6-1-3 双击符合条件的报价单记录的"选择"栏

④ 单击"确定"按钮。系统根据报价单生成一张销售订单。修改"数量"为"20.00"，"发货时间"为"2020-04-08"。单击"保存"按钮，单击"审核"按钮，审核后的销售订单如图 6-1-4 所示。

图 6-1-4 审核后的销售订单

3. 销售发货

将系统时间调整为 2020 年 4 月 8 日，重新注册。

① 在销售管理系统中，执行"销售发货 | 发货单"命令，打开"发货单"窗口。

② 单击"增加"按钮，打开"查询条件选择——参照订单"对话框。

③ 单击"确定"按钮，打开"参照生单"窗口。选择天津大华公司的销售订单，如图 6-1-5 所示。

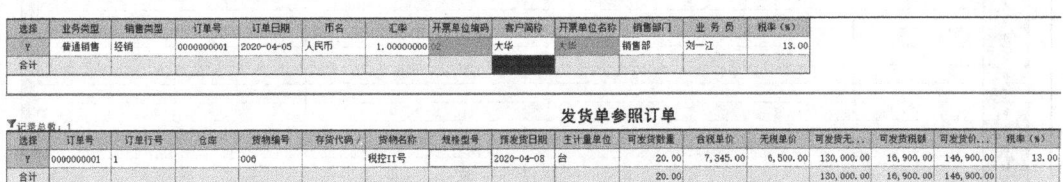

图 6-1-5 选择天津大华公司的销售订单

④ 单击"确定"按钮，系统参照销售订单自动生成发货单。"仓库名称"选择"成品库"，单击"保存"按钮。单击"审核"按钮，审核后的销售发货单如图 6-1-6 所示。

⑤ 单击"退出"按钮，关闭"发货单"窗口。

4. 销售出库

① 在库存管理系统中，执行"出库业务 | 销售出库单"命令，打开"销售出库单"窗口。

② 单击"末张"按钮，找到相应的出库单。单击"审核"按钮，审核后的销售出库单如图 6-1-7 所示。

5. 销售开票

① 在销售管理系统中，执行"销售开票 | 销售专用发票"命令，打开"销售专用发票"窗口。

② 单击"增加"按钮，打开"查询条件选择——参照订单"对话框，单击"取消"按钮，关

闭"查询条件选择—参照订单"对话框。

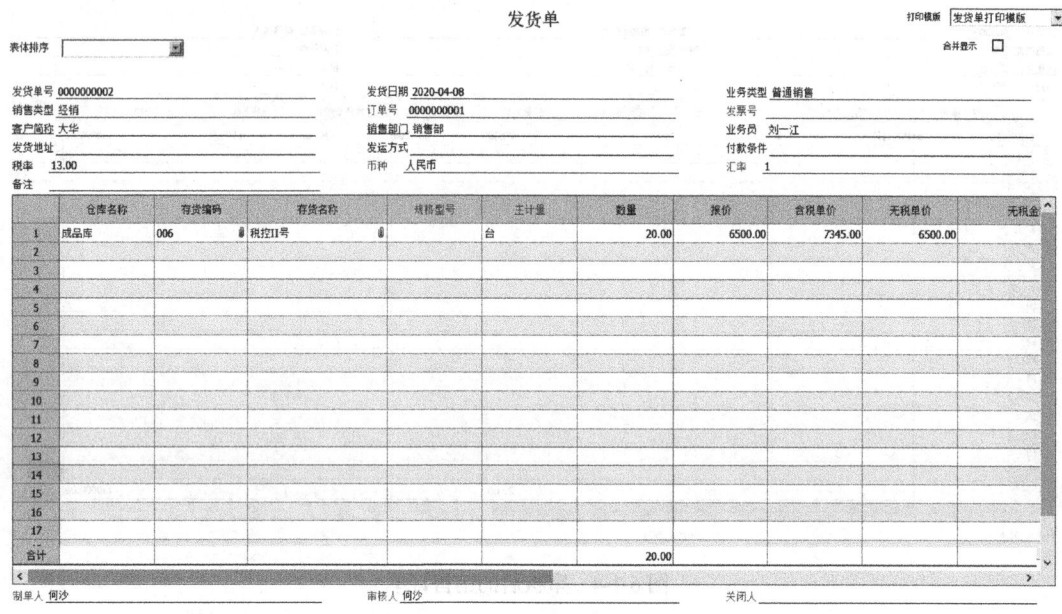

图 6-1-6 审核后的销售发货单

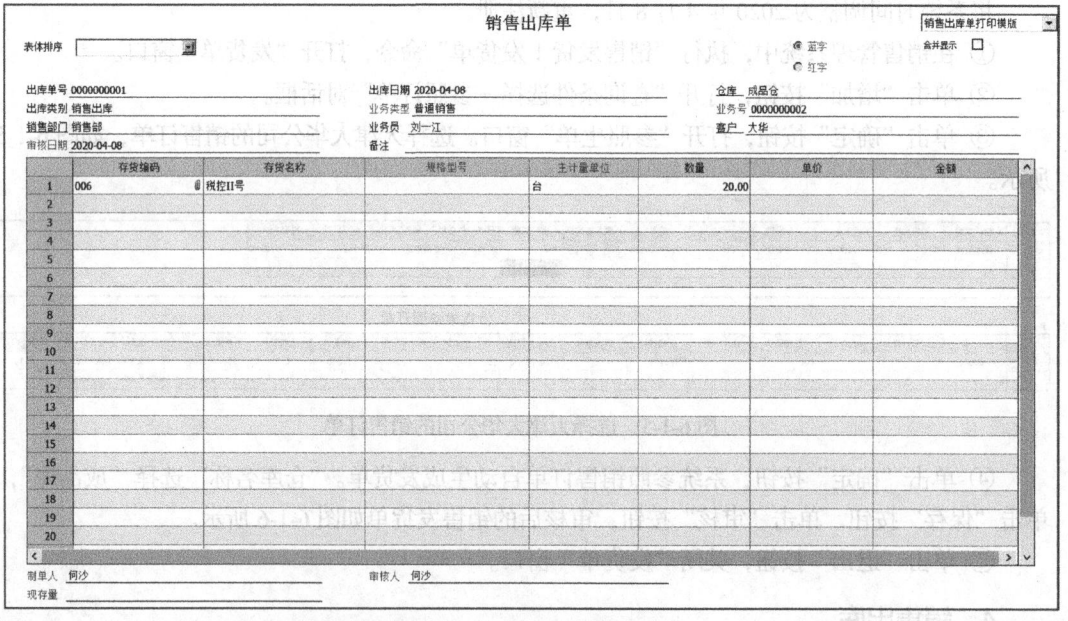

图 6-1-7 审核后的销售出库单

③ 在"销售专用发票"窗口，单击"生单"下拉按钮，选择"参照发货单"，打开"查询条件选择—发票参照发货单"对话框，单击"确定"按钮，系统根据过滤条件显示符合条件的所有单据。

④ 双击相应单据记录的"选择"栏，"选择"栏出现"Y"标志，如图 6-1-8 所示。

⑤ 单击"确定"按钮，系统生成一张销售专用发票，修改"发票号"为"00001"，单击"保存"按钮。单击"复核"按钮，复核销售专用发票，复核后的销售专用发票如图 6-1-9 所示。

第 6 章 销售与应收业务

图 6-1-8 "选择"栏出现"Y"标志

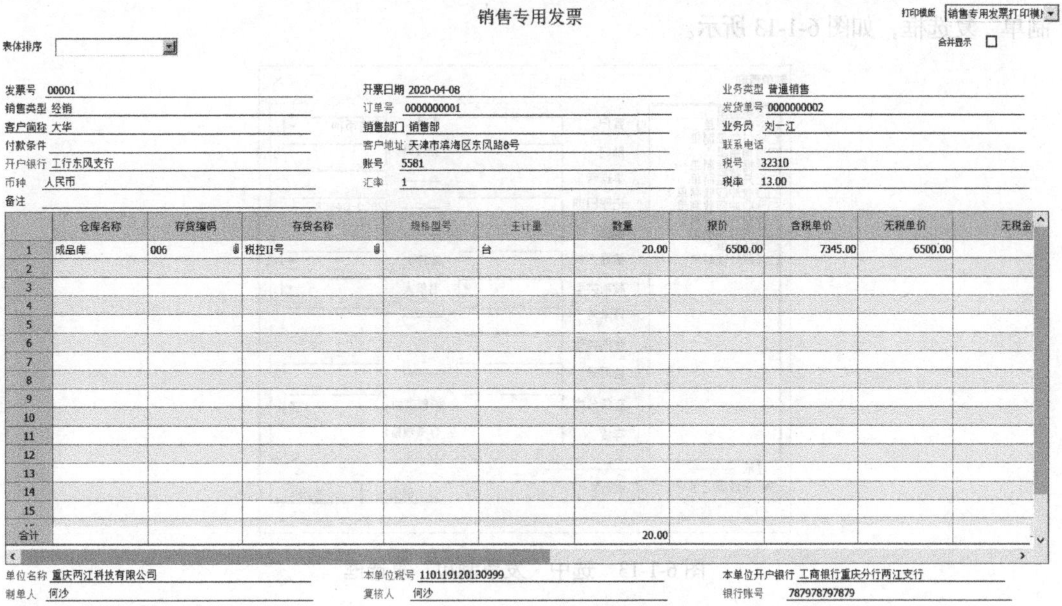

图 6-1-9 复核后的销售专用发票

6. 确认应收账款并制单

① 在应收款管理系统中，执行"应收单据处理|应收单据审核"命令，打开"应收单查询条件"对话框。

② 单击"确定"按钮，打开"单据处理"窗口。

③ 单击"全选"按钮后的结果如图 6-1-10 所示。

图 6-1-10 单击"全选"按钮后的结果

④ 单击"审核"按钮，系统弹出"提示"对话框，如图 6-1-11 所示。

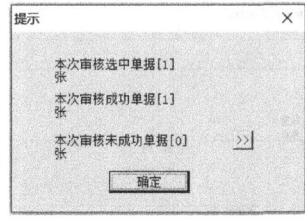

图 6-1-11 "提示"对话框

⑤ 单击“确定”按钮后的结果如图 6-1-12 所示。

应收单据列表

记录总数：1

选择	审核人	单据日期	单据类型	单据号	客户名称	部门	业务员	制单人	币种	汇率	原币金额	本币金额	备注
	何沙	2020-04-08	销售专用发票	00001	天津大华公司	销售部	刘一江	何沙	人民币	1.00000000	146,900.00	146,900.00	
合计											146,900.00	146,900.00	

图 6-1-12 单击“确定”按钮后的结果

⑥ 在应收款管理系统中，执行“制单处理”命令，打开“制单查询”对话框。选中“发票制单”复选框，如图 6-1-13 所示。

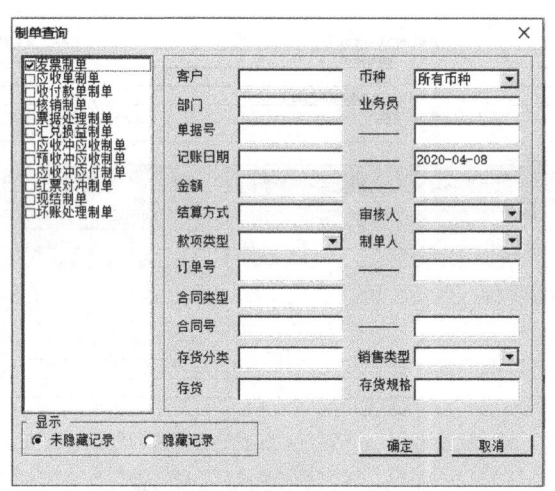

图 6-1-13 选中“发票制单”复选框

⑦ 单击“确定”按钮，打开“制单”窗口。

⑧ 单击“全选”按钮，单击“凭证类别”栏的下拉按钮，选择“转账凭证”，如图 6-1-14 所示。

销售发票制单

凭证类别 转账凭证　　制单日期 2020-04-08

选择标志	凭证类别	单据类型	单据号	日期	客户编码	客户名称	部门	业务员	金额
1	转账凭证	销售专用发票	00001	2020-0...	02	天津大华公司	销售部	刘一江	146,900.00

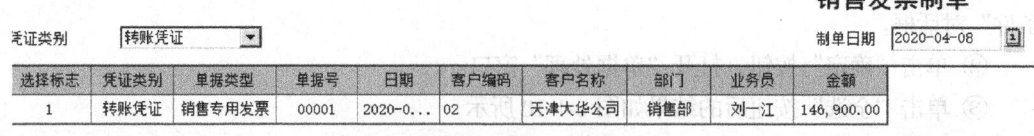

图 6-1-14 选择“转账凭证”

⑨ 单击“制单”按钮，生成一张转账凭证，如图 6-1-15 所示。

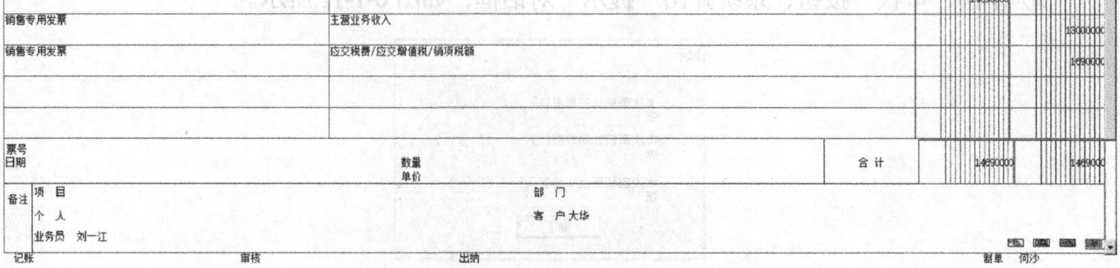

图 6-1-15 转账凭证（销售专用发票生成的）

⑩ 单击"应收账款"会计科目,"应收账款"处显示"1122",如图 6-1-16 所示。

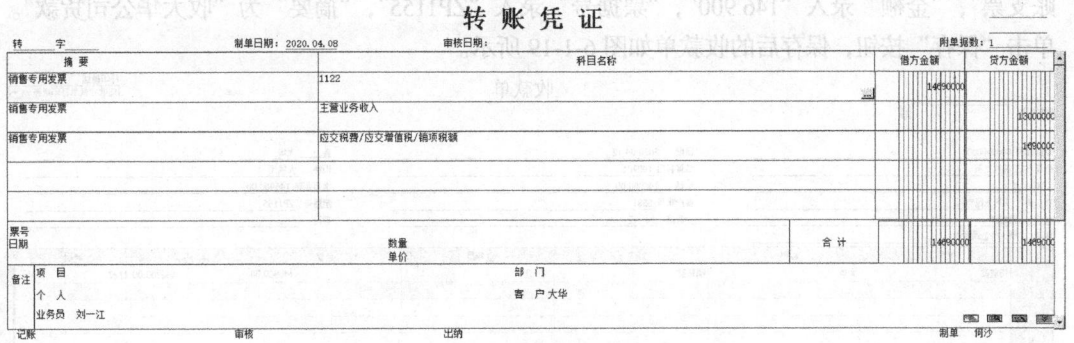

图 6-1-16　"应收账款"处显示"1122"

⑪ 双击"票号"后的空白处,弹出"辅助项"对话框,填写"票号"为"00001","发生日期"为"2020-04-08",如图 6-1-17 所示。

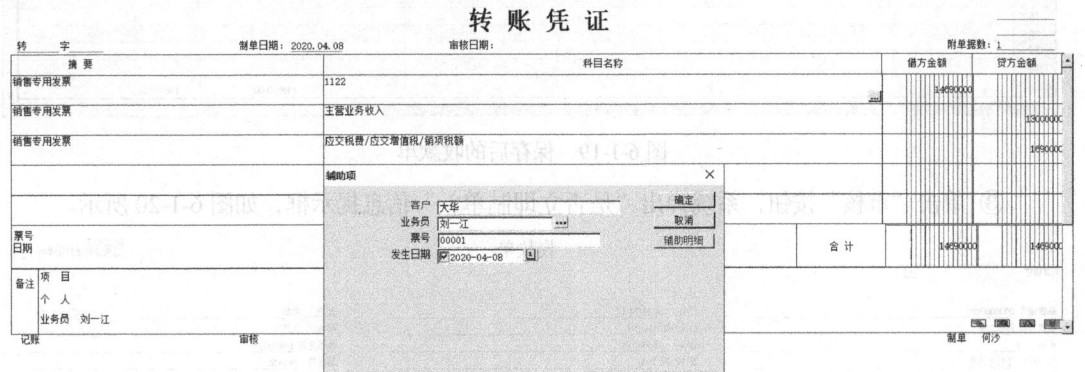

图 6-1-17　"辅助项"对话框设置结果

⑫ 单击"确定"按钮,转账凭证左下方"票号"后显示专用发票号为"00001","日期"后显示"2020.04.08"。

⑬ 单击"保存"按钮,保存后的转账凭证如图 6-1-18 所示。

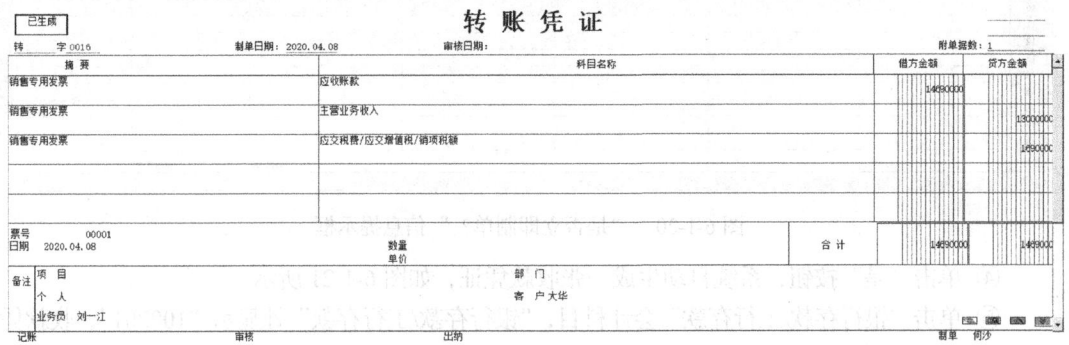

图 6-1-18　保存后的转账凭证

7. 填制收款单并制单

将系统时间调整为 2020 年 4 月 12 日,重新注册。

① 在应收款管理系统中,执行"收款单据处理 | 收款单据录入"命令,打开"收款单"窗口。

② 单击"增加"按钮。根据资料录入表头信息。"客户"选择"大华","结算方式"选择"转账支票","金额"录入"146 900","票据号"录入"ZP1155","摘要"为"收大华公司货款"。单击"保存"按钮，保存后的收款单如图 6-1-19 所示。

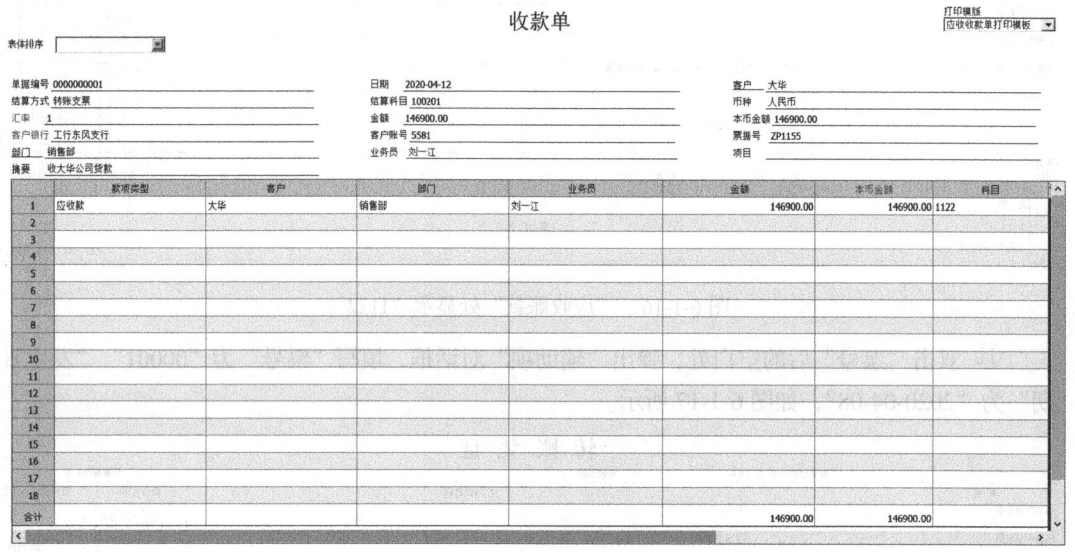

图 6-1-19　保存后的收款单

③ 单击"审核"按钮，系统弹出"是否立即制单？"信息提示框，如图 6-1-20 所示。

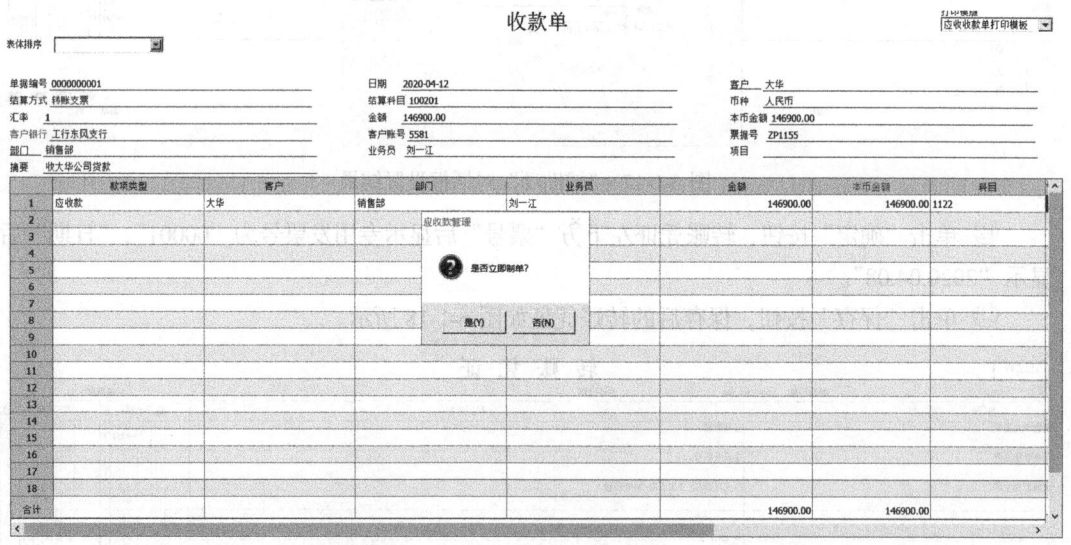

图 6-1-20　"是否立即制单？"信息提示框

④ 单击"是"按钮，系统自动生成一张收款凭证，如图 6-1-21 所示。

⑤ 单击"银行存款/工行存款"会计科目，"银行存款/工行存款"处显示"100201"，收款凭证左下方显示转账支票的"票号"为"ZP1155"，"日期"为"2020.04.12"，如图 6-1-22 所示。

⑥ 单击"应收账款"会计科目，"应收账款"处显示"1122"，双击"票号"后的空白处，弹出"辅助项"对话框，填写"票号"为"00001"，"发生日期"为"2020-04-08"，如图 6-1-23 所示。

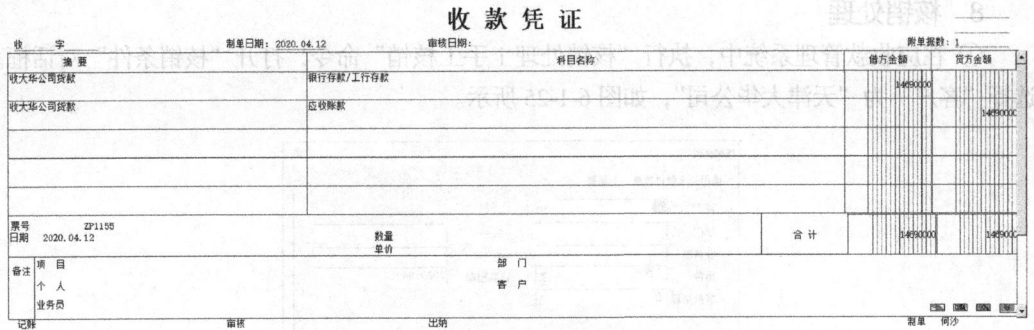

图 6-1-21 收款凭证

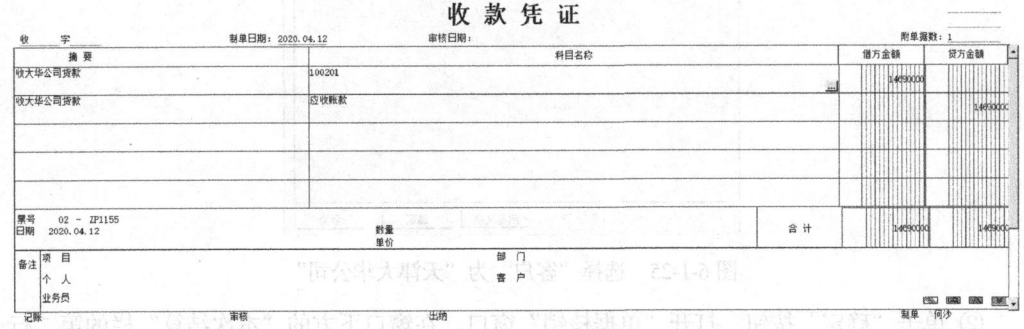

图 6-1-22 "票号"为"2P1155"等设置结果

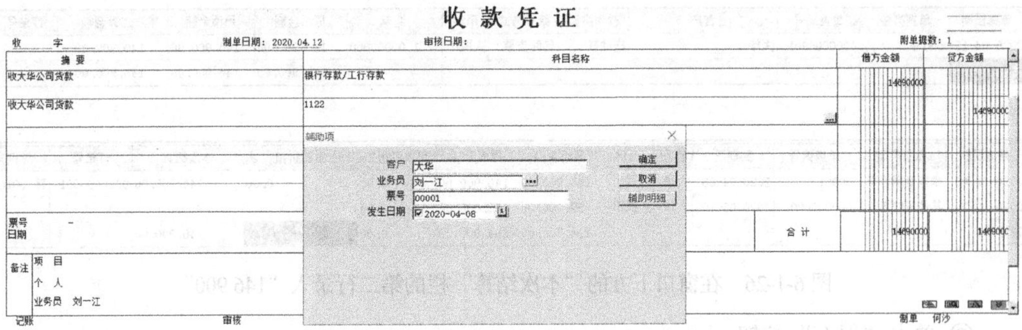

图 6-1-23 "辅助项"对话框设置结果

⑦ 单击"确定"按钮,收款凭证左下方"票号"后显示发票票号为"00001","日期"后显示"2020.04.8"。单击"保存"按钮,如图 6-1-24 所示。

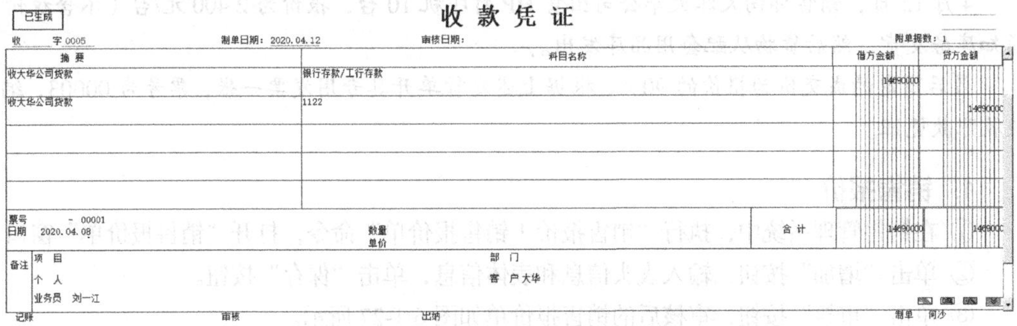

图 6-1-24 设置完成后生成的收款凭证

8. 核销处理

① 在应收款管理系统中,执行"核销处理 | 手工核销"命令,打开"核销条件"对话框。选择"客户"为"天津大华公司",如图 6-1-25 所示。

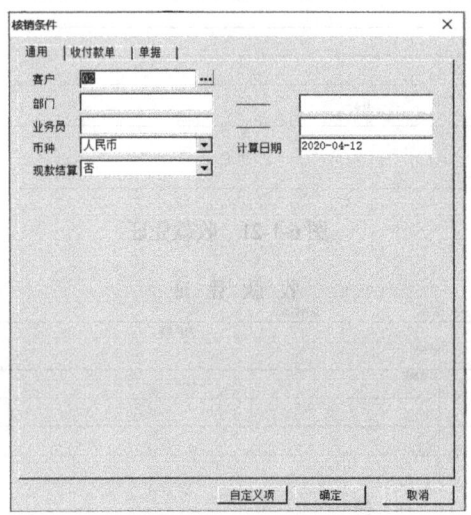

图 6-1-25 选择"客户"为"天津大华公司"

② 单击"确定"按钮,打开"单据核销"窗口。在窗口下方的"本次结算"栏的第二行录入"146 900",如图 6-1-26 所示。

单据日期	单据类型	单据编号	客户	款项类型	结算方式	币种	汇率	原币金额	原币余额	本次结算金额	订单号
2020-04-12	收款单	0000000001	大华	应收款	转账支票	人民币	1.00000000	146,900.00	146,900.00	146,900.00	
合计									146,900.00	146,900.00	146,900.00

单据日期	单据类型	单据编号	到期日	客户	币种	原币金额	原币余额	可享受折扣	本次折扣	本次结算	订单号	凭证号
2020-04-08	销售专用发票	00001	2020-04-08	大华	人民币	146,900.00	146,900.00	0.00	0.00	146,900.00	0000000001	转-0016
2020-03-10	其他应收单	0000000002	2020-03-10	大华	人民币	58,000.00	58,000.00	0.00				
合计						204,900.00	204,900.00	0.00		146,900.00		

图 6-1-26 在窗口下方的"本次结算"栏的第二行录入"146 900"

③ 单击"保存"按钮。

6.1.3 商业折扣的处理

实验资料

4月12日,销售部向天津大华公司出售 HP 打印机 10 台,报价为 2 400 元/台(不含税价),通知库房发货,然后货物从配套用品库发出。

最后商定的成交价为报价的 90%,根据上述发货单开具专用发票一张,票号为 00003,编制应收账款凭证。

1. 销售报价

① 在销售管理系统中,执行"销售报价 | 销售报价单"命令,打开"销售报价单"窗口。

② 单击"增加"按钮,输入表头信息和表体信息,单击"保存"按钮。

③ 单击"审核"按钮,审核后的销售报价单如图 6-1-27 所示。

图 6-1-27 审核后的销售报价单

2. 销售订货

① 在销售管理系统中，执行"销售订货丨销售订单"命令，打开"销售订单"窗口。

② 单击"增加"按钮，单击"生单"下拉按钮，选择"报价"，打开"查询条件选择—订单参照报价单"对话框。单击"确定"按钮，打开"参照生单"窗口。

③ 双击选中相应的报价单记录，如图 6-1-28 所示。

图 6-1-28 双击选中相应的报价单记录

④ 单击"确定"按钮。系统根据报价单自动生成一张销售订单，修改"无税单价"为"2 160"，单击"保存"按钮。

⑤ 单击"审核"按钮，审核后的销售订单如图 6-1-29 所示。

3. 销售发货

① 在销售管理系统中，执行"销售发货丨发货单"命令，打开"发货单"窗口。

② 单击"增加"按钮，打开"查询条件选择—参照订单"对话框。

③ 单击"确定"按钮，打开"参照生单"窗口。选择相应的订单信息，如图 6-1-30 所示。

④ 单击"确定"按钮，系统参照销售订单自动生成发货单。选择"仓库"为"配套用品库"，单击"保存"按钮。

⑤ 单击"审核"按钮，审核后的销售发货单如图 6-1-31 所示。

图 6-1-29　审核后的销售订单

图 6-1-30　选择相应的订单信息

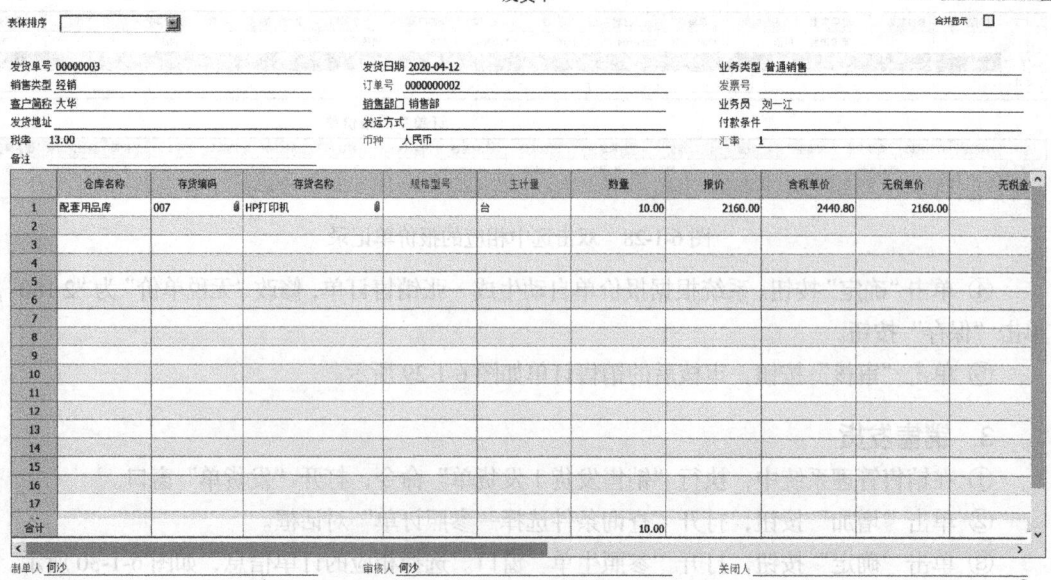

图 6-1-31　审核后的销售发货单

4. 销售出库

① 在库存管理系统中，执行"出库业务 | 销售出库单"命令，打开"销售出库单"窗口。

② 单击"末张"按钮,找到已经生成的出库单,单击"审核"按钮。

③ 单击"确定"按钮,确定后的销售出库单如图 6-1-32 所示。

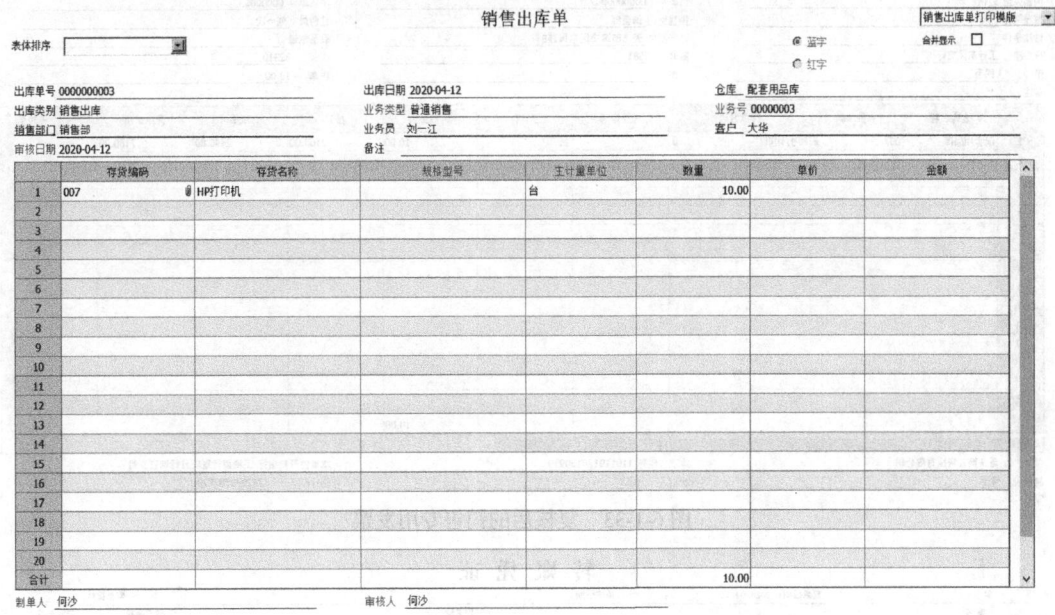

图 6-1-32　确定后的销售出库单

5. 销售开票

① 在销售管理系统中,执行"销售开票 | 销售专用发票"命令,打开"销售专用发票"窗口。

② 单击"增加"按钮,系统弹出"查询条件选择—参照订单"对话框。单击"取消"按钮,返回"销售专用发票"窗口。

③ 单击"生单"下拉按钮,选择"参照发货单",系统弹出"查询条件选择—发票参照发货单"对话框。单击"确定"按钮,系统根据过滤条件显示符合条件的全部单据记录。

④ 双击选择 4 月 12 日给天津大华公司的发货记录"选择"栏,出现"Y"标志表示选择成功。单击"确定"按钮。

⑤ 系统自动生成一张销售专用发票,修改"发票号"为"00003",单击"保存"按钮。

⑥ 单击"复核"按钮,复核后的销售专用发票如图 6-1-33 所示。

6. 审核应收账款并制单

① 在应收款管理系统中,执行"应收单据处理 | 应收单据审核"命令,打开"应收款查询条件"对话框。

② 单击"确定"按钮。选择需要审核的单据记录,单击"审核"按钮。系统弹出"本次审核成功单据 1 张"信息提示框,单击"确定"按钮。

③ 在应收款管理系统中,执行"制单处理"命令,打开"制单查询"对话框。选择"发票制单",单击"确定"按钮,打开"制单"窗口。

④ 单击"全选"按钮,选择"凭证类别"为"转账凭证",单击"制单"按钮。系统自动生成一张转账凭证,如图 6-1-34 所示。

图 6-1-33　复核后的销售专用发票

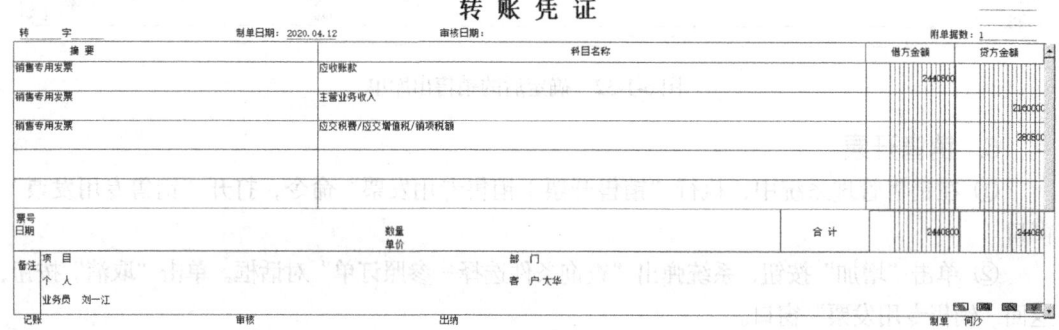

图 6-1-34　转账凭证（销售专用发票生成的）

⑤ 单击"应收账款"会计科目，"应收账款"处显示"1122"，双击"票号"后的空白处，弹出"辅助项"对话框，填写销售专用发票"票号"为"00003"，"发生日期"为"2020-04-12"。

⑥ 单击"确定"按钮，转账凭证左下方"票号"处显示专用发票票号"00003"，"日期"为"2020.04.12"。

⑦ 单击"保存"按钮，设置完成后的转账凭证如图 6-1-35 所示。

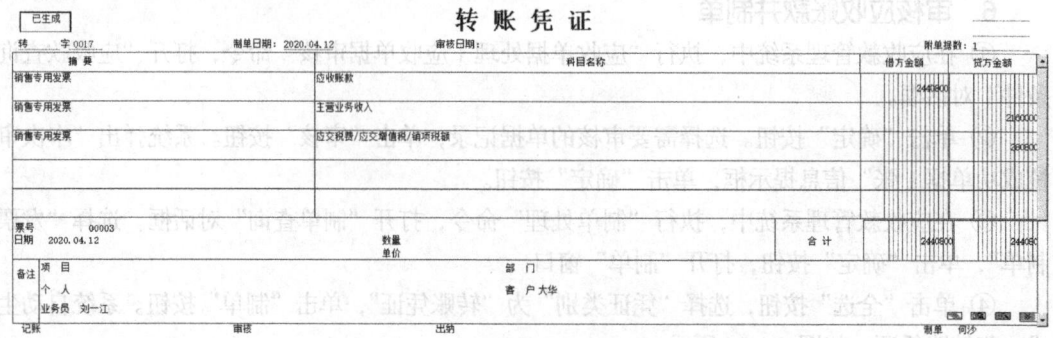

图 6-1-35　设置完成后的转账凭证

6.1.4 现结业务

实验资料

4月15日，向湖南宇子公司销售专用发票纸200箱，每箱180元（不含税价）；普通发票纸150箱，每箱150元（不含税价）。00004号销售专用发票已开，商品已从成品库出库，款项转账支票已经收到入工行户，支票号为YZ6767。

1. 销售开票并现结

修改系统时间为2020年4月15日，重新注册。

① 在销售管理系统中，执行"销售开票 | 销售专用发票"命令，打开"销售专用发票"窗口。

② 单击"增加"按钮，打开"发票参照订单"对话框，单击"取消"按钮，关闭"发票参照订单"对话框，返回"销售专用发票"窗口。

③ 根据资料手工录入发票的表头信息及表体信息，其中"发票号"为"00004"。单击"保存"按钮，保存后的销售专用发票如图6-1-36所示。

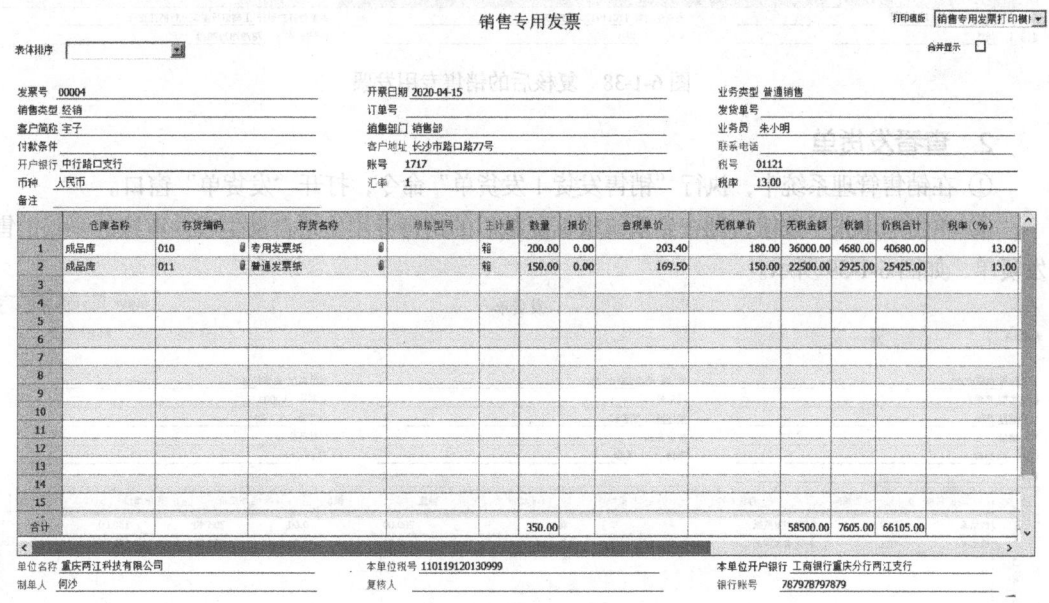

图6-1-36 保存后的销售专用发票

④ 单击"现结"按钮，打开"现结"窗口。录入"结算方式"为"02-转账支票"，"原币金额"为"66 105.00"，"票据号"为"YZ6767"，如图6-1-37所示。

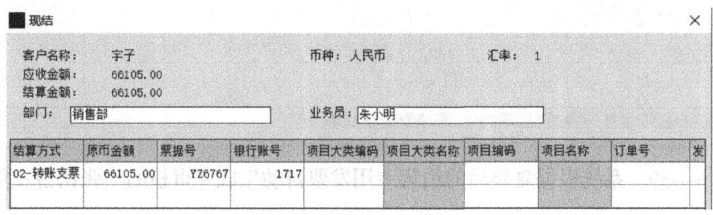

图6-1-37 "现结"窗口

⑤ 单击"确定"按钮，发票上显示"现结"标志。单击"复核"按钮，复核后的销售专用发票如图6-1-38所示。

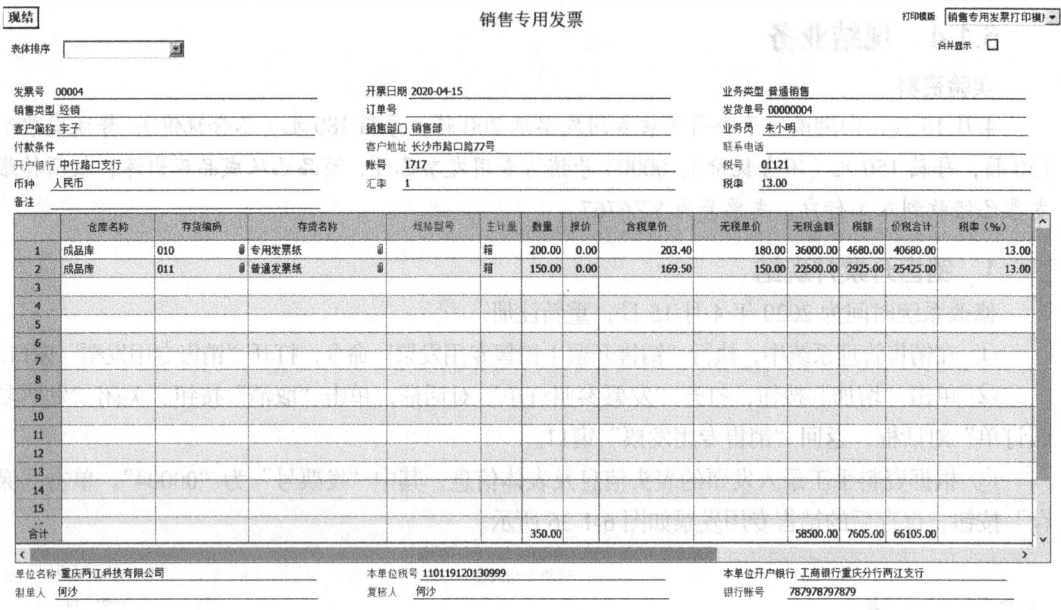

图 6-1-38 复核后的销售专用发票

2. 查看发货单

① 在销售管理系统中,执行"销售发货 | 发货单"命令,打开"发货单"窗口。

② 单击"末张"按钮,翻查到系统根据复核后的销售专用发票自动生成并审核的一张销售发货单,如图 6-1-39 所示。

图 6-1-39 系统根据复核后的销售专用发票自动生成并审核的一张销售发货单

3. 审核销售出库单

① 在库存管理系统中,执行"出库业务 | 销售出库单"命令,打开"销售出库单"窗口。

② 单击"末张"按钮,找到系统根据已经审核的销售发货单自动生成的销售出库单,单击

"审核"按钮,单击"确定"按钮,确定后的销售出库单如图6-1-40所示。

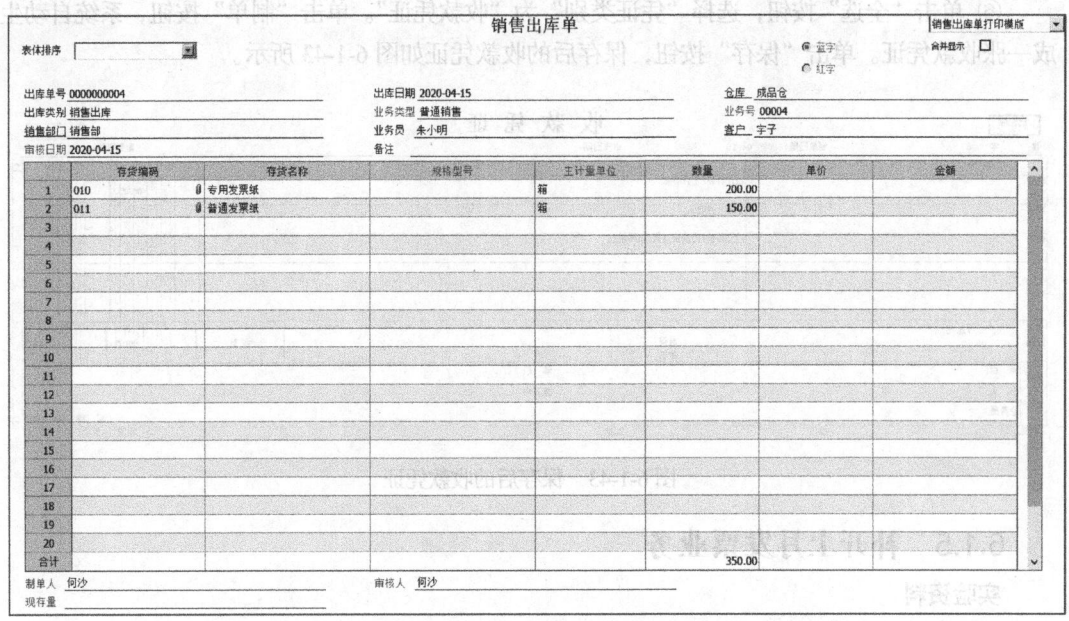

图6-1-40　确定后的销售出库单

4. 确认应收账款并制单

① 在应收款管理系统中,执行"应收单据处理 | 应收单据审核"命令,打开"应收单查询条件"对话框。

② 选中"包含已现结发票"复选框,如图6-1-41所示。

③ 单击"确定"按钮。打开"应收单据列表"对话框,选择需要审核的单据记录,单击"审核"按钮。系统弹出"本次审核成功单据1张"信息提示框,单击"确定"按钮。

④ 在应收款管理系统中,执行"制单处理"命令,打开"制单查询"对话框,选中"现结制单"复选框,如图6-1-42所示。

图6-1-41　选中"包含已现结发票"复选框

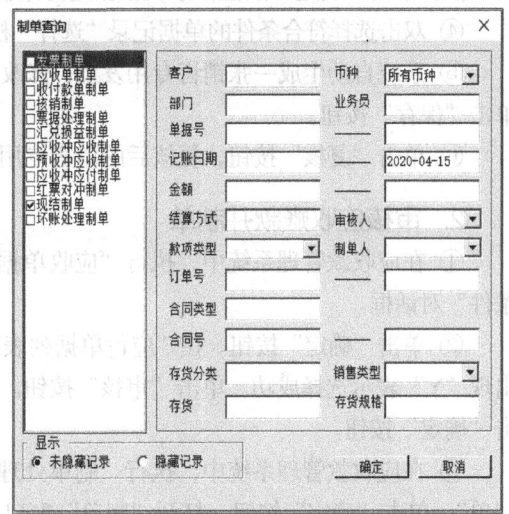

图6-1-42　选中"现结制单"复选框

⑤ 单击"确定"按钮，打开"制单"窗口。

⑥ 单击"全选"按钮，选择"凭证类别"为"收款凭证"。单击"制单"按钮，系统自动生成一张收款凭证。单击"保存"按钮，保存后的收款凭证如图6-1-43所示。

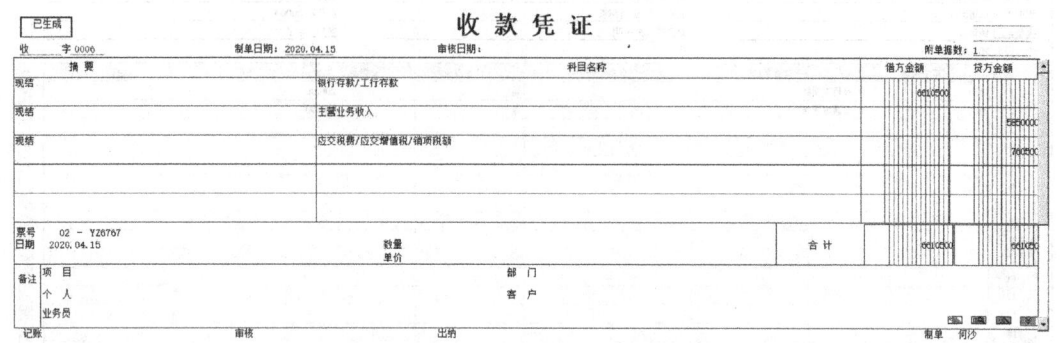

图6-1-43　保存后的收款凭证

6.1.5　补开上月发票业务

实验资料

原业务（销售管理期初数据）：3月28日，销售部向天津大华公司出售税控Ⅱ号10台，报价（无税单价）为6 500元/台，由成品库发货。该发货单尚未开票。

4月15日，向天津大华公司开具销售专用发票，票号为00005，经商定无税单价6 400元/台，款项转账支票已经收到入工行户，支票号为TJ1234。

1. 销售开票

① 在销售管理系统中，执行"销售开票|销售专用发票"命令，打开"销售专用发票"窗口。

② 单击"增加"按钮，打开"查询条件选择—参照订单"对话框。单击"取消"按钮，返回"销售专用发票"窗口。

③ 单击"生单"下拉按钮，选择"参照发货单"，打开"查询条件选择—发票参照发货单"对话框。单击"确定"按钮，系统根据过滤条件显示符合条件的全部单据记录。

④ 双击选择符合条件的单据记录"选择"栏，"选择"栏出现"Y"标示。单击"确定"按钮。

⑤ 系统自动生成一张销售专用发票，修改"发票号"为"00005"，"无税单价"为"6 400"，单击"保存"按钮。

⑥ 单击"复核"按钮，复核后的销售专用发票如图6-1-44所示。

2. 审核应收账款并制单

① 在应收款管理系统中，执行"应收单据处理|应收单据审核"命令，打开"应收款查询条件"对话框。

② 单击"确定"按钮。在"应付单据列表"窗口，双击需要审核的单据记录的"选择"栏，出现"Y"表示选择成功。单击"审核"按钮。打开"本次审核成功单据1张"信息提示框，单击"确定"按钮。

③ 在应收款管理系统中，执行"制单处理"命令，打开"制单查询"对话框。选择"发票制单"，单击"确定"按钮，打开"制单"窗口。

④ 选择"凭证类别"为"转账凭证"，在符合条件的单据记录"选择标志"栏录入"1"，按

回车键,"选择标志"栏显示"1",如图 6-1-45 所示。

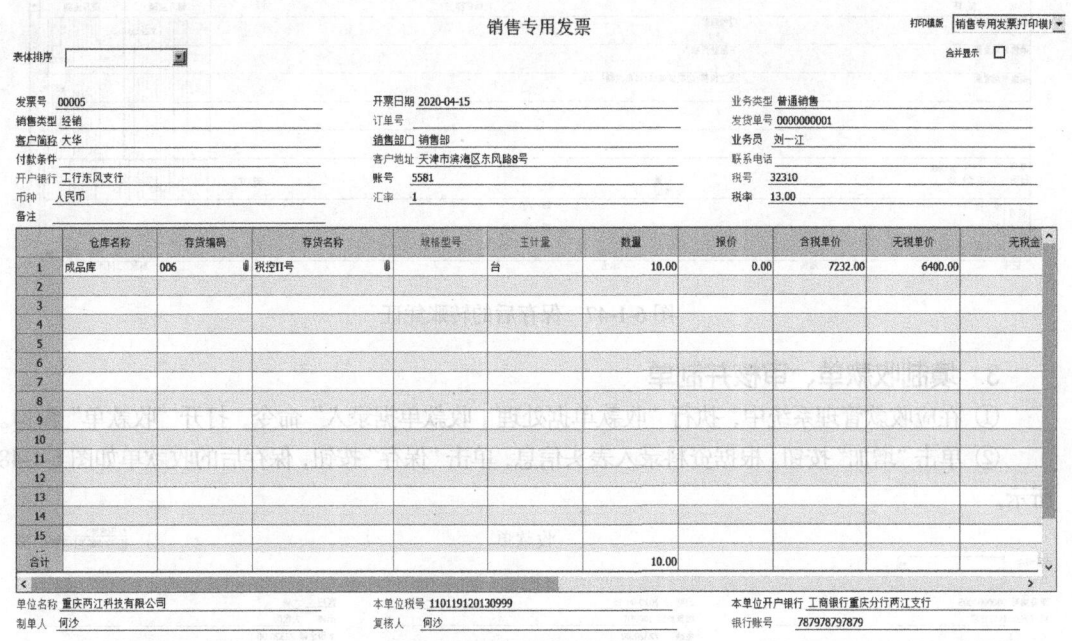

图 6-1-44 复核后的销售专用发票

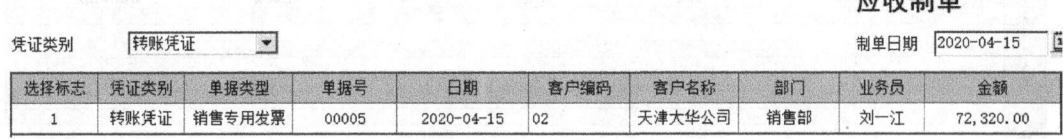

图 6-1-45 "选择标志"栏显示"1"

⑤ 单击"制单"按钮,系统自动生成一张转账凭证,如图 6-1-46 所示。

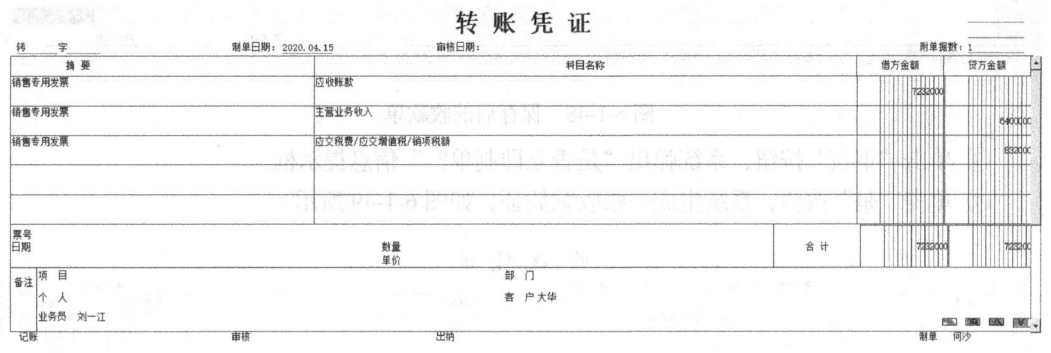

图 6-1-46 转账凭证

⑥ 单击"应收账款"会计科目,"应收账款"处显示"1122",双击"票号"后的空白处,弹出"辅助项"对话框,填写销售专用发票"票号"为"00005","发生日期"为"2020-04-15"。

⑦ 单击"确定"按钮,付款凭证左下方"票号"处显示专用发票票号"00005","日期"为"2020.04.15"。单击"保存"按钮,保存后的转账凭证如图 6-1-47 所示。

已生成

转账凭证

转 字 0018　　制单日期：2020.04.15　　审核日期：　　附单据数：1

摘要	科目名称	借方金额	贷方金额
销售专用发票	应收账款	7232000	
销售专用发票	主营业务收入		6400000
销售专用发票	应交税费/应交增值税/销项税额		832000
票号 00005 日期 2020.04.15	数量 单价　　合计	7232000	7232000

备注　项目　　部门

个人　　客户 大华

业务员 刘一江

记账　　审核　　出纳　　制单 何沙

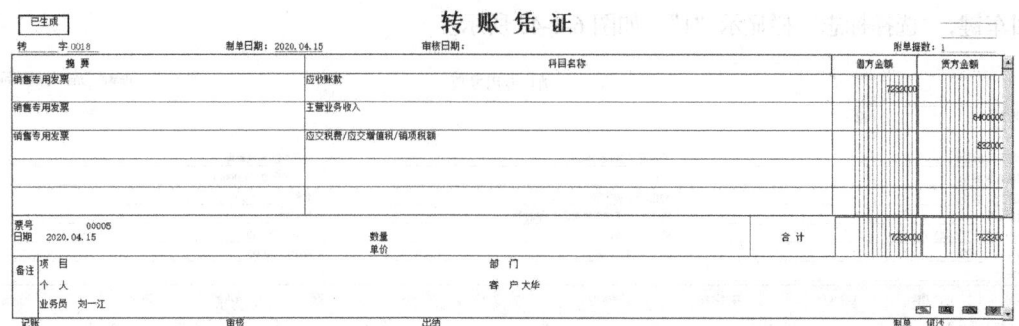

图 6-1-47　保存后的转账凭证

3. 填制收款单、审核并制单

① 在应收款管理系统中，执行“收款单据处理 | 收款单据录入”命令，打开“收款单”窗口。

② 单击“增加”按钮。根据资料录入表头信息，单击“保存”按钮，保存后的收款单如图 6-1-48 所示。

收款单

打印模版：应收收款单打印模板

表体排序

单据编号 0000000005　　日期 2020-04-15　　客户 大华

结算方式 转账支票　　结算科目 100201　　币种 人民币

汇率 1　　金额 72320.00　　本币金额 72320.00

客户银行 工行东风支行　　客户账号 5581　　票据号 TJ1234

部门 销售部　　业务员 刘一江　　项目

摘要 收大华公司货款

	款项类型	客户	部门	业务员	金额	本币金额	科目
1	应收款	大华	销售部	刘一江	72320.00	72320.00	1122
2							
3							
4							
5							
6							
7							
8							
9							
10							
11							
12							
13							
14							
15							
16							
17							
18							
合计					72320.00	72320.00	

录入人 何沙　　审核人　　核销人

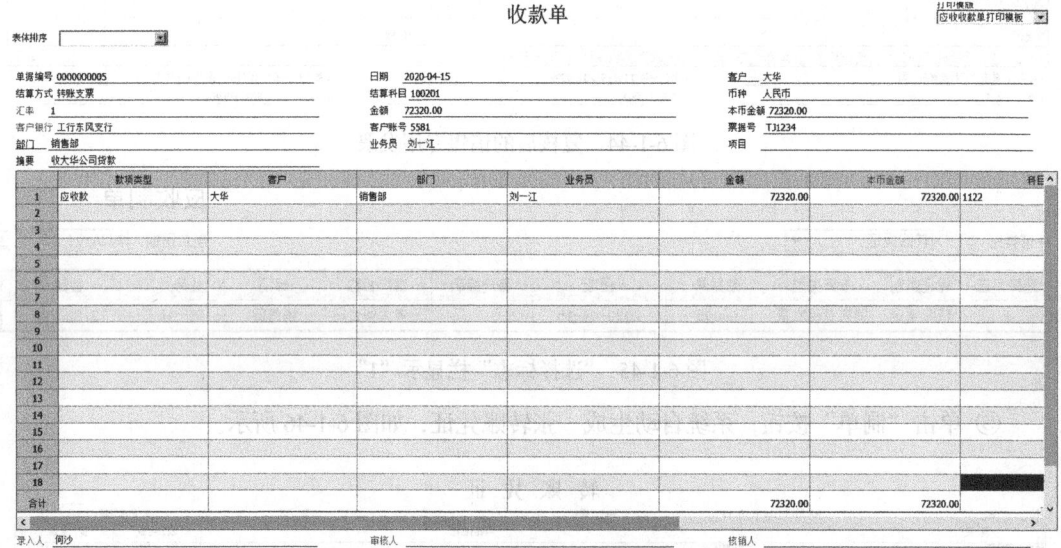

图 6-1-48　保存后的收款单

③ 单击“审核”按钮，系统弹出“是否立即制单？”信息提示框。

④ 单击“是”按钮，系统生成一张收款凭证，如图 6-1-49 所示。

收款凭证

收 字　　制单日期：2020.04.15　　审核日期：　　附单据数：1

摘要	科目名称	借方金额	贷方金额
收大华公司货款	银行存款/工行存款	7232000	
收大华公司货款	应收账款		7232000
票号 02 - TJ1234 日期 2020.04.15	数量 单价　　合计	7232000	7232000

备注　项目　　部门

个人　　客户

业务员

记账　　审核　　出纳　　制单 何沙

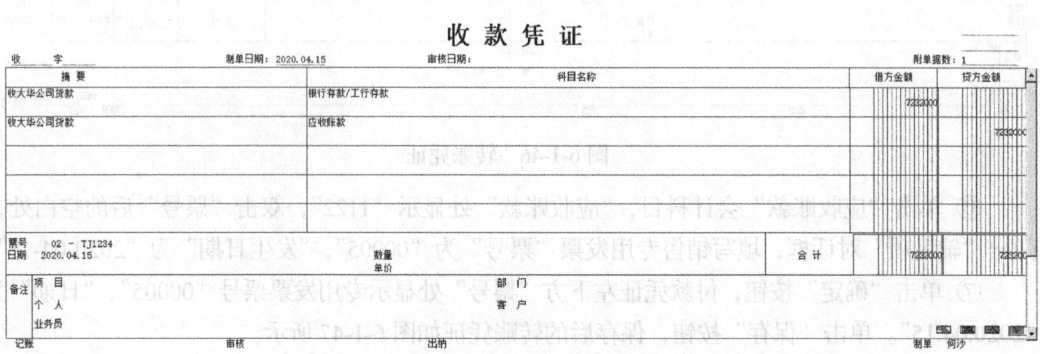

图 6-1-49　收款凭证

⑤ 单击"银行存款/工行存款"会计科目,"应收账款"处显示"100201",收款凭证左下方"票号"处显示转账支票票号"TJ1234","日期"为"2020.04.15",如图6-1-50所示。

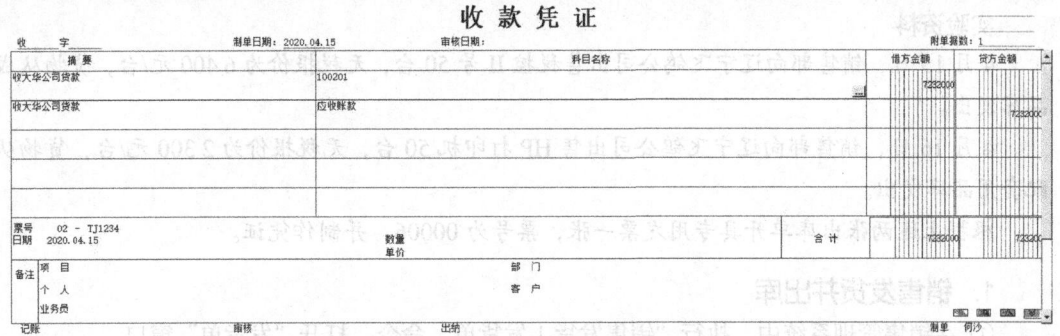

图 6-1-50　设置完成后的收款凭证

⑥ 单击"应收账款"会计科目,"应收账款"处显示"1122",双击"票号"后的空白处,弹出"辅助项"对话框,填写销售专用发票"票号"为"00005","发生日期"为"2020-04-15"。

⑦ 单击"确定"按钮,收款凭证左下方"票号"处显示专用发票票号"00005","日期"为"2020.04.15"。单击"保存"按钮,保存后的收款凭证如图6-1-51所示。

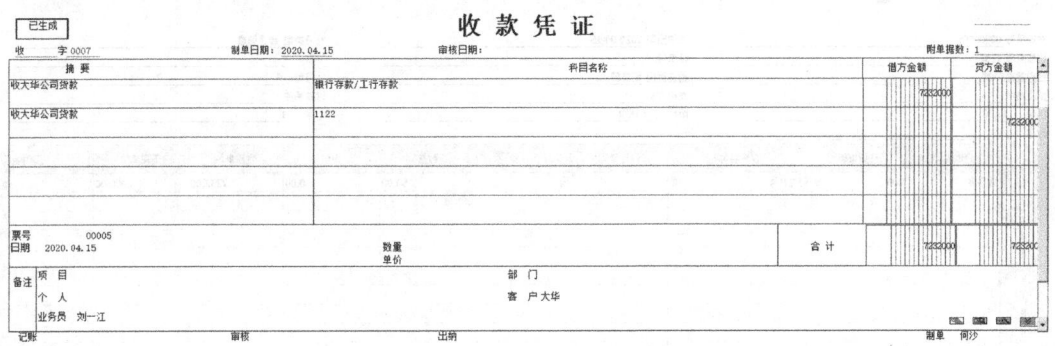

图 6-1-51　保存后的收款凭证

4. 核销处理

① 在应收款管理系统中,执行"核销处理|手工核销"命令,打开"核销条件"对话框。

② 在"通用"选项卡中,选择"客户"为"大华",单击"确定"按钮,打开"单据核销"窗口。

③ 将"单据核销"窗口下方"本次结算"栏的第一行录入"72 320.00",如图6-1-52所示。

单据日期	单据类型	单据编号	客户	款项类型	结算方式	币种	汇率	原币金额	原币余额	本次结算金额	订单号
2020-04-15	收款单	0000000005	大华	应收款	转账支票	人民币	1.00000000	72,320.00	72,320.00	72,320.00	
合计								72,320.00	72,320.00	72,320.00	

单据日期	单据类型	单据编号	到期日	客户	币种	原币金额	原币余额	可享受折扣	本次折扣	本次结算	订单号	凭证号
2020-03-10	其他应收单	0000000002	2020-03-10	大华	人民币	58,000.00	58,000.00	0.00				
2020-04-12	销售专用发票	00003	2020-04-12	大华	人民币	24,408.00	24,408.00	0.00			0000000002	转-0017
2020-04-15	销售专用发票	00005	2020-04-15	大华	人民币	72,320.00	72,320.00	0.00		72320		转-0018
合计						154,728.00	154,728.00	0.00				

图 6-1-52　将"单据核销"窗口下方"本次结算"栏的第一行录入"72 320.00"

④ 单击"保存"按钮。关闭"单据核销"窗口。

6.1.6 汇总开票业务

实验资料

4月15日，销售部向辽宁飞鸽公司出售税控Ⅱ号50台，无税报价为6400元/台，货物从成品库发出。

4月16日，销售部向辽宁飞鸽公司出售HP打印机50台，无税报价为2300元/台，货物从配套用品库发出。

根据上述两张出库单开具专用发票一张，票号为00006，并制作凭证。

1. 销售发货并出库

① 在销售管理系统中，执行"销售发货 | 发货单"命令，打开"发货单"窗口。

② 单击"增加"按钮，打开"查询条件选择——参照订单"对话框。单击"取消"按钮，退出"查询条件选择——参照订单"对话框，打开"发货单"窗口。

③ 根据资料手工录入相关的表头信息和表体信息，单击"保存"按钮。

④ 单击"审核"按钮，审核后的销售发货单如图6-1-53所示。

图 6-1-53 审核后的销售发货单

⑤ 在库存管理系统中，执行"出库业务 | 销售出库单"命令，打开"销售出库单"窗口。

⑥ 单击"末张"按钮，找到系统根据发货单自动生成的出库单。单击"审核"按钮，审核后的销售出库单如图6-1-54所示。

2. 销售发货并出库

调整系统时间为2020年4月16日，重新注册。

① 在销售管理系统中，执行"销售发货 | 发货单"命令，打开"发货单"窗口。

② 单击"增加"按钮，打开"查询条件选择——参照订单"对话框。单击"取消"按钮，退出"查询条件选择——参照订单"对话框，打开"发货单"窗口。

③ 根据资料手工录入相关的表头信息和表体信息，单击"保存"按钮。
④ 单击"审核"按钮，审核后的销售发货单如图 6-1-55 所示。

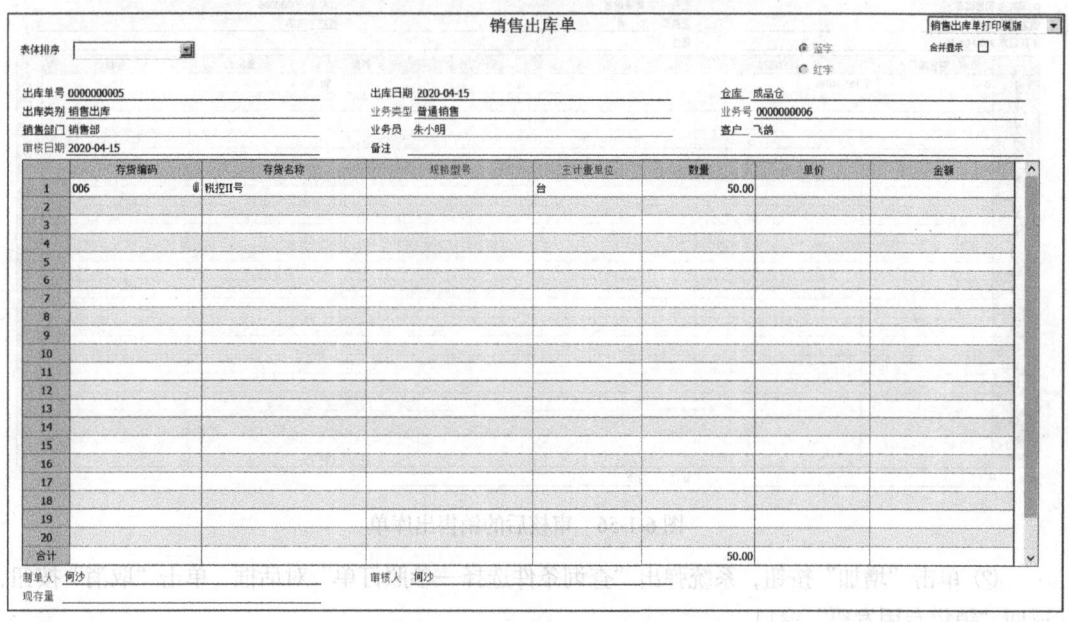

图 6-1-54　审核后的销售出库单

图 6-1-55　审核后的销售发货单

⑤ 在库存管理系统中，执行"出库业务 | 销售出库单"命令，打开"销售出库单"窗口。
⑥ 单击"末张"按钮，找到已经生成的出库单。单击"审核"按钮，审核后的销售出库单如图 6-1-56 所示。

3. 销售开票

① 在销售管理系统中，执行"销售开票 | 销售专用发票"命令，打开"销售专用发票"窗口。

销售出库单

销售出库单打印模版

表体排序

蓝字 红字 合并显示

出库单号 0000000006　出库日期 2020-04-16　仓库 配套用品库

出库类别 销售出库　业务类型 普通销售　业务号 00000006

销售部门 销售部　业务员 朱小明　客户 飞鸽

审核日期 2020-04-16　备注

	存货编码	存货名称	规格型号	主计量单位	数量	单价	金额
1	007	HP打印机		台	50.00		
2							
3							
4							
5							
6							
7							
8							
9							
10							
11							
12							
13							
14							
15							
16							
17							
18							
19							
20							
合计					50.00		

制单人 何沙　审核人 何沙

图 6-1-56　审核后的销售出库单

② 单击“增加”按钮，系统弹出“查询条件选择—参照订单”对话框，单击“取消”按钮，返回“销售专用发票”窗口。

③ 单击“生单”下拉按钮，选择“参照发货单”，打开“查询条件选择—发票参照发货单”对话框。单击“确定”按钮，系统根据过滤条件显示符合条件的全部单据记录。

④ 双击满足条件的单据记录的“选择”栏，出现“Y”标志表示选择成功。单击“确定”按钮。

⑤ 系统自动生成一张销售专用发票，修改“发票号”为“00006”，单击“保存”按钮。

⑥ 单击“复核”按钮，复核后的销售专用发票如图 6-1-57 所示。

销售专用发票

打印模版 销售专用发票打印模版

表体排序

合并显示

发票号 00006　开票日期 2020-04-16　业务类型 普通销售

销售类型 经销　订单号　发货单号 00000005，00000006

客户简称 飞鸽　销售部门 销售部　业务员 朱小明

付款条件　客户地址 沈阳和平区三好路　联系电话

开户银行 中行三好支行　账号 0548　税号 03251

币种 人民币　汇率 1　税率 13.00

备注

	仓库名称	存货编码	存货名称	规格型号	主计量	数量	报价	含税单价	无税单价	无税金
1	成品库	006	税控II号		台	50.00	0.00	7232.00	6400.00	
2	配套用品库	007	HP打印机		台	50.00	0.00	2599.00	2300.00	
3										
4										
5										
6										
7										
8										
9										
10										
11										
12										
13										
14										
15										
合计						100.00				

单位名称 重庆两江科技有限公司　本单位税号 110119120130999　本单位开户银行 工商银行重庆分行两江支行

制单人 何沙　复核人 何沙　银行账号 787978797879

图 6-1-57　复核后的销售专用发票

4. 审核应收账款并制单

① 在应收款管理系统中，执行“应收单据处理 | 应收单据审核”命令，打开“应收款查询条件”对话框。

② 单击“确定”按钮。双击需要审核的单据记录的“选择”栏，出现“Y”标志表示选择成功。单击“审核”按钮，系统弹出“本次审核成功单据 1 张”信息提示框，单击“确定”按钮。

③ 在应收款管理系统中，执行“制单处理”命令，打开“制单查询”对话框。选择“发票制单”，单击“确定”按钮，打开“制单”窗口。

④ 选择“凭证类别”为“转账凭证”，在相应的单据记录的“选择标志”栏录入“1”，按回车键，“选择标志”栏显示“1”，如图 6-1-58 所示。

选择标志	凭证类别	单据类型	单据号	日期	客户编码	客户名称	部门	业务员	金额
1	转账凭证	销售专用发票	00006	2020-04-16	04	辽宁飞鸽公司	销售部	朱小明	491,550.00

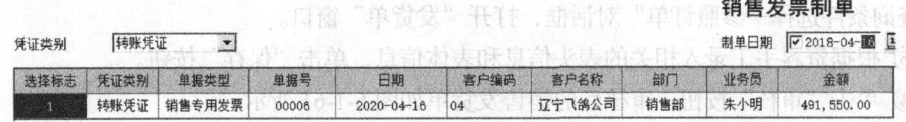

图 6-1-58 “选择标志”栏显示“1”

⑤ 单击“制单”按钮，系统自动生成一张转账凭证，如图 6-1-59 所示。

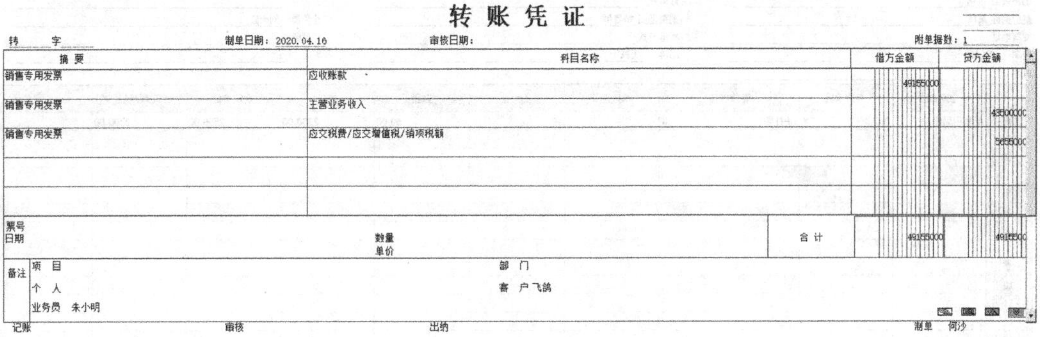

图 6-1-59 转账凭证

⑥ 单击“应收账款”会计科目，“应收账款”处显示“1122”，双击“票号”后的空白处，弹出“辅助项”对话框，填写专用发票“票号”为“00006”，“发生日期”为“2020-04-16”。

⑦ 单击“确定”按钮，转账凭证左下方“票号”处显示专用发票票号“00006”，“日期”为“2020.04.16”。单击“保存”按钮，保存后的转账凭证如图 6-1-60 所示。

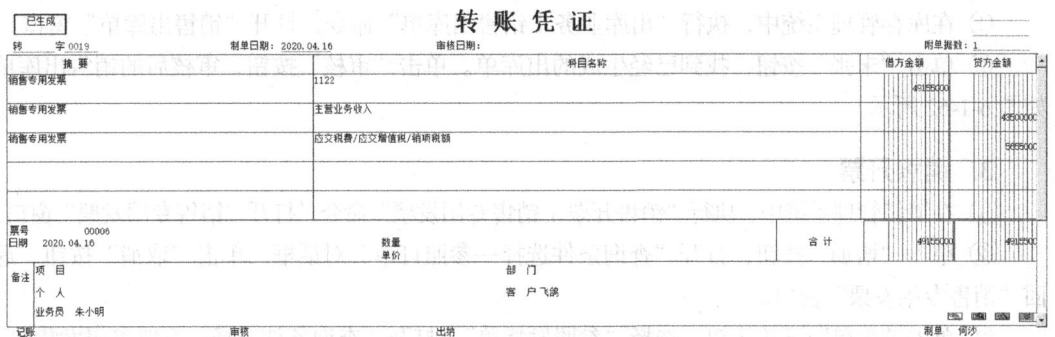

图 6-1-60 保存后的转账凭证

6.1.7 分次开票业务

实验资料

4月16日，销售部向重庆嘉陵公司出售HP打印机60台，无税报价为2 300元/台，货物从配套用品库发出。

随后，应客户要求，对上述所发出的商品开具两张专用销售发票，票号分别为00011和00012，第一张发票中所列示的数量为40台，第二张发票中所列示的数量为20台。

1. 销售发货

① 在销售管理系统中，执行"销售发货|发货单"命令，打开"发货单"窗口。

② 单击"增加"按钮，打开"查询条件选择—参照订单"对话框。单击"取消"按钮，退出"查询条件选择—参照订单"对话框，打开"发货单"窗口。

③ 根据资料手工录入相关的表头信息和表体信息，单击"保存"按钮。

④ 单击"审核"按钮，审核后的销售发货单如图6-1-61所示。

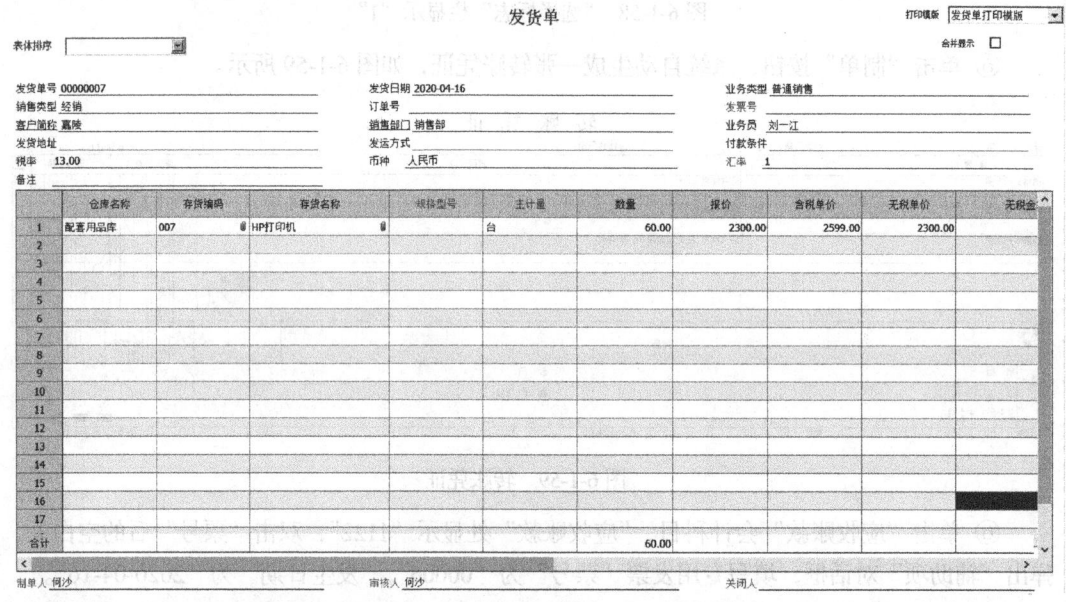

图 6-1-61 审核后的销售发货单

2. 销售出库

① 在库存管理系统中，执行"出库业务|销售出库单"命令，打开"销售出库单"窗口。

② 单击"末张"按钮，找到已经生成的出库单。单击"审核"按钮，审核后的销售出库单如图6-1-62所示。

3. 销售开票

① 在销售管理系统中，执行"销售开票|销售专用发票"命令，打开"销售专用发票"窗口。

② 单击"增加"按钮，打开"查询条件选择—参照订单"对话框，单击"取消"按钮，返回"销售专用发票"窗口。

③ 单击"生单"下拉按钮，选择"参照发货单"，打开"查询条件选择—发票参照发货单"对话框。单击"确定"按钮，系统根据过滤条件显示符合条件的全部单据记录。

④ 双击满足条件的单据记录的"选择"栏，出现"Y"标志表示选择成功。单击"确定"按钮。

⑤ 系统自动生成销售专用发票，修改"发票号"为"00011"，"数量"为"40.00"，单击"保存"按钮。

⑥ 单击"复核"按钮，复核后的销售专用发票如图 6-1-63 所示。

图 6-1-62　审核后的销售出库单

图 6-1-63　复核后的销售专用发票

⑦ 参照步骤②~⑥，系统自动生成销售专用发票，修改"发票号"为"00012"，核实信息无误，单击"保存"按钮。

⑧ 单击"复核"按钮，复核后的销售专用发票（"发票号"为"00012"）如图6-1-64所示。

图 6-1-64　复核后的销售专用发票（"发票号"为"00012"）

4. 审核应收账款并制单

① 在应收款管理系统中，执行"应收单据处理 | 应收单据审核"命令，打开"应收款查询条件"对话框。

② 单击"确定"按钮。双击需要审核的单据记录的"选择"栏，出现"Y"标志表示选择成功。单击"审核"按钮。系统弹出"本次审核成功单据2张"信息提示框，单击"确定"按钮。

③ 在应收款管理系统中，执行"制单处理"命令，打开"制单查询"对话框。选择"发票制单"，单击"确定"按钮，打开"制单"窗口。

④ 选择"凭证类别"为"转账凭证"，在第一行单据记录的"选择标志"栏录入"1"，按回车键，"选择标志"栏显示"1"。在第二行单据记录的"选择标志"栏录入"2"，按回车键，"选择标志"栏显示"2"，如图6-1-65所示。

销售发票制单

凭证类别	转账凭证							制单日期	2020-04-16
选择标志	凭证类别	单据类型	单据号	日期	客户编码	客户名称	部门	业务员	金额
1	转账凭证	销售专用发票	00011	2020-04-16	01	重庆嘉陵公司	销售部	刘一江	103,960.00
2	转账凭证	销售专用发票	00012	2020-04-16	01	重庆嘉陵公司	销售部	刘一江	51,980.00

图 6-1-65　"选择标志"栏显示"2"

⑤ 单击"合并"按钮，合并后的结果如图6-1-66所示。

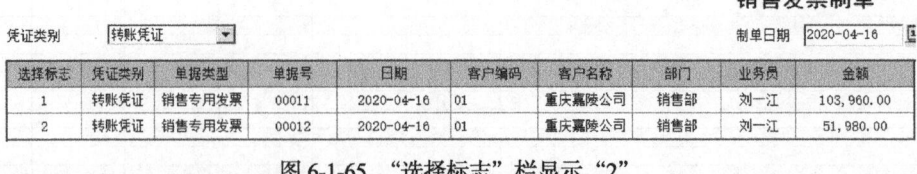

图 6-1-66　合并后的结果

⑥ 单击"制单"按钮，系统合并生成一张转账凭证，如图 6-1-67 所示。

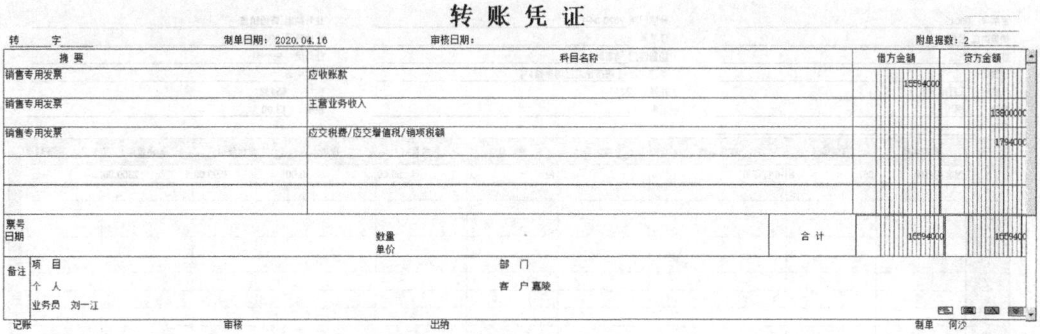

图 6-1-67 转账凭证

⑦ 单击"应收账款"会计科目，"应收账款"处显示"1122"，双击"票号"后的空白处，弹出"辅助项"对话框，填写专用发票"票号"为"00011，00012"，"发生日期"为"2020-04-16"。

⑧ 单击"确定"按钮，转账凭证左下方"票号"处显示专用发票票号"00011，00012"，"日期"为"2020.04.16"。单击"保存"按钮，保存后的转账凭证如图 6-1-68 所示。

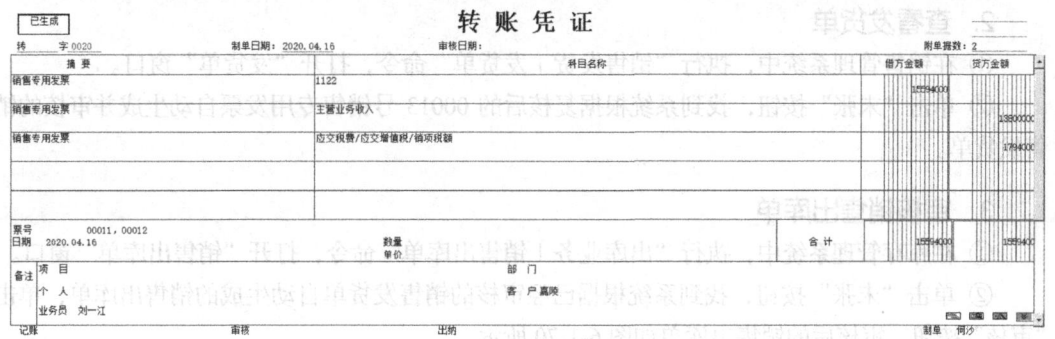

图 6-1-68 保存后的转账凭证

6.1.8 开票直接发货

实验资料

4 月 17 日，销售部向上海长江公司出售 HP 打印机 50 台，无税报价为 2 300 元/台，物品从配套用品库发出，并据此开具 00013 号专用销售发票一张。

1. 销售开票

修改系统时间为 2020 年 4 月 17 日，重新注册登录。

① 在销售管理系统中，执行"销售开票 | 销售专用发票"命令，打开"销售专用发票"窗口。

② 单击"增加"按钮，打开"查询条件选择—参照订单"对话框，单击"取消"按钮，关闭"查询条件选择—参照订单"对话框，返回"销售专用发票"窗口。

③ 根据资料手工录入发票的表头信息及表体信息，其中"发票号"为"00013"。单击"保存"按钮。

④ 单击"复核"按钮，复核后的销售专用发票如图 6-1-69 所示。

图 6-1-69 复核后的销售专用发票

2. 查看发货单

① 在销售管理系统中,执行"销售发货丨发货单"命令,打开"发货单"窗口。

② 单击"末张"按钮,找到系统根据复核后的 00013 号销售专用发票自动生成并审核的销售发货单。

3. 审核销售出库单

① 在库存管理系统中,执行"出库业务丨销售出库单"命令,打开"销售出库单"窗口。

② 单击"末张"按钮,找到系统根据已经审核的销售发货单自动生成的销售出库单,单击"审核"按钮,审核后的销售出库单如图 6-1-70 所示。

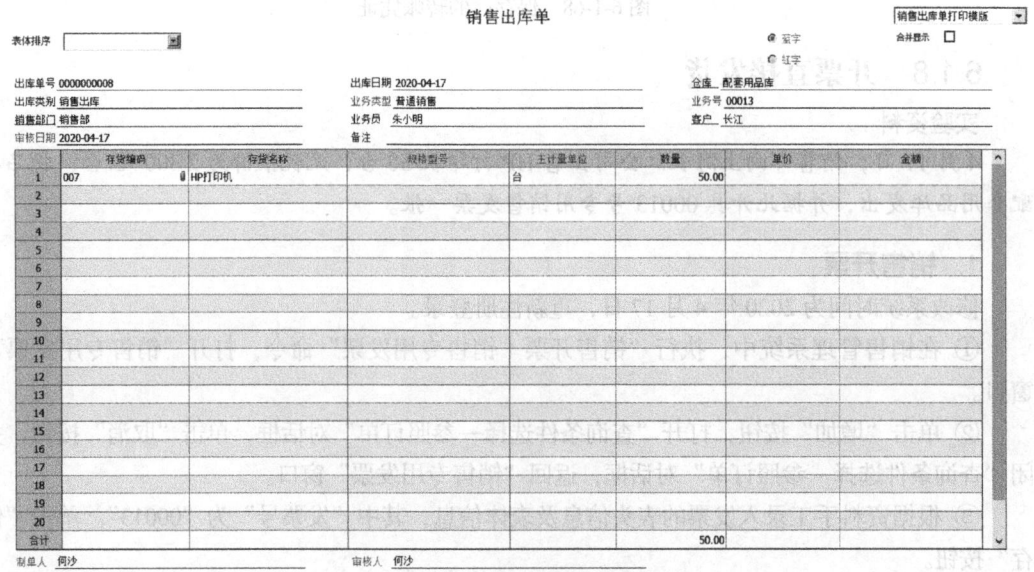

图 6-1-70 审核后的销售出库单

4. 审核应收账款并制单

① 在应收款管理系统中，执行"应收单据处理 | 应收单据审核"命令，打开"应收款查询条件"对话框。

② 单击"确定"按钮。双击需要审核的单据记录的"选择"栏，出现"Y"标志表示选择成功。单击"审核"按钮，系统弹出"本次审核成功单据 1 张"信息提示框，单击"确定"按钮。

③ 在应收款管理系统中，执行"制单处理"命令，打开"制单查询"对话框。选择"发票制单"，单击"确定"按钮，打开"制单"窗口。

④ 选择"凭证类别"为"转账凭证"，在相应的单据记录"选择标志"栏录入"1"，按回车键，"选择标志"栏显示"1"。

⑤ 单击"制单"按钮，系统自动生成一张转账凭证。

⑥ 单击"应收账款"会计科目，"应收账款"处显示"1122"，双击"票号"后的空白处，弹出"辅助项"对话框，填写专用发票"票号"为"00013"，"发生日期"为"2020-04-17"。

⑦ 单击"确定"按钮，转账凭证左下方"票号"处显示专用发票票号"00013"，"日期"为"2020.04.17"。单击"保存"按钮，保存后的转账凭证如图 6-1-71 所示。

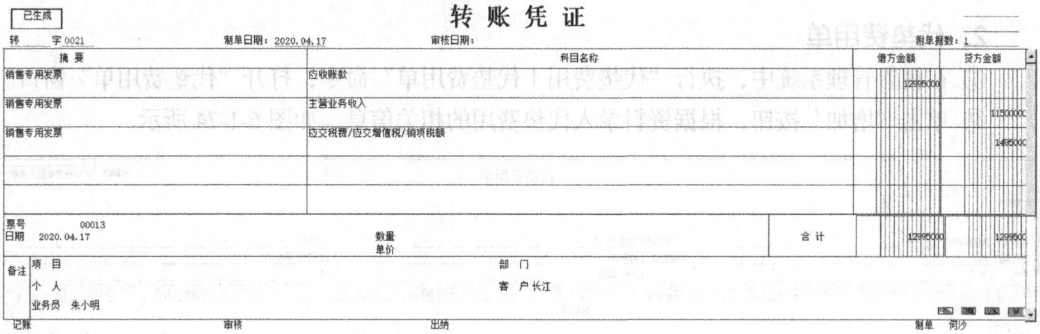

图 6-1-71 保存后的转账凭证

6.1.9 代垫费用处理

实验资料

4 月 17 日，销售部在向上海长江公司销售商品的过程中发生了一笔设备服务费 800 元。客户尚未支付该笔款项。

费用项目分类如下。

分类编码：1。分类名称：代垫费用。

费用项目：设备服务费。

1. 设置费用项目

① 在企业应用平台，执行"基础档案 | 业务 | 费用项目分类"命令，打开"费用项目分类"窗口。

② 单击"增加"按钮，设置"分类名称"为"代垫费用"，如图 6-1-72 所示。

③ 单击"保存"按钮。

④ 执行"业务 | 费用项目"命令，打开"费用项目"界面。单击"增加"按钮，录入"费用项目名称"为"设备服务费"。

⑤ 单击"保存"按钮，保存后的"费用项目"界面如图6-1-73所示。

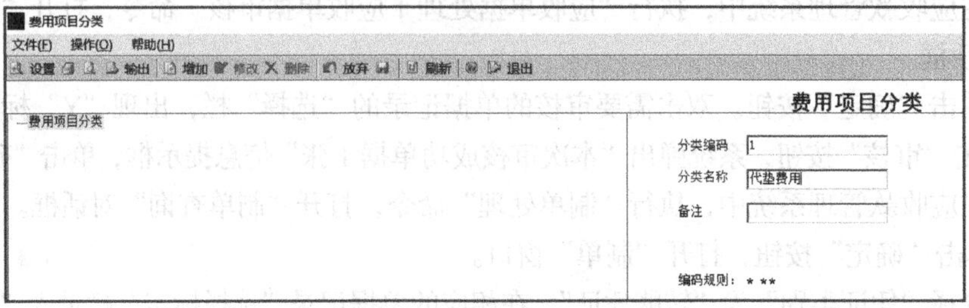

图6-1-72 设置"分类名称"为"代垫费用"

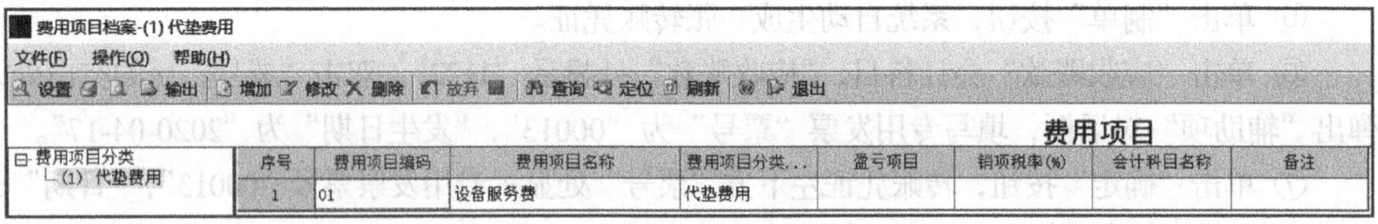

图6-1-73 保存后的"费用项目"界面

2. 代垫费用单

① 在销售管理系统中，执行"代垫费用 | 代垫费用单"命令，打开"代垫费用单"窗口。

② 单击"增加"按钮，根据资料录入代垫费用的相关信息，如图6-1-74所示。

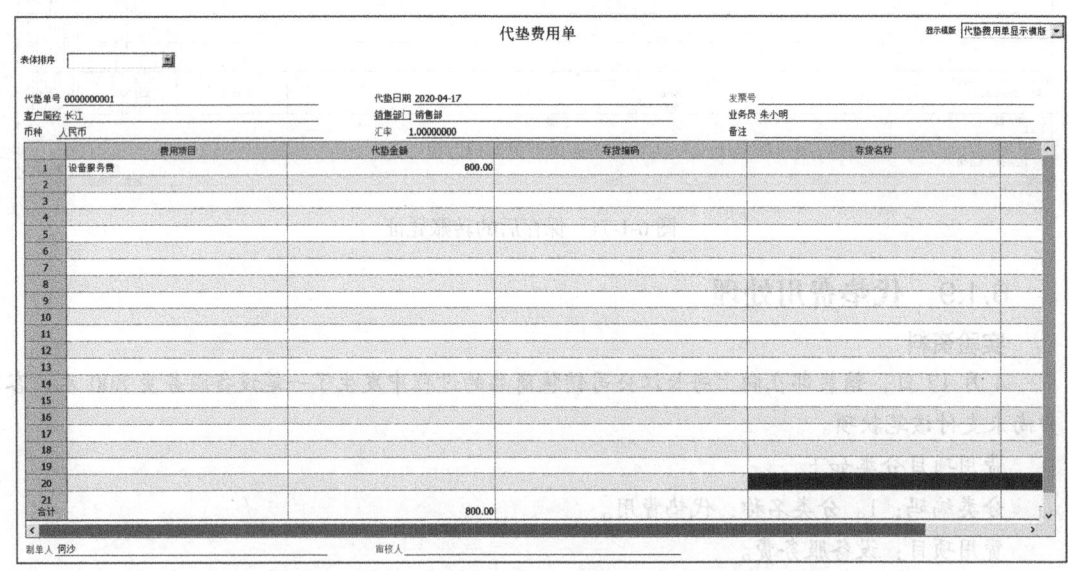

图6-1-74 根据资料录入代垫费用的相关信息

③ 单击"保存"按钮，然后单击"审核"按钮。

3. 审核应收账款并制单

① 在应收款管理系统中，执行"应收单据处理 | 应收单据审核"命令，打开"应收款查询条件"对话框。

② 单击"确定"按钮。双击需要审核的单据记录的"选择"栏，出现"Y"标志表示选择成功。单击"审核"按钮，系统弹出"本次审核成功单据1张"信息提示框，单击"确定"按钮。

③ 在应收款管理系统中，执行"制单处理"命令，打开"制单查询"对话框。选择"应收单制单"，单击"确定"按钮，打开"制单"窗口。

④ 选择"凭证类别"为"付款凭证"，在相应的单据记录"选择标志"栏录入"1"，按回车键，"选择标志"栏显示"1"。

⑤ 单击"制单"按钮，系统自动生成一张付款凭证，将会计分录补充完整，如图 6-1-75 所示。

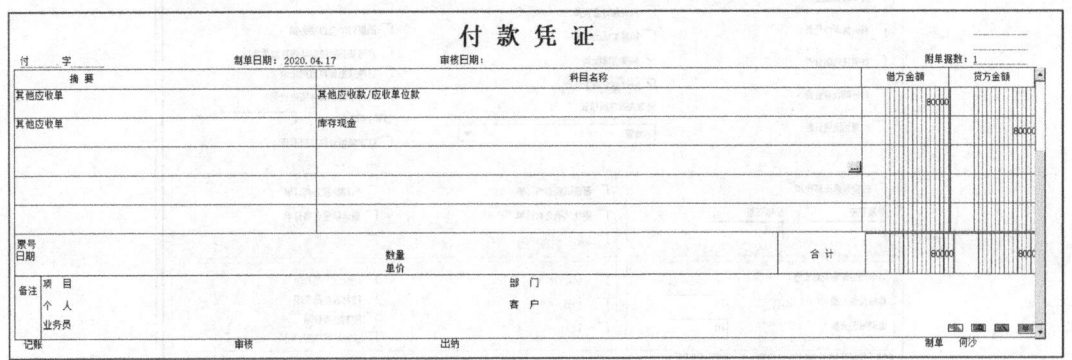

图 6-1-75　会计分录补充完整的付款凭证

⑥ 单击"其他应收款/应收单位款"会计科目，"其他应收款/应收单位款"处显示"122101"，双击"票号"后的空白处，弹出"辅助项"对话框，填写代垫费用"票号"为"0000000001"，"发生日期"为"2020-04-17"。

⑦ 单击"确定"按钮，付款凭证左下方"票号"处显示专用发票票号"0000000001"，"日期"为"2020.04.17"。单击"保存"按钮，保存后的付款凭证如图 6-1-76 所示。

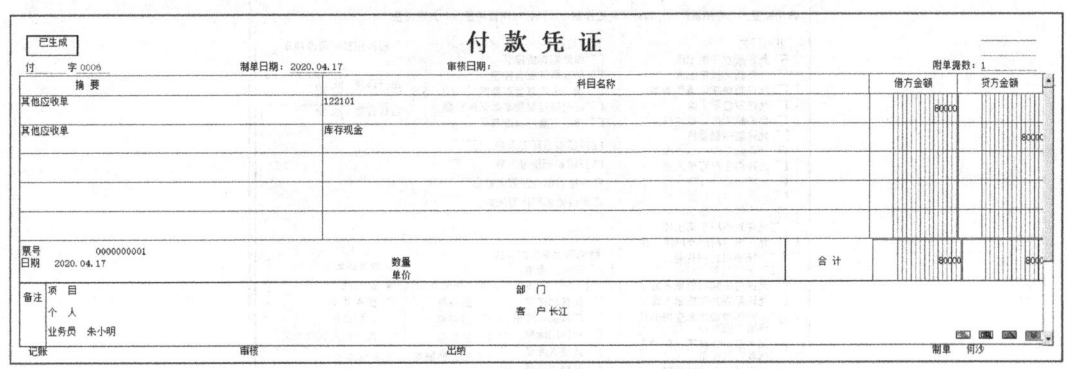

图 6-1-76　保存后的付款凭证

6.1.10　超发货单出库

实验资料

4月17日，销售部向湖南宇子公司出售 CN 处理器30盒，由原料库发货，不含税报价为1 500元/盒。

开具发票时，客户要求再多买10盒，根据客户要求开具了40盒 CN 处理器的专用发票一张，票号为00014。

4月18日，客户从原料库领出40盒 CN 处理器。

1. 销售选项设置

① 在销售管理系统中，执行"设置 | 销售选项"命令，打开"销售选项"对话框，打开"业务控制"选项卡，取消选中"销售生成出库单"复选框，选中"允许超发货量开票"复选框，如图 6-1-77 所示。

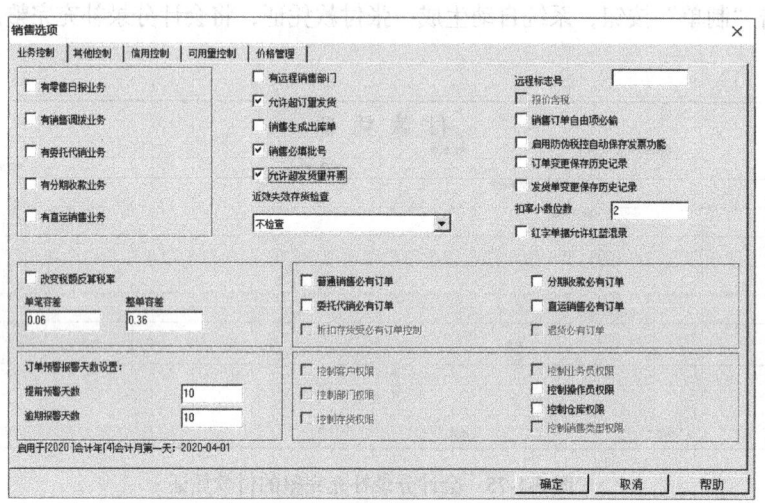

图 6-1-77　选中"允许超发货量开票"复选框

② 单击"确定"按钮。

③ 在库存管理系统中，执行"设置 | 选项"命令，打开"库存选项设置"对话框，打开"专用设置"选项卡，选中"允许超发货单出库"复选框，如图 6-1-78 所示。

图 6-1-78　选中"允许超发货单出库"复选框

④ 单击"确定"按钮。

⑤ 在企业应用平台，执行"基础档案 | 存货 | 存货档案"命令，打开"存货档案"窗口。

⑥ 双击"CN 处理器"存货档案单据记录的"选择"栏，出现"Y"标志表示选择成功，如图 6-1-79 所示。

图 6-1-79 出现 "Y" 标志

⑦ 单击"修改"按钮，打开"修改存货档案"对话框。打开"控制"选项卡，设置"出库超额上限"为"0.5"，如图 6-1-80 所示。

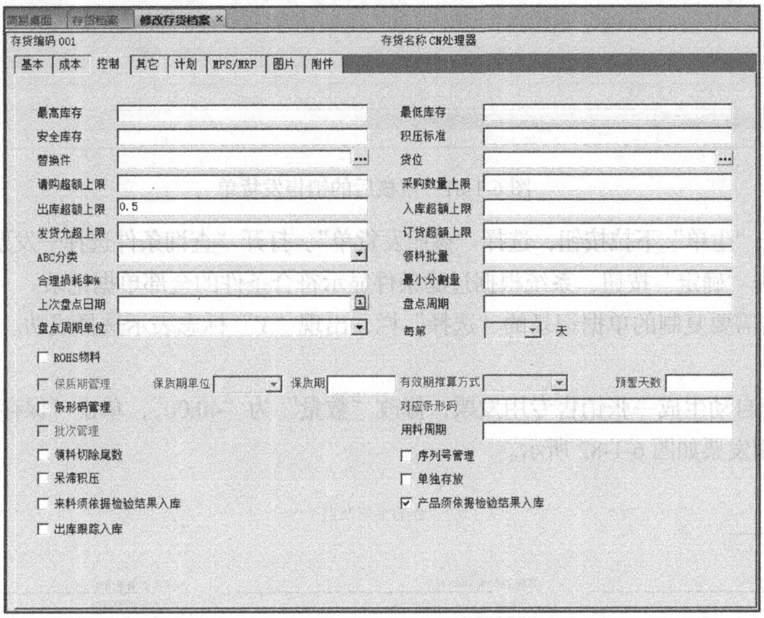

图 6-1-80 设置"出库超额上限"为"0.5"

⑧ 单击"保存"按钮。

2. 销售发货

① 在销售管理系统中，执行"销售发货 | 发货单"命令，打开"发货单"窗口。

② 单击"增加"按钮，打开"查询条件选择—参照订单"对话框。单击"取消"按钮，退出"查询条件选择—参照订单"对话框，打开"发货单"窗口。

③ 根据资料录入相关的表头信息和表体信息，单击"保存"按钮。

④ 单击"审核"按钮，审核后的销售发货单如图 6-1-81 所示。

3. 销售开票

① 在销售管理系统中，执行"销售开票 | 销售专用发票"命令，打开"销售专用发票"窗口。

② 单击"增加"按钮，打开"查询条件选择—参照订单"对话框。单击"取消"按钮，返回"销售专用发票"窗口。

发货单　　打印模版 发货单打印模版

表体排序　　合并显示 □

发货单号 00000009　发货日期 2020-04-17　业务类型 普通销售
销售类型 经销　订单号　发票号
客户简称 宇子　销售部门 销售部　业务员 朱小明
发货地址　发运方式　付款条件
税率 13.00　币种 人民币　汇率 1
备注

	仓库名称	存货编码	存货名称	规格型号	主计量	数量	报价	含税单价	无税单价	无税金
1	原料库	001	CN处理器		盒	30.00	0.00	1695.00	1500.00	
2										
3										
4										
5										
6										
7										
8										
9										
10										
11										
12										
13										
14										
15										
16										
17										
合计						30.00				

制单人 何沙　审核人 何沙　关闭人

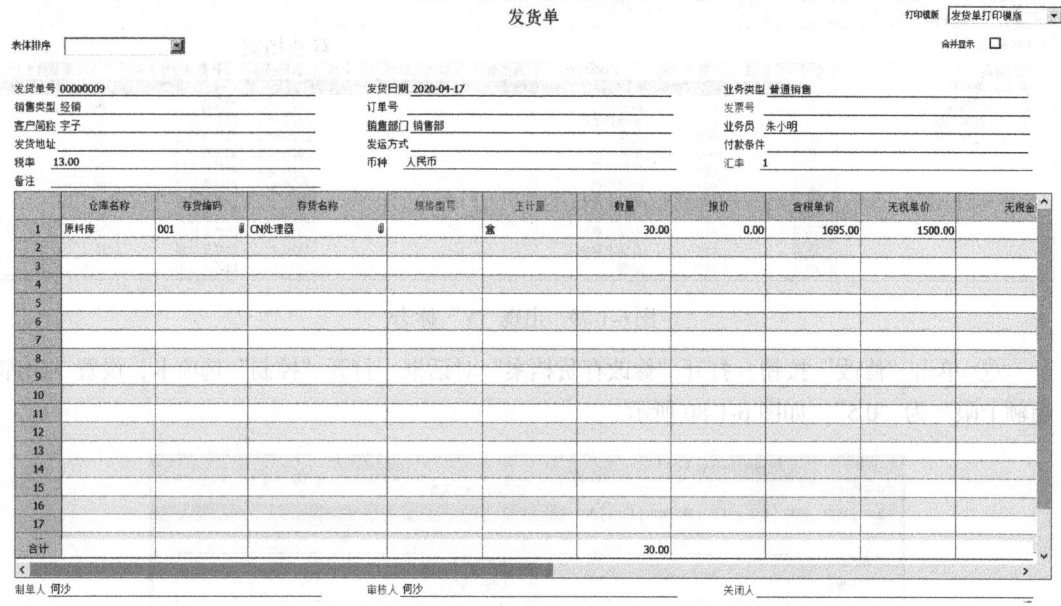

图 6-1-81　审核后的销售发货单

③ 单击“生单”下拉按钮，选择“参照发货单”。打开“查询条件选择—发票参照发货单”对话框。单击“确定”按钮，系统根据过滤条件显示符合条件的全部单据记录。

④ 双击需要复制的单据记录的“选择”栏，出现“Y”标志表示选择成功。单击“确定”按钮。

⑤ 系统自动生成一张销售专用发票，修改“数量”为“40.00”，单击“保存”按钮，保存后的销售专用发票如图 6-1-82 所示。

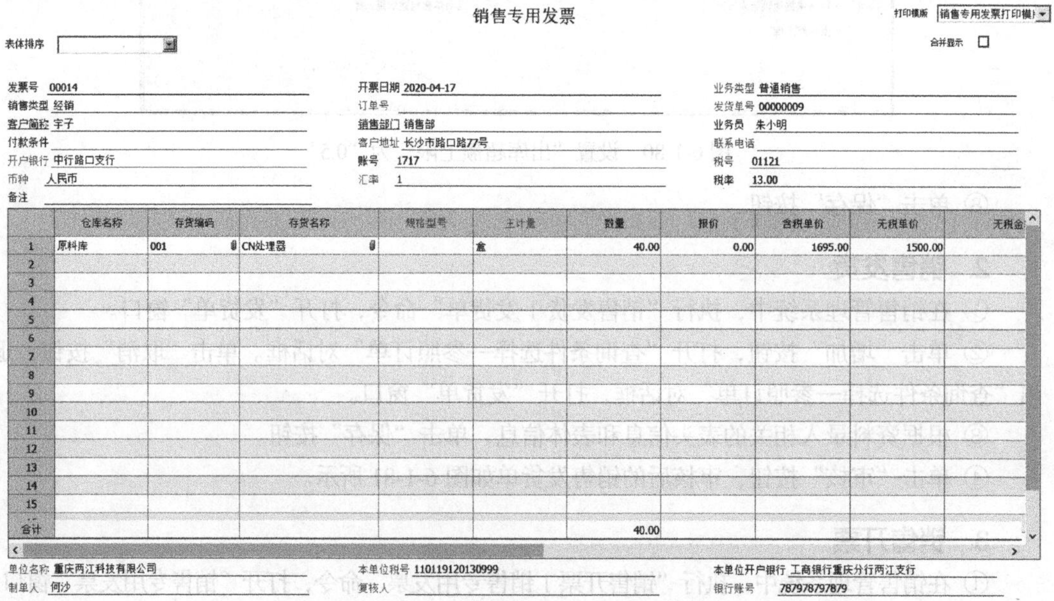

销售专用发票　　打印模版 销售专用发票打印模版

表体排序　　合并显示 □

发票号 00014　开票日期 2020-04-17　业务类型 普通销售
销售类型 经销　订单号　发货单号 00000009
客户简称 宇子　销售部门 销售部　业务员 朱小明
付款条件　客户地址 长沙市路口路77号　联系电话
开户银行 中行路口支行　账号 1717　税号 01121
币种 人民币　汇率 1　税率 13.00
备注

	仓库名称	存货编码	存货名称	规格型号	主计量	数量	报价	含税单价	无税单价	无税金
1	原料库	001	CN处理器		盒	40.00	0.00	1695.00	1500.00	
2										
3										
4										
5										
6										
7										
8										
9										
10										
11										
12										
13										
14										
15										
合计						40.00				

单位名称 重庆两江科技有限公司　本单位税号 110119120130999　本单位开户银行 工商银行重庆分行两江支行
制单人 何沙　复核人　银行账号 787978797879

图 6-1-82　保存后的销售专用发票

⑥ 单击“复核”按钮。

4. 销售出库

修改系统时间为 2020 年 4 月 18 日，重新注册。

① 在库存管理系统中，执行"出库业务 | 销售出库单"命令，打开"销售出库单"窗口。

② 单击"生单"下拉按钮，选择"销售生单"，打开"查询条件选择—销售发货单列表"对话框。单击"确定"按钮，打开"销售生单"窗口。

③ 双击需要复制的单据记录的"选择"栏，出现"Y"标志表示选择成功。

④ 单击"确定"按钮，系统根据选择的发货单自动生成一张销售出库单。修改"数量"为"40.00"。

⑤ 单击"保存"按钮，然后单击"审核"按钮，审核后的销售出库单如图 6-1-83 所示。

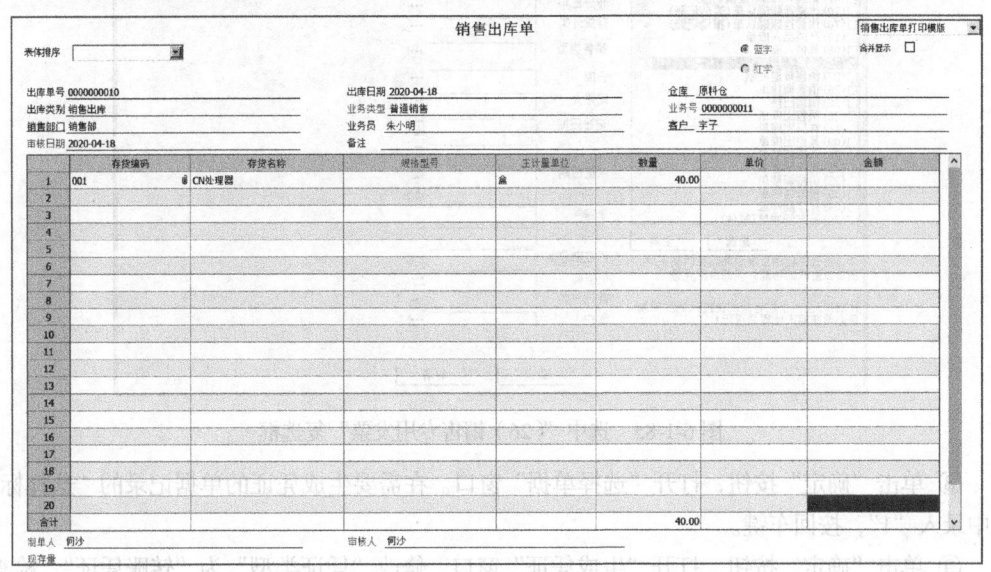

图 6-1-83　审核后的销售出库单

5. 结转销售成本并制单

① 在存货核算系统中，执行"业务核算 | 正常单据记账"命令，打开"查询条件选择"对话框。

② 选择"仓库"为"原料仓"，"单据类型"为"专用发票"，如图 6-1-84 所示。

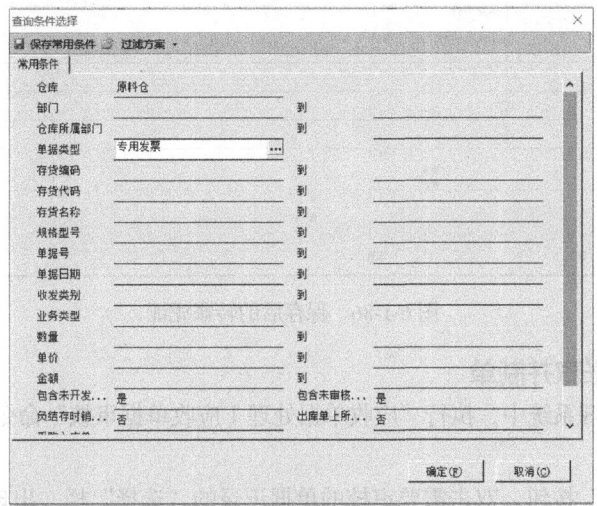

图 6-1-84　"查询条件选择"对话框

③ 单击"确定"按钮,打开"未记账单据一览表"窗口。
④ 双击符合条件的单据记录的"选择"栏,出现"Y"标志表示选择成功。
⑤ 单击"记账"按钮,系统弹出"记账成功"信息提示框,单击"确定"按钮。
⑥ 执行"财务核算 | 生成凭证"命令,打开"生成凭证"窗口。
⑦ 单击"选择"按钮,打开"查询条件"对话框。选中"(26)销售专用发票"复选框,如图 6-1-85 所示。

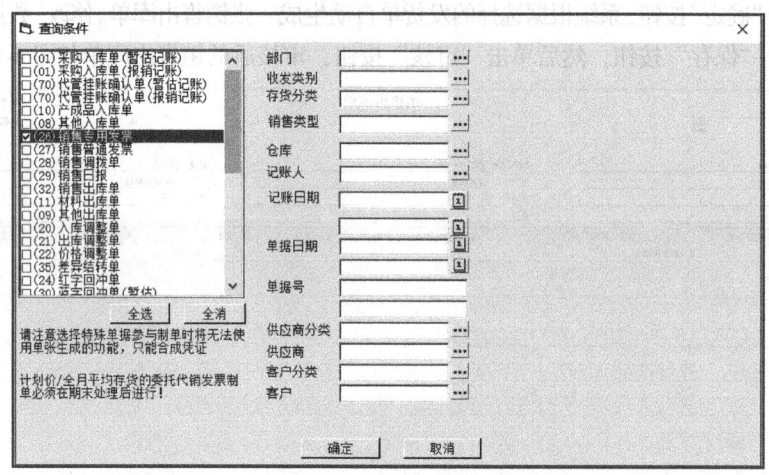

图 6-1-85　选中"(26)销售专用发票"复选框

⑧ 单击"确定"按钮,打开"选择单据"窗口。在需要生成凭证的单据记录的"选择标志"栏中录入"1",按回车键。
⑨ 单击"确定"按钮,打开"生成凭证"窗口。修改"凭证类型"为"转账凭证",检查无误后,单击"生成"按钮,系统自动生成一张转账凭证。
⑩ 单击"保存"按钮,保存后的转账凭证如图 6-1-86 所示。

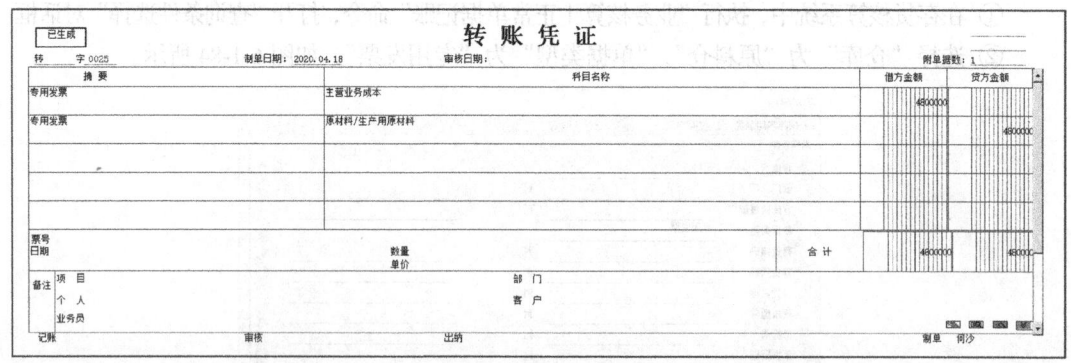

图 6-1-86　保存后的转账凭证

6. 审核应收账款并制单

① 在应收款管理系统中,执行"应收单据处理 | 应收单据审核"命令,打开"应收款查询条件"对话框。
② 单击"确定"按钮。双击需要审核的单据记录的"选择"栏,出现"Y"标志表示选择成功。单击"审核"按钮,系统弹出"本次审核成功单据 1 张"信息提示框,单击"确定"按钮。

③ 在应收款管理系统中,执行"制单处理"命令,打开"制单查询"对话框。选择"发票制单",单击"确定"按钮,打开"制单"窗口。

④ 选择"凭证类别"为"转账凭证",在符合条件的单据记录"选择标志"栏录入"1",按回车键,"选择标志"栏显示"1"。

⑤ 单击"制单"按钮,系统自动生成一张转账凭证,如图6-1-87所示。

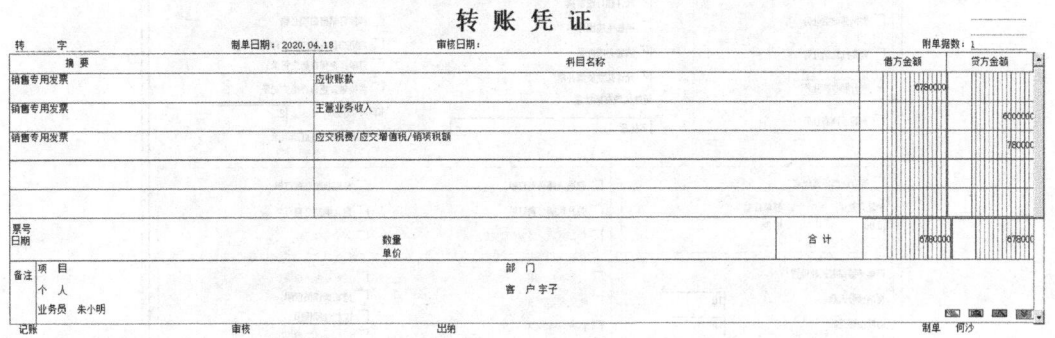

图6-1-87 转账凭证

⑥ 单击"应收账款"会计科目,"应收账款"处显示"1122",双击"票号"后的空白处,弹出"辅助项"对话框,填写专用发票"票号"为"00014","发生日期"为"2020-04-18"。

⑦ 单击"确定"按钮,转账凭证左下方"票号"处显示专用发票票号"00014","日期"为"2020.04.18"。

⑧ 单击"保存"按钮,保存后的转账凭证如图6-1-88所示。

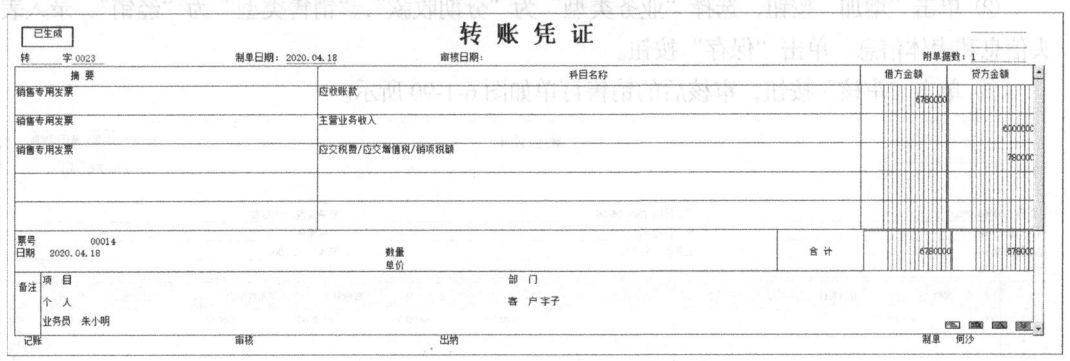

图6-1-88 保存后的转账凭证

6.1.11 分期收款发出商品

实验资料

4月18日,销售部向上海长江公司出售税控Ⅱ号120台。由成品库发货,无税报价为6 600元/台。由于金额较大,客户要求以分期付款形式购买该商品。经协商,客户分3次付款,并据此开具相应的销售专用发票。

第一次开具的销售专用发票数量为40台,无税单价6 600元/台。

业务部门将该业务所涉及的出库单及00015号销售专用发票交给财务部,财务部据此制作凭证。当天,收到上海长江公司转账支票ZZ7171,支付第一期款项298 320元。

1. 销售选项设置

① 在销售管理系统中，执行"设置 | 销售选项"命令，打开"销售选项"对话框。

② 选中"有分期收款业务"复选框，如图 6-1-89 所示。

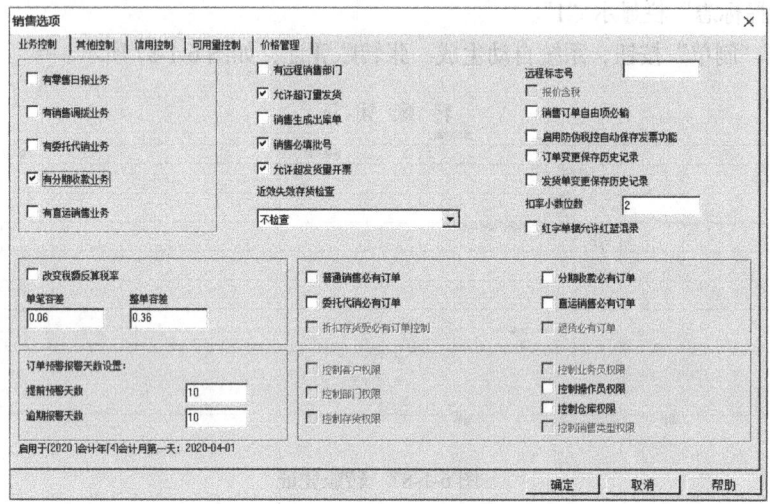

图 6-1-89 选中"有分期收款业务"复选框

③ 单击"确定"按钮。

2. 销售订货

① 在销售管理系统中，执行"销售订货 | 销售订单"命令，打开"销售订单"窗口。

② 单击"增加"按钮，选择"业务类型"为"分期收款"，"销售类型"为"经销"，录入表头信息和表体信息，单击"保存"按钮。

③ 单击"审核"按钮，审核后的销售订单如图 6-1-90 所示。

图 6-1-90 审核后的销售订单

3. 销售发货

① 在销售管理系统中，执行"销售发货 | 发货单"命令，打开"发货单"窗口。

② 单击"增加"按钮，打开"查询条件选择——参照订单"对话框。单击"取消"按钮，返回"发货单"窗口。

③ 选择"业务类型"为"分期收款"，单击"订单"按钮，打开"查询条件选择——参照订单"对话框。单击"确定"按钮，打开"参照生单"窗口。

④ 选择符合条件的上海长江公司的订单，单击"确定"按钮，系统自动生成销售发货单。

⑤ 表体中"仓库名称"选择"成品库"，单击"保存"按钮，然后单击"审核"按钮，审核后的销售发货单如图6-1-91所示。

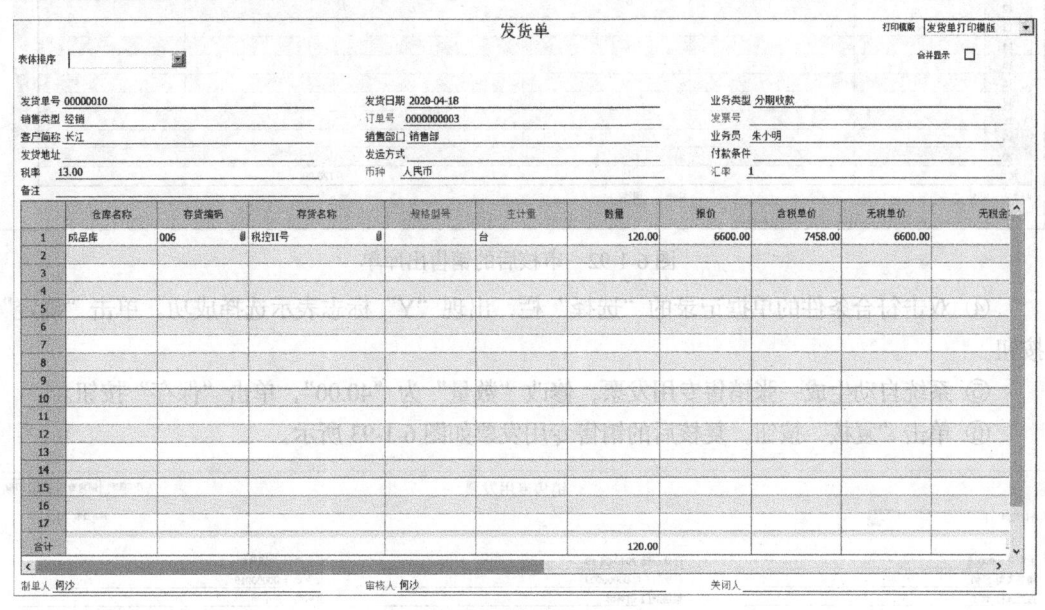

图 6-1-91 审核后的销售发货单

4. 销售出库

① 在库存管理系统中，执行"出库业务 | 销售出库单"命令，打开"销售出库单"窗口。

② 单击"生单"下拉按钮，选择"销售生单"，打开"查询条件选择"对话框。单击"确定"按钮，打开"销售生单"窗口。

③ 双击符合条件的单据记录的"选择"栏，出现"Y"标志表示选择成功。

④ 单击"确定"按钮，系统根据选择的发货单自动生成一张销售出库单。

⑤ 单击"保存"按钮，然后单击"审核"按钮，审核后的销售出库单如图6-1-92所示。

5. 销售开票

① 在销售管理系统中，执行"销售开票 | 销售专用发票"命令，打开"销售专用发票"窗口。

② 单击"增加"按钮，打开"查询条件选择——参照订单"对话框。单击"取消"按钮，返回"销售专用发票"窗口。

③ 选择"业务类型"为"分期收款"，单击"生单"下拉按钮，选择"参照发货单"。打开"查询条件选择——发票参照发货单"对话框。单击"确定"按钮，系统根据过滤条件显示符合条件的全部单据记录。

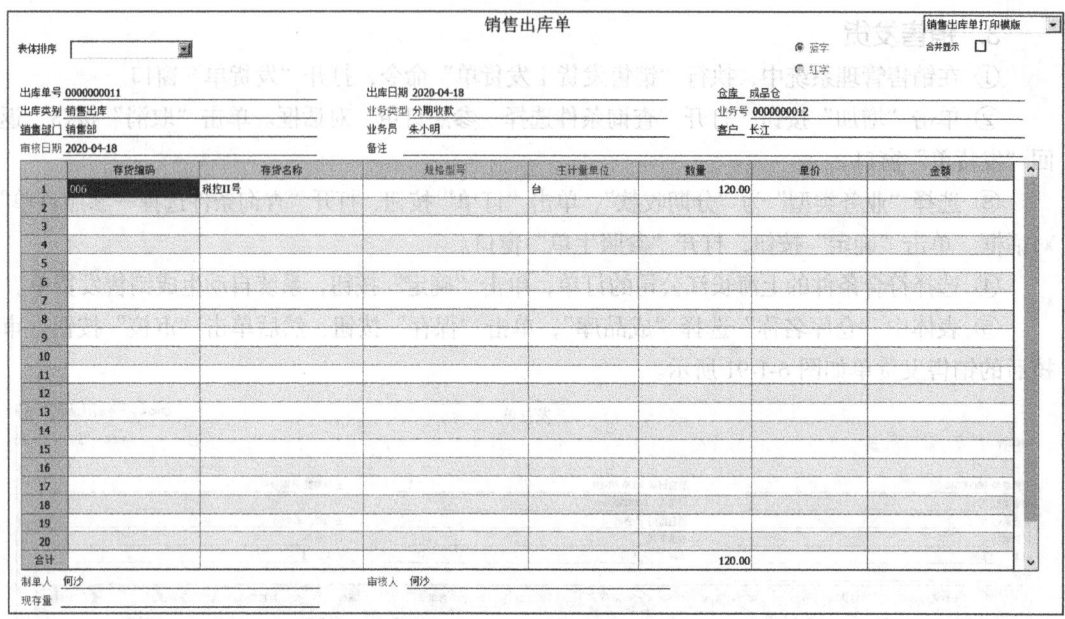

图 6-1-92 审核后的销售出库单

④ 双击符合条件的单据记录的"选择"栏,出现"Y"标志表示选择成功。单击"确定"按钮。

⑤ 系统自动生成一张销售专用发票,修改"数量"为"40.00",单击"保存"按钮。

⑥ 单击"复核"按钮,复核后的销售专用发票如图 6-1-93 所示。

图 6-1-93 复核后的销售专用发票

6. 审核应收账款并制单

① 在应收款管理系统中,执行"应收单据处理 | 应收单据审核"命令,打开"应收款查询条件"对话框。

② 单击"确定"按钮。双击需要审核的单据记录的"选择"栏，出现"Y"标志表示选择成功。单击"审核"按钮，系统弹出"本次审核成功单据1张"信息提示框，单击"确定"按钮。

③ 在应收款管理系统中，执行"制单处理"命令，打开"制单查询"对话框。选择"发票制单"，单击"确定"按钮，打开"制单"窗口。

④ 选择"凭证类别"为"转账凭证"，在相应的单据记录"选择标志"栏录入"1"，按回车键，"选择标志"栏显示"1"。

⑤ 单击"制单"按钮，系统自动生成一张转账凭证，如图6-1-94所示。

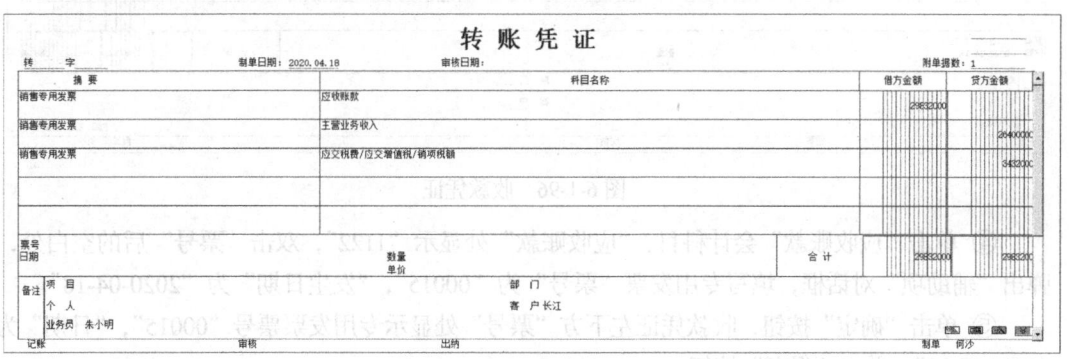

图 6-1-94　转账凭证

⑥ 单击"应收账款"会计科目，"应收账款"处显示"1122"，双击"票号"后的空白处，弹出"辅助项"对话框，填写专用发票"票号"为"00015"，"发生日期"为"2020-04-18"。

⑦ 单击"确定"按钮，转账凭证左下方处"票号"处显示专用发票票号"00015"，"日期"为"2020.04.18"，单击"保存"按钮。

7. 填制收款单并制单

① 在应收款管理系统中，执行"收款单据处理 | 收款单据录入"命令，打开"收款单"窗口。

② 单击"增加"按钮，录入结算方式为"转账支票"，"客户"为"长江"，"金额"为"298 320.00"，"票据号"为"ZZ7171"。单击"保存"按钮，保存后的收款单如图6-1-95所示。

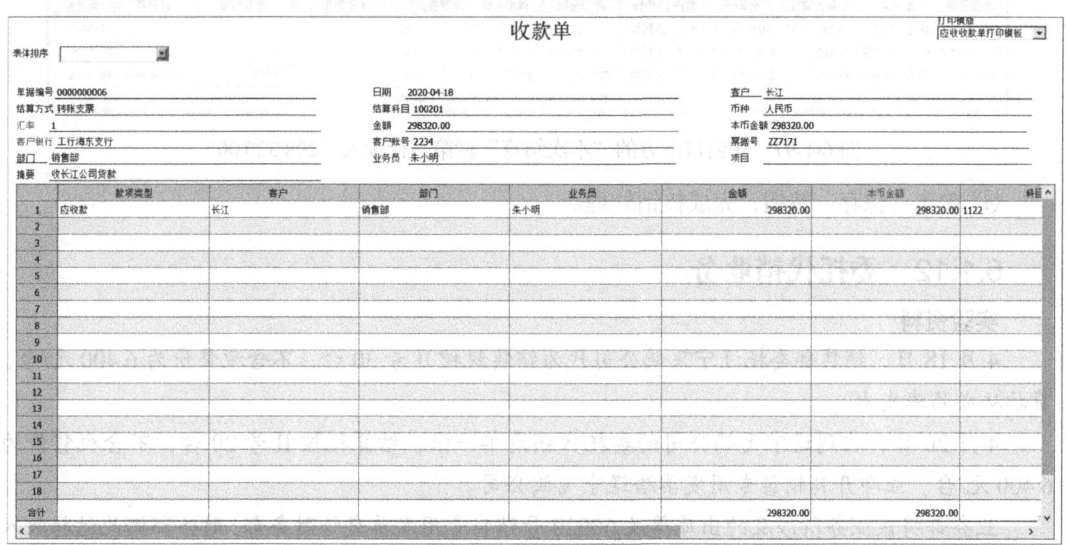

图 6-1-95　保存后的收款单

③ 单击"审核"按钮，系统弹出"是否立即制单？"信息提示框。单击"是"按钮，系统自动生成一张收款凭证，如图6-1-96所示。

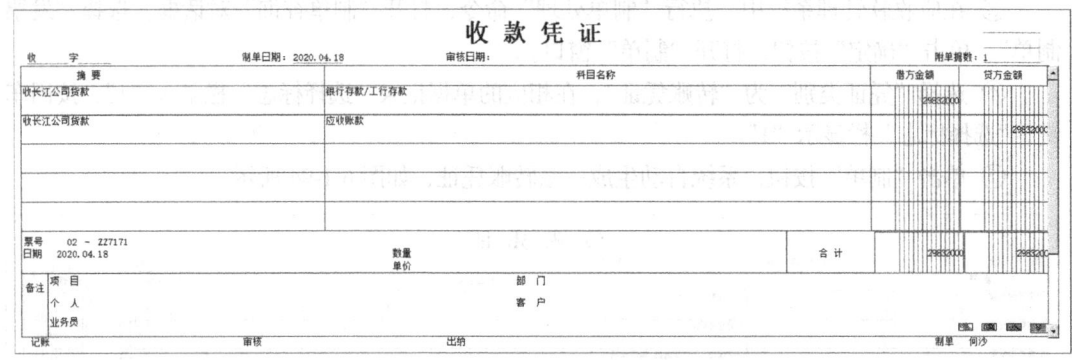

图 6-1-96 收款凭证

④ 单击"应收账款"会计科目，"应收账款"处显示"1122"，双击"票号"后的空白处，弹出"辅助项"对话框，填写专用发票"票号"为"00015"，"发生日期"为"2020-04-18"。

⑤ 单击"确定"按钮，收款凭证左下方"票号"处显示专用发票票号"00015"，"日期"为"2020.04.18"，单击"保存"按钮。

8. 核销处理

① 在应收款管理系统中，执行"核销处理|手工核销"命令，打开"核销条件"对话框。

② 在"通用"选项卡中，选择"客户"为"长江"，单击"确定"按钮，打开"单据核销"窗口。

③ 在窗口下方的"本次结算"栏第三行录入"298 320.00"，如图6-1-97所示。

单据日期	单据类型	单据编号	客户	款项类型	结算方式	币种	汇率	原币金额	原币余额	本次结算金额	订单号
2020-04-18	收款单	0000000006	长江	应收款	转账支票	人民币	1.00000000	298,320.00	298,320.00	298,320.00	
合计								298,320.00	298,320.00	298,320.00	

单据日期	单据类型	单据编号	到期日	客户	币种	原币金额	原币余额	可享受折扣	本次折扣	本次结算	订单号	凭证号
2020-04-17	其他应收单	0000000003	2020-04-17	长江	人民币	800.00	800.00	0.00				付-0010
2020-04-17	销售专用发票	00013	2020-04-17	长江	人民币	129,950.00	129,950.00	0.00				转-0021
2020-04-18	销售专用发票	00015	2020-04-18	长江	人民币	298,320.00	298,320.00	0.00		298320	0000000003	转-0024
合计						429,070.00	429,070.00	0.00				

图 6-1-97 在窗口下方的"本次结算"栏第三行录入"298 320.00"

④ 单击"保存"按钮，完成核销处理。

6.1.12 委托代销业务

实验资料

4月18日，销售部委托辽宁飞鸽公司代为销售税控Ⅱ号30台，不含税售价为6 400元/台，货物从成品库发出。

4月20日，收到辽宁飞鸽公司的委托代销清单一张，结算税控Ⅱ号20台，不含税售价为6 400元/台。立即开具销售专用发票给辽宁飞鸽公司。

业务部将该业务所涉及的出库单及00020号销售专用发票交给财务部，财务部据此结转收入等业务。

1. 销售选项设置

① 在销售管理系统中，执行"设置 | 销售选项"命令，打开"销售选项"对话框。

② 选中"有委托代销业务"复选框，如图 6-1-98 所示。

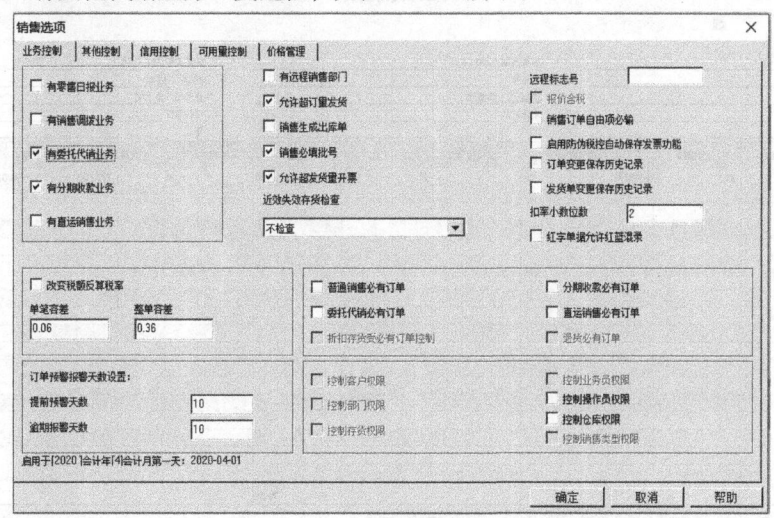

图 6-1-98　选中"有委托代销业务"复选框

③ 单击"确定"按钮。

2. 单据格式设置

① 执行"基础设置 | 单据设置 | 单据格式设置"命令，打开"单据格式设置"窗口。

② 在"单据格式设置"窗口中，执行"U8 单据分类目录 | 销售管理 | 委托代销结算单 | 显示 | 委托代销结算单显示模板"命令，在窗口右侧打开"委托代销结算单"。

③ 执行"表头项目"命令，打开"表头"对话框。

④ 选中"6 发票号"复选框，如图 6-1-99 所示。

⑤ 单击"确定"按钮，然后单击"保存"按钮。

3. 存货核算选项设置

① 在存货核算系统中，执行"初始设置 | 选项 | 选项录入"命令，打开"选项录入"对话框。

② 选择"委托代销成本核算方式"为"按发出商品核算"，单击"确定"按钮。

4. 委托代销发货

① 在销售管理系统中，执行"委托代销 | 委托代销发货单"命令，打开"委托代销发货单"窗口。单击"增加"按钮，打开"查询条件选择—参照订单"对话框，单击"取消"按钮，返回"委托代销发货单"窗口。

② 根据实验资料，在表头信息中选择"业务类型"为"委托代销"，选择"销售类型"为"代销"，

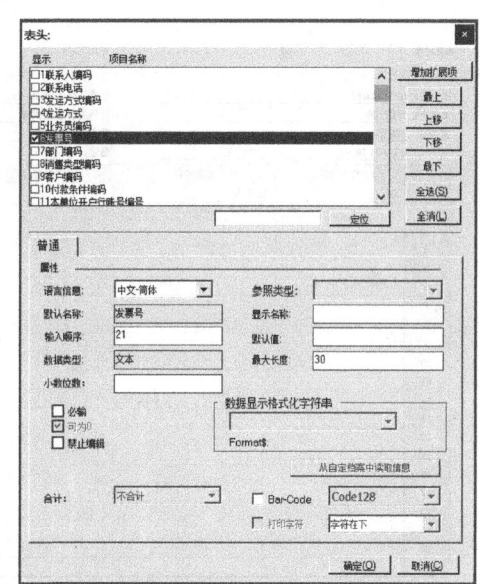

图 6-1-99　选中"6 发票号"复选框

"税率"为"13.00";在表体信息中选择"仓库名称"为"成品库"等。

③ 单击"保存"按钮,然后单击"审核"按钮,审核后的委托代销发货单如图6-1-100所示。

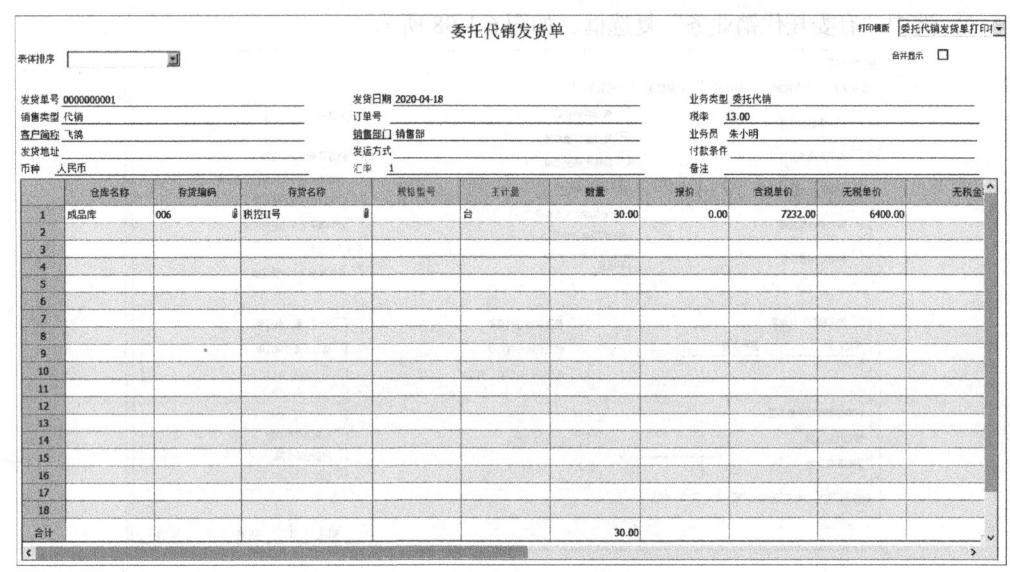

图6-1-100 审核后的委托代销发货单

5. 委托代销出库

① 在库存管理系统中,执行"出库业务 | 销售出库单"命令,打开"销售出库单"窗口。

② 单击"生单"下拉按钮,选择"销售生单",打开"查询条件选择—销售发货单列表"对话框。单击"确定"按钮,打开"销售生单"窗口。

③ 双击符合条件的单据记录的"选择"栏,出现"Y"标志表示选择成功。

④ 单击"确定"按钮,系统根据选择的发货单自动生成一张销售出库单。

⑤ 单击"保存"按钮,然后单击"审核"按钮,审核后的销售出库单如图6-1-101所示。

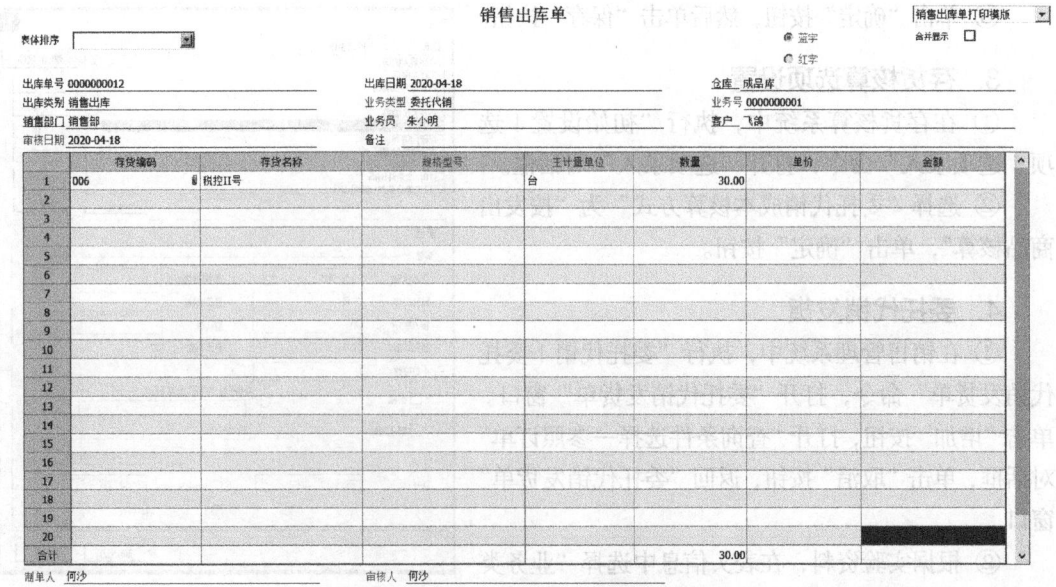

图6-1-101 审核后的销售出库单

6. 委托代销结算单

修改系统时间为 2020 年 4 月 20 日，重新注册。

① 在销售管理系统中，执行"委托代销 | 委托代销结算单"命令，打开"委托代销结算单"窗口。

② 单击"增加"按钮，打开"查询条件选择—委托结算参照发货单"对话框，单击"确定"按钮，打开"参照生单"窗口。

③ 双击符合条件的单据记录的"选择"栏，出现"Y"标志表示选择成功。

④ 单击"确定"按钮，系统自动生成相应的委托代销结算单，修改"发票号"为"00020"，"数量"为"20.00"，单击"保存"按钮。

⑤ 单击"审核"按钮，打开"请选择发票类型"对话框，选中"专用发票"单选按钮，如图 6-1-102 所示。

⑥ 单击"确定"按钮，确定后的委托代销结算单如图 6-1-103 所示。

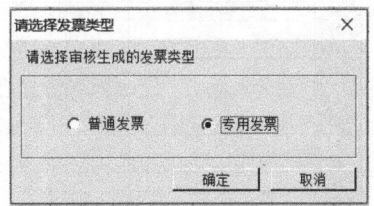

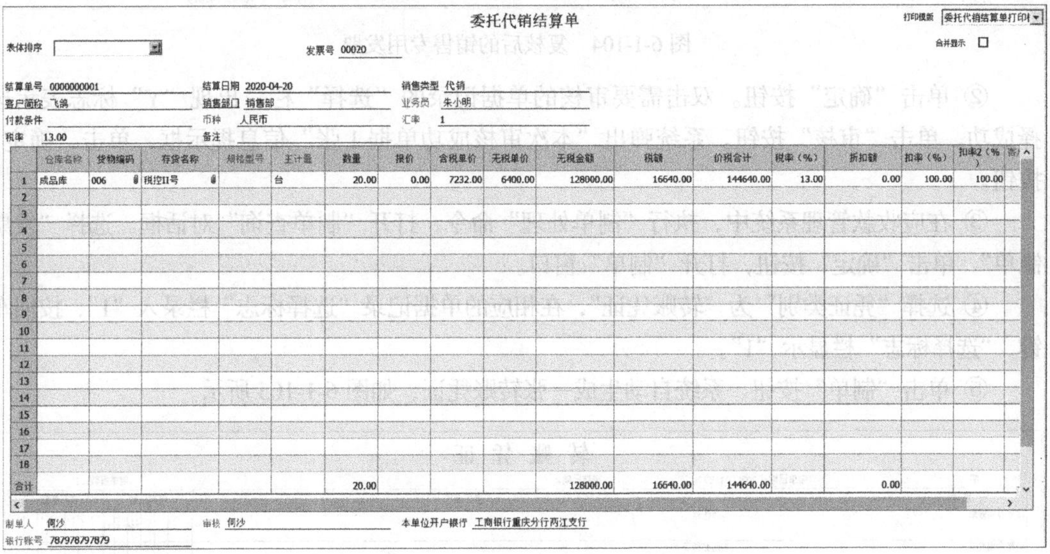

图 6-1-102 选中"专用发票"单选按钮

图 6-1-103 确定后的委托代销结算单

7. 复核销售专用发票

① 在销售管理系统中，执行"销售开票" | "销售专用发票"命令，打开"销售专用发票"窗口。

② 单击"末张"按钮，找到系统根据委托代销结算单自动生成的销售专用发票。

③ 单击"复核"按钮，复核后的销售专用发票如图 6-1-104 所示。

8. 审核应收账款并制单

① 在应收款管理系统中，执行"应收单据处理" | "应收单据审核"命令，打开"应收款查询条件"对话框。

图 6-1-104 复核后的销售专用发票

② 单击"确定"按钮。双击需要审核的单据记录的"选择"栏，出现"Y"标志表示选择成功。单击"审核"按钮。系统弹出"本次审核成功单据1张"信息提示框，单击"确定"按钮。

③ 在应收款管理系统中，执行"制单处理"命令，打开"制单查询"对话框。选择"发票制单"，单击"确定"按钮，打开"制单"窗口。

④ 选择"凭证类别"为"转账凭证"，在相应的单据记录"选择标志"栏录入"1"，按回车键，"选择标志"栏显示"1"。

⑤ 单击"制单"按钮，系统自动生成一张转账凭证，如图 6-1-105 所示。

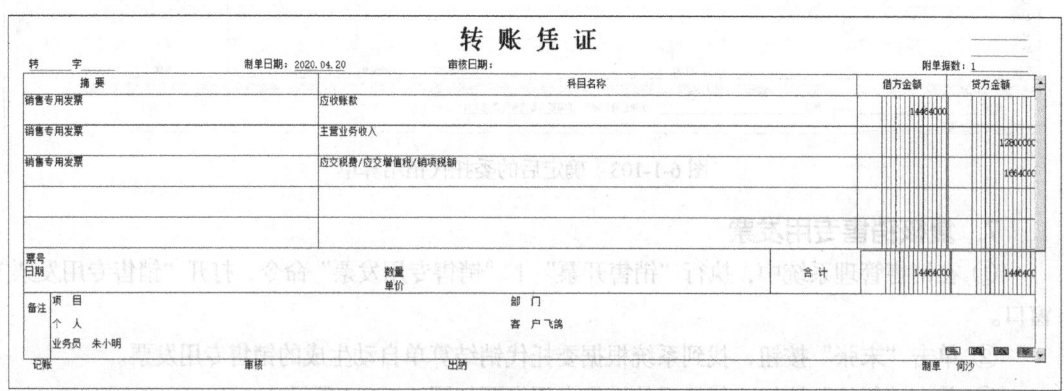

图 6-1-105 转账凭证

⑥ 单击"应收账款"会计科目，"应收账款"处显示"1122"，双击"票号"后的空白处，弹出"辅助项"对话框，填写专用发票"票号"为"00020"，"发生日期"为"2020-04-20"。

⑦ 单击"确定"按钮，转账凭证左下方"票号"处显示专用发票票号"00020"，"日期"为"2020.04.20"。单击"保存"按钮，保存后的转账凭证如图 6-1-106 所示。

已生成

转账凭证

转 字 0025 制单日期：2020.04.20 审核日期： 附单据数：1

摘要	科目名称	借方金额	贷方金额
销售专用发票	应收账款	14464000	
销售专用发票	主营业务收入		12800000
销售专用发票	应交税费/应交增值税/销项税额		1664000
票号 00020 日期 2020.04.20	数量 单价 合计	14464000	14464000

备注 项目 部门

个人 客户 飞鸽

业务员 朱小明

记账 审核 出纳 制单 何沙

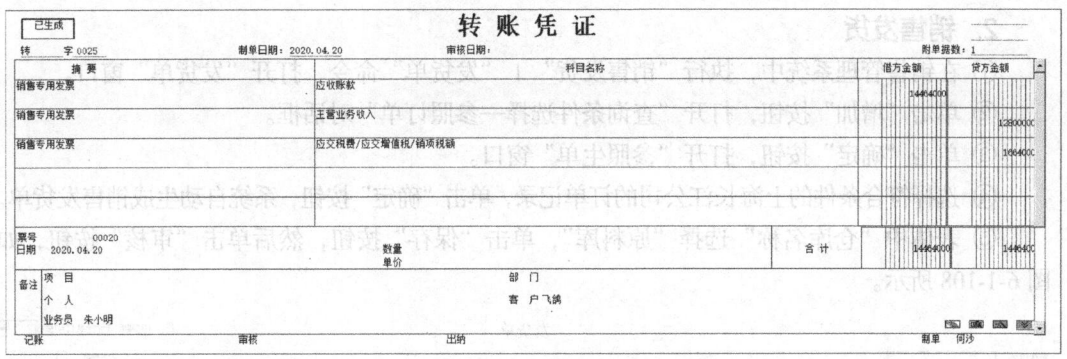

图 6-1-106 保存后的转账凭证

6.1.13 一次销售分次出库

实验资料

4 月 19 日，向上海长江公司出售 100 盒 CN 处理器，由原料库发货，报价为 1 500 元/盒，同时开具一张 00018 号销售专用发票。

客户根据发货单从原料库先领出 80 盒 CN 处理器。

4 月 20 日，客户根据发货单再从原料库领出余下的 20 盒 CN 处理器。

1. 销售订货

修改系统时间为 2020 年 4 月 19 日，重新注册。

① 在销售管理系统中，执行"销售订货" | "销售订单"命令，打开"销售订单"窗口。

② 单击"增加"按钮，选择"业务类型"为"普通销售"，"销售类型"为"经销"，录入表头信息和表体信息，单击"保存"按钮。

③ 单击"审核"按钮，审核后的销售订单如图 6-1-107 所示。

销售订单

打印模版 销售订单打印模版

表体排序 合并显示

订单号 0000000004 订单日期 2020-04-19 业务类型 普通销售

销售类型 经销 客户简称 长江 付款条件

销售部门 销售部 业务员 朱小明 税率 13.00

币种 人民币 汇率 1 备注

	存货编码	存货名称	规格型号	主计量	数量	报价	含税单价	无税单价	无税金额
1	001	CN处理器		盒	100.00	1500.00	1695.00	1500.00	150000.00
2									
3									
4									
5									
6									
7									
8									
9									
10									
11									
12									
13									
14									
15									
16									
17									
18									
19									
合计					100.00				150000.00

制单人 何沙 审核人 何沙 关闭人

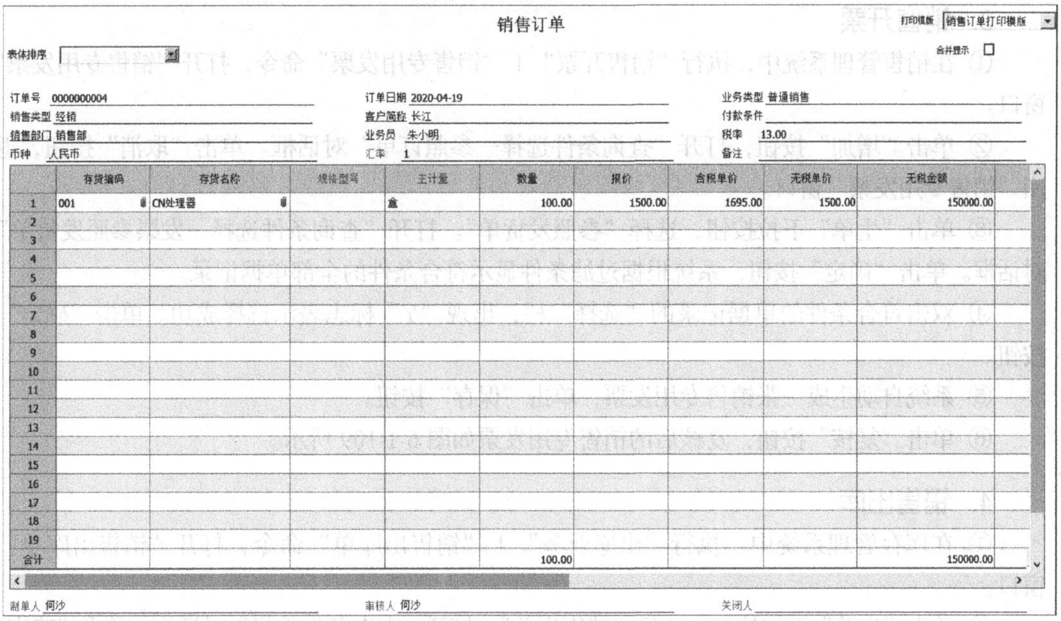

图 6-1-107 审核后的销售订单

2. 销售发货

① 在销售管理系统中，执行"销售发货"|"发货单"命令，打开"发货单"窗口。

② 单击"增加"按钮，打开"查询条件选择—参照订单"对话框。

③ 单击"确定"按钮，打开"参照生单"窗口。

④ 选择符合条件的上海长江公司的订单记录，单击"确定"按钮，系统自动生成销售发货单。

⑤ 表体中"仓库名称"选择"原料库"，单击"保存"按钮，然后单击"审核"按钮，如图 6-1-108 所示。

图 6-1-108　表体中"仓库名称"选择"原料库"的设置结果

3. 销售开票

① 在销售管理系统中，执行"销售开票"|"销售专用发票"命令，打开"销售专用发票"窗口。

② 单击"增加"按钮，打开"查询条件选择—参照订单"对话框。单击"取消"按钮，返回"销售专用发票"窗口。

③ 单击"生单"下拉按钮，选择"参照发货单"。打开"查询条件选择—发票参照发货单"对话框。单击"确定"按钮，系统根据过滤条件显示符合条件的全部单据记录。

④ 双击符合条件的单据记录的"选择"栏，出现"Y"标志表示选择成功。单击"确定"按钮。

⑤ 系统自动生成一张销售专用发票，单击"保存"按钮。

⑥ 单击"复核"按钮，复核后的销售专用发票如图 6-1-109 所示。

4. 销售出库

① 在库存管理系统中，执行"出库业务"|"销售出库单"命令，打开"销售出库单"窗口。

② 单击"生单"下拉按钮，选择"销售生单"，打开"查询条件选择"对话框。单击"确定"按钮，打开"销售生单"窗口。

图 6-1-109　复核后的销售专用发票

③ 双击需要审核的单据记录的"选择"栏，出现"Y"标志表示选择成功。

④ 单击"确定"按钮，系统根据选择的发货单自动生成一张销售出库单。

⑤ 修改"数量"为"80.00"，单击"保存"按钮。

⑥ 单击"审核"按钮，审核后的销售出库单如图 6-1-110 所示。

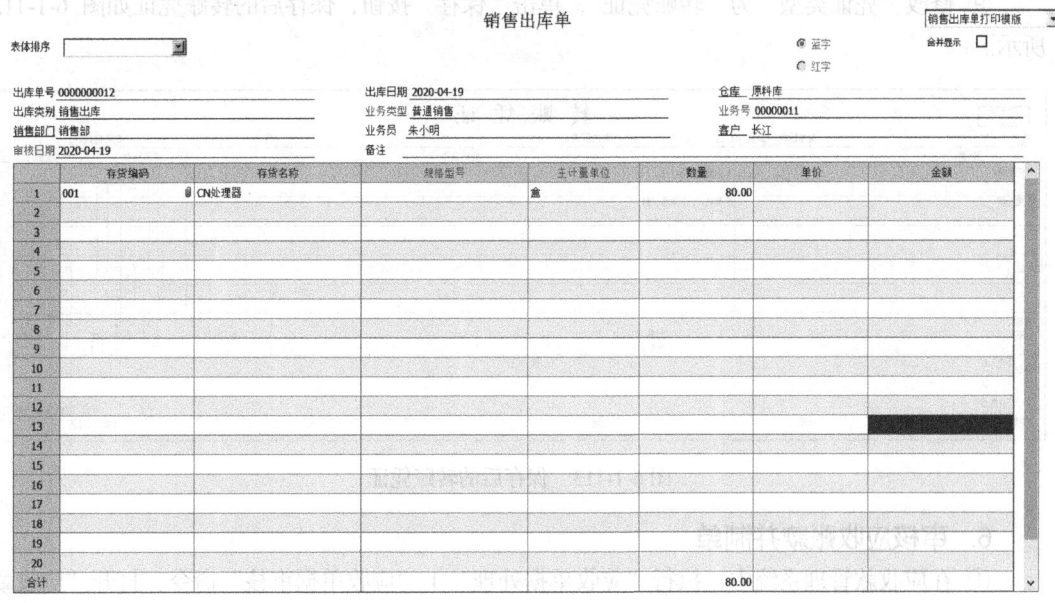

图 6-1-110　审核后的销售出库单

5. 结转销售成本并制单

① 在存货核算系统中，执行"业务核算"｜"正常单据记账"命令，打开"查询条件选择"对话框。

② 选择"仓库名称"为"原料库"，"单据类型"为"专用发票"。单击"确定"按钮，打开

“未记账单据一览表”窗口。

③ 双击需要记账的单据记录的“选择”栏，出现“Y”标志表示选择成功，如图 6-1-111 所示。

正常单据记账列表

记录总数：1

选择	日期	单据号	存货编码	存货名称	规格型号	存货代码	单据类型	仓库名称	收发类别	数量	单价	金额	计划单价
Y	2020-04-19	00018	001	CN处理器			专用发票	原料库	销售出库	100.00			
小计										100.00			

图 6-1-111　出现“Y”标志

④ 单击“记账”按钮，系统弹出“记账成功”信息提示框，单击“确定”按钮。

⑤ 执行“财务核算”|“生成凭证”命令，打开“生成凭证”窗口。

⑥ 单击“选择”按钮，打开“查询条件”对话框，选中“销售专用发票”复选框。

⑦ 单击“确定”按钮，打开“选择单据”窗口。在需要生成凭证的单据记录的“选择标志”栏中录入“1”，如图 6-1-112 所示。

□ 已结算采购入库单自动选择全部结算单上单据（包括入库单、发票、付款单），非本月采购入库单按蓝字报销单制单

未生成凭证单据一览表

选择	记账日期	单据日期	单据类型	单据号	仓库	收发类别	记账人	部门	部门编码	业务单号	业务类型	计价方式	备注	摘要	供应商	客户
1	2020-04-19	2020-04-19	专用发票	00018	原料库	销售出库	何沙	销售部	201		普通销售	移动平均法		专用发票		上海长江公司

图 6-1-112　在需要生成凭证的单据记录的“选择标志”栏中录入“1”

⑧ 单击“确定”按钮，打开“生成凭证”窗口。检查无误后，单击“生成”按钮，系统自动生成一张转账凭证。

⑨ 修改“凭证类型”为“转账凭证”，单击“保存”按钮，保存后的转账凭证如图 6-1-113 所示。

已生成

转账凭证

转　字 0029　　制单日期：2020.04.19　　审核日期：　　附单据数：1

摘要	科目名称	借方金额	贷方金额
专用发票	主营业务成本	12000000	
专用发票	原材料/生产用原材料		12000000
票号 日期	数量 单价 合计	12000000	1200000

备注　项目　　部门

个人　　客户

业务员

记账　　审核　　出纳　　制单　何沙

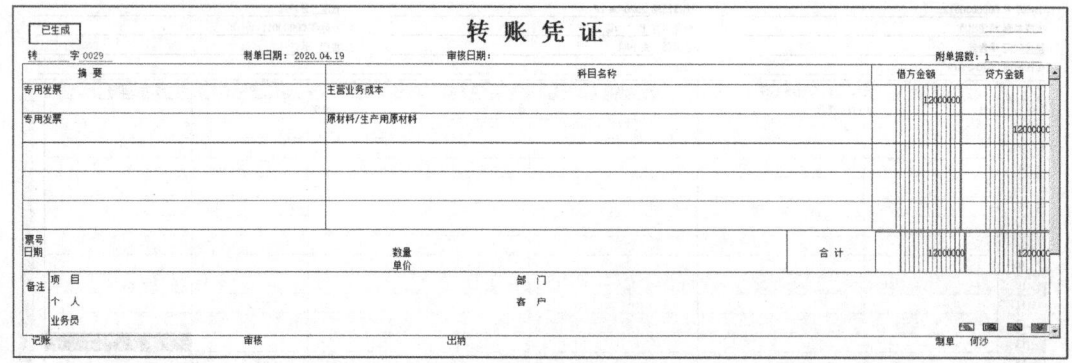

图 6-1-113　保存后的转账凭证

6. 审核应收账款并制单

① 在应收款管理系统中，执行“应收单据处理”|“应收单据审核”命令，打开“应收款查询条件”对话框。

② 单击“确定”按钮。双击需要审核的单据记录的“选择”栏，出现“Y”标志表示选择成功。单击“审核”按钮。系统弹出“本次审核成功单据 1 张”信息提示框，单击“确定”按钮。

③ 在应收款管理系统中，执行“制单处理”命令，打开“制单查询”对话框。选择“发票制单”，单击“确定”按钮，打开“制单”窗口。

④ 选择“凭证类别”为“转账凭证”，在相应的单据记录“选择标志”栏录入“1”，按回车

键，“选择标志”栏显示“1”。

⑤ 单击“制单”按钮，系统自动生成一张转账凭证，如图 6-1-114 所示。

转 账 凭 证

转 字　　制单日期：2020.04.19　　审核日期：　　附单据数：1

摘要	科目名称	借方金额	贷方金额
销售专用发票	应收账款	16950000	
销售专用发票	主营业务收入		15000000
销售专用发票	应交税费/应交增值税/销项税额		1950000
票号 日期	数量 单价 合计	16950000	16950000

备注　项 目　　部 门
个 人　　客 户 长江
业务员 朱小明

记账　审核　出纳　制单 何沙

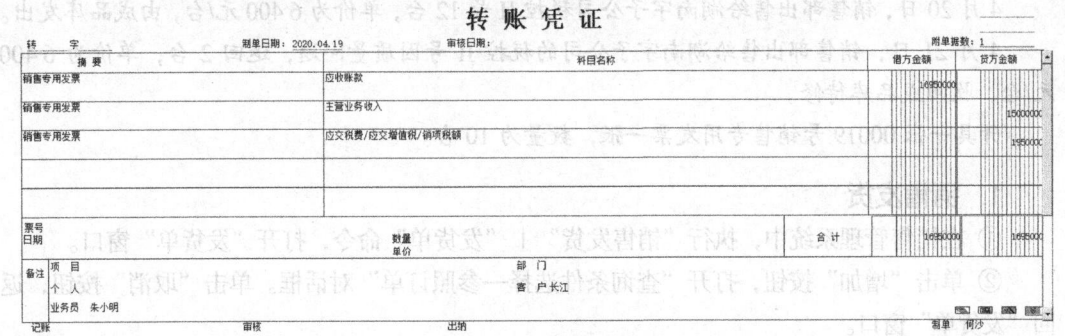

图 6-1-114　转账凭证

⑥ 单击“应收账款”会计科目，“应收账款”处显示“1122”，双击“票号”后的空白处，弹出“辅助项”对话框，填写专用发票“票号”为“00018”，“发生日期”为“2020-04-19”。

⑦ 单击“确定”按钮，转账凭证左下方“票号”处显示专用发票票号“00018”，“日期”为“2020.04.19”。单击“保存”按钮。

7. 第二次销售出库

修改系统时间为 2020 年 4 月 20 日，重新注册。

① 在库存管理系统中，执行“出库业务”|“销售出库单”命令，打开“销售出库单”窗口。

② 单击“生单”下拉按钮，选择“销售生单”，打开“查询条件选择”对话框。单击“确定”按钮，打开“销售生单”窗口。

③ 双击需要审核的单据记录的“选择”栏，出现“Y”标志表示选择成功。

④ 单击“确定”按钮，系统根据选择的发货单自动生成一张销售出库单。

⑤ 单击“保存”按钮，然后单击“审核”按钮，审核后的销售出库单如图 6-1-115 所示。

销售出库单　　销售出库单打印模版

表体排序　　◉ 蓝字　○ 红字　　合并显示 ☐

出库单号 0000000013　　出库日期 2020-04-20　　仓库 原料库
出库类别 销售出库　　业务类型 普通销售　　业务号 00000011
销售部门 销售部　　业务员 朱小明　　客户 长江
审核日期 2020-04-20　　备注

	存货编码	存货名称	规格型号	主计量单位	数量	单价	金额
1	001	CN处理器		盒	20.00		
2							
3							
4							
5							
6							
7							
8							
9							
10							
11							
12							
13							
14							
15							
16							
17							
18							
19							
20							
合计					20.00		

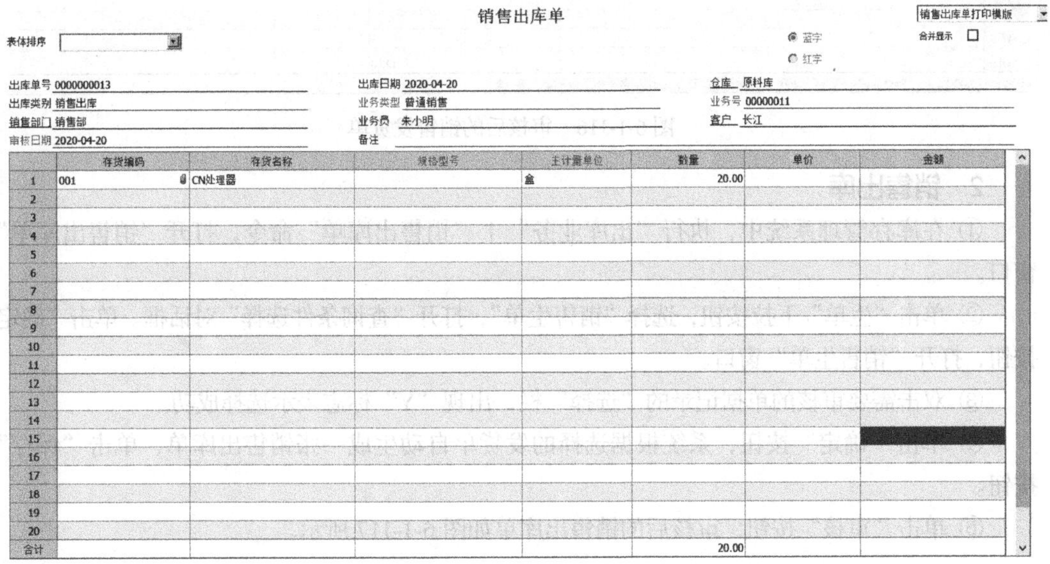

图 6-1-115　审核后的销售出库单

6.1.14 开票前退货业务

实验资料

4月20日,销售部出售给湖南宇子公司税控Ⅱ号12台,单价为6 400元/台,由成品库发出。

4月21日,销售部出售给湖南宇子公司的税控Ⅱ号因质量问题,退回2台,单价为6 400元/台,收回成品库待修。

开具一张00019号销售专用发票一张,数量为10台。

1. 销售发货

① 在销售管理系统中,执行"销售发货"|"发货单"命令,打开"发货单"窗口。

② 单击"增加"按钮,打开"查询条件选择—参照订单"对话框。单击"取消"按钮,返回"发货单"窗口。

③ 根据实验资料手工录入发货单信息,单击"保存"按钮。

④ 单击"审核"按钮,审核后的销售发货单如图6-1-116所示。

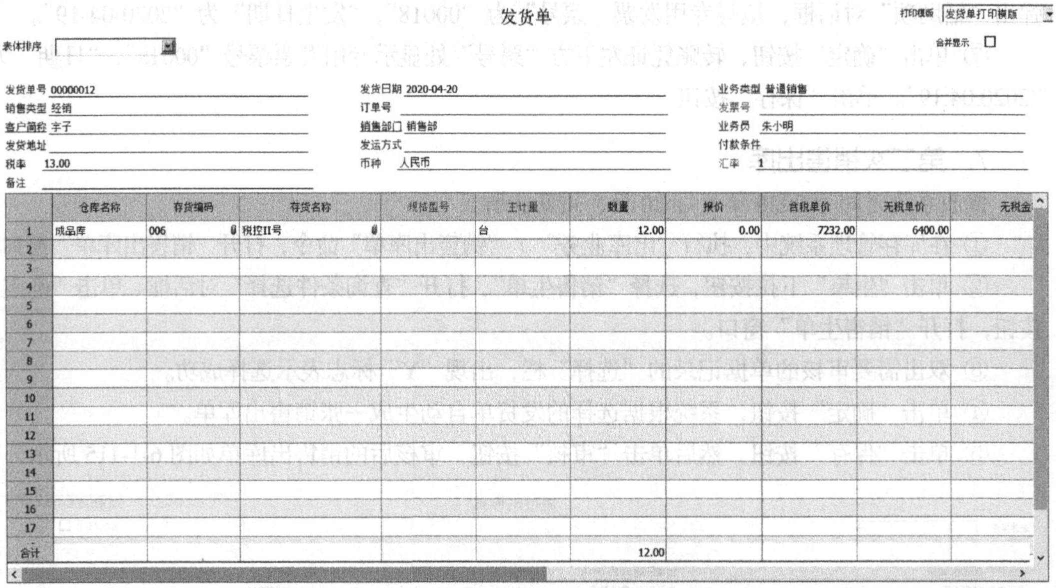

图 6-1-116 审核后的销售发货单

2. 销售出库

① 在库存管理系统中,执行"出库业务"|"销售出库单"命令,打开"销售出库单"窗口。

② 单击"生单"下拉按钮,选择"销售生单",打开"查询条件选择"对话框。单击"确定"按钮,打开"销售生单"窗口。

③ 双击需要审核的单据记录的"选择"栏,出现"Y"标志表示选择成功。

④ 单击"确定"按钮,系统根据选择的发货单自动生成一张销售出库单,单击"保存"按钮。

⑤ 单击"审核"按钮,审核后的销售出库单如图6-1-117所示。

图 6-1-117 审核后的销售出库单

3. 销售退货单

修改系统时间为 2020 年 4 月 21 日,重新注册。

① 在销售管理系统中,执行"销售发货"|"退货单"命令,打开"退货单"窗口。

② 单击"增加"按钮,打开"查询条件选择—参照订单"窗口,单击"退出"按钮,返回"退货单"窗口。

③ 单击"生单"下拉按钮,选择"参照发货单",打开"查询条件选择—退货单参照发货单"窗口。单击"确定"按钮,打开"参照生单"窗口。

④ 选择 4 月 20 日湖南字子公司的相应发货单,单击"确定"按钮,系统自动生成退货单。

⑤ 修改"数量"为"-2.00",单击"保存"按钮。

⑥ 单击"审核"按钮,审核后的销售退货单如图 6-1-118 所示。

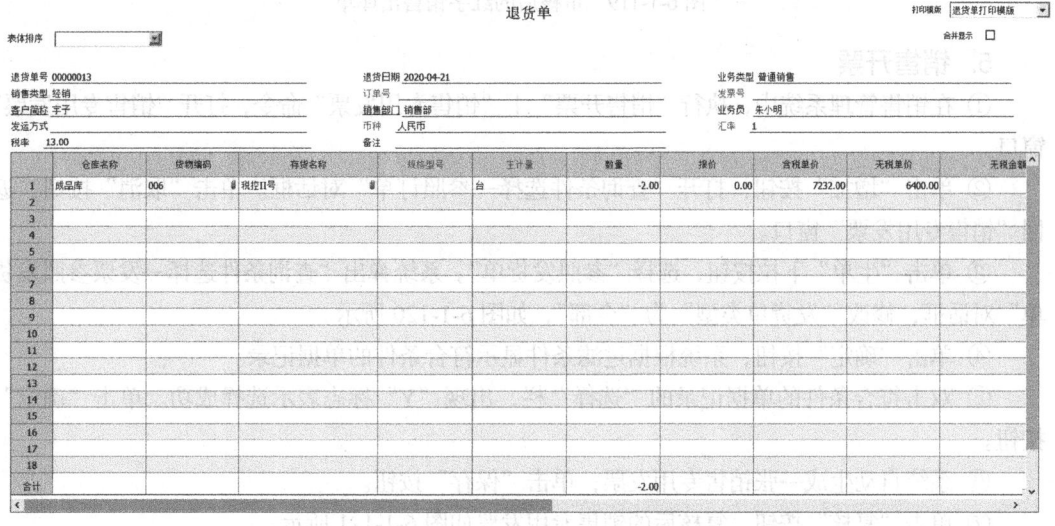

图 6-1-118 审核后的销售退货单

4. 红字销售出库单

① 在库存管理系统中，执行"出库业务"|"销售出库单"命令，打开"销售出库单"窗口。

② 单击"生单"下拉按钮，选择"销售生单"，打开"查询条件选择"对话框。单击"确定"按钮，打开"销售生单"窗口。

③ 双击需要审核的单据记录的"选择"栏，出现"Y"标志表示选择成功。

④ 单击"确定"按钮，系统根据选择的发货单自动生成一张红字销售出库单，单击"保存"按钮。

⑤ 单击"审核"按钮，审核后的红字销售出库单如图 6-1-119 所示。

图 6-1-119　审核后的红字销售出库单

5. 销售开票

① 在销售管理系统中，执行"销售开票"|"销售专用发票"命令，打开"销售专用发票"窗口。

② 单击"增加"按钮，打开"查询条件选择—参照订单"对话框。单击"取消"按钮，返回"销售专用发票"窗口。

③ 单击"生单"下拉按钮，选择"参照发货单"。系统弹出"查询条件选择—发票参照发货单"对话框，修改"发货单类型"为"全部"，如图 6-1-120 所示。

④ 单击"确定"按钮，系统根据过滤条件显示符合条件的单据记录。

⑤ 双击符合条件的单据记录的"选择"栏，出现"Y"标志表示选择成功。单击"确定"按钮。

⑥ 系统自动生成一张销售专用发票，单击"保存"按钮。

⑦ 单击"复核"按钮，复核后的销售专用发票如图 6-1-121 所示。

第6章 销售与应收业务

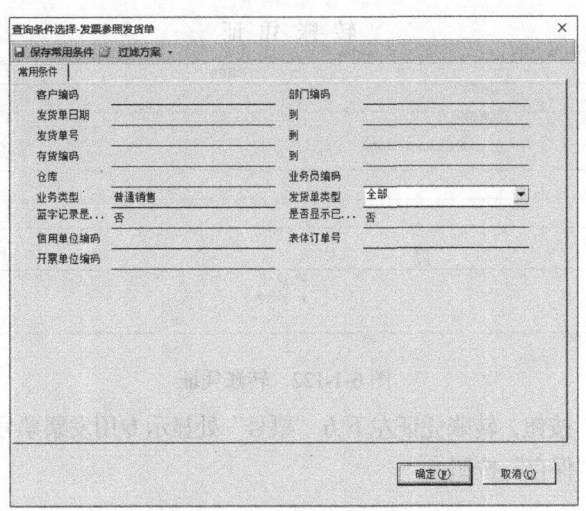

图 6-1-120 修改"发货单类型"为"全部"

图 6-1-121 复核后的销售专用发票

6. 审核应收账款并制单

① 在应收款管理系统中，执行"应收单据处理"|"应收单据审核"命令，打开"应收款查询条件"对话框。

② 双击需要审核的单据记录的"选择"栏，出现"Y"标志表示选择成功。单击"审核"按钮，系统弹出"本次审核成功单据1张"信息提示框，单击"确定"按钮。

③ 在应收款管理系统中，执行"制单处理"命令，打开"制单查询"对话框。选择"发票制单"，单击"确定"按钮，打开"制单"窗口。

④ 选择"凭证类别"为"转账凭证"，在相应的单据记录"选择标志"栏录入"1"，按回车键，"选择标志"栏显示"1"。

⑤ 单击"制单"按钮，系统自动生成一张转账凭证，如图6-1-122所示。

⑥ 单击"应收账款"会计科目，"应收账款"处显示"1122"，双击"票号"后的空白处，弹出"辅助项"对话框，填写专用发票"票号"为"00019"，"发生日期"为"2020-04-21"。

转 账 凭 证

转 字　　制单日期：2020.04.21　　审核日期：　　附单据数：1

摘要	科目名称	借方金额	贷方金额
销售专用发票	应收账款	723200	
销售专用发票	主营业务收入		640000
销售专用发票	应交税费/应交增值税/销项税额		83200
票号 日期	数量 单价 合计	723200	723200

备注　项目　部门　个人　客户 宇子　业务员 朱小明

记账　审核　出纳　制单 何沙

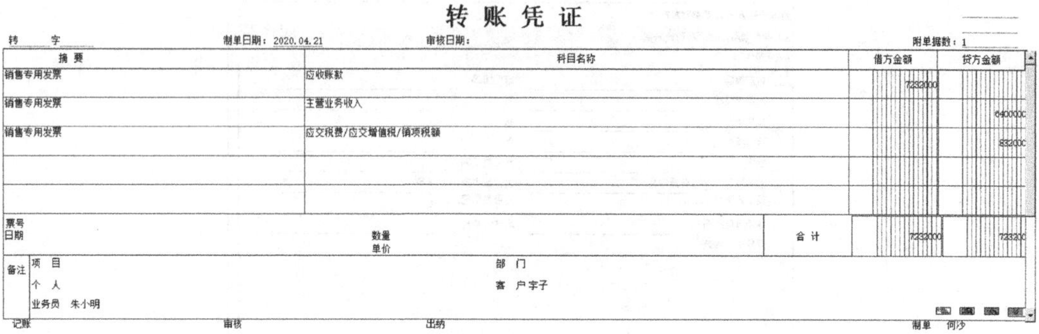

图 6-1-122　转账凭证

⑦ 单击"确定"按钮，转账凭证左下方"票号"处显示专用发票票号"00019"，"日期"为"2020.04.21"，单击"保存"按钮。

6.1.15　委托代销退货业务

实验资料

4 月 21 日，委托辽宁飞鸽公司销售的税控Ⅱ号退回 3 台，入成品库。由于已经开具发票，故开具一张 00022 号红字销售专用发票，单价为 6 400 元/台。

1. 委托代销退回单

① 在销售管理系统中，执行"委托代销" | "委托代销退货单"命令，打开"委托代销退货单"窗口。

② 单击"增加"按钮，打开"查询条件选择—参照订单"对话框，单击"取消"按钮，返回"委托代销退货单"窗口。

③ 表头信息中"业务类型"为"委托代销"，"税率"为"13.00"，"客户简称"为"飞鸽"；表体信息中"仓库名称"为"成品库"，"存货名称"为"税控 Ⅱ 号"，"数量"为"–3.00"，"无税单价"为"6 400"等。

④ 单击"保存"按钮，然后单击"审核"按钮，审核后的委托代销退货单如图 6-1-123 所示。

委托代销退货单

退货单号 0000000002　退货日期 2020-04-21　业务类型 委托代销
销售类型 代销　订单号　税率 13.00
客户简称 飞鸽　销售部门 销售部　业务员 朱小明
发运方式　币种 人民币　汇率 1
备注

	仓库名称	存货编码	存货名称	规格型号	主计量	数量	无税金额	报价	含税单价
1	成品库	006	税控Ⅱ号		台	-3.00	-19200.00	0.00	7232.00
合计						-3.00	-19200.00		

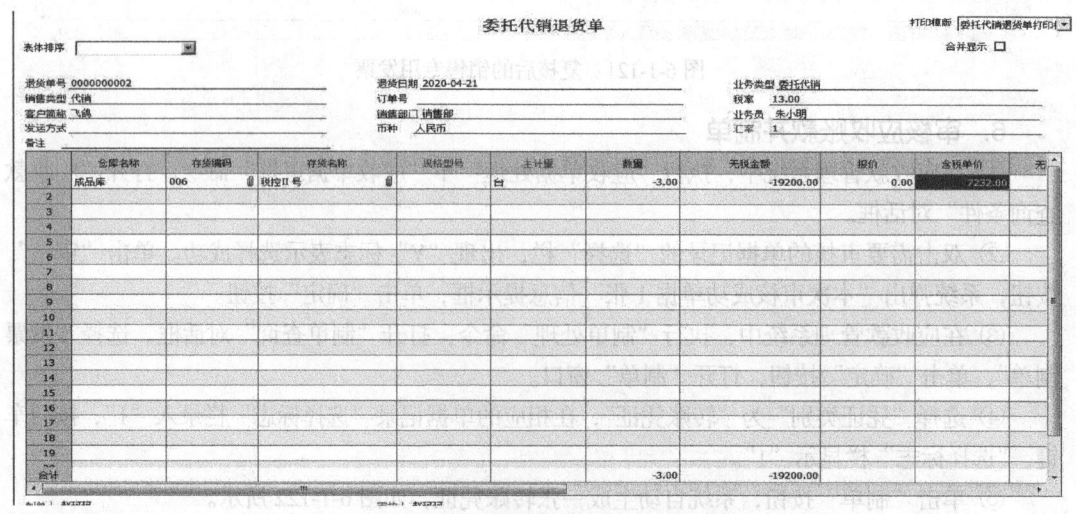

图 6-1-123　审核后的委托代销退货单

2. 红字销售出库单

① 在库存管理系统中,执行"出库业务"|"销售出库单"命令,打开"销售出库单"窗口。

② 单击"生单"下拉按钮,选择"销售生单",打开"查询条件选择"对话框。单击"确定"按钮,打开"销售生单"窗口。

③ 双击符合条件的单据记录的"选择"栏,出现"Y"标志表示选择成功。

④ 单击"确定"按钮,系统根据选择的发货单自动生成一张红字销售出库单,单击"保存"按钮。

⑤ 单击"审核"按钮,审核后的红字销售出库单如图 6-1-124 所示。

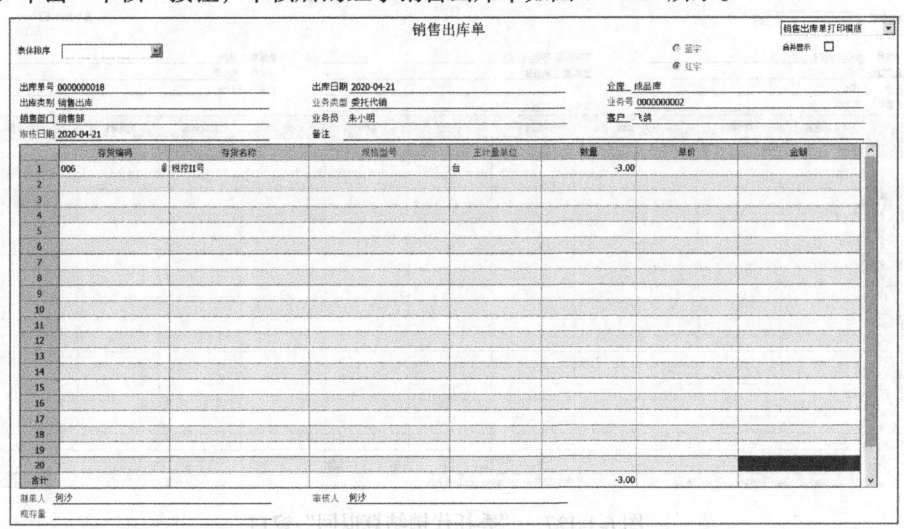

图 6-1-124 审核后的红字销售出库单

3. 委托代销结算退回

① 在销售管理系统中,执行"委托代销"|"委托代销结算退回"命令,打开"委托代销结算退回"窗口。

② 单击"增加"按钮,打开"查询条件选择—委托结算参照发货单"对话框。选择"发货单类型"为"全部",如图 6-1-125 所示。

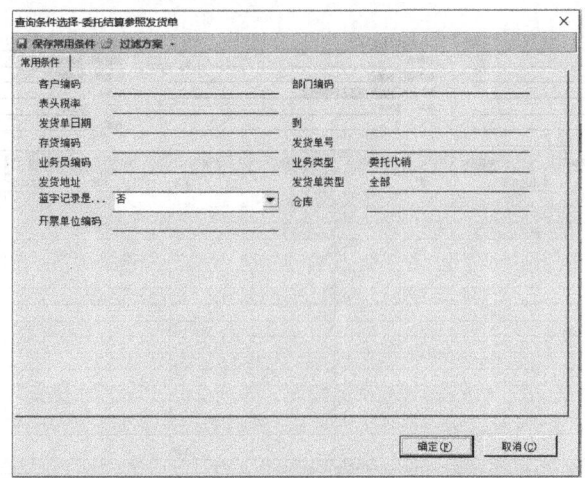

图 6-1-125 选择"发货单类型"为"全部"

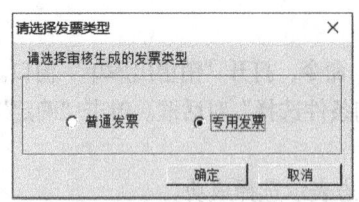

图 6-1-126 "选择发票类型"对话框

③ 单击"确定"按钮,打开"参照生单"窗口。选择符合条件的单据记录,单击"确定"按钮,系统生成相应的委托代销结算退回单,修改"发票号"为"00022","数量"为"-3.00"。

④ 保存并审核该委托代销结算退回单,打开"请选择发票类型"对话框,如图 6-1-126 所示。

⑤ 选择"专用发票"单选按钮,单击"确定"按钮,出现"委托代销结算退回"窗口,如图 6-1-127 所示。

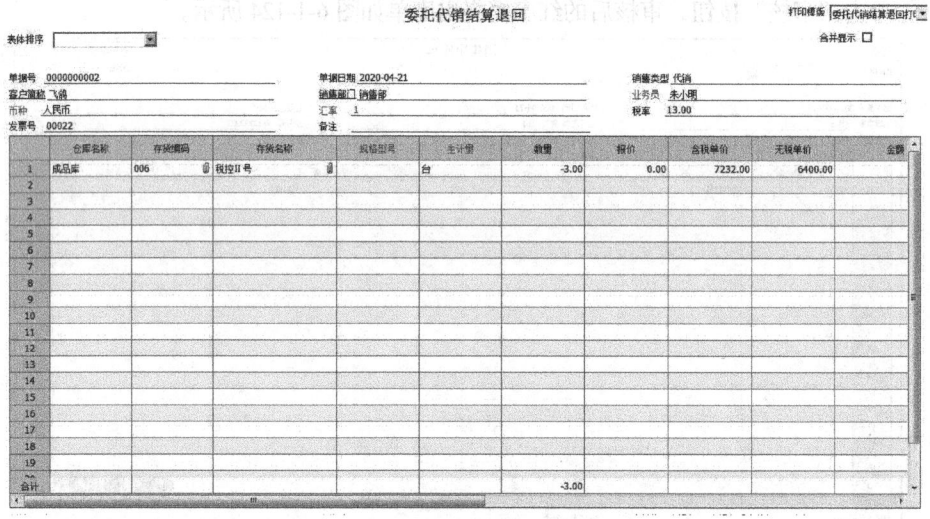

图 6-1-127 "委托代销结算退回"窗口

4. 复核红字销售专用发票

① 在销售管理系统中,执行"销售开票" | "红字销售专用发票"命令,打开"红字销售专用发票"窗口。

② 单击"末张"按钮,翻查系统根据委托代销结算单自动生成的红字销售专用发票。

③ 单击"复核"按钮,复核后的红字销售专用发票如图 6-1-128 所示。

图 6-1-128 复核后的红字销售专用发票

5. 审核应收账款并制单

① 在应收款管理系统中，执行“应收单据处理” | “应收单据审核”命令，打开“应收款查询条件”对话框。

② 单击“确定”按钮。双击需要审核的单据记录的“选择”栏，出现“Y”标志表示选择成功。单击“审核”按钮，系统弹出“本次审核成功单据 1 张”信息提示框，单击“确定”按钮。

③ 在应收款管理系统中，执行“制单处理”命令，打开“制单查询”对话框。选择“发票制单”，单击“确定”按钮，打开“制单”窗口。

④ 选择“凭证类别”为“转账凭证”，在相应的单据记录“选择标志”栏录入“1”，按回车键，“选择标志”栏显示“1”。

⑤ 单击“制单”按钮，系统自动生成一张转账凭证。

⑥ 单击“应收账款”会计科目，“应收账款”处显示“1122”，双击“票号”后的空白处，弹出“辅助项”对话框，填写专用发票“票号”为“00022”，“发生日期”为“2020-04-21”。

⑦ 单击“确定”按钮，转账凭证左下方“票号”处显示专用发票票号“00022”，“日期”为“2020.04.21”。单击“保存”按钮，保存后的转账凭证如图 6-1-129 所示。

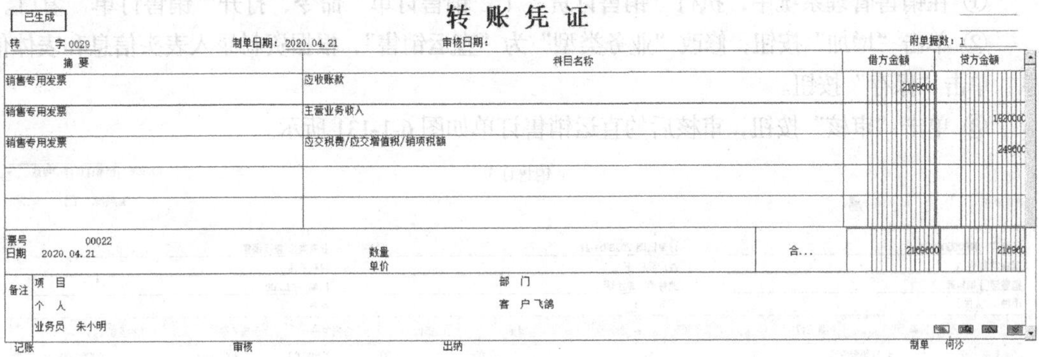

已生成

转账凭证

转 字 0029　制单日期：2020.04.21　审核日期：　附单据数：1

摘 要	科目名称	借方金额	贷方金额
销售专用发票	应收账款	2169600	
销售专用发票	主营业务收入		1920000
销售专用发票	应交税费/应交增值税/销项税额		249600
票号 00022 日期 2020.04.21	数量 单价　合...	2169600	216960

备注　项 目　部 门

个 人　客 户 飞鸽

业务员 朱小明

记账　审核　出纳　制单 何沙

图 6-1-129 保存后的转账凭证

6.1.16 直运销售业务

实验资料

4 月 21 日，销售部接到业务信息，上海长江公司欲购买联想服务器 2 台。经协商以单价 30 000 元/台成交，增值税率为 13%。随后，销售部填制相应的销售订单。

销售部经联系以 20 000 元/台（无税单价）的价格向上海大坤公司发出采购订单，并要求对方直接将货物送到上海长江公司。

4 月 22 日，销售部根据销售订单给上海长江公司开具一张销售专用发票，票号为 00023。

货物送至上海长江公司，上海大坤公司凭送货签收单和订单开具了一张 00009 号销售专用发票给销售部。

销售部将此业务的采购、销售专用发票交给财务部，财务部制作应收应付凭证，结转收入和成本。

1. 销售选项设置

① 在销售管理系统中，执行“设置” | “销售选项”命令，打开“销售选项”对话框。

② 选中“有直运销售业务”复选框，如图 6-1-130 所示。

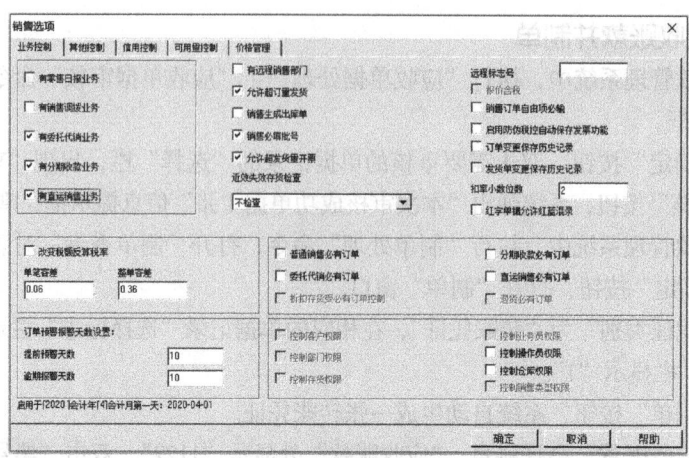

图 6-1-130 选中 "有直运销售业务" 复选框

③ 单击 "确定" 按钮。

2. 直运销售订货

① 在销售管理系统中,执行 "销售订货" | "销售订单" 命令,打开 "销售订单" 窗口。

② 单击 "增加" 按钮,修改 "业务类型" 为 "直运销售",根据资料录入表头信息和表体信息,单击 "保存" 按钮。

③ 单击 "审核" 按钮,审核后的直运销售订单如图 6-1-131 所示。

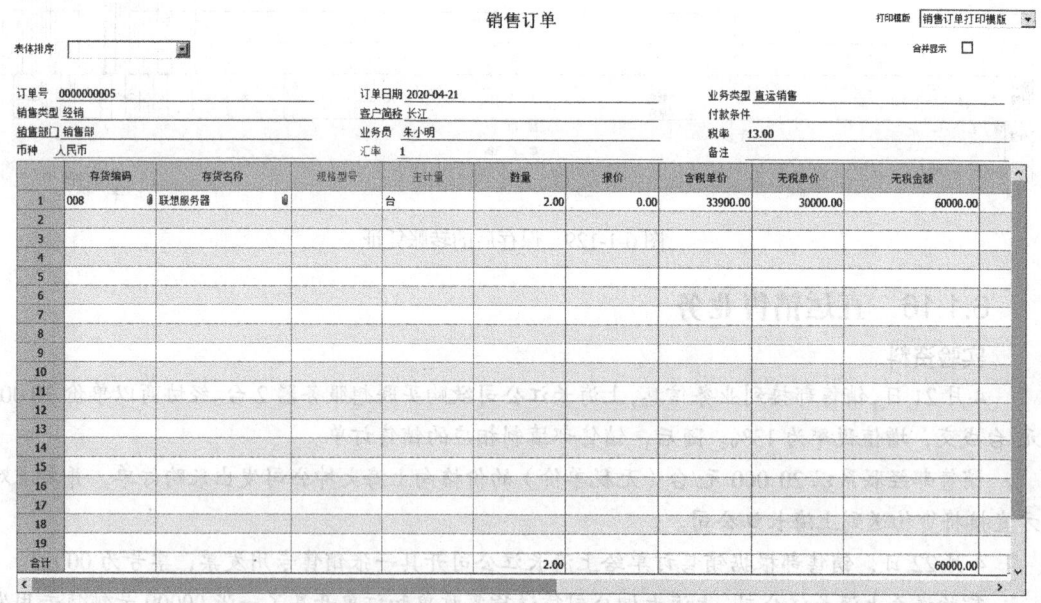

图 6-1-131 审核后的直运销售订单

3. 直运采购订货

① 在采购管理系统中,执行 "采购订货" | "采购订单" 命令,打开 "采购订单" 窗口。

② 单击 "增加" 按钮,选择 "业务类型" 为 "直运采购"。单击 "生单" 下按钮,选择 "销售订单",打开 "查询条件选择—销售订单列表过滤" 对话框。单击 "确定" 按钮,打开 "复制并执行" 窗口。选择需要参照的直运销售订单,单击 "确定" 按钮,返回 "采购订单" 窗口。

③ 表头信息中"供应商"选择"大坤",表体信息中修改"原币单价"为"20 000.00"。保存并审核后的直运采购订单如图6-1-132所示。

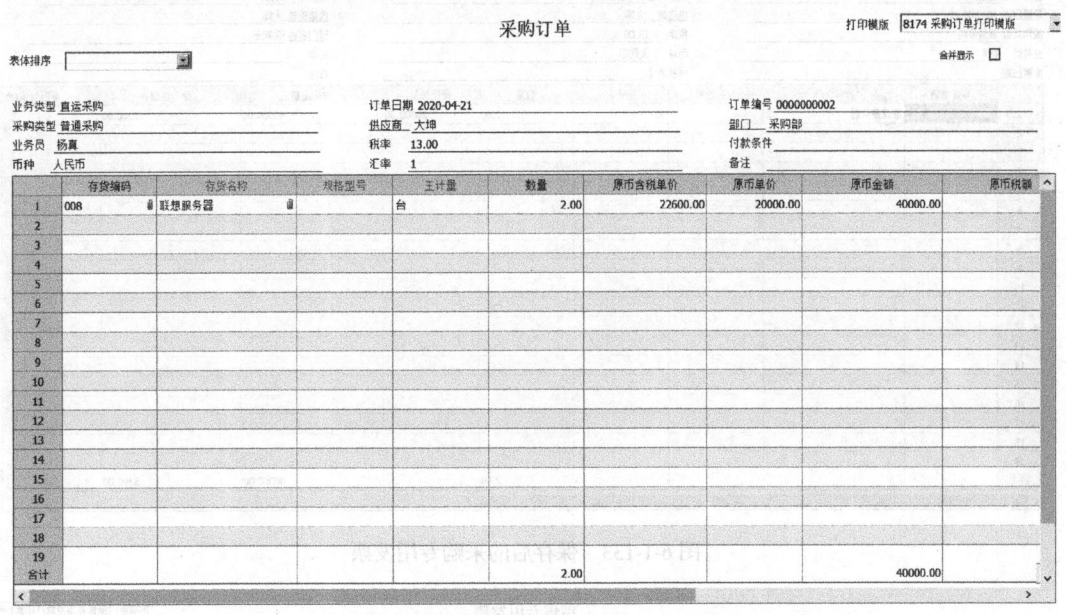

图6-1-132　保存并审核后的直运采购订单

4. 直运采购专用发票

修改系统时间为2020年4月22日,重新注册。

① 在采购管理系统中,执行"采购发票"|"专用采购发票"命令,打开"专用发票"窗口。

② 单击"增加"按钮,修改"业务类型"为"直运采购"。单击"生单"下拉按钮,选择"采购订单",打开"查询条件选择—采购订单列表过滤"窗口。

③ 单击"确定"按钮,打开"复制并执行"窗口。

④ 双击符合条件的单据记录的"选择"栏,出现"Y"标志表示选择成功。

⑤ 单击"确定"按钮,系统自动生成一张采购专用发票。

⑥ 单击"保存"按钮,保存后的采购专用发票如图6-1-133所示。

5. 直运销售专用发票

① 在销售管理系统中,执行"销售开票"|"销售专用发票"命令,打开"销售专用发票"窗口。

② 单击"增加"按钮,打开"查询条件选择—参照订单"对话框,单击"取消"按钮,返回"销售专用发票"窗口。

③ 选择"业务类型"为"直运销售",单击"生单"下拉按钮,选择"参照订单",打开"查询条件选择—参照订单"对话框。

④ 选择"客户"为"上海长江公司",单击"确定"按钮,打开"参照生单"窗口。

⑤ 选择需要参照的直运销售订单,单击"确定"按钮,生成销售专用发票,单击"保存"按钮。

⑥ 单击"复核"按钮,复核后的销售专用发票如图6-1-134所示。

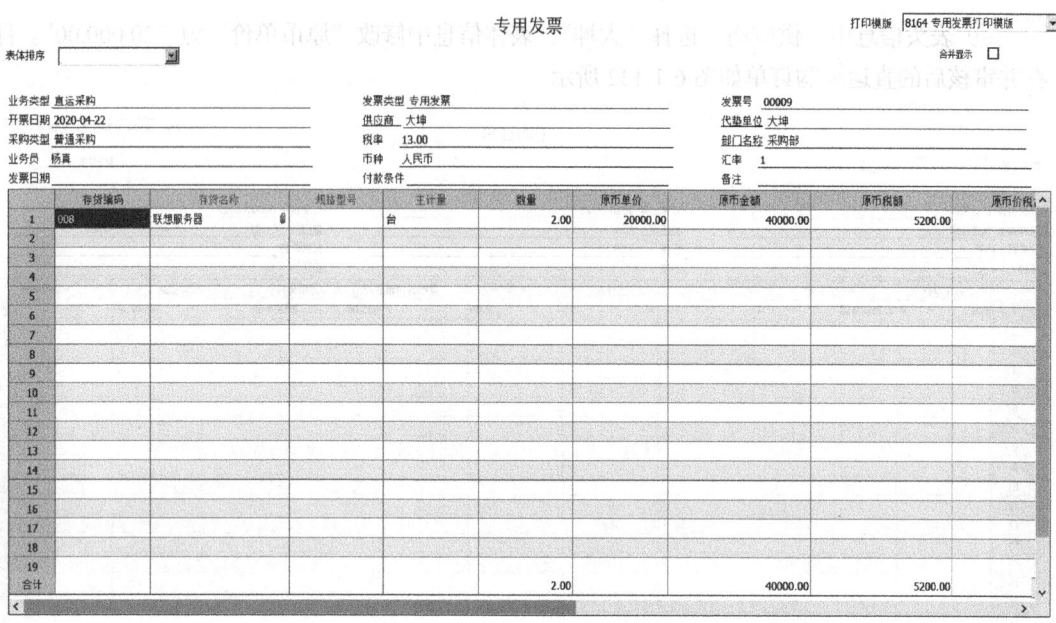

图 6-1-133　保存后的采购专用发票

图 6-1-134　复核后的销售专用发票

6. 审核直运业务应付账款

① 在应付款管理系统中，执行"应付单据处理"|"应付单据审核"命令，打开"应付单查询条件"对话框。

② 单击"确定"按钮。双击需要审核的单据记录的"选择"栏，出现"Y"标志表示选择成功。

③ 单击"审核"按钮，系统弹出"本次审核成功单据1张"信息提示框，单击"确定"按钮，审核直运采购专用发票。

7. 确认直运业务应收账款

① 在应收款管理系统中，执行"应收单据处理"|"应收单据审核"命令，打开"应收款查询条件"对话框。

② 单击"确定"按钮。双击需要审核的单据记录的"选择"栏，出现"Y"标志表示选择成功。单击"审核"按钮。系统弹出"本次审核成功单据1张"信息提示框，单击"确定"按钮。

③ 执行"制单处理"命令，打开"制单查询"对话框。选择"发票制单"，单击"确定"按钮，打开"制单"窗口。

④ 单击"全选"按钮，选择"凭证类别"为"转账凭证"，单击"制单"按钮，系统自动生成一张转账凭证，如图6-1-135所示。

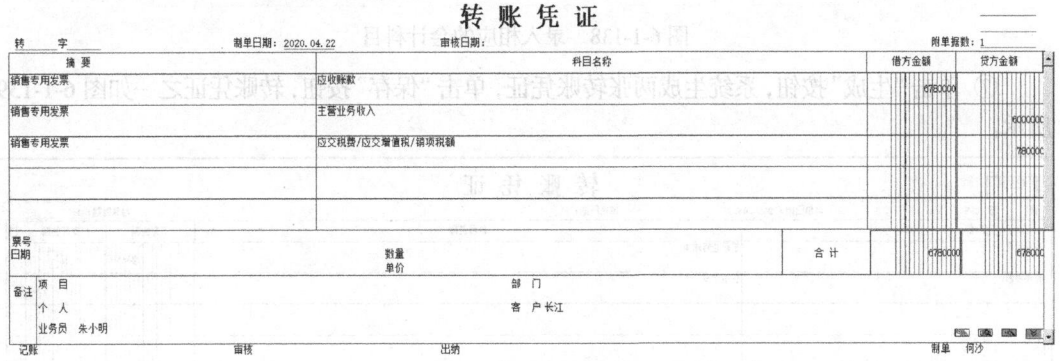

图 6-1-135　转账凭证

⑤ 单击"应收账款"会计科目，"应收账款"处显示"1122"，双击"票号"后的空白处，弹出"辅助项"对话框，填写专用发票"票号"为"00023"，"发生日期"为"2020-04-22"。

⑥ 单击"确定"按钮，转账凭证左下方"票号"处显示专用发票票号"00023"，"日期"为"2020.04.22"。单击"保存"按钮。

8. 直运业务记账、结转成本并制单

① 在存货核算系统中，执行"业务核算"|"直运销售记账"命令，打开"直运采购发票核算查询条件"对话框，选择需要记账的单据类型为"采购发票"和"销售发票"，如图6-1-136所示。

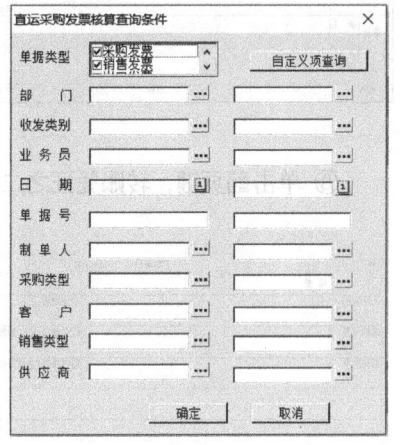

图 6-1-136　选择需要记账的单据类型为"采购发票"和"销售发票"

② 单击"确定"按钮，打开"直运销售记账"窗口，如图6-1-137所示。

记录总数: 2				直运销售记账							
选择	日期	单据号	存货编码	存货名称	规格型号	收发类别	单据类型	数量	单价	金额	存货自由项1	存货自由项2
	2020-04-22	00009	008	联想服务器		采购入库	采购发票	2.00	20,000.00	40,000.00		
	2020-04-22	00023	008	联想服务器		销售出库	专用发票	2.00				
小计								4.00		40,000.00		

图 6-1-137　"直运销售记账"窗口

③ 选择需要记账的单据记录，单击"记账"按钮。

④ 执行"财务核算"|"生成凭证"命令，打开"生成凭证"窗口。

⑤ 单击"选择"按钮，打开"查询条件"对话框。选择"（25）直运采购发票"和"（26）直运销售发票"，单击"确定"按钮，打开"选择单据"窗口。

⑥ 修改"凭证类别"为"转账凭证"，选择需要生成凭证的单据记录，单击"确定"按钮，返回"生成凭证"窗口，录入相应的会计科目，如图6-1-138所示。

凭证类别	转 转账凭证								
选择	单据类型	单据号	摘要	科目类型	科目编码	科目名称	借方金额	贷方金额	借方数量	贷方数量
1	采购发票	00009	采购发票	存货	1402	在途物资	40,000.00		2.00	
				税金	22210101	进项税额	5,200.00			
				应付	220201	应付货款		45,200.00		2.00
	专用发票	00023	专用发票	对方	6401	主营业务成本	40,000.00			
				存货	1402	在途物资		40,000.00		2.00
合计							85,200.00	85,200.00		

图6-1-138 录入相应的会计科目

⑦ 单击"生成"按钮，系统生成两张转账凭证，单击"保存"按钮，转账凭证之一如图6-1-139所示。

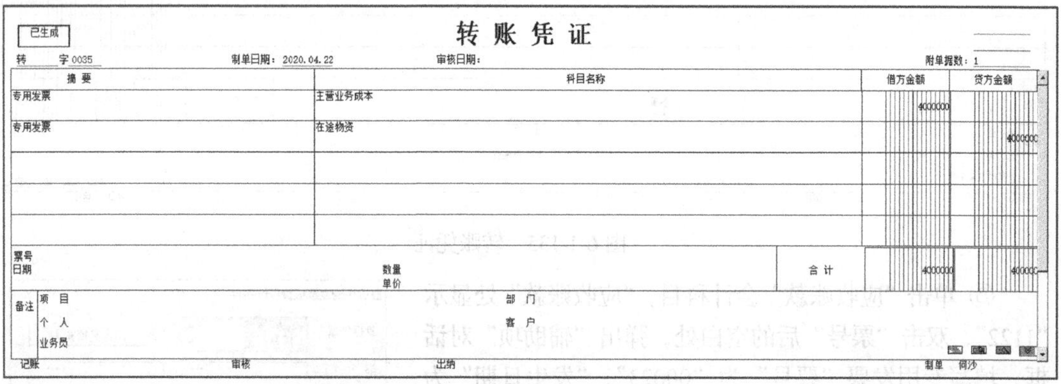

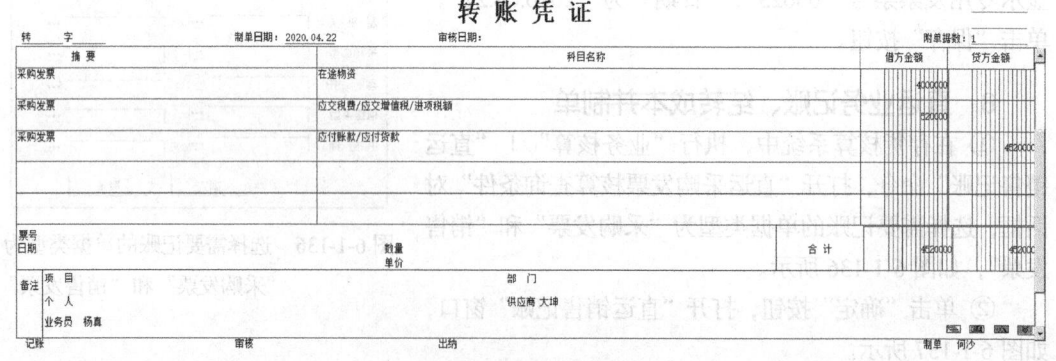

图6-1-139 转账凭证之一

⑧ 单击翻页键，转账凭证之二如图6-1-140所示。

图6-1-140 转账凭证之二

⑨ 单击"应付账款/应付货款"会计科目，"应付账款/应付货款"处显示"220201"，双击"票号"后的空白处，弹出"辅助项"对话框，填写专用发票"票号"为"00009"，"发生日期"为"2020-04-22"。

⑩ 单击"确定"按钮，转账凭证左下方"票号"处显示专用发票票号"00009"，"日期"为"2020.04.22"，单击"保存"按钮。

6.2 应收款管理

6.2.1 预收款处理

实验资料

4月5日，重庆嘉陵公司交来一张转账支票，金额为15 000元，支票号为ZZ002，作为预购货物的定金。

修改系统时间为2020年4月5日，重新注册。

① 在应收款管理系统中，执行"收款单据处理"|"收款单据录入"命令，打开"收付款单录入"窗口。

② 单击"增加"按钮，表头信息中选择"客户"为"嘉陵"，"结算方式"为"转账支票"，"结算科目"为"100201"，"本币金额"为"15 000.00"，"票据号"为"ZZ002"等，表体信息中选择"款项类型"为"预收款"。

③ 单击"保存"按钮，保存后的收款单如图6-2-1所示。

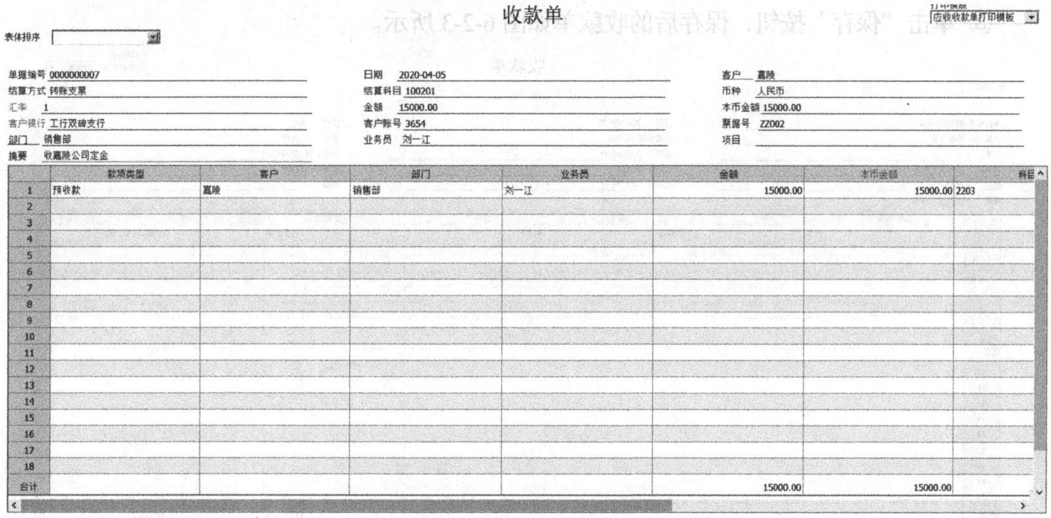

图 6-2-1 保存后的收款单

④ 单击"审核"按钮，系统弹出"是否立即制单？"信息提示框。

⑤ 单击"是"按钮，系统自动生成一张收款凭证，如图6-2-2所示。

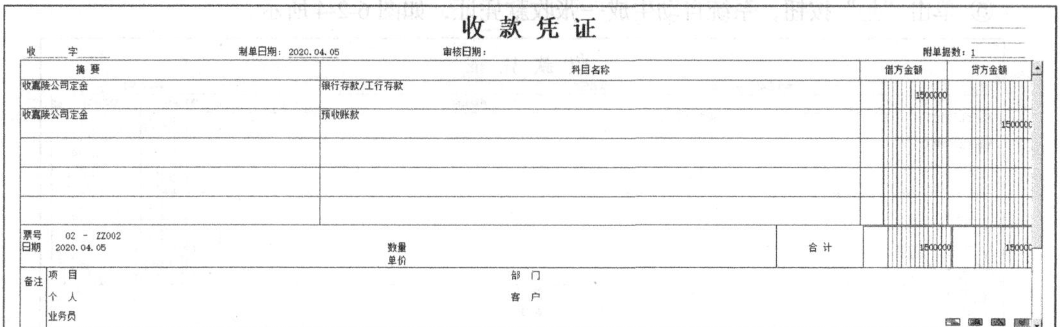

图 6-2-2 收款凭证

⑥ 单击"预收账款"会计科目,"预收账款"处显示"2203",双击"票号"后的空白处,弹出"辅助项"对话框,填写转账支票"票号"为"ZZ002","发生日期"为"2020-04-05"。

⑦ 单击"确定"按钮,收款凭证左下方"票号"处显示转账支票票号"ZZ002","日期"为"2020.04.05",单击"保存"按钮。

6.2.2 收款处理

实验资料

4月20日,收到上海长江公司交来一张转账支票,金额为125 000元,支票号为ZZ099,用以归还前欠货款。

修改系统时间为2020年4月20日,重新注册。

① 在应收款管理系统中,执行"收款单据处理"|"收款单据录入"命令,打开"收付款单录入"窗口。

② 单击"增加"按钮,表头信息中选择"客户"为"长江","结算方式"为"转账支票","结算科目"为"100201","本币金额"为"125 000.00","票据号"为"ZZ099"等,表体信息中选择"款项类型"为"应收款"。

③ 单击"保存"按钮,保存后的收款单如图6-2-3所示。

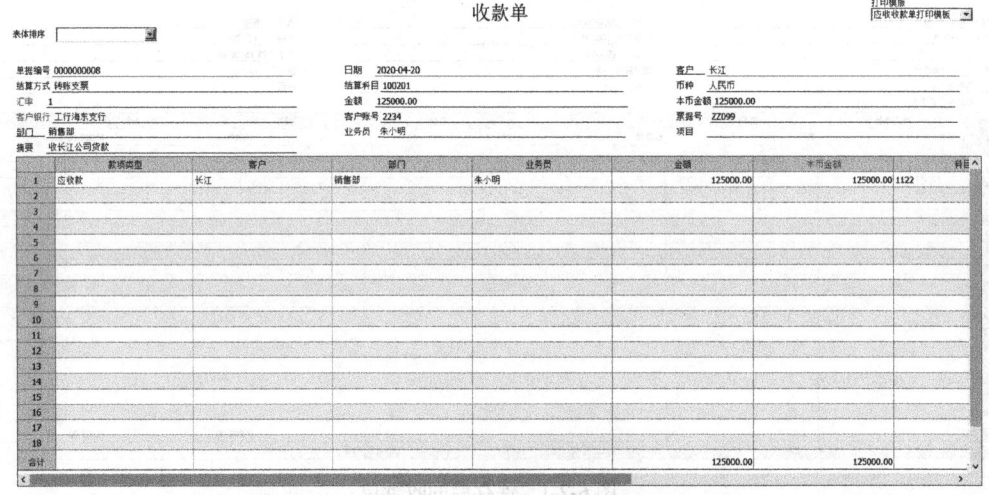

图 6-2-3 保存后的收款单

④ 单击"审核"按钮,系统弹出"是否立即制单?"信息提示框。

⑤ 单击"是"按钮,系统自动生成一张收款凭证,如图6-2-4所示。

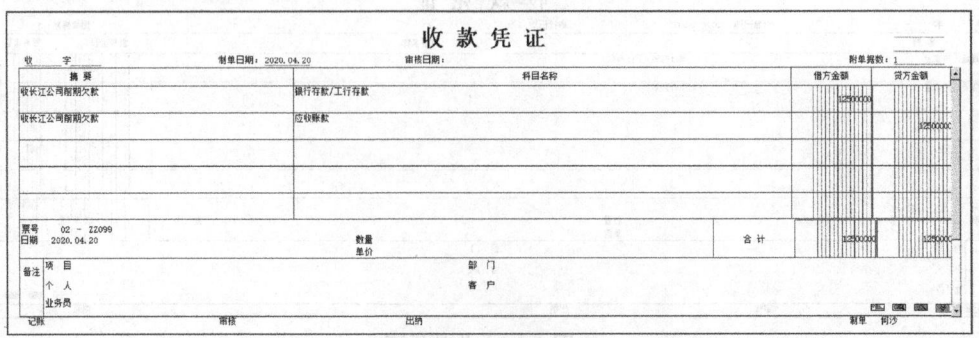

图 6-2-4 收款凭证

⑥ 单击"应收账款"会计科目,"应收账款"处显示"1122",双击"票号"后的空白处,弹出"辅助项"对话框,填写专用发票"票号"为"00013","发生日期"为"2020-04-20"。

⑦ 单击"确定"按钮,收款凭证左下方"票号"处显示专用发票票号"00013","日期"为"2020.04.20",单击"保存"按钮。

6.2.3 预收冲应收

实验资料

4月20日,经过与重庆嘉陵公司商定,此前付来的15 000元定金用于冲销其应收款项。

① 在应收款管理系统中,执行"转账"|"预收冲应收"命令,打开"预收冲应收"对话框。

② 单击"预收款"选项卡,选择"客户"为"01-重庆嘉陵公司"。

③ 单击"过滤"按钮,系统自动列出重庆嘉陵公司的预收款项,"转账金额"录入"15 000.00",如图6-2-5所示。

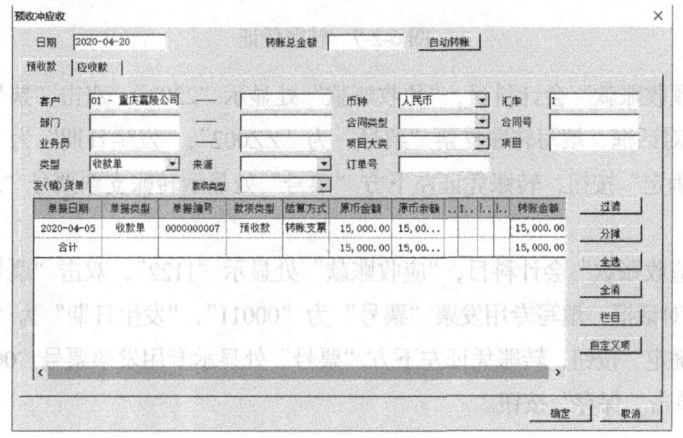

图 6-2-5 "转账金额"录入"15 000.00"

④ 单击"应收款"选项卡,然后单击"过滤"按钮,系统自动列出重庆嘉陵公司的应收款,"转账金额"录入"15 000",如图6-2-6所示。

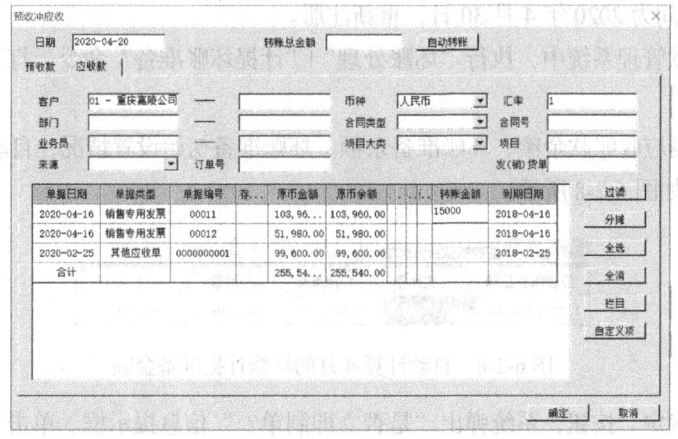

图 6-2-6 "转账金额"录入"15 000"

⑤ 单击"确定"按钮，系统弹出"是否立即制单？"信息提示框。单击"是"按钮，系统生成一张转账凭证，如图 6-2-7 所示。

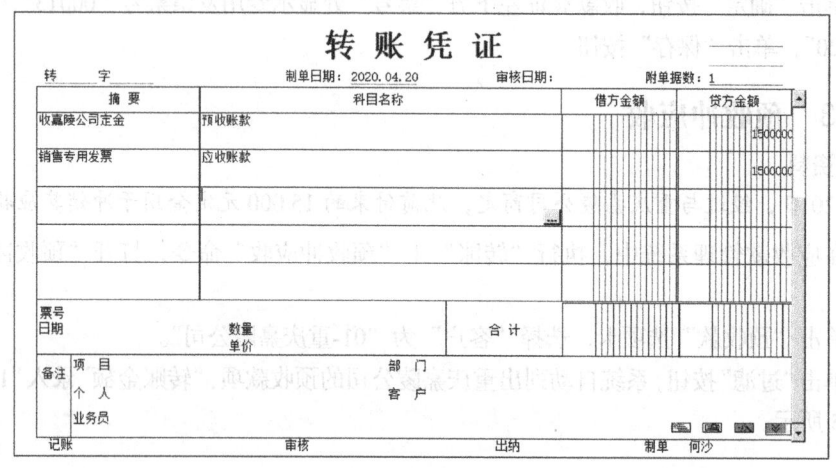

图 6-2-7 转账凭证

⑥ 单击"预收账款"会计科目，"预收账款"处显示"2203"，双击"票号"后的空白处，弹出"辅助项"对话框，填写转账支票"票号"为"ZZ002"，"发生日期"为"2020-04-05"。

⑦ 单击"确定"按钮，转账凭证左下方"票号"处显示转账支票票号"ZZ002"，"日期"为"2020.04.05"。

⑧ 单击"应收账款"会计科目，"应收账款"处显示"1122"，双击"票号"后的空白处，弹出"辅助项"对话框，填写专用发票"票号"为"00011"，"发生日期"为"2020-04-17"。

⑨ 单击"确定"按钮，转账凭证左下方"票号"处显示专用发票票号"00011"，"日期"为"2020.04.17"，单击"保存"按钮。

6.2.4 计提坏账准备

实验资料

4 月底，计提坏账准备。

修改系统时间为 2020 年 4 月 30 日，重新注册。

① 在应收款管理系统中，执行"坏账处理"|"计提坏账准备"命令，打开"应收账款百分比法"窗口。

② 系统根据应收账款余额、坏账准备余额、坏账准备初始设置情况，自动计算 4 月的坏账计提准备金额，如图 6-2-8 所示。

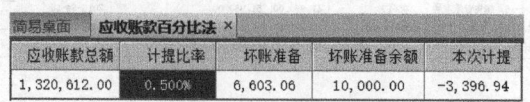

图 6-2-8 自动计算 4 月的坏账计提准备金额

③ 单击"确定"按钮，系统弹出"是否立即制单？"信息提示框。单击"是"按钮，生成一张转账凭证，如图 6-2-9 所示。

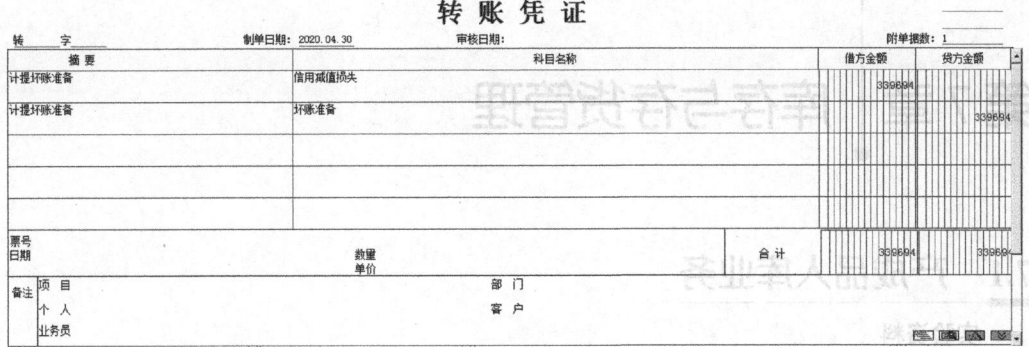

图 6-2-9 转账凭证

④ 单击"信用减值损失"会计科目,"信用减值损失"显示为"6702",双击"票号"后的空白处,弹出"辅助项"对话框,"部门"选择"行政部",单击"确定"按钮。

⑤ 单击"保存"按钮。

6.2.5 往来核销

① 在应收款管理系统中,执行"核销处理"|"手工核销"命令,打开"核销条件"对话框。
② 选择"客户"为"长江",单击"确定"按钮,打开"单据核销"窗口。
③ 在窗口下方"本次结算"栏的第二行录入"125 000",如图 6-2-10 所示。

单据日期	单据类型	单据编号	客户	款项类型	结算方式	币种	汇率	原币金额	原币余额	本次结算金额	订单号
2020-04-20	收款单	0000000008	长江	应收款	转账支票	人民币	1.00000000	125,000.00	125,000.00	125,000.00	
合计									125,000.00	125,000.00	125,000.00	

单据日期	单据类型	单据编号	到期日	客户	币种	原币金额	原币余额	可享受折扣	本次折扣	本次结算	订单号	凭证号
2020-04-17	其他应收单	0000000003	2020-04-17	长江	人民币	800.00	800.00	0.00				付-0010
2020-04-17	销售专用发票	00013	2020-04-17	长江	人民币	129,950.00	129,950.00	0.00		125000		转-0021
2020-04-19	销售专用发票	00018	2020-04-19	长江	人民币	169,500.00	169,500.00	0.00			0000000004	转-0027
2020-04-22	销售专用发票	00023	2020-04-22	长江	人民币	67,800.00	67,800.00	0.00			0000000005	转-0030
合计						368,050.00	368,050.00	0.00				

图 6-2-10 在窗口下方"本次结算"栏的第二行录入"125 000"

④ 单击"保存"按钮。
⑤ 针对其他公司的往来核销处理,可以参照步骤①~④操作。

第 7 章 库存与存货管理

7.1 产成品入库业务

实验资料

① 4 月 5 日，成品库收到二车间加工的专用发票纸 300 箱，普通发票纸 400 箱，均入成品库。

② 4 月 10 日，成品库收到当月一车间加工的 30 台税控 II 号产成品入库。

4 月 25 日收到财务部提供的完工产品成本。其中税控 II 号成本每台 3 000 元，共计 90 000 元，随即做成本分配，记账生成凭证。专用发票纸的成本每箱 50 元，共计 15 000 元；普通发票纸成本每箱 40 元，共计 16 000 元，随即做成本分配，生成记账凭证。

① 执行"库存管理"|"入库业务"|"产成品入库单"命令，打开"产成品入库单"窗口。

② 单击"增加"按钮，修改"入库日期"为"2020-04-05"，"仓库"为"成品库"，"部门"为"二车间"，"入库类别"是"产成品入库"，"产品编码"为"010"，"产品名称"为"专用发票纸"，"数量"为"300.00"。继续输入普通发票纸的信息，设置后的"产成品入库单"如图 7-1-1 所示。

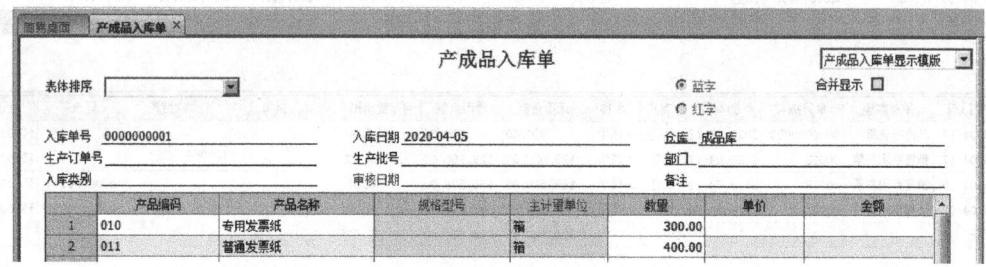

图 7-1-1 设置后的"产成品入库单"

③ 单击"保存"按钮。

④ 单击"审核"按钮，直接审核该产成品入库单。系统提示"该单据审核成功！"

⑤ 单击"确定"按钮。

⑥ 同样的方法，完成税控 II 号的入库单，如图 7-1-2 所示。

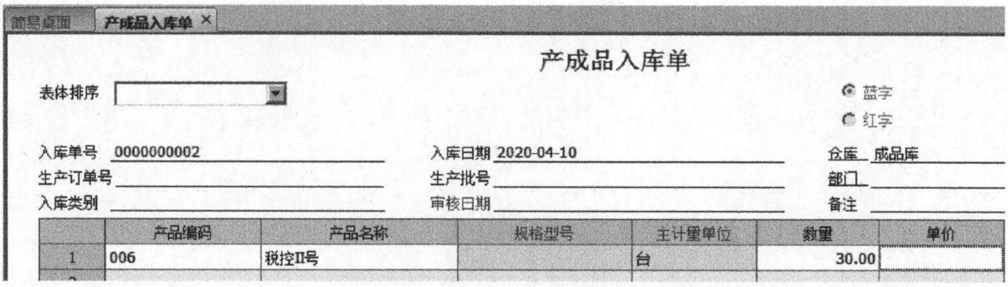

图 7-1-2 税控 II 号的入库单

⑦ 执行“存货核算”|“业务核算”|“产成品成本分配”命令，打开“产成品成本分配”窗口。

⑧ 单击“查询”按钮，打开“产成品成本分配表查询”对话框，如图 7-1-3 所示。

⑨ 单击“确定”按钮，打开“产成品成本分配”对话框，在“税控 II 号”行对应的“金额”栏输入“90 000.00”，在“专用发票纸”行对应的“金额”栏输入“15 000.00”，在“普通发票纸”行对应的“金额”栏输入“16 000.00”，设置后的产成品成本分配如图 7-1-4 所示。

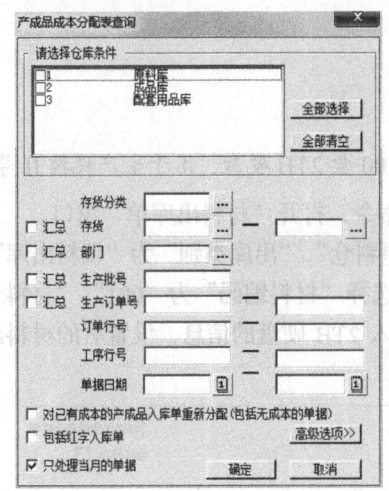

图 7-1-3 “产成品成本分配表查询”对话框

产成品成本分配

存货/分类编码	存货/分类名称	存货代码	规格型号	计量单位	数量	金额	单价
	存货 合计				730.00	121,000.00	165.75
1	原材料小计				30.00	90,000.00	3000.00
104	鼠标小计				30.00	90,000.00	3000.00
006	税控II号			台	30.00	90,000.00	3000.00
3	配套用品小计				700.00	31,000.00	44.29
301	配套材料小计				700.00	31,000.00	44.29
010	专用发票纸			箱	300.00	15,000.00	50.00
011	普通发票纸			箱	400.00	16,000.00	40.00

图 7-1-4 设置后的产成品成本分配

⑩ 单击“分配”按钮，系统提示“分配操作顺利完成!”，如图 7-1-5 所示。

⑪ 单击“确定”按钮。存货单价将自动回填到产成品入库单中对应的“单价”栏。

⑫ 执行“存货核算”|“业务核算”|“正常单据记账”命令，进行查询条件设置，仓库选择“成品库”，然后进入正常单据记账列表，如图 7-1-6 所示。

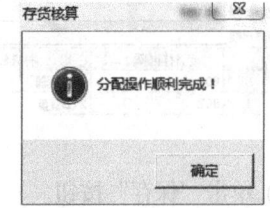

图 7-1-5 系统提示“分配操作顺利完成!”

正常单据记账列表

记录总数：3

选择	存货名称	单据类型	仓库名称	收发类别	数量	单价	金额
	专用发票纸	产成品入库单	成品库		300.00	50.00	15,000.00
	普通发票纸	产成品入库单	成品库		400.00	40.00	16,000.00
	税控II号	产成品入库单	成品库		30.00	3,000.00	90,000.00
小计					730.00		121,000.00

图 7-1-6 正常单据记账列表

选择要记账的行（全选），单击“记账”按钮，系统会显示记账成功信息。

⑬ 执行“存货核算”|“财务核算”|“生成凭证”命令，打开“生成凭证”窗口后，单击工具栏中的“选择”按钮，进行查询条件设置，选择“产成品入库单”，单击“确定”按钮，打开“选择单据”窗口。选择要生成凭证的单据（可单击“全选”按钮），然后单击“确定”按钮，返回“生成凭证”窗口，将“凭证类别”改为“转 转账凭证”，如图 7-1-7 所示。

⑭ 单击“生成”按钮，补充输入项目名称（合并的凭证任意输入一个就行），再单击“保存”按钮，完成凭证生成，凭证传递到总账系统中。然后保存另一张凭证。

图 7-1-7 将"凭证类别"改为"转 转账凭证"

7.2 物料领用

实验资料

4月10日，一车间向原料库领用100盒CN处理器、100盒2TB硬盘，用于生产税控Ⅱ号。

① 执行"库存管理"|"出库业务"|"材料出库单"命令，打开"材料出库单"窗口。

② 修改"出库日期"为"2020-04-10"，"仓库"为"原料仓"，"出库类别"为"领料出库"，"部门"为"一车间"，"备注"为"用于生产税控Ⅱ号"，选择"材料编码"为"001"，"材料名称"为"CN处理器"，输入"数量"为"100.00"，继续输入2TB硬盘的信息，设置后的材料出库单如图7-2-1所示。

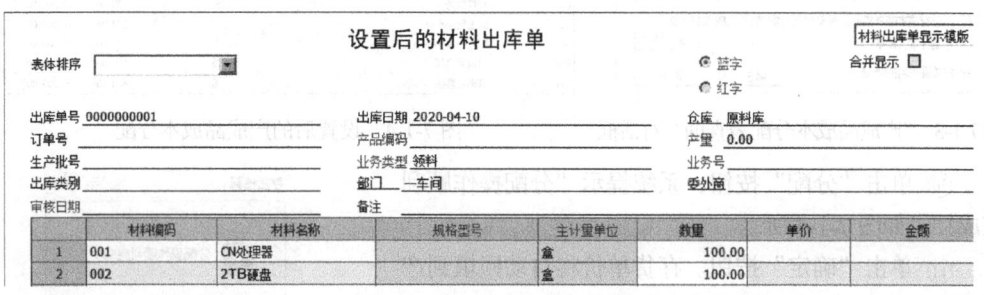

图 7-2-1 设置后的材料出库单

③ 单击"保存"按钮。

④ 单击"审核"按钮，审核该材料出库单。

⑤ 执行"存货核算"|"业务核算"|"正常单据记账"命令，进行查询条件设置，仓库选择"原料库"，然后打开正常单据记账列表，如图7-2-2所示。

选择	日期	单据号	存货编码	存货名称	规格型号	存货代码	单据类型	仓库名称	收发类别	数量	单价
	2020-04-10	0000000001	001	CN处理器			材料出库单	原料库		100.00	
	2020-04-10	0000000001	002	2T硬盘			材料出库单	原料库		100.00	
小计										100.00	

图 7-2-2 正常单据记账列表

⑥ 选择要记账的行，单击"记账"按钮，系统会显示记账成功信息。

⑦ 执行"存货核算"|"财务核算"|"生成凭证"命令，打开"生成凭证"窗口，单击工具栏中的"选择"按钮，进行查询条件设置，选择"材料出库单"，单击"确定"按钮，打开"选择单据"窗口。选择要生成凭证的单据（可单击"全选"按钮），然后单击"确定"按钮，返回"生成凭证"窗口，将"凭证类别"改为"转 转账凭证"，补充借方科目（500101），生成的凭证如图7-2-3所示。

⑧ 单击"合成"按钮，合并生成的凭证分录如下。

借：生产成本——直接材料（项目名称：税控Ⅱ号）　　　　200 897
　　贷：原材料——生产用原材料　　　　　　　　　　　　　　200 897

补充输入项目名称，然后单击"保存"按钮完成凭证生成，凭证传递到总账系统中。

选择	单据类型	单据号	摘要	科目类型	科...	科目名称	借方金额	贷方金额	借方数量	贷方数量
1	材料出库单	00001	材料出库单	对方	500101	直接材料	120,000.00		100.00	
				存货	140301	生产用原材料		120,000.00		100.00
				对方	500101	直接材料	80,897.00		100.00	
				存货	140301	生产用原材料		80,897.00		100.00
合计							200,897.00	200,897.00		

图 7-2-3 生成的凭证

7.3 调拨业务

实验资料

4月15日，将原料库中的50盒CN处理器从原料库调拨到配套用品库。

1. 填制调拨单

① 在库存管理系统中，执行"调拨业务"|"调拨单"命令，打开"调拨单"窗口。

② 单击"增加"按钮，输入"转出仓库"为"原料仓"，"转入仓库"为"配套用品库"，"出库类别"为"调拨出库"，"入库类别"为"调拨入库"。

③ 选择存货"CN处理器"，调拨单底部显示CN处理器现存量为"460"，在"数量"栏输入"50.00"，单击"保存"按钮。

④ 单击"审核"按钮，审核后的调拨单如图7-3-1所示。

					调拨单			调拨单显示模版
表体排序								合并显示 □

单据号	0000000001		日期	2020-04-15		调拨申请单号	
转出部门			转入部门			转出仓库	原料库
转入仓库	配套用品库		出库类别	调拨出库		入库类别	调拨入库
经手人			审核日期			备注	

	存货编码	存货名称	规格型号	主计量单位	数量	单价	金额
1	001	CN处理器		盒	50.00		

图 7-3-1 审核后的调拨单

2. 其他出入库单审核

① 执行"库存管理"|"单据列表"|"其他入库单列表"命令，在查询条件中选择默认值，打开其他入库单列表，如图7-3-2所示。

② 先选择要审核的行，然后单击"审核"按钮。

						其他入库单列表					其他入库单打印模版
选择	记账人	仓库编码	仓库	入库日期	入库单号	入库类别	入库类...	制单人	存货编码	存货名称	主计量单位	数量	单价	金额
		3	配套用品库	2020-04-25	0000000001	调拨入库	103	何沙	001	CN处理器	盒	50.00		
小计												50.00		
合计												50.00		

图 7-3-2 其他入库单列表

③ 执行"库存管理"|"单据列表"|"其他出库单列表"命令，在查询条件中选择默认值，打开其他出库单列表，如图7-3-3所示。

其他出库单打印模版

其他出库单列表

记录总数：1

选择	记账人	仓库编码	仓库	出库日期	出库单号	出...	出库类别	制单人	存货编码	存货名称	主计量单位	数量	单价	金额
		1	原料库	2020-04-25	0000000001	303	调拨出库	何沙	001	CN处理器	盒	50.00		
小计												50.00		
合计												50.00		

图 7-3-3 其他出库单列表

④ 先选择要审核的行，然后单击“审核”按钮。

3. 调拨单记账

① 执行“存货核算”|“业务核算”|“特殊单据记账”命令，进行特殊单据记账条件设置，单据类型选择“调拨单”，进入特殊单据记账，如图 7-3-4 所示。

特殊单据记账

记录总数：1

选择	单据号	单据日期	转入仓库	转出仓库	转入部门	转出部门	经手人	审核人	制单人
	0000000001	2020-04-25	配套用品库	原料库				何沙	何沙
小计									

图 7-3-4 特殊单据记账

② 先选择要记账的行，然后单击“记账”按钮，记账完成后会提示记账成功。

③ 执行“存货核算”|“财务核算”|“生成凭证”命令，单击工具栏中的“选择”按钮，在查询条件中选择“调拨单”，打开“未生成凭证单据一览表”窗口，如图 7-3-5 所示。

□ 已结算采购入库单自动选择全部结算单上单据(包括入库单、发票、付款单)，非本月采购入库单按蓝字报销单制单

未生成凭证单据一览表

选择	记账日期	单据日期	单据类型	单据号	仓库	收发类别	记账人	部门	部门编码	业务单号	业务类型	计价方式
	2020-04-25	2020-04-25	其他出库单	0000000001	原料库	调拨出库	何沙			0000000001	调拨出库	移动平均法
	2020-04-25	2020-04-25	其他入库单	0000000001	配套用品库	调拨入库	何沙			0000000001	调拨入库	全月平均法

图 7-3-5 “未生成凭证单据一览表”

④ 选择要记账的单据（全选），然后单击“确定”按钮，返回“生成凭证”窗口，将“凭证类别”设置为“转 转账凭证”，如图 7-3-6 所示。

凭证类别 转 转账凭证

选择	单据类型	单据号	摘要	科目类型	科目编码	科目名称	借方金额	贷方金额	借方数量	贷方数量
1	调拨单	0000000001	调拨单	存货	140301	生产用...		60,000.00		50.00
				存货	1405	库存商品	60,000.00		50.00	
合计							60,000.00	60,000.00		

图 7-3-6 将凭证类别设置为“转账凭证”

⑤ 单击“合成”按钮，生成凭证，生成的凭证分录如下。

借：库存商品　　60 000

　　贷：原材料——生产用原材料　　60 000

7.4 盘点业务

实验资料

4 月 25 日，对原料库的键盘进行盘点，盘点后发现键盘多出 1 个。经确认，该键盘的成本为 95 元/个。

1. 输入盘点单

① 执行“库存管理”|“盘点业务”命令，打开“盘点单”窗口。

② 单击“增加”按钮，修改“盘点日期”为“2020-04-25”，选择“盘点仓库”为“原料库”，“出库类别”为“盘亏出库”，“入库类别”为“盘盈入库”。

	存货编码	存货名称	规格型号	主计量单位	账面数量	单价	账面金额	调整入库数量	调整
1									

图 7-4-1 盘点单

③ 单击工具栏中的“盘库”按钮，系统弹出“盘库将删除未保存的所有记录，是否继续？”信息提示框，单击“是”按钮，这时会显示盘点处理窗口，选中“按仓库盘点”复选框。

④ 单击“确认”按钮，系统将账面盘点结果带回至盘点单，输入新的盘点数，如图 7-4-2 所示。

	存货编码	存货名称	主计量...	账面数量	单价	调整入库数量	调整出库数量	账面调节数量	盘点数量	盘点金额	盈亏数量	盈亏金额
1	001	CN处理器	盒	410.00		0.00	0.00	410.00	410.00			
2	002	2T硬盘	盒	300.00		0.00	0.00	300.00	300.00			
3	003	液晶显示器	台	50.00		0.00	0.00	50.00	50.00			
4	004	键盘	个	296.00	95.00	0.00	0.00	296.00	297.00	28215.00	1.00	95.00
5	005	鼠标	只	420.00		0.00	0.00	420.00	420.00			

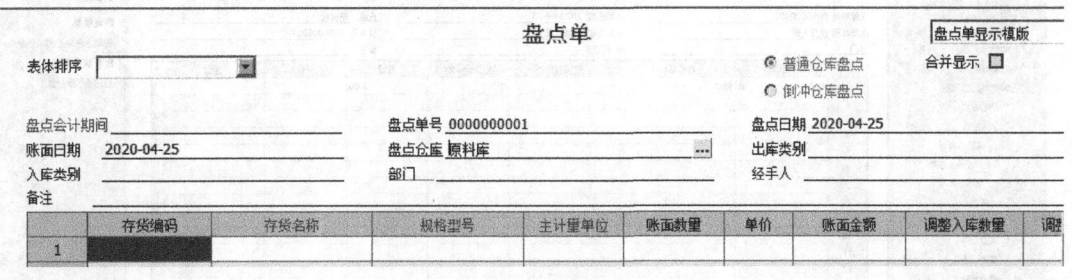

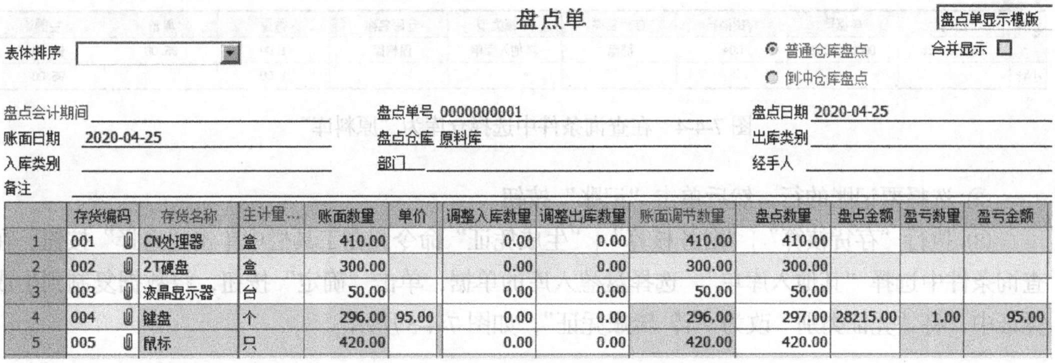

图 7-4-2 输入新的盘点数

正数表示盘盈，负数表示盘亏。

⑤ 选择“存货编码”为“004”，“存货名称”为“键盘”，按照实际盘点情况输入盘点数量“297”，如图 7-4-1 所示。

⑥ 单击“保存”按钮，再单击“审核”按钮。

2. 其他入库单审核

① 在库存管理系统中，执行“入库业务”|“其他入库单”命令，打开其他入库单，如图 7-4-3 所示。

② 单击“审核”按钮，审核该其他入库单。

3. 其他入库单记账并生成凭证

① 执行“存货核算”|“业务核算”|“正常单据记账”命令，在查询条件中选择仓库为“原料库”，如图 7-4-4 所示。

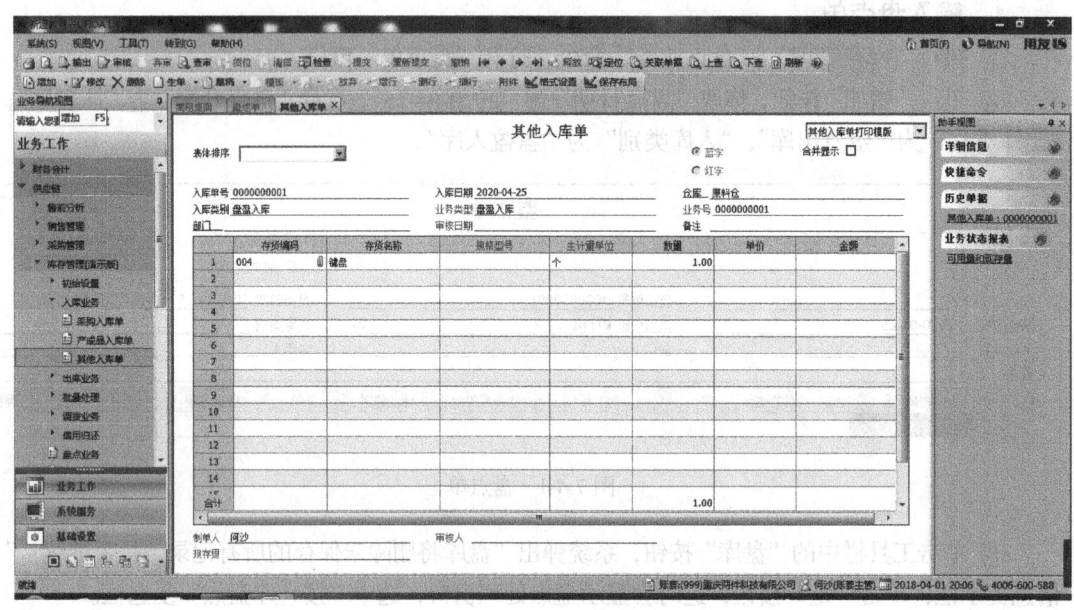

图 7-4-3 其他入库单

图 7-4-4 在查询条件中选择仓库为"原料库"

② 选择要记账的行,然后单击"记账"按钮。

③ 执行"存货核算"|"财务核算"|"生成凭证"命令,在工具栏中单击"选择"按钮,在查询条件中选择"其他入库单"。选择盘盈入库的单据,单击"确定"按钮,将数据复制到生成凭证中,将"凭证类别"改为"转 转账凭证",如图 7-4-5 所示。

图 7-4-5 将凭证类型改为"转账凭证"(盘点业务)

④ 单击"生成"按钮,生成的凭证分录如下。

借:原材料——生产用原材料　　　　　　　　　　　　　95
　　贷:待处理财产损溢——待处理流动资产损溢　　　　　　95

⑤ 单击"保存"按钮生成凭证,系统将凭证传递到总账系统中。

7.5　其他出库业务

实验资料

4 月 25 日,销售部从成品库领取 8 台税控 Ⅱ 号样品,用于捐助西部贫困地区。

1. 录入其他出库单

① 执行“库存管理”|“其他出库单”命令，打开“其他出库单”窗口。

② 单击“增加”按钮，修改“出库日期”为“2020-04-25”，“仓库”为“成品库”，“出库类别”为“其他出库”，“部门”为“销售部”，“备注”为“捐助西部贫困地区”。“存货编码”为“006”，“存货名称”为“税控 II 号”，“数量”为“8.00”，设置后的其他出库单如图 7-5-1 所示。

其他出库单

其他出库单显示模版

表体排序

◉ 蓝字　○ 红字　合并显示 □

出库单号 0000000002　出库日期 2020-04-25　仓库 成品库

出库类别 其他出库　业务类型 其他出库　业务号

部门 销售部　审核日期　备注

	存货编码	存货名称	规格型号	主计量单位	数量	单价	金额
1	006	税控II号		台	8.00		

图 7-5-1 设置后的其他出库单

③ 单击“保存”按钮。

④ 单击“审核”按钮，审核该其他出库单。

2. 其他出库单记账

① 执行“存货核算”|“业务核算”|“正常单据记账”命令，在查询条件中选择仓库“成品库”，如图 7-5-2 所示。

正常单据记账列表

记录总数：1

选择	日期	单据号	存货编码	存货名称	规格型号	存货代码	单据类型	仓库名称	收发类别	数量
	2020-04-25	0000000002	006	税控II号			其他出库单	成品库	其他出库	8.00
小计										8.00

图 7-5-2 在查询条件中选择仓库“成品库”

② 选择要记账的其他出库单，然后单击“记账”按钮。

7.6 假退料

实验资料

4 月 25 日，根据生产部门的统计，一车间本月生产任务完成，还有 10 个 CN 处理器当月未用完。先做假退料处理，下月继续使用。

1. 填制假退料单

① 执行“存货核算”|“日常业务”|“假退料单”命令，打开“假退料单”窗口。

② 单击“增加”按钮，修改“出库日期”为“2020-04-25”，“仓库”为“原料库”，“部门”为“一车间”，“材料名称”为“CN 处理器”，“数量”为“−10.00”，设置后的假退料单如图 7-6-1 所示。

③ 单击“保存”按钮。

2. 假退料单记账

① 执行“存货核算”|“业务核算”|“正常单据记账”命令，在查询条件中选择“仓库名称”为“原料库”，“存货名称”为“CN 处理器”，如图 7-6-2 所示。

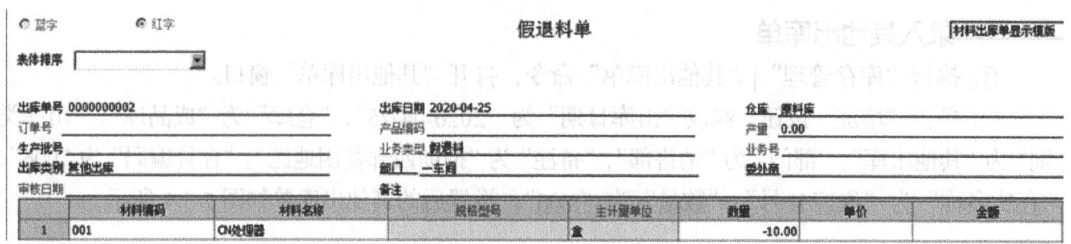

图 7-6-1 设置后的假退料单

图 7-6-2 在查询条件中选择仓库为"原料库",存货为"CN 处理器"

② 选择假退料的单据,单击"记账"按钮完成。

3. 生成假退料凭证

① 执行"存货核算"|"财务核算"|"生成凭证"命令,单击工具栏中的"选择"按钮,在查询条件中选择"假退料单"。

② 选择单据,单击"确定"按钮,打开"生成凭证"窗口,将"凭证类别"设置为"转 转账凭证",生成的假退料凭证如图 7-6-3 所示。

图 7-6-3 生成的假退料凭证

③ 在补充科目和核算项目(税控Ⅱ号)后,单击"保存"按钮完成。

7.7 调整存货入库成本

实验资料

在采购现结业务中,后续发生了属于这笔业务的费用 720 元,原业务如下。

4 月 4 日,向成都大成公司购买 30 箱鼠标,单价为 600 元/箱(无税单价),直接验收入原料库。同时收到专用发票一张,立即以工行转账支票(支票号 ZZ011)支付其货款。确定采购成本,进行付款处理。

4 月 25 日,将 4 月 4 日发生的采购鼠标的入库成本增加 720 元。

1. 录入调整数据

① 执行"存货核算"|"日常业务"|"入库调整单"命令,打开"入库调整单"窗口。

② 单击"增加"按钮,填列"仓库"为"原料库","收发类别"为"采购入库","供应商"为"大成","存货名称"为"鼠标",调整"金额"为"720.00",设置后的入库调整单如图 7-7-1 所示。

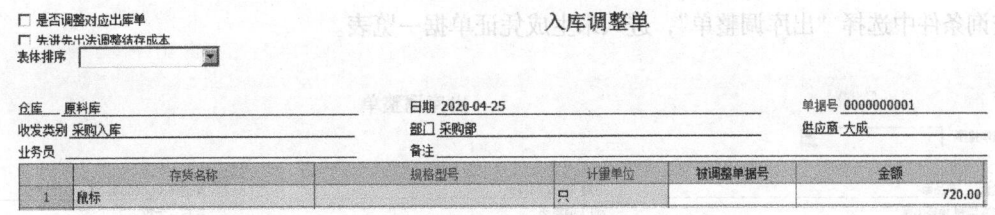

图 7-7-1　设置后的入库调整单

③ 单击"保存"按钮。

④ 单击"记账"按钮，使增加的金额入账。

2. 生成入库调整凭证

① 执行"存货核算"|"财务核算"|"生成凭证"命令，单击工具栏中的"选择"按钮，在查询条件中选择"入库调整单"。

② 选择要记账的单据，然后单击"确定"按钮，返回"生成凭证"窗口，将"凭证类别"设置为"转　转账凭证"，生成的入库调整凭证如图 7-7-2 所示。

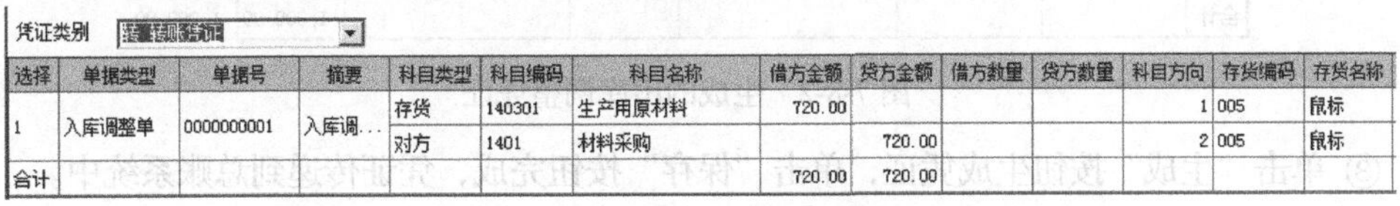

图 7-7-2　生成的入库调整凭证

③ 单击"保存"按钮生成凭证，凭证传递到总账系统中。

7.8　调整存货出库成本

实验资料

在一项常规销售业务中，本批产品销售因故增加了成本 1 000 元。原业务简要情况如下。

① 4 月 5 日，天津大华公司欲购买 10 台税控Ⅱ号，向销售部了解价格。销售部报价为 6 500 元/台。客户确定购买，填制并审核报价单。

该客户进一步了解情况后，要求订购 20 台，要求发货日期为 4 月 8 日。填制并审核销售订单。销售部向成品库发出发货通知。

② 4 月 8 日，从成品库向天津大华公司发出其所订货物，并据此开具一张销售专用发票。

4 月 25 日，调整出售给天津大华公司的税控Ⅱ号的出库成本 1 000 元。

1. 录入调整单据

① 执行"存货核算"|"出库调整单"命令，打开"出库调整单"窗口。

② 单击"增加"按钮，选择"仓库"为"成品库"，"日期"为"2020-04-25"，"收发类别"为"销售出库"，客户为"大华"，"存货名称"为"税控Ⅱ号"，调整"金额"为"1 000.00"，设置后的出库调整单如图 7-8-1 所示。

③ 单击"保存"按钮。

④ 单击"记账"按钮，使增加的金额入账。

2. 生成出库调整凭证

① 执行"存货核算"|"财务核算"|"生成凭证"命令，单击工具栏中的"选择"按钮，在

查询条件中选择"出库调整单",进入未生成凭证单据一览表。

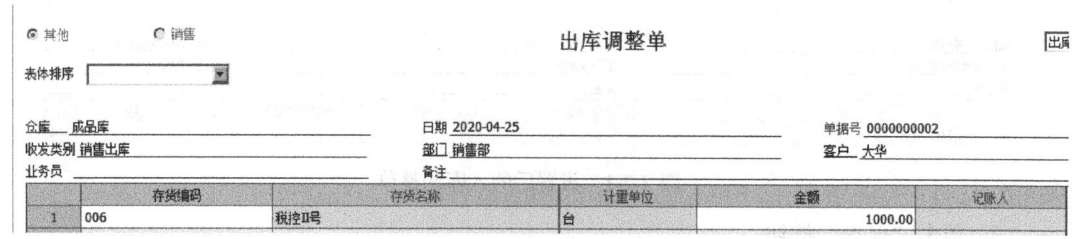

图 7-8-1 设置后的出库调整单

② 选择要记账的单据,单击"确定"按钮,返回"生成凭证"窗口,将"凭证类别"设置为"转 转账凭证",生成的出库调整凭证如图 7-8-2 所示。

凭证类别	转账凭证							
	选择	单据类型	单据号	摘要	科目类型	科目编码	科目名称	借方金额	贷方金额
1		出库调整单	0000000002	出库调…	对方	6401	主营业务成本	1,000.00	
					存货	1405	库存商品		1,000.00
合计								1,000.00	1,000.00

图 7-8-2 生成的出库调整凭证

③ 单击"生成"按钮生成凭证,单击"保存"按钮完成,凭证传递到总账系统中。

7.9 单据记账

① 执行"存货核算"|"业务核算"|"正常单据记账"命令,打开"查询条件选择"对话框。

② 单击"确定"按钮,打开"正常单据记账列表",如图 7-9-1 所示。

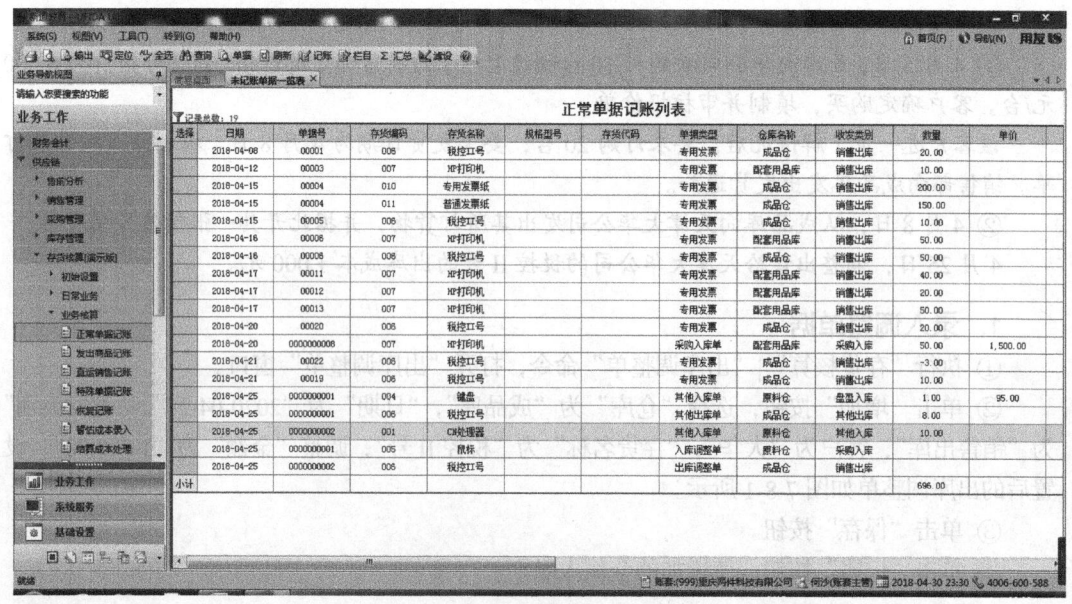

图 7-9-1 正常单据记账列表

③ 单击"全选"按钮,在选择列下的文本框中会出现"Y"标志,选中全部单据。

④ 单击"记账"按钮,系统弹出"记账成功。"信息提示框,如图7-9-2所示。

⑤ 单击"确定"按钮。

⑥ 以此方法,继续进行"发出商品记账"。

图7-9-2 "记账成功。"信息提示框

7.10 期末处理

实验资料

① 在存货核算系统中,对所有单据记账。
② 在采购管理系统中,进行采购管理系统月末结账。
③ 在销售管理系统中,进行销售管理系统月末结账。
④ 在库存管理系统中,进行库存管理系统月末结账。
⑤ 在存货核算系统中,对仓库进行期末处理。
⑥ 生成记账凭证。

① 以2020年4月30日的业务日期,登录采购管理系统,执行"月末结账"命令,并选择会计月份为4月,单击"结账"按钮,关闭所有订单窗口时选项选择"否"。4月"是否结账"处显示"是",如图7-10-1所示。单击"退出"按钮。

② 以2020年4月30日的业务日期,登录销售管理系统,执行"月末结账"命令,打开销售结账窗口。单击"结账"按钮,关闭所有订单窗口时选项选择"否"。4月"是否结账"处显示"是",如图7-10-2所示。单击"退出"按钮。

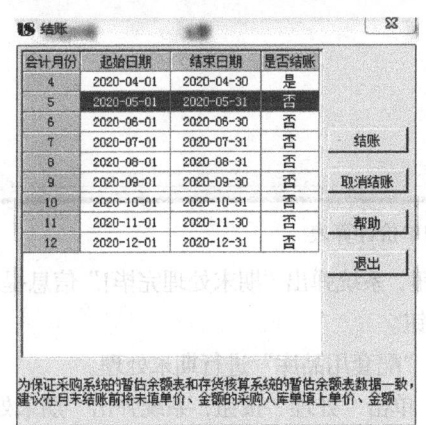

图7-10-1 4月"是否结账"
处显示"是"(采购管理)

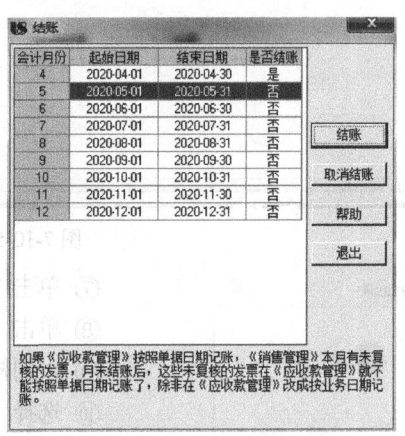

图7-10-2 4月"是否结账"
处显示"是"(销售管理)

③ 以2020年4月30日的业务日期,登录库存管理系统,执行"月末结账"命令,打开库存结账窗口。单击"结账"按钮,4月"是否结账"处显示"是",如图7-10-3所示。单击"退出"按钮。

④ 以2020年4月30日的业务日期,登录存货核算系统,执行"业务核算"|"期末处理"命令,打开"期末处理–4月"对话框,如图7-10-4所示。

⑤ 选中"成品仓"复选框,并选中"结存数量为零金额不为零生成出库调整单"复选框,单击"处理"按钮。

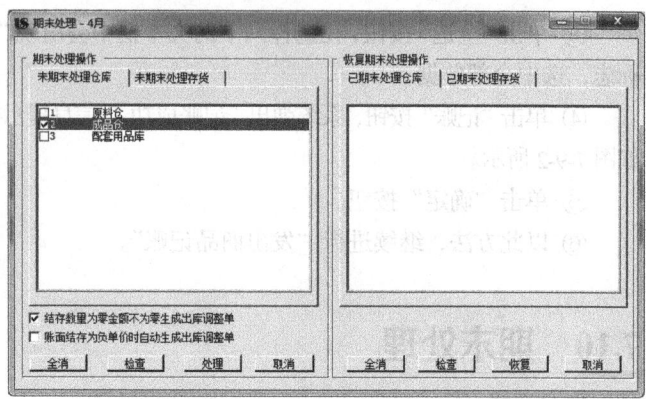

图7-10-3　4月"是否结账"处显示"是"　　　　图7-10-4　"期末处理-4月"对话框

⑥ 系统根据成本核算方法计算并生成"仓库平均单价计算表",如图7-10-5所示。

图7-10-5　仓库平均单价计算表

⑦ 单击"确定"按钮,系统弹出"期末处理完毕!"信息提示框。
⑧ 单击"确定"按钮。
⑨ 以同样的方法对"配套用品库"进行期末处理。
⑩ 选择"原料仓",单击"处理"按钮,系统弹出"期末处理完毕!"信息提示框,如图7-10-6所示。

图7-10-6　"期末处理完毕!"
信息提示框

⑪ 单击"确定"按钮。
⑫ 以2020年4月30日作为业务日期登录存货核算系统,执行"财务核算"|"生成凭证"命令,如图7-10-7所示,设置生成凭证查询条件。
⑬ 将"凭证类别"改为"转 转账凭证",单击"选择"按钮,打开生成凭证的"查询条件"对话框,如图7-10-8所示。
⑭ 选择"其他出入库"单据之外的其他所有单据,单击"确定"按钮,打开"未生成凭证单据一览表",如图7-10-9所示。

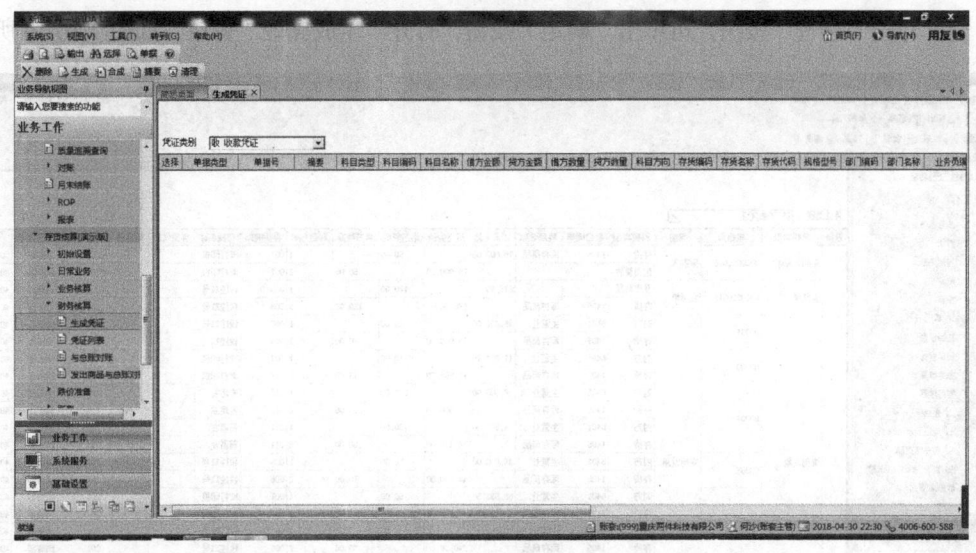

图 7-10-7 生成凭证

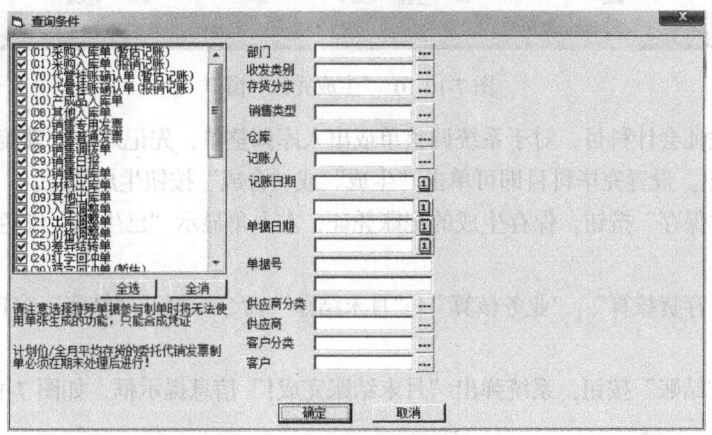

图 7-10-8 "查询条件"对话框

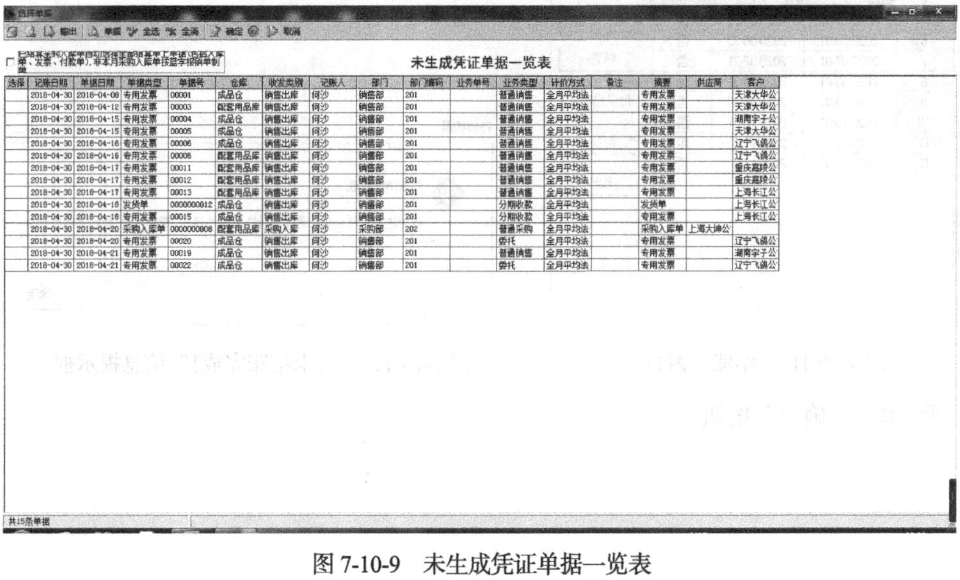

图 7-10-9 未生成凭证单据一览表

⑮ 单击"全选"按钮，再单击"确定"按钮，打开"生成凭证"窗口，如图 7-10-10 所示。

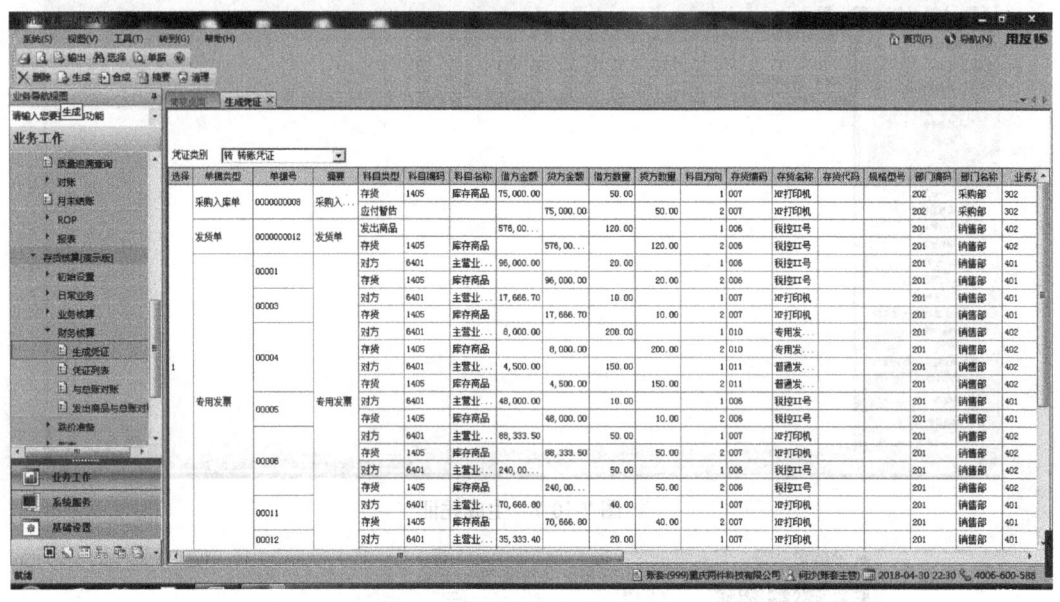

图 7-10-10 "生成凭证"窗口

⑯ 设置凭证会计科目，对于系统调整单或出入库调整单，先记入待处理流动资产损溢，待确认处理后转出。设置完毕科目即可单击"生成"或"合成"按钮生成凭证。

⑰ 单击"保存"按钮，保存生成的记账凭证，左上角显示"已生成"红色标志，说明凭证已保存。

⑱ 执行"存货核算"|"业务核算"|"月末结账"命令，打开"结账"窗口，如图 7-10-11 所示。

⑲ 单击"结账"按钮，系统弹出"月末结账完成！"信息提示框，如图 7-10-12 所示。

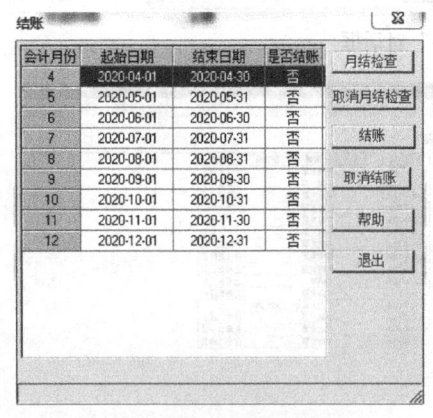

图 7-10-11 "结账"窗口

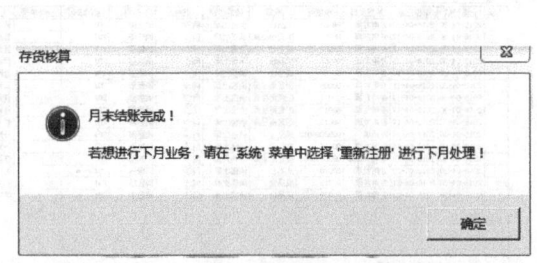

图 7-10-12 "月末结账完成！"信息提示框

⑳ 单击"确定"按钮。

第 8 章 固定资产与薪资管理

8.1 固定资产初始设置

8.1.1 控制参数设置

实验资料

约定与说明：我同意。

启用月份：2020 年 4 月。

折旧信息：本账套计提折旧。折旧方法：平均年限法（一）。折旧汇总分配周期：1 个月，当（月初已计提月份=可使用月份-1）时，将剩余折旧全部提足。

编码方式：资产类别编码方式：2；固定资产编码方式：手工输入。

财务接口：与账务系统进行对账。固定资产对账科目：固定资产（1601）。累计折旧对账科目：累计折旧（1602）。

参数设置：业务发生后立即制单；月末结账前一定要完成制单登账业务。固定资产默认入账科目：1601；累计折旧默认入账科目：1602；减值准备默认入账科目：1603。

① 在企业应用平台中，执行"财务会计"|"固定资产"命令，系统弹出"这是第一次打开此账套，还未进行过初始化，是否进行初始化？"信息提示框，如图 8-1-1 所示。

② 单击"是"按钮，打开固定资产"初始化账套向导—约定及说明"对话框，如图 8-1-2 所示。

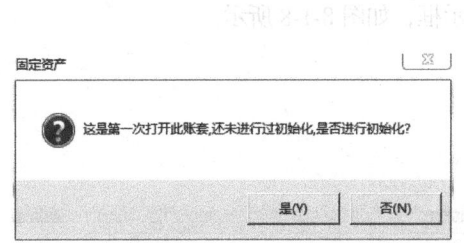

图 8-1-1 "这是第一次打开此账套，还未进行过初始化，是否进行初始化？"信息提示框

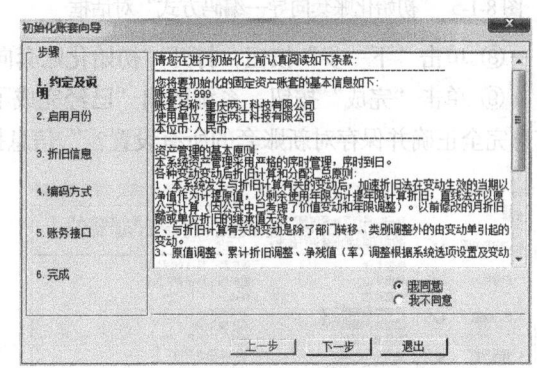

图 8-1-2 "初始化账套向导—约定及说明"对话框

③ 选中"我同意"单选按钮，单击"下一步"按钮，打开"初始化账套向导—启用月份"对话框，如图 8-1-3 所示。

④ 单击"下一步"按钮，打开固定资产"初始化账套向导—折旧信息"对话框，如图 8-1-4 所示，选择"主要折旧方法"为"平均年限法（一）"。

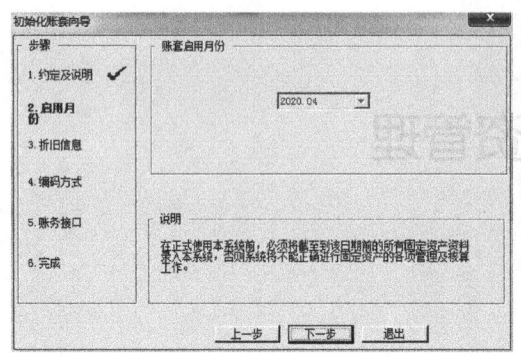
图 8-1-3 "初始化账套向导—启用月份"对话框

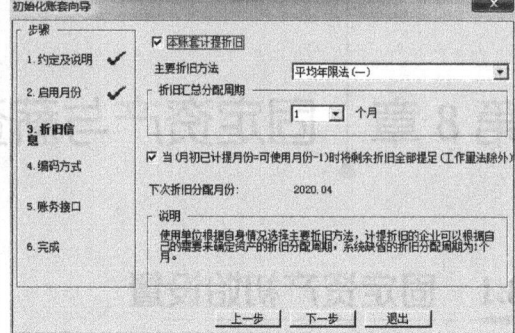
图 8-1-4 "初始化账套向导—折旧信息"对话框

⑤ 单击"下一步"按钮,打开固定资产"初始化账套向导—编码方式"对话框,如图 8-1-5 所示,选择"固定资产编码方式"为"手工输入"。

⑥ 单击"下一步"按钮,打开固定资产"初始化账套向导—账务接口"对话框。

⑦ 在"固定资产对账科目"栏录入"1601,固定资产",在"累计折旧对账科目"栏录入"1602,累计折旧",如图 8-1-6 所示。

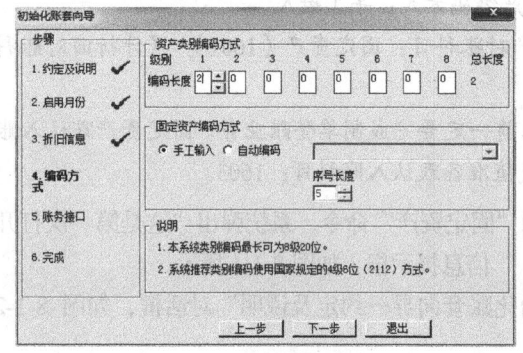
图 8-1-5 "初始化账套向导—编码方式"对话框

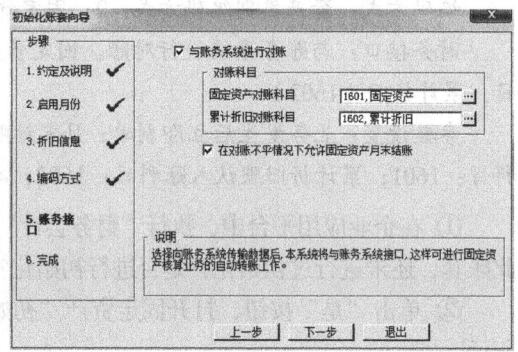
图 8-1-6 "初始化账套向导—账务接口"对话框

⑧ 单击"下一步"按钮,打开"初始化账套向导—完成"对话框,如图 8-1-7 所示。

⑨ 单击"完成"按钮,系统弹出"已经完成了新账套的所有设置工作,是否确定所设置的信息完全正确并保存对新账套的所有设置?"信息提示框,如图 8-1-8 所示。

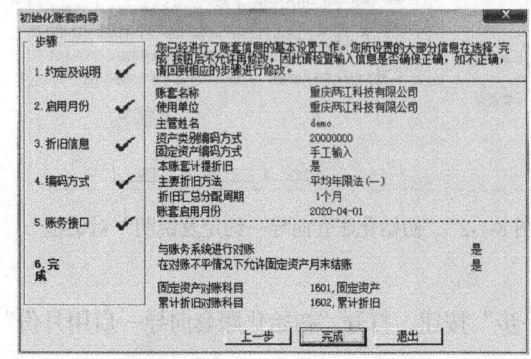
图 8-1-7 "初始化账套向导—完成"对话框

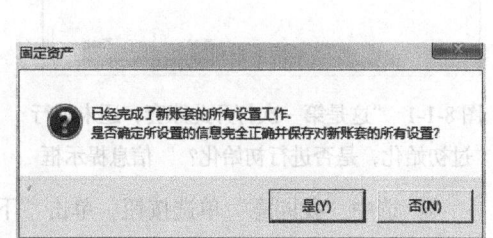
图 8-1-8 "已经完成了新账套的所有设置工作,是否确定所设置的信息完全正确并保存对新账套的所有设置?"信息提示框

⑩ 单击"是"按钮,系统弹出"已成功初始化本固定资产账套!"信息提示框,如图 8-1-9 所示。

⑪ 单击"确定"按钮,固定资产建账完成。

⑫ 执行"固定资产"|"设置"|"选项"命令,打开"选项"对话框。

⑬ 单击"编辑"按钮,打开"与账务系统接口"选项卡,设置固定资产默认入账科目为"1601,固定资产";累计折旧默认入账科目为"1602,累计折旧";减值准备默认入账科目为"1603,固定资产减值准备",如图 8-1-10 所示。

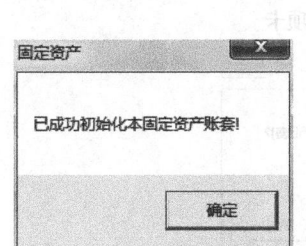

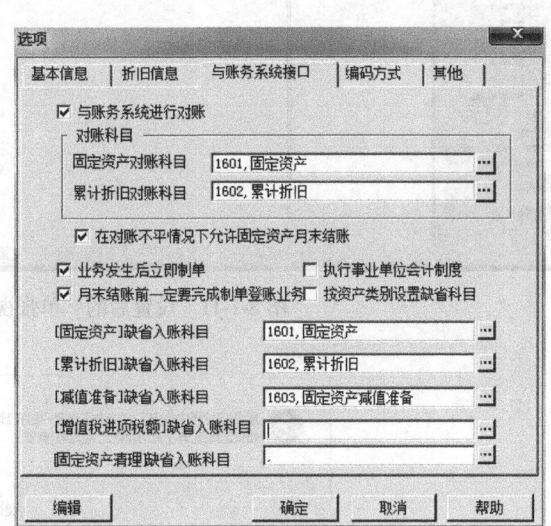

图 8-1-9 "已成功初始化本固定 资产账套!"信息提示框

图 8-1-10 "选项"对话框

⑭ 单击"确定"按钮返回。

8.1.2 部门对应折旧科目设置

实验资料

各部门对应的折旧科目如下。

管理中心:管理费用/折旧费。供销中心、物流中心:销售费用/折旧费。制造中心:制造费用/折旧费。

① 执行"设置"|"部门对应折旧科目"命令,打开"部门对应折旧科目"界面。

② 选中"管理中心"所在行,单击"修改"按钮,打开"部门单张视图"选项卡(也可以直接选中部门编码目录中的人事部,单击打开"单张视图"选项卡,再单击"修改"按钮)。

③ 在"折旧科目"栏录入或选择"660206,折旧费",设置后的"单张视图"选项卡如图 8-1-11 所示。

④ 单击"保存"按钮,系统弹出"是否将[管理中心]部门的所有下级部门的折旧科目替换为[折旧费]?如果选择是,请在成功保存后点[刷新]查看。"信息提示框,如图 8-1-12 所示。

⑤ 单击"是"按钮。

⑥ 以此方法继续录入其他中心对应的折旧科目。

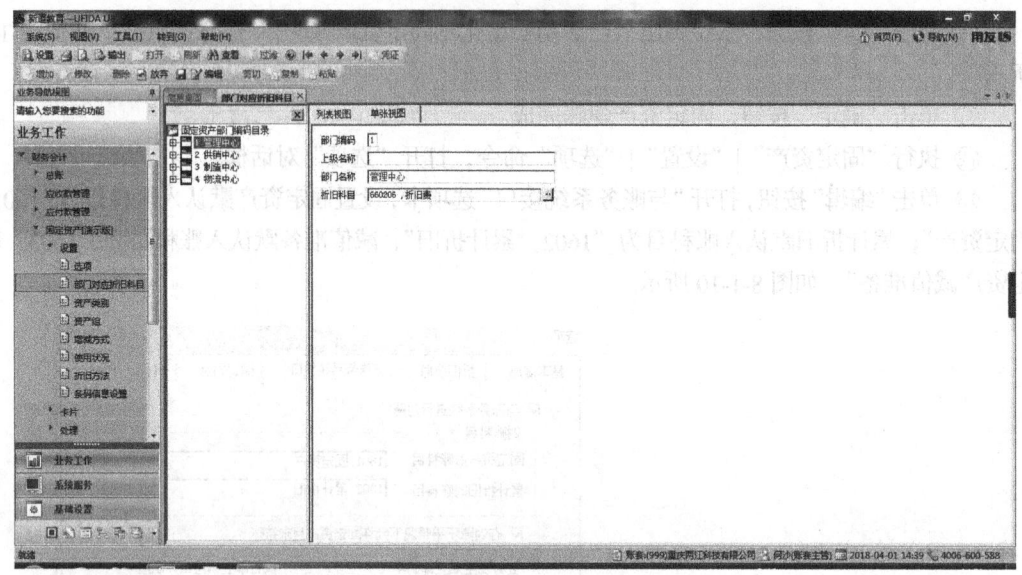

图 8-1-11　设置后的"单张视图"选项卡

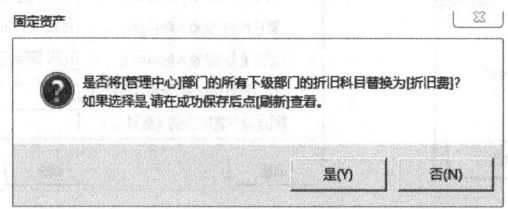

图 8-1-12　"是否将[管理中心]部门的所有下级部门的折旧科目替换为[折旧费]？如果选择是，请在成功保存后点[刷新]查看。"信息提示框

8.1.3　固定资产类别设置

实验资料

固定资产类别如表 8-1-1 所示。

表 8-1-1　固定资产类别

类别编码	类别名称	使用年限	净残值率（%）	计提属性	折旧方法
01	通用设备	3	3	正常计提	平均年限法（一）
02	交通运输设备	8	3	正常计提	工作量法
03	电气设备	5	3	正常计提	平均年限法（一）
04	仪器仪表	5	3	正常计提	平均年限法（一）
05	家具用具及其他	5	3	正常计提	平均年限法（一）
06	房屋及建筑物	30	3	正常计提	平均年限法（一）

① 执行"设置"|"资产类别"命令，打开"资产类别"界面的"列表视图"选项卡。

② 单击"增加"按钮，打开"单张视图"选项卡。

③ 在"类别名称"栏录入"通用设备"，在"使用年限"栏录入"3"，在"净残值率"栏录入"3"，设置后的"单张视图"选项卡如图 8-1-13 所示。

第 8 章 固定资产与薪资管理

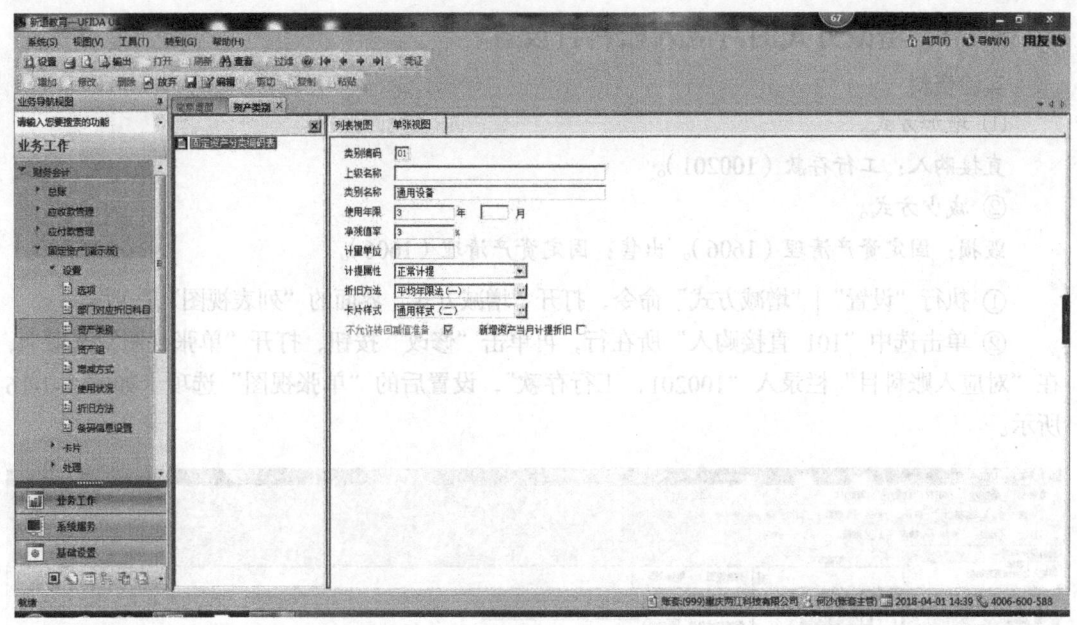

图 8-1-13 设置后的"单张视图"选项卡

④ 单击"保存"按钮。以此方法继续录入其他的固定资产类别。

⑤ "房屋及建筑物"录入完成保存后,单击"放弃"按钮,系统弹出"是否取消本次操作?"信息提示框,如图 8-1-14 所示。

⑥ 单击"是"按钮。页面会显示已录入的固定资产类别,如图 8-1-15 所示。

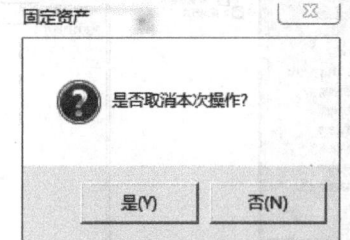

图 8-1-14 "是否取消本次操作?"信息提示框

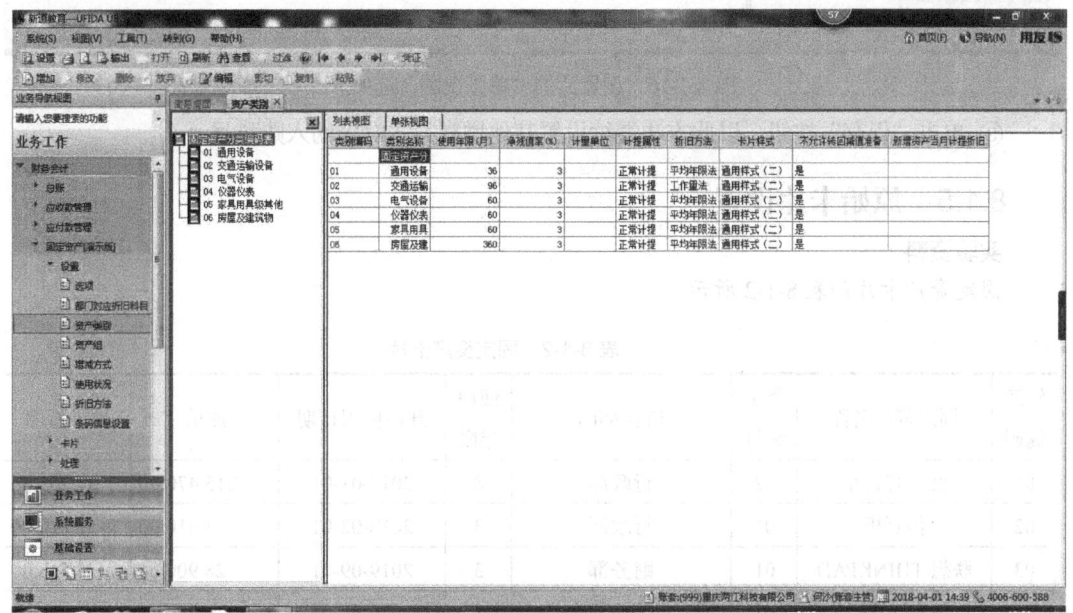

图 8-1-15 已录入的固定资产类别

8.1.4 增减方式的对应入账科目设置

实验资料

① 增加方式。

直接购入：工行存款（100201）。

② 减少方式。

毁损：固定资产清理（1606）。出售：固定资产清理（1606）。

① 执行"设置"|"增减方式"命令，打开"增减方式"界面的"列表视图"选项卡。

② 单击选中"101 直接购入"所在行，再单击"修改"按钮，打开"单张视图"选项卡，在"对应入账科目"栏录入"100201，工行存款"，设置后的"单张视图"选项卡如图 8-1-16 所示。

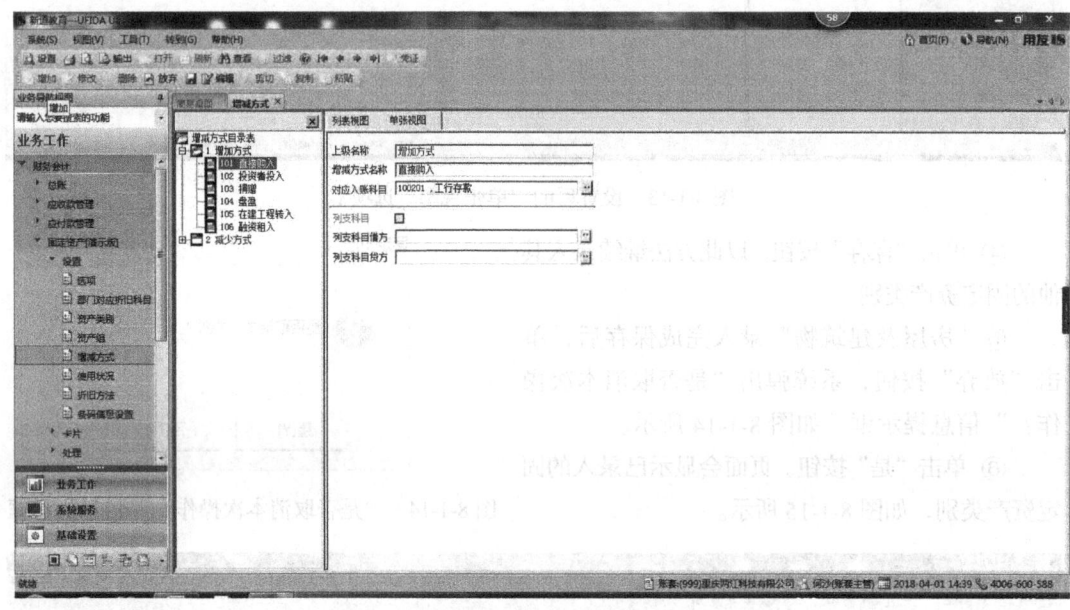

图 8-1-16 设置后的"单张视图"选项卡

③ 单击"保存"按钮。以此方法继续设置其他增减方式对应的入账科目。

8.1.5 原始卡片设置

实验资料

固定资产卡片如表 8-1-2 所示。

表 8-1-2 固定资产卡片 单位：元

资产编码	固定资产名称	类别编号	所在部门	使用年限	开始使用日期	原值	累计折旧
01	红旗牌轿车	02	行政部	8	2019-01-01	215 470.00	37 255.00
02	传真机	01	行政部	3	2018-02-01	3 510.00	1 825.00
03	联想 THINKPAD	01	财务部	3	2019-09-01	28 900.00	5 548.00
04	HP 计算机	01	采购部	3	2019-08-01	6 490.00	1 246.00
05	装配机 A 型	03	一车间	5	2019-12-31	200 000.00	6 250.00

(续表)

资产编码	固定资产名称	类别编号	所在部门	使用年限	开始使用日期	原值	累计折旧
06	联想计算机	01	二车间	3	2019-08-01	6 490.00	1 246.00
07	装配机B型	03	二车间	5	2019-12-31	180 000.00	5 625.00
08	长安面包车	02	运输部	8	2019-10-31	50 000.00	10 000.00
09	办公楼	06	行政部30%,其他部门均为10%	30	2019-10-31	3 000 000.00	40 000.00
	合计					3 690 860.00	108 995.00

补充资料如下。

① 增加方式均为直接购入,固定资产净残值率均为3%。

② 车辆的使用状况为"在用",折旧方法为工作量法。

③ 红旗轿车的工作总量为800 000千米,累计工作量162 000千米。

④ 长安面包车工作总量为200 000千米,累计工作量40 000千米。

⑤ 除车辆外,其他的固定资产折旧方法均采用平均年限法(一)。

① 执行"卡片"|"录入原始卡片"命令,打开"固定资产类别档案"对话框。

② 选中"02 交通运输设备"复选框,单击"确定"按钮,打开"固定资产卡片[录入原始卡片:00001号卡片]"对话框。

③ 在"固定资产编号"栏录入"01","固定资产名称"栏录入"红旗牌轿车",单击"使用部门"栏,再单击"使用部门"按钮,打开"固定资产"对话框,选择"单部门使用"单选按钮,如图8-1-17所示。

④ 单击"确定"按钮,打开"部门基本参照"窗口。

⑤ 选择"行政部",双击确认。

⑥ 单击"增加方式"栏,再单击"增加方式"

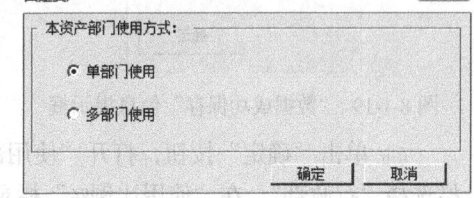

图8-1-17 "固定资产"对话框

按钮,打开"固定资产增加方式"对话框,选择"直接购入",双击确认。

⑦ 单击"使用状况"栏,再单击"使用状况"按钮,打开"使用状况参照"对话框。使用状况默认为"在用",单击"确定"按钮。

⑧ 在"工作量单位"栏录入"千米",在"工作总量"栏录入"800 000",在"累计工作量"栏录入"162 000"。

⑨ 在"开始使用日期"栏录入"2019-01-01",在"原值"栏录入"215 470.00",在"累计折旧"栏录入"37 255.00"。录入后的固定资产卡片如图8-1-18所示。

⑩ 单击"保存"按钮,系统弹出"数据成功保存!"信息提示框,如图8-1-19所示。

⑪ 单击"确定"按钮。以此方法继续录入其他的固定资产卡片。

⑫ 选中"06 房屋及建筑物"复选框,单击"确定"按钮,打开"固定资产卡片[录入原始卡片:00009号卡片]"对话框。

⑬ 在"固定资产编号"栏录入"09",在"固定资产名称"栏录入"办公楼",单击"使用部门"栏,再单击"使用部门"按钮,打开"固定资产"对话框,选择"多部门使用"单选按钮,

如图 8-1-20 所示。

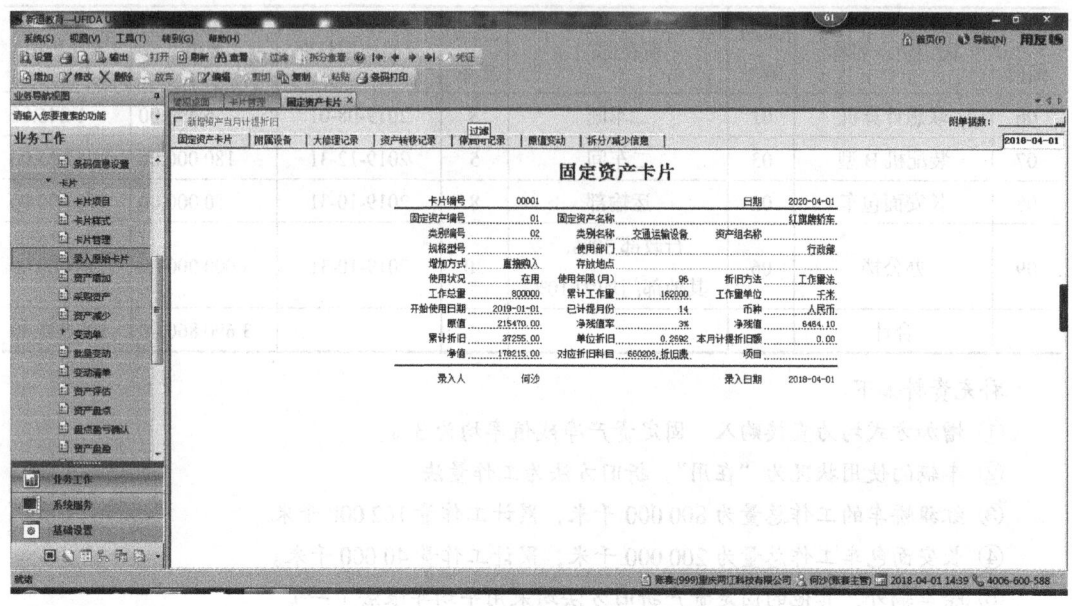

图 8-1-18 录入后的固定资产卡片

图 8-1-19 "数据成功保存"信息提示框

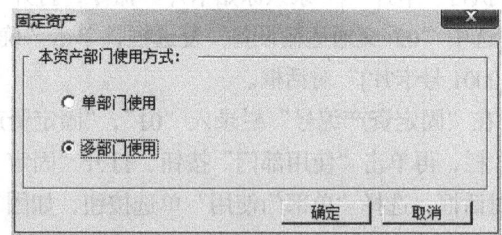

图 8-1-20 "固定资产"对话框

⑭ 单击"确定"按钮,打开"使用部门"对话框。单击"增加"按钮,在"使用部门"栏选择"行政部",在"使用比例%"栏录入"30",以此方法继续录入其他部门及使用比例,如图 8-1-21 所示。

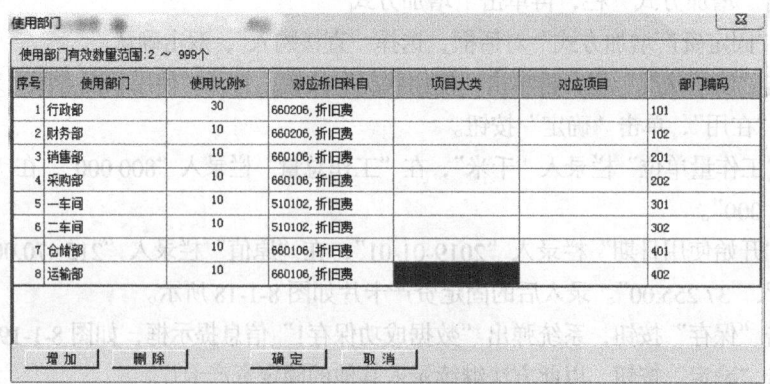

图 8-1-21 使用部门设置

⑮ 单击"确定"按钮。单击"增加方式"栏,再单击"增加方式"按钮,打开"固定资产增加方式"对话框,选择"直接购入",双击确认。

⑯ 单击"使用状况"栏,再单击"使用状况"按钮,打开"使用状况参照"对话框。使用

状况默认为"在用",单击"确定"按钮。

⑰ 在"开始使用日期"栏录入"2019-10-31",在"原值"栏录入"3 000 000",在"累计折旧"栏录入"40 000"。

⑱ 单击"保存"按钮,系统弹出"数据成功保存!"信息提示框。

8.2 固定资产日常业务处理

8.2.1 资产增加

实验资料

4月10日,用中行美元账户存款购买一台HP计算机服务器,价格3 000美元,当天汇率为1美元兑换6.22元人民币,同时用工行存款支付关税3 000元(工行转账支票号ZZ456324),运费1 940元(工行转账支票号ZZ456325),中行转账支票号ZZ151521。折旧按原值和预计使用期间计提折旧,净残值率3%,预计使用年限3年。详细资料如表8-2-1所示。

表8-2-1 详细资料

卡片编号	固资名称	固资类别	原值(元)	使用状态	增加方式	使用部门
10	HP服务器	通用设备	23 600	在用	购入	财务部

① 执行"卡片"|"资产增加"命令,打开"资产类别参照"对话框。

② 双击"01 通用设备",打开"固定资产卡片[录入原始卡片:00010号卡片]"对话框。

③ 在"固定资产编号"栏录入"10","固定资产名称"栏录入"HP服务器",单击"使用部门"栏,再单击"使用部门"按钮,打开"固定资产"对话框。

④ 单击"确定"按钮,打开"部门基本参照"窗口。

⑤ 选择"财务部",双击确认。

⑥ 单击"增加方式"栏,再单击"增加方式"按钮,打开"固定资产增加方式"对话框,选择"直接购入",双击确认。

⑦ 单击"使用状况"栏,再单击"使用状况"按钮,打开"使用状况参照"对话框。使用状况默认为"在用",单击"确定"按钮。

⑧ 在"开始使用日期"栏录入"2020-04-10",在"原值"栏录入"23 600"。

⑨ 单击"保存"按钮,系统弹出"数据成功保存!"信息提示框,同时,页面自动跳转打开凭证。

⑩ 单击"确定"按钮,留在凭证界面。修改凭证类别为"付",凭证中的摘要、科目会自动生成,单击"银行存款/工行存款",双击"票号日期",弹出"辅助项"对话框,在"结算方式"栏选择"02",在"票号"栏录入"ZZ456324",在"发生日期"栏选择"2020-04-10",如图8-2-1所示。

⑪ 单击"确定"按钮。

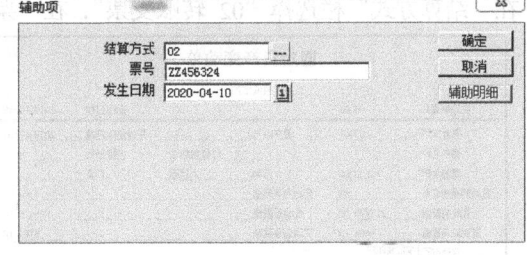

图8-2-1 "辅助项"对话框

⑫ 修改"贷方金额"为"3 000",以此方法录入"银行存款/工行存款"运费的辅助项及贷方金额1 940元。继续录入"银行存款/中行存款"辅助项,"外币"栏录入金额"3 000",修改汇

率为"6.22",录入贷方金额"18 660"(或者按"="自动结出余额)。

⑬ 单击"保存"按钮,凭证左上角出现"已生成"字样,表示凭证已传递到总账系统,如图8-2-2所示。

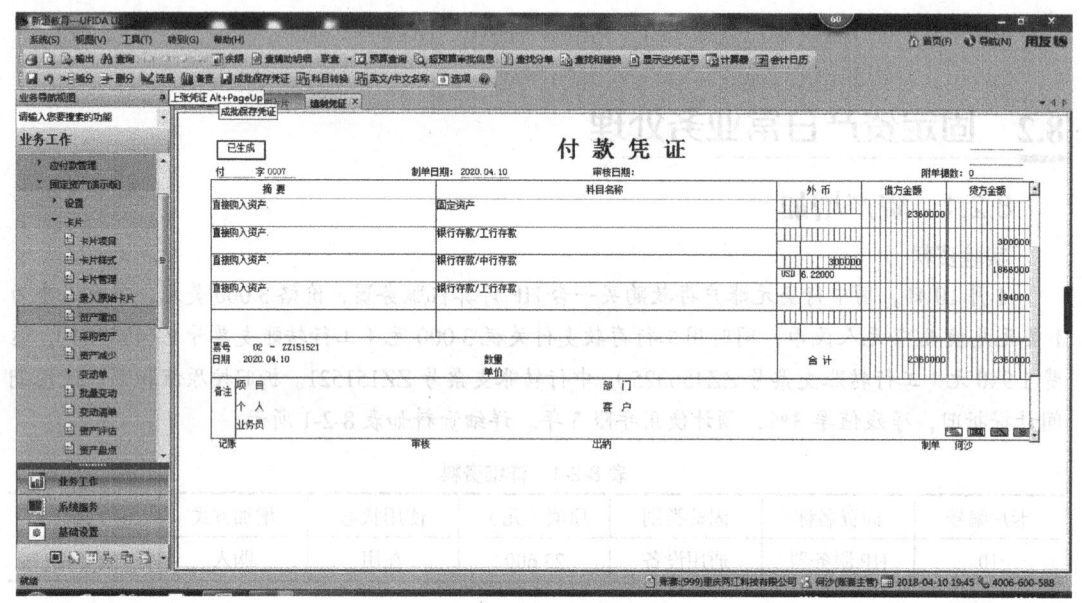

图 8-2-2 付款凭证

8.2.2 资产原值变动

实验资料

4月15日,行政部的红旗轿车添置新配件的金额为10 000元。用工行账户支付,转账支票号ZZ971121。

① 执行"卡片"|"变动单"|"原值增加"命令,打开"固定资产变动单—原值增加"对话框,单击"卡片编号"按钮,打开"固定资产卡片档案"对话框,双击选中"01 红旗牌轿车",在"增加金额"栏录入"10 000.00",在"变动原因"栏录入"添置新配件",设置后的固定资产变动单——原值增加如图8-2-3所示。

② 单击"保存"按钮,系统弹出"数据成功保存!"信息提示框,并自动跳转到凭证界面。

③ 单击"确定"按钮,页面停留在凭证界面,修改凭证类别为"付",选择科目名称"银行存款—工行存款"(或者直接录入"100201"),双击"票号日期"处,打开"辅助项"对话框,在"结算方式"栏选择"02 转账支票",在"票号"处录入"ZZ971121",如图8-2-4所示。

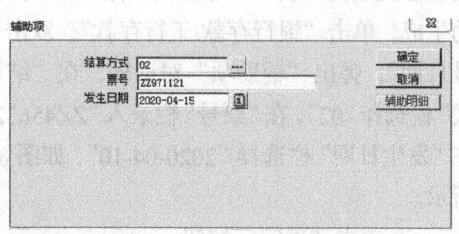

图 8-2-3 设置后的固定资产变动单——原值增加   图 8-2-4 "辅助项"对话框

④ 单击"确定"按钮,录入"贷方金额"10 000(或者单击"="自动结出余额)。

⑤ 单击“保存”按钮，凭证左上角出现“已生成”字样，表示凭证已传递到总账系统中，如图 8-2-5 所示。

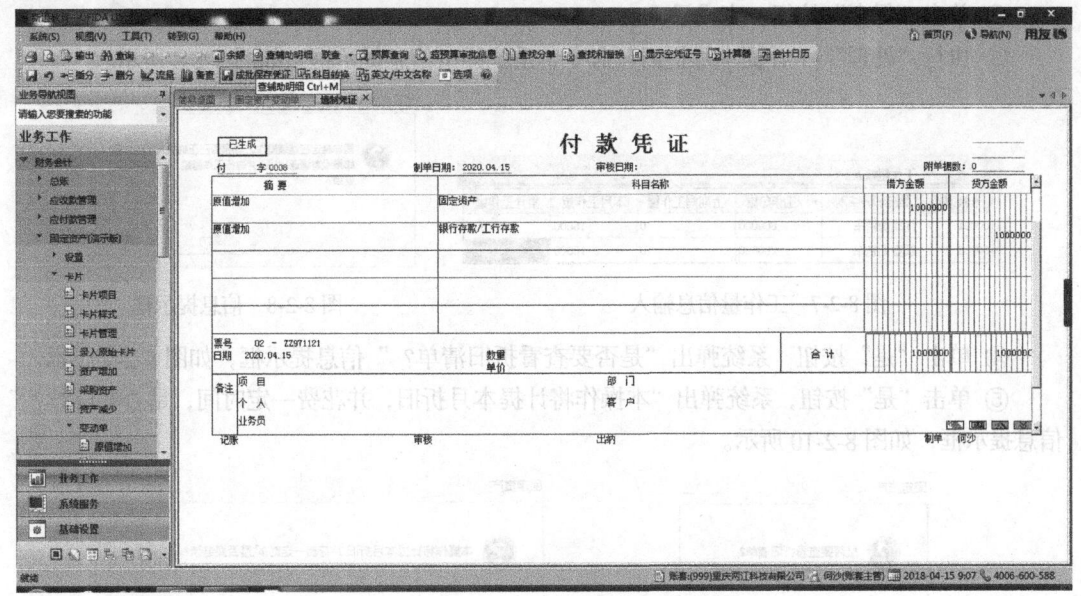

图 8-2-5　付款凭证

8.2.3　计提减值准备

实验资料

4 月 25 日，因技术进步影响，经核查决定对联想 THINKPAD 笔记本电脑计提 2 500 元减值准备。

① 执行“卡片”|“变动单”|“计提减值准备”命令，打开“固定资产变动单—计提减值准备”对话框。

② 单击“卡片编号”按钮，打开“固定资产卡片档案”对话框，双击选中“03 联想 THINKPAD”，在“减值准备金额”栏录入“2 500.00”，在“变动原因”栏录入“因技术进步，计提减值准备”，设置后的固定资产变动单——计提减值准备如图 8-2-6 所示。

固定资产变动单

—计提减值准备—

变动单编号	00002			变动日期	2020-04-25
卡片编号	00003	资产编号	03	开始使用日期	2019-09-01
资产名称			联想THINKPAD	规格型号	
减值准备金额	2500.00	币种	人民币	汇率	1
原值	28900.00	累计折旧			5548.00
累计减值准备金额	2500.00	累计转回准备金额			0.00
可回收市值	20852.00				
变动原因					因技术进步，计提减值准备
				经手人	何沙

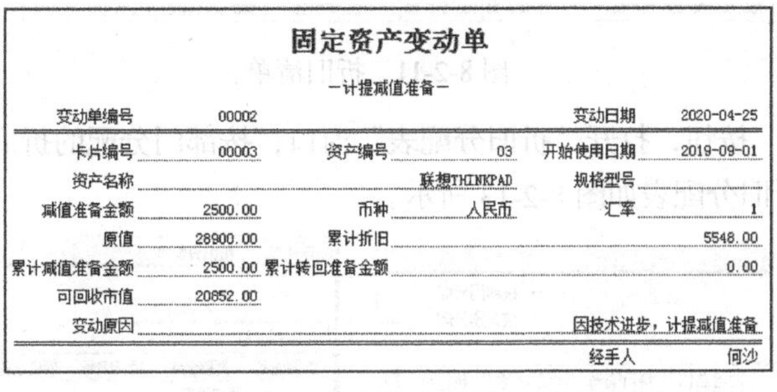

图 8-2-6　设置后的固定资产变动单——计提减值准备

8.2.4　计提当月折旧

实验资料

4 月底，计提本月折旧费用。其中红旗牌轿车的本月工作量为 15 000 千米，长安面包车本月工作量为 10 000 千米。

① 执行"业务工作"|"财务会计"|"固定资产"|"处理"|"工作量输入"命令，打开"工作量输入"窗口，输入工作量信息，如图 8-2-7 所示。

② 单击"保存"按钮，完成录入。

③ 执行"处理"|"计提本月折旧"命令，系统弹出信息提示框，如图 8-2-8 所示。

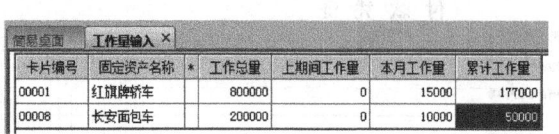

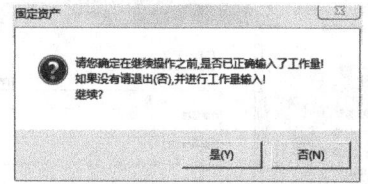

图 8-2-7　工作量信息输入　　　　　　　图 8-2-8　信息提示框

④ 单击"是"按钮，系统弹出"是否要查看折旧清单？"信息提示框，如图 8-2-9 所示。

⑤ 单击"是"按钮，系统弹出"本操作将计提本月折旧，并花费一定时间，是否要继续？"信息提示框，如图 8-2-10 所示。

 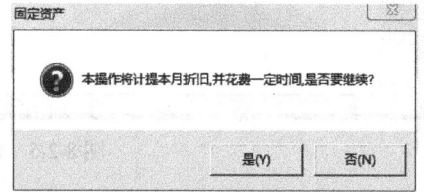

图 8-2-9　"是否要查看折旧清单？"　　图 8-2-10　"本操作将计提本月折旧，并花费一定
　　　　　信息提示框　　　　　　　　　　　　　　时间，是否要继续？"信息提示框

⑥ 单击"是"按钮，打开"折旧清单"窗口，如图 8-2-11 所示。

卡片编号	资产编号	资产名称	原值	计提原值	本月计提折旧额	累计折旧	本年计提折旧	减值准备	净值	净残值	折旧率	单位折旧	本月工作量	累计工作量	规格型号
00001	01	红旗牌轿车	225,470.00	215,470.00	4,038.00	41,293.00	4,038.00	0.00	177.00	6,764.10	0.0000	0.2692	15,000.000	177,000.000	
00002	02	传真机	3,510.00	3,510.00	94.42	1,919.42	94.42	0.00	590.58	105.30	0.0269		0.000	0.000	
00003	03	联想THINKP	28,900.00	28,900.00	777.41	6,325.41	777.41	2,500.00	074.59	867.00	0.0269		0.000	0.000	
00004	04	HP计算机	6,490.00	6,490.00	174.58	1,420.58	174.58	0.00	069.42	194.70	0.0269		0.000	0.000	
00005	05	装配机A型	200,000.00	200,000.00	3,240.00	9,490.00	3,240.00	0.00	6,000.00	6,000.00	0.0182		0.000	0.000	
00006	06	联想计算机	6,490.00	6,490.00	174.58	1,420.58	174.58	0.00	069.42	194.70	0.0269		0.000	0.000	
00007	07	装配机B型	180,000.00	180,000.00	2,916.00	8,541.00	2,916.00	0.00	459.00	5,400.00	0.0182		0.000	0.000	
00008	08	长安面包车	50,000.00	50,000.00	2,406.00	12,406.00	2,406.00	0.00	1,500.00	1,500.00		0.2406	10,000.000	50,000.000	
00009	09	房屋及建筑	3,000,000.00	200,000.00	8,100.00	48,100.00	8,100.00	0.00	900.00	0.00	0.0027		0.000	0.000	
合计			3,700,860.00	690,860.00	21,920.99	130,915.99	21,920.99	2,500.00	444.01	1,025.80			25,000.000	227,000.000	

图 8-2-11　折旧清单

⑦ 单击"退出"按钮，打开"折旧分配表"窗口，按部门分配的折旧分配表如图 8-2-12 所示，按类别分配的折旧分配表如图 8-2-13 所示。

图 8-2-12　按部门分配的折旧分配表　　图 8-2-13　按类别分配的折旧分配表

⑧ 单击"凭证"按钮，生成一张记账凭证。

⑨ 修改"凭证类别"为"转账凭证"。

⑩ 单击"保存"按钮，凭证左上角出现"已生成"字样，表示凭证已传递到总账系统中，如图 8-2-14 所示。

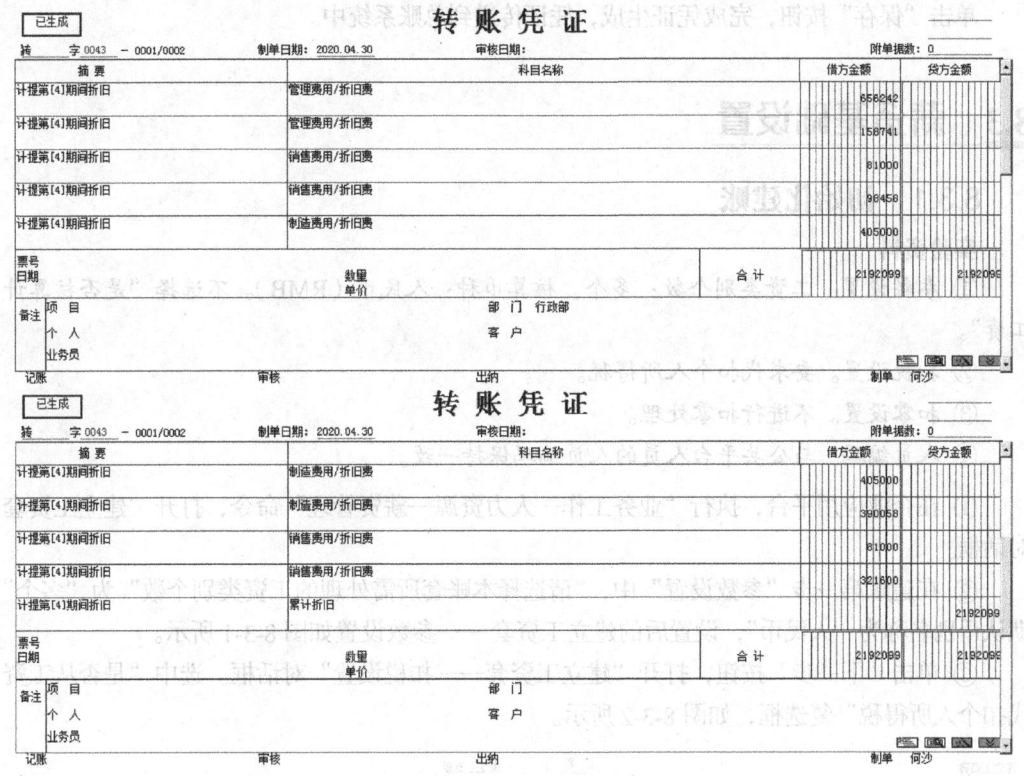

图 8-2-14　转账凭证

8.2.5　固定资产减少

实验资料

4 月 25 日，二车间毁损一台联想计算机，进行报废处理。

① 执行"业务工作"|"财务会计"|"固定资产"|"卡片"|"资产减少"命令，打开"资产减少"对话框。

② 在"卡片编号"栏录入"00006"，或单击"卡片编号"栏的对照按钮，选择"00006"。

③ 单击"增加"按钮，双击"减少方式"栏，再单击"减少方式"栏的参照按钮，选择"206 毁损"。

④ 单击"确定"按钮。

⑤ 系统弹出"所选卡片已经减少成功！"信息提示框，如图 8-2-15 所示。

⑥ 单击"确定"按钮。

⑦ 执行"业务工作"|"财务会计"|"固定资产"|"处理"|"批量制单"命令，单击"全选"按钮，再选择制单设置页设置凭证，单击"制单"按

图 8-2-15　"所选卡片已经减少成功！"信息提示框

钮,将凭证类别设置为转账凭证,生成的凭证分录如下。

  借:固定资产清理   5 069.42
    累计折旧   1 420.58
   贷:固定资产   6 490

单击"保存"按钮,完成凭证生成,凭证传递到总账系统中。

8.3 薪资基础设置

8.3.1 初始化建账

实验资料

① 参数设置。工资类别个数:多个。核算币种:人民币(RMB)。不选择"是否核算计件工资"。

② 扣税设置。要求代扣个人所得税。

③ 扣零设置。不进行扣零处理。

④ 人员编码。与公共平台人员的人员编码保持一致。

① 在企业应用平台,执行"业务工作—人力资源—薪资管理"命令,打开"建立工资套"对话框。

② 在建账第一步"参数设置"中,"请选择本账套所需处理的工资类别个数"为"多个",默认币别名称为"人民币",设置后的建立工资套——参数设置如图 8-3-1 所示。

③ 单击"下一步"按钮,打开"建立工资套——扣税设置"对话框。选中"是否从工资中代扣个人所得税"复选框,如图 8-3-2 所示。

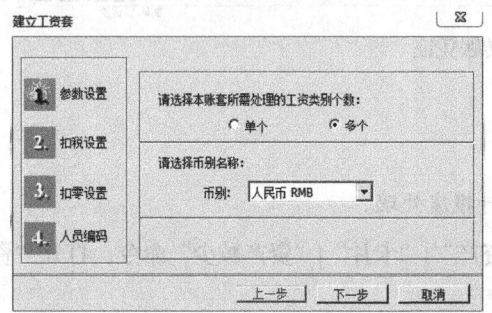
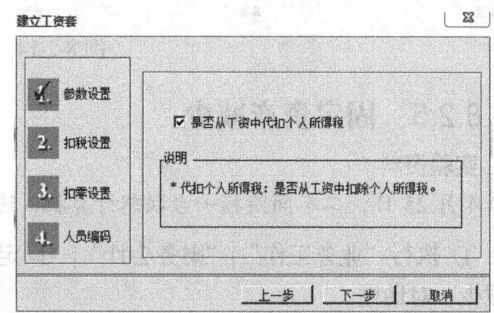

图 8-3-1 设置后的建立工资套——参数设置 图 8-3-2 选中"是否从工资中代扣个人所得税"复选框

④ 单击"下一步"按钮,打开"建立工资套——扣零设置"对话框。不做选择。

⑤ 单击"下一步"按钮,打开"建立工资套——人员编码"对话框。系统要求和公共平台中的人员编码保持一致。

⑥ 单击"完成"按钮,完成工资账套的创建。

8.3.2 工资类别

实验资料

薪资类别 1:正式人员工资。

部门选择:所有部门。

薪资类别2：临时人员工资

部门选择：制造中心。

① 在薪资管理系统中，执行"工资类别"|"新建工资类别"命令，打开"新建工资类别"对话框。

② 输入工资类别名称"正式人员工资"，如图8-3-3所示。

③ 单击"下一步"按钮，单击"选定全部部门"按钮，如图8-3-4所示。

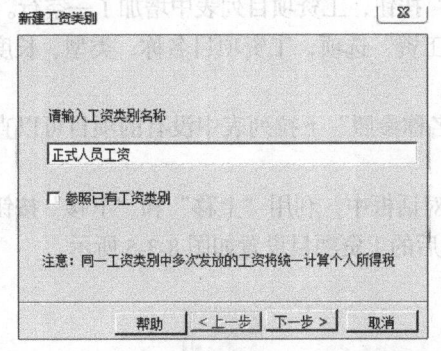
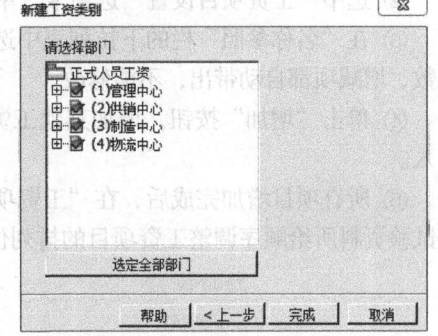

图8-3-3　输入工资类别名称"正式人员工资"　　　图8-3-4　单击"选定全部部门"按钮

④ 单击"完成"按钮，系统弹出"是否以2020-04-01为当前工资类别的启用日期？"信息提示框，单击"是"按钮，返回薪资管理系统。

⑤ 执行"工资类别"|"关闭工资类别"命令，关闭"正式人员工资"工资类别。

⑥ 执行"工资类别"|"新建工资类别"命令，建立"临时人员工资"工资类别。

8.3.3　公共工资项目设置

实验资料

工资项目如表8-3-1所示。

表8-3-1　工资项目

项目名称	新增项目	类型	长度（字符）	小数位数（位）	增减项
基本工资	是	数字	8	2	增项
岗位补贴	是	数字	8	2	增项
交通补贴	是	数字	8	2	增项
计件工时	是	数字	8	2	其他
工时工资	是	数字	8	2	其他
计件结算	是	数字	8	2	增项
应发合计		数字	10	2	增项
事假天数	是	数字	8	2	其他
事假扣款	是	数字	8	2	减项
养老保险	是	数字	8	2	减项
代扣税		数字	8	2	减项
扣款合计		数字	10	2	减项

(续表)

项目名称	新增项目	类型	长度（字符）	小数位数（位）	增减项
实发合计		数字	10	2	增项
应税所得额	是	数字	8	2	其他
应付工资	是	数字	8	2	其他

① 执行"设置"|"工资项目设置"命令，打开"工资项目设置"对话框。

② 选中"工资项目设置"选项卡，单击"增加"按钮，工资项目列表中增加了一空行。

③ 在"名称参照"栏的下拉列表中选择"基本工资"选项，工资项目名称、类型、长度、小数、增减项都自动带出，不能修改。

④ 单击"增加"按钮，增加其他工资项目。"名称参照"下拉列表中没有的项目可以直接输入。

⑤ 所有项目增加完成后，在"工资项目设置"对话框中，利用"上移"和"下移"按钮按照试验资料所给顺序调整工资项目的排列位置，完成后的工资项目设置如图 8-3-5 所示。

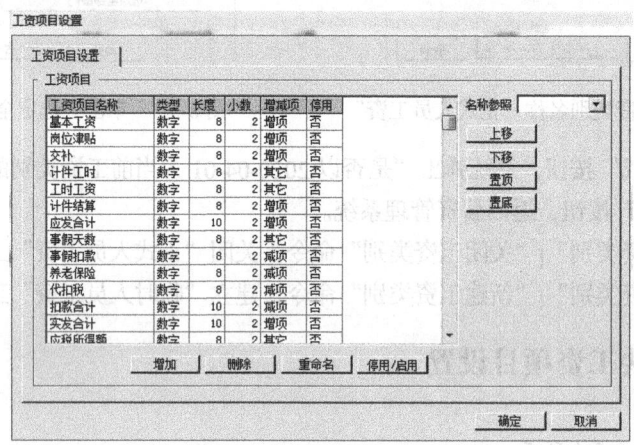

图 8-3-5　完成后的工资项目设置

8.3.4　人员档案设置

实验资料

正式人员档案如表 8-3-2 所示。

表 8-3-2　正式人员档案

人员编码	人员姓名	性别	人员类别	部门	账号	是否计税
101	孙正	男	管理人员	行政部	1111	是
102	宋嘉	女	管理人员	行政部	1112	是
201	何沙	男	管理人员	财务部	1113	是
202	赵小兵	女	管理人员	财务部	1114	是
203	孙胜业	女	管理人员	财务部	1115	是
301	李天华	女	经营人员	采购部	1116	是
302	杨真	男	经营人员	采购部	1117	是
401	刘一江	男	经营人员	销售部	1118	是

(续表)

人员编码	人员姓名	性别	人员类别	部门	账号	是否计税
402	朱小明	女	经营人员	销售部	1119	是
501	陈瓜瓜	男	经营人员	仓储部	1120	是
601	罗忠	男	经营人员	运输部	1121	是
			增加的人员			
701	湘路宇	男	车间管理人员	一车间	1180	是
702	秦地久	女	车间工人	一车间	1181	是
801	万思维	男	车间管理人员	二车间	1182	是
802	东方魂	男	车间工人	二车间	1183	是

注：表中所有人员的代发银行均为工商银行重庆分行两江支行，账号为 787978797879。

临时人员档案如表 8-3-3 所示。

表 8-3-3　临时人员档案

人员编码	人员姓名	性别	人员类别	部门	账号	是否计税
703	天河飞	男	车间工人	一车间	1190	是
704	秦半岛	女	车间工人	一车间	1191	是
803	叶海甸	男	车间工人	二车间	1192	是
804	万银大	女	车间工人	二车间	1193	是
805	珠海玉	男	车间工人	二车间	1194	是
806	温琼海	女	车间工人	二车间	1195	是

注：表中所有人员均为中方人员。

① 执行"工资类别"|"打开工资类别"命令，打开"打开工资类别"对话框，如图 8-3-6 所示。

② 选中"正式人员工资"工资类别，单击"确定"按钮。

③ 执行"设置"|"人员档案"命令，打开"人员档案"窗口。

④ 单击"批增"按钮，打开"人员批量增加"对话框。

⑤ 单击"查询"按钮，系统显示在企业应用平台中已经增加的人员档案，并且默认"是"选中状态，人员批量增加结果如图 8-3-7 所示。

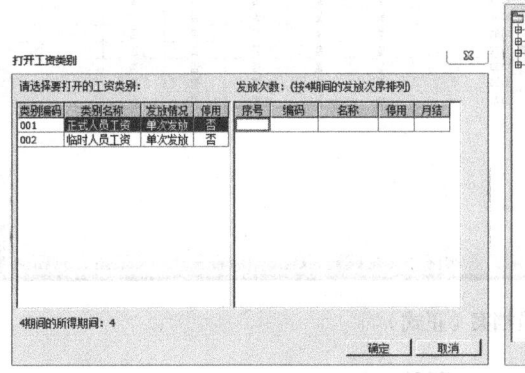

图 8-3-6　"打开工资类别"对话框

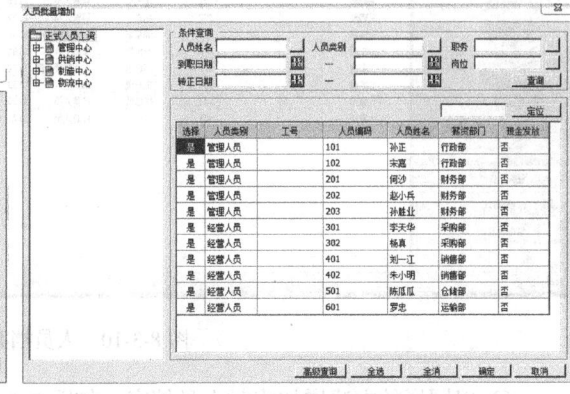

图 8-3-7　人员批量增加结果

⑥ 单击"确定"按钮,返回"人员档案"窗口。

⑦ 单击"修改"按钮,打开"人员档案明细"对话框。在"基本信息"选项卡中,录入"银行名称"和"银行账号"信息,如图8-3-8所示。

⑧ 选中"附加信息"选项卡,录入"性别"信息("附加信息"可通过执行"设置"|"人员附加信息设置"命令来增加),如图8-3-9所示。

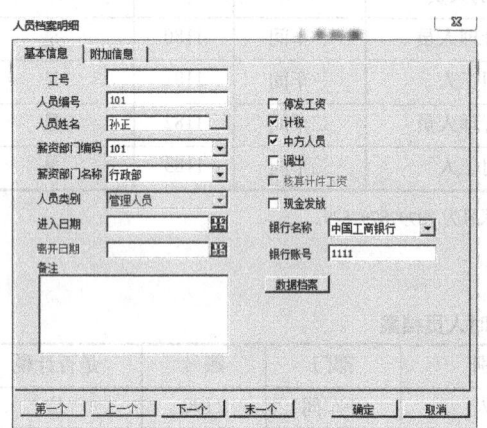

图 8-3-8 基本信息设置

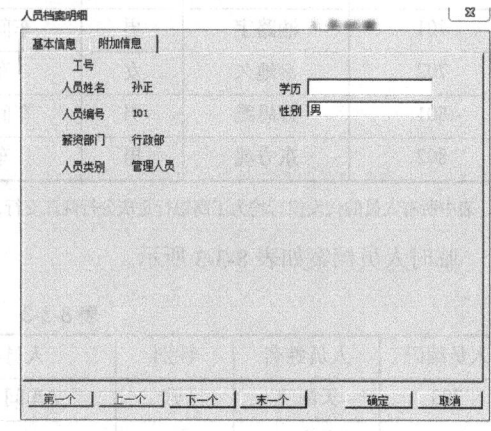

图 8-3-9 附加信息设置

⑨ 单击"确定"按钮,系统弹出"写入该人员档案信息吗?"信息提示框,单击"确定"按钮,继续修改其他人员信息,人员档案(正式)如图8-3-10所示。增加的临时人员需通过执行"基础设置"|"基础档案"|"机构人员"|"人员档案"命令增加后,再进行人员薪资设置。

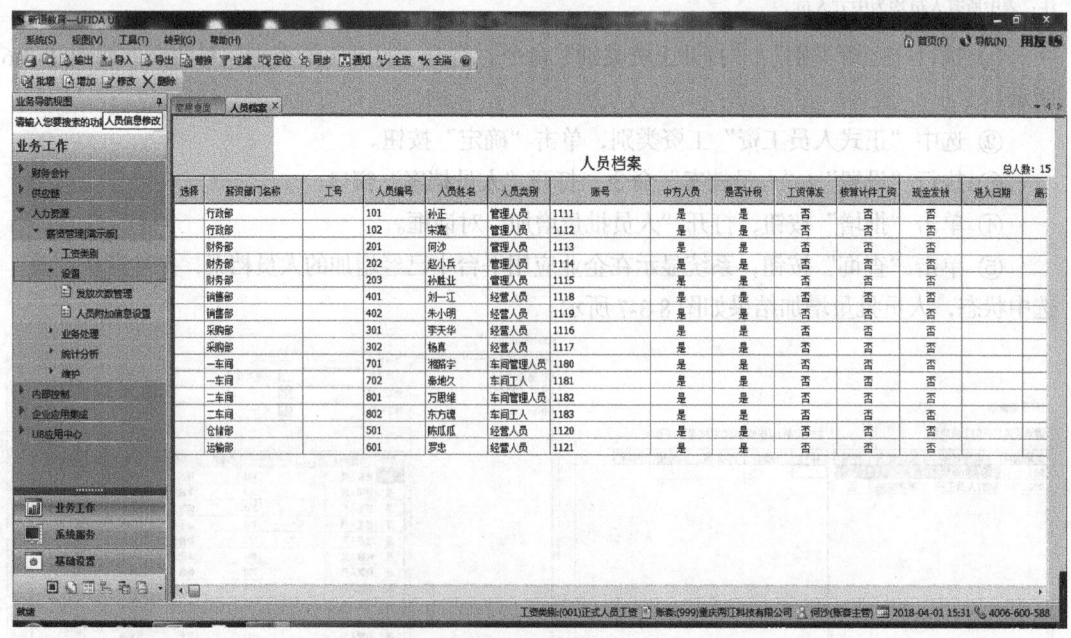

图 8-3-10 人员档案(正式)

⑩ 以同样的方法增加临时人员档案,如图8-3-11所示。

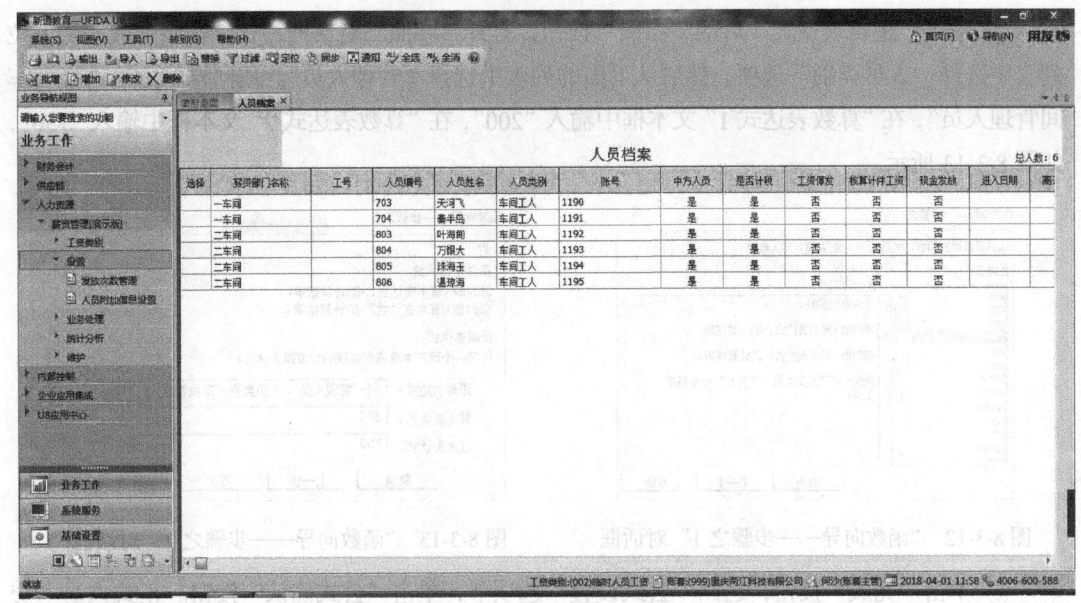

图 8-3-11 临时人员档案

8.3.5 正式人员工资项目设置

实验资料

① 工资项目包括：基本工资、岗位津贴、交补、应发合计、事假天数、事假扣款、养老保险、代扣税、扣款合计、实发合计、应税所得额。

② 计算公式如下。

交通补贴=iff(人员类别="管理人员" or 人员类别="车间管理人员"，200，150)。说明：即管理人员和车间管理人员为200，其他人员150元，iif()为系统提供的函数。

应发合计=基本工资+岗位津贴+交补。说明：应发合计为系统自动生成。

事假扣款=(基本工资/22)×事假天数。

养老保险=(基本工资+岗位津贴)×0.05。

扣款合计=养老保险+代扣税+事假扣款。说明：扣款合计系统根据减项自动生成。

实发合计=应发合计-扣款合计。说明：实发合计有系统自动生成。

应税所得额=应发合计-事假扣款-养老保险。说明：用于计算个人所得税。在实际工作中，应税所得额的计算有具体的规定，这里设置这个项目只是体现了其中一种方法。

应付工资=应发合计-事假扣款。本项目用于工资分配用。

1. 设置"交补"的计算公式

① 打开"工资项目设置"对话框，在"公式设置"选项卡中，单击"增加"按钮，在"工资项目"列表中增加一空行，从下拉列表中选择"交补"。

② 单击"公式定义"文本框，单击"函数公式向导输入"按钮，打开"函数向导——步骤之1"对话框。

③ 从"函数名"列表中选择"iff"，如图 8-3-12 所示。单击"下一步"按钮，打开"函数向导——步骤之2"对话框。

④ 单击"逻辑表达式"后的"参照"按钮，打开"参照"对话框，在"参照列表"的下拉列表中选择"人员类别"选项，然后从下面的列表中选择"管理人员"。用同样的方法选择"车间管理人员"，在"算数表达式1"文本框中输入"200"，在"算数表达式2"文本框中输入"150"，如图8-3-13所示。

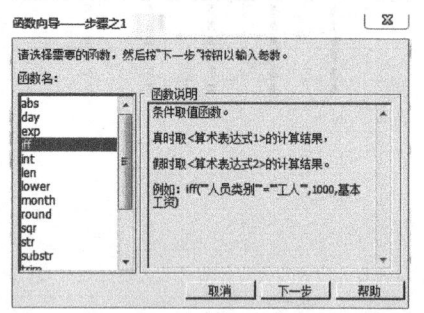
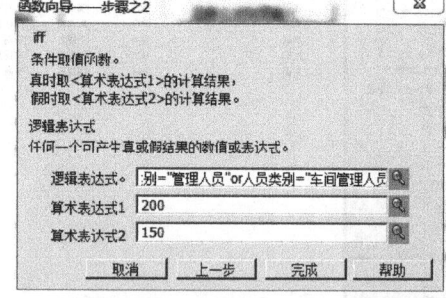

图8-3-12 "函数向导——步骤之1"对话框　　图8-3-13 "函数向导——步骤之2"对话框

⑤ 单击"完成"按钮，返回"公式设置"选项卡，单击"公式确认"按钮。正式人员"交补"计算公式设置如图8-3-14所示。

2. 设置"应发合计"的计算公式

① 在"工资项目设置"对话框中单击"公式设置"选项卡。
② 在"工资项目"列表中选择"应发合计"。
③ 单击"应发合计公式定义"文本框，选择"公式输入参照"框的"工资项目"列表中的"基本工资"，基本工资出现在"应发合计公式定义"文本框中。
④ 单击选择运算符区域中的"+"，选择"工资项目"列表中的"岗位津贴"，单击选中运算符区域中的"+"，再选择"工资项目"列表中的"交补"，正式人员"应发合计"计算公式设置如图8-3-15所示。单击"公式确认"按钮。

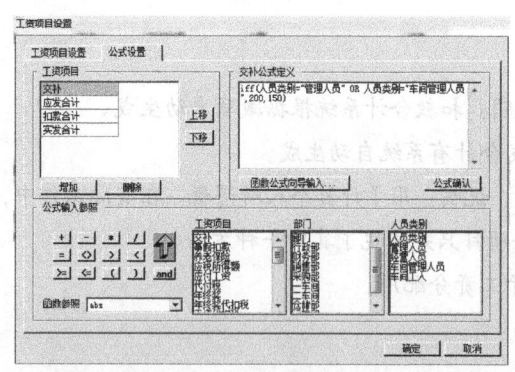
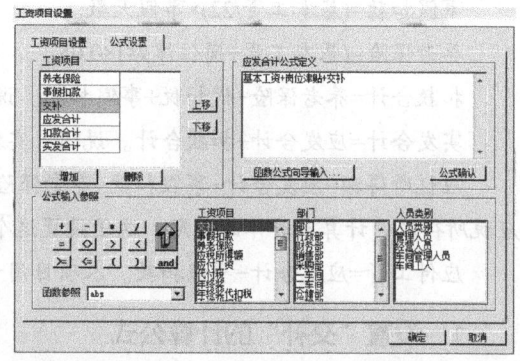

图8-3-14 正式人员"交补"计算公式设置　　图8-3-15 正式人员"应发合计"计算公式设置

3. 设置"事假扣款"的计算公式

① 在"工资项目设置"对话框中单击"公式设置"选项卡。
② 单击"增加"按钮，在工资项目列表中增加一空行，从下拉列表中选择"事假扣款"。
③ 单击"事假扣款公式定义"文本框，选择"工资项目"列表中的"基本工资"，基本工资

出现在"事假扣款公式定义"文本框中。

④ 单击选择运算符区域中的"/",在"事假扣款公式定义"区域中继续录入"22",单击选中运算符区域中的"*",再单击选中"工资项目"列表中的"事假天数",正式人员"事假扣款"计算公式设置如图 8-3-16 所示。

⑤ 单击"公式确认"按钮。同样的方法,设置"养老保险"计算公式,正式人员"养老保险"计算公式设置如图 8-3-17 所示。

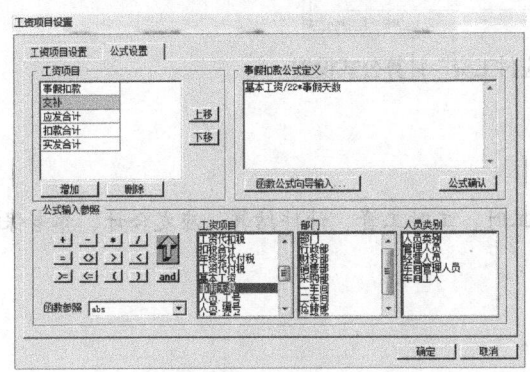 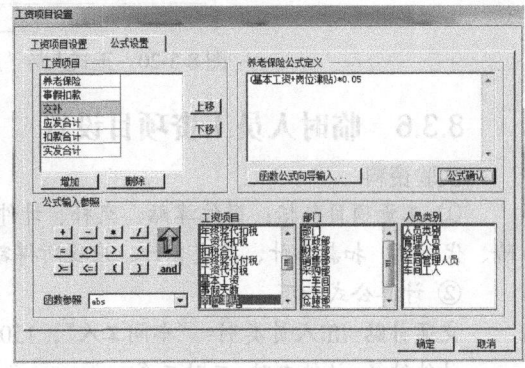

图 8-3-16　正式人员"事假扣款"计算公式设置　　图 8-3-17　正式人员"养老保险"计算公式设置

4. 设置"扣款合计"的计算公式

"扣款合计"计算公式的设置过程同"应发合计",正式人员"扣款合计"计算公式设置如图 8-3-18 所示。

5. 设置"实发合计"的计算公式

"实发合计"的计算公式由系统自动生成。

6. 设置"应税所得额"的计算公式

"应税所得额"的计算公式设置同"应发合计",正式人员"应税所得额"计算公式设置如图 8-3-19 所示。

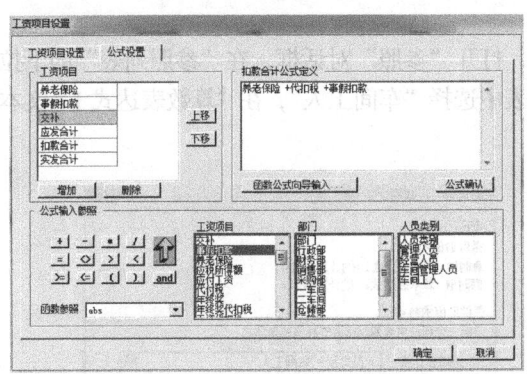 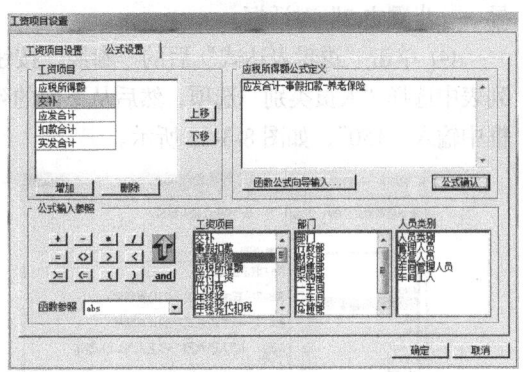

图 8-3-18　正式人员"扣款合计"计算公式设置　　图 8-3-19　正式人员"应税所得额"计算公式设置

同理,设置"应付工资"计算公式,正式人员"应付工资"计算公式设置如图 8-3-20 所示。

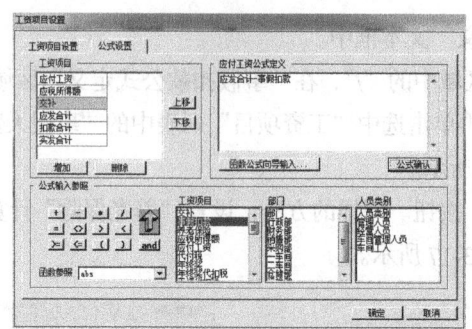

图 8-3-20　正式人员"应付工资"计算公式设置

8.3.6　临时人员工资项目设置

实验资料

① 工资项目包括：岗位津贴、交补、计件工时、工时工资、计件结算、应发合计、养老保险、代扣税、扣款合计、实发合计、应税所得额。

② 计算公式如下。

交通补贴=iff(人员类别="车间工人"，150)。

计件结算=计件工时×工时工资。

应发合计=计件结算+岗位津贴+交补。

养老保险=(2 500+岗位津贴)×0.05。说明：养老保险基数按照社会平均基数 2 500 元计算。

扣款合计=养老保险+代扣税。

实发合计=应发合计-扣款合计。

应税所得额=应发合计-养老保险。

1.　设置"交补"的计算公式

① 打开"工资项目设置"对话框，在"公式设置"选项卡中，单击"增加"按钮，在工资项目列表中增加一空行，从下拉列表中选择"交补"。

② 单击"公式定义"文本框，单击"函数公式向导输入"按钮，打开"函数向导——步骤之 1"对话框。

③ 从"函数名"列表中选择"iff"，如图 8-3-21 所示。单击"下一步"按钮，打开"函数向导——步骤之 2"对话框。

④ 单击"逻辑表达式"后的"参照"按钮，打开"参照"对话框，在"参照列表"的下拉列表中选择"人员类别"选项，然后从下面的列表中选择"车间工人"，在"算数表达式 1"文本框中输入"150"，如图 8-3-22 所示。

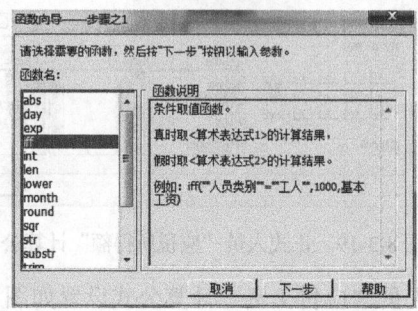 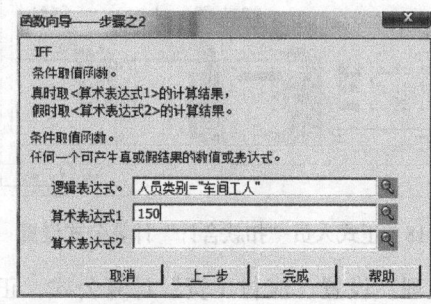

图 8-3-21　"函数向导——步骤之 1"对话框　　图 8-3-22　"函数向导——步骤之 2"对话框

⑤ 单击"完成"按钮，返回"公式设置"选项卡，单击"公式确认"按钮，临时人员"交补"计算公式设置如图 8-3-23 所示。

2. 设置"计件结算"的计算公式

① 在"工资项目设置"对话框中单击"公式设置"选项卡。

② 在"工资项目"列表中选择"计件结算"。

③ 单击"计件结算公式定义"文本框，选择"工资项目"列表中的"计件工时"，"计件工时"出现在"计件结算公式定义"文本框中。

④ 单击选择运算符区域中的"*"，选择"工资项目"列表中的"工时工资"，临时人员"计件结算"计算公式设置如图 8-3-24 所示。单击"公式确认"按钮。

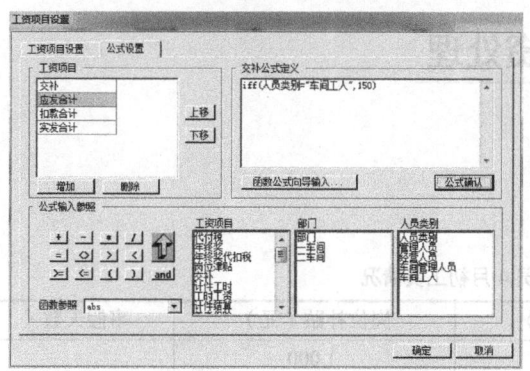
图 8-3-23　临时人员"交补"计算公式设置

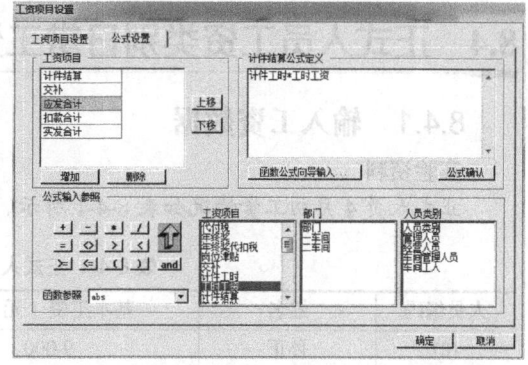
图 8-3-24　临时人员"计件结算"计算公式设置

其他几项的计算公式设置同理，不再一一详述。临时人员"应发合计"计算公式设置如图 8-3-25 所示。

临时人员"养老保险"计算公式设置如图 8-3-26 所示。

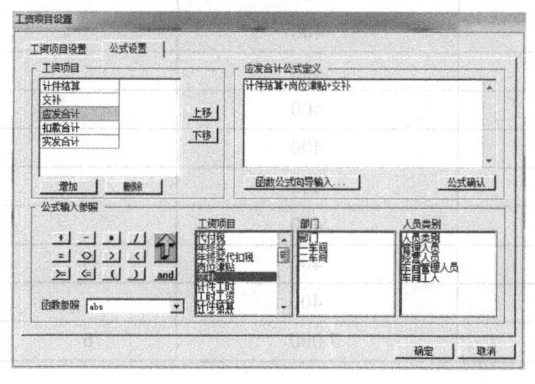
图 8-3-25　临时人员"应发合计"计算公式设置

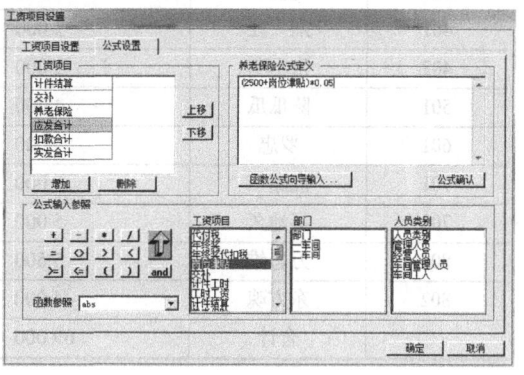
图 8-3-26　临时人员"养老保险"计算公式设置

"扣款合计""实发合计"计算公式由系统自动生成。

临时人员"应税所得额"计算公式设置如图 8-3-27 所示。

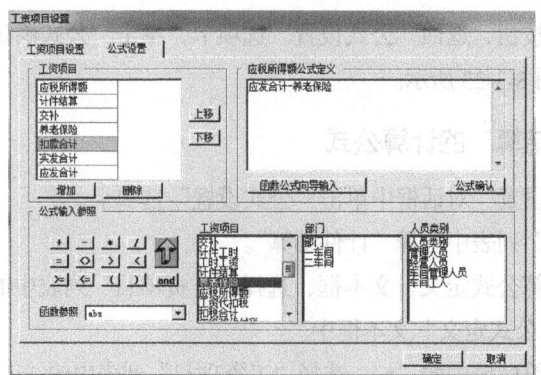

图 8-3-27 临时人员"应税所得额"计算公式设置

8.4 正式人员工资类别日常工资处理

8.4.1 输入工资数据

实验资料

正式人员 4 月初工资情况如表 8-4-1 所示。

表 8-4-1 正式人员 4 月初工资情况

人员编码	姓名	基本工资（元）	岗位补贴（元）	事假天数
101	孙正	9 000	1 000	
102	宋嘉	5 000	500	2
201	何沙	4 000	500	
202	赵小兵	3 000	500	
203	孙胜业	3 500	500	
301	李天华	4 000	400	
302	杨真	4 000	400	1
401	刘一江	3 000	400	
402	朱小明	5 000	400	
501	陈瓜瓜	4 000	400	
601	罗忠	4 000	400	
701	湘路宇	6 000	400	
702	秦地久	5 000	400	
801	万思维	5 500	400	3
802	东方魂	4 000	400	
	合计	69 000	7 000	6

① 打开"正式人员工资"工资类别，执行"业务处理"|"工资变动"命令，打开"工资变动"窗口。

② 在"孙正"行对应的"基本工资"文本框中录入"9 000.00"，"岗位津贴"文本框中录入"1 000.00"。按此方法分别录入其他工资项目内容。

③ 单击"计算"按钮，再单击"汇总"按钮，计算全部工资项目内容，录入的正式人员工资数据如图 8-4-1 所示。

工资变动

选择	工号	人员编号	姓名	部门	人员类别	基本工资	岗位补贴	交通补贴	应发合计	事假天数	事假扣款	养老保险	代扣税
		101	孙正	行政部	管理人员	9,000.00	1,000.00	200.00	10,200.00			500.00	260.00
		102	宋嘉	行政部	管理人员	5,000.00	500.00	200.00	5,700.00	2.00	454.55	275.00	
		201	何沙	财务部	管理人员	4,000.00	500.00	200.00	4,700.00			225.00	
		202	赵小兵	财务部	管理人员	3,000.00	500.00	200.00	3,700.00			175.00	
		203	补胜业	财务部	管理人员	3,500.00	500.00	200.00	4,200.00			200.00	
		401	刘一江	销售部	经营人员	3,000.00	400.00	150.00	3,550.00			170.00	
		402	朱小明	销售部	经营人员	5,000.00	400.00	150.00	5,550.00			270.00	8.40
		301	李天华	采购部	经营人员	4,000.00	400.00	150.00	4,550.00			220.00	
		302	杨真	采购部	经营人员	4,000.00	400.00	150.00	4,550.00	1.00	181.82	220.00	
		701	湘菇宇	一车间	车间管理人员	6,000.00	400.00	200.00	6,600.00			320.00	38.40
		702	善地久	一车间	车间工人	5,000.00	400.00	150.00	5,550.00			270.00	8.40
		801	万思维	二车间	车间管理人员	5,500.00	400.00	200.00	6,100.00	3.00	750.00	295.00	1.65
		802	东方魂	二车间	车间工人	4,000.00	400.00	150.00	4,550.00			220.00	
		501	陈瓜瓜	仓储部	经营人员	4,000.00	400.00	150.00	4,550.00			220.00	
		601	罗忠	运输部	经营人员	4,000.00	400.00	150.00	4,550.00			220.00	
合计						69,000.00	7,000.00	2,600.00	78,600.00	6.00	1,386.37	3,800.00	316.85

工资变动

选择	工号	人员编号	姓名	部门	人员类别	扣款合计	实发合计	应税所得额	应付工资	年终奖	年终奖代扣税	工资代扣税	扣税合计
		101	孙正	行政部	管理人员	760.00	9,440.00	9,700.00	10,200.00			260.00	260.00
		102	宋嘉	行政部	管理人员	729.55	4,970.45	4,970.45	5,245.45				
		201	何沙	财务部	管理人员	225.00	4,475.00	4,475.00	4,700.00				
		202	赵小兵	财务部	管理人员	175.00	3,525.00	3,525.00	3,700.00				
		203	补胜业	财务部	管理人员	200.00	4,000.00	4,000.00	4,200.00				
		401	刘一江	销售部	经营人员	170.00	3,380.00	3,380.00	3,550.00				
		402	朱小明	销售部	经营人员	278.40	5,271.60	5,280.00	5,550.00			8.40	8.40
		301	李天华	采购部	经营人员	220.00	4,330.00	4,330.00	4,550.00				
		302	杨真	采购部	经营人员	401.82	4,148.18	4,148.18	4,368.18				
		701	湘菇宇	一车间	车间管理人员	358.40	6,241.60	6,280.00	6,600.00			38.40	38.40
		702	善地久	一车间	车间工人	278.40	5,271.60	5,280.00	5,550.00			8.40	8.40
		801	万思维	二车间	车间管理人员	1,046.65	5,053.35	5,055.00	5,350.00			1.65	1.65
		802	东方魂	二车间	车间工人	220.00	4,330.00	4,330.00	4,550.00				
		501	陈瓜瓜	仓储部	经营人员	220.00	4,330.00	4,330.00	4,550.00				
		601	罗忠	运输部	经营人员	220.00	4,330.00	4,330.00	4,550.00				
合计						5,503.22	73,096.78	73,413.63	77,213.63	0.00	0.00	316.85	316.85

图 8-4-1 录入的正式人员工资数据

④ 单击"退出"按钮。

8.4.2 代扣个人所得税

计算个人所得税的扣税项目设为"应发合计"(实际工作中要按照政策确定),每个职员需选择"征收个人所得税",扣税标准:扣税起点每月 5 000 元。个人所得税的征收会随着国家个人所得税法的改变而改变,具体请参照当时的法规确定。

① 执行"业务工作"|"人力资源"|"薪资管理"|"设置"|"选项"命令,打开"选项"对话框,进入"扣税设置"选项卡,单击"编辑"按钮,应税计算项目设置为"应税所得额",如图 8-4-2 所示。

② 单击"税率设置"按钮,打开"个人所得税申报表——税率表"对话框,将"附加费用"设为"0",按照税率设置,如图 8-4-3 所示。

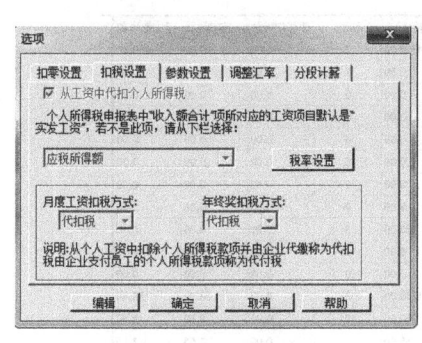

图 8-4-2 扣税设置

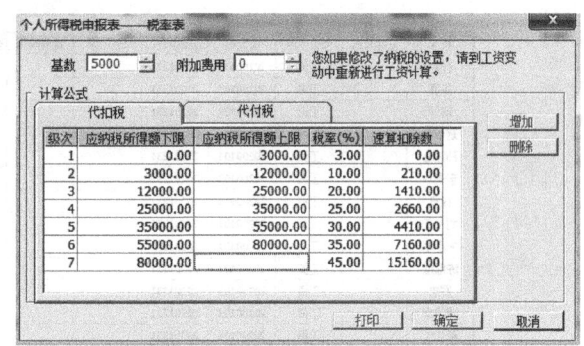

图 8-4-3 税率表设置

③ 单击"确定"按钮,退出税率表,然后退出"选项"对话框。

④ 执行"业务工作"|"人力资源"|"薪资管理"|"业务处理"|"工资变动"命令,进入

后单击"计算"按钮进行重新计算,工资表如图 8-4-4 所示。

工资变动

选择	工号	人员编号	姓名	部门	人员类别	事假天数	事假扣款	养老保险	代扣税	扣款合计	实发合计	应税所得额	应付工资
		101	补正	行政部	管理人员			500.00	260.00	760.00	9,440.00	9,700.00	10,200.00
		102	宋嘉	行政部	管理人员	2.00	454.55	275.00		729.55	4,970.45	4,970.45	5,245.45
		201	何沙	财务部	管理人员			225.00		225.00	4,475.00	4,475.00	4,700.00
		202	赵小兵	财务部	管理人员			175.00		175.00	3,525.00	3,525.00	3,700.00
		203	孙胜业	财务部	管理人员			200.00		200.00	4,000.00	4,000.00	4,200.00
		401	刘一江	销售部	经营人员			170.00		170.00	3,380.00	3,380.00	3,550.00
		402	朱小明	销售部	经营人员			270.00	8.40	278.40	5,271.60	5,280.00	5,550.00
		301	李天华	采购部	经营人员			220.00		220.00	4,330.00	4,330.00	4,550.00
		302	杨真	采购部	经营人员	1.00	181.82	220.00		401.82	4,148.18	4,148.18	4,368.18
		T01	湘路宇	一车间	车间管理人员			320.00	38.40	358.40	6,241.60	6,280.00	6,600.00
		702	秦地久	一车间	车间工人			270.00	8.40	278.40	5,271.60	5,280.00	5,550.00
		801	万思维	二车间	车间管理人员	3.00	750.00	295.00	1.65	1,046.65	5,053.35	5,055.00	5,350.00
		802	东方魂	二车间	车间工人			220.00		220.00	4,330.00	4,330.00	4,550.00
		501	陈瓜瓜	仓储部	经营人员			220.00		220.00	4,330.00	4,330.00	4,550.00
		601	罗忠	运输部	经营人员			220.00		220.00	4,330.00	4,330.00	4,550.00
合计						6.00	1,386.37	3,800.00	316.85	5,503.22	73,096.78	73,413.63	77,213.63

图 8-4-4 工资表

⑤ 执行"业务处理"|"扣缴所得税"命令,打开"个人所得税申报模板"对话框,如图 8-4-5 所示。

⑥ 选择"个人所得税年度申报表",单击"打开"按钮。

⑦ 单击"确定"按钮,打开"所得税申报"对话框,如图 8-4-6 所示。

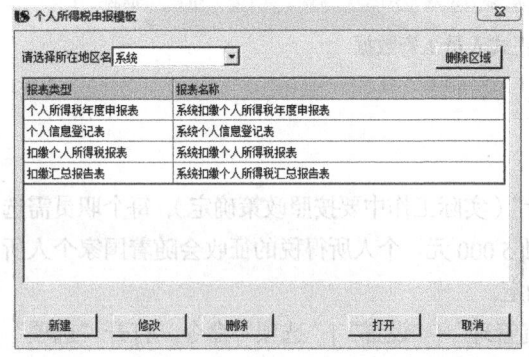

图 8-4-5 "个人所得税申报模板"对话框

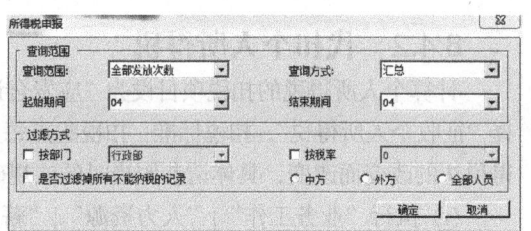

图 8-4-6 "所得税申报"对话框

⑧ 单击"确定"按钮,打开"系统扣缴个人所得税年度申报表"窗口,如图 8-4-7 所示。

系统扣缴个人所得税年度申报表

2018年4月 — 2018年4月

姓名	证件号码	所得项目	所属期间...	所属期间...	收入额	减免用额	应纳税所...	税率	速算扣除数	应纳税额	已扣缴税款
补正		工资	20200101	20201231			4700.00	10	210.00	260.00	260.00
宋嘉		工资	20200101	20201231			0.00	0	0.00	0.00	0.00
何沙		工资	20200101	20201231			0.00	0	0.00	0.00	0.00
赵小兵		工资	20200101	20201231			0.00	0	0.00	0.00	0.00
孙胜业		工资	20200101	20201231			0.00	0	0.00	0.00	0.00
李天华		工资	20200101	20201231			0.00	0	0.00	0.00	0.00
杨真		工资	20200101	20201231			0.00	0	0.00	0.00	0.00
刘一江		工资	20200101	20201231			0.00	0	0.00	0.00	0.00
朱小明		工资	20200101	20201231			280.00	3	0.00	8.40	8.40
陈瓜瓜		工资	20200101	20201231			0.00	0	0.00	0.00	0.00
罗忠		工资	20200101	20201231			0.00	0	0.00	0.00	0.00
湘路宇		工资	20200101	20201231			1280.00	3	0.00	38.40	38.40
秦地久		工资	20200101	20201231			280.00	3	0.00	8.40	8.40
万思维		工资	20200101	20201231			55.00	3	0.00	1.65	1.65
东方魂		工资	20200101	20201231			0.00	0	0.00	0.00	0.00
合计							6595.00		210.00	316.85	316.85

图 8-4-7 系统扣缴个人所得税年度申报表

8.4.3 工资分摊

实验资料

正式人员工资类别应付工资总额等于工资项目"应付工资",薪资费用分配的转账分录如表8-4-2所示。

表8-4-2 薪资费用分配的转账分录

部 门	人员类别	应付职工薪酬	
		借方科目	贷方科目
行政部、财务部	管理人员	660 201	221 101
采购部、销售部、仓储部、运输部	经营人员	660 101	221 101
一车间、二车间	车间管理人员	510 101	221 101
	车间工人	510 101	221 101

1. 工资分摊设置

① 执行"业务处理"|"工资分摊"命令,打开"工资分摊"对话框,如图8-4-8所示。
② 单击"工资分摊设置..."按钮,打开"分摊类型设置"对话框。
③ 单击"增加"按钮,打开"分摊计提比例设置"对话框,在"计提类型名称"栏录入"应付工资",如图8-4-9所示。

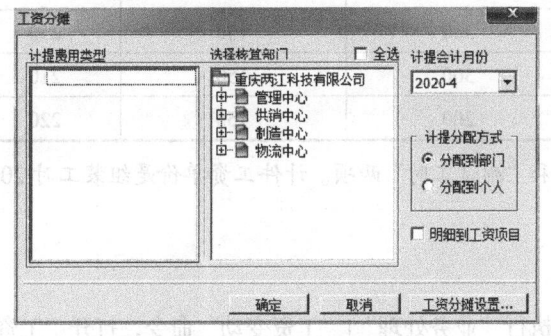

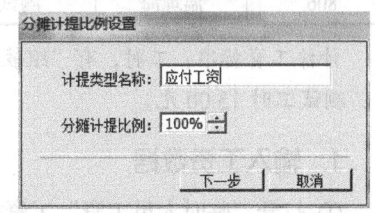

图8-4-8 "工资分摊"对话框   图8-4-9 "分摊计提比例设置"对话框

④ 单击"下一步"按钮,打开"分摊构成设置"对话框。在"分摊构成设置"对话框中,分别选择分摊构成的各项目内容,如图8-4-10所示。

部门名称	人员类别	工资项目	借方科目	借方项目大类	借方项目	贷方科目	贷方项目大类
行政部,财务部	管理人员	应发合计	660201			221101	
销售部,采购部,...	经营人员	应发合计	660101			221101	
一车间,二车间	车间管理人员	应发合计	510101			221101	
一车间,二车间	车间工人	应发合计	510101			221101	

图8-4-10 "分摊构成设置"对话框

⑤ 单击"完成"按钮。

2. 执行工资分摊

① 选中工资分摊窗口左边栏中的"应付工资",然后选择参与分摊的部门,勾选"明细到工资项目"、"分配到部门"。

② 单击"确定",进入应付工资一览表,选中"合并科目相同、辅助项相同的分录"。

③ 单击"制单"按钮,生成凭证。将凭证设为转账凭证,点击"保存",凭证传递到总账系统中。

8.5 临时人员工资类别日常工资处理

实验资料

临时人员工资资料如表 8-5-1 所示。

表 8-5-1 临时人员工资资料

人员编码	人员姓名	工作岗位	岗位补贴(元)	交通补贴(元)	本月工时
703	天河飞	组装	300	150	180
704	秦半岛	组装	300	150	190
803	叶海甸	组装	300	150	200
804	万银大	组装	300	150	250
805	珠海玉	组装	300	150	210
806	温琼海	测试	200	150	220

计件工资标准：工时,有"组装工时"和"测试工时"两项。计件工资单价是组装工时 20.00 元,测试工时 15.00 元。

1. 输入工资数据

① 打开"临时人员工资"工资类别,执行"业务处理"|"工资变动"命令,打开"工资变动"窗口。

② 在"天河飞"行对应的"岗位补贴"文本框中输入"300.00","交通补贴"文本框中输入"150.00","计件工时"文本框中输入"180.00","工时工资"文本框中输入"20.00",按此方法分别录入其他工资项目内容。

③ 单击"计算"按钮,再单击"汇总"按钮,计算全部工资项目内容。录入的临时人员工资数据如图 8-5-1 所示。

工资变动

选择	工号	人员编号	姓名	部门	人员类别	岗位补贴	交通补贴	计件工时	工时工资	计件结算	应发合计	养老保险	代扣税
		703	天河飞	一车间	车间工人	300.00	150.00	180.00	20.00	3,600.00	4,050.00	140.00	
		704	秦半岛	一车间	车间工人	300.00	150.00	190.00	20.00	3,800.00	4,250.00	140.00	
		803	叶海甸	二车间	车间工人	300.00	150.00	200.00	20.00	4,000.00	4,450.00	140.00	
		804	万银大	二车间	车间工人	300.00	150.00	250.00	20.00	5,000.00	5,450.00	140.00	9.30
		805	珠海玉	二车间	车间工人	300.00	150.00	210.00	20.00	4,200.00	4,650.00	140.00	
		806	温琼海	二车间	车间工人	200.00	150.00	220.00	15.00	3,300.00	3,650.00	135.00	
合计						1,700.00	900.00	1,250.00	115.00	23,900.00	26,500.00	835.00	9.30

图 8-5-1 录入的临时人员工资数据

工资变动

过滤器	所有项目				定位器								
选择	工号	人员编号	姓名	部门	人员类别	代扣税	扣款合计	实发合计	应税所得额	年终奖	年终奖代扣税	工资代扣税	扣税合计
		703	天河飞	一车间	车间工人		140.00	3,910.00	3,910.00				
		704	秦半岛	一车间	车间工人		140.00	4,110.00	4,110.00				
		803	叶海甸	二车间	车间工人		140.00	4,310.00	4,310.00				
		804	万银大	二车间	车间工人	9.30	149.30	5,300.70	5,310.00			9.30	9.30
		805	珠海玉	二车间	车间工人		140.00	4,510.00	4,510.00				
		806	温琼海	二车间	车间工人		135.00	3,515.00	3,515.00				
合计						9.30	844.30	25,655.70	25,665.00	0.00	0.00	9.30	9.30

图 8-5-1　录入的临时人员工资数据（续）

④ 单击"退出"按钮。

2. 临时人员工资分摊处理

（1）工资分摊设置。

① 执行"薪资管理"|"工资类别"|"打开工资类别"，选择"临时人员工资"类别。

② 执行"薪资管理"|"业务处理"|"工资分摊"，进入工资分摊窗口，选择一车间和二车间。

③ 单击"工资分摊设置…"按钮，打开分摊类型设置窗口。

④ 点击"增加"按钮，在计提类型名称处输入"工资分摊"，分摊比例100%。

⑤ 点击"下一步"按钮，进入分摊构成设置窗口。

⑥ 点击"完成"按钮，返回分摊类型设置窗口，点击"返回"按钮回到工资分摊窗口。

（2）执行工资分摊。

① 勾选工资分摊窗口左边计提费用类型中的"工资分摊"，然后选择参与分摊的部门，勾选"明细到工资项目"、"分配到部门"。

② 单击"确定"，进入工资分摊一览表，勾选"合并科目相同、辅助项相同的分录"。

③ 点击"制单"按钮，生成凭证。将凭证设为转账凭证，点击"保存"，凭证传递到总账系统中。

第 9 章 期末业务及报表管理

9.1 期末业务

期末业务功能与系统中所有功能的操作互斥,即在操作此功能前,应确定其他功能均已退出。在网络环境下,要确定此系统所有的网络用户退出了所有的功能。

经理、投资者、债权人等决策者都需要关于企业经营状况的定期信息。人们通过月末结账来结算账目、编制财务报告、核算财务状况及资金变动情况,并提供企业供应链管理所需要的各种相关数据报表。

9.1.1 自动转账

实验资料

按当月应发工资总额的14%计提职工福利费,将制造费用中按照工资提取的福利费合并到财务部中。使用自动转账凭证完成,具体的公式定义如表9-1-1所示。

表 9-1-1 具体的公式定义

科 目	部 门	方 向	金 额 公 式
销售费用——福利费	销售部	借	FS(660101,月,借,201)×0.14
销售费用——福利费	采购部	借	FS(660101,月,借,202)×0.14
销售费用——福利费	仓储部	借	FS(660101,月,借,401)×0.14
销售费用——福利费	运输部	借	FS(660101,月,借,402)×0.14
管理费用——福利费	行政部	借	FS(660201,月,借,101)×0.14
管理费用——福利费	财务部	借	FS(660201,月,借,102)×0.14+FS(510101,月,借)×0.14
应付职工薪酬——职工福利费		贷	FS(660101,月,借)×0.14+FS(660201,月,借)×0.14+FS(510101,月,借)×0.14

1. 定义转账凭证

① 执行"业务工作"|"财务会计"|"总账"|"期末"|"转账定义"|"自定义转账"命令,打开自定义转账设置窗口。

② 单击"增加"按钮,添加转账目录,如图9-1-1所示。

将"凭证类别"改为"转账凭证",单击"确定"按钮,继续定义转账凭证的分录信息。

③ 设置公式。单击"增行"按钮。在科目编码栏中输入"660102"(销售费用/福利费),部门为"销售部",方向为"借"。

将光标移到金额公式栏下,按【F2】键进入公式向导,选择"FS( )"(借方发生额),如图9-1-2所示。

第 9 章 期末业务及报表管理

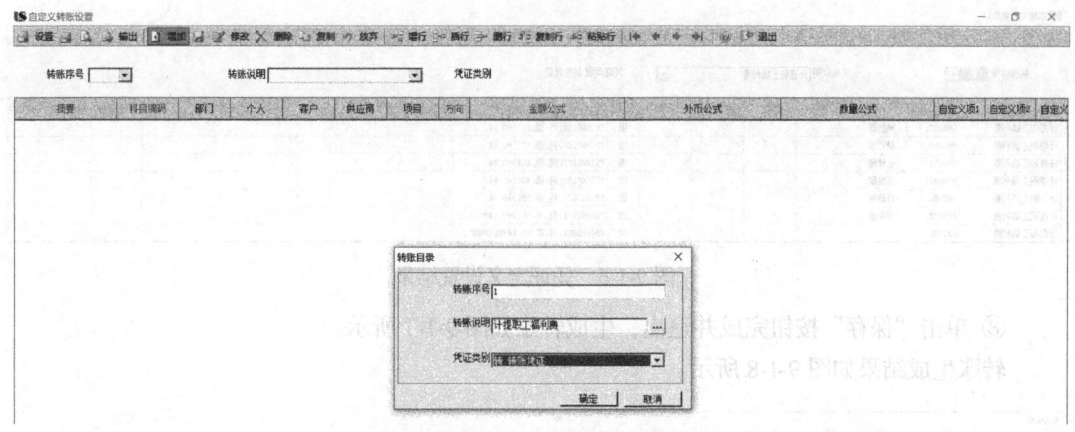

图 9-1-1 添加转账目录

④ 单击"下一步"按钮,在"科目"文本框中输入"660101"(销售费用/工资),选中"继续输入公式"复选框,选中运算符"*(乘)",如图 9-1-3 所示。

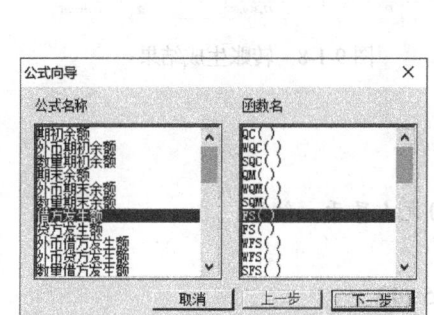

图 9-1-2 公式向导(借方发生额)

图 9-1-3 设置公式(借方发生额)

⑤ 单击"下一步"按钮,打开"公式向导"对话框,在"公式名称"中选择"常数",如图 9-1-4 所示。

⑥ 单击"下一步"按钮,在"常数"文本框中输入"0.14",如图 9-1-5 所示。

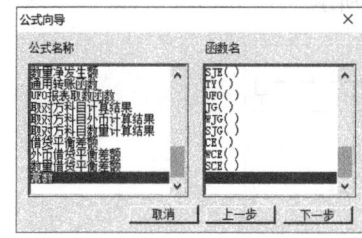

图 9-1-4 公式向导(常数)

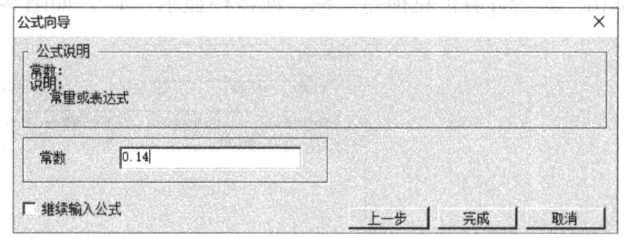

图 9-1-5 设置公式(常数)

⑦ 单击"完成"按钮,返回金额公式栏,完成本公式定义:FS(660101,月,借,201)×0.14。其他公式与此类似,可以通过复制这个公式予以修改。

凭证定义设置结果如图 9-1-6 所示。

图 9-1-6 凭证定义设置结果

⑧ 单击"保存"按钮完成并退出,生成转账如图 9-1-7 所示。

转账生成结果如图 9-1-8 所示。

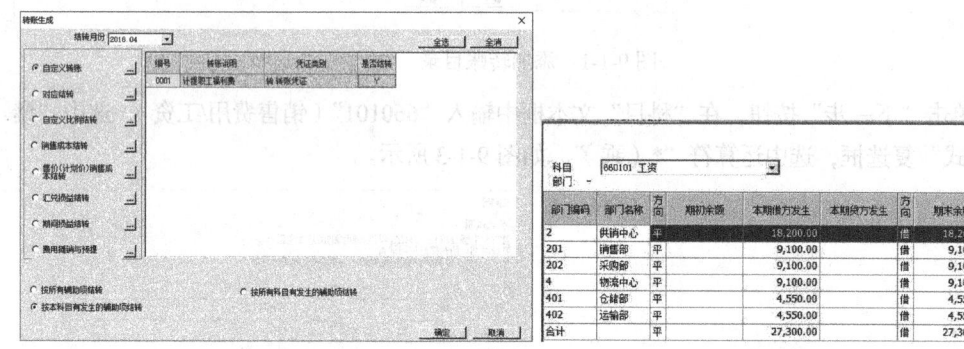

图 9-1-7 生成转账　　　　　　　　图 9-1-8 转账生成结果

9.1.2 汇兑损益

实验资料

4 月末,期末汇率调整,期末汇率为 1 美元=6.20 元人民币。结果:

借:财务费用/汇兑损益(660303)　　　　5 440

　　贷:银行存款/中行存款(100202)　　　　5 440

1. 汇兑损益凭证设置

① 执行"业务工作"|"财务会计"|"总账"|"期末"|"转账定义"|"汇总损益"命令,打开"汇兑损益结转设置"对话框。

② "汇兑损益入账科目"选择科目编码"660303","凭证类别"为"付 付款凭证",然后双击"是否计算汇兑损益"栏,使该栏显示"Y",如图 9-1-9 所示。

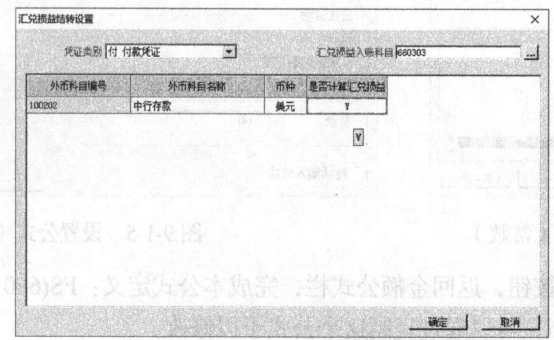

图 9-1-9 汇兑损益结转设置

③ 单击"确定"按钮，完成设置。

2. 月末汇率设置

① 执行"基础设置"|"基础档案"|"财务"|"外币设置"命令，打开"外币设置"对话框。

② 选中外币"美元"，在"调整汇率"栏中输入"6.200 00"，如图 9-1-10 所示。

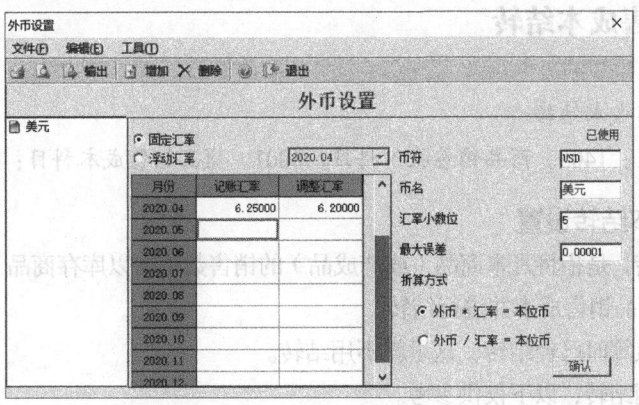

图 9-1-10 外币设置

③ 单击"退出"按钮，完成设置。

3. 汇兑损益凭证生成

① 执行"业务工作"|"财务会计"|"总账"|"期末"|"转账生成"命令，打开"转账生成"对话框，选中"汇兑损益结转"单选按钮，"外币币种"选择"美元 USD"，双击"是否结转"栏，显示"Y"，如图 9-1-11 所示。

② 单击"确定"按钮，打开"汇兑损益试算表"对话框，显示外币余额、本币余额等信息，如图 9-1-12 所示。

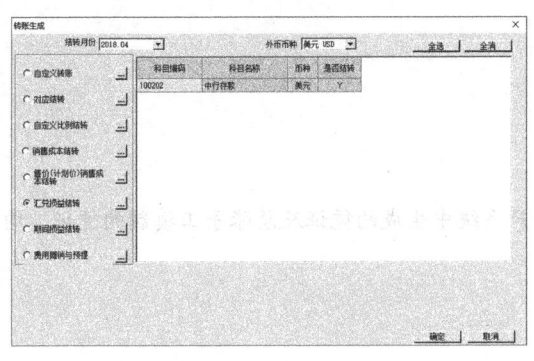

图 9-1-11 汇兑损益结转

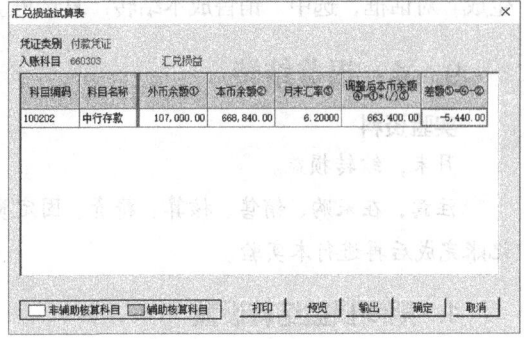

图 9-1-12 汇兑损益试算表

③ 单击"确定"按钮，打开生成的凭证窗口，凭证分录如下。

借：财务费用——汇兑损益　　　　　　　　　　5 440
　　贷：银行存款——中行存款　　　　　　　　　　　　5 440

④ 票号等信息自行输入，单击"保存"按钮，生成凭证。

数据正确性验证方法如下。

期初 100 000 美元，汇率 6.25。

收到投资 10 000 美元，汇率 6.25。

购买固定资产，支付 3 000 美元，汇率 6.22。汇兑损失=3 000×（6.25-6.22）=90（元）。

期末美元余额 107 000，汇率 6.20。汇兑损失=107 000×（6.25-6.20）=5 350（元）。

合计汇兑损失=90+5 350=5 440（元）。

9.1.3 销售成本结转

实验资料

月末进行销售成本结转。

库存商品科目：1405。商品销售收入科目：6001。商品销售成本科目：6401。

1. 销售成本结转设置

销售成本结转，是指将月末商品（或产成品）的销售数量乘以库存商品（或产成品）的平均单价以计算各类商品销售成本并进行结转。

如果在存货核算时已经结转，这里就不用结转。

本实验中不用结转，以下仅供参考。

执行"业务工作"|"财务会计"|"总账"|"期末"|"转账定义"|"销售成本结转"命令，打开"销售成本结转设置"对话框，输入相关科目，库存商品科目为1405，商品销售收入科目为 6001，商品销售成本科目为 6401，单击"确定"完成设置。

操作提示：如果提示某科目需要设置数量核算，可执行"基础设置"|"基础档案"|"财务"|"会计科目"命令，选择要设置的科目，单击"修改"按钮，可选择数量核算并输入计量单位，计量单位可选一种输入。

2. 销售成本结转

执行"业务工作"|"财务会计"|"总账"|"期末"|"转账生成"命令，打开"转账生成"对话框，选中"销售成本结转"复选框。

9.1.4 损益结转

实验资料

月末，结转损益。

注意，在采购、销售、核算、薪资、固定资产系统中生成的凭证及总账手工填制的凭证，均记账完成后再进行本实验。

1. 期间损益结转设置

① 先对未记账的凭证进行审核、记账。

② 执行"业务工作"|"财务会计"|"总账"|"期末"|"转账定义"|"期间损益"命令，打开"期间损益结转设置"对话框。

③ 选择"本年利润科目"编码"4103"（本年利润），"凭证类别"为"转 转账凭证"，如图 9-1-13 所示。

④ 单击"确定"按钮，完成设置。

第 9 章 期末业务及报表管理

图 9-1-13 期间损益结转设置

2. 期间损益结转

① 执行"业务工作"|"财务会计"|"总账"|"期末"|"转账生成"命令，打开"转账生成"对话框，选中"期间损益结转"复选框，单击"全选"按钮，期间损益转账生成如图 9-1-14 所示。

图 9-1-14 期间损益转账生成

② 单击"确定"按钮，生成转账凭证，单击"保存"按钮，完成凭证生成。

③ 执行"业务工作"|"财务会计"|"总账"|"账表"|"科目账"|"序时账"命令，期间损益转账凭证如图 9-1-15 所示。

操作提示：期间损益结转前，系统内所有的凭证都必须记账完毕，通过期间损益结转生成的凭证，也要进行审核、记账；如果凭证生成错误，可执行"业务工作"|"财务会计"|"总账"|"凭证"|"查询凭证"命令，选择要删除的凭证，执行"作废/恢复"功能中的"作废"功能，然后选择"填制凭证"，打开对话框后选择"整理凭证"，将凭证彻底清除。

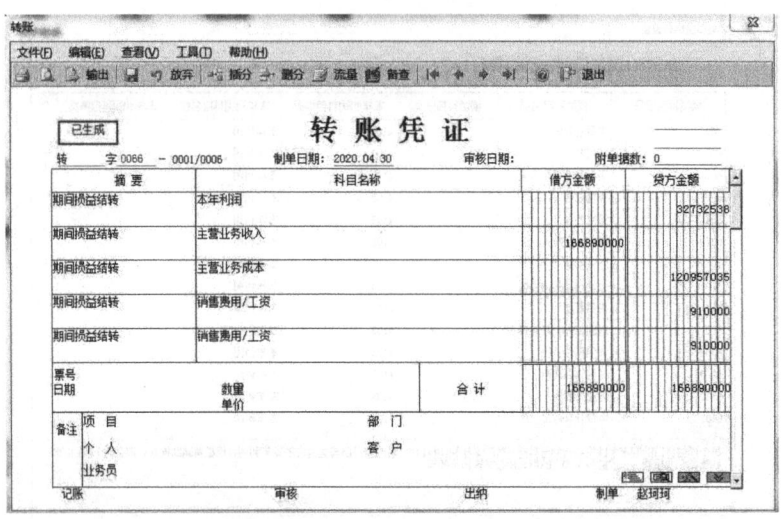

图 9-1-15　期间损益转账凭证

9.2　报表管理

9.2.1　制作常规报表

实验资料

① 根据模板制作 4 月的资产负债表。

② 根据模板制作 4 月的利润表。

1. 利用模板制作资产负债表

① 执行"业务工作"丨"财务会计"丨"UFO 报表"命令，打开"UFO 报表"窗口。

② 执行"文件"丨"新建"命令，打开"新建"窗口，执行"格式"丨"生成常用报表"命令，模板生成后可以在窗口菜单下选择"report6"，就是资产负债表，生成的常用报表如图 9-2-1 所示。

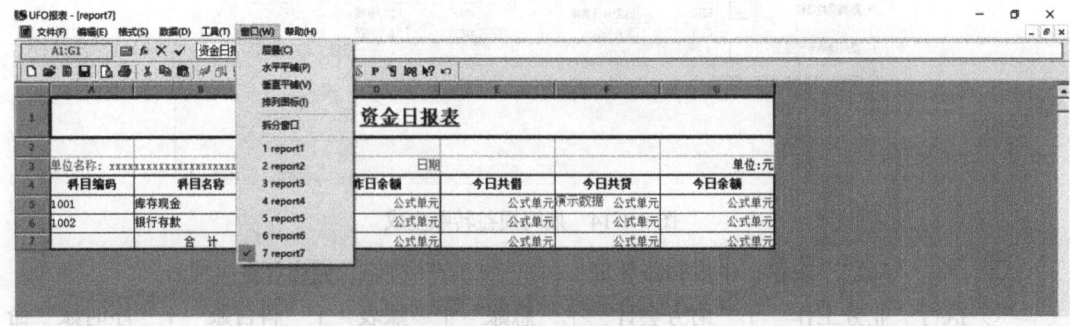

图 9-2-1　生成的常用报表

在报表的左下角显示"格式"（红色），表示此时报表处于格式状态，资产负债表如图 9-2-2 所示。

在报表格式状态下，专门进行报表的格式设计，如设置表尺寸、行高列宽、单元属性、关键字、公式定义等。在格式状态下，不能进行数据输入、计算操作。还有一种状态就是数据状态，在数据状态下可以进行数据录入、审计、计算。

图 9-2-2　资产负债表

③ 单击显示有"公式单元"的单元格，在窗口上部的编辑框中会显示当前单元格的公式，如果要修改公式，可以单击工具栏中的"f_x"按钮或双击单元格，在弹出的"定义公式"对话框中通过"函数向导"进行函数定义，或者直接手工输入公式，定义公式设置如图 9-2-3 所示。

④ 根据企业的实际情况，调整资产负债表的公式定义、报表格式。

⑤ 设置报表关键字。在报表格式状态下，执行"数据"｜"关键字"｜"设置"命令，可以选择设置单位名称、年、月，如图 9-2-4 所示。

⑥ 将报表转变为数据状态，可设置报表的取数月份，执行"数据"｜"关键字"｜"录入"命令，录入关键字，如图 9-2-5 所示。

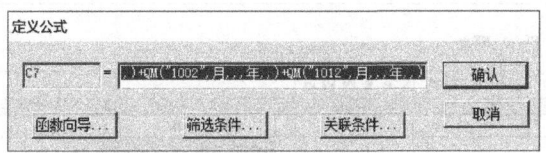

图 9-2-3　定义公式设置

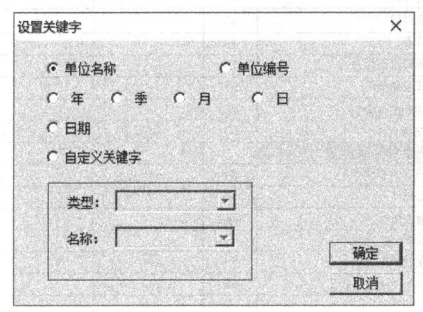

图 9-2-4　关键字设置

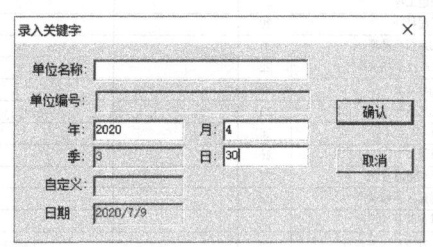

图 9-2-5　关键字录入

⑦ 单击"确认"按钮，系统弹出"是否重算第 1 页？"信息提示框，单击"是"按钮，系统将自动根据单元公式计算报表数据，如图 9-2-6 和图 9-2-7 所示。

⑧ 单击"保存"按钮，以"两江资产负债表"为名保存，具体保存的目录可以自己选择。

⑨ 调整报表。在首次使用时，应按照科目余额表和其他有关数据对报表数据进行验证，以确保数据的正确性。

具体的单位在处理业务时步骤往往有所不同，有时会因为忘记某些月末应该处理的业务而导致报表数据不准确或错误。

解决的办法：如果期末还没有结账，则可以制作月末相关处理凭证，然后生成报表；如果月末已经结账,则可以直接调整报表公式,使报表数据正确,下月再处理相关调整业务。

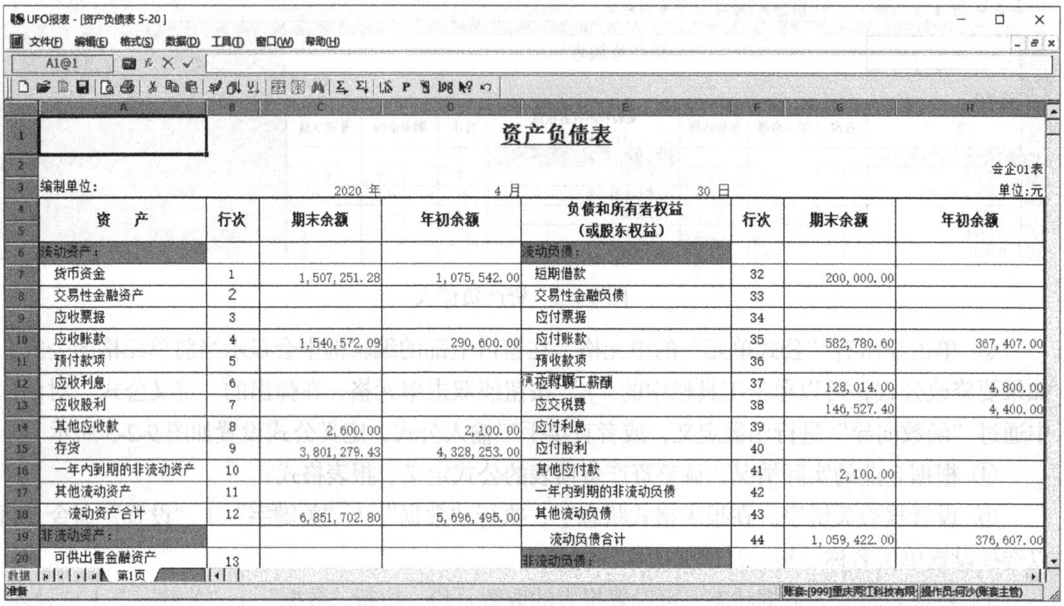

图 9-2-6 根据单元公式计算报表数据 1

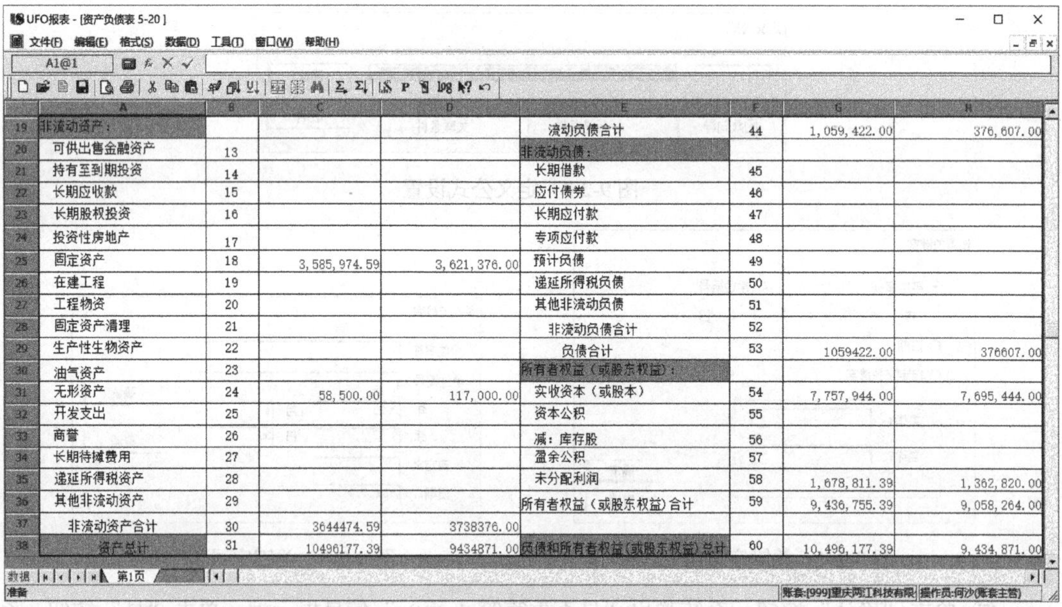

图 9-2-7 根据单元公式计算报表数据 2

2. 利用模板制作利润表

与利用模板制作资产负债表的步骤相似,选择利润表(report3)模板。

① 执行"数据"|"关键字"|"设置"命令,选中"月"复选框,单击"确定"按钮。

② 单击左下角的"格式"。

③ 执行"数据"|"关键字"|"录入"命令,月份输入"4",即4月,利润表如图 9-2-8 所示。

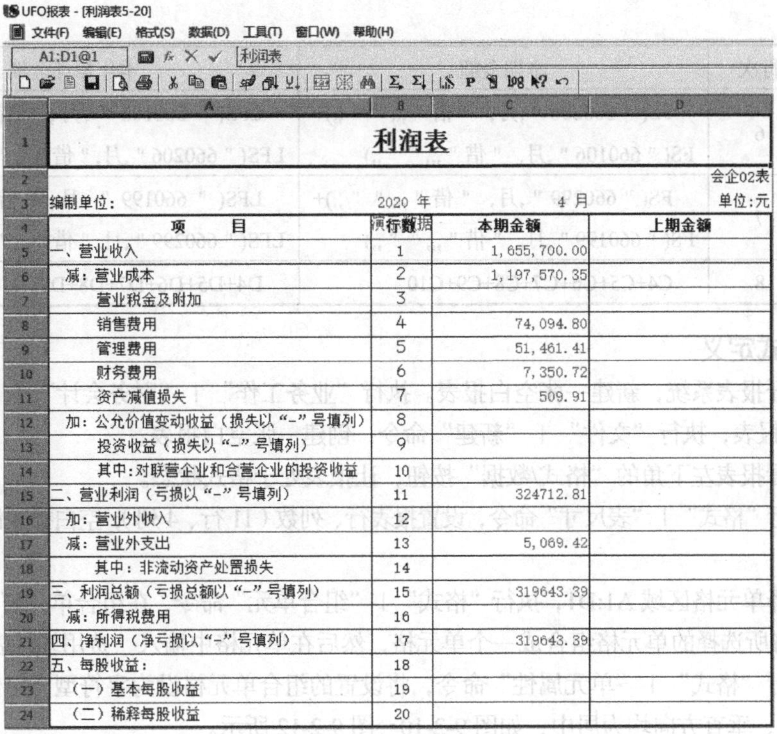

第9章 期末业务及报表管理

[UFO报表 - [利润表5-20] 界面截图]

	利润表		
编制单位:	2020 年	4 月	会企02表 单位:元
项 目	行次	本期金额	上期金额
一、营业收入	1	1,655,700.00	
减:营业成本	2	1,197,570.35	
营业税金及附加	3		
销售费用	4	74,094.80	
管理费用	5	51,461.41	
财务费用	6	7,350.72	
资产减值损失	7	509.91	
加:公允价值变动收益(损失以"-"号填列)	8		
投资收益(损失以"-"号填列)	9		
其中:对联营企业和合营企业的投资收益	10		
二、营业利润(亏损以"-"号填列)	11	324712.81	
加:营业外收入	12		
减:营业外支出	13	5,069.42	
其中:非流动资产处置损失	14		
三、利润总额(亏损总额以"-"号填列)	15	319643.39	
减:所得税费用	16		
四、净利润(净亏损以"-"号填列)	17	319643.39	
五、每股收益:	18		
(一)基本每股收益	19		
(二)稀释每股收益	20		

图 9-2-8 利润表

④ 执行"文件"|"保存"命令,报表名保存为"两江利润表"。

报表生成后需要进行验证,并根据账务处理的情况进行调整。

9.2.2 自定义报表制作

实验资料

自定义费用统计表,按照销售费用和管理费用对应的二级科目进行合计,报表格式及单元格公式如表9-2-1所示。

表 9-2-1 费用统计表报表格式及单元格公式

单位名称: 　　　　　　年　　月

项目	行次	本期金额	本年累计金额
工资	1	FS("660201",月,"借",,,""„)+ FS("660101",月,"借",,,""„)	LFS("660101",月,"借",,,""„)+ LFS("660201",月,"借",,,""„)
福利费	2	FS("660202",月,"借",,,""„)+ FS("660102",月,"借",,,""„)	LFS("660102",月,"借",,,""„)+ LFS("660202",月,"借",,,""„)
办公费	3	FS("660203",月,"借",,,""„)+ FS("660103",月,"借",,,""„)	LFS("660103",月,"借",,,""„)+ LFS("660203",月,"借",,,""„)
差旅费	4	FS("660204",月,"借",,,""„)+ FS("660104",月,"借",,,""„)	LFS("660104",月,"借",,,""„)+ LFS("660204",月,"借",,,""„)
招待费	5	FS("660205",月,"借",,,""„)+ FS("660105",月,"借",,,""„)	LFS("660105",月,"借",,,""„)+ LFS("660205",月,"借",,,""„)

(续表)

项目	行次	本期金额	本年累计金额
折旧费	6	FS("660206",月,"借",,,"","",,)+ FS("660106",月,"借",,,"","",,)	LFS("660106",月,"借",,,"","",,)+ LFS("660206",月,"借",,,"","",,)
其他	7	FS("660299",月,"借",,,"","",,)+ FS("660199",月,"借",,,"","",,)	LFS("660199",月,"借",,,"","",,)+ LFS("660299",月,"借",,,"","",,)
合计	8	C4+C5+C6+C7+C8+C9+C10	D4+D5+D6+D7+D8+D9+D10

1. 格式定义

① 打开报表系统，新建一张空白报表。执行"业务工作" | "财务会计" | "UFO 报表"命令，打开报表，执行"文件" | "新建"命令，创建一张空白报表。

② 查看报表左下角的"格式/数据"按钮，让报表处于格式状态。

③ 执行"格式" | "表尺寸"命令，设置报表行、列数（11 行、4 列），空白报表创建如图 9-2-9 所示。

④ 选择单元格区域 A1:D1，执行"格式" | "组合单元"命令，在组合单元窗口中单击"整体组合"，将所选择的单元格组合成一个单元格，然后在单元格中输入"费用统计表"。

⑤ 执行"格式" | "单元属性"命令，将设置的组合单元格设为字符型，字体为宋体，字号 18，水平、垂直方向均为居中，如图 9-2-10～图 9-2-12 所示。

图 9-2-9 空白报表创建

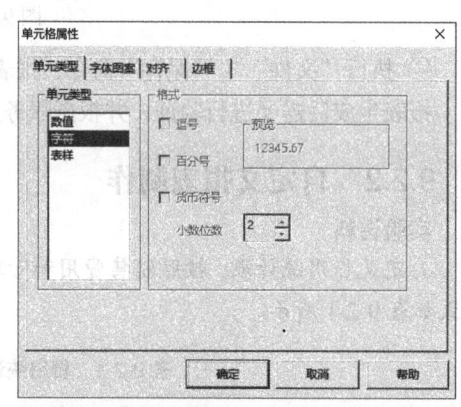

图 9-2-10 单元格属性（类型）

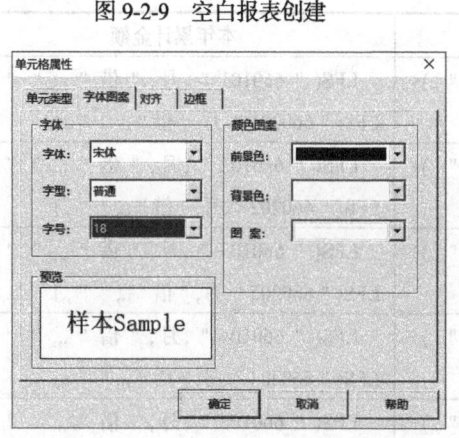

图 9-2-11 单元格属性（字体图案）

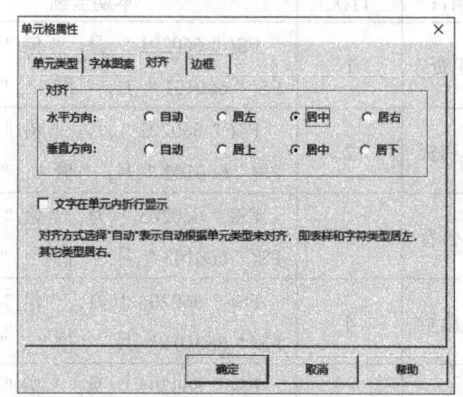

图 9-2-12 单元格属性（对齐）

⑥ 选择单元格 A2，执行"数据"|"关键字"|"设置"命令，选择"单位名称"，在 C2 单元格设置关键字"年"，在 D2 单元格设置关键字"月"，适当调整列宽，关键字设置如图 9-2-13 所示。

⑦ 设置报表行列名称。选中单元格区域 A3:D11，执行"格式"|"区域画线"命令，在"区域画线"对话框中选中"网线"单选按钮，区域画线设置如图 9-2-14 所示。

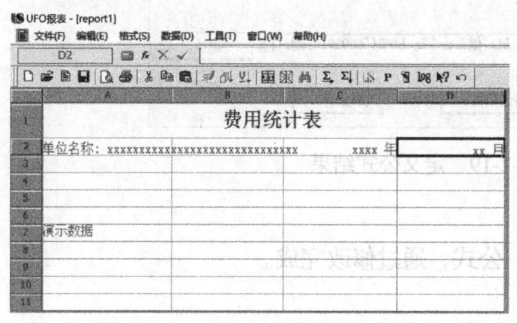

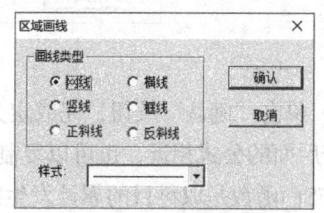

图 9-2-13　关键字设置　　　　　　　　　图 9-2-14　区域画线设置

2. 公式定义

① 选中单元格 C4，单击工具栏中的"f_x"按钮，弹出"定义公式"对话框，如图 9-2-15 所示。单击"函数向导…"按钮，打开"函数向导"对话框。

② "函数分类"选择"用友账务函数"，"函数名"选择"发生（FS）"，函数向导设置如图 9-2-16 所示。

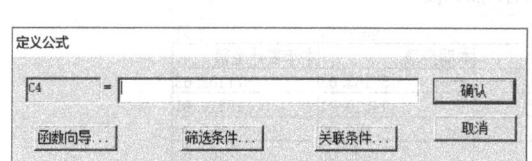

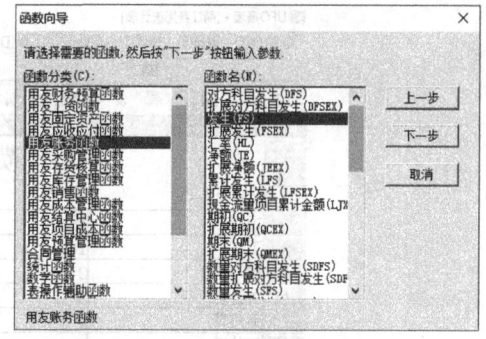

图 9-2-15　"定义公式"对话框　　　　　　图 9-2-16　函数向导设置

③ 单击"下一步"按钮。在"用友账务函数"对话框中，单击"参照"按钮，打开"账务函数"对话框，选择"科目"为"660101"，其他参数按默认设置。用友账务函数录入和账务函数设置分别如图 9-2-17 和图 9-2-18 所示。

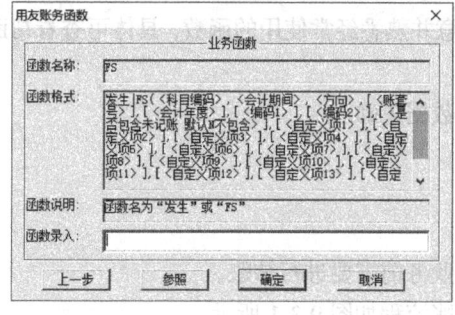

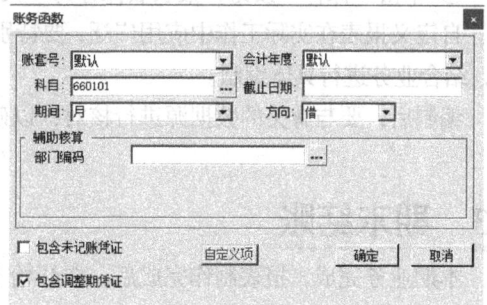

图 9-2-17　用友账务函数录入　　　　　　图 9-2-18　账务函数设置

④ 返回到"定义公式"对话框,输入"+",再增加另一个公式,完成 C4 单元格的公式定义,结果为 FS("660101",月,"借",,,"",,)+FS("660201",月,"借",,,"",,),如图 9-2-19 所示。

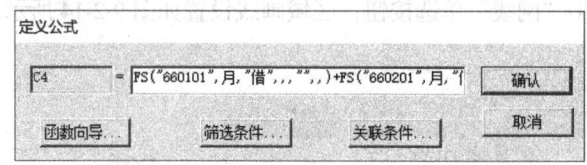

图 9-2-19 定义公式结果

⑤ 单击"确认"按钮,完成定义。

若后面的公式相近,也可以复制前一公式,通过修改完成。

LFS( )函数是取科目的累计发生额。

⑥ 选中 C11 单元格,单击"f_x"按钮,打开"定义公式"对话框,直接输入公式 C4+C5+C6+C7+C8+C9+C10;同样的方法,输入 D11 单元格公式。

3. 数据取数

① 单击报表左下角的"格式"按钮,将报表切换为数据状态。

② 执行"数据"|"关键字"|"录入"命令,输入报表的关键字"4"月,进行报表计算,完成报表编制,费用统计表如图 9-2-20 所示。

项目	行次	本期金额	本年累计金额
工资	1	55163.63	71163.63
福利费	2	14519.91	15619.91
办公费	3	350.00	950.00
差旅费	4	1800.00	7400.00
招待费	5	1500.00	6100.00
折旧费	6	13970.41	26570.41
其他	7	37326.80	37376.80
合计	8	124630.75	165180.75

费用统计表
单位名称：   2020 年   4 月

图 9-2-20 费用统计表

③ 单击"保存"按钮,报表名保存为"两江费用统计表"。

自定义报表在实际工作中应用广泛,要特别注意并熟悉经常使用的函数,具体可查看帮助信息,结合业务进行具体编制。

编制后,要与有关的数据源进行核对,以确保数据正确。

9.3 期末结账

本期业务完成,报表制作完成后,在开始下月业务前需要进行结账。

期末结账涉及相关业务的处理,各模块月末结账流程如图 9-3-1 所示。

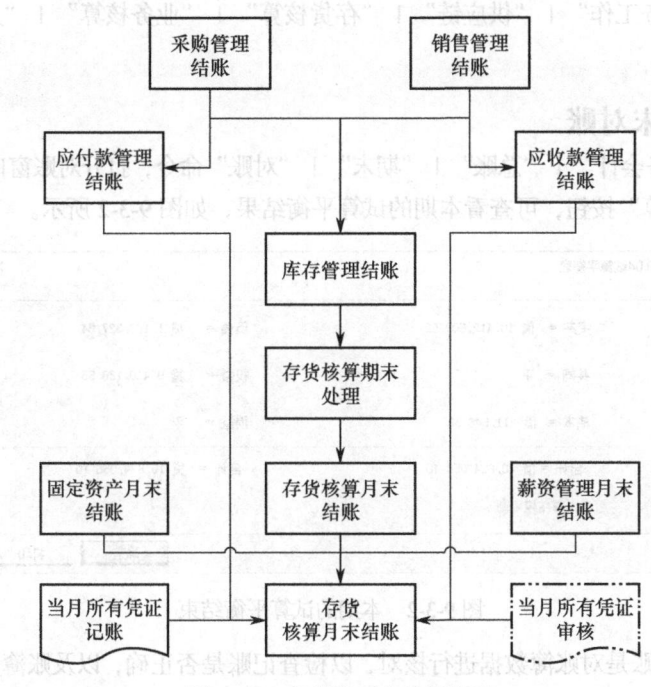

图 9-3-1 各模块月末结账流程

9.3.1 供应链期末处理

1. 采购管理月末结账

① 执行"业务工作"|"供应链"|"采购管理"|"月末结账"命令,打开"月末结账"对话框。

② 单击"结账"按钮,系统会提示是否关闭订单,如果有未关闭的订单,单击"是"按钮,进行关闭订单操作;如果已经关闭了相关订单,单击"否"按钮,系统完成结账工作。

2. 销售管理月末结账

① 执行"业务工作"|"供应链"|"销售管理"|"月末结账"命令。

② 单击"结账"按钮,完成结账。

3. 库存管理月末结账

① 对账。执行"业务工作"|"供应链"|"库存管理"|"对账"|"库存与存货对账"命令,然后选择对账月份进行对账。

② 月末结账。执行"业务工作"|"供应链"|"库存管理"|"月末结账"命令,然后选择结账月份,单击"结账"按钮,系统弹出"库存启用月份结账后将不能修改期初数据!"信息提示框,单击"是"按钮,完成结账。

4. 存货核算月末结账

① 执行"业务工作"|"供应链"|"存货核算"|"业务核算"|"期末处理"命令,选择全部库房。

② 单击"确定"按钮,之后会提示处理完成。

③ 执行"业务工作"丨"供应链"丨"存货核算"丨"业务核算"丨"月末结账"命令，进行月末结账。

9.3.2 期末对账

① 执行"财务会计"丨"总账"丨"期末"丨"对账"命令，打开对账窗口，选择对账月份。
② 单击"试算"按钮，可查看本期的试算平衡结果，如图9-3-2所示。

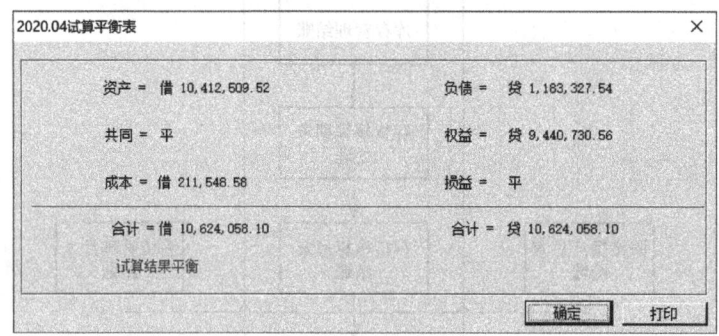

图9-3-2 本期的试算平衡结束

操作提示：对账是对账簿数据进行核对，以检查记账是否正确，以及账簿是否平衡；主要通过核对总账与明细账、总账与辅助账数据来完成账账核对；为了保证账证相符、账账相符，应经常使用本功能进行对账，至少一个月一次，一般可以月末结账前进行。

9.3.3 月末结账

结账是一种批量数据处理工作，每月只结账一次，主要是对当月日常处理的终止和对下月账簿的初始化，由系统自动完成。

1. 结账前的检查工作

① 检查本月业务凭证是否全部记账，若有未记账凭证，则不能结账。
② 月末结转凭证必须全部生成并记账，否则本月不能结账。
③ 检查上月是否已结账，如果上月未结账，则本月不能记账。
④ 核对总账与明细账、主体账与辅助账、总账系统与其他子系统数据是否一致，若不一致，则不能结账。
⑤ 检查损益类账户是否全部结转完毕，如未完成，则本月不能结账。
⑥ 若与其他子系统联合使用，应检查其他子系统是否已结账，若没有，则本月不能结账。

2. 结账与反结账

结账处理就是计算本月各账户发生额合计和本月账户期末余额，并将余额结转到下月作为下月月初余额。结账完成后不得再录入本月凭证。如果结账以后发现本月还有未处理的业务或其他情况，可以进行反结账，即取消本月结账标记，然后修正，再进行结账工作。

3. 执行结账

① 执行"财务会计"丨"总账"丨"期末"丨"结账"命令，打开"对账"对话框，如图9-3-3所示。

第9章 期末业务及报表管理

图 9-3-3 "对账"对话框

② 系统进行账簿核对,单击"对账"按钮,完成后单击"下一步"按钮,系统显示本月工作报告。

③ 单击"下一步"按钮,然后单击"结账"按钮,进行结账处理。

参 考 文 献

[1] 付得一. 会计信息系统（第二版）[M]. 北京：清华大学出版社，2019.
[2] 李清. 会计信息系统原理与实验教程（第2版）[M]. 北京：清华大学出版社，2019.
[3] 毛华扬. 会计信息系统原理与应用——基于用友 ERP-U8V10.1 版[M]. 北京：中国人民大学出版社，2020.
[4] 王世海，王新钢. 会计信息系统原理与应用[M]. 北京：清华大学出版社，2016.
[5] 汪刚，沈银萱. 会计信息系统原理与实验教程：基于用友 ERP-U8V10.1[M]. 北京：清华大学出版社，2016.
[6] 王新玲，汪刚. 会计信息系统实验教程（用友 U8V10.1）微课版[M]. 北京：清华大学出版社，2017.
[7] 董文婧，李勉，梁乃斌. 用友 ERP 供应链管理系统实验教程（用友 U8V10.1）微课版[M]. 北京：清华大学出版社，2018.